기술경영과 가치창조

Technology Management & Value Creation

가치창조경영만이 국가경제 부흥으로 이끈다

편저자 김 종 영

한림원 출판사

編著者의 辯

우리나라 산업구조도 선진국에 접근되어 모방경제로는 한계점에 있어 더 발전하기 위해서는 창의 경제로 진입 창조적 가치가 요구되는 시점에 와있다고 생각된다. 우리 대한민국은 농경사회에서 산업화사회로 전환, 민주화, 선진화를 달성하고 세계 10대 경제 대국으로 우뚝 섰다. 인류사에서 한국처럼 급속히 발전한 사례는 지극히 드물다고 한다.

한국 현대사는 쉽게 세 시기로 구분 된다. 빈곤을 퇴치하고 산업화를 이룬 경제혁명의 시대'(1979년까지), 인권을 신장하고 민주적 제도를 이룬 자유화·민주화의 시대'(1980~1990년대), 첨단산업을 고도화하고, 사회복지를 확충하고, 문화·예술을 창달한 '선진화의 시대'(2000년대 이후)이다. 한국이 단기간 고도성장을 성취할 수 있었던 근본 동력은 무엇인가?

한국 현대사의 발전은 정부와 국민이 힘을 합쳐 자유민주주의 이념 아래 개방주의 시장경제에 따라 수출주도형 성장 전략으로 치열한 경쟁을 뚫고 전 세계로 뻗어나가 범인류적 공생 번영에 이바지해온 결과다. 권위주의 개발독재는 자유민주주의와 모순되었기에 시민사회는 도도한 저항과 격렬한 투쟁으로 정치적 민주화를 이끌었다.

문제는 지금부터다. 한국의 굴기가 아무리 눈부시다고 해도 급변하는 국제정세 속에서 실기하고 표류하면 급전직하 퇴락의 길로 갈 수도 있다. 경쟁국의 도전으로 한국 기업의 기술적 비교우위도 사라지는 추세다. 상황이 위급하게 급변할 수도 있다 현대산업사회는 독점적 혁신기술개발을 통해서 기술기업으로의 재구조화, 혁신기술과 기존기술과의 융복합화, 소비자 욕구 창조를 통한 신사업, 신제품, 신서비스 창출이라는 과거에는 보지 못했던 완전히 새로운 경영환경에 직면하고 있다.

대한민국이 세계 10위의 선진국 대열에 진입하는데 가장 중요한 역할을 수행한 대기업 위주의 성장 모델은 현재 한계에 직면했다고 할 수 있습니다. 그러므로 신기술경영의 지식을 바탕으로 실천적 역량을 강화하여 창의적이고 도전과 실천적 결실을 이루는 인재가 필요성이 대두되고 있다. 기술혁신 문화가 융합하는 기술경영모델이 요구되고 있다. 우리도 더 늦기 전에 기술기반 창업과 혁신기반 성장 모델을 도출하고, 이를 실제 산업에 적용하는 선제적 주도권을 가져야 함을 의미한다, 이를 성취하기 위해서는 유관 종사자들의 식견(識見)이 필요하다. 本卷은 경제발전에 다소나마 보탬이 되고자 기술경영과 가치창조 라는 冊名으로 편저 출간하게 되었습니다.

2023년 3월

편저자 **김 종 영**

추천사

본서의 저자인 김종영박사는 만학도로서 열정적인 학구열을 바탕으로 '장수기업으로 가는 길', '창업에서 장수기업으로', '강소기업으로 가는 길'을 집필하여 기업을 경영하는 경영자들에게 기업이 지속적으로 성장할 수 있도록 이정표를 제시하였습니다.

금번 집필하신 '기술경영과 가치창조'는 기업이 기술을 효과적으로 획득·관리·활용함으로써 기술의 사업화를 촉진하고, 경쟁 우위를 강화해 수익 창출을 극대화하기 위한 모델을 제시하고 있습니다. 1979년 창업 이후 40여년간 기업을 경영해 온 노하우를 바탕으로, 우수한 기술의 확보 뿐만 아니라 해당 기술을 제품화하여 성공적으로 목표시장에 진입시킬 수 있는 기술사업화를 기업 성공전략의 주요한 요인으로 기술하고 있습니다.

또한, 중소기업의 기업 성공을 위한 경영전략, 성공포인트를 제시함으로써 기업이 지속가능하고 장수기업으로 이어질 수 있는 핵심요소들을 제시하고 있습니다.

기술경영이란 기술에 경영을 결합하여 기업을 운영한다는 것으로 최근에는 단순히 기술과 연구개발 부문에 국한하지 않고, 생산, 설계, 유통, 정보 및 인력 양성 등 기업의 모든 활동 분야에 영향을 미칠 정도로 그 영역이 확대되고 있습니다.

본서를 통하여 업종을 막론하고 경영지식과 함께 기술지식이 적절히 조화를 이룸으로써 기업의 경쟁우위확보에 전략적 기술경영이 효과적으로 실천될 수 있기를 기대합니다.

2023년 3월 10일

한국유리산업협동조합

이사장 윤국현

추천사

현대 산업사회에서 4차 산업혁명은 인공지능, 빅데이터 등 디지털기술로 촉발되는 초연결 기반의 지능화 혁명으로 정의되고 있습니다. 그러나, 이는 단순히 기기와 시스템을 연결하고 스마트화 하는데 그치지 않고 훨씬 넓은 범주까지 아우르고 있습니다.

정보화 시대가 성숙됨에 따라 새롭고 창의적인 기술에 기반한 기업이 경쟁우위를 확보하고 부를 창출해내는 주역으로 등장하게 되었습니다. 기술경영이란 기술을 바탕으로 기업의 목표를 달성하기 위한 전략입니다. 그러나 아무리 고도의 잠재적 가치를 지닌 기술의 소유자라도, 기본적인 경영 지식과 경험이 부족하면 기업 경영은 실패로 끝날 수밖에 없습니다. 엔지니어들에게 경영 지식을 효과적으로 전달하고, 경영마인드를 고취시키고, 경영전략 수립능력을 배양하는 것은 현대 기업 경영에 필수적인 요소입니다.

글로벌 무한 경쟁체제하에서 기업의 경쟁력을 확보하기 위해서는 기업이 보유한 비기술분야의 자원과 기술분야의 자원을 유기적으로 통합하여 기업경영의 시너지 효과를 구현하고 궁극적으로는 끊임없는 기업혁신이 요구됩니다.

이 책은 기술을 가진 엔지니어들에게 그들의 관점에서 효과적으로 경영지식을 습득하도록 하고, 경영전공자들에게는 그들과 팀워크를 이루어 기술을 효과적으로 관리하여 성공적인 기업을 경영할 수 있도록 하기 위한 지식을 배양할 수 있도록 함과 동시에, 나아가 중소기업이 기술경영을 통하여 장수기업으로 성장하기 위한 필수 지침서로서의 역할을 할 것으로 기대합니다.

중소기업중앙회

회장 김 기 문

CONTENTS

표제목

그림제목

제1장

총 론

제1절 기술경영이란?
제2절 경영과 가치창조
제3절 미래의 기업은 어떤 면이 강해야 하는가?
제4절 미래 지향적(指向的) 기업의 형태

제 1 절

기술경영이란?

성공 Point 1

부국 강병의 길

결론부터 얘기하면 독립과 자유는 자격 있는 국가의 시민들만이 누릴 수 있는 획득 권리이다. 과학자들이 산업기술 개발을 위해 부단히 노력하고, 도전적으로 일류 기업을 키워가는 자유민주국가의 시민들이 자격자다.

제2차 세계대전 이후 영토 침략 전쟁은 자제되어 왔다. 유엔이 창설되고 승전국인 미국이 패전국인 독일과 일본을 재건시켜서 우방을 만든 효과였다. 자유를 채택한 나라들은 미국을 중심으로 자본주의 경제체제를 선호했다. 평등을 표방한 나라들은 소련을 중심으로 공산주의를 채택했으나 대개 독재 권력이 자유를 제한했다. 하지만 1991년 12월 종주국 소련이 붕괴되었다. 선도적인 산업기술 발전을 추구하며 기업의 자율성을 보장하는 국가가 부민강국을 이룬다는 것이 증명되었다.

전쟁사를 보면 최신 무기를 가진 국가가 모든 전쟁에서 이겼다. 일부 전투에서 예외가 있었지만 최종 승자는 항상 한 수 위 최신 무기를 가진 국가였다. 난공불락의 콘스탄티노플의 삼중 성벽도 우르반이 만든 거대한 대포에는 버티지 못했고, 최고의 해군력으로 진주만을 폐허로 만든 일본도 원폭 두 발에 항복했다. 임진왜란 때 풍전등화였던 조선도 이순신 장군의 수군이 판옥선과 함포로 지켜냈다.

제1절 기술경영이란?

기술경영이란 앞서 정의한 기술을 대상으로 어떻게 효율적이고 효과적으로 관리할 것인가를 다루는 학문분야이다. 그 목표는 성공적인 기술혁신에 있다. 기술경영은 최근 기술혁신의 중요성으로 인해 경영학의 타 기능분야보다는 상대적으로 최근에 부각되었고 그 용어도 다양하게 진화하고 있다.

1-1. 기술경영의 진화

❶ 기술혁신을 초점에 두고 관리

기술경영이란 용어는 처음 발생된 미국의 용어 변화를 따라서 다음과 같이 진화하고 있다. 과거에는 사내 자체개발에만 초점을 두었으나 개방형 혁신 페러다임의 등장으로 인해 점차 외부와의 협력이 강조되어 기술의 구매와 판매 등에 많은 관심을 두게 되었다. 또한, 과거에는 기술 자체에 많은 초점을 두었으나 점차 기술혁신을 어떻게 효율적으로 관리할 것인지로 초점이 이동하고 있는 추세이다.

(1) R&D Management(연구개발관리) : 자체 기술개발에 초점

(2) Technology Management(기술관리) : 기술 자체의 관리에 초점

(3) Management of Technology(기술경영) : 기술관련 모든 활동의 경영

(4) Technology-based Management(기술기반경영) : 기술중심 경영

(5) Technology Stategy(기술전략) : 기술전략 즉, 자체 내부 개발과 외부 구매 전략에 초점

(6) Strategic Management of Technology and Innovation(전략적 기술혁신 경영) : 기술에 기반한 혁신을 달성하기 위한 전략에 초점

기술경영에서 사용된 개념들이 통일되지 않고 다양하게 정의되고 있는 것처럼 기술경영이라는 용어도 계속 변화하고 있는 중이다. 가령 기업에서 기술적 혁신 프로세스의 연구에서 사용된 특정 매뉴얼들은 혁신관리(innvation management)라는 용어를 사용한 바 있다. 그러나 다른 사람들은 기술경영(technology management)을 사용하는 것을 선호한다. 그러나 이 개념이 경영보다는 기술에 초점을 둔다는 지적하에 다른 사람들은 관리 혹은 경영에 더 초점을 두는 기술과 혁신경영(management of technology and innvation) 혹은 기술

혁신경영(management of technological innvation)이라는 용어를 사용하기도 한다. 본 권에서는 현재 가장 보편적으로 사용되는 기술경영(management of technology: MOT)이라는 용어를 사용하도록 한다.

❷ 기술경영(MOT)의 정의

(1) 정태적 관점에서 기술경영

기술경영이란 성공적 기술혁신 달성을 위한 전략적 관리방안을 다루는 학문 분야이다. 폭넓게 사용된 정의는 기술경영을 조직의 전략적 및 운영적 목적을 수립하고 달성하기 위해 기술역량의 개발 및 실행의 계획, 지휘 통제, 조정을 포함한 프로세스로서 설명한다(NRC, 1987). 이 정의는 어느 정도로 기술의 하드(hard) 측면(과학과 공학)과 그것의 효과적 적용을 가능하게 하는 프로세스와 같은 소프트(soft) 차원들 모두를 결합한다. 그러나 기술경영과 관련된 기술적 및 관리적 이슈 사이에 명확한 구분을 하고 있지 않기 때문에 이것은 정태적인 정의라고 할 수 있다. 기술적 변화가 신제품 개발과 산업에 새로운 도전과 기회를 지속적으로 창출한다는 것을 고려하면 동태적 기술경영을 통해 이기회의 가치를 포착하고 전화하도록 할 필요가 있다.

(2) 동태적 역량으로서 기술경영

기술경영을 이해하기 위한 패러다임 혹은 관점 중 하나는 동태적 역량(dynamic capability) 이론 일 수 있다. 동태적 역량은 시간 압박을 받고 경쟁과 모방이 빠르게 나타나며 점차 진화하는 도전에 대응하기 위해 외부 자원, 전략적 및 보완적 자산, 기존의 핵심역량의 재구성/방향조정/변환/형성하고 통합하는 능력이다(Teece et al., 1997). 이 경우에 기술경영은 지속적으로 변화하는 기술역량의 개발과 활용으로서 인식될 수 있다. 그렇게 정의된다면, 기술역량은 기술을 관리하는 데 필요한 다양한 업무들을 실행하고 조정하는 루틴/활동들의 집합을 포함한 동태적이고 운영적인 역량 모두로 구성된다. 결과적으로, 동태적 역량 이론은 기술자산이라는 고정자산에 관심을 갖기 보다는 기업이 시간에 걸쳐 혁신을 위한 자원을 배분하는 방법, 그것이 기존 자원들을 어떻게 전개하는지, 그것이 새로운 자원들을 어디서 획득하는지를 설명하는데 집중한다.

❸ 기술경영의 목적

(1) 핵심은 경영목표를 명확하게

기업이 전략적 경영계획을 입안할 때의 핵심은 경영목표를 명확하게 하고 그것을 달성하기 위해 조직 내 제반자원을 적절히 배분하는 것이다. 경영전략은 대부분 기업의 미래상을 실현하기 위해 수립하며 경영전략의 수립에 있어서는 실현할 수 있는 구체적 수단까지를 명확하게 확정한다. 장기적인 관점에서는 기업의 진로를 결정하는 작업이 전략계획의 대부분을 차지하고 있는 것이 현실이다(신용하 외, 2003).

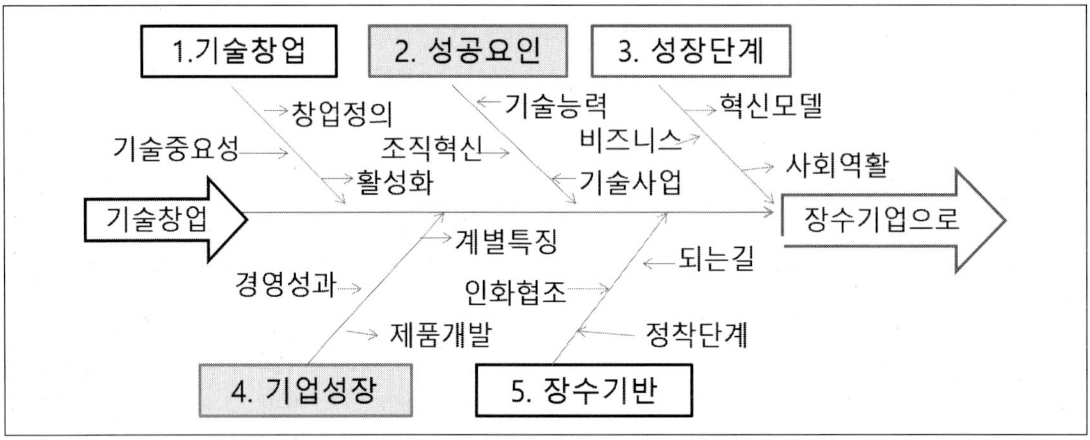

| 그림 1-1 | 기술창업에서 장수 기업으로

경영전략수립은 재무, 판매, 기술 관련 영역에 대한 미래의 방침을 결정하는 것이며 이러한 미래 방침을 기술적 관점에서 어떻게 추진할 것인가에 대한 구체적인 계획을 기술전략이라 하며 혁신적으로 관리하는 것이 기술경영이다.

최근에는 각 기업이 기술과 경영이 맥을 같이 해야 할 필요성을 인식하고 기술경영 전략을 수립하고 있다. 궁극적인 기술경영의 목적은 [그림 1-1]과 같이 조직 전체적인 관점에서 각 부문이 가지고 있는 기술, 지식 그리고 경험 및 노하우를 총체적·기능적으로 통합하고 조직이 자원, 하부구조 그리고 조직활동의 유기적 상호작용을 지원함으로써 조기의 발전과 경영성과 극대화를 도모하는데 있다.

(2) 목적의 최대 경영효과를 거두기 위해

기술경영의 궁극적인 목적을 가지고 최대의 경영효과를 거두기 위해서는

다음 여섯 가지가 선행되어야 한다.

- 경영자원의 내실화
- 인재개발의 적극화
- R&D관리의 철저
- 기술 부문의 조직화
- 경영전략과 기술전략의 연계강화
- 기술정책의 수립

상기한 여섯 가지 기술경영 목표관리 항목을 설명 변수로 두었을 때 어떤 변수가 기술경영의

목적을 가장 효율적으로 달성할 수 있는지를 인적·물적자원, 하부구조, 조직활동 등 기술경영 요소의 보유현황, 활용가능성 등 조직이 처한 환경에 따라 분석·평가되어야 하는 것이다.

1-2. 본원적 기술경영 활동

❶ 기술경영의 핵심

초기에는 기술경영 핵심 활동으로서 기술혁신을 달성하기 위한 기술역량에 주로 관심을 두었다. 이때, 마이클 포터(Michael Porter, 1985)의 가치사슬에서 기술경영은 핵심 비즈니스 프로세스에서 횡단적 지원 활동으로 고려되었다. 이러한 프로세스 활동의 핵심으로 규명, 선택, 획득, 활용, 보호, 학습이 존재한다.

(1) **비즈니스에 중요한 기술의 규명** : 탐색, 감사, 데이터 수집, 지능 프로세스를 포함한다.

(2) 조직에 의해 지원되어야 하는 기술의 선택

효과적 측정 혹은 평가 역량을 필요로 하며, 적합한 전략적 이슈들을 고려하는 의사결정 프로세스이다. 선택은 비즈니스 전략 수준에서 개발된 전략적 목적과 우선순위의 바람직한 이해에서 출발한다.

(3) 선택된 기술의 획득

기술이 내부적으로 개발, 어떤 방식의 협력, 외부 개발자로부터 획득될 수 있기 때문에 획득에 대한 의사결정은 개발-협력-구매(make-collaborate-buy) 의사결정 사이의 선택에 관심을 갖는다.

(4) 기업이 획득하기를 바라는 편익

다른 편익을 발생시키는 기술의 활용은 사업화를 의미하나 기대된 편익들이 기업 내 기술 실행, 흡수, 운영을 통해 발생 될 수 있기 때문에 더욱 폭 넓은 관리적 기능이다. 분명히, 기술의 획득 후에 R&D로부터 제조까지 혹은 외부 기업/파트너로부터 내부 제조부서 까지 중 하나의 기술이전을 포함하는 동화의 필요성이 존재한다. 다른 예시 프로세스는 점진적 개발, 프로세스 개선 및 마케팅을 포함한다.

(5) 제품과 제조 시스템에

내재된 지식과 전문성의 보호와 이 역량을 획득하기 위해 특허와 인력 보유와 같은 프로세스가 적절하게 유지될 필요가 있다.

(6) 기술의 개발과 활용 학습

이 활동은 기술 역량의 결정적인 부분을 형성한다. 그것은 기업의 내부 혹은 외부에서 수행된 기술 프로젝트와 프로세스에 대한 심사숙고를 포함한다. 이 프로세스와 지식경영 분야 사이의 강한 관련성이 존재한다.

이에 기초한다면 기술경영 프레임워크는 기업이 직면한 비즈니스 환경과 도전적인 상황에서 시간에 걸쳐 변화하는 조직구조, 시스템, 인프라, 문화와 구조 등에 관심이 주어졌고 그 수준은 전략, 혁신, 운영의 세 가지 차원에서 다루어진다. 이러한 기술혁신 관리를 위해서는 동태적 역량이 필수가 된다. 결과적으로, 기술경영의 핵심 프로세스는 기술적 옵션의 규명과 평가, R&D 자체의 관리, 기업의 전반적 운영에 기술의 통합, 제품과 프로세스에 신기술의 실행, 진부화와 대체 등이 고려 될 수 있다.

1-3. 기술경영 패러다임의 변화

시장 및 경쟁환경의 다변화, 고객 니즈의 다양화 및 세분화, 그리고 기술의 융복합화는 기업으로 하여금 경쟁에서 살아남고 이익을 창출하기 더욱 어려운 상환으로 이어지고 있다. 이러한 상황에서 연구개발(R&D)의 중요성이 한층 커지고 있다(Arthur D. Little., 2007).

❶ 연구개발의 세대의 구분

제1세대 R&D: 연구원의 지적 호기심에 기초한 연구개발로 시장성과는 연관성이 적은 연구개발 활동 위주의 특성을 지닌다.

제2세대 R&D: 마케팅 부서 등의 의뢰에 기초한 연구개발 활동으로서 어느 정도의 시장성을 고려하고 있는 것이다.

제3세대 R&D: 전사전략과 연구개발 전략 간의 적합성과 더불어 개별 프로젝트의 관리를 넘어서 포트폴리오 관점에서의 연구개발 프로젝트를 관리하기 시작하는 것이라 할 수 있다.

제4세대 R&D: 혁신과 창의를 기반으로 과학자들이 아닌 혁신가가 수행하는 것이다.

| 표 1-1 | **기술경영 패러다임의 변화**

제1세대 60년대	제2세대 70~80년대	제3세대 90년대	제4세대 최근
• 연구관리초점 자율성 유연성 • 혁신의 원천 과학자	• 연구관리 초점 효율성 경제성 • 혁신의 원천 연구원	• 연구관리 초점 시장성 수익성 • 혁신의 원천 고객, 마케팅	• 연구관리 처점 혁신성 창의성 • 혁신의 원천 Innovator

현재의 '제4대 R&D'는 혁신성과 창의성이 연구 관리의 초점이다. 그리고 혁신의 원천은 과거의 과학자, 연구원 그리고 고객으로부터 이노베이터(혁신가)로 옮겨지고 있다. 이노베이터를 어디서, 어떻게 찾는지가 제4세대 R&D의 핵심이다.

❷ 차세대 성장엔진으로서의 혁신경영

(1) 혁신경영의 의의 및 필요성

혁신경영은 환경의 변화와 고객의 요구에 유연하고 신속하게 대응하는 비즈니스 모델로서 소위 차세대 경영모델로 불리는데, 이는 지속적인 성장의 핵심 동인으로서 가치를 지니고 있으며, 기존의 지속적인 개선, 전반적인 품질관리, 또는 리엔지니어링과 같은 방식의 한계를 뛰어넘는 개념이라고 할 수 있다.

혁신경영 분야의 선진기업이라고 해서 반드시 연구개발에 막대한 자금을 투자하는 것은 아니다. 그러나 그들은 시장 도전에 대해 놀라운 유연성을 지니고 있으며, 새로운 업무 방식이나 기술개발을 시도할 때 "하면 된다"는 적극적이고 창의적인 자세를 보여준다. 선진기업은 혁신을 통해 기업의 수익을 증대하고, 성장을 촉진하며, 경쟁우위를 확보하게 된다.

(2) 새로운 사업 방식의 도입

기업의 수익 증가는 신제품 및 신규 서비스의 출시, 새로운 사업 방식의 도입을 통해서 이루어지며, 이러한 과정을 통해 기업은 혁신 프리미엄을 획득하게 되는 것이다. 혁신적인 기업은 강력한 고객 로열티와 브랜드 파워를 바탕으로, 고부가가치 제품과 서비스를 창출함으로써 고객들과 함께 혁신 프리미엄을 획득 할 뿐만 아니라, 조직원 사기를 유지함으로써 임직원이 함께 혁신 프리미엄을 누린다. 또한 공급망 관리 측면에서 공급업체의 선호도에 바탕을 둔 파트너십 체제 구축을 통해 혁신 프리미엄을 현실화하며 경영성과를 극대화한다.

반면에 혁신을 도외시하거나 그 중요성을 간과한 기업들은 매너리즘에 빠져 있는 것처럼 보이며, 그들의 운영방식은 여전히 전통적인 비즈니스 모델을 취하고 있다는 것을 쉽게 발견할 수 있다. 차세대 제품 출시가 제대로 이루어지지 못하고, 운영상의 비효율성이 존재하게 됨으로써 경쟁력을 점차 상실하게 되고 만다. 경쟁력의 상실은 경영성과의 악화, 우수 인재확보의 실패 등으로 이어져 미래에 대한 불확실성 증대라는 결과를 초래하게 된다. 따라서 미래의 기업 운명을 좌지우지할 수 있는 핵심으로 혁신경영은 '하면 좋은' 것이 아닌 '반드시 해야 하는' 기업의 경영방침이 되어야 한다.

1-4. 기술혁신 프로세스의 특징

기술혁신 프로세스의 중요한 특징은 연속적 특징, 경로의존성, 비가역성, 불확실성 등으로 이루어진다(Nieto, 2003).

❶ 기술의 축적과 연속성

기술혁신 프로세스의 본질은 시간에 따른 지식의 축적이다. 대부분의 기술혁신은 경험과 지식을 습득하는 학습과정을 통해 축적하는(cumulative) 방식으로 이루어진다. 따라서, 실험과 실패가 중요하고 다양한 기술혁신 원천에서 나오는 지식 및 정보 교류가 중요한 역할을 한다. 지식 양의 증가는 다음과 같은 여러 학습유형과 관련된 창의적 메카니즘을 통해 만들어진다.

(1) learning before doing : R&D 활동으로부터 도출된 학습

(2) learning by doing : 생산 프로세스에서 자연스럽게 발생

(3) iearning by using : 고객이 기업의 제품을 사용하는 다른 방식을 관찰하는 것으로부터 발생

(4) learning by failing : 실수한 의사결정을 분석하는 것으로부터 도출 이 유형의 학습은 새로운 기술 지식의 지속적 흐름을 발생시키기 때문에 점진적 특징을 지니고 있다.

전통적으로 위에서 제시한 여러 유형의 학습보다 R&D에 의한 급진성에 중요성이 더 많이 주어졌다. 그러나 R&D에 의해 수행된 혁신에 대한 역할을 너무 과대평가해서는 안된다. 지속적 개선과 점진적 혁신의 경제적 영향이 급진적으로 고려된 어떤 혁신의 영향보다 더 크게 나타날 수 있기 때문이다. 실제로, 기업은 자신의 혁신 노력의 80%는 기존 제품을 향상시키는데 바치고 단지 20%만을 신제품의 개발에 바친다는 주장도 있다(Rosenberg, 1996).

사실 급진적 혁신은 점진적 혁신이라는 작은 변화의 축적의 결과일 수도 있다. 급진적으로 고려되는 대부분의 혁신들(철도 시스템, 전기 조명 등)이 혁신 프로세스에 어떤 지속적인 특징을 부여하는 작은 변화들의 축적의 결과뿐일 수 있으며, 이에 기초한다면 급진적 혁신의 존재 자체가 의문시되기도 한다.

❷ 경로 의존성(path-dependence)

혁신 프로세스가 경로 의존적이라는 가정은 진화적 접근법에서 중요한 위치를 차지한다. 이것은 기술의 진화가 기본적으로 과거에 따라온 경로에 의존한다는 사실을 설명한다. 이 아이디어는 세 가지 단계로 요약된다.

(1) 어떤 순간에 동일한 기능에 작용하는 두 가지 다른 대안 기술 사이의 선택은 이전에 이루어진 선택에 의해 영향 받는다.

(2) 프로세스의 시작과 초기 선택의 내용에서 발생한 작은 역사적 사건들은 미래 진화에 필수적 역할을 한다.

(3) 이전의 선택은 다음 선택을 결정할 뿐만 아니라 각 대안이 선택될 가능성도 결정한다.

따라서, 지금 이루어진 기술적 의사결정은 혁신 프로세스의 미래 경로를 결정하면서 후속 학습 프로세스에 영향을 미칠 것이다. 두 기술이 동시에 나타나고 경쟁하는 상황에서 초기 의사결정의 내용은 매우 큰 중요성을 갖는다. 따라서 초기 프로토타입 개발의 예기치 못한 성공, 기술이 시장에 접근하는 순서, 초기 적용자들의 변덕, 정치적 상황 등과 같은 사소한 사건들은 어떤 기술이 지배적이 되는 충분히 큰 기반을 달성하도록 유인할 수 있다. 그들이 아무리 사소할 지라도 그 사건들이 발생하는 순서는 각 대안 기술의 확산에 영향을 미칠 것이고 미래의 제품 개발을 결정할 것이다.

이 전제는 혁신연구에서 관행적으로 사용된 다른 개념들에 암묵적으로 반영된다. 흔히, '기술 궤적(technological trajectory)' 혹은 '혁신가(innovation avenue)'를 통해 기술의 진화를 설명함으로써 혁신 프로세스의 누적적 본질을 반영하는 것이 일반적이다. 이들 기술 궤적/가는 특정 '기술 패러다임(technological paradigms)' 혹은 '기술 체제(technological regimes)'의 상황 내에서 작용한다. 다시 그러한 기술적 패러다임/체제는 기술의 미래 개발을 결정하는 '기술 이정표(technological guideposts)' 혹은 '지배적 디자인(dominant designs)'을 구축한다. 즉 기술 패러다임, 기루 체제, 기술 이정표, 지배적 디자인은 기술적 궤적/가를 따라 혁신 프로세스의 미래 진화를 결정하는 역사적 요인들을 반영하는 유사한 개념이다.

❸ 비가역성(irreversibility)

기술혁신은 불균형적인 과정의 특성을 보인다. 즉, 기술혁신은 기존 기술 시스템을 파괴하는 것을 의미한다. 기술이 한 번 혁신되면 신기술은 과거 상태로 돌아가지 않은 비가역성을 지닌다. 원래 비가역과정이란 열역학분야의 용어로서 가역적이지 않은 과정, 즉 이전 상태에서 현재 상태가 되었을 때 다시 이전 상태로 돌아갈 수 없는 경우를 말한다. 이러한 현상은 기술혁신에서도 발생할 수 있다. 주어진 기술 궤적의 상황에서 기술 개발은 결과를 향상시키는데 공헌하는 여섯가지의 피드백 메카니즘을 통해 신지식을 창출한다. 아래의 여섯 가지 메카니즘은 다시 경쟁하는 대안 기술들을 파괴시켜 지배적 기술을 더욱 강화한다. 즉, 기술적 혁신 프로세스를 비역행하도록 만드는 다양한 유형의 긍정적 피드백이 존재한다.

(1) 실행에 의한 학습(learning by doing)

이것은 생산 활동들에서 반복적인 업무의 성과로부터 무작위로 발생한다. 이 학습 유형은 학습 효과 및 경험 효과와 함께 고려될 수 있다.

(2) 사용에 의한 학습(iearning by using)

사용자들이 신기술과 접촉하게 될 때 처음에 예측되지 못한 고객의 경험에 기초한 디자인 향상이라는 학습이 발생한다. 이 유형의 학습 잠재력은 특히 첨단기술 부문에서 자주 나타난다.

(3) 네트워크 외부성(network externalities)

기술이 확산 될 때 네트워크 효과라고 불리는 외부성이 항상 발생한다. 이 현상은 두 유형으로 구분할 수 있다.

- 직접효과(direct effects): 기술 사용자들 수의 단순한 증가는 모든 사람의 유용성을 증가시킨다. 예를 들어 이메일, 팩스, 전화, 철도 등의 사용자 수가 증가할수록 그 사용자의 효용이 향상된다.
- 간접효과(indirect effects): 보완적 서비스의 공급 증가에 기인한다. 예를 들어볼 수 있는 DVDD의 수의 증가로 인해 DVD플레이어의 효용이 증가한다.

(4) 규모의 경제(economies of scale)

기술의 확산 및 대량 사용은 그러한 신기술의 일부분을 형성하는 중요한 요소들(기계, 시설, 부품)의 대량 생산을 허용하고 그 결과 생산의 단위비용을 줄인다.

(5) 보완기술(complementary technologies)

기술의 확산은 어떤 초점 기술의 적절한 작동을 보장하거나 성과를 향상시키는 보완적 특성을 갖는 신기술 개발을 유인한다.

(6) 신기술에 대해 이용 가능한 정보의 흐름

기술이 확산될 때 대규모 정보가 발생되고 이것은 기술 지식의 향상에 공헌한다. 어떤 기술적 대안에 대한 정보의 확산은 잠재적 사용자들의 행태에 영향을 미치고 결국 그것의 성과를 향상시키는데 공헌할 수 있다.

요약하면, 이들 여섯 피드백 매카니즘의 결합된 행동은 혁신 프로세스를 비역행하도록 만드는데 기여한다. 기술이 확산될수록 그 기술이 미래에 계속 확산될 가능성이 커진다. 그 이유는 학습, 네트워크 효과, 규모의 경제, 보완적 기술에 기인하여 적용의 장점이 증가하기 때문이다. 그러나, 어떤 기술 궤적을 버리는 것은 이들 장점을 포기하는 것을 의미한다. 사실 특정 궤적에 기초한 기술 진화는 오래전에 기각된 대안적 기술이 다시 경쟁하는 것을 막아주는 역할을 하기도 한다.

1-5. 불확실성 시대의 기술혁신

❶ 경쟁력 원천으로서 기술혁신

생존(survival), 경쟁력(competitiveness), 지속가능 경쟁우위(sustainable competitive davantage) 등 기업의 성장과 관련한 다양한 용어가 혼용되고 있다. 그중에서 가장 일반적으로 사용되는 경쟁력의 원천은 어떻게 변화되었을까?

본격적으로 기업과 시장의 개념이 정립된 1760년 산업혁명 초기에는 원가(cost)가 중요하였다. 이는 산업혁명 시대에 우수한 설비와 생산성에 기반한 대량생산 체제를 통해 경쟁력을 확보할 수 있게 되었다는 의미이다. 즉, 많은 자본과 우수한 설비를 보유한 기업이 가장 뛰어난 경쟁력을 보유한 시절이었다.

이후, 다양한 제품이 시장에서 경쟁함에 따라 고객의 품질에 대한 관심이 증가하여 품질(quality)이 경쟁력의 새로운 원천으로 등장하였다. 이 수준이 어느 정도 충족된 후에 고객은 다양한 자신들의 요구에 적합한 제품을 찾게 되어 이에 대응하는 제품 유연성(flexibility)과 시장에 다양한 신제품을 경쟁자보다 신속하고 정확하게 제공하는 속도(delivery)에 관심을 갖게 되었다. 이러한 전통적인 경쟁력의 원천과 더불어 현재는 기술혁신(technological innovation), 지속가능성(sustainability), 기업의 사회적 책임(corporate social responsibility), 기업윤리(business ethics), ESG(Environment, Social, Govemance) 등이 새로운 경쟁력 원천으로 등장하고 있다. 그러나, 이 중에서도 가장 중요한 원천 중 하나는 바로 기술혁신이다.

❷ 성장엔진으로서 기술혁신

기술혁신은 환경 불확실성이 심화됨에 따라 새로운 경쟁력 원천으로서 필요할 뿐만 아니라 다음의 구체적 환경변화에 의해서도 중요성이 설명될 수 있다.

(1) 기술혁신은 기업 성공의 가장 중요한 동인으로 인정받고 있다. Booz, Allen and Hamilton (1982)은 기업 연 수익의 30% 이상이 신제품 출시에서 비롯됨을 보여주고 있다.

(2) 세계화로 인해 경쟁압력이 가중됨에 따라 기업은 제품혁신을 통해 새롭고 차별화된 기능을 선보이면서 기업의 이익을 유지하거나 향상시킬 수 있도록 노력하고 있다. 아울러 공정혁신을 통해 효율적이고 경쟁력을 갖춘 생산이 이루어지도록 노력하고 있다.

(3) 정보통신기술(Information and Telecomunication Technology: ICT)의 발달로 인해 신속한 기술혁신의 개발이 용이해졌다. 즉, 전세계의 기술을 단 몇 초만에 학습할 수 있게 되었고 관련 인력들의 협력이 더욱 빈번해 졌다.

(4) 시장의 동향으로서 제품 수명 주기가 짧아져 제품의 진부화가 빨라지고 이에 따라 신제품 출시 빈도가 더욱 단축되었다. 나아가 고객 요구에 대한 적극적 대응 차원에서 대량생산(mass production)에서 벗어나 대량 고객화(mass customization)가 기업의 일반적인 목표가 되고 있다.
결국, 이러한 환경변화에 대응하기 위해서는 기술혁신이 반드시 달성해야 할 기업의 주요 목표가 될 수밖에 없게 되었다.

❸ 일류 국가로 가는 길

우리는 누구나 일류국가 일류국민이 되기를 원한다. 원하는 희망을 행동으로 옮겨갈 때 가능의 수치가 보인다. 대한민국은 산업화와 민주화 모두 이뤄낸 모범 국가다. 하지만 기성세대는 "내 자식들이 더 나은 내일을 살 수 있을까?" 걱정한다. 젊은 세대는 "단군 이래 최대 스펙을 가졌는데 취업도, 집 마련도, 결혼도 어려워 절망적"이라며 분통을 토로한다. 기회가 부족하니 공정에 대한 갈증이 커진다. 이때 원인은 사회가 않이라 자신이라는 인식 전환이 필요하다 생각을 바꾸면 보이는 것도 들이는 것 달라지기 때문에 새로운 길이 보인다는 것이 희망도 있다. '헬조선'의 절망 속에서도 '국뽕'의 기쁨을 느끼는 국민이 많다. 세계가 한국을 사랑한다. BTS 등의 활약으로 세계에서 한국어 공부 열풍이 불고 있다. 한국어가 유엔의 일곱 번째 공식 언어에 도전하는 기회가 될 수 있다. 주요 글로벌 도시에선 한국식 식당이 명소가 되고 있다. 한국은 매력적인 나라라는 국가 브랜드가 생겼다.

이제 명실상부한 G7 일류 국가로 나아가야 한다. 무엇이 일류 국가를 만드는가? 5000만 인구로 미국과 중국 같은 전략 국가가 될 수는 없다. 우리가 유럽 대륙에 있었다면 걱정이 적을 것이다. 그러나 미·중·일·러에 둘러싸인 한국은 더욱 과감한 발상과 담대한 전략을 가져야 한다. 나는 그것이 '문명 플랫폼 국가'라고 생각한다. 중국의 진나라, 고대 그리스, 네덜란드, 그리고 영국과 미국은 변방의 나라에서 문명 창조 국가가 됐다. 우리도 할 수 있다는 자신감을 가지자.

첫째, 문화 플랫폼 국가로서 세계를 잇는 다리가 되자.

100년 전 버트런드 러셀은 "동양과 서양을 연결하는 나라가 문명의 주인공이 될 것"이라고 말했다. 아시아 인구가 47억명, 북미와 유럽은 11억명이다. 한국은 동서양을 이을 힘이 있다. 불교와 유교, 개신교, 천주교가 모두 공존하면서도 종교 갈등이 없는 거의 유일한 나라다. 문화는 정신적 풍요의 기반이자 막강한 미래 산업이다. 문화 관광 산업은 미래 핵심 산업이다. 아시아의 할리우드는 이제한국이 될 것이다.

둘째, 디지털 플랫폼 국가로서 미래를 선도하자.

통신망 인프라 건설, 벤처 육성을 통해 한국은 IT 강국으로 일어섰다. 전통산업과 신산업 모든 영역에서 새로운 디지털 혁명을 일으켜야 한다. 아시아 벤처의 메카로 거듭나겠다는 담대한 꿈을 꿀 때다. 아시아의 실리콘밸리는 이제 한국이 될 것이다.

셋째, 해양 플랫폼 국가로 나아가자.

'지도를 거꾸로 보면 한국인의 미래가 보인다'라는 제목의 책이 있다. 이미 신라 장보고가 역사에서 그 저력을 보여줬다. 싱가포르와 네덜란드를 넘어서는 해양 국가의 길을 가야 한다. 아시아 바닷길의 중심은 이제 한국이 될 것이다.

플랫폼 국가가 되려면 반드시 해야 할 일들이 있다. 먼저 창업의 열기가 들끓는 나라가 돼야 한다. 그래야 일자리가 생긴다. 선진적인 교육, 의료 시스템을 갖춰야 세계적인 인재들이 한국으로 몰릴 것이다. 이 모든 것의 기본은 성숙한 민주주의 위에서 꽃을 피워야 한다는 점이다.

이런 구상을 말하면 "그러면 얼마나 좋겠어요? 그런데 가능하겠어요?"라고 묻는 이들이 많다. 반도체도, 제철도, 자동차 산업도 모두 세계는 안 된다고 했지만 우리는 해냈다. 미·중 경쟁 속에서 그런 담대한 도전에 성공할 때만 한국이 살아남을 수 있다. 꿈의 크기만큼, 노력의 깊이만큼 성장한다. 대한민국이여, 문명 플랫폼 국가의 장대한 꿈을 함께 이뤄보자. 여기 (기술경영의 진보에 대해 이광재 선생의 글을 인편집한다)

용어 설명

연구개발관리(R&D Management)
기술관리(Technology Management)
기술경영(Management of Technology)
기술기반경영(Technology-based Management)
기술전략(Technology Stategy)
전략적 기술혁신 경영(Strategic Management of Technology and Innovation)
혁신관리(innvation management)
기술경영(technology management)
기술과 혁신경영(management of technology and innvation)
동태적 역량(dynamic capability)
개발-협력-구매(make-collaborate-buy)
기술 체제(technological regimes)
기술 이정표(technological guideposts)
지배적 디자인(dominant designs)
지배적 디자인(dominant designs)
비가역성(irreversibility)
실행에 의한 학습(learning by doing)
사용에 의한 학습(iearning by using)
규모의 경제(economies of scale)
보완기술(complementary technologies)

기술혁신(technological innovation)
지속가능성(sustainability)
기업의 사회적 책임(corporate social responsibility)
기업윤리(business ethics)
ESG(Environment, Social, Govemance)
정보통신기술(Information and Telecomunication Technology: ICT)
대량생산(mass production)
고객화(mass customization)
경쟁력(competitiveness)
지속가능 경쟁우위(sustainable competitive davantage)

참고 문헌

1. 소상공인 창업준비단계 요인에 관한 연구, 외식업을 중심으로, 한밭대학교 창업경영대학원 창업학과, 이정관, 2015년 8월
2. 강인성 2002.12 제조물 책임 대응과 설비 생산성향상에 관한 연구: TPM활동을 중심으로 생산성 논집 16권 제3호
3. 소상공인 경쟁력 제고 방안-중진기금 내 소상공인 진흥계정신설과 연계-, 관계부처합동, 2012. 9. 19
4. 중소기업을 위한 조세지원제도에 관한 연구: 조세특례제한법을 중심으로 연구고찰, 백현호, 숭실대학교 중소기업대학원, 2002
5. 기술경영. 기술의 정의 기술경영의 의미. 윤재홍 지음 이프레스 발행
6. 新規事業開発の成功·失敗の要因分析 伊藤嘉浩 人文学部 法経政策学科 山形大学紀要(社会科学) 第37巻第2号 -210-
7. 事業計画作成とベンチャー経営の手引きベンチャーを順調に成長させるため,総務省ICTベンチャー向け事業計画作成支援コース 2008年 3月

요 약

기술혁신을 초점에 두고

(1) R&D Management(연구개발관리)
자체 기술개발에 초점

(2) Technology Management(기술관리)
기술 자체의 관리에 초점

(3) Management of Technology(기술경영)
기술관련 모든 활동의 경영

(4) Technology -based Management(기술기반경영)
기술중심 경영

(5) Technology Stategy(기술전략)
기술전략 즉, 자체 내부 개발과 외부 구매 전략에 초점

(6) Strategic Management of Technology and Innovation(전략적기술혁신 경영)
기술에 기반한 혁신을 달성하기 위한 전략에 초점

기술경영활동

(1) 비즈니스에 중요한 기술의 규명
탐색, 감사, 데이터 수집, 지능 프로세스를 포함한다.

(2) 조직에 의해 지원되어야 하는 기술의 선택
효과적 측정 혹은 평가 역량을 필요로 하며, 적합한 전략적 이슈들을 고려하는 의사결정 프로세스이다.

(3) 선택된 기술의 획득
기술이 내부적개발, 어떤 방식의 협력, 외부개발에서 획득될 수 있기 때문에 획득에 대한 의사결정은 개발-협력-구매 의사결정사이의 선택에 관심을 갖는다.

(4) 기업이 획득하기를 바라는 편익
다른 편익을 발생 기술 활용의 사업화를 의미하나 기대된 편익들이 기업내 기술실행, 흡수, 운영을 통해 발생될 수 있기 때문에 더욱 폭 넓은 관리적 기능이다.

(5) 제품과 제조 시스템에
내재된 지식과 전문성의 보호와 이 역량을 획득하기 위해 특허와 인력 보유와 같은 프로세스가 적절하게 유지될 필요가 있다.

(6) 기술의 개발과 활용 학습
이 활동은 기술 역량의 결정적인 부분을 형성한다. 그것은 기업의 내부 혹은 외부에서 수행된 기술 프로젝트와 프로세스에 대한 심사숙고를 포함한다.

* 새로운 사업 방식의 도입
기업의 수익 증가는 신제품 및 신규 서비스의 출시, 새로운 사업 방식의 도입을 통해서 이루어지며, 이러한 과정을 통해 기업은 혁신 프리미엄을 획득하게 되는 것이다.

제2절

경영과 가치창조

성공 Point 2

선도적인 기술이 성공운명을 가름한다

선도적 기술이 운명을 갈랐다. 과거에도 선도적 기술 습득을 위해서는 스파이 활동도 서슴지 않았다. 영국의 방적 기술도 롬브 형제가 볼로냐에서 목숨을 걸고 훔쳐 왔다. 우리나라 면화 산업도 문익점 선생이 중국에서 훔쳐온 목화씨로 시작했다. 임진왜란 때 일본은 전쟁 중에도 조선의 도공들부터 끌고 갔다. 선도적 산업 기술 도입을 위해서는 목숨을 걸었다.

현대사회에서도 G2 국가인 미·중이 대한민국을 얕보지 못하는 것은 무엇인가? 반도체 기술 때문이다. 반도체 없는 대한민국을 상상해보라. 반도체 기술자들이 정말 자랑스럽다. 선도적 기술은 모두가 같이 해내면 좋겠지만 소수의 엘리트들만이 해낼 수 있다. 오징어게임과 BTS처럼 SKY대학과 대치동 학원에서 가르치지 않은 것이 왜 세계적인 스토리가 되었는지 성찰하자. 자율성을 보장해야 탁월한 인재들이 탄생한다.

제2절
경영과 가치창조

2-1. 가치창조를 위한 경영 생활

❶ 피터 드러커가 말하는 미래 사회

현대인의 삶은 고도로 발달한 문명의 혜택을 받으며 삶을 이어가고 있다. 고도의 문명은 우리에게 편리함의 혜택을 주었지만 이 과정에서 우리는 많은 혼란을 경험하며 사라왔다. 흔히들 21세기를 불확실성의 시대라고 말하고 있다. 미래를 설계하며 앞으로의 시간을 보내야 하는데 불확실성이란 우리의 미래를 암담하고 선명(鮮明)하지 못하게 한다.

피터 드러커는 미래의 사회를 지금까지의 사회와는 전혀 다른 경영환경의 급격한 변화. 신기술의 등장 심화되는 경영환경 등으로 특징지어지는 초경쟁환경(hyper-competition)이라 정의하고 있다. 이러한 환경의 소용들이 속에서 각국의 중요기업들은 존속과 성장을 위해 새로운 경영전략과 기법개발에 노력을 하고 있다.

이과정에서 경영혁신, 경영혁명, 경영파괴라는 경영전략들을 구상하게 이르렀다. 이러한 현상들은 기업뿐만 아니라 개개인의 생존전략이기도 하다.

현대인들은 삶의 시작부터 생을 마감할 때까지 제품, 서비스, 시간, 등을 소비하면서 그들의 욕구와 필요를 충족시킨다. 많은 제품과 서비스의 홍수 속에서 소비자들은 그들의 욕구를 충속시킬 대안을 선택하며 이대안을 얻기 위해 지불해야 하는 대가를 동시에 생각 하게 된다. 제품과 서비스를 선택하는데 있어 소비자들은 대안을 제공할 수 있는 가치(value)를 고려해 자신에게 가장 큰 가치를 가져다줄 수 있는 것을 선택하게 된다. 경영에 있어서도 가치는 기본적인 요소이다.

❷ 소비자가치향상과 기업가치향상

소비자들의 가치를 높이고 기업의 가치를 높이려는 노력은 경영자의 필수요건이라 하겠다. 경영에서 가치를 높이는 것은 효율성과 깊은 관계를 갖고 있다 경영자는 가치를 높이는 노력은 업무의 효율성을 통해 가치를 높이고자 한다. 효율성은 치열한 경쟁과 한정된 자원속에서 경영목표를 달성할 수 있도록 최소한의 투입과 최대의 산출을 가져오려는 것이다.

경영에 있어서 가치라는 것은 매우 중요하며 현대인의 생활 속에서도 가치 창조는 곧 미래와 연결된다. 기업에 있어서 가치 창조 경영이란 기업의 모든 의사 결정 기준을 매출과 이익 중심이 않인 경제적 이익에 근거한 가업 가치를 중심으로 사업을 관리 하는 것이다. 이를 가치 중심 경영 또는 가치 중시 경영이라고 한다. 이는 근시안적 관점에서 벗어나 장기적 수익성을 기준으로 기업 활동을 기획·실행·통제 하는 것이다.

현대사회는 지식정보화 사회이며 창의적이며 체계적인 지식이 사회적 근간을 이루고 있다. 또한 경영의 효율성은 현대사회에서 가장 필수적인 요소이며 개인과 사회에 영향을 미치고 있다. 기업경영은 영리를 목적으로 하는 기업조직 에서만 이루어지는 것이 아니라 비영리 단체에서도 경영의 중요성이 부각되고 있다. 이에 따라 경영의 개념과 원리를 이해하고 경영이론을 조식과 사회생활에 적용할 필요성이 있는 것이다.

경영학은 학문적으로 이론적인 체계가 있는 과학인지 실무를 위한 단순기법인지 에 대한 논쟁이 있어왔다 경영학이 응용학문이기 때문에 이와 같은 논란의 여지가 있는 것이다. 그러나 경영학은 역사적으로 상당기간 하나의 기법으로 알려졌으며 과학적 증명이 제기됨으로서 과학적 기법을 통해 학문으로 거듭나고자 하였다 오늘날 경영학은 이론과학과 응용과학의 성격을 동시에 지닌 기법이라고 할 수 있다.

현대의 많은 사람들은 경영에 대해 많은 관심을 갖고 이를 배우기 위해 노력하고 있다. 자본주의 사회에서 국가발전의 중요 요소가 기업을 통한 부의 창출이라면 기업이란 조직을 어떻게 운영하느냐가 중요사이며 관심을 가질 수밖에 없는 것이 당연지사이다. 경영활동으로 인한 경영현상을 명확이 설명하기 위해서는 경영현상에 대해 과학적으로 분석하고 접근해 나가야 한다. 이런 의미에서 경영학은 보편타당성을 갖는 실질적 도움을 주는 실용성 학문이다.

여기에서 우리가 경영학을 학문으로 배우고 연구하여야 되는 이유를 찾을 수 있다. 경영은 보편타당성과 실용성을 갔고 있기 때문에 궁극적으로 우리의 삶의 질을 향상시키는데 큰 영향을 미치고 있다. 따라서 경영학에 대한 학습과정을 통해 지식을 습득하고 활용하는 한편 지속적인 연구로 새롭고 가치있는 정보와 지식을 창조하여야 한다.

❸ 가치창조와 생존의 법칙

이지구상에서 사라 남을 종족은 가장 강한 종적이 아니고 가장 지적인 종족도 아닌 환경변화에 가장 잘 적응하는 종적이다 라고 다윈은 말한바 있다. 이는 동식물뿐만 아니라 개인 더 나아가서는 조직에도 적용되는 것이다 따라서 급격한 변화와 소용돌이 속에 변화를 창조하고 활용하는 조직은 발전하고 그렇지 못한 조직은 도태되는 것이다 변화를 위해서는 모든 영역에서 기존의 모습을 버리고 새로운 혁신의 물결에 동참하여야 한다. 현재의 디지털혁명의 시대에 있어서는 지속적으로 경쟁우위를 확보하기에는 매우 어려운 기련기가 다가오고 있다.

이에 대응하는 것은 끊임없이 위기의식을 갖고 변화를 감지하며 빠르고 정확하게 대응하는 혁신적 노력만이 새로운 경쟁우위를 확보하게 될 것이다. 디지털 혁명은 기존의 전통적 경영 패러다임과 비교해볼 때 훨씬 많은 가치를 만들어 내고 있다.

오늘날의 디지털 경영은 인터넷과 같은 정보통신망을 통해 이루어진다 이러한 디지털 경영은 데이터-정보-지식이라는 일련의 지식창출과 순환 과정으로 이루어진다.

❹ 디지털경영의 네가지 특징

첫째, 지역·거리·시간의 차이가 없어진다. 업무영역을 넓이고 효율성이 증대된다.

둘째, 금융써비스와 통신 그리고 수성 분야와 같은 서비스산업이 글로벌화되면서 인프라스트럭치(infrastructure)를 만들고 있다. 대표적인 것이 글로벌 금융시스템이다.

셋째, 글러벌 서비스 경영은 지식중심의 지식사회를 간과할 수 없으며 지식중심 사회에서 가장 중요한 자원은 정보와 아이디어이다.

넷째, 국경없는 기술교류로 국가와 지역 관계없이 동일하게 만든다. 즉, 전세계 국가들이 균일한 경제선장을 이룰 수 있는 기반을 제공한다.

이러한 디지털 경영의 특징은 개인의 업무를 효율화 시키고 팀의 효율을 높이며 결과적으로 기업에 새로운 부가가치를 창출해 낼 수 있게 한다.

디지털 경영의 발전은 가치창조 경영으로 이어진다. 디지털경영으로 세계의 글로벌화가 이루어지고 기술융합과 고객의 가치제공이 중요한 경쟁우위의 원천이 되고 있다.

2-2. 새로운 경영 패러다임

❶ 새로운 경영패러다임 구축

세계경제를 주도하는 선진기업들도 새로운 경영패러다임 구축에 총력을 가우리고 있다 이들 기업들은 주력사업 영역의 변경 인터넷 전략적 활용 자력 주의에서 제유로의 전환 등을 통해 변화하는 환경에 맞추어 발 빠르게 변신하고 있다. 이러한 전략의 궁극적인 목적은 차세대 이익원천의 발굴에 있다 양질의 제품을 저렴하게 공급한다는 전통적 제조업 사고로는 수익창출이 어려운 것이 현실이 되기 때문이다.

제조업의 이익원천도 서비스로 이동해 궁극적으로 모두 서비스 컴퍼니가 된다는 취지에서 나온 개념이다 제조업의 대명사인 자동차 산업에서도 제조와 딜러부분에서 전체매출의 60%를 차지하지만 이익률이 높은 활동은 리스, 보험, 대출 등 자동차 금융관련 부분이다. 개별기업으로 보면 IBM은 새로운 성장 엔징으로 서비스를 지목했으며 유나이티드 테크놀러지스는 경영의 사명을 에어컨 판매에서 편안함 제공으로 바꾸기로 했다.

❷ 미래 기업경영 모델로

비즈니스위크에서 미래 기업경영 모델로 지목한 네트워크 장바 산업 1위 업체 시스코 시스템스는 고객 최우선주의 실천을 가장 중시하여 종업원 만족 기술 리더쉽 협력경영 인터넷활용 브랜드가치 활용 등을 추구하고 있다. GE는 벽 없는 조직과 워크아웃, 스피트 경영 등의 문화를 통해 끊임없는 변신으로 여전이 우량기업의 위치를 지키고 있다. 선진기업들은 특히 변화와 변신 없이는 생존 지속이 어려울 것으로 인식하고 대응능력을 길러가고 있다. 마이크로소프트의 빌 게이츠 회장은 그의 저서 생각의 속도에서 언젠가 경쟁에서 뒤처져 사라질 때가 올 것이다. 다만, 그 시기가 늦게 오기를 바랄 뿐이다 라고 말한 바 있다. 이러한 새로운 경영패러다임을 이해하고 적극 수용할 필요가 있다.

피터 드러커(Peter F. Drucker)는 다음 사회의 모습을 이미 우리 주변에 와있거나 아니면 급속이 다가오고 있다고 말하고 있다. 또한 새로운 사회는 신경제보다 훨씬 더 중요할 것이라고 밝히고 있다.

❸ 네 가지 중요전망

첫째, 새로운 고용구조가 창출

노령인구의 급속한 증가와 젊은 인구의 급속한 감소로 전통적 근무형태에서 다양한 형태의 노동력이 시장에 참여하게 될 것이라 전망된다. 예를 들면 임시직, 파트타이머, 컨설턴트 특수 작업 요원 등의 구조가 전망된다.

둘째, 지식사회의 등장이다

지식이 지식사회의 핵심 자원이 되며 지식근로자가 노동력의 지배적 집단이 될 것이다. 이에 따라 지식사회의 중요특징은 국경이 없어지고 상승이동이 쉬워지며 실패 가능성이 높아진다고 밝히고 있다. 뚜렷하게 증가할 부류는 지식 기술자이며 이는 컴퓨터, 소프트웨어, 디자이너, 임상실험분석가, 제조 기술자 법률 전문가 등 전문 지식인 들이다

셋째, 사회구조적 측면에서

농업과 제조업의 쇠퇴로 각 국가에서는 자유무역을 외치지만 보조금이나 쿼터, 각종규제 수단을 동원해 외부와 배타적인 태도를 취하는 경제지역 블록이 등장할 가능성이 높아질 것으로 보인다.

넷째, 다국적 기업의 전략

현재도 다국적 기업의 활동이 활발하지만 앞으로는 다국적 기업이 전략에 따라 통합되고 통제되며 각종계약을 바탕으로 차츰 연합조직을 만들어 불럭을 형성하게 될 것이다. 따라서 이런 조직에 맞는 새로운 종류의 최고 경영자가 필요로 할 것이다

대부분 국가에서 그리고 대규모 기업들과 복합기업들에게 최고 경영자는 여전이 내부 경

영관리의 연장선에서 인식되고 있다. 그러나 미래의 최고경영자는 독특하다고 회사와 분리된 기관이 될 것이다. 특히 다국적 기업의 최고경영자가 당면할 가장 중요한 과제 가운데 하나는 기업이 단기적으로 성과를 올리고 상호 충돌되는 요소의 균형을 잡으며 한기업의 다양한 이해관계자 즉 고객, 주주, 지식근로자, 그리고 지역 사회의 이해사이에 균형을 잡는 일이 될 것이다.

이러한 시대의 변화는 경영의 패러다임을 바꾸게 된다. 또 새로운 소비자와 새로운 환경요인으로 경영의 패러다임은 변화하게 되는 것이다. 환경의 급변은 경험에 의한 판단으로 실패를 초래할 수 있다. 과거의 성공이 단절되는 시대 불확실성 시대에는 경영자가 새로운 패러다임을 받아드리고 이를 활용 할 수밖에 없을 것이다. 이를 위해서는 기존의 선입견과 사고의식을 버리고 새로운 시각에서 관찰하고 사고하는 변화가 절실히 요구된다고 하겠다.

2-3. 기업가치 창조란

가치는 기업 및 투자자 모두에게 아주 중요한 데마다 기업은 투자자에게 가치를 제공함으로서 성장 발전에 필요한 자금을 조달할 수 있고 투자자는 제공한 자금의 대가로 투자수익을 올릴 수 있다. 이론적으로 기업가치는 기업이 창출하는 미래 현금흐름의 현재 가치를 의미하고 기업 가치의 최대화를 도모하는 것이 기업의 목적과 경영자의 의무요 책무이다.

❶ 기업가치

기업은 미래 수익을 창출하기 위해 투자하며 투자자금을 타인자금과 자기자금으로 조달한다. 재무상태 표를 보면 오른쪽 대변(부채와 자본의 부)은 주주와 금융 기관 등으로부터 자금조달 왼쪽 차변(재산의부)은 자산이 어떻게 운영돼 있는가를 각각 표시하고 있다. 차변의 자산과 대변의 부채 및 자본은 항상 균형을 이루기 때문에 대변의 증가는 운영할 수 있는 자금의 증가를 의미하고 이것이 미래의 수익을 만들어내는 원천이 된다.

이 경우 기업가치는 타인자본의 가치와 자기자본의 가치를 더해 산출하거나 주식의 시가총액에 순차입금을 더해 산출한다. 순차입금은 총차 입금에서 현금, 예금, 투자증권(단기성 유가증권)을 차감한 금액이다. 이를 식으로 나타내면 다음과 같다.

기업가치 = 타인자본의 가치(채권자의 가치) + 자기자본의 가치(주주의 가치)
= 시가총액 + 순차입금(총차 입금 - 현금. 예금 - 단기성 유가증권)

그러나 주주는 타인자본의 제공자는 채권자와 달이 기업미래의 경영성과에 대해 위험을 부담한다. 따라서 자본제공자인 주주를 기업의 진정한 소유주로 보는 것이 일반적인 견해다. 이 경우 주주(자기자본)가 소유하고 있는 권리가 주식 형태로 증권시장에서 거래되고 있기 때문에 기업 가치는 주가에 발행주식 총수를 곱한 시가 총액이 된다.

기업가치=시가총액 = 주가 × 발행주식, 총수
(기업 가치창조와 IR경영, IR. Best Practice의 실무지침서)

❷ 기업가치 창출요소

기업 가치를 짧은 기간에 올리는 방법은 없다. 기업가치에 영향을 주는 여러 요인들의 변동에 따라 기업 가치는 상하로 변동하고 주가 또한 변동한다. 일반적으로 기업 가치는 (a) 기업을 구성하고 활동하는 임직원 성취동기의 크기 경영자와 공유하는 그 기업미래의 꿈 (b) 기술혁신 창의적 연구에 의해 개발된 제품 및 서비스에 대한 고객의 강한 호응도 와 고객의 확대 (c) 이들 요소가 기업 성장성과에 종합적으로 반영돼 기업의 사회적 지명도가 높아지고 브랜드 파워가 향상될 때 그에 비례해 높아진다.

기업가치를 창출하는 방법으로 기업은 기술혁신 시장점유율 개선 저비용생산 창의적 마케팅 실시, 자본비율을 상회하는 수익률을 제공하는 미래를 위한 투자 등을 통해 투자수익율(ROI; retum on investment)을 개선하고 장기성장을 도모한다.

또한 가치를 창출하는 방법으로 성과가 좋지 않거나 무수익 재산을 처분하기도 한다. 이러한 경영상의 개선활동은 현금 흐름을 창출하는 핵심가치 창출요소들을 제공한다.

중요한 가치창출 요소들로는 매출성장, 영업이익율, 설비투자, 운영자금투자, 세금에 대한 현금 소득 등을 들 수 있다. 여기에 성공적인 브랜드 제품 존경 받는 기업의 평판, 배타적 특허기술 라이선스 독점 사업권도 포함된다. 배당 또한 많은 투자자들로부터 가치의 중요 구성요소로 인정된다.

❸ 기업가치를 창출하는 재무전략

기업은 사업의 주체로서 내재가치를 높이기 위해 다양한 전략적 조치를 취한다. 1989년 미국의 미첼사(Mitcheji & Company)가 매출액 50억 달러 이상의 대형 상장기업 75개사를 대상으로 실시한 조사에 따르면(기업별 10-15년간) 주가 관리 노력에서 가치평가에 긍정적인 영향을 미치는 것으로 나타난 중요 전략들은

- 기업의 강점과 전략적 관계가 있는 사업의 인수
- 수익성과 중요 비율들을 인하시키는 사업의 처분
- 성장 전망에 대한 경영진의 자신감을 주주들에게 신호하는 충분한 량의 자사주 매 입이었다.
- 성과가 좋은 자회사의 기업공개
- 시장 또는 사업추세를 상회하는 배당의 증가

- 대규모로 비용을 축소하는 비용절감 프로그램
- 곤경에 처했을 때 투자가 낙관론을 일깨우는 자본의 재구성 등이다.

상기전략들의 가치창출은 물론 주가관리에 미치는 영향이 매우 크기 때문에 기업 스토리 작성과 관련해 중요 데마가 될 수 있는 포인트 들이다. 이러한 전략적 조치들에 대해서는 담당자가 항시 유의하고 있어야 한다(기업가치창조와 IR경영, IR. Best Practice의 실무지침서).

2-4. 기업의 존폐와 성장의 결정 요인

❶ 기술혁신과 기업의 존폐

첫째로 기술혁신은 그 자체로서 기업의 존폐와 성장에 결정적인 영향을 미치기 때문에 매우 중요하다. 그 동안의 많은 연구와 실제 사례를 살펴보면, 수 많은 기업들이 그것도 초일류 기업들이 생존의 무대에서 사라진 것을 확인 할 수 있다. 한 때 승승장구하던 휴대폰의 강자 노키아가 스마트폰의 신기술에 적용하지 못하고 MS에 합병되어 사라졌으며, 감광표면기술이라는 신기술과 이를 꾸준히 개선하여 아날로그 카메라 필름으로 110년간 세계 1위를 이어왔던 코닥은 2000년 초 디지털 카메라의 등장으로 파산하였다.

실제로는 디지털 카메라 제작 기술 을 가지고 있었다는 데서, 1970년대 미국 필름 시장의 90%, 카메라 시장의 85%를 차지하여 카메라 필름의 제왕으로 군림하던 코닥이었다. 그리고 2000년에는 직원이 8만 명이나 되었 던 큰 조직에서조차 혁신보다는 안주를 선택하기 쉽다는 사실에 놀랍다. 경영컨설팅사 등 전문가들은 기업의 평균 존속년도가 점점 단축되고 있다는 분석을 내놓고 있다.

경제 잡지 포브스(Forbes)는 글로벌 100대 기업의 평균 수명이 약 30년에 불과하며 이들 기업이 70년간 존속할 확률은 18%에 불과하다고 발표한 바 있다. 많은 기업들이 고차원의 경영 목표와 비전 아래에서 신사업을 발굴하고 그리고 성장하기 위해서 부단히 경쟁 하고 있지만 기업의 수명이 단축되고 있는 것이 사실이다. 이처럼 생존이 점점 어려워지는 불확실한 환경 속에서 기업들은 살아남기 위해 선택과 집중을 통해 몸부림치면서 전략적 변신을 꾀하고 있다.

다음과 같은 수 많은 사례를 통해서도 기술혁신의 중요성은 더할 나위 없이 강조됨을 알 수 있다.

- 비디오 대여점으로 미국 전역에서 2000년대 초에 최대 9,000여 개 매장을 운영하고, 4,000만 명 이상의 회원을 유지해 오던 블록버스터(Blockbuster)는 DVD로 매체가 변경되는 시기까지는 생존했으나, 당시 아날로그 콘텐츠가 디지털 콘텐츠로의 변화와 어떤 화면에서도 영화 감상이 가능한 N-Screen 스트리밍 방식으로의 전환, 중앙 물류시스템 구축, 연체료 없는 온라인 주문 방식, 개인화 추천 알고리즘의 도입 등에 능력을

보인 리드 헤이즈팅즈(Reed Hastins, 1960~)의 넷플릭스(Netflix)사의 새로운 비즈니스 모델에 의해 소멸되고 말았다. 고객들은 인터넷이나 스마트폰 앱을 이용하여 원하는 시간에 장소에 구애받지 않고 다양한 멀티미디어 콘텐츠를 다운로드 받아 감상할 수 있게 되었다.

- 미국 최초로 할인점 개념을 도입하여 100여 년 가까이 유통업체 1위 자리를 고수했던 K마트가 자신의 사업 전략만을 고주하다가, 자가용 인공위성으로 기업 내부의 본사, 물류센터와 매장들은 물론 납품업체까지를 IT기반의 첨단 네트워크 물류시스템을 활용한 월마트가 원가우위전략으로 시장의 판도를 뒤집는 바람에 역전되어 결국 K마트는 파산하고 말았다.
- 1975년, 코닥의 한 엔지니어가 디지털 카메라를 만드는데 성공했다. 그때만 해도 필름과 현상, 인화가 절대 진리로 통하던 시절이라서, 디지털 카메라는 꿈조차 꾸기 힘든 제품이었다. 코닥 경영진도 처음엔 디지털 카메라에 흥미를 보였다. 하지만 결론은 "해 오던 일이나 잘하라"는 명령이었다. 흥미롭긴 하지만 주력 업종인 필름 카메라 사업이 더 중요하다는 게 그 이유였다. 엉뚱한 곳에 힘을 분산시키지 말라는 호통이 떨어졌다. 2009년 필름사업을 접어야만 했고, 132년 역사를 자랑하던 코닥은 결국 뉴욕 법원에 파산보호 신청을 하게 되었다. 혁신을 외면했던 대가는 혹독했던 것이다. 해상도 높은 디지털 카메라가 스마트폰에 일상화된 지금에 와서 보면 코닥은 기술혁신의 중요성을 너무 간과한 씁쓸한 사례이다.
- 국내에서 한때 350만 명이라는 당시 거의 모든 온라인 사용자를 회원으로 거느렸던 IT 업계의 절대 강자 '하이텔'이 2004년 공식적으로 폐업하였다. 그 원인은 인터넷의 보급으로 PC통신이라는 서비스 자체가 파멸한 데 있었다. 인터넷 기술이 모바일 기술 환경으로 전환된 이 시점에도 기업이 지속적으로 성장하기 위해서는 제품 경쟁력만으로는 부족하고 미래를 선도하기 위한 새로운 성장엔진을 꾸준히 발굴해야 한다는 시사점을 제기하였다.

우리나라에서도 대기업과 많은 중소기업들에 있어서 그 부침이 더 심하다고 할 수 있다. 경쟁대상이 글로벌화되고, 고객 욕구와 기술 수명은 급속히 변화하는 추세에 따라서 기업의 생존과 지속적 성장에 중요한 핵심역량이 과거의 '노동력 및 자본'이나 '비용우위'에서 이제는 '기술(technology)'과 '혁신능력(innovation competence)의 우위'의 개념으로 전환된 것 이다. [표 1-2]에서와 같이 역사적으로도 기업들이 기술혁신의 중요성을 인식하고 전략적으로 새로운 기술을 끊임없이 확보하고, 고부가가치 기술로 혁신하는 기업들은 시대적으로 경쟁에서 도태되지 않고 성장할 수 있었다. 따라서 후세에 살아남는 기업은 가장 크고 가장 강한 기업이 아니라, 지속적으로 혁신하고 끊임없이 고객을 감동시켜 나가는 기업이라고 할 수 있다.

| 표 1-2 | 전략적 혁신기업의 성공적인 기업 사례

구분		변화모습	
		과거	현재
해외	IBM	업무용 대형 컴퓨터	종합 비즈니스 솔루션 제공
	GE	플라스틱, 가전 등	제조, 금융, 에너지, 서비스(환경중심)
	애플	컴퓨터	IT기기 및 소프트웨어
국내	삼성전자	가전	반도체, 통신/IT기기
	LG전자	가전	디스플레이, 통신/IT기기
	SK(주)	섬유	이동통신 서비스, 에너지 등

이와 같이 기업에서 기술혁신이 중요하게 된 이유는 크게 두 가지 측면에서 볼 수 있다. 첫째로는 기술이 급속하게 변화하는 이유이다. 새로운 경쟁자로부터 신제품이 지속적으로 출현함으로써 제품수명이 단축되고 급속한 기술혁신에 의해 대체 제품이 출현하는 등 기업 이 가진 기술이 급속하게 변한다. 따라서 기업들이 지속적인 경쟁우위를 지켜내기 위한 체계적인 기술혁신이라는 과제에 당면하게 된 것이다.

둘째로는 고객의 욕구가 다양하게 변화(sophisticated)되고, 세분화(segmented)됨에 따라서 이에 대응하기 위해서는 기업이 기술혁신을 통해서 최적화되고, 참신한, 고품질 및 고부가가치 제품과 서비스를 제공해야만 한다. 고객의 욕구가 변화하는 속도는 1년 전의 전략이 오늘에는 실패 전략이 될 정도로 빠르게 변한다. 고객의 이러한 다양한 선택권을 존중하여 차별화된 기술을 개발하고 다양한 기술 요소들의 결합을 통해서 새로운 시장을 형성하고 빠르게 변화하기 위해서는 기술혁신이 매우 중요하다.

미국에서 편의점의 효시로 창업되어 후에 일본에서 인수하여 현재에 이르고 있는 유통 업체 세븐일레븐(7-Eleven)에서 나온 통계에 의하면 전체 3천 개의 품목 중 약 70% 정도가 1년 이내에 바뀐다고 한다. 이와 같이 다양한 산업 부문에서 상품과 관련된 기술의 비중이 증가하고 그 수명주기가 짧아진 첨단기술(하이테크) 시대에서는 과거 기술을 알고, 미래를 예측하는 이른바 온고이지신(溫故以之新)의 기술혁신 마인드가 매우 중요하다 하겠다.

2-5. 경영자의 자질

기업을 이끌어 가기 위해서는 경영자만의 독특한 과업추진 능력과 자질을 겸비해야 한다. 경영자는 천의 얼굴을 가진 사람처럼 다양한 역할을 해야 한다. 또한 오케스트라의 지휘자와 같이 다양한 소리를 하나의 통일된 조화로 이끌어 내야 한다.

그렇다면 현재 성공한 경영자들은 공통적으로 어떤 자질을 갖추고 있을까? 여기에 대해서는 여러 의견이 있다. 그러나 어느 정도 경영학에 대한 학문적 기반과 기업경영에 대한 실무적인 경험을 갖추고 여기에 다음과 같은 속성을 지녀야 한다는 것이 공통된 의견이다.

❶ 경영자가 갖추어야 할 능력

(1) 추진력

추진력이란 한 개인의 동기부여를 의미하기도 하고 어떤 과업을 적극적으로 수행하려는 노력이라고 할 수도 있다. 따라서 추진력에는 책임감, 주도적인 노력, 열정, 인내력, 포부 등이 결합되어야 한다. 경영자는 기업의 창업과 경영에 남다른 열정과 에너지를 가지고 있어야 하며, 사업을 진행하는 과정에서도 계획, 조직, 경영, 지휘, 통제활동과 관련된 경영활동에 주도적인 역할을 수행해야 한다.

(2) 인간관계

인간관계능력은 주로 정서적인 안정, 대인관계 기술, 사교성, 타인에 대한 배려와 감정이입을 포함하는 개념이다. 감정이입은 다른 사람의 입장에서 사물을 바라보고 타인의 느낌과 공감하려는 의지이기 때문에 타인의 느낌과 사고를 생산적으로 파악할 수 있게 한다. 이러한 인간관계능력은 고객이나 종업원의 입장을 올바르게 이해함으로써 사업경영에 많은 도움을 준다. 경영자는 궁극적으로 고객이나 종업원은 물론 이해관계자들과도 좋은 관계를 유지해야 하기 때문에 인간관계능력은 사업성공에 중요한 영향을 미치는 요인이 된다.

(3) 정신력

경영자에게 요구되는 정신력은 지적능력과 창조력, 사고력, 분석력 등을 포함 하는 개념이다. 경영자는 이러한 정신적 능력에 의해 사업상 당면문제를 체계적으로 분석해 내고 창조적으로 문제 해결책을 제시하며 합리적인 일처리를 할 수 있어야 한다. 또한 경영환경이 어렵다 해도 신념과 정열을 가지고 문제를 해결해야 한다.

(4) 기술적 지식

성공을 위해서는 궁극적으로 좋은 품질의 제품과 서비스를 생산해야 한다. 이를 위해서는 필요한 기술과 방법을 정확히 알고 있어야 한다. 이러한 기술에 관한 지식은 제품제조기술, 설비가동기술, 판매기법, 재무 분석기법 등을 포괄하는 개념으로 이해되어야 한다.

(5) 커뮤니케이션 기술

커뮤니케이션 기술이란 말이나 문서로써 자신의 의사를 효과적으로 전달하는 능력이다. 경영자가 사업을 원활하게 운영하기 위해서는 고객, 종업원, 공급자, 채권자 등과 효과적인 의사소통이 이루어져야 한다. 의사소통 기술이 부족하면 아무리 좋은 사업 아이디어와 수완을 가지고 있다 해도 경영자의 뜻이 잘 전달되지 못하기 때문에 커뮤니케이션 기술은 사업경영에 필수적인 요소이다.

(6) 의사결정능력

경영자가 사업운영과 관련하여 정확한 의사결정을 시의 적절하게 내리는 것은 사업 성공에 중요한 영향을 끼친다. 여러 가지 실현 가능한 대안들을 상호 비교·평가하고 그 중에서 가장 최적의 안을 선택하는 의사결정기법은 기업이 나아가야 할 여러 방안 중에서 가정 적절한 방향을 선택하는 길잡이가 된다.

(7) 개념적 능력

개념적 능력이란 복잡한 현상들 중에서 그 현상의 진의나 핵심을 명쾌하고 간결한 형태로 파악하여 재구성하고 그 문제와 관련된 해결책을 발견하고 제시 할 수 있는 능력을 말한다. 사업의 전체적인 흐름을 파악해야 하는 경영자에게는 이러한 개념적 능력이 무엇보다 뛰어나야 한다. 아무도 간파하지 못하고 있는 기회를 포착하고 그에 관한 효과적인 대안을 제시할 수 있는 능력이 경영자에게 있다는 것은 기업 경영에 있어 매우 중요하다. 또한 기업 내부에 관 한 문제도 전체조직의 특성과 문제점을 파악하여 조직의 각 부문들이 기업 목표를 향해 힘을 모을 수 있도록 해야 한다.

(8) 사업수행능력

앞에서 설명한 능력 이외에도 실제 창업과 사업 수행을 위해서는 창의력과 경영기술이 더욱 필요하다. 즉, 경영자는 창의력과 혁신 그리고 경영기술과 노하우를 겸비해야 하며 뛰어난 기업가정신을 갖추어야 한다. 창의력은 뛰어나지만 경영기술이 부족한 사람은 창업보다는 발명가의 길을 택하는 것이 좋으며 경영기술은 뛰어나지만 창의력이 부족한 사람은 행정가나 관리자가 될 가능성이 높은데 오랜 경험 속에서 성공의 비결인 노하우를 쌓을 수 있을 것이다.

❷ 바람직한 경영자상

바람직한 경영자상은 창의적 경영자세, 과학적 및 민주적 경영방식, 현대적 경영이념으로 체계화할 수 있으며 이를 구체적으로 설명하면 다음과 같다.

(1) 창의적 경영자

오늘날의 경영자는 기업의 성장, 발전에 대해 스스로 책임을 지고 이를 위한 혁신적 경영을 하려는 강한 의욕을 가지는 창의적 경영자이어야만 한다. 따라서 이들은 타성화된 경영방식을 수동적으로 따르기만 하는 관료적 경영자나 자신의 지위안정과 이익만을 위주로 하는 이기적 경영자가 돼서는 안 된다.

(2) 과학적·전문적 경영자

오늘날의 경영자는 기업경영 전반과 관련되는 과학적이고 전문적인 지식을 배양하여 이를 바탕으로 기업을 경영할 수 있어야만 한다. 이는 매우 빠르게 변화하고 있는 최신의 경영기법과 도구를 활용할 수 있는 능력을 갖추고 있어야만 함을 뜻한다. 따라서 이들은 일반적 관행이나 직관 등에 의해 경영을 하는 경험주의적 경영자와는 달라야만 한다.

(3) 민주적 경영자

오늘날의 경영자는 조직구성원의 자발적·자주적 협조를 얻어낼 수 있도록 민주적 리더십을 바탕으로 한 권위를 형성해야 한다. 기업의 구성원에게 생활 공동체, 운명공동체라는 배를 같이 타고 항해하고 있다는 연대의식을 심어줄 때 그들의 협조를 확보할 수 있고 생산성도 향상될 수 있다.

(4) 현재적 경영이념

오늘날의 경영자는 기업의 1차적 목적인 이익의 창출을 위해 매진하는 동시에 기업의 여타 사회적 역할에 대한 책임도 완수하는 방향으로 노력해야 한다. 따라서 특정 집단만의 이익을 위해 단기적인 안목에서 경영할 것이 아니라 좀 더 장기적이고 거시적인 안목 하에서 균형적 경영을 할 것이 요청된다. 경영자와 관리자에게 요구되는 실무능력은 사고력, 지도력, 기술력 등이 있다. 사고력은 복잡하고 장기적인 문제를 풀고 전체조직을 상호작용 하는 체계로 파악하는 능력이고 지도력은 다른 직원들과 효과적으로 교류하며 인적자원을 이끌어 가는 수단이다. 기술력은 컴퓨터 등 도구를 사용하며 전문지식을 응용하고 절차와 기술을 관리하는 능력이다.

용어 설명

블록버스터 (Blockbuster)-큰 자금을 투자하여 만든 영화
DVD로 매체-digital video disc
가능한 N-Screen 스트리밍-여러 개의 정보기기로 같은 콘텐츠를 이용할 수 있는 차세대 네트워크 서비스
기술(technology)-테크놀로지
혁신능력(innovation competence)-이노베이션 컴피턴스
변화(sophisticated)-소피스티케이티드
세분화(segmented)-세그멘티드

참고 문헌

1. 정책기획연습 최종보고서 (2013년 8월 19일) 중소 기업청 중소기업간 협업을 통한 중 소 기업 경쟁력 재고의 방안
2. 중소 중견기업의 글로벌화와 강소기업 육성의 방안(2013년 2월) KIET 산업경제특집 중소 벤처기업실 연구원 이영주

3. 강소기업의 전략환경 및 조직구조가 기업활동과 성과에 미치는 영향, 경북대학교 경영학부 허문구. 이병환
4. Journal of Strategic Management. 2014. 12. 이병환, 허문구 강소기업의 전략, 환경 및 직구조가 기업활동과 성과에 미치는 영향
5. Peter F Drucker on Innovation 피터드러커의 위대한 혁신, 권영설, 전미옥 옮김, 한국경제신문사 발행, p.121. 새시장 개척

요 약

가치창조

생존의 법칙 이지구상에서 사라남을 종족은 가장 강한종적이 아니고 가장 지적인 종족도 아닌 환경변화에 가장 잘 적응하는 종적이다 라고 다원은 말한바

(1) 디지털경영의 네가지 특징

첫째, 지역, 거리, 시간의 차이가 없어진다. 업무영역을 넓이고 효율성 이증대 된다.

둘째, 금융서비스와 통신 그리고 수성분야와 같은 서비스 산업이 글러벌화되면서 인프라스트럭치(infrastructure)를 만들고 있다. 대표적인 것이 글로벌 금융시스템이다.

셋째, 글러벌 서비스 경영은 지식중심의 지식사회를 간과할 수 없으며 지식중심 사회에서 가장 중요한 자원은 정보와 아이디어이다.

넷째, 국경없는 기술교류로 국가와 지역 관계없이 동일하게 만든다. 즉 전 세계 국가들이 균일한 경제선장을 이룰 수 있는 기반을 제공한다.

* 고객의 이러한 다양한 선택권을 존중하여 차별화된 기술을 개발하고 다양한 기술 요소들의 결합을 통해서 새로운 시장을 형성하고 빠르게 변화하기 위해서는 기술혁신이 매우 중요하다.
* 인터넷 기술이 모바일 기술 환경으로 전환된 이 시점에도 기업이 지속적으로 성장하기 위해서는 제품 경쟁력만으로는 부족하고 미래를 선도하기 위한 새로운 성장엔진을 꾸준히 발굴해야 한다는 시사점을 제기하였다.

기술적 지식

성공을 위해서는 궁극적으로 좋은 품질의 제품과 서비스를 생산해야 한다. 이를 위해서는 필요한 기술과 방법을 정확히 알고 있어야 한다. 이러한 기술에 관한 지식은 제품제조기술, 설비가동기술, 판매기법, 재무분석기법 등을 포괄하는 개념으로 이해되어야 한다.

(1) 사업수행능력

경영자는 실제 창업과 사업 수행을 위해서는 창의력과 경 영기술이 더욱 필요하다. 즉, 경영자는 창의력과 혁신 그리고 경영기술과 노하우를 겸비해야 하며 뛰어난 기업가정신을 갖추어야 한다.

(2) 인간관계

인간관계능력은 주로 정서적인 안정, 대인관계기술, 사교성, 타인에 대한 배려 와 감정이입을 포함하는 개념이다. 감정이입은 다른 사람의 입장에서 사물을 바라보고 타인의 느낌과 공감하려는 의지이기 때문에 타인의 느낌과 사고를 생산적으로 파악할 수 있게 한다.

제3절

미래 기업은 어떤 면이 강해야 하나?

성공 Point 7

1. 확고부동한 목표를 세워라

목표는 수행의 스피드 목표가 불확실하게 방황의 세월을 보낼 것인가? 확고한 목표로 인생여정을 설계할 것인가? 결과의 진가는 다르다. 일단 인생의 목표를 세우고 나면 그 목표의 삶의 기준으로 삼아라. 중요한 일과 중요하지 않는 일의 선택기준은 목표기준에 따라 분리수행 한다. 큰 인물의 성공자는 성공 하기전에 확고한 인생목표를 세웠다는 점이다. 그들의 성공은 목표를 견지하면서 끊임 없이 노력을 기울였다는 것이다.

2. 성공하는 사람은 남다르듯 실패하는 사람도 뭔가 다르다

성공에 대한 자신감이 없는 사람은 가난의 짐을 지고 사라간다. 성공하는 사람의 실행 법칙인간이란 그 사람의 사고의 집합으로 일의전심무사불성(一意全心無事不成)이라 자기가 하고자 하는 일에 얼마나 몰두하느냐가 성패의 갈림길을 가리킨다.

제3절

미래 기업은 어떤면이 강해야 하나?

3-1. 기업의 유연성을 높혀야 한다

❶ 기업은 기업의 특성을 갖게 될때 변화에 적응력을 같는다

1. 유연성(Flexibility)
2. 대응성(Responsiveness)
3. 민첩성(Agility)
4. 임파워먼트(Empowerment)
5. 지식(Knoweldge) 등 5가지 특성을 갖게 될 때 급변하는 경쟁 환경에 (기업은 그 규모에 상관없이)서도 생존하고 성장할 수 있게 됩니다.

기업이 이런 특성을 가능한 많이 가지게 되기 위해서는 먼저 유연성이 높아야 합니다. 기업은 기존의 것에 집착하지 않고 탄력적이고 지속적으로 변화를 추구하는 유연성을 가져야 합니다.

❷ 대응성을 높혀야 한다

다음으로 대응성이 높아야 합니다. 조직이 환경변화를 제대로 감지하기 위해서는 환경에 관련된 지식이 있어야 하고, 새로운 변화를 감지하려면 기존 가치나 질서에 얽매이지 않는 유연성도 필요하며, 나아가 조직원이 주체의식을 가질 수 있도록 환경을 이루어져야 하고 그를 분석하여 그 분석결과에 대해 적절한 의미를 부여하려는 적극성도 있어야 합니다.

또한 적절한 대응책이 강구되는 시스템 구조을 마련하여 그것을 행동으로 옮기는 데에도 관련 지식, 정보의 흡수력 조직의 유연성, 구성원의 창의성, 적극성 등이 필요합니다.

❸ 민첩성이 높아야 합니다

다음으로 민첩성이 높아야 합니다. 오늘날과 같이 실시간 변화되어 가는 시대에는 민첩함이 있어야 경쟁력을 현실화 시킬 수 있습니다. 이를 실현 성공으로 가기 위해서는 조직원 책임 의식이 강화되어야 하고 지식, 정보 흡수력이 향상되어야 합니다.

❹ 임파워먼트(Empowerment)를 잘해야 합니다

다음으로 임파워먼트(Empowerment)를 잘해야 합니다. 임파워먼트란 책임과 권한을 조직 구성원에게 이양함으로써 구성원 스스로가 주체 의식을 가지고 주어진 과업을 적극적으로 책임 있게 수행하려는 심리적 믿음을 말합니다. 임파워먼트는 조직의 민첩성, 대응성, 지식 등에도 불가결의 요소이다.

여기에는 종·사간에 화목과 공영공생의 기업풍토가 자리 잡고 소통문화가 향상되어야 가능하여 집니다.

임파워먼트가 결여된 조직에서는 민첩성이 있을 수 없으며, 조직원이 열심히 학습하지도 않기 때문에 지식을 축적해 나갈 수도 없고, 그 결과로 인해 적절한 대응력도 생기지 않습니다. 이로 인해 기업은 보이지 않는 사이 퇴보의 길을 가고 있는 것이다.

❺ 학습을 통한 지식 정보 축적

관련 분야의 새로이 변하여가는 지식정보가 부족하면 보이지도 들리지도 않습니다. 이러할 때 과거부터 가지고 있던 지식과 정보로 판단하여야 되기 때문에 시대착오적인 판단으로 조직을 쇠퇴하게 된다는 것입니다. 마지막으로 지식 정보의 수준이 높고 강해야 진보한다는 것입니다. 조직이 환경변화를 감지하는 데 있어서 관련 지식이 필요하고, 이에 대응해 나가기 위해 전략을 수립하고 실천해 나가는 데에도 지식과 행동력이 필요합니다.

위에서 제시한 5가지를 영문의 첫 글자들로 조합하여 보니 'FEAR-K'라는 말이 됩니다. 그 뜻은 변덕스러울 정도로 변화에 잘 적응하는 조직'이라는 뜻으로 우리나라 기업들도 이와 같은 특성을 제대로 인식하고 행동하는(영일화성) 기업이 된다면 'FEAR-K'즉, 경쟁의 타사가 두려워할 정도의 영일화성으로 변모될 것입니다.

3-2. 중소기업은 어떤 모습이 되어야 하는가?

❶ 종사간 소통으로 창의성 가치창조

중소기업은 그 규모가 작기 때문에 복잡한 관계를 규정하는 사규나 계층도 적고 맡은 바 직무간의 관계도 신축적이어서 본질적으로 유연성을 가지기 쉽습니다. 규모가 큰 대기업 보다는 의사결정의 민첩성이 우수하고 현장감이 높은 관계로 대응성도 높게 마련입니다. 하지만 만약 효과적 학습을 통하여 지식획득을 제대로 하지 못하면 이러한 장점을 살리기 어렵게 됩니다.

전통성 기업조직이란 上命下從이요 年功序列의 형태로 기업 조직들이 운영되어 왔다. 그러나 시대와 교육 환경과 과학문명이 급속도로 발전하여감에 따라 발전하는 변화에 적응하기 위해서는 전통적인 방법으로는 한계에 부터 치게 되었다. 그래서 下意上達 創意性開發 발상력 향상이 요구되고 있다.

년공서열로 조직이 운영되는 것이 아니라 직능 결과 평가의 제도로 운영 효률성을 높이고 있다. 전통적인 중소기업에서는 지식수준이 낮은 저급 인력들이 좌절속에서 일하기 쉬운데 비해, 벤처기업에서는 높은 수준의 지식을 가진 전문인들이 임파워먼트를 바탕으로 역동적인 경쟁력을 창출해내고 있습니다. 기술의 발전과 경쟁의 가속화 등에 대응하여 한 기업이 계속 경쟁력을 확보하면서 동시에 중소 기업적 장점을 살리는 방법으로 외부 네트워크를 형성하고 있으며, 그 형태가 바로 미래 기업의 새로운 조직 대안으로 주목받고 있습니다.

❷ 기업의 연대로 경쟁력 제고

이 경우 중심이 되는 기업은 중소규모 이지만 네트워크에 연결되는 기업들 중에는 대기업도 포함 될 수 있습니다. 서로 밀접한 관련을 가지게 되는 부분입니다. 어떤 경우이든 네트워크를 형성하고 있는 기업들은 해당 분야에서의 전문성을 축적하여 상당한 경쟁력을 지니고 있으며, 네트워크를 구축함으로써 비록 개별 회사 이름은 달라도 마치 하나의 거대기업과 같은 효과를 누리고 있게 됩니다. 이렇게 작은 중소기업이나 EBU로 구성되어 있어서 이들은 높은 유연성, 민첩성을 최대한 활용할 수 있게 됩니다.

네트워크형 중소형 기업이 있는 반면 사이버 기업도 있습니다. 사이버기업이란 가상공간상의 가상 기업이란 인터넷 등 정보통신매체를 기반으로 독립적인 전문가 및 전문조직들이 범세계적인 가상공간상에 네트워크를 형성하여 활동하는 독립적 기업을 말합니다. 이런 유형의 기업은 가상공간에서 자유로운 활동을 하게 되며 조직의 형태를 갖춘 기업 역시 하나의 참여단위가 될 수 있는데, 그 기능은 전문적 지식기업에서 부터 단순 생산업체까지 다양합니다.

❸ 프로젝트 중심의 업무수행과 중소기업

최근 새로운 비즈니스 모델로 등장한 다양한 인터넷 기반 e-business의 성공과 정착이 이 형태의 기업을 현실화 되어 가고 있습니다. 프로젝트 중심의 업무수행은 무엇을 어떻게 언제까지 라는 것을 명확이 제사고 목표 지향적으로 업무를 수행하기 때문애 성취율이 높은 시스템이라 하겠습니다.

그리고 프로젝트 중소형 기업도 있습니다. 프로젝트 중심의 임시기업은 특정 목적을 위해 임시적으로 형성되었다가 그 목적을 달성하면 해체되는 형태의 기업을 의미합니다. 임시기업에서는 프로젝트의 목적을 달성하기 위해 요구되는 다양한 하부 기능과 역할을 수행하기 위해 전문성을 가진 개인(Free lancer) 또는 소규모 조직이 모여 함께 활동하게 되는데 이와 같은 형태의 기업을 찾아보기가 용이하지 않습니다. 그 이유는 자기가 설립한 기업에 대해서는 끝까지 애착을 가지고 성장 발전시키려는 성향이 높아서 임시로 설립 된 기업에는 애착을 가지고 일하는 사람이 많이 없기 때문입니다. 하지만 최근 벤처의 활성화와 기술시장의 출범, M&A에 대한 인식 전환 등으로 다양한 기업 형태의 하나로 정착할 것으로 예상됩니다.

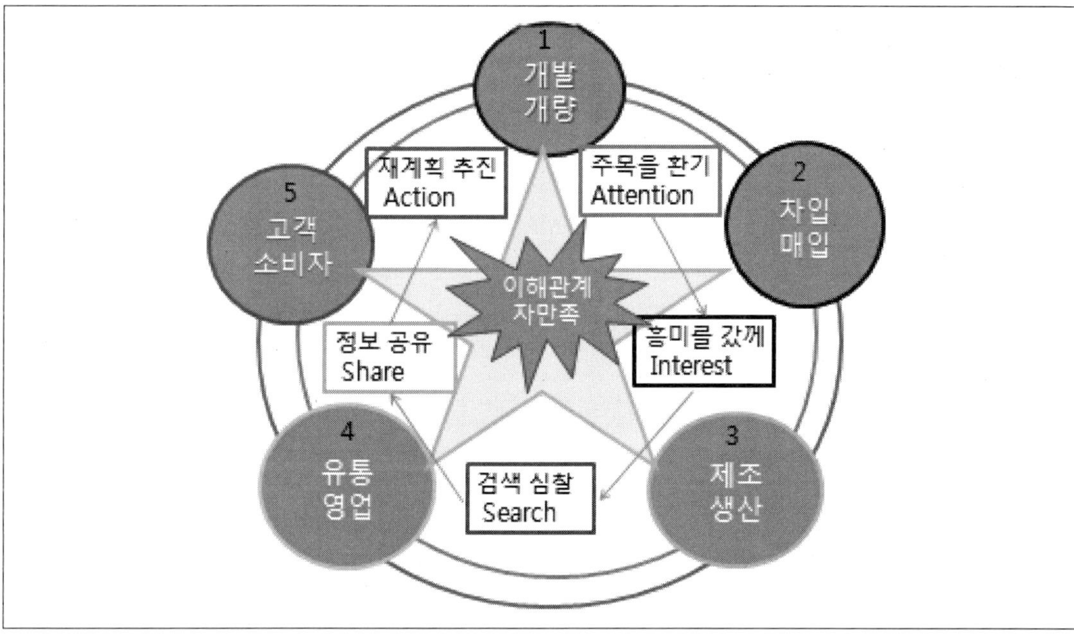

‖ 그림 1-2 | **가치창조 활동 모형**

3-3. 기업은 사람이다 제대로 관리해야 한다

❶ 매사(每事)는 재인(在人) 이라 하였다

하의상달로 착수되면 프로세스는 성취도가 높고 완성도가 빨라진다. 그 이유는 무엇일까? 왜-그럴까? 상부의 지시에 의한 업무와 자신의 제안이 수용되어 업무의 성취쾌감은 다르다는 것이다. 창의 제안을 하지 못하는 인적부류는 원인은 타에 있다 하며 기피 및 면종하는 형태로 나타나는 것이다. 面從者는 腹背한다는 격언이 있음을 유의 하여야 한다.

기업이 유능한 인재를 확보하고 그들이 잠재능력을 최고로 발휘할 수 있는 바탕을 만들어 주면 기업은 성장하게 되어 있습니다. 그러나 많은 기업이 인적자원관리 미숙으로 어려움을 겪고 있습니다. 기업에 필요한 시스템을 설계하는 것도 중요하지만 조직을 운영하는 인적자원의 확보와 활용 및 의식의 관리도 중요합니다.

급변하는 환경 아래 경쟁력을 가진 기업으로 생존하기 위해 필수적으로 요구되는 생산성 향상, 제품의 품질개선, 시장대응능력, 혁신능력 등을 배양하기 위해서도 우수한 인력을 확보하고 관리하는 것이 필수적이라고 할 수 있습니다. 그리고 지식기반 기업이 되기 위해 반드시 요구되는 흡수 능력을 구성하는 '사전지식'도 인적자원의 뇌와 몸에 체화되어 있으며, '노력' 역시 인적자원의 태도와 행동으로 나타나기 때문에 미래 환경과 조직에 적합한 인적자원 관리는 미래기업의 성패를 좌우하는 요소가 됩니다.

❷ 변화 흐름에 맞추어 조직을 운영

세계의 빠른 흐름에 맞추어 조직을 운영하는 경영진과 구성원이 그것을 운영할 만한 의식과 지식을 갖추어야 하기 때문에 인적자원관리가 함께 따라가야 하는 것입니다. '대규모 계속기업'은 조직의 규모가 크고 기존 시스템으로부터 변화해야 하는 폭이 크기 때문에 복잡한 조직설계의 문제에 봉착하게 되며, 조직변신의 문제가 복잡한 것과 유사하게 이를 효과적으로 지원하는 인적자원 관리상의 변화도 폭이 크고 복잡하게 마련입니다. 그렇기 때문에 주된 역할은 전략적 인적자원 관리입니다.

이 목표를 달성하기 위해서는 인적자원을 통해 기업의 전략을 실현할 수 있는 체제를 형성하고 지원하는 것이 필요합니다. 과거와 같이 인적자원관리의 개별 기능 간 상호 연계성을 무시하고 각 기능을 독립적으로 수행하는 것이 아니라, 이들 개별 기능들이 통합된 하나의 번들(Bundle)로써 인적자원관리를 인식하는 것이 필요하게 되었습니다. 이와 같은 전략적 인적자원관리 역할을 수행하기 위한 기능과 비전의 제시, 기업 문화의 구축, 변화관리 그리고 인적자원관리 프로세스를 구축하는 것이라고 할 수 있다.

❸ 사업 방향과 미래의 가치 창조

기업의 사업방향, 미래의 위치, 중요 가치관이나 이념, 타 기업과 차별화된 이미지 등을 총칭하는 비전을 제시하고 조직문화를 잘 구축하여야 합니다. 그리고 변화관리의 중심에 서서 지속적인 변화 관리를 이끌어 가야 합니다. 조직의 변화는 구체적 현장의 실정이 적극적 뒷받침 없이 이루어지지 않기 때문입니다. 그리고 웹상에서 인터넷, 인트라넷, 및 Integrated voice response 등의 e-economy 도구와 개념들을 가리키는 eHRM은 인적자원관리의 계획, 프로세스, 서비스 제공의 효과를 급진적으로 향상시키는 인적자원관리 프로세스를 말합니다.

전자 인적 자원관리(eHRM)의 주요 내용은 인재확보와 활용에 적극적으로 사용되고 있고, '맞춤형 교육체제'를 구축하고, 전문적인 인사지원체제를 구축하게 되었으며, 지리적 거리를 제거하였을 뿐 아니라 신분의식의 괴리를 축소시켰으며 정보흐름의 벽을 제거하면서 관리자를 효과적으로 지원하는 역할을 하고 있습니다.

eHRM은 인사기능의 획기적 개선을 통해 비용절감에 상당한 성과를 거두고 있고, 대부분의 기업들은 금전적인 비용절감 효과는 물론 종업원의 다양한 니즈를 충족시킬 수 있고 종업원이 직접 인적자원관리에 참여할 수 있는 여건을 마련함으로써 만족도를 높이는데 기여하고 있으며, 인사업무를 재편하고 내부와 외부자원의 활용을 통해서 전통적 인사업무를 획기적으로 줄이고 인사업무의 고부가치를 개발하는 전략적 기능을 강화하는 효과를 가져왔으며, e-기업에게 필요한 e-조직문화의 확산, 정착 및 관련 시스템의 도입, 수용에 상당한 효과가 있었습니다.

3-4. 영구 불멸의 기업이 되기 위하여

❶ 기술적 기업가정신과 기술혁신 역량 간의 관계

기업가정신은 혁신활동을 촉발시키는 중요한 동인으로서, 자원의 창조와 개발 및 관리활동과 연결되어 경쟁자들로부터 기업을 차별화시킴으로써 시장기회를 포착하고, 새로운 제품 및 프로세스를 창조할 수 있도록 해준다(Miller, Dollinger, 1983).

기술적 기업가정신은 기술적 사업기회를 발견하고, 필요한 인재와 자본을 조성하며, 그리고 기업의 성장과 위험을 관리하는 활동을 포함하는 리더십 유형이라고 주장하였다(White, Bruton, 2007). 기업가정신을 기술혁신의 촉진요소로 보고, 기업가정신은 기업의 지속 가능한 경쟁우위와 가치창출을 위한 혁신역량 개발의 시작점이자, 기술혁신에 있어서 특별한 역할을 수행한다고 주장하였다(Burgelman 외, 2009).

기술적 기업가정신은 기술적 혁신을 실현하기 위해 자원을 결합 및 창출하고, 기술적 영역과 상업적 영역을 통합시켜 기술혁신 프로세스의 추진력이 된다고 하였다. 이상의 선행연구를 바탕으로 기술적 기업가정신은 기술혁신 역량에 유의한 영향을 미칠뿐만 아니라 기술혁신역량이 뒷받침되지 않는 기업가정신(起業家情神)은 유명무실하며 또한 건전한 기업가정신은 기술혁신 역량을 도출할 수 있기 때문에 상호작용의 관계는 기업발전의 변수로 작용된다 하겠다.

❷ 기술적 기업가정신과 혁신성과 간의 관계

기업에서 기업가정신은 조직의 생존, 수익성, 성장과 개선 등 조직성공에 있어 중요한 사항이 될 수 있다. 오늘날 사회와 같이 기술집약적인 경쟁사회에서 기술적 기업가정신의 경영자는 기업을 한단계 업(UP)그레이드 하는 정신적 지주로 혁신성과의 관계는 더 한층 발전의 속도를 촉진하고 있다. 기술적 기업가정신은 미래에 대한 높은 불확실성과 위험에도 불구하고 기술적인 혁신의 기회를 발견하고 혁신적 역량과 기술적 체계를 활용하여 새로운 가치를 창출하는 기업가의 의지 및 활동 양식으로서, 기술기반 기업의 핵심기술개발과 상업화에 있어 중요한 역할을 수행한다(Burgelman et al., 2009).

미국의 기업을 대상으로 한 연구에서 기업가정신이 성장과 수익성에 긍정적인 관계가 있음을 확인하였다. 또한 Luo 외(2005)는 중국기업을 대상으로 한 연구에서 기업가정신이 기업의 매출성장 및 시장점유율에 긍정적인 관계가 있음을 확인하였다(Zahra, Garvis, 2000). 슬로베니아 기업을 대상으로 한 연구에서 기술적 기업가정신이 기업성과로서 매출과 수익성에 긍정적인 관계가 있음을 확인하였다(Antoncic, Prodan, 2008).

이상의 선행연구를 바탕으로 기술적 기업가정신은 혁신성과에 유의한 영향을 미치고 있음이 선행연구 및 실무에서 나타나고 있는 현상이며 나아가 기업가정신은 흥망존폐(興亡存廢)를 좌우하는 핵심조건이라 할 것이다. 수 많은 기업들의 흥망성쇠(興亡盛衰)의 과정에서 기업가정신은 결정적인 작용을 하고 있음을 알 수 있다. 건전한 기업가정신은 혁신성과를 도출하여 번영과 성장으로 가는가하면 자만한 기업가는 쇠퇴일로의 길을 가다 사라지고 마는 것을 볼 수 있다. 혁신성과 기업번영은 기술적 기업가정신에서 이루어짐을 알 수 있다.

❸ 네트워크 역량과 기술혁신 역량 간의 관계

선행연구에서 Belderbos 외(2004)는 기업의 네트워크 역량은 적절한 네트워크 대상을 발굴 및 연계하여 외부자원을 흡수하고, 이를 기업의 상황에 맞춰 활용할 수 있는 총체적인 역량으로 정의한다(Walter, 2006). 기업의 전략적 활동들을 조직화하고 가치를 창출하는데 사용될 자원 및 조직의 능력을 외부 네트워크로부터 획득할 수 있게 한다(Acquaah, 2012). 혁신기업을 대상으로 경쟁자 또는 공급자와의 협력네트워크가 기업의 점진적 혁신에 미치는 영향과 고객과의 협력네트워크가 기업의 급진적 혁신에 미치는 영향에 관해 확인하였다.

또한 Hagedoorn 외(2006)는 하이테크 기업의 네트워크 역량이 잠재적 협력활동에 미치는 영향관계에 대해 확인하였으며, 네트워크 역량을 조직간 관계를 개발하고 활용하는 기업의 능력으로 정의하고 있다(Walter, 2006).

기술서비스 기업을 대상으로 관계개발이 유지 및 활용에 미치는 영향에 대해 확인하였다. 기업의 발전은 내부 역량만으로 한계에 부딪힐 경우가 발생한다. 이때 외부자원을 활용할 수 있는 네트워크 역량이 필요하게 된다.

공급사슬 통합은 민첩성에 유의한 영향을 미치는 것으로 네트워크 역량은 기술혁신체제역량에 가치를 창출하여 사용될 자원 및 조직의 능력을 외부 네트워크로부터 획득하여 공급사슬 활동이 원활화됨으로 지향적 장수기업의 조직문화가 조성된다.

❹ 네트워크 역량과 혁신성과 간의 관계

외부자원 활용과 혁신성과는 최근 심화되는 경쟁 환경에서 네트워크 역량과 혁신성과 간의 관계는 기업의 지속적인 경쟁력을 유지하고 경영환경의 불확실성을 극복하는 방안으로 기업외부 네트워크 자원의 효과적인 활용에 대한 관심이 증대되고 있다(Newbert & Tornikoski, 2012). 창업기업의 경우 경영자원의 부족으로 경영활동의 어려움이 수반될 수밖에 없으므로, 창업기업은 외부 네트워크의 구축 및 활용을 통하여 기업이 보유하지 않은 자원을 이용함으로써 기업의 성장과 성과를 극대화할 수 있다(최종열, 2010). 외부자원 활용과 기업성과는 외부기술의 활용능력이 기업성과로서 자기자본 이익률, 매출성장률에 미치는 영향에 관해 확인하였다(Ritter, 2003).

네트워크 역량을 조직간 관계를 활용하는 기업레벨의 능력으로 정의하고, 자원접근성, 인적자원관리 방침, 의사소통구조의 통합, 문화개방도가 네트워크 역량 및 혁신성과에 미치는 영향을 확인하였다. 이를 바탕으로 공급사슬 민첩성은 가시성에 유의한 영향을 미칠 것으로 예상된다. 한 기업의 보유자원은 한계가 있어 외부자원을 활용하는 네트워크 역량은 혁신기술 성과와 영업신장에 미치는 영향이 확인됨으로 기술성과와 고객성과를 창출하는 새로운 비즈니스 모델형성은 기업의 안착과 성장의 초석이 되어 기업장수에 기여하게 된다.

3-5. 장수기업 성취 결론

선임연구자들의 연구내용을 토대로 분석한 결과 장수기업 성취의 결론은 기업을 창업하여 불멸의 장수기업이 되기 위해서는 기술창업 기업의 혁신성과에 영향을 미치는 요인을 규명하는 것을 연구의 목적으로 설정하고, 문헌고찰을 통해 기술적 기업가정신, 네트워크 역량, 기술혁신 역량을 혁신성과의 영향관계 변수와 기업이 나갈 방향을 제시하였다.

❶ 기술창업 기업 기업가정신

기술창업 기업의 기술적 기업가정신과 기술혁신 역량간의 관계에서 기술적 기업가정신은 기술혁신 역량으로서 연구개발 역량, 기술축적 역량, 그리고 기술혁신 체제역량에 모두 긍정적인 영향을 미치는 것으로 나타났다. 이는 기술적 기업가정신은 혁신적인 기업들이 비즈니스 기회를 추구하기 위해 조직의 자원과 기술적 체계를 전략적으로 통합하는 프로세스로서(Shane & Venkataraman, 2004), 기술창업 기업의 지속가능한 경쟁우위와 가치창출을 위한 혁신활동을 촉발시키는 중요한 동인임을 다시 한 번 확인하였다.

❷ 기술적 기업가정신

기술적 기업가정신과 혁신성과 간의 관계에서 기술적 기업가정신은 혁신성과로서 기술성과와 고객성과에 모두 긍정적인 영향을 미치는 것으로 나타났다. 이러한 결과는 기업가정신과 기업성과 간의 관계를 연구한 Zahra, Garvis(2000), Luo 외(2005), An-toncic과 Prodan(2008). 기술적 기업가정신은 기술창업 기업의 신기술개발, 신제품출시, 기술 및 제품개발 비용절감효과, 기술 및 노하우의 축적, 제품의 품질수준, 품질대비 가격경쟁력, 제품이미지, 고객만족도 등 조직의 생존, 수익성, 성장과 개선 등 조직성공에 있어 중요한 요인임을 확인하였다(Peters & Waterman, 1982; Kanter).

❸ 기술창업의 네트워크 역량

기술창업 기업의 네트워크 역량과 기술혁신 역량간의 관계에서 네트워크 역량은 기술혁신 역량으로서 연구개발 역량, 기술축적 역량, 그리고 기술혁신 체제역량에 모두 긍정적인 영향을 미치는 것으로 나타났다. 이러한 결과는 Belderbos 외(2004), Walter (2006), Hagedoorn 외(2006). 네트워크 역량은 기술창업 기업들로 하여금 전략적 활동들을 조직화하고 가치를 창출하는데 사용될 자원 및 조직능력을 획득 및 활용하게 하는 중요한 역할을 수행하고 있음을 확인하였다(Acquaah, 2012).

네트워크 역량은 기술혁신 역량 중 기술혁신 체제역량에 강한 정(+)의 영향을 미치는 것으로 나타났다, 이는 기술창업 기업에 있어 내·외부 조직과의 효과적인 네트워크 구축 및 활용은 기술 및 시장정보의 수집, 기술개발을 위한 외부자원의 효율적 활용에 긍정적인 영향을 미치고 있음으로 기술창업 기업은 기술혁신체제 역량강화에 있어 네트워크 역량을 적극적 활용할 필요성이 있음을 시사 한다고 볼 수 있다.

❹ 네트워크 역량과 혁신성

네트워크 역량과 혁신성과 간의 관계에서 네트워크 역량은 혁신성과로서 기술성과와 고객성과에 모두 긍정적인 영향을 미치는 것으로 나타났다. 이러한 결과는 네트워크 역량과 기업성과 간의 관계를 연구하였다(Zahara, Bogner, 2000).

네트워크 역량은 기술창업 기업의 자원과 네트워크 내 기업들의 자원을 연결시킴으로써 파트너기업들이 가진 전략적인 지식이나 기술에 대한 접근을 가능하게 하여 기술창업 기업이 경쟁우위를 창출하도록 돕고 기업성과로 연결되고 있음을 확인하였다. 즉, 창업기업의 경우 경영자원의 부족으로 경영활동의 어려움이 수반될 수밖에 없으므로, 창업기업은 외부네트워크의 구축 및 활용을 통해 창업기업이 보유하지 않은 자원을 이용함으로써 기업이 성장하고 성과를 극대화할 수 있을 것으로 기대할 수 있다.

❺ 기술혁신 역량과 혁신성

기술혁신 역량과 혁신성과 간의 관계에서 연구개발 역량 및 기술축적 역량은 기술성과와 고객성과에 모두 긍정적인 영향을 미치는 것으로 나타났다. 이러한 결과는 기술혁신 역량과 기업성과 간의 관계를 연구하였다(Yam 외, 2004; Guan 외, 2006; Wang 외, 2008).

기술창업 기업의 연구개발 역량과 기술축적 역량은 신기술 및 신제품을 개발하거나 또는 기존 제품을 개선하여 새로운 시장과 고객을 창출하거나 시장점유율을 높이는 등 기업성과 제고에 긍정적인 영향을 미치고 있음을 확인하였다.

장수기업 전략사이클 모형의 8가지 전략과 상기 다섯 가지 관계 즉,
첫째, 기술창업 기업의 기술적 기업가정신과 기술혁신 역량 간의 관계
둘째, 기술적 기업가정신과 혁신성과 간의 관계
셋째, 기술창업 기업의 네트워크 역량과 기술혁신 역량 간의 관계
넷째, 네트워크 역량과 혁신성과 간의 관계
다섯째, 기술혁신 역량과 혁신성과 간의 관계

마지막으로, 기술적 기업가정신 및 네트워크 역량과 혁신성과 간의 관계에서 기술혁신 역량 등 관계변수들의 매개효과는 상호간에 영향을 주어 생산적인 상호작용으로 양호한 결과를 나타낼 것이다. 즉, 기술창업 기업의 기술적 기업가정신을 기본으로 한 네트워크 역량은 연구개발 역량, 기술축적 역량, 기술혁신 체제역량 등을 매개변수들이 활동적 역량으로 기술 성과와 고객성과에 유의한 발전적 영향을 주어 기업성장의 기반이 구축되고 활성화되어 성장번영으로 기업기반이 공고이 구축되어 장수기업으로 가는 길의 궤도에 진입하게 된다하겠다.

용어 설명

혁신성(innovativeness) - 인노베티브니스
진취성(proactiveness) - 프로엑티브니스
위험감수성(risk-taking) - 리스크 테이킹
자율성(autonomy) - 어토노미
경쟁적 저돌성(competitive aggressiveness) - 컴피트티브 어그레시브니스
기업가정신(entrepreneur) - 엔터프리뉴어
계속성continued growth
적응력adaptability
희귀성rarity

참고 문헌

1. 한국기업의 뿌리 500년 상혼추적 m.blog.daum.net
2. 역사에서 경영의 길을 묻다. 매일경제 기사중에서(Naver)
3. 광복 후 자유경제체제에서의 기업발행. photolog.blpg.naver.com

4. 제조업육성을 위한지원확대 및 개선방안 연구, 대전발전연구원, 김기희 2012.9.12
5. 한국 강소기업의 블루오션전략에 관한 연구, 2011, 한국무역보험학회, 장정근
6. 우리나라 기업의 지배구조가 기업성과에 미치는 영향에 관한 연구, 한남대학교, 2006. 윤평구 외 1명
7. 중소기업의 도전 네일 J.험프리스. 조지 W 립러 공저 金容章 監修 샘터발행. 불항을 이겨내는 경영전략

요 약

1. 기업은 기업의 특성을 갖게 될 때 변화에 적응력을 갖는다
   a. 유연성(Flexibility)
   b. 대응성(Responsiveness)
   c. 민첩성(Agility)
   d. 임파워먼트(Empowerment)
   e. 지식(Knoweldge) 등 5가지 특성을 갖게 될 때 급변하는 경쟁 환경에 (기업은 그 규모에 상관없이) 서도 생존하고 성장할 수 있게 됩니다.

2. 종사간 소통으로 창의성 가치창조
   전통성 기업조직이란 上令下從이요. 年功序列의 형태로 기업 조직들이 운영되어 왔다. 그러나 시대와 교육 환경과 과학문명이 급속도로 발전하여감에 따라 발전하는 변화에 적응하기 위해서는 전통적인 방법으로는 한계에 부티치게 되었다. 그래서 下意上達 創意性開發 발상력 향상이 요구되고 있다.

3. 프로젝트 중심의 업무수행과 중소기업
   최근 새로운 비즈니스 모델로 등장한 다양한 인터넷 기반 e-business의 성공과 정착이 이 형태의 기업을 현실화 되어 가고 있습니다. 프로젝트 중심의 업무수행은 무엇을 어떻게 언제까지 라는 것을 명확이 제사고 목표 지향적으로 업무를 수행하기 때문에 성취율이 높은 시스템이라 하겠습니다.

4. 매사의 성취는 수행하는 사람에 달려 있다
   상부의 지시에 의한 업무와 자신의 제안이 수용되어 업무의 성취쾌감은 다르다는 것이다. 창의 제안을 하지 못하는 인적부류는 원인은 타에 있다 하며 기피 및 면종하는 형태로 나타나는 것이다. 面從者는 腹背한다는 격언이 있음을 유의 하여야 한다.

5. 사업 방향과 미래의 가치 창조
   기업의 사업방향, 미래의 위치, 중요 가치관이나 이념, 타 기업과 차별화된 이미지 등을 총칭하는 비전을 제시하고 조직문화를 잘 구축하여야 합니다. 그리고 변화관리의 중심에 서서 지속적인 변화 관리를 이끌어 가야 합니다. 조직의 변화는 구체적 현장의 실정이 적극적 뒷받침 없이 이루어지지 않기 때문입니다.

제4절

미래 지향적(指向的) 기업의 형태

성공 Point 8

1. 당신에게 맞는 환경을 선택하라

주변환경을 잘 읽어라 작은 사람은 환경의 지배를 받고 큰사람은 환경을 조성한다. 부변환경에 잘 동화함으로서 협조조언자를 얻어 새로운 환경이 조성되기도 한다. 사람은 일생을 살아가며 있어 선택의 기회를 잘 선택하여야 한다. 예, 학문의 선택. 직업의 선택. 배우자의 선택 등. 자신의 가치관에 적합한 한경을 선택하라 사회를 구성하고 있는 다양한 조직체들은 그들 특유의 가치관을 가지고 있다. 지금 당신이 속해있는 집단의 가치관에 동의 할 수 없다면 그 집단을 벗어나 개혁을 일으킬 수 있는 역량을 길러나.

2. 감사의 진실을 알라

사람이 행운을 부르고 행운이 행운을 부르며 그 행운이 부를 가져온다. 당신이 수입을 올리고 싶으면 감사하는 법을 배워라. 상사에게 감사하고 고객 동료에게 감사하라 감사의 마음이 잠재의식에 각인되어 당신의 마음을 부자로 맨들 것이다 마음의 부자가 되면 협조자들이 생겨 자연 성과를 올릴 수 있고 수입이 향상된다.

제4절
미래 지향적(指向的) 기업의 형태

4-1. 미래형 기업의 최대 자산은 사람이다

❶ 지식집약 핵심역량으로 경쟁력 강화

미래의 환경에서 우리나라의 전통적인 중소기업이 살아남기 위해서는 기술 집약화 또는 지식집약화를 통해 전통적인 한계 산업에서 탈피하여 핵심역량으로 경쟁력을 제고하는 전문화된 중소기업으로 변화할 수밖에 없습니다. 이와 같은 변화의 가장 현실적이고 미래지향적인 대안이 바로 벤처기업입니다. 벤처기업의 인적자원관리 목표를 달성할 수 있는 가장 적합한 형태는 '가치지향 인적자원관리'입니다.

빠른 환경변화에 민첩하고 유연하며 적절하게 반응하기 위해서는 '가치'에 호소하여 핵심인력을 획득하고 활용하는 것이 가장 바람직하기 때문입니다. 따라서 벤처 기업의 인적자원관리는 대기업보다 더 강력한 비전과 문화를 통해 이루어져야 합니다. 벤처기업의 인재는 일에 대한 열정이 높고 위험을 두려워하지 않으며, 학습과 변화 지향적인 기업문화, 그리고 구성원이 무한한 상상력과 창의력을 발휘할 수 있는 문화, 성과중심의 인사제도가 파생시키는 문제점 극복을 위한 가족주의적 기업문호를 구축하는 것이 필요합니다.

❷ 제도 구비, 보상방법 명문화 성취욕구 충족

요약하자면 핵심인재를 확보하고, 인력 활용의 유연성을 재고하고, 인적자원의 잠재능력을 최대한 활용할 수 있는 제도를 구비하며, 보상의 방법으로는 성취욕구의 충족과 미래의 지연된 보상을 적극적으로 활용해야 하며, 통제하기보다는 자율을 보장하는 인적자원관리를 해야 합니다. 가상기업은, 독특한 전문성을 가진 개인 또는 소규모 조직들이 가상 공간상에 구축된 네트워크를 통해 직접적 접촉보다는 비대면적 접촉과 협동을 통해 업무를 수행하는 기업입니다. 자발적 참여와 이탈이 용이하고 빈번하며 구성원의 유동성이 매우 높고, 구성원의 대부분은 조직에 대한 애착이나 몰입의 정도가 낮은 반면, 상대적으로 자신의 경력과 전문성에 대한 몰입과 애착이 상당히 높은 사람들로 구성된다는 특징을 지니고 있습니다.

❸ 임시기업 특징 살려 인적자원관리

능력 있는 인재를 장기적으로 활용하기 위해서는 전문 인력을 획득하여 장기적으로 유지할 수 있어야 하고, 적절한 보상을 통해 우수 인력을 장기간 활용할 수 있어야하며, 구성원 간 신뢰 구축이 필요하다. 자발적인 학습과 개발 기회를 부여해야 한다. 임시기업은, 특정의 프로젝트나 목표를 달성하기 위해 전문기능과 지식을 보유한 개인이나 집단이 모여 대면적 상호작용을 통해 업무를 수행하다가 목표가 달성되면 해체되는 한 시성을 지는 기업입니다. 임시기업으로서의 특징을 살려 주는 인적자원관리가 이루어지기 위해서는 전문능력을 보유한 인력의 효율적인 단기 활용을 핵심목표로 삼아야 합니다.

전문능력을 보유한 인재의 확보와 유지가 중요해지면서 제도에 사람을 맞추기 보다는 각 구성원에게 제도를 맞추어 개인에 따라 다양화하는 방식을 취해야 하는 것이 중요합니다. 벤처기업, 가상기업과 유사하게 적정 능력을 갖춘 인력을 확보하여야 하며, 팀워크(Team Work)를 중시하는 체계를 구축해야 하고, 성과의 배분 방안을 명확히 해야 합니다. 그리고 임시 기업에서 구성원의 개발은 별로 중요한 과제가 아니라는 점을 유의하여야 합니다. 참여한 각 구성원의 전문성만이 업무 수행을 통해 발전하게 됨을 알고 있어야 합니다.

4-2. 어떻게 미래 기업으로 변화할 것인가?

❶ 창업에서 성장, 기본은 기업의 변화

미래의 기업 조직 유형에는 작고 자율적인 EBU를 내부 네트워크로 연결한 '대기업', 다양한 파트너와 외부 네트워크를 구성하는 '벤처기업', e-lancer들이 협력하여 가상공간에서 활동하는 '가상기업', 그리고 프로젝트를 중심으로 한시적 생명을 지닌 '임시기업'이 있다. 미래 기업으로 변화하고 성장하는 방법은 창업으로부터의 성장인지, 기존 기업으로부터의 변화인지 따라 ② 크게 세 가지로 나누어집니다.

(a) 벤처로 창업하여 대기업으로 성장하는 방법과
(b) 전통적 대기업이 미래형 대기업으로 변화하는 방법
(c) 그리고 전통적 중소기업에서 미래형 중소기업으로 변신하는 방법이 있습니다.

먼저 벤처로 창업하여 대기업으로 성장하는 방법은 기업간 연방을 설정하는 것입니다. 느슨한 형태의 기업연방을 결성함으로써, 개별기업은 모기업의 자원과 경험을 쉽게 활용할 수 있으며, 시행착오도 크게 주일 수 있고, 이미 확보된 네트워크를 활용해 필요한 기술과 파트너를 쉽게 구할 수 있는 장점을 가지고 사업에 임하는 방법이 있습니다.

전통적 대기업이 미래형 대기업으로 변화하는 방법으로는 기존의 조직을 자율적인 소규모 EBU로 분할하고 이들을 다시 내부 네트워크로 연결하는 과정이 필요합니다. 지금도 많은 기업에서는 이미 빠르게 변화하는 세계에 맞추어 실행되고 있는 방법입니다. 단점으로는 구성원의 변화에 대한 저항을 극복하는 것이 가장 어려운 문제입니다. 기존에 누리던 특권과

지위를 상실할 수도 있다는 불안감으로 그들은 그 기득권을 잃지 않기 위해 익숙한 기존 시스템에 집착하려 하고 새로운 것에 저항하게 되는 문제점을 해결하기 위해서는 혁신적이고 창의적이며 도전적이어서 끊임없이 새로운 것을 강력하게 추구하는 개척(Exploration) 유형의 최고경영자로 바꾸는 방법이 있습니다. 총체적으로 급진적으로 부분적으로 시범적용하고, 위기관리 능력도 필요합니다.

마지막으로 전통적 중소기업에서 미래형 중소기업으로 변신하는 방법이 있습니다. 기존의 중소기업이 미래형 중소기업으로 변신한다는 것은 거의 불가능해 보이지만 기술집약적이고 창의적인 중소기업으로 거듭나야만 합니다. 전통적 중소기업이 미래형 중소기업으로 변신하기 위해서는 단순 노동집약적 기업에서 지식집약적 중소기업으로 변신해야하고, 핵심역량외의 활동은 과감하게 아웃소싱 해야 하며, 지속적으로 핵심역량을 강화하기 위해서는 다른 기업과 연계가 가능하고 지원도 받을 수 있는 EcoNet(Economic network)에 참여해야 합니다.

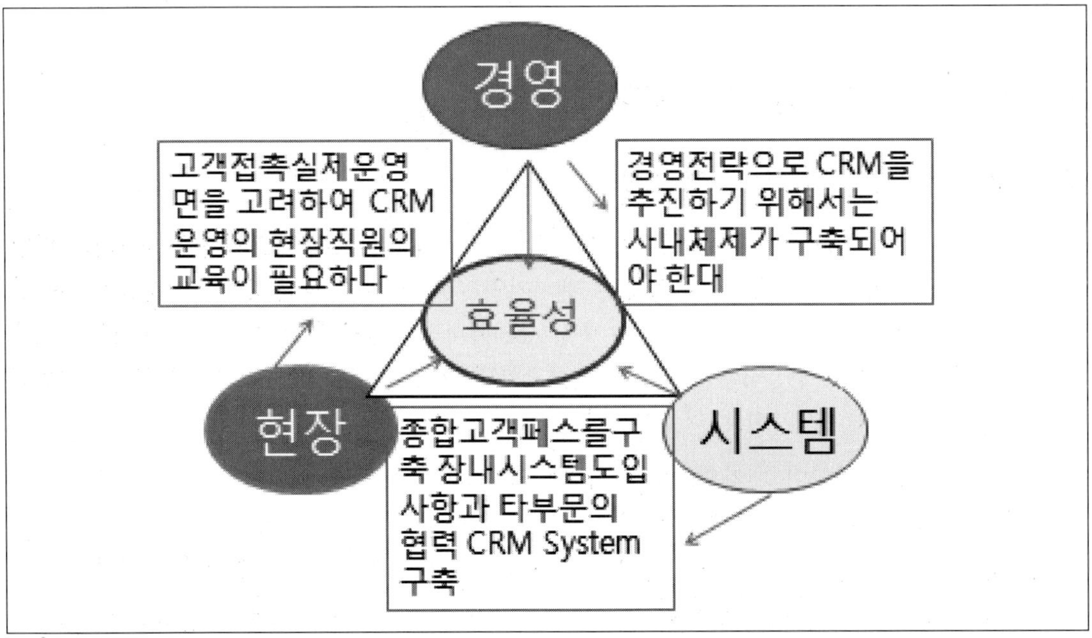

| 그림 1-3 | **고객관계관리 시스템 성공요인 모형**

❷ 경영주체들의 진보적 의식으로 바뀌어야

이와 같은 변신이 가능하려면 무엇보다도 결국 경영주의 의식이 근본적으로 바뀌어야합니다. 지금까지 경영자의 독단적 행동에 의존해 왔기 때문에 경영자의 결단만 있다면 대기업에 비해 미래형 중소기업으로 전환하는데 효과적일 수도 있다.

미래조직을 설계하고 이를 운영하기 위해서는 인적자원관리의 역할이 중요합니다. 그리고 핵심역량의 중심은 지식입니다. 이 지식은 반드시 사람을 통해서만 그 가치를 더해갈 수 있기 때문에 효과적인 인적자원관리의 필요성은 점점 더 중요해 지고 있습니다. 일류기업이 되려면 자기 기업의 고유한 문제를 내부적으로 진단하고 대책을 세워 실행할 수 있어야 합니다. 그러기 위해서는 기반구조관리, 전략적 인적자원관리, 종업원기여관리, 변화관리에 정통한 인력이 양성되어야 합니다.

이런 인력을 양성하기 위해서는 한국의 미래기업에 요구되는 인사전문가의 핵심역량이 무엇인지 식별하여 개발하고 인사전문가 인증제도를 도입하며, 인증된 전문가들이 지속적으로 새로운 기법과 지식을 습득하였는지를 반복적으로 검증하는 제도를 도입하는 것이나 인사전문가 공동체를 형성하는 것도 필요합니다. 이를 통해 인적자원관리 전문가의 능력을 지속적으로 함양할 수 있기 때문이다. 인적 관리가 기본이 되어야지만 변화하고 살아남을 수 있습니다.

4-3. 기업 혁신은 미래 개척의 초석

장수기업을 유지발전하기 위해서는 중단 없는 혁신의 노력이 이어졌을 때 가능하다.
지금이야말로 기업혁신을 수행하여야 할 때라 생각하라.

- 차기성장과 기업의 가치향상을 위해 기업혁신을 수행해야 한다.
- 지속적인 성장을 위해 기업혁신을 지속적으로 수행해야 한다.
- 우리 경영자의 임무는 기업혁신을 끊임없이 수행을 주도하고, 지속적인 성장을 달성하고, 기업가치를 향상시키고 유지발전하기 위한 것이다.

❶ 혁신의 실천하기

(1) 시작하기

저성장기에 접한 한국경제의 회생의 속도를 높이려면 그들의 잃어버린 20년의 체험을 참고 삼아 우리경제의 미래를 구축하는 것이 손실과 오류를 줄이는 길이라 여겨진다. 10여년에 이르러 침체기를 벗어나고 있는 일본경제전체가 다음 10년으로 다시 성장궤도를 회복하기 위해서는 부정적인 유산의 청산을 마치고 체력을 회복하고 있는 우리민간 기업이 주도적인 역할을 해야 한다. 경제성장의 원동은 어느 시대에서도 어느 나라에서도 혁신의 수행에 있으며, 또한 우리민간 기업은 본래 혁신의 끊임없는 수행을 통해 경쟁력을 강화하고 성장 기업가치를 지속적으로 향상시키는 것이 존재 의의가 있다. 그러나 기업을 둘러싼 사회 환경이 크게 변화하고 있는 가운데 기존의 기업이 본연의 자세를 그대로 유지하면서 새로운 제품과 서비스를 개발하고 새로운 경영체제 및 조직형태를 도입하고 이후는 성장은 좀처럼 이어지지 않고 기업가치의 향상도 도모하기 힘들어진다.

오히려 지금 요구되고 있는 것은 기존기업의 본연의 자세 그 자체를 혁신하는 기업혁신의 수행이다. 즉, 변화하는 사회 환경속에서 차기 성장시장의 싹을 감지하고 그 시장을 주요 타겟으로 하기로 결정, 지금까지 기업을 구성해온 다양한 구조를 변혁하는 것은 물론 눈에 보이지 않는 기업문화까지 일신하는 혁신을 수행할 필요가 있다. 본 제안은 이러한 문제인식을 바탕으로 지금까지 사업구조와 수익구조를 전환하여 다시 성장궤도를 회복하는 데 성공기업의 사례검토를 통해 우리경영자나 차세대 경영자가 앞으로 기업혁신을 수행하고 차기성장을 달성하고 기업 가치를 향상시켜 나가는데 방향을 제시하는 것을 목표로 하고 있다.

성장테마는 "혁신은 새로운 성장의 토대를 마련하고~" 다음 10년을 내다보기 위함이다. 미국의 경쟁력 협의회가 2004년 12월에 발표한 "Innovate America"(통칭 팔미사노보고서)에서도 경쟁우위를 가져오는 것은 혁신이외에는 길이 없다고 결론을 내렸다.

(2) 문제의식

기업을 둘러싼 사회환경이 크게 변화하고 있는 가운데, 우리경영자의 대부분이 기업혁신과 경영혁신의 필요성을 이해하고 나름대로 노력하면서도 차기성장을 달성할 수 없는 것은 왜 일까?

(3) 기업혁신

변화의 수행을 통해 기업은 차기성장을 달성하고 기업가치를 높일 수 있다. 변화하는 사회의 환경 속에서 차기성장의 싹을 감지하고, 시장을 주요 타겟으로 하기로 결정하여 지금까지 기업을 구성해온 다양한 구조를 변혁하는 것은 물론, 눈에 보이지 않는 기업문화까지 일신하여 기존 기업본연의 자세 그 자체를 혁신할 수 있는 것이 기업혁신이며, 이 수행을 통해 기업은 차기성장을 달성하고 기업 가치를 높일 수 있다.

(4) 제 언

이제 차기성장과 기업가치향상을 위해 기업혁신을 수행해야 한다. 기업을 둘러싼 사회환경이 크게 변화하고 있는 가운데, 기존의 기업의 본연의 자세 그 자체를 혁신하는 기업혁신을 수행해야 성숙기를 벗어나 차기성장을 달성할 기업가치를 향상시킬 수 있으며 지속적인 성장을 위해 기업혁신을 지속적으로 수행해야 한다. 이제는 기업이 성장기에 있는 최고 경영진은 물론 전 임직원이 기업혁신의 원동력이 되는 위기감을 공유하고 지속적으로 기업혁신을 수행해야 기업생존의 위기에서 벗어날 수 있다. 우리경영자의 임무는 기업혁신의 끊임없는 수행을 주도하고 지속적인 성장을 달성하고 기업가치를 향상시키고 유지하기 위한 것이다. 이제 경영진이 솔선수범하여 기업혁신의 결과에 대한 명확한 의지를 공표하고 실제 성과와 그에 따른 출처진퇴에 대해 공정하게 평가될 수 있도록 기업지배구조를 정비해야 한다.

(5) 성공포인트

- 기업을 둘러싼 사회적, 경제적 환경의 변화속에서 차기성장시장의 싹을 감지
- 차기성장시장을 메인타겟하는데 최적의 형태로 구조조정의 변혁을 이룬다.

- 새로운 구조가 유효하게 기능하도록 기업문화조성과 사고의식일신과 교육
- 기업이 위기상황에 빠지기 전에 업체혁신에 착수
- 기업의 혁신은 의지와 체제강화 속도조절에 달려있다.

❷ 문제설정

(1) 기업을 둘러싼 사회환경의 변화

기업을 둘러싼 사회환경이 크게 변화하고 있는 것은 새삼스럽게 지적할 필요도 없지만, 변화의 속도에 있어서도 또한 변화의 질에 있어서도 그 어느 때보다 극적임을 다시 확인해 두기로 한다. 기업간 경쟁의 관점에서 볼 때, 지금까지 시간과 공간의 차이가 높은 장벽이 기업간 경쟁은 일정한 범위로 제한되는 반면, 일단 경쟁우위를 확보하면 비교적 장기간에 걸쳐 이를 유지할 수 있지만, IT화의 진전과 세계화의 진전에 따라 이러한 장벽은 급격히 낮아지고, 다른 산업과 해외에서는 예상도 할 수 없었던 업체들이 경쟁자로 갑자기 출현할 가능성이 높아지고 있다.

또한 정보전달의 속도가 극적으로 빠르고 지연이라는 장벽이 거의 없어진 것으로 상품이나 서비스의 진부화(상품화)의 속도가 매우 빨라 순식간에 점유해 빼앗길 가능성도 부정할 수 없게 되어 있다. 국내시장의 관점과 국내의 인재확보의 관점에서 볼 때, 인구감소 사회의 도래도 주목할 만한 변화 중 하나는 즉 전후 일관되게 성황이던 국내시장이 축소경향으로 변하는 것으로, 업체는 그 어느 때보다 엄격한 선택과 집중적으로 파악해야 한다. 전후 일관되게 증가추세에 있었던 노동인구가 감소하여 우수인재를 확보하기 위한 비용이 어느때보다 증가할 가능성이 높아진다.

(2) 기업의 현황과 기업혁신의 필요성

2000년대 들어 많은 기업들이 부정적인 유산의 구조조정을 거의 완료하고 체력을 회복하고 있지만 일본경제전체를 다시 성장궤도에 올려놓기 위한 견인력에까지는 이르지 않는다. 기업이 성장하기 위한 원동력은 어느 시대에서도 혁신의 수행에 있어 격변하는 사회 환경 속에서 혁신을 수행하기 위해 계속할 수 있도록 기업이 자기변혁을 이룰 필요가 있는 것은 반복적으로 수행하여야 한다.

또한 많은 기업에서는 크든 작든 어떤 변화가 시도되고 있음에도 불구하고 일부기업을 제외하면 그 성과는 한정적인 것에 머무르고 있다. 많은 기업들이 기업혁신과 경영혁신의 필요성을 충분히 이해하고 나름대로 노력하고 있음에도 불구하고, 성숙기를 벗어나 차기성장을 달성할 수 없는 이유는 실천적 행동력 부족에 기인된 것이다. 고객가치창조와 고효율경영을 통한 기업경쟁력 강화 - 경영자 스스로가 선도하는 혁신의 실현이 중요한 것으로 모범적인 경영자상이 필요하다.

(3) 지속성은 자율적 자생적으로

차기성장은 일단 성장기를 넘은 업체는 슘페터가 말하는 동태(내부에서 자율적으로 발생하는 비연속적인 변화)로의 성장을 다시 달성하는 것을 가리키는 것이다. 따라서 종래의 연장선상에 있는 것 같은 성장을 달성하고 있는 케이스와 경기회복 등 타율적인 요인에 의해 다시 성장을 달성하고 있는 케이스는 포함하지 않는다.

물론 개별기업이 처해있는 상황에 따라 여러 가지 이유가 있을 것이며, 경영자원의 부족이라고 말해버리면 혁심의 가치를 찾기는 어려우며 미래의 성장도 기대하기 어려워진다. 그러나 기업을 둘러싼 사회 환경이 크게 변화하고 있기에는 이에 따라 자기변혁을 이룰 필요가 있다는 것을 이해하면서도 여전히 수익의 대부분을 기존 시장에서 얻고 있기 때문에 대담한 전략전환을 단행하지 못하고 있다, 기업변혁을 직함의 변동이나 부분적인 조직개혁에 착수하는 정도에 그쳐 그 결과 차기성장을 달성할 수 없는 처지에 있다는 것이 많은 기업의 실태이다.

4-4. 성장 성공사례

❶ 사례검토

편의적으로 다음의 네 가지 관점에서 각 사례의 요점만을 소개하면서 제언을 목표로 하고 있다. 기업혁신의 수행에 있어서 도움이 될만한 포인트를 정리했다.

- 기업변혁에 임하는 계기는 무엇이었는가
- 성장시장의 싹을 어디에 (어떻게)서 찾아낸 것인가
- 성장시장을 주요타겟으로 하는 기존의 구조가 어떻게 변화했는지
- 새로 도입한 구조를 유효. 가능하기 위해 기존의 기업문화에 대해 어떤 대책을 강구했는지

❷ 한국 IBM사례

한국 IBM사례 컴퓨터 관련 하드웨어 제조업체에서 종합적인 시스템솔루션을 제공하는 서비스업으로 사업구조를 전환하여 다시 성장궤도를 회복하는데 성공사례로 검토했다.

(1) 계기기술혁신의 진전

산업구조변화, 고객요구의 변화에 직면하면서 과거의 성공경험에 의해 부풀어 조직과 전통적인 업체체질이 멍들어 의사결정이 지연 주력컴퓨터 조립사업의 수익성이 악화되어 1993년도에는 사상 처음으로 적자결산이 됐다.

(2) 성장시장의 싹

향후 도래하는 오픈시스템의 시대에는 시스템설계능력과 시스템구축능력이 차별화의 관건이 될 것으로 예측하고 목표시장을 시스템관련 서비스분야로 전환했다.

(3) 구조에 대한 변화

고객만족을 중시하는 회사를 목표로 하기위해 사장이 위원장의 임원이나 이사가 참여하는 고객만족도 향상위원회를 설치했다. 프로젝트관리(시스템구축 공정관리) 기술의 노하우와 소프트웨어 엔지니어링(시스템설계)기술의 노하우(기능흐름 중심이 아닌 데이터중심의 설계)를 축적하고 표준화하기 위해 데이터베이스를 정비했다. 또한 서비스사업은 구조적으로 인건비 비율이 높기 때문에 비용구조를 대담하게 재검토하는 한편, 조직 및 인사제도를 대폭 개혁하여 인적능력을 최대한 활용할 수 있는 체제를 구축했다.

(4) 기업문화에 대한 대응책

경영진의 강한 의지를 보여주기 위해 내부반발을 무릅쓰고 표준화방법을 생각지 못한 직원을 임원으로 등용했다. 회사의 나아갈 방향을 이해시키기 위해 이메일이나 웹 등 모든 수단을 이용하여 경영진과 직원이 소통하는 기회를 늘렸다.

고객의 변화를 빨리 감지하고 신속하게 결정하고 실행하는 것을 칭찬하는 업체문화를 생성하기 위해 경영자 스스로 모든 것을 실행했다.

❷ 엠씨의 사례

중개사업에서 투자사업으로 사업구조를 전환하여 다시 성장궤도를 회복하는 데 성공사례로 검토했다.

(1) 계 기

버블붕괴후 IT화의 진전과 글로벌 경쟁의 격화에 의해 주력분야 인원자재수입 및 제품수출을 중개하는 사업에서 윤곽선에 의한 수익자체의 감소와 경쟁에 따른 수익성 악화가 현저하고, 회사전체의 기초수익성이 부진했다.

(2) 성장시장의 싹

제품의 중개사업에서 기존회사가 가지고 있는 네 가지 기능(Finance: 금융, Information: 정보, Logistics: 물류, Marketing: 마케팅) 7 IT시대의 새로운 비즈니스모델에 적합으로 제공하는 비즈니스 및 신기술의 사업화 사업대상시장을 전환했다.

(3) 구조에 대한 변화

FILM기능에 의한 솔루션에 특화하여 새로운 비즈니스 모델을 구축하면서 사업화를 추진하는 새로운 기능 사업그룹을 기존의 사업그룹과의 관계도 고려하는 형태로 전사적 경영기구의 직할로 발견했다.

새로운 기술의 향후 사업화를 모색하는 사업개발부를 사장직속으로 설립했다. 기존의 사업

영역에서는 부과제를 폐지하고 사업부제를 도입하고 경영지표를 MCVA(사업이익-자본)로 통일하여 각 단위의 미션을 다시 구축형, 성장형, 확장형으로 분류하여 단기간에 경영자원의 선택과 집중을 추진했다.

(4) 기업문화에 대한 대응책

경영진과 직원들과의 정보를 공유할 수 있도록 메일 매거진을 발행하거나 직접 대화의 기회를 설정하기도 하고, 커뮤니케이션의 기회를 늘렸다. 생산자중심에서 고객중심으로 직원의 가치관을 전환하기 위하여 고객의 변화에 민감한 산업에 적극적으로 투자하고 현장에 직원을 파견시켰다. 새로운 것에 도전하는 것을 장려하고 실제로 도전하는 직원을 지원하는 기업문화를 창조하도록 노력했다.

용어 설명

Commerce Morality; 상업 도덕성-커머러스 모랄리티
EcoNet(Economic network)
인적 자원관리(eHRM)
개척(Exploration)-발음: 익스플로레이션

참고 문헌

1. 서강대학교 경영전문 대학원 관리전공 조영욱. 2011/1, 공동마케팅 제휴에 있어 상호의존성과 갈등의 관계에 관한 연구
2. 대한경영정보학회 경영정보연구 제28권 제1호 2009/3 이재식, 공급사슬관리의 핵심성공요인과 추진유형이 기업의 경영성과에 미치는 영향
3. 國際經營硏究 제13권 제2호. 2002년 12월 전용욱·여경철, 전략적 제휴의 유형과 사업 성과에 관한 연구
4. 川崎 日航ホテル地域と 共に歩み続けて50年 次世代と繋がる 未来へ~かわさき 長寿企業 井上英俊氏(川崎商 工会議所 企画広報部企画課 主査) 平成27年11月16日
5. 日本の 長寿企業から 見た経営理念と 社会的責任に関する一考察. 青 木崇 愛知 淑徳大学 論集一人間情報学部篇 第6号 2016年3月
6. 特別企画：長 寿企業の 実態調査(2014年9月號) 長寿企業は 全国で2万7,335社 自己資本比率は 全企業平均を 8ポイント上回る

요 약

1. 창업자의 생각을 경영이념에
   기업의 수명 30년 설을 극복하고 귀사가 발전하고 있는 것은 창업자의 생각이 고객에게 지지를 받고 있는 증거이다. 창업의 마음을 경영이념으로 문서화하고 종업원에 침투시키고 3대째 경영승계 하는 것이 창업자의 훈도를 받은 2대째의 역할이다.

2. 인적자원 직원들 소통의 통합역량강화
   장기적인 목표: 사명에 신념이 있고, 기업문화에 잘 맞으며, 지속적인 학습의 필요성을 이해하고 특별한 지침이 없더라도 언제나 기꺼이 협력하고자 하는 직원들을 고용하여 평생 동안 떠나지 않도록 하라. 직원들이 기업의 장기적인 이익을 위해 일하게 하는 유일한 방법은 참여를 유도하는 것이다.

3. 진화하는 포괄적인 운영체계
   장기적인 목표: 적은 비용으로 더 많은 부가가치를 창출하고 제품과 시장의 변화에 따라 진화하는 우수한 인프라를 구축하라. 직원들뿐 아니라 외부동반자에게도 오늘 뿐 아니라 내일에도 도움이 되는 체계를 구축하라.

4. 정보체계확립
   항상 대화의 창을 열어 두어라 장기적인 목표: 관리자들이 기업이 현재 어떠한 일을 하고 있으며 미래에 어떤 일을 할지 운영의 모든 측면(재정적인 측면을 포함한 모든 부분)을 꿰뚫고 있도록 하고 소유주와 관리자뿐만 아니라 모든 이해관계자들의 입장을 파악하도록 하라.

5. 장기적인 윈윈 관계를 형성하라
   우리가 제시하는 모든 제언의 이면에는 이 책 전체를 통해 우리가 주장하고자 하는 메시지가 담겨있다. 그 메시지는 뛰어난 성과를 지속적으로 유지하려면 기업과 모든 이해관계자들에게 장기적으로 도움이 되는 행동을 해야 한다는 것이다.

제2장

기술창업과 기업성장

제 1 절

기술창업 기업 태도

성공 Point 9

1. 머리를 숙여야 할 때는 숙여라

머리를 숙일 줄 모르는 고만한 인물 목적수행의 필요에 따라 머리를 숙일 줄 아는 인물 어느 누가 성공의 키를 잡을 것인가? 큰 인물은 인생목표를 실현하는 과정에서 자신만만하게 걸어갈 때도 있지만 사항에 따라서는 허리를 굽이고 머리를 숙이며 조심스레 눈치도 살필 줄 아는 지혜도 필요하다. 매사는 완벽한 능력을 발휘하는 만능주의자는 없다. 큰 인물이 되려면 때로는 여러 사람의 도움이 필요로 하는 아기로 돌아가 볼 필요가 있다.

2. 부정적인 의식이 가난의 텃밭을 일군다

부정의식이 앞서면 관찰 분석이 부정적이기 때문에 가치의 필요성이 발견 안된다. 반면 금정적인 정신자세를 가진 사람은 창조적으로 행복과 조화를 이끌어 낸다. 이 세상에는 불가능한 일은 존재하지 않는다. 모든 일은 실현가능하다. 현실적으로 불가능한 일이 발생하는 이유는 불가능하다는 인식 때문이다.

제1절
기술창업 기업 태동

1-1. 기술창업의 중요성

❶ 기술창업은 국가동력 창출

세계 각국은 생존전략으로 기술혁신 정책과 기술창업으로 새로운 미래 동력을 육성하고 장려하는 정책과 더불어 기업가정신의 부활을 강조하고 있다. 창업국가 미국(Strat-Up-America)은 창업을 국가 비전으로 제시하고 있으며 유럽연합에서도 벤처창업 활성화를 위하여 노력하고 있다. 우리나라에서도 국정비전을 일자리 중심의 창조경제실현을 제1의 국정목표로 설정하고 있다. 그 이유는 창조경제의 핵심은 창조적 경제의 원동력 개발에 있으며 실천단계에서 더 많은 지식과 기술의 경험을 보유하고 있는 시니어세대와 또한 참신한 아이디어를 가지고 있는 젊은 세대가 더 많은 기술창업을 함으로서 새로운 국가의 미래를 내다볼 수 있는 경제기반 육성의 중요성이 있기 때문이다.

21세기 글로벌 경쟁체제 하에서 기술기반 창업(start-up)은 새로운 수요 및 부가 가치를 창출하고 고용안정에 기여하는 등 국가혁신 체계의 새로운 성장 동력으로서 주목받고 있다(과학기술정책연구원, 2013).

중요국가(重要國家)들이 벤처(기술)창업의 활성화를 강조하는 이유는 첫 번째, 이유는 고학력 실업문제가 사회적 문제뿐만 아니라 국가경제의 손실을 가져 오기 때문에 일자리를 마련하는 방도의 하나로 새로운 창업을 지원하기 때문이다.

두 번째, 이유는 국가경제의 미래를 준비하는 과정의 방법으로 참신한 새로운 아이디어 기술창업을 다양화하게 육성함으로서 미래경제의 토대를 구축하기 위함이다.

우리가 주의 깊게 관찰하여야 할 점은 착수가 곧 성공이 되는 것은 아니라는 것이다. 창업의 착수 전 본인의 능력과 의지, 사전조사 등 필수사항과 성공한 회사의 이면을 보면서 면밀히 검토하고 계획하고 실천함에 있어 도전정신이 필요하다.

❷ 창업은 고용 증대의 수단

고용 없는 성장시대의 도래에 따라 대기업을 통한 고용증대는 한계에 도달하고 있음으로 창업만이 유일한 대안이 될 수 있기 때문이다. 중소기업청(2015)에 의하면 2011년 기준 기술창업 기업 수는 전체 창업기업의 23%수준인 반면 종사자 수는 전체 창업기업 종사자의 41% 수준으로 기업 수 점유율보다 배 가까이 높으며, 평균매출액 또한 기술창업 기업이 7.1억 원으로 전체 창업기업의 평균매출액 5.7억 원을 상회하는 것으로 나타났다.

또한 2009~2013년 사이 창업사업화 지원사업에 참여한 기술창업 기업(총 6,258개 기업)의 기업성과를 분석한 결과, 창업지원 기업의 평균 고용증가율은 8.0%로 중소기업(0.8%)의 평균 고용증가율의 10배, 대기업(2.3%)의 평균 증가율의 3.5배 수준으로 일자리 창출력이 높으며, 평균 매출액 증가율은 8.3%로 중소기업(5.6%) 평균 매출액 증가율의 1.5배, 대기업(5.0%) 평균 매출액 증가율의 1.7배 수준으로 매출액 성장에서 우위를 차지하는 것으로 나타났다.

또한 창업지원 기업의 순이익증가율은 271.0%로 중소기업의 순이익증가율(13.8%), 대기업의 순이익증가율(-31.6%)보다 순이익이 급격히 증가하며, 기술창업 기업의 매출액 순이익률은 3.1%로 대기업과 중소기업의 매출액 순이익률에 비해 1.5배 이상 월등히 높은 것으로 나타났다(중소기업청, 2015). 즉, 기술창업 기업은 매출 및 순이익, 고용증가율 등 경제적 기여도가 중소기업 및 대기업보다 월등히 높으며, 따라서 기술창업은 신규고용 및 부가가치를 창출하고 지속적인 경제성장의 원천으로 작용하고 있다고 할 수 있다(벤처기업협회, 2012).

3 창업과 기업가정신

(1) 도전정신과 개척정신

시장사항은 변화하는 흐르는 물결과 같다. 이 변화무상한 파도를 어떻게 조명하느냐에 따라 풍광은 달리보이는 것이다. 다시 말하면 운영자의 역량과 능력에 따라 파도는 달리 조명되는 것이다. 성공하는 기업과 실패하는 기업의 차이는 성공한 창업자의 사업적 식견과 기업가 정신의 차이라 할 수 있다. 성공한 사업가는 생각부터가 다르기 때문에 하고자 하는 업무추진 방향도 다르므로 결과물도 차별화 된다. 개척과 도전이란 창조적 산출물이 달라져 차별화로 성공이 가능하게 되며 성공궤도(成功軌道)에 진입하게 되면 역주(力走)의 속력으로 목적에 도달하는 것이다. 성공이란 새로운 발상과 도전정신에 의한 개척과 인내심의 결집물이라 할 수 있다.

중소기업청의 조사에 따르면 창업자 10명중 5년 후 생존자는 2~3명에 불과하고 7~8명 정도는 실패하는 실정으로 조사된다고 한다. 창업을 희망하는 사람들의 가장 큰 소망은 창업의 성공이며 사업을 오래도록 지속하는 것이다. 이 문제를 해결하기 위하여 장수기업들이 어떻게 경영관, 운영관, 역경을 돌파한 도전정신 등을 통해 리스크를 방지하며 성장하고 장수할 수 있었는지를 조명하여 장수로 가는 길에 등불을 밝혀보자 하는 것이 본권의 편집저술의 기본목적이다. 하지만 그 근본적 요소는 기술을 바탕으로 한 기술적 기업가정신에 있음을 유의하여야 한다.

(2) 기업가정신의 정의

기업가정신(起業家精神)이란 자기가 하고 있는 사업을 일으키는(起業) 정신을 말한다. 사업을 착수해서 성공기업(成功起業)으로 가기 위해서는 발상적 창조력, 행동의 결실력이 있을 때 가능해지는 것이다. 이러한 역량 즉 기업가정신은 어디서부터 시작되는가? 인간은 욕구(欲求)의 동물이다. 이욕구가 강하게 발현될 때 성실과 열정이 행동화로 이어져 이 욕구가 목표하는 실현으로 기업(起業) 또는 창업으로 성취(成就)되는 것이다. 그러므로 기업가 정신의 근원(根源)은 성실성과 열정에 있다. 또한 인간의 창조적 행동을 의미하고 있으며 무에서 유를 창조하는 능력과 경제적으로 파악된 위험을 감수하며 도전하는 도전정신을 말한다. 기업가정신의 관심사는 경제발전의 직무창출, 기술변화, 개인적인 부의창출, 개인기업의 성과 등과 연계하여 효과성을 기업가정신이라 정의할 수 있다(Amit. Glosten. & Muller, 1990).

기업가정신을 논할 때 경제주기의 흐름에서 경기하락을 다시 회복시키는 역할을 수행하는 것은 기술혁신과 경영혁신을 진작함으로서 가능한 것이라고 하여 많은 학자들에 의해 기업가정신을 다양하게 정의되어 사용되어 왔으며, 미래를 성공적으로 예측할 수 있는 능력, 즉 예지능력(豫知能力)으로 정의했다(LowandMac Millan. p140 m141, 1988).

기업가정신은 경쟁자들에 비해 보다 현명하고도 열정적으로 일할 수 있는 능력으로 정의되고 있으며 혁신경영은 기술적, 환경적 배경에 따라 역동적으로 시대변화에 적응할 수 있는 신제품으로 역경을 돌파하는 도전정신을 기업가정신으로 정의한다.

(3) 기업가정신의 역할

기업가정신은 변화하는 기업환경에 신속하고 혁신적인 행동으로 대응하고 도전하는 기업(起業)의 원동력이기 때문에 그 중요성은 증대되고 있으며 새로운 과학적인 지식을 활용하여 제품의 생산과 서비스를 제공하는 것을 연계 상용화함으로서 고객만족과 새로운 수요창출의 마케팅활동에 매우 중요한 정신적 역할이 되고 있다.

기업가정신의 역할을 살펴보면 다음과 같다.

첫째, 기업환경을 냉철하게 기업환경을 냉철하게 분석하는 능력을 겸비하고 미래를 예측하는 힘을 말한다.

둘째, 과감하게 투자하는 도전정신 위험을 무릅쓰고 과감한 투자를 하는 도전력이 있어야 하며, 도전적인 창업자는 목전의 이익보다 미래지향적인 제품개발로 기업경쟁력을 높이는데 주력한다.

셋째, 위기요소를 발전의 기회로 혁신적으로 기업의 위기요소를 발전하는 기회로 전환시키는 능력을 가져야하며, 환경요소들을 적극적으로 이용하여 발전의 기회로 삼아야 한다.

넷째, 미래지향적인 거시적 안목 장기적인 안목으로 단기적인 업적보다 미래지향적인 관점에서 비전을 제시하여 종사원의 공감대를 형성하는 능력을 기업가정신의 역할이라 한다.

1-2. 기술창업의 가치성

❶ 기술은 가치증진의 기본

(1) 기술창업의 정의

기술사업화에 대한 정의를 살펴보면 우선 기술이전 촉진법상에서 사업화라 함은 개발된 기술을 이용하여 제품의 개발생산 및 판매를 수행하거나 그 과정에서 관련된 기술의 향상에 적용하는 것을 가치증진의 기본이라고 규정하였다. 기술가치의 기본은 사용자 만족에서 찾아 볼 수 있다. 기술의 가치는 최소한의 자원을 이용해서 최대의 이용성을 찾아주는 매개성의 역할로 가치실현의 수단이다.

사업화란 기술을 매개로한 가치의 창출이요 이는 물질의 현상화로 인간생활 의식주(衣食住)에 필요한 재화를 제공하는 비즈니스 활동의 총칭이라 할 것이다. 즉 기술을 통하여 상품을 생산하고 생산된 상품을 수요자에 공급하며 이 과정에서 경제적 이익을 얻는 제반활동을 사업이라 총칭한다고 볼 수 있다. 재화의 이용가치를 향상하여 사업성을 높이는 기술개발활동을 기술창업의 목적이라 하겠다.

기술창업의 사업화 증진은 수요를 충족시키기 위한 개발된 기술의 응용 및 개량, 기술의 권리 및 경제적 가치를 높이기 위한 지적재산권 사업성이 높은 부문으로의 기술이전 및 거래활동, 개발된 기술을 이용한 제품의 개발·생산 및 판매활동, 기타 개발된 기술을 이용하여 창업, 투자유치, 자금조달 등 제반기업 활동을 모두 포함하는 개념이라고 정의할 수 있다.

기술창업 기업이란 기술을 활용하거나 기술에 기반을 두어 창업한 기업으로서(길운규 외, 2014), 통상적으로 혁신기술을 창출하는 창업 기업군을 지칭하지만, 기술창업을 정의하는데 있어서 기술혁신 정도를 어느 범위까지 정해야 하며, 기술혁신 정도에 따라 산업들을 어떻게 분류해야 하는지, 그리고 법령·제도를 어떻게 적용해야 하는지에 대한 공통된 기준이 없어 산업이나 제도에 따라 벤처기업, 기술혁신기업, 혁신선도 기업, 기술 집약형 기업, 신생기업 등으로 다양하게 정의되어 지고 있다(과학기술정책연구원, 2013).

(2) 기술창업자의 특성

연구초기에는 기술창업의 성공과 창업자의 특성 사이에 상관관계를 분석하는 연구가 주로 수행되었다. 대개의 연구들이 주로 창업가 개인의 경험, 학력, 창업동기, 심리적 요인 등을 변수로 활용하여 연구를 진행하였다. 또한 기술력과 같은 전문적인 능력과 기업가정신을 변수로 활용하기도 하였다. 기술창업의 성과에 창업자의 개인특성은 영향을 미치지 않는다는 연구가 있는 반면에, 창업자들을 성공과 실패로 구분하고 다양한 측면에서 두 집단을 비교분석한 연구에서는 제도경험, 실직경험, 기술경영, 기법보유, 시장에의 적응력, 리더십, 독립심 등이 기술창업의 성공요인으로 분석되었다는 연구결과가 존재한다. 앞에서의 연구처럼 대부분의 창업자 특성관련연구 결과가 상이함을 보이고 있는데 이는 연구자들마다 접근방법이 상이하고 변수로 고려되는 특성들이 매우 다양하기 때문이다. 대부분의 연구에서는 경영자의 특성을 심리적 특성, 행동 특성, 경력의 특성 등으로 나누어 연구를 수행하고 있다.

(3) 기술은 경쟁력 최고의 원천

벤처기업(Venture Firm)은 일반적으로 기술집약 사업 또는 첨단기술 사업 분야에서 높은 수익을 추구하기 위해서 높은 위험을 기꺼이 감수하는 신생기업을 의미한다. 국가별. 또는 기관별로 다양하게 정의하고 있다(과학기술정책연구원, 2013). 벤처기업에 대하여 OECD는 연구개발(R&D)의 집중도가 높으며, 기술혁신 또는 기술적 우월성이 기업성공의 주요 요인으로 작용한다.

- 미국 『중소기업투자법』
  미국에서는 위험이 크지만 성공할 경우 높은 수익이 예상되는 신기술 또는 아이디어를 기반으로 기업 활동을 영위하는 신생기업을 말한다.
- 일본 『중소기업의 창조적 사업촉진에 관한 임시조치법』
  일본에서는 중소기업으로 연구개발(R&D)의 투자비율이 매출액의 3%이상 창업후 5년 미만인 기업을 말한다.
- 한국 『벤처기업육성에 관한 특별조치법』
  우리나라에서는 기술을 기반으로 기술 및 경영혁신에 관한 능력이 우수한 중소기업으로 정의하고 있다(과학기술정책연구원, 2013).

기술혁신 기업(Technology Innovation Firm) 또는 혁신선도 기업(Innovation Leading Firm)은 기술적으로 새롭거나 개선된 제품 또는 공정을 도입하는 기업으로 일련의 기술혁신 활동을 성공적으로 수행하여 혁신적인 결과물을 획득한 기업을 의미한다(Flor & Oltra, 2004).

기술 집약형 기업(High Technology Small Firm)은 하이테크 산업에 속한 중소기업 중 우월한 고유기술을 바탕으로 경쟁우위를 추구하는 기업을 말한다(Flor & Oltra, 2004).

신생기업(New Technology Based Firm)은 신기술을 상업화하기 위해 창업한 기술집약형 기업으로 기술기반 혁신적인 아이디어를 개발하고 상업화하기 위해 설립된 독립적인 기업을 말한다(Bollinger et al., 1983; Khan & Manopichetwattana, 1989).

이러한 배경하에 기술창업은 선행연구에서 기술기반 사업의 조직 및 경영, 그리고 위험수반(Nicholas & Armstrong, 2003), 신생 기술벤처의 설립(Jones Evans, 1995), 새로운 기술의 사업적 기회를 활용하기 위해 기업의 경영자원과 조직구조에 의존하는 창업가의 길(Liu et al., 2005), 기술변화를 따라잡기 위한 일관되며 조정된 공동노력(Jelinek, 1996), 기술과 프로세스의 관여도를 높이는 것은 물론, 새로운 기술이 변환되는 과정에서 투입물을 높일 수 있는 역할(Garud & Karnoe, 2003) 등으로 정의되고 있으며, 또한 기술창업 기업은 혁신적인 기술과 사업적 동기를 가지고 설립된 기업(Bollinger et al., 1983), 새로운 기술의 활용에 중점을 두는 기업(Cooper et al., 1994), 그리고 신기술과 신제품, 새로운 생산 공정의 도입과 시장개척을 통해 수익을 창출하고 성장을 도모하는 기업(Carland et al., 1984) 등으로 정의되어져 왔다.

이러한 정의들을 종합해 보면, 기술창업은 기업의 가치를 창출하고 획득하기 위해 기술지식을 바탕으로 기업특유의 자산들을 효과적으로 결합하고 활용하는 기업의 투자를 의미하며(Bailetti, 2012), 따라서 기술창업 기업은 고부가가치 산업에 있어 혁신적인 기술과 기업가적 동기를 바탕으로 하는 창업기업으로서 성공 시 산업의 생태계를 창조하거나 변화시킬 수 있음으로 국가적으로 중요한 의미를 가진다고 할 수 있다(김춘근 외, 2014).

1-3. 기술창업의 활성화

❶ 기술의 활성화는 경제기반 강고

세계 여러 나라에서 기술창업 활성화를 강조하는 이유는 창업을 통해서 새로운 기술을 발굴하여 경쟁우위 국가를 만들기 위함이고 이를 위해 국가정책들이 뒷받침하여주고 있다. 그 이유는 창의적인 기술창업이 새로운 성장 동력 확보가 가능하다고 보기 때문이다. 우리나라의 경우 2007년 PPP(Purchasing Power Parity: 구매력 평가) 기준 1인당 GDP(Gross Domestic Product: 국내 총생산)가 2만 4,600 달러이었음을 고려해 위치를 추정해 보면, 현재 한국은 U자형 곡선의 정중앙에 위치하고 있는 셈이다. 따라서 한국의 1인당 GDP가 3만 달러에 도달하려면 산업화 시대에 창업활동이 활발했던 것처럼 현재 지식 정보시대에 걸맞은 새로운 창업이 반드시 다시 활성화 되어야만 목표를 달성할 수 있다. 특히 고용 없는 성장시대를 맞고 있는 국내의 실정을 감안하면 기술창업을 통한 고용창출과 경제 활성화가 더욱 절실히 필요한 시기이다.

기업가정신 지수를 연구하는 세계적인 기관인 GEM(General Entrepreneur ship Monitor)에서 2008년에 연구한 결과에 따르면 한 국가의 경제성장은 대기업과 중소기업의 육성 및 발전 외에도 사회적 환경으로 창업의 기회를 제공하여 많은 기업들이 새롭게 창업할 수 있는 여건이 될 때 경제성장에 크게 도움이 되는 것으로 조사되었다. 즉 한 국가의 경제적 성장은 1/3이 기존기업 1/3이 창업활동 1/3이 상호작용 및 다른 요인에 의해 달성된다고 제시하고 있다. 이처럼 기술창업 활동은 한 개인이나 한 기업의 부의 창출에서 머물지 않고 국가경제 발전에도 많은 기여를 하고 있다.

❷ 기술력은 제품력과 경쟁력

(1) 기술력은 제품력이요 경쟁력이다

기술력은 우수한 제품을 만드는 매개적 수단이며 제품력의 매개는 기술력으로 만들어진 가치적 재화이다. 경쟁력은 우위적 기술력으로 만들어진 차별적 제품을 적소에 효용성 높게 공급하는 역량을 말한다. 그러므로 기업은 선도적인 우수한 기술을 많이 보유하는 것이 경쟁우위를 조성하는 기본적 자산으로 중요 한 것이다 또한 제품의 시장화에 성공하려면 목표시장에 진입할 수 있는 구체적인 정보에 입각하여 보유하고 있는 우수한 기술로 차별화된 제품 여하에 달려있다. 기술경쟁력이란 차별성 있는 제품을 수요처에 사용상의 기법을 제공하여 만족을 도출하고 충성도를 높여 나가는 것이다.

기술사업화(technology commercialization)의 일반적 개념은 개발된 기술의 이전, 거래 확산과 적용을 통하여 부가가치를 창출하는 제반활동의 과정으로 정의할 수 있다. 그 개념적 범위는 기술의 용도와 특성에 따라 다양하게 적용되고 있다. 즉, 광의의 기술사업화는 연구개발 계획의 수립과 아이디어의 창안을 통하여 연구 및 기술을 개발하고, 개발된 기술을 사용하여 신제품, 신공정, 또는 기존 제품의 품질을 개선함으로써 시장에서 제품의 수명주기를 연장할 수 있고 새로운 수명주기를 창출하는 것과 관련된 일련의 제반활동이라고 정의하고 있다.

(2) 가치창조는 국가경제의 원동력

기술창업의 가치제공은 국가경제의 원동력을 창출함에 중요성이 있으며 고용을 증대하는 효과성도 있어 사회문제해결에도 도움을 준다. 창업에서 성공을 가져오는 것은 가치창조의 기업가정신이다.

(a) 기술창업의 중요성

사람은 욕구의 동물로 소유의식이 강하다. 소유의식이 강한데서 창업의 동기가 유발한다. 성취욕이 강한데서 경쟁력이 강화된다. 이러한 바탕위에 기술창업이 이루어지기 때문에 발전적 속도가 빨라져 국가발전의 동력으로 작용을 하게 된다.

(b) 기술창업의 활성화

현대 사업은 속도전이라 말하고 있다. 보고, 느끼고, 알면 실행으로 옮김으로써 남보다 앞서갈 수가 있다. 타에 종속되어 있으면 임의성이 없기 때문에 타당성을 입증하고 실행으로 옮기려면 시간이 오래 걸릴 수밖에 없다.

(c) 기술창업의 가치성

가치는 심도에서 찾아진다. 내가 그 문제로 얼마나 심도 있게 관찰하고 연구하며 고민하였는지에 따라 보이는 빛은 달라진다는 것이다. 책임의 깊이 측면에서 보면 도의적인 책임과 손익흥망의 책임이 있을 때 후자의 깊이가 더 있어 가치창출의 능동적 행동력이 강해진다는 것이다.

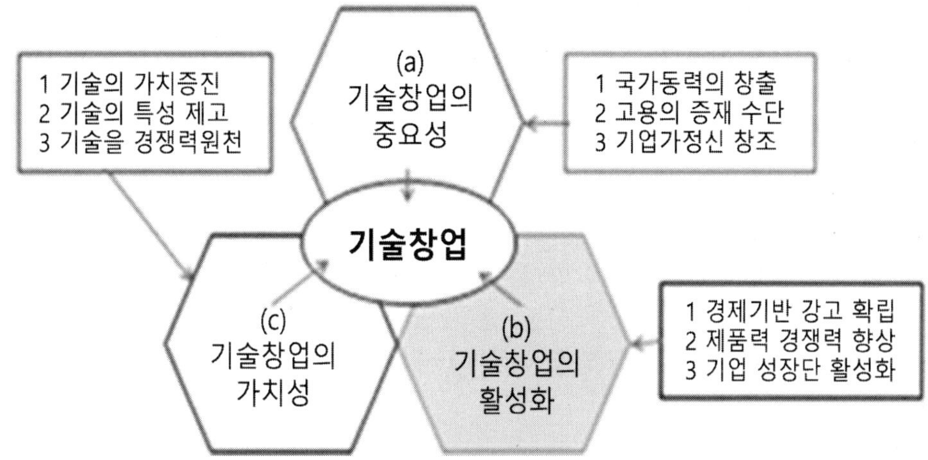

자료: 成長企業の法則 名和高司 著 P205 企業理念 參考再圖

| 그림 2-1 | **기술창업 가치 모형**

1-4. 기술창업의 실현화

❶ 기술사업화는 제품의 실현화

기술사업화는 기술을 이용하여 제품의 개발생산 및 판매를 하거나 그 과정의 관련기술을 향상시키는 것으로 정의할 수 있다. 기술사업화의 유사한 용어들은 적용분야나 사용상의 특성에 따라 호칭을 달리하고 있지만, 공통적인 것은 "연구개발의 성과와 기술의 효용성에 따라 이전 및 사업화 촉진에 관한 법률 제2조 혹은 기술의 적용을 통한 가치창출의 활동과 그 과정의 의미로 해석되고, 기술사업화는 사업경쟁력 확보와 경제발전을 위한 핵심적 메커니즘으로 널리 인식되고 있다.

기술사업화는 자체개발한 기술이거나 타인이 개발한 기술을 용역하여 시장이 요구하는 상품을 제조하여 그 수요를 공급함으로서 부가가치 실현을 위한 노력의 과정이다. 특히 기술사업화는 기술력을 이용하여 차별적 중요성이 크게 부각되는 사업으로 오늘날에 와서 첨단기술개발이 사업촉진에 중요한 영역을 차지하면서 우수한 기술제품과 서비스가 사업화로 부각되며 다각화된 기업만이 치열한 경쟁의 환경 하에서 생존할 수 있다.

기술을 바탕으로 한 사업화 능력은 그 기업의 미래의 비전으로 성공의 가능성이 커지고 있기 때문에 이에 대한 연구의 필요성이 어느 때보다 커지고 있다. 기술사업화 역량은 기술을 개량하고 보완하여 기업의 생산 활동 및 판매활동에 직접 응용하는 과정으로 기술을 활용한 생산 활동, 마케팅활동 등 제반활동을 수행하는 능력을 말한다.

본 절에서의 기술사업화 역량은 협의의 기술사업화 정의에 따라 자체 연구개발 또는 외부조달을 통하여 획득한 신기술을 실제생산, 판매로 연결하기 위하여 신제품제도, 시험생산, 양산체제 구축, 마케팅 및 판매활동에 이르는 연속적인 과정을 수행하는 조직역량으로 규정하고자 한다.

❷ 기업의 성장 단계론

기업의 성장 단계론을 보면 국·내외 기업들의 성장단계가 유사함을 보여주고 있다. 기업의 성장단계에 관한 연구들의 공통점은 모든 기업들이 예측 가능한 성장단계를 거쳐 변화하고 발전하며 각 단계에 적합하고 필요한 전략 및 경영활동을 수행하고 있다는 것이다(기술창업의 성공조건과 지적정책 이윤준, 2013). 벤처기업의 성장단계와 관련된 국내연구 또한 이들 해외연구와 유사한 성장단계 모델을 적용하고 있다.

❸ 성장의 5단계

ⓐ 창업준비단계, ⓑ 계획단계, ⓒ 계약용역단계, ⓓ 시제품단계, ⓔ 제품단계로 구분하고 있다. 일반적으로 벤처기업의 성장단계 모형으로 가장 많이 인용되고 있는 모델은 Kazanjian (1988)이 제시한 개념은 성장 4단계 모형이라 할 수 있다.

ⓐ 개발기의 단계
ⓑ 상업화기의 단계
ⓒ 성장기의 단계
ⓓ 안전기의 단계로 이루어진다 할 수 있다.

벤처기업의 탄생과 성장단계에 따른 정책지원방안 기술금융연구 pp.61~62에 제시되어있음. 34 기술창업의 성공조건과 지원정책 저자 핵심성공 요인기업 성장단계, 서창수, 이춘우 (2003), 개발 및 사업화 단계, 성장단계, 성숙단계 성공요인이다.

용어 설명

벤처기업(Venture Firm) -발음: 벤쳐 펌
기술혁신 기업(Technology Innovation Firm) -발음: 테크놀로지 이노베이션 펌
혁신선도 기업(Innovation Leading Firm) -발음: 이노베이션 리딩 펌
신생기업(New Technology Based Firm) -발음: 뉴 테크놀러지 베이스트 펌
PPP(Purchasing Power Parity) 구매력 평가 -발음: 피피피(펄체이싱 파워 페리티)
GDP(Gross Domestic Product:) 1인당 국내 총생산-
GEM(General Entrepreneur ship Monitor) 기업가정신 지수를 연구기관 - 발음 : 지이엠(제너럴 엔터프리뉴어 쉽 모니터)
기술사업화(technology commercialization) -발음: 테크놀로지 커머셜라이제이션

참고 문헌

1. 창업의지와 기업가정신이 창업성공에 미치는 영향, 이미자·김중규, 호서대학교 벤처전 문대학원 정보경영학과, 2013 Sep; 11(9)
2. 실패 중소기업인을 위한 패자부활센터 설립방안연구, 중소기업연구원 실패한 기업인 재도전 지원체계 구축 방안연구, 2012년 12월
3. 소상공인 창업준비단계 요인에 관한 연구 외식업을 중심으로, 한밭대학교 창업경영대 학원 창업학과, 이정관, 2015년 8월
4. 기술경영. 기술전략. 기술혁신관리. 윤재홍저 이프레스 발행
5. 경영기술 역량. 부랜드전략. 직무수행력량. 유승규저 북넷 발행
6. 創業. 起業支援について 經濟産業省. 中小企業廳(資料 3) 平成28年 12月
7. 創業の基礎知識とビジネスプランの立て方 地域創業促進支援事業(平成12年度), pp.30~35. 作戰を練る
8. 創業の基礎知識とビジネスプランの立て方 地域創業促進支援事業 中小企業廳 1章 創業の心構え 2章, 事業のプランニンク 3章, 事業出發 4章, 事業に必要知識

요 약

1. 기술창업은 생존전략

기술혁신 정책은 새로운 미래 동력을 육성하고 장려하는 기업가정신의 부활을 강조하고 있다. 창업을 국가비전으로 제시하고 있으며 미주와 유럽연합에서도 벤처창업 활성화를 위하여 노력하고 있다. 우리나라에서도 국정비전을 일자리 중심의 창조경제 실현을 제1의 국정목표로 설정하고 있다. 창조경제의 핵심은 창조적 경제의 원동력 개발에 있으며 실천단계에서 더 많은 지식과 기술을 보유하고 경험이 많은 시니어세대와 참신한 아이디어를 가지고 있는 젊은 세대가 더 많은 기술창업을 함으로서 새로운 국가의 미래를 내다볼 수 있는 경제기반 육성에 있다.

2. 기술창업의 활성화

기술창업 활성화를 강조하는 이유는 창업을 통해 국가차원의 새로운 성장 동력 확보가 가능하기 때문이다. 우리나라의 경우 2007년 PPP(Purchasing Power Parity: 구매력 평가)기준 1인당 GDP (Gross Domestic Product: 국내 총생산)가 2만 4,600 달러였음을 고려해 위치를 추정해 보면, 현재 한국은 U자형 곡선의 정중앙에 위치하고 있는 셈이다. 따라서 한국의 1인당 GDP가 3만 달러에 도달하려면 산업화 시대에 창업활동이 활발했던 것처럼 현재 지식정보 시대에 걸맞은 새로운 창업이 반드시 다시 활성화되어야만 목표를 달성할 수 있고 선진국으로 진입이 가능해지는 것이다.

3. 기술력이 경쟁력

기술력은 제품력, 경쟁력이다. 기술적 측면에서 기업의 경쟁력은 우수한 기술을 많이 보유하는 것도 중요하지만 해당 기술을 제품화시켜 성공적으로 목표시장에 진입할 수 있는 기술사업화에 달려있다. 일반적으로 사업화란 기업가의 능력인 자본능력, 관리능력, 혁신능력, 아이디어를 갖춘 개인이나 집단이 사업기회를 포착하여 사업목표를 설정하고 자본, 노동력, 설비를 확보하여 사업을 시작하는 것을 말하며 중단 없는 지속적인 창의성 개발만이 기업을 성공으로 이끈다.

4. 가치창조는 국가경제의 원동력

기술창업의 가치제공은 국가경제의 원동력을 창출함에 중요성이 있으며 고용을 증대하는 효과성도 있어 사회문제 해결에도 도움을 준다. 창업에서 성공을 가져오는 것은 가치창조의 기업가 정신이다.
사람은 욕구의 동물로 소유의식이 강하다. 소유의식이 강한데서 창업의 동기가 유발한다. 성취욕이 강한데서 경쟁력이 강화된다. 이러한 바탕위에 기술창업이 이루어지기 때문에 발전적 속도가 빨라져 국가발전의 동력적 작용을 하게 된다. 현대 사업은 속도전이라 말하고 있다. 보고 느끼고 알면 실행으로 옮김으로서 남보다 앞서 갈 수가 있다. 타에 종속되어 있으면 임의성이 없기 때문에 타당성을 입증하고 실행으로 옮기려면 시간이 오래 걸릴 수밖에 없다.

제2절

기술창업의 성공요인

성공 Point 10

1. 서두르지 말자

좋은 Pian속에서 업무의 Speed 가져온다. 좋은 계획은 확실한 정보와 실용적인 지식 속에서 이루어짐을 인식하여야 한다. 성공으로 가는 길에서 과정 없이 이룰 수는 없다. 목표의 조기달성은 지략적전략(知略的戰略)과 확실한 행동력만이 가능성이 열릴 뿐이다. 대기만성(大器晩成)이라는 말을 명심하자. 주위에서 성공한 사람들을 보면 우연처럼 보일 때도 있다. 그러나 그 뒤를 보면 오랜 시간 남달이 눈물 어린 노력의 결실임을 알아야한다.

2. 자신의 불행을 암시하듯 습관처럼 한다.

불행을 푸념하면 불행을 배가 시킨다. 가난이 가난을 부르고 불행이 불행을 부른다. 나는 여유있게 그리고 풍족하게 살 권리가 있다. 이러게 생각을 바꾸면 잠제의식도 인생의 삶의 질의 방향도 더욱 풍요롭게 사는 방향으로 유도되는 것이다. 부를 바라면 풍족해진다. 가난을 생각하면 가난해진다. 생각은 비물질적 이지만 이 상념(想念)의 세계야말로 모든 것을 창출하는 원천이라는 것을 잊지 말아야 한다.

제2절
기술창업의 성공요인

2-1. 기술창업 기업의 조직혁신

❶ 지속적 연구개발 조직능력

(1) 연구개발 능력

기업의 연구개발 능력은 이공계 과학기술 분야의 지식을 획득하거나 또는 활용하기 위한 조직차원에서 행하여지는 체계적인 조직의 창조능력이라 정의한다(이동석, 2008; 원진연, 2011).

연구의 지속성과 개발활동의 활성화는 조직능력의 강화에서 이루어진다. 연구개발은 기업이 자연과학적, 공학적 지식을 획득하거나 이와 같은 지식을 새롭게 활용하기 위해 기업이 내부적으로 독립하거나 외부기관을 통해 추진하는 체계적인 활동을 의미한다(Brackoff, 1994; Gerpott, 1999; 이동석, 2008; 원진연, 2011).

연구개발 능력은 최근 기업의 기술혁신 능력의 척도로서 미래성장 잠재력과 경쟁우위를 확보하는 전략적 자원으로 인식됨에 따라 연구개발에 대한 투자가 더욱 강조되고 있으며, 연구개발의 성과에 대한 연구도 과거에는 매출, 생산성, 이익 등 재무적 성과나 신기술, 신상품 개발 등의 비재무적 성과일변도에서 시장가치와 연계한 추가, 주가수익률, 토빈의 Q에의 영향 등으로 연구범위가 다양하게 확대되고 있다(Bublitz & Ettredge, 1989; Hall et al. 2000;이동석, 2008; 원진연, 2011).

(2) 축적된 기술 활용

2010년 우리나라 과학기술부에서 발간한 '과학기술연구 활동보고'에서 연구개발 활동은 과학기술 분야의 지식을 축적하거나 새로운 적용방법을 찾아내기 위하여 축적된 지식을 활용하는 조직적이고 창조적인 활동으로 규정하고 있다.

첫째, 사물, 기능, 현상 등에 관하여 새로운 지식을 획득하거나 기존 지식을 활용하여 새로운 방향을 찾아내기 위한 창조적인 노력 및 탐구

둘째, 연구개발과정에서 직접 필요한 시험, 측정, 분석, 기계, 기구, 장치의 구입, 설치 및 건설, 동식물의 육성, 문헌조사 등의 활동

셋째, 연구개발 활동부서의 운영을 직접 지원하기 위한 서무, 회계 등의 지원활동으로 규정하고 있다(한남대학교 지도영 2008. 8).

❷ 기술혁신의 토대구축

(1) 기술 혁신이란

기술(technology)과 혁신(innovation)을 합쳐진 합성어이다. 기술(technology)이라는 말은 기능과 더불어 업무전반에 통용되는 용어로 이제 기업실무는 물론 경영학, 경제학, 과학 등 국가정책의 문헌에도 자주 사용되는 용어이다.

기술과 기능은 실제적인 문제를 해결하는 즉, 제품생산 및 공정과 개발업무에 활용되어지는 자연과학적 기술적 관계에 관한 지식으로 이해되고 있다(Daft, 1978).

광의적인 기술개념으로 조직에 대한 투입물을 산출물로 변환시키는 것, 지식(knowledge), 도구(methodology & tools), 기법(skill & know-how) 및 행동양식으로 정의하였다.

협의 관점에서 기술은 제품생산을 위한 지식, 기법, 노하우의 총합으로 기술이란 제품개발과 생산방식에 모든 지식의 종합적인 집합체로 규정하고 있다(금오공과대학교 안상훈 2013).

(2) 혁신 개념

혁신(innovation)의 개념은 연구분야의 학자마다 연구주제나 조사대상에 따라 여러 가지 의미로 해석 사용되고 있다(Shumpeter, 1934).

포괄적인 의미로 혁신은 발명-혁신-확산의 기술변화 과정에서 신제품, 새로운 생산방식, 신시장개척 새로운 원료의 발견, 조직구조의 변화로 이해하였다(Thompson, 1965).

혁신은 새로운 아이디어, 공정, 제품, 서비스의 창조, 수용, 실행으로 규정하였고 (Rogers, 1983), 혁신이란 개인이나 조직이 이를 채택하여 새로운 것을 인식하는 아이디어, 실천방안 등이라고 규정하였다(Nonaka, 1989). 혁신을 정보 또는 지식창출의 과정으로 정의하였다.

(3) 혁신매뉴얼

최근 혁신매뉴얼에 의하면 제품이나 공정상의 혁신을 4대혁신으로 구분하였다.

ⓐ 제품혁신(Product Innovation)
ⓑ 공정혁신(Process Innovation)
ⓒ 마케팅혁신(Marking Innovation)
ⓓ 조직혁신(Organization Innovation)을 포함하는 전체개념으로 확대되고 있다.

피터 드러커(2006)는 우리는 경영의 시대를 지나 다시 기업가정신을 강조하는 기업가의 시대에 살고 있다. 그러나 이 기업가정신은 예전의 기업가정신, 즉 한 사람이 혼자서 스스로 운영 통제하고 모든 것을 해결하며, 특정한 사업체를 운영할 수 있는 능력을 뜻하는 것은 아니다. 우리에게 필요한 기업가정신은 오히려 새로운 것을 위해 조직을 창출하고 지휘하는 능력, 즉 혁신이라고 한다(위대한 혁신; 피터 드러커)라고 말하고 있다.

❸ 기술혁신은 새로운 아이디어

(1) 혁신은 새로운 발상에서

혁신은 새로운 아이디어나 기술을 발상 창조하여 최초로 채택 도입하고 재화를 개발하여 실효성 있게 성공적으로 응용하는 과정으로 정의하였다(이동석, 2008).

또한 제인 에디슨 스티븐슨 외(2013)는 혁신이란 새로운 제도와 행동으로 새로움을 창조하여 기업이 성공적으로 수요자에게 만족을 가져다주는 고유의 가치를 제공하는 것이다. 또한 제인 에디슨 스티븐슨은 혁신을 속성에 따라 크게 네 가지로 분류하였다.

첫 번째, 변혁적 혁신은 자동차 전구, 인터넷 컴퓨터처럼 우리의 삶을 송두리째 바꾸어 놓은 동시에, 새로운 산업들을 끊임없이 파생시키며 장기간동안 엄청난 영향력을 미치는 것을 혁신이라 말하였다.

두 번째, 범주적 혁신은 자동차 서비스센터, 조명제조업체, 가상온라인 서점 등 변혁적 혁신에서 파생되어 새로운 산업을 만들어내는 점진적이며 진화적인 혁신을 뜻한다.

세 번째, 시장적 혁신은 새로운 시장을 확장시킴으로써 기업에게 비교적 빠른 수익을 안겨주는 혁신으로 자동차의 접이식 사이드미러나 페이팔 같은 새로운 온라인 결재수단, 친환경 포장재 등이 여기에 속한다.

네 번째, 운영적 혁신은 자동차 조립라인, 온라인 재고관리, 새로운 기기의 도입 등과 같이 운영의 효율화 방안을 찾아 제품의 질을 개선하고 생산성을 높이는 혁신을 말한다. 진정한 혁신적인 기업이 되기 위해서는 이 네 가지 혁신에 끊임없이 매진해야 한다고 주장한다(경제경영, 기업혁신의 리더십에서).

2-2. 기술사업화의 효율화

❶ 기술사업화와 기술역량

(1) 기술창업이란

기술창업이란 새로운 사업을 창출하여 시작하는 것을 뜻하는 말로, 영어로는 start-up, establishment, foundation 등이 사용된다. 일반적으로 창업이란 기업가정신을 갖춘 개인이나 (창업)팀이 내·외부환경으로부터 얻은 사업아이디어를 가지고 사업목표를 세우고 난후 사업기회(창업아이템)에 경영자원을 투입하여 재화(goods)의 생산 또는 용역(service)제공의 사업을 시작하는 것을 의미한다.

또한 특정분야에서 혁신기술을 창출하는 기업의 창업을 말하는 것으로, 해당 기업군을 정의하는 일관된 용어는 없지만 대략적으로 벤처기업(venture company), 하이테크 기업

(high technology business), 기술집약형 기업(new technology based firm) 등의 기업을 설립하는 행위로 볼 수 있다. 이러한 기업들은 대부분 제조업의 형태로서 신기술 또는 새로운 아이디어를 생산 또는 서비스하는 기업으로 고위험, 고성장의 성장 패턴을 보이고 있다. 여기에서는 기술창업의 범주에 제도적으로 정의되고 있는 벤처기업의 정의보다 좀 더 실질적인 내용 위주의 의미로 해석하여, 벤처기업 인증을 받지 않았더라도 특정한 기술을 기반으로 하는 창업기업 또는 예비창업자를 포함하고자 한다.

경영학에서의 창업의 정의는 주어진 목표를 달성하기 위해 기업(대부분 중소기업)이라는 새로운 조직을 일으켜 세우는 모든 행위를 말한다. 따라서 넓은 의미의 창업은 새로운 기업 조직을 설립하는 것은 물론 기존의 기업이 전혀 다른 새로운 종류의 제품을 생산하거나 새로운 서비스를 제공하는 사업을 시작하는, 즉 신규 사업을 시작하는 경우까지도 포함할 수 있다.

(2) 법령에서의 기술사업화

현행 개별법령에서 기술사업화에 대한 정의를 살펴보면 기술이 전촉진법 상에서 사업화라 함은 개발된 기술을 이용하여 제품의 개발, 생산 및 판매를 수행하거나 그 과정의 관련기술의 향상에 적용하는 것으로 규정하였다. 이러한 정의는 협의의 사업화와 광의의 사업화개념을 모두 포괄하는 개념으로 볼 수 있다.

일반적으로 협의의 사업화란 개발된 무형의 기술을 유형의 상품으로 제품화하는 것을 뜻하며 주로 개발된 기술을 생산과정에 적용시키거나 응용하여 시제품을 만들고 시장에서의 테스트를 거쳐 제품의 양산체제를 갖추고 판매를 시작하는 것을 말한다(건국대학교, 이원훈, 2008).

창업의 정의는 보는 관점에 따라 다양하게 내릴 수 있고 지원목적에 따라 적용기준을 다르게 규정할 수 있다. 즉 「중소기업 창업지원법」에서 창업의 개념을 규정하고 있지만, 조세감면을 목적으로 한 「조세특례제한법」과 같이 입법취지에 따라 창업지원 대상 업종 및 적용기간 등을 규정하기도 한다. 「중소기업 창업지원법」 제2조에 의하면 "창업이란 중소기업을 새로 설립하여 사업을 개시하는 것을 말하며 사업의 승계, 기업형태의 변경, 폐업 후 사업재개에 해당하는 경우는 창업에 해당하지 않는다."라고 정의하고 있다.

(3) 광의의 사업화

광의의 사업화는 기술의 비즈니스화, 즉 기술을 통하여 경제적 이익을 얻는 제반활동을 총칭한다고 볼 수 있다. 이에는 기술개발 과정에서 사업성을 높이기 위한 공동연구 등 사업성이 있는 기술의 개발활동 자체를 포함하며, 사업화 수요를 충족시키기 위한 개발된 기술의 응용 및 개량기술의 배타적 권리 및 경제적 가치를 높이기 위한 지적재산권화, 사업성이 높은 부문으로의 기술이전 및 거래활동, 개발된 기술을 이용한 제품의 개발, 생산 및 판매활동, 기타 개발된 기술을 이용하여 창업, 투자유치, 자금조달 등 제반기업 활동을 모두 포함하는 개념이라고 정의할 수 있다(기업의 기술혁신과 기술이전을 통한 기술축적 전략, blog.naver.com).

(4) 기술축적 능력

일반적으로 한 나라의 기술축적은 크게 보아서 자국 내의 기술능력에 바탕을 둔 기술혁신과 다른 나라로부터의 기술이전을 통해서 이루어지게 된다. 따라서 선진국인 경우에는 이미 축적된 기술능력이나 자체 연구개발을 통해서 경제사회의 요구 및 실정에 맞는 기술혁신을 할 수 있을 뿐만 아니라, 외국기술을 도입하는 경우에도 자체의 기술저력을 바탕으로 이를 쉽게 소화, 흡수, 개량함으로써 그들의 기술능력을 제고할 수 있게 된다. 그러나 이에 반해서 개발도상국의 경우에는 기술개발자원 및 능력부족으로 인해서 자체기술 개발을 할 수 없게 됨으로 선진외국 기술을 도입함으로써 자체기술을 배양, 축적하는데 온 심혈을 기울이게 된다(기업의 기술혁신과 기술이전을 통한 기술축적전략, blog. naver.com).

(5) 중단 없는 지속성

기업은 지속적인 성장발전을 하기 위하여 고객이 원하는 제품이나 서비스를 끊임없이 시장에 제공하여야 하며, 이러한 제품이 시장에 성공적으로 진입하기 위해서는 우수한 핵심기술에 집중 투자하여 기술 집약도를 높이고 개발된 기술을 효율적으로 보유. 축적하는 것이 중요하다(Bowen, Clark & Holloway, 1994; 이동석, 2008; 원진영, 2011).

- 기업의 기술축적
  기업의 기술축적은 기술혁신력을 평가하는 핵심자원으로 연구개발, 엔지니어링, 생산부서와의 협력, 마케팅 등 종합적인 관리를 바탕으로 고객에게 새로운 편익을 제공할 수 있는 제품을 실현하는데 주요 목적이 있다(Clark & Fujimoto, 1991; 이동석, 2008, 원진영, 2011).

- 기업의 기술축적 능력
  기업의 기술축적 능력은 기술적 자원을 효율적으로 보유. 축적할 수 있는 조직능력을 의미하며, 특히 고객의 욕구를 반영하는 시장 지향적 기술의 축적을 바탕으로 경쟁에서 우위를 유지할 수 있을 것이라고 정의하고 있다(이동석, 2008; 원진영, 2011).

❷ 기술 혁신과 차별화

(1) 기술의 원천 빠르고 싸고 가치 있게

기술혁신이란? 기존 제품이나 서비스를 개선하거나 프로세스 개선을 통하여 변화가 일어나고 고객에게 더 빠르고 싸게 가치를 제공하는 일련의 기업의 변화 활동으로 정의한다. 기술혁신을 연구하는 학자들 사이에서는 기술혁신이 기술자체의 변화 메카니즘에 의하여 일어나는지(Mowery and Rosenberg, 1979), 아니면 시장에서의 수요가 이를 견인하는지(Rothwell, 1977)에 대하여 오랫동안 이론적인 논쟁이 양립되어 왔다. 그러나 최근에는 두 가지 이론의 약점을 상호 보완 할 필요성에 따라 시장의 요구와 기술적 기회의 결합에 의해 일어난다는 상호작용설이 나타나게 되었다.

(2) 기술주도 가설(technology-push theory)

기술의 주도는 기술혁신 과정에서 기술자체 발달과 과학적 지식의 발명이 기업의 신제품 개발과 상업화를 가능케 함으로써 기술혁신이 이루어진다고 주장한다. 그 결과 새로운 기술에 대한 기업의 투자가 일어나고 새로운 생산패턴이 형성되며 이것이 이윤을 창출하므로 과학기술과 기술자체가 발전하는 경우 기술혁신이 활발하게 이루어진다고 주장한다(Dosi, 1982; 이동석, 2008). 그러나 이러한 기술주도 가설은 과학기술의 기반이 크게 성숙한 산업에서 시장수요의 부족으로 기술혁신이 부진한 현상을 설명할 수 없다는 약점을 가지고 있다.

(3) 수요견인 가설(demand-full theory)

수요견인 조건은 소비자의 욕구에 따른 시장수요와 기업의 이윤기회에서 비롯된다고 주장한다(Rothewll, 1977; 원진연, 2011). 즉, 수요가 급격히 증가하는 성장산업에서 기술개발이 활발하게 이루어지며, 이윤기회를 신속하게 포착할 수 있는 시장구조와 기업조직 등이 기술혁신에 유리하다고 할 수 있다.

수요견인 가설은 시장수요가 충분히 존재하고 이윤기회가 확실한 경우에도 기초과학이나 연관기술의 발달 없이는 신제품의 개발이나 기술혁신은 불가능하다는 점을 설명하지 못한다는 비판을 받고 있다. 최근 이러한 가설에 대한 비판과 약점에 따른 상호작용설이 제기되고 있다.

(4) 기술혁신은 시장요구에 적응

기술혁신이 시장의 요구와 기술적 기회의 결합에 의하여 일어난다고 주장하면서 사용자와 공급자의 상호작용과 지식의 학습이 기술혁신의 중요한 영향요인이라는 상호작용 가설이 설득력을 얻고 있다(Freeman, 1982; 원진연, 2011).

상호작용 가설에 의하면 각 과정에서는 여러 조직 간에 복잡한 통신망 같은 지식교류가 발생할 뿐만 아니라 조직내부에서도 조직구성원들 사이에서 복잡한 지식교류가 연속적으로 일어난다고 한다(Rothwell and Zegveld, 1977; 이동석, 2008; 원진영, 201).

기술혁신은 현실적으로 시장의 요구와 기술적 기회의 결합에 의하여 일어나게 되며 개발자와 사용자 간의 네트워크를 형성하여 과학기술 지식을 습득하고 활용한다는 점에서 상호작용설이 설득력을 얻고 있다.

2-3. 기술혁신의 실천과정

기술혁신의 개념은 현대사회의 동태적인 측면을 포괄적으로 잘 반영해 주기때문에 기술혁신의 기본구조나 양상을 설명하는 일반적인 여러 학자들에 따라 다양하게 연구되고 있다. 정선양(2008)은 다섯 가지로 분류하였으나 여기서는 네 가지로 분류하였다.

❶ 제품혁신과 공정혁신

기술혁신 대상과 관련하여 제품혁신(product innovation)과 공정혁신(process innovation)으로 나눈다. 전자는 제품에 있어서의 새로운 변화 및 새로운 제품의 도입을 의미하며 후자는 생산공정에 있어서의 새로운 변화 및 새로운 공정의 도입, 기존 공정의 개선을 의미한다.

제품혁신은 시장성과의 혁신을 나타내는데 반하여 공정혁신은 생산요소 결합의 변화를 가져오는 것이다. 따라서 일반적으로 제품혁신이 공정혁신에 비하여 혁신의 정도가 높은 것으로 간주한다.

❷ 점진적 혁신과 급진적 혁신

기술혁신의 정도와 관련하여 급진적 혁신(radical innovation)과 점진적 혁신(incremental innovation)으로 분류할 수 있다(Foster, 1986).

- 점진적 혁신
  점진적 혁신은 S-Curve를 닮았고, 초기의 급진적 혁신과는 달리 경제적 순환의 예측에 자극되는 많은 기업의 상호작용을 통하여 발생된다(조성철, 2012).

- 급진적 혁신
  급진적 혁신은 기존 기술변화에 한계가 발생해 새로운 기술이 가미되어 다음 곡선으로 점프함으로써 발생된다. 급진적 혁신의 특징은 기존의 기술에 반하여 가파른 가격변화가 발생되며, 새로운 기술과 경쟁관계로 기존 기술의 가치, 효율성, 제품디자인 등의 개선이 이루어져도 경쟁력이 없을 정도로 기술적 진보를 가져오는 것이다(Mensch, 1979; Sahal, 1981).

❸ 연속적 혁신과 불연속적 혁신

기술혁신은 과거와의 연속적이냐 혹은 단절적이냐에 따라서 연속적 혁신(continuous innovation)과 불연속 혁신(discontinuous innovation)으로 나누어 볼 수 있다.

- 연속적인 혁신
  연속적 혁신은 점진적이며 기존의 하부구조 내에서 발생한다. 이는 기업의 기본적 전략 혹은 가정에 도전함이 없이 기존 시장 내의 기존 지식에 근거하여 창출된다. 불연속적 혁신 불연속적 혁신은 미래의 경쟁요건이 기존의 산업구조 및 경쟁구조 내에서 충족될 수 있을 경우에 작동한다. 이에 반해, 불연속적 혁신은 기존 시장의 밖에서 발생하며, 성공하면 새로운 가능성을 제시하면서 시장을 크게 확장하거나 재정의 한다(금오공과대학교, 안상훈, 2013).

❹ 파괴적인 혁신과 비 파괴적인 혁신

기술혁신은 조직의 경쟁우위 및 사회에 미치는 영향에 따라 파괴적인 혁신(disruptive innovation)과 비 파괴적인 혁신(non-disruptive)로 나눌 수 있다.

파괴적인 혁신은 혁신의 정도가 매우 높고 그 영향력이 매우 크고 광범위하여 기존 산업을 파괴하여 새롭게 정의하고 새로운 산업을 창출하는 등 사회적인 영향력이 매우 높은 혁신을 의미한다. 이 유형의 혁신은 일반적으로 어떤 제품의 산업 및 새로운 기술 도입을 의미한다는 점에서 불연속적인 혁신의 경우가 많다고 본다. 비 파괴적인 혁신은 그 영향의 정도가 그다지 파괴적이지 않고 기존의 산업에서 약간의 영향을 주는 것으로 의미한다. 일반적으로 기존의 산업구조 내에서 기존의 기술혁신과의 연결선상에서 창출된다는 점에서 연속적인 혁신의 경우가 많다.

용어 설명

기술(technology)
혁신(innovation)
지식(knowledge)
도구(methodology & tools)
기법(skill & know-how)
제품혁신(Product Innovation)
공정혁신(Process Innovation)
마케팅혁신(Marking Innovation)
조직혁신(Organization Innovation)
start-up, establishment, foundation
벤처기업(venture company)
하이테크 기업(high technology business)
기술집약형 기업(new technology based firm)
제품혁신(product innovation)
공정혁신(process innovation)
급진적 혁신(radical innovation)
점진적 혁신(incremental innovation)
연속적 혁신(continuous innovation)

참고 문헌

1. 2018년도 중소 벤처기업지원사업 ①중 소벤처기업부 발간등록번호 11-1421
2. 변혁적 리더십과 직무성과의 관계에서 자기효능감 매개효과의 연구, 이상희, 전창대, 한국콘텐츠 학회논문집, 2015년 15(1)
3. 창업보육센터운영가이드, (사) 한국창업보육협회 중소기업청
4. 창업보육센터운영가이드, 창업보육센터관리실무
5. 女性起業家が 成功に致つた要因は何か? 女性起業家
6. 事例からの分析經營戰略硏究 Vol.5 潼本佳子

요 약

1. 기술의 사업화

   기술사업화의 성공적인 특성은 조직의 특성화이다. 창업의 성공요인을 분석하는 연구의 대부분에서 조직의 특성으로 다루어져 왔다. 인력구성과 전문성, 조직의 자율성과 같은 조직의 수평적 성격, 조직이 보유하고 있는 자원 등 대부분의 요소들이 기업성공의 주요 성공요인으로 분석되었다. 특히 창업기업이 시작하는 순간, 절대적으로 자원이 부족한 순간에서 인적자원의 잠재능력을 최대로 활용하는 것이 기업의 성공과 직결된다고 밝혀진 바 있으며, 이에 덧붙여 조직구조와 기업 문화적 특성이 매우 중요한 역할을 하는 것으로 나타나 있다.

2. 창업기업의 성공요건

   기업이 성공하는데 있어서 보다 중요한 것은 기업이 보유한 자원 그 자체가 아니라 보다 가치 있는 자원을 창출하는 능력이라고 할 수 있다. 이러한 자원의 창출능력은 기업의 역동적 기업 능력이라는 개념으로 설명된다. 이는 기업이 어떠한 자원을 보유하고 있는가가 아니라 그러한 자원을 획득하고 축적할 수 있는 능력이 무엇이며, 어떠한 과정을 통해서 창출하는가에 대한 개념이 중요하다. 불확실한 환경 속에서 지속적인 경쟁우위와 차별화를 창출하기 위해서는 기술혁신 능력을 갖추어야 한다.

3. 기업의 성공요건

   기업의 성공은 자원의 보유만 있는 것이 아니라 기술혁신 역량과 관리혁신으로 효율화에 달려있다. 기술혁신 역량은 조직의 기본 작업 활동과 관련된 제품, 서비스, 제조공정 기술의 혁신으로 제품혁신과 공정혁신으로 구성된다. 관리혁신은 조직의 구조, 관리적 과정과 관련된 혁신으로서 새로운 경영시스템, 관리과정, 인력개발 프로그램의 채택 등 조직의 기본 작업 활동과 간접적으로 관련되고 조직의 관리와 더욱 관련된 혁신적 진보가 필요하다.

4. 기술(技術)을 산물(産物)로

   기술혁신의 산물은 시장의 요구와 기술적 기회의 결합에 의하여 일어난다. 사용자와 공급자의 상호작용과 지식과 학습이 기술혁신의 중요한 영향의 요인으로 상호작용한다는 것이 설득력을 얻고 있다. 상호작용에 의하면 각 과정에서는 여러 조직 간에 복잡한 통신망 같은 지식교류가 발생할 뿐만 아니라 조직 내부에서도 조직구성원들 사이에서 복잡한 지식교류가 연속적으로 일어난다. 따라서 기술혁신은 현실적으로 시장의 요구와 기술적 기회의 결합에 의하여 일어나게 된다.

제 3 절

기술창업 기업의 성장단계

성공 Point 11

1. **감사하는 마음으로 비평을 받아 들어라.**

   성공하는 사람은 남들의 비평에 다른 사람에게 귀를 기울일 줄 안다. 그래서 그들은 타인의 지식과 지혜를 폭넓게 받아들어 성공의 풍부한 자양분으로 살아간다. 타인이 비평할 때 변명이나 논쟁을 벌이지 말고 진진하게 귀를 기울여라. 그리고 공감대를 찾아내라. 혹시 악의적인 비평이라 할지라도 민감하게 반응하지 말라. 성공하거나 유명한 사람일수록 비판을 많이 받는다. 혹독한 비평은 당산의 관심도가 그만큼 높다는 것이다.

2. **감나무 밑에서 감 떨어지길 기다린다.**

   당신이 진정 위대한 사람이라면 다른 사람에게 행동으로 증명하라. 행동이나 실천이 없는 성과는 기대할 수 없다. 계획이 아무리 좋아도 실행하지 않으면 쓸데없는 것이다. 원숭이처럼 계획하고 소처럼 믿음을 가지고 코뿔소처럼 밀고나간 연후에 가려도 늦지 않다. 가만히 앉아 기다리고 있는 상태에서는 금전운이 다가오지 않는다. 마음으로 정성을 다하고 몸으로 실행하여야만 비로서 운이라는 것 도 열리게 된다.

제3절
기술창업 기업의 성장단계

3-1. 기업의 성장단계

❶ 기업 성장의 5단계

기업의 성장단계를 인적조직단계 사업전략 단계 제품개발 단계, 시장진입 단계, 성숙발전 단계로 구분하고 각 단계별 성공요인을 언급하고 있다.

ⓐ 인적조직 단계는 조직운영의 효율과 성과도출의 핵심은 사람에게 있다.
ⓑ 사업전략 단계는 어떤사 업을 어떻게 하는가의 조직운영의 세칙이다.
ⓒ 제품개발 단계는 필요한 자원의 획득 및 기술개발이 이루어져야 한다.
ⓓ 성장진입 단계는 시장점유율의 성장과 조직의 이슈에 관해 고려되어야 한다.
ⓔ 성숙발전 단계는 수익성과 내부통제, 미래의 성장기반이 구축되어야 한다.

(1) 발전 5단계의 모델

ⓐ 탄생기(birth), ⓑ 성장기(growth), ⓒ 성숙기(maturity), ⓓ 쇠퇴기(decline), ⓔ 소멸기(death)의 Life-cycle에서 기업이 소멸하는 엔트로피(entropy)에 그 핵심이 있다고 할 수 있으며, 이 엔트로피를 보존할 수 있어야 쇠퇴기에 접어드는 기업이 그 생명을 연장기(renewal)로 안내할 수 있으며, 이것은 전략혁신을 통해서 가능하다고 주장했다(항공대학교, 양현식, 2011).

또한 5단계의 연구로는 ⓐ 존재(existence), ⓑ 생존(survival), ⓒ 성공(success), ⓓ 도약(take-off), ⓔ 성숙(resource maturity)의 5단계로 구분 될 수 있으며 탄생단계, 성장단계, 성숙단계, 부흥단계, 쇠퇴기로 나누기도 한다. 또한 창업기, 성장기, 성숙기, 쇠퇴기, 도약기의 5단계 성장단계로 구분하기도 한다(Churchill and lewis, 1983).

❷ 성장의 단계 성공 방정식

(1) 비즈니스 세계의 최전방

시대는 창업을 부른다. 앞서가는 페이스북, 구글 등 최고의 스타트업들은 비즈니스 세계의 최전방에서 독주하고 있다. 스타트업을 키워주는 엑셀러레이터와 정부의 제도적 지원제도까지 가세하면서 창업생태계는 어느 시대보다 활발하게 전개되고 있다. 전망 있는 아이디어 발상하나로 거액을 투자받는 스타트업도 등장하고 있다. 하지만 하늘 아래 새로운 것은 없다. 새로운 것이라기보다는 사람들이 모르는 것을 알아내고 찾아내는 것이다. 이 우주만물 속에는 아직까지 사람들이 모르는 진리들이 무수히 산재 되어있다. 이 진리의 가용성(可用性)을 누가 먼저 찾아내느냐가 새로운 아이디어로 승부를 가름하게 된다. 하지만 어떤 기업은 크게 성장해 스포트라이트를 받고, 어떤 기업은 경쟁에 밀려 역사의 뒤안길로 사라진다.

비슷한 시기에 비슷한 제품이나 서비스로 시작했는데 왜 어떤 스타트업은 성공하고, 어떤 스타트업은 성공하지 못하는 것일까. 스타트업 창업과정에서 아이디어를 제품으로 발전시키는 과정의 방법까지는 전역의 모방으로 가능하나 지속적인 발전의 과정은 새로운 개척의 길임으로 생도(生道)의 정신으로 자력갱신의 방법을 찾아나가야 한다.

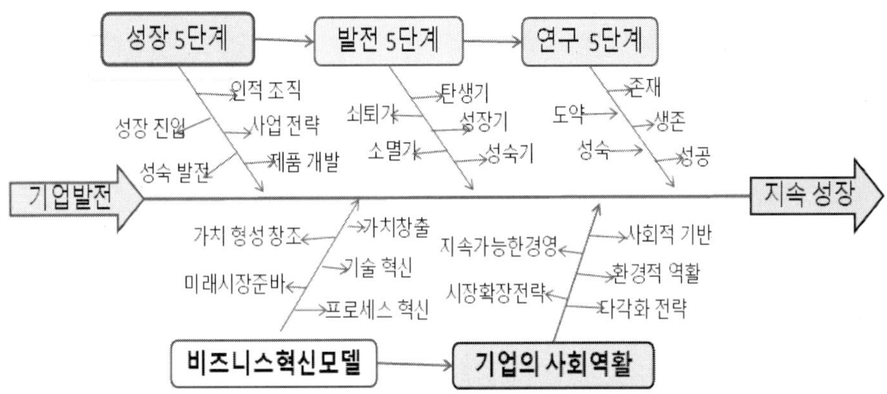

자료: 글로벌 품질경영 박영사 발행 P433. 특성 요인도 참고 재도형도.

| 그림 2-2 | **기업발전 지속성장 모형**

(2) 3단계 성공비법

3단계 성공비법은 성공한 스타트업들은 첫 번째, 단계로 창업자의 뚜렷한 비전을 제시하라. 고객이 필요로 하는 솔루션 등 성공의 필수요소를 갖추어야 한다. 창업초기 신기술에 매혹된 나머지 고객이 원하는 솔루션을 제시하는 데 소홀히 하여서는 안 된다.

두 번째, 단계의 성공비법은 세상에 기업가의 비전을 알려야 한다는 것이다. 성공한 스타트업들은 다양한 방법을 통해 제품이나 서비스를 사람들에게 알리고 소비자들의 폭을 확장하기 위해 노력하여야 한다.

세 번째, 단계로 창업에서 수성으로 나아가는 단계가 필요하다. 회사에 가장 적합한 인재를 채용하고, 재무전략을 짜고, 중요사업에 집중하고 성장기반을 구축하여야 한다(The Biz Times.News.naver.com).

(3) 갖춰야 하는 네 가지 조건

스타트업이 초기에 반드시 갖춰야 하는 네 가지 조건이 있다.

첫 번째, 창업가의 비전이 있어야 하고, 그 비전을 비즈니스로 발전시키기 위해 서는 잠재 시장의 크기가 커야 한다.

두 번째, 소수의 고객만 있는 시장에서는 성장하기 힘들다는 이야기이다.

세 번째, 조건은 고객이 해결하고 싶어 하는 문제에 대한 해결책을 제시할 수 있어야 한다는 것이다.

네 번째, 마지막으로 제품에 대한 소비자의 첫 인상이 좋아야 한다.

기업이 첫 서비스나 제품을 시장에 내놓았을 때 고객의 반응이 확실히 이루어졌을 때 가능성이 높아지는 것이다. 네 가지 요소를 모두 갖추어야 하는가? 그렇다. 하나하나 순서대로 갖추어 나가는 것이 좋다. 이것들은 필수조건이기 때문이다. 대학에서 학생이 심화수업을 들으려면 몇몇 과목을 선행 이수해야 하는 것처럼 기업이 본격적으로 성장하기 위해서는 필수조건이 갖추어져야 한다. 필수조건을 다 갖추었다면 이제 성장을 가속화시켜야 한다. 첫째도 기술, 둘째도 기술이다(The Biz Times.News.naver.com).

3-2. 새로운 비즈니스 혁신모델

❶ 비즈니스 모델

(1) 가치의 단계형성

비즈니스의 맥락에서 생각해 볼 때, 가치의 단계형성에서 혁신적으로 이루어지는 과정을 잘 설명해 줄 수 있는 개념은 비즈니스 혁신모델이라고 할 수 있다. 여러 연 구에서 거론되고 있는 비즈니스 모델의 성공조건을 요약하면 다음과 같다(Johnson & Christensen & Kagermann, 2008).

첫째, 현재하고 있는 기존의 문제를 해결할 수 있는 능력이 배양될 때에 새로운 비즈니스 모델을 만들 수 있는 기회를 가질 수 있다.

둘째, 현재와 다른 비즈니스 모델을 설계하고 운영해야 한다. 같은 비즈니스 모델을 가지고서는 경쟁에서 뒤쳐질 수밖에 없다

셋째, 새로운 비즈니스 모델은 생산자, 소비자 모두에게 이익이 되어야 한다. 공익성이 없으면 오래가지 않는다.

넷째, 새로이 조성된 비즈니스 모델에 의해 적합하게 운영되어야 한다. 새로운 방식 과 적용 운영방식이 다르면 비효율적인 결과를 초래한다.

(2) 가치창출과 성과

이러한 조건을 만족시키는 비즈니스 모델은 회사나 조직이 모든 이해 관계자들을 위해 어떻게 가치를 창출하고 성과를 낼 수 있을지 그 방법을 담은 가정들을 모아 놓은 것이며(Magretta, 2002), 어떤 상품을 누구에게 어떤 방식으로 판매할 것인가를 결정하여 기업이 어떻게 시장의 가치를 창출하는가 하는 개념이다(이동현, 2003).

기업의 핵심전략은 경쟁의 나침판이 되며 비즈니스의 작전서가 된다. 즉, 제품 및 시장의 영역 등의 차별화로 튼튼한 기반이 이루어진다. 전략적 자원은 핵심역량이고, 전략적 자산은, 핵심프로세스 등으로 이루어진다, 고객과의 정점은 실행, 지원, 정보와 통찰력 관계의 동태성으로 판매가격 책정의 요소들이다. 끝으로 네트워크 연계가치이다. 기업 간의 관계에 있어 직접적으로 모든 자원을 관리할 수는 없다. 공급업자나 협업파트너 등과 연계적으로 서로를 보완하며 확장하는 시스템조성이 필요하다. 이와 같이 전혀 다른 비즈니스 방식으로 차별화하는 능력이 새로운 비즈니스 개념의 혁신이다(Hamel, 2000).

새로운 개념에 의한 연구들을 종합하여 보면 새로운 비즈니스 모델이란 기업이 갖고 있는 내·외부의 모든 자원을 이용하여 기업과의 관계를 맺고 있는 모든 이해관계자들을 위해 기업의 통합적인 기업전략을 제시해주는 진보된 방식이다. 기존의 방식과는 다른 비즈니스 형태를 통해 차별화함으로써 새로운 가치를 창출하는 것이라 할 것이다. 종합하여 볼 때 가치혁신이란 현재 경쟁우위를 확보하고자 하는 것보다 한 차원 높은 근본적이고도 새로운 차원의 우월한 가치를 제공하여 소비자의 가치를 높여 경쟁을 뛰어넘어 무관한 시장을 만드는 것이다.

❷ 기술혁신

(1) 기술혁신은 산출물의 변화

기술이란 지식, 도구, 방법 및 행동을 통하여 투입물을 산출물로 변화시키는 것이다(Daft, 1978). 이는 제품제조를 위한 지식, 노하우, 기법을 아우르는 것으로서, 제품과 공정개발의 실용적 측면과 제품의 개발 및 생산방법에 관한 지식의 집합체로 정의할 수 있다(Dhalman & Westphal, 1981).

기술혁신이란 기업가가 생산과정에서 새로운 결합을 시도하는 활동으로 생산방식, 자원시장, 조직 등의 변화로 이루어지는 개념으로 시대에 따라 불규칙하게 발생하고, 기술혁신이 우선 한 번 있게 되면 동시다발적으로 경제활동에 큰 영향을 미친다(Schumpeter, 1961).

기술변화에 대응하지 못하면 기업이 정상적으로 운영되던 기업도 새로운 기술이나 수요변화를 맞으면 이를 극복하지 못하고 시련과 나아가 실패의 고배를 당하는 경우가 생긴다. 이유는 기업운영을 일관성 있게 다양성을 추구하지 못한 결과라고 할 것이다. 변화의 물결에 따라 새롭게 대두되는 가장 효용성 있고 가치 있는 새로운 흐름에 적응성을 높여 나아가야 생존의 길을 찾게 된다. 기업들이 굴복하는 이유는 변화에 적응하지 못하고 현재 확보하고 있는 고객에게만 가까이 있으려는 경향 때문이라고 설명했다(Bower와 Christensen, 1995).

(2) 미래시장을 위한 준비의 기술

와해성 기술이란 전통적인 가치를 가지고 있는 주류로부터 매우 다른 속성의 기술적 산물을 말한다. 기업은 현재의 시장보다 미래에 형성될 시장을 예견하고 준비하는 자만이 생존과 번영을 이어갈 수 있다. 제품의 수익은 준비단계를 넘어 성숙단계에 많이 발생한다. 일반적으로 와해성 기술의 제품은 기존 업체에게는 수익이나 비용구조에서 매력적이지 못하다. 그러나 가시적인 수입은 얼마되지 않으나 향후의 시장규모를 예측하기 어렵다. Bower와 Christensen이 설명한 와해성 기술은 현저히 다른 성능을 가지고 있어 초기단계에서 고객확보나 고객들에게 높은 평가를 받지 못하지만 준비단계를 지나 성숙단계에 이르면 새로운 수요시장으로 시장을 지배하게 된다.

이러한 기술혁신의 선택여부는 미래를 예측할 수 있는 기술적 경로를 정의하는 것이다. 이것은 기술의 탐색과 기술의 활용개념과 연관 지어볼 수 있으며, 기업들은 경로에서 벗어나 새로운 것을 창조해야 할 것인가, 기존의 것들을 개선하고 보완함으로써 더 효율적인 경영을 추구할 것인가를 선택하게 된다. 하지만 하나의 기술패러다임이 장기간 시장에서 지배적인 위치에 있더라도, 언젠가는 기술패러다임의 개선이 이루어질 수 없는 한계점에 도래하기 때문에 기업의 이익을 창출해낼 수 있는 기회가 줄어들게 되므로 새로운 기술을 탐색하게 된다(항공대학교, 양현식, 2011).

❸ 프로세스 혁신

(1) 프로세스 혁심의 목적

다양한 사회, 다양한 고객, 다양한 계층의 욕구에 만족을 주려는 기업 간의 치열한 경쟁은 소비자들의 선택의 폭을 넓이고 다양한 종류의 제품출시로 이어진다. 기업의 제품들은 자연스럽게 다양해졌다. 이러한 현상의 변화는 소비자 위주로 시장이 형성됨에 따라 소비자의 구매의 선택의 폭이 많이 넓어졌다. 이러한 환경의 변화는 기업들로 하여금 소비자에게 최상의 제품이나 서비스를 공급하지 않으면 생존할 수 없는 환경이 만들어 졌다. 그러므로 경쟁기업들보다 더 좋은 상품을 공급하기 위한 여러 가지 전략과 방법들이 연구 개발되고 실행하게 되었다.

(2) 고객에게 만족을 주는 비즈니스

다양한 계층의 고객에게 만족을 주는 비즈니스 프로세스는 더 빠르고 효율적으로 수행할 수 있도록 프로세스를 개선하여 생산성을 향상시키는 과정을 프로세스 혁신이라고 할 수 있다. 프로세스 혁신은 생산성을 높이거나 생산효율성을 높이기 위하여 방법, 장비, 배치, 배열 등 사업의 시작에서 끝까지 새롭게 변화시키려는 것을 말한다. 비즈니스 프로세스는 이노베이션

(business process innovation)이라는 개념은 비전의 설정 및 실제의 프로세스 디자인 활동을 아우르며, 기술적, 인간적, 조직적 차원에서의 혁신노력들을 의미하고 있다(Davenport & James, 1990).

3-3. 기업의 사회적 역할

❶ 비 재무성과와 기업의 사회적 기반

장수기업이 되기 위한 지속가능한 경영을 위해서는 재무구조가 튼튼하여야 한다. 기업의 재무구조가 튼튼하게 지속성을 유지하려면 수입구조가 튼튼하게 구축되어 야 가능하다. 이 수입구조는 기술력을 바탕으로 한 제품력에서 이루어진다. 기업들은 진보하여 전통적인 재무성과에서 비재무성과에 속하는 윤리적, 사회적, 환경적 측면을 고려하게 되었다. 비재무성과에 관심을 갖게 되는 것은 지속가능 경영의 3대 축(TBL: Triple Bottom Line)으로서 세 가지 영역에서의 높은 성과를 달성할 수 있다고 생각하기 때문이다. 단기적 성과를 중요시하는 재무성과 중심의 기업경영에 비해 중장기의 성과를 중요하게 생각하고 미래에 기업의 잠재고객을 포함하는 개념으로서 기업의 윤리적, 사회적, 환경적 정보를 전략적으로 외부와의 커뮤니케이션 확대를 통해 미래의 고객을 확보할 수 있다.

지속가능한 비재무적 경영이 현재 화두이면서 전 세계적으로 그 중요성이 일반화되어 경영실무에 적용되고 있다. 하지만 최근의 연구는 지속가능경영을 추구하는 초기의 비용이 들어가고 아무런 이익이 없는 것처럼 보일 수 있으나 일정한 시점을 지나고 나면 기업성과와 기업가치의 증가 및 향상으로 이어진다는 연구결과가 집약적으로 나타나고 있다(성석훈, 2007).

❷ 환경적 역할과 장수기반

(1) 제품/시장확장 격자

판매의 신장은 시장 확장에 있다. 그 중의 하나가 제품의 시장 확장 격자이다. 이는 앤소프가 제시한 것으로서 제품을 신제품과 기존 제품으로 나누고 시장을 기존 시장과 신시장으로 나누어 성장전략을 유용화한 것이다.

| 표 2-1 | **제품/시장 확장 전략**

시 장 \ 제 품	기존 제품	신제품
기존 시장	시장침투 전략	제품개발 전략
신시장	시장개척 전략	다각화 전략

기업은 포트폴리오 분석에 의해 현재의 상황과 앞으로의 전략을 구상하게 되는데, 그 중의 하나가 기업이 성장하기 위한 전략을 수립하는 것이다. 성장전략을 유형화시키는 데는 여러 가지가 있을 수 있으나 성장기회를 찾아내는 유용한 도구이기도 하다.

(2) 시장침투전략(market penetration)

이는 기존 시장에서 기존 제품을 더 많이 판매하여 성장을 꾀하려는 전략을 말한다. 이를 위해서는 소비자들에게 자사제품을 더 많이 사용하게 하거나, 경쟁상표를 사용하는 구매자를 자사상표로 변경하도록 한다. 또한 미사용자로 하여금 사용하게 유도하는 전략을 구사한다.

(3) 시장개척전략(market development)

기존 제품을 가지고 새로운 시장을 발견, 개척하여 성장을 도모하는 전략이다. 이는 잠재적 소비자를 발견하여 기존 제품에 의해 욕구를 충족시킬 수 있는 방안을 찾아내며, 새로운 유통경로를 개척하여 시장을 개발하는 전략이다.

(4) 제품개발전략(product development)

이는 기존 시장에서 소비자들의 잠재적 욕구를 충족시켜줄 수 있는 새로운 제품을 개발하여 성장을 도모하는 전략이다. 국내의 소주시장에서 진로소주가 큰 시장점유를 보였으나 두산경월의 그린소주에 많은 부분의 시장을 내주었다. 다시 시장을 차지하기 위해 진로는 참이슬을 개발하여 잃었던 시장 뿐 아니라 더 많은 시장점유율을 차지하고 있다.

(5) 다각화전략(diversification)

이는 현재의 사업과 직접적인 관련이 없는 다른 분야에서 새로운 시장기회를 발견하는 전략이다. 3M은 접착제 시장에서 얻기 좋은 이미지를 바탕으로 컴퓨터용 케이블시장에 침투하였다.

ⓐ 집중적 다각화 : 신제품이 소구하는 소비자집단은 기존 제품의 소비자와 틀릴지 라도 새로 개발되는 신제품이 생산기술이나 마케팅 효율성에서 현재의 제품계열과 시너지 효과를 발휘할 수 있는 방향으로 성장하는 전략

ⓑ 수평적 다각화 : 현재의 제품계열과 기술적으로 관련이 없지만 현재의 고객에게 소구될 수 있는 신제품을 개발하는 전략

ⓒ 복합적 다각화 : 현재의 기술, 제품, 시장과 관련이 전혀 없는 신사업을 개발하는 전략이다(신제품전략의 유형과 조건, bizjoseph.tistory.com).

❸ 성장을 위한 전략수립

(1) 기업성장은 마케팅전략에서

기업의 발전계획을 수립함에 있어 마케팅전략 수립은 지대한 공헌을 하며 중요한 부분을

차지하게 된다. 그러기 때문에 마케팅의 핵심은 기업의 발전전략을 수립함에 있어 현재의 소비자는 물론 미래소비자의 욕구충족까지를 지향하는 마케팅 컨셉트를 지침으로 제공해주는 치밀함에 있다. 또한 마케팅조사는 매력적인 시장 확보를 가능케하는 기회를 확인하고, 그 시장확장 기회를 최대로 이용할 수 있는 기업의 잠재적 능력을 발휘 평가하는데 도움을 된다.

기업 내의 각 부서들은 중요시 하는 것이 각각 다르다. 제조부서는 원료공급자와 효율적인 생산 활동에 초점을 두고, 재무부서는 주주와 건전한 투자활동에 관심이 있다. 반면에 마케팅은 고객을 중시하고 제품, 가격, 촉진 및 유통활동을 강조한다. 이상적으로는 이들 각 부서가 고객가치를 창조할 수 있도록 조화있게 협력하여야 하나, 실제로는 갈등이 많다. 그러한 갈등을 해소하기 위해서 마케팅담당자는 기업의 다른 부서를 잘 이해함으로써 고객 만족이라는 마케팅 목표를 달성하는데 필요한 타부서의 지원을 최적으로 이끌어내야 한다. 따라서 마케팅관리자는 다른 부서의 경영자들과 밀접하게 협조하여 기능수행 계획시스템을 수립해야 하고, 이를 기반으로 다른 부서가 기업의 전사적인 전략적 목표를 달성하는데 협력하도록 해야 한다.

(2) 현재의 사업포트폴리오의 평가

사업포트폴리오의 평가는 포트폴리오 분석을 통해서 행하여지는데 포트폴리오 분석(portfolio analysis)이란 기업을 구성하고 있는 여러 사업 단위들을 평가하는 수단이다. 이 경우 사업 단위들을 전략적 사업단위 (SBU strategic business unit)라고 하는데 이는 별개의 사명과 목적을 갖고 다른 사업 단위들과 독립적으로 계획을 수립하는 기업의 단위를 말한다. 포트폴리오 분석으로 널리 알려진 방법으로는 보스턴 컨설팅그룹 접근방법(bcg 접근방법)과 제너럴 일렉트릭사 접근방법(ge 접근방법)이 있다. 이는 보스턴 컨설팅그룹에서 제시한 방법으로 수직축에는 시장성장률, 수평축에는 상대적 시장점유률을 가지고 분석함으로 성장점유율 매트릭스(growth-share matrix)라고도 한다. 여기서 시장 점유율은 그 사업이 행하여지는 시장의 년 성장률로 보통 10%로 고저(高低)를 구분하며 상대적 시장점유율은 가장 큰 경쟁자의 시장점유율에 대비한 자사사업 단위의 시장점유율을 나타내는 것이다.

(3) 시장의 점유율

ⓐ 성장사업(제품) : 이는 고성장, 고점유 사업(제품)인데 높은 성장으로 인하여 자금수요도 많다. 따라서 마침내는 성장률이 떨어져서 수익주종 사업(제품)으로 변화된다.

ⓑ 수익주종 사업(제품) : 이는 저성장, 고점유사업(제품)으로 수익을 가장 많이 올릴수 있는 경우이다.

ⓒ 개발사업(제품) : 이는 고성장, 저점유사업으로 고성장에 대응한 점유율 유지를 위하여 자금이 많이 소요된다.

ⓓ 사양(현금)사업(제품) : 이는 저성장, 저점유사업(제품) 어느 정도의 수익은 있으나 큰 수익은 얻기 어렵다(마케팅전략 계획과정, eumjinid.blog.me).

(3) 포트폴리오 분석에 따른 전략

사업단위의 목적으로는 ① 시장점유율의 확대, ② 시장점유율의 유지, ③ 단기현금 흐름의 증대, ④ 철수 등이 있으며, 포트폴리오를 평가하는 판정기준으로는 공백공간의 기준, 서북향 대길의 기준, 이동속도의 기준, 좌상 측 기업중심의 기준 등이 있다. 이러한 포트폴리오 분석에 따른 전략을 살펴보면 다음과 같다.

ⓐ 확대 또는 강화전략(= milking strategy) : 이는 시장점유율을 높이려는 전략으로 개발사업의 경우에 주로 이용한다.

ⓑ 유지전략 : 이는 시장점유율을 유지하려는 것으로 강한 수익주종 사업에서 주로 이용한다.

ⓒ 회수 또는 수확전략 : 이는 장기적인 효과보다 단기적인 현금흐름을 증대시키려는 것으로서 전망이 밝지 못한 수익주종 사업의 경우에 적용된다. 또한 개발 및 사양사업의 경우에도 적용될 수 있다.

ⓓ 철수 또는 탈락전략 : 이는 자원을 다른 부문에 사용하는 것이 합리적이기 때문에 사업부문을 팔거나 청산하는 전략으로 사양사업이나 개발사업에 적용된다.

용어 설명

불연속 혁신(discontinuous innovation)
파괴적인 혁신(disruptive innovation)
비 파괴적인 혁신(non-disruptive innovation)
성숙(resource maturity)
경영의 3대 축(TBL: Triple Bottom Line)
시장침투전략(market penetration)
시장개척전략(market development)
다각화전략(diversification)
제품개발전략(product development)
포트폴리오 분석(portfolio analysis)
전략적사업단위 (SBU strategic business unit)
(growth-share matrix) 성장점유율-그로스-쉐어 매트릭스

참고 문헌

1. 기업가정신 및 역량수준이 기업성과에 미치는 영향에 관한 연구, 중앙대학교 산업창업 경제대학원, 정주호, 2010년 8월
2. 고성장과 인적자원관리 시스템이 기업성과에 미치는 영향에 관한 연구, 職業能力開發 硏究 第11卷(2), 이민우 2008. 8, pp.215~236
3. 創業事例集 Business start-UP Examples vol. 7. 東京信用保證協會 1. 株式會社 HORIGO. 株式會社 SOMETHING NEW. 株式會社サブロク.
4. ベンチャ-企業の創出. 成長に關する硏究會. 經濟産業省事務局 資料 1. 成長の痛み. 2.成長. 擴大期のベンチャ 3.成長. 擴大期の失敗事例
5. 企業イノベーション 企業價値向上のための成長戰略. 社團法人 經濟同友會 2005年5月
6. 創業者のキャリア成功と偶發的出來事に關する記述的事例硏究. 柏木 仁亞細亞大學經營論 集 第16卷 第2號(2011年3月) pp.5~7

요 약

1. 성장단계의 과정

기업경영에 있어서 전략적 변곡점이라는 5단계 개념은 인텔의 CEO였던 앤드류 그보 회장이 경영부문에서 처음 사용한 단어로서, 쇠퇴기로 접어들기 전 시점에 새로운 제2의 도약을 하기 위한 혁신적인 사고의 틀이라고 할 수 있다.

기업에게 있어서 시작단계에서, 성숙 단계를 거쳐 쇠퇴단계에 이르는 것은 자연스러운 현상으로 설명할 수도 있겠으나 기업이 영속적인 경영을 하기 위해서는 기업성장 곡선이 다시 쇠퇴기에 접어들기 전에 기업의 미래를 결정지을 전략적 변곡점을 만들어 새로운 시그모이드 곡선을 창출함으로써 계속적인 성장을 위해 노력해야 한다는 것이다. 이 과정에서 기업은 다양한 경영혁신과 이에 따른 혁신활동을 수행해 나감으로써 기업경영의 진보을 이루게 된다.

2. 가치창조는 성공의 기초

가치혁신은 성공의 기초로 기업들은 경쟁하는 기업들보다 우위에 있어야 한다는 가치혁신(value innovation)이라는 전략적 사고의 논리를 가지고 있어야 한다. 또한 이어지는 연구에서 Kim & Mauborgne(1999)은 시장을 창출하기 위해 경영자는 다음과 같은 질문에 새로운 가치곡선을 창출해야 한다고 밝혔다.

① 산업에서 어떤 요인들이 산업기준 이하가 되어야 하는가?
② 산업에서 어떤 요인들이 산업기준 이상이 되어야 하는가?
③ 산업에서 받아들여지는 요소 중 제거되어야 할 요소는 무엇인가?
④ 산업에서 완전히 새롭게 창출되어야 하는 요소는 무엇인가?

3. 비즈니스 모델

비즈니스의 맥락에서 생각해 볼 때, 가치혁신을 잘 설명해 줄 수 있는 개념은 비즈니스 혁신모델 이라고 할 수 있다. 여러 연구에서 거론되고 있는 비즈니스 모델의 성공조건을 요약하면 다음과 같다. 첫째, 기존의 문제를 해결할 수 있어야 한다. 현재 가지고 있는 문제를 해결함으로써 새로운 비즈니스 모델을 만들 수 있는 기회를 가질 수 있다. 둘째, 기존과 다른 비즈니스 모델을 설계하고 운영해야 한다. 같은 비즈니스 모델을 가지고서는 후발기업들은 선발기업들을 따라잡기가 매우 어려우며, 경쟁에서 힘든 상황을 초래하게 된다. 셋째, 새로운 비즈니스 모델이 구매자와 판매자 모두에 이익이 되어야 한다. 서로에게 이익이 되어 수익을 창출할 수 있다. 넷째, 비즈니스모델과 적합한 운영방식이 필요하다. 만약 비즈니스 모델이 유사한 경우라면 적합하면서도 다른 운영방식을 통해 수익을 창출할 수 있다.

제4절

기술창업 기업에서 장수기업 기반구축

성공 Point 12

1. **타인의 성공을 도와라**

   사회는 공동의 장이다. 경쟁심리가 너무 강하고 이기적일 때, 자신의 성공만을 바라는 소인이 될 우려가 있다. 큰 인물은 개인의 우수성보다는 집단의 우수성을 중시한다. 타인의 성공을 질투하거나 시기하지 말라. 성공의 내면을 배워라. 세상은 넓다. 당신의 주변에 있는 사람들을 경쟁자가 아닌 진정한 협력자 동반자로 만들어라.

2. **요행수를 노리고 무리수를 두지마라**

   정상에 오르려 애쓰지 말아라. 그 다음은 내리막 길이다. 오르막이 있으면 내리막이 있다. 만약 남을 속여 돈을 번다면 당신 자신도 언젠가는 하늘의 제재를 받고 많은 돈을 날리게 된다. 속이면 속임을 당하는 것이다. 속이는 행위는 당신마음에 독약을 투여하는 것과 같다. 독 때문에 고통을 받는 것은 바로 당산 자신이라는 것을 잊지 말라.

제4절
기술창업 기업에서 장수기업 기반구축

4-1. 장수기업이 되는 길

❶ 장수기업의 기반구축

장수기업이 되는 길은 어떠한 길이 있나 장수기업이 되는 길은 그 기업의 경영자의 정신 즉, 기업가정신이 어떠한가? 비전에 달려있다. 경영의 철학과 소신의 생동적 의지가 충만한지 여부가 기업의 전망을 좌우한다. 경영자의 특성적 자질이 없으면 기업을 차별성 있게 운영할 수가 없어 결국은 기업을 장수하게 오래 운영될 수가 없다는 것이다.

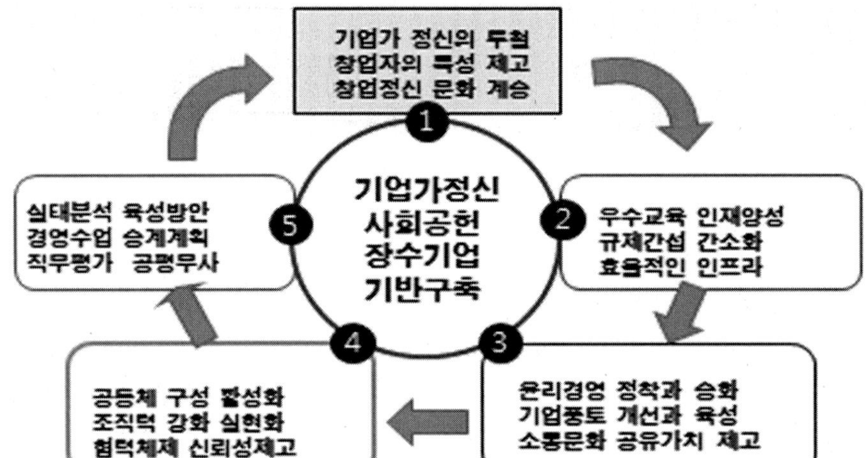

자료: 기업성장의 법칙 명화고사 저 P365. 학습 구축도 참고재도

| 그림 2-3 | **장수기업 기반구축 모형도**

(1) 기업가정신과 기업의 특징

정신일도 무사불성 일의전심 무불성사(精神一到 無事不成 一意全心 無不成事)이라는 말은 현대과학 사회에서 적용되는 말이냐고 반문할 것이다 기업가정신 역시 기업을 일으키겠다는 일념으로 온 마음을 몰두하였을 때 이루어지는 것이다.

정신세계는 과거나 지금이나 미래에도 변함없이 흘러갈 것이다. 다만 적용의 방법과 응용의 매개물이 달라질 것이다. 기업역시 사람의 집합체임으로 구성원들의 정신을 지배하는 기업문화가 정의롭게 정착하는 것이 장수기업으로 가는 길의 첫 번째 관문이라 할 것이다. 기업문화의 조성은 신뢰에서 싹트기 시작하며 경영자의 경영철학과 비전이 구성들에게 주입될 때 능동성과 창의성이 발상되어 차별적 특성이 경쟁력으로 이어지게 된다.

(2) 우수인재 양성

인사는 만사요 적재적소는 능률의 기본이다 사람이나 물건이나 필요한 곳에 있어야 제 값을 할 수 있고 효능을 발휘할 수 있어 가치창조가 가능하기 때문이다. 경제는 노동집약산업을 넘어 지식집약산업으로 우수인재를 요구하고 있다. 우수하다는 것은 필요치를 산출하는 능력을 말하는 것으로 전문적, 기능적 능력이란 적소에서 근면성실의 열정 속에서 방법이 찾아지는 것이며 효율적인 인프라를 구축함으로써 능력을 발휘하는 장이 넓어지는 것이다.

(3) 윤리적 기업풍토 조성

윤리성은 도덕적 행위에 기인하는 것으로 도덕적 행위는 상호존중과 가치인정에서 출발한다. 직분과 가치를 존중받는 윤리적 기업풍토는 자아실현의 장으로 스스로 자기 개발과 가치향상을 위해 능동적으로 자발적으로 업무를 개척하는데 노력하기 때문에 기업은 소리 없이 발전의 속도를 더 해가게 된다.

(4) 공동체 의식의 활성화

나만이 아니라 우리는 하는 공동체 의식은 거대한 에너지를 발산할 수 있다. 그러므로 기업의 조직체가 우리는 공동체 의식으로 조직력이 강화되면 공동의 목적추구를 위해 정보의 교류기술의 협력이 활성화되어 기업운영이 활성화된다는 것이다. 또한 서로를 위하는 인지상정이 발동하여 감사의 마음이 소생함으로 인격존중의 기업문화가 형성되어 장수기업으로 다가간다는 것이다.

(5) 공정한 직무평가

직무결과는 정확하게 분석하고 공정이 평가함으로서 신뢰가 구축되며 재도전의 욕망이 생긴다. 부족한 점은 채워주고 잘된 점은 장려함으로써 가치상승의 기회가 된다. 직무평가가 공평정대하게 시행됨으로 구성원들의 욕구충동에 의한 업무수행의 효율화가 이루어진다. 이러한 순환구조가 작동함으로 장수기업의 기반은 구축된다.

❷ 기업과 기업가정신

(1) 기업가정신

아산의 도전정신과 개척정신 창조적 불굴의 사나이 아산, 정주영 '무일푼'에서 성공으로 일궈낸 보기 드문 기업가이자 정신적 지도자이다. 건설 회사를 시작으로 자동차, 조선, 철강, 농지개간 등 황무지에서 유를 개척한 대한민국 근대화의 길 개척한 선구자이시다.

◈ 아산의 기업가정신

무에서 유를 창조 자동치공업의 시발 포니로 시작한 현대차는 2010년 글로벌 5대 메이커로 성장한데 이어 최근엔 프리미엄 시장진출을 선언했다. 포니를 만든 맨손 DNA 제네시스의 명품 DNA로 진화하고 있다. 창업자 정주영 회장에 이어 정몽구, 정의선 3대째 이어가는 세계적인 장수기업으로 성장하고 있다. 그들의 철학과 DNA 그가 이 땅에 심어놓은 기업보국의 나무는 나날이 무성해지며 한국경제에 풍성한 그늘과 열매를 제공하고 있다. 그 열매는 이 땅에 심어져 새로운 기업가정신으로 이 나라를 부흥시킬 것이다. 그의 업적과 도전정신은 세태가 어려워질수록 더욱 주목받고 있다. 특히 경영환경이 불확실해지는 현실에서 그의 사업적 정신은 앞이 불투명하여 내다보기 힘든 상황에서도 무에서 유를 창조하고 어려움이 있을 때마다 불굴의 도전정신으로 난국을 헤쳐나간 아산의 기업가정신은 더욱 존경과 빛을 발하고 있다.

(2) 위기를 기회로 도전정신 재조명

현대그룹의 창업주 아산 (故)정주영 명예회장의 위기의 순간을 기회로 바꾸는 '아산의 도전정신'이 재조명 받고 있다. 1915년 11월 25일 강원도 통천군 송전면 아산리 210번지에서 가난한 농부의 5남 2녀 중 장남으로 태어난 그는 17세때 가난한 농가를 뒤로하고 더 잘살아보아야겠다는 일념으로 가출했고 무작정 상경했다. 그는 성실함과 신용만으로 쌀가게 주인이 됐고 자동차정비소, 건설 사업을 벌여 집안을 일으켰다. 또 83개 계열사를 거느린 거대한 현대그룹을 건설하며 전쟁으로 폐허가 됐던 한 나라를 경제대국의 문턱에 올렸다.

1946년 현대 자동차 공업사 창립을 시작으로 1950년 현대건설 출범과 경부고속도로 건설, 사우디아라비아 주베일 산업항건설, 서산간척지 개발, 88서울올림픽 유치노력, 1998년 소떼를 몰고 판문점을 통과하는 등 한국이 산업화와 국제화로 나아가는 주요고비마다 정 명예회장은 큰 족적을 남겼다. 아산은 타고난 벤처기업가였다. 무에서 유를 창조한 그의 어록에는 이같은 스타트업 정신이 고스란히 담겨있다. 아산이 조선소를 만들겠다고 했을 때 던진 "이봐, 해보기나 했어?"는 도전정신의 상징으로 자리잡았다. 아산이 첫 번째 배를 영국에서 수주할 때 A&P 애플도어의 찰스 룽바툼 회장에게 거북선 그림이 그려진 오백원권 지폐를 보이며 설득했던 일화는 아직도 두고두고 회자될 정도다.

한국기업의 지난 100년사는 많은 변혁을 겪어왔으며 특히 6·25동란 이후 산업발전기에 숱한 어려움을 딛고 고속성장을 구가했지만 최근 들어서는 저성장기에 접어들었다. 젊은이는 취업난에 비관하고, 중·장년층은 노년을 걱정한다. 빈부격차는 금수저, 흙수저로 불리며 고착화하는 조짐이다. 자연스레 사회의 활력은 떨어졌고, 3~4세 경영인은 기업을 열심히 해서 나라를 살린다는 기업 보국론에 지략을 되살려 국가경제발전에 기업의 역량을 찾아야 할 것이다.

❸ 창업자의 특성

(1) 심리적 특성

창업자의 심리적 특성과 성공에 대한 유의미한 영향을 찾기 위한 연구에서 성취욕구, 자율성, 참을성, 독립성 등이 관계가 높게 나타난 바 있다. 또한 높은 성취욕구가 문제해결과 목표설정 등에 영향을 미치고, 위험감수 성향이 강할수록 재무적 성과를 취한다고 연구된 바 있다. 국내에서는 성취욕구와 성공에 대한 상관관계를 찾는 연구가 수행된바 있으며, 창업자의 성취욕구와 위험감수 성향을 대표로 하여 성취 욕구는 영향을 미치지 않지만 위험감수 성향은 성공에 영향을 미친다는 연구결과가 있다.

(2) 행동특성

창업자의 행동, 창업동기, 리더십, 상황 대처노력, 비전인지 등이 창업가의 행동특성으로서 중요하게 판단되고 있다. 관련된 연구 중 창업자의 창업동기가 기업의 성공, 특히 재무적인 성과에 유의한 영향을 미친다는 연구가 있다. 국내에서도 마찬가지로 성공적인 창업자들은 비전, 경영목표, 이념 등을 가지고 있다고 연구되었다. 이외에도 국내에서도 비전, 경영이념, 목표, 유사사업 경험 등을 창업성공 요인으로 삼아 연구가 수행되었다. 특히 창업동기는 창업자의 목표 및 기업가정신이라 일컬어지는 내용과 관계되어 구체화되는 항목으로서, 대부분의 연구에서 창업기업의 성공에 긍정적인 영향을 미치는 것으로 기대된다. 이외에도 리더십의 영향에 대한 연구가 수행된 바 있다.

(3) 경력특성

창업자의 경력은 매우 다양하다. 창업경험, 관련분야 경험, 유사산업 경험 등의 실제경험과 창업가의 학력, 교육수준, 전공과의 관련성 등 학력부분이 존재한다. 이 중 창업경험을 제외한 기타 경력(경영자 경험, 관련분야 경험, 학력 등)은 창업의 성공에 영향이 없다는 연구가 존재한다. 이외에 부모가 사업가일 때 창업가에게 영향을 미친다는 연구도 수행된 바 있다. 국내에서도 창업가 경력에 관해 연구가 수행되었다. 기업가의 풍부한 경험, 기술적 관리경험, 유사사업 경험 등을 요인으로 삼아 창업성공에 미치는 영향을 분석하였다.

기술과 기능, 현실적인 현상 등에 관하여 새로운 지식을 획득하거나 기존 지식을 활용하여 새로운 방향을 찾아내기 위한 창조적인 노력 및 탐구하는 것이다. 둘째, 연구개발 과정에서직접 필요한 시험·측정·분석·기계·기구·장치의 구입·설치 및 건설 등에 관한 것이며, 셋째, 연구개발 활동부서의 운영을 직접 지원하기 위한 세무, 회계 등의 지원활동으로 규정하고 있다.

❹ 장수기업 되는 길은 “딱 네 가지”

[세계는 창업전쟁 중]

벤처캐피털의 대부(代父)’ 美 피치 존슨회장은 말한다. ① 우수한 교육, ② 규제·간섭최소화, ③ 창업우호문화, ④ 효율적 인프라 벤처기업에서 장수기업으로 가는 길은 “우수한 교육시스템, 규제와 간섭의 최소화, 창업에 우호적인 문화, 효율적인 제도적 인프라 이 네 가지면 된다.”

창업생태계가 좋다는 것은 기업을 잉태하고 성장시키는 환경이다. 세계에서 가장 우수한 창업생태계를 갖추고 있다고 평가되는 미국 실리콘 밸리에서 1962년부터 벤처 투자를 해온 ‘벤처캐피털의 대부’ 피치 존슨(82) 미국 애셋매니지먼트(AMV) 회장은 우수한 창업생태계를 만들기 위해 필요한 요소를 네 가지로 요약했다.

첫째는, 교육시스템

‘훌륭한 교육이 인재를 만든다’는 수준의 뻔한 이야기가 아니다. 그는 “하루가 다르게 발전하는 첨단과학과 공학기술, 경영기법 등 최신의 지식을 지속적으로 대중에게 전달할 수 있는 교육시스템이 갖춰져야 한다는 얘기”라고 말했다. 그가 벤처투자를 시작한 1960년대만 해도 ‘컴퓨터’나 ‘바이오’라는 말 자체가 생소했지만, 그는 모교인 스탠퍼드 대학의 ‘졸업생 청강제도’ 덕분에 컴퓨터과학과 분자생물학을 접했고, 오늘날 세계 최대 바이오제약 기업이 된 암젠(Amgen)에 투자할 수 있는 안목을 가지게 됐다고 한다.

둘째는, 정부의 규제완화

정부는 규제와 간섭의 최소화로 기업의 자율성을 보장하여야 한다. 존슨 회장은 “규제는 항상 기존 기업에 유리하게 마련”이라며 “새로운 산업을 일으키고 육성하려면 규제를 혁파해 창업가들이 기존 대기업들과 쉽게 경쟁하고 또 새로운 시장을 창출할 수 있도록 도와야 한다.”고 했다.

셋째는, 창업에 호의적인 문화다

존슨회장은 “만약 한국이 실패를 ‘치욕(shame)’으로 여기는 문화라면 절대 훌륭한 창업생태계를 만들 수 없다”며 “실패를 경험삼아 또 다른 도전을 하도록 격려하는 문화가 필요하다”고 했다. 그는 창업가와 투자자, 창업 멘토 등 창업생태계 내 수평적인 분위기도 중요하다고 했다. 창업가 간 협력과 창업가와 투자자 간의 조언·토론이 가능해야 개별기업의 성공은 물론이고, 창업생태계 전체가 더 성공적인 방향으로 발전할 수 있다는 것이다.

넷째는 제도적인 인프라다.

존슨회장은 “스티브 잡스나 빌 게이츠도 법인개설에 수주일을 허비하고 창업자금 대출을 받기위해 은행문을 수없이 드나들어야 하는 환경에서는 창업에 성공하기 힘들다”면서 정부 관료들이 자기자신의 편의가 아닌 기업을 위해 일하도록 해야 한다”(조선일보, 2015. 9. 1, 윤리경영).

4-2. 장수기업으로 정착단계

❶ 윤리경영 정착과 경쟁력 제고

(1) 21세기 기업생존을 위하여

윤리경영은 일시적인 유행도 여유 있는 기업들이 추진하는 선택사항도 아니다. 21세기 기업들이 생존을 위한 필수적인 시대적 요구사항이라 할 수 있다. 윤리경영 시스템의 세계표준화 역시 기업들이 대응해야 할 새로운 과제이며, 아무 준비 없이 수동적으로 대응할 경우 정부규제를 초래하게 되며 낭비적인 시행착오를 겪어야 한다. 또, 국내에서는 법·제도가 경영환경 변화를 신속히 반영하지 못하는 반면에 국민적 기대가 높기 때문에 윤리적 의사결정이 특히 중요하게 된다.

즉, 중요한 의사결정시 법규뿐 아니라 소비자와 국민들의 사회적 통념까지 고려해야 경영목표 달성이 가능하다는 것이다. 마지막으로 윤리강령 제정 등의 형식적인 측면을 넘어서 '3C'로 구성되는 윤리경영 시스템을 체계적으로 도입하려는 노력이 절실하다. 윤리경영을 직원수칙과 같이 강제사항으로 정해 놓고는 윤리경영의 목적을 달성하기 힘들다. 따라서 전담조직을 구성하여 일상적으로 추진함이 옳은 방향이다. 또 교육, 평가, 내부제보 시스템을 정비하여 윤리적 의사결정의 모범사례를 축적하고 가치관을 공유하는 것 또한 중요하다.

(2) 윤리경영은 장기적 이윤추구의 수단

윤리경영의 정착을 위해서는 최고경영자의 주도적인 지원이 필요하다. 기업성과에 얽매어서 윤리경영관련 프로그램을 실행을 주저해서는 안 된다. 최고경영자가 모범을 보여 윤리경영의 초기단계에서 나타날 수 있는 거부감 등을 미연에 방지해야 한다. 윤리담당 윤리위원회를 설치하거나 윤리담당자가 감사위원회 등에 정기적으로 보고하는 체제를 구축해야 한다. 미국윤리 담당 임원협의회(EOA)의 조사에 따르면 2000년 기준 213개 대기업 중 약 25%가 이사회 산하에 윤리위원회를 설치하여 운영하고 있는 것으로 나타났다. 또 윤리담당 임원의 이사회 보고의무와 조사권한을 명시하고 공표함으로써 윤리전담 조직의 각 부서간 정보접근 및 협조를 보장해 주어야 한다.

(3) 직원들의 조직에 대한 자긍심에서 가치창출

기업 가치를 높이는 실질적인 윤리경영 활동으로 직원들의 조직에 대한 자긍심과 만족도를 높일 수 있다. 그 예로 윤리경영을 하고 있는 Walker Information(1999)사의 미국기업조사에 따르면, 종업원의 윤리의식이 높은 기업일수록 직무만족도가 높고 이직률이 낮게 나타났다. 즉, 윤리경영을 인력관리와 종업원 동기부여 수단으로 전략적으로 활용가능하다는 것이다. 장기적으로 규제완화와 행정절차의 투명성은 윤리경영의 선결요건이다. 주변이 투명하지 않은 채 기업에게만 윤리규정 준수를 강요할 경우 오히려 각종 편법이 자리를 잡게 될 것이다. 즉, 사회가 우선 투명해지지 않은 상태에서 사원들에게 윤리규정의 준수를 요구하는 것은 결국 윤리경영이 좌초할 수밖에 없는 것이다. 따라서 기업은 사회 각 분야의 투명성을 높여 나가면서 윤리경영의 실현을 위해서 국제적 기준이 허용하는 범위 내에서 인센티브를 부여하는 것도 검토가 필요하다(우리나라 기업의 사회공헌 활동추세와 동기요인에 관한 연구, 경원대학교, 김성호, 2008).

❷ 기업풍토의 개선과 정착

(1) 사업은 이익보다 사람을 중요시

장사는 돈을 남기는 것이 아니라 사람을 남긴다는 나의 소신은 틀리지 않았어. 조선 천지에 나보다 더 큰 부자는 없을 거야" 만상 홍득주가 임상옥에게 도방 자리를 넘겨주면서 한 이 말은 오늘의 기업가들도 경영신조로 삼을 만한 명언이다. 자기만의 이익만을 생각하는 사람은 상인으로서의 자격이 없다. 장사는 이익을 남기기보다 사람을 남기기 위한 것이다'라는 마음으로 한 평생을 살아온 임상옥의 경영철학 역시 오늘의 기업가들이 경영신조로 삼을만한 것이다. 윤리경영은 우리나라 기업스스로의 필요에서 시작되었다고 보기보다는 OECD의 국제공통 기업윤리강령' 발표로 확산이 되었다고 볼 수 있다. 윤리경영을 하나의 캠페인으로 보고 문서로만 윤리강령을 만들어 놓는다면 오히려 기업경영에 있어 어려움만 줄 수 있다. 조직구성원들의 불신과 함께 윤리강령 선포 내용과는 다르게 운영함으로써 신뢰할 수 없는 기업으로 비쳐지게 되는 것이다. 최근 우리나라 기업들도 이러한 세계의 환경변화에 발맞춰 국제경쟁력을 갖추기 위해 윤리헌장을 제정하는 등 윤리경영 구축에 많은 노력을 기울이고 있다.

(2) 윤리경영은 장기적인 투자

윤리경영이 곧 기업의 생존전략이며 불필요한 비용지출이 아닌 이익확대를 위한 장기적 투자라는 인식이 되고 있는 것이다. 그러나 「윤리경영」이라는 경영마인드는 이미 조선말기 거상 임상옥의 '장사는 이문을 남기는 것이 아니라 의(義)를 추구하는 것'이라 하여 오늘날 윤리경영의 기본이 되는 경영철학을 보여주고 있다. 기업경영에 있어서 거상 임상옥이 주는 가장 큰 교훈은 눈앞의 작은 이익보다 고객만족을 추구하는 기업들이 결과적으로 더 많은 이익을 낼 수 있으며, 고객을 위한 신뢰와 정성이 담겨져야 한다는 오늘날의 윤리경영과 그 맥락이 일치함을 알 수 있다.

다시 말해서 장사란 이익을 보기위해서 나 혼자만 살아남는 행위가 아니라, 나도 살고 상대방도 함께 사는 길 즉, 이사(二死)보다는 이생(二生)의 길을 중시하는 것이다. 사회적 책임을 다하는 기업으로서 신뢰를 바탕으로 한 윤리경영은 기업의 장기적인 성장을 위해서 근본적인 덕목으로 그 중요성을 더해가고 있다. 윤리경영의 궁극적인 성과는 바로 기업의 이해관계자인 고객, 직원, 주주, 협력업체, 지역사회 모두가 신뢰와 믿음을 가질 수 있는 기업을 만드는 것이다. 거상 임상옥이 추구했던 상도(商道)를 단순히 상업적인 측면으로 이를 이해한다면 그는 단순한 장사꾼으로 끝났을 것이나, 그의 이면에 감추어진 그의 인간적인 경영마인드를 생각해 본다면 오늘날 기업과 기업가, 기업의 이해관계자 모두가 윤리경영을 위해서 배우고 활용할 수 있는 표본이 될 수 있으리라 생각된다(거상 임상옥의 상도 윤리경영).

3 이해관계자와의 소통과 공유가치

(1) 기업의 존립과 이해관계자의 소통

기업이 장수하지 못하는 이유 중에 하나는 이해관계자와의 소통부족 때문이라고 할 수 있다. 기업은 경영활동을 함에 있어서 다양한 이해관계자들과 영향력을 행사하게 되는데 이들과의 소통이 부족함에 따라서 문제가 나타나는 것이다. 기업이 경영활동을 하기 위해서는 막대한 자본이 필요하다고 할 수 있으며 다양한 기술의 확보도 필요하다고 할 수 있다. 특히 규모가 큰 기업일수록 이러한 자본과 기술력이 많이 요구된다. 규모가 큰 기업일수록 경영활동을 함에 있어서 여러 가지 능력의 확보가 필요하다고 할 수 있는데 이러한 능력을 갖추기 위해서는 다른 업체들과의 협력이 필수적인 것이다. 이해관계를 맺고 있는 다른 업체들과의 협력을 통해서만이 능력을 확보할 수 있기 때문이다.

(2) 협력강화는 소통활성화에서

협력을 강화시키기 위해서는 결국 소통이 활성화되어야만 한다. 다양한 협력업체들과의 관계를 형성하고 있는 기업은 해당 업체들과의 서로 입장이 다르다고 할 수 있다. 각자가 처한 상황이 다르고 이권이 다르기 때문에 소통을 통해서 이러한 문제를 해결해야 하는 것이다. 예를 들어, 부품을 공급하는 업체는 이를 구매하는 업체보다 의사결정권이 상대적으로 약할 수밖에 없는 일이다. 의사결정권에 있어서 약한 업체가 있기 때문에 일방적으로 계약을 체결하게 되면 한쪽이 유리한 방향으로 의사가 진행되는 것이다. 그렇기 때문에 소통을 통해서 이러한 의사결정의 불합리함을 극복해야만 한다. 상대방을 배려하는 자세로 지속적인 소통의 과정을 거쳐야만 상대방의 입장에 대한 존중이 이루어지기 때문이다. 소통의 활성화는 서로의 이해관계를 일치시켜주고 이를 통해서 경영성과의 향상을 가져올 수 있게 된다.

(3) 메가트렌드(사회에 큰 변화를 가져 올 이슈)

1992년 브라질 리우데자네이루 지구정상회의 이후 20여년 간의 변화를 토대로 분석한 향후 20년 간의 메가트렌드(사회에 큰 변화를 가져올 이슈)를 소개했다. 1992년 이후 무역은 3배, 인터넷과 스마트폰 등 디지털기기를 활용한 교류는 200배, 인구는 25% 증가했다. 기업이 오랫동안 존속하기 위해서는 또 한 가지 알아야 될 것이 트렌드의 변화라고 할 수 있다.

사회가 변화는 흐름에 맞추어서 기업도 스스로 변화를 추구해야 하는 것이다. 세상의 변화에 걸맞게 기업이 변함으로서 이익의 극대화가 가능한 일이다. 주변의 사회는 변하는 상황에서 기업은 그 자리에 머물러 있게 된다면 이는 기업이 도태되는 것을 의미하기 때문에 결국 시장에서 퇴출될 수밖에 없다. 사회의 발전과 발달은 급격히 이루어지고 있으며 앞으로도 급격히 발전을 이루어갈 것이다. 이러한 상황에서는 새로운 변화를 지속적으로 시행함에 따라서 성과의 향상을 추구해야 하는 것이다. 앞으로의 변화하는 시대에 대해서 예측하는 것은 무역의 증가와 인터넷과 스마트폰의 발달과 인구의 증가 등등의 다양한 변화가 예측되기 때문에 장수기업을 추구하는 기업이라면 이러한 변화를 민감하게 인식할 필요가 있는 것이다(백화점의 상도(商道)와 윤리경영 서비스연맹).

4-3. 장수기업 경영층의 인화와 협력

❶ 장수기업의 실태분석과 육성방안

많은 사람들은 행복하게 오래 잘살기를 바란다. 행복하기 위해서는 행복의 조건을 갖추어야 하고, 오래 살기위해서는 오래 살 수 있는 원칙을 지켜야 한다. 마찬가지로 기업도 장수하려는 욕망만으로 이루지는 것이 아니라 장수할 수 있는 기본이 되어 있을 때 가능하다. 사람이 오래 살려면 건강하여야 되듯이 가업도 장수하려면 기업체질이 건강하여 되는 것은 기본요소다. 기업의 성립요소가 자본과 노동이라면 이 두 가지 조건이 건실하였을 때 지속성은 이어갈 수 있는 것이다. 다시 말하면 경영과 종사의 관계가 건전하게 발전되어 갈 때 기업은 방전지속력은 이어가는 것이다. 여기서 기업운영의 윤리와 도덕성의 성립이다. 기업은 적정한 이윤이 이루어져야 하고 종사원은 적정한 복지가 향상되었을 때 기업은 장수의 터전이 구축되어 갈 것이다. 경영층은 경영의 합리화로 공영의 바탕이 구축되는 공감성과 창의성이 도출 이행되도록 하는 효과적인 리더십이 발휘되어야 할 것이며 종사층은 지속적인 학습효과를 높여 가치성을 높여나갈 때 내외적인 산망으로 기업가치를 향상하는 기업문화의 조성으로 영구불멸의 장수기업의 주춧돌이 놓이게 될 것이다.

첫째, 장수기업으로 지속키 위해서는 기업의 생산제품의 가치가 이를 사용하는 소비자의 가치를 높일 수 있는 품질력이 유지되었을 때 가능해지는 것이다.

둘째, 장수기업은 시대흐름에 따른 환경변화에 적응하는 상품수요 개발이 필수적으로 해결하는 능력이 배양되는 기업일수록 공진화과정을 거쳐 장수하게 된다.

셋째, 장수기업은 사회적 책임을 실천할 때 사회적으로 존경받는 기업으로 영구지속적인 가치를 소비자들로부터 부여받게 되는 것이다.

기업이 장기적으로 존속하기 위해서는 본원적 생존조건인 고객과 상품, 환경적 적응, 경제적 가치를 넘어 사회적 책임을 지속적으로 실천하여 나아갈 때. 사회적 기업의 존립적 가치를 공감하게 된다는 것이다. 인간의 장수연구에서 중요성이 발견된 응내성(Hormesis) 개념이 기업의 장수과정에서도 적용이 가능하다는 것이다. 장수기업의 응내성 매카니즘, 고객지향성, 사회적 책임변수들이 장수과정에서 상호작용으로 역동하며 발전적 틀이 형성되어 나아감을 알 수 있다. 기업이란 수요재화나 서비스를 생산 공급하며 이 과정을 통하여 이윤을 추구하는 사회적 실체로서 기업은 성장·존속·소멸의 가정을 거치는 유기체로 인식된다.

❷ 경영수업과 후계승계

장수기업들은 대부분 가족기업으로 수대에 걸쳐 몇 백 년을 계승하고 있다. 그 이유를 살펴보면 인화의 특성에서 이루어짐을 알 수 있다. 후계자 내부선발, 오랜 기간의 경영수업과 긴 임기로 인해 CEO가 외부와 단절될 수도 있다. 기업의 전통에 젖어 기업을 쇄신하거나 새로운 전략을 구사하지 못하는 경우가 생기는 것이다. 이런 위험을 피하려면 최고 경영팀은 다양한 관점에서 논의할 필요가 있다. 다양한 사회에서 편협하고 품질에만 몰두하는 최고 경영팀으로 인해 쿠어스 마케팅 전략이 제 기능을 발휘하지 못한 사례를 볼 수 있다. 반면에 카길맥밀란, 미쉐린, 라우징, 갤빈, 노드스트롬 등의 가문은 다양한 시각을 가진 경영팀을 가동하여 많은 것을 얻었다. 생각이 다른 사람들을 경영진에 투입한다고 해서 기업의 전반적인 사면, 핵심가치 기준 그리고 윤리성이 손상되는 것은 아니다. 가족적인 분위기에서 모두가 솔직하게 의견을 개진할 수 있는 분위기를 조성할 때만 원하는 결과를 얻을 수 있다.

우리가 살펴본 장수기업의 가족기업들은 가장 위대한 자산 중 하나가 경영자들이 세대를 불문하고 서로 솔직한 의견을 나눌 수 있었다는 점이다. 서로 비판을 하거나 나쁜 소식을 전한다고 해서 일자리가 없어지지 않는다는 점도 알고 있었다. 반대의견을 가진 경영진도 실제 권력이 있는 CEO에게 열린 분위기 속에서 사실을 근거로 자신의 주장을 펼치며 질문과 대화를 이어 갈수 있었다. 이와 같은 대화를 위해 최고 경영팀은 예상추이, 기존의 사업을 위협하는 유행, 실상사례 등을 증명할 수 있는 모든 종류의 반박 가능한 많은 자료들을 준비한다. 그래서 필요할 때마다 기업 내에 외부 데이터를 제시해야 한다.

자기경영의 수업과 업무체험의 과정후 승계하는 프로그램은 경영 리스크를 방지하고 창의적 시안이 발상되는 효과를 가져온다. 이 책 4장에서 8장까지 등장하는 장수기업 사례의 일부 가족기업들은 후계자에게 적합한 역량과 자질을 심어주려고 오랜 기간 집중적인 경영수업을 시키고 있다. 이 프로그램들은 체계적인 승진, 다양한 업무수행, 광범위한 훈련과 상급관리자와 주기적인 회의 그리고 이들의 피드백을 포함한다. 장래성이 있는 후계자에게 가장 뛰어난 스승을 붙이고 다양한 일을 경험하게 한다. 신입사원들에게 기술과 가치기준 뿐 아니라 중요한 인맥까지 전수하는 고어의 멘토링 프로그램을 생각해 보자. 이런 방식으로 후계자를 훈련시키는 스승은 제자의 역량을 면밀히 평가하고 모든 상황에서 어떻게 대처하는지 살필

수 있다. 미쉐린과 모토로라와 같은 기업에서는 CEO들이 후계자와 공동으로 기업을 운영하기도 한다. 공동경영 방식을 도입하면 후계자를 훈련시키고 관리하는 데 도움이 될 뿐아니라 연로한 경영자가 젊은 생각을 배울 수도 있다. 또한 후계자 양성프로그램을 통해 최고경영진으로 활동하기에 적합한 후보자를 물색하기도 한다.

❸ 공동체 구성을 위한 조직구성

지금까지 장수기업들의 성장사례에서 응집력 있고 충성심이 높은 문화를 만들려고 어떤 노력을 기울였는지 살펴보았다. 가치공유, 사회화, 멘토링 프로그램, 직원들에 대한 배려 등이 모두 이런 문화를 만들어 내는 방법에 포함된다. 앞부분에서 자세히 다루지는 않았지만 훌륭한 내부공동체 구성에 도움이 되는 조직구성 방식에도 관심을 가져 볼 필요가 있다.

(1) 수평적이고 형식에 얽매이지 않는 조직

우리가 연구한 많은 위대한 가족기업들은 직원들로 하여금 자유롭게 창의성과 참신한 지혜를 발휘하도록 배려했다. 조직을 가능한 한 단순하게 구성하여 직급을 최소화하고 하급직원들에게 많은 권한을 주었다. 이들은 가치기준과 우선순위가 명확했고 관대한 처우로 직원들의 충성심을 얻었기 때문에 직원들에게 충분한 재량권을 주었다. 많은 공장에서 직원들은 어떻게 업무를 진행하고 품질을 개선할지 직접 결정했다. 팀켄, 고어, 코닝, 미쉐린 등은 직원들에게 업무를 조정할 수 있는 권한을 부여했다. 상령하종의 수직적 조직에서 수평적인 조직이라는 개념에는 관료주의가 없다는 뜻이 내포된다. 복잡한 단계를 거치지 않고 상사를 만날 수 있으며 재한적인 규칙에 얽매이지 않고 공통의 목표를 지향할 때 창의성이 증가한다. 따라서 기업의 규모가 크더라도 직원들은 소규모의 직장에서 일하는 것 같은 편암함을 느낄 수 있다. 일례로 노드스트롬의 쇼핑객들은 판매원이 아니라 매장주인으로부터 직접 서비스를 받는 듯한 기분을 느낀다. 노드스트롬의 유일한 규칙은 '고객만족'이다.

(2) 기업의 하부조직 분열은 없다.

경쟁하며 협조하는 미덕의 역량만이 발전하는 기업문화를 창조한다. 오늘날, 많은 조직에서 직원들은 자신이 속한 부서나 이익책임 단위에만 집중한다. 각 부서에서 발생하는 비용과 수익을 개별적으로 책임지는 제도는 유용한 업무방식이지만 각 부서가 개별수익에만 관심을 갖는 분열된 조직이 되어서는 안 된다. 조직이 분열되지 않도록 하려면 기업차원의 가치기준 공유, 사회화, 협력기술 습득, 사업부서별 실적이 아닌 기업의 실적을 바탕으로 하는 보상 등의 방법을 활용해야 한다. 직원들이게 다양한 분야의 교육과 훈련시키고 고어처럼 멘토링 프로그램을 바탕으로 하는 조직망 형성을 통해 다른 사업부서에서 직원을 데려오는 것도 부서 간의 협력을 도모하는 데 도움이 된다. 다양한 업무를 수행하게 하면 인맥을 늘리고 시야를 넓힐 수 있다. 부서간 협력을 위해 보편적으로 사용되는 방법으로는 특별대책본부, 위원회, 사업별 그룹구성, 부서간 조정담당자로 활동할 직원임명 등이 있다.

(3) 구성원들을 즐겁게 하라

즐거움 속에 성과가 나고 보람 속에 실적이 싸여진다. 장수하는 가족기업의 인사관리 부서에서는 조직의 가치기준을 찬양하고 이를 몸소 실천하는 사람들을 찾아볼 수 있다. 홍보실에서는 자사의 중대한 사안들과 지역사회공헌과 관련된 내용을 널리 알린다. 인사관리 부서는 직원들의 개인적인 성과와 업적을 치하하는 행사를 열고 보상을 실시하기도 한다. 기념관을 설립하거나 '명예의 벽'을 설치하여 오래 근속한 직원들의 공로를 치하하기도 하고 기업의 일대기를 기록으로 남기는 경우도 있다. 이와 같은 일의 활동들을 통해 직원들은 해당 기업이 지향하는 바가 무엇인지, 그 가치와 열정을 증명하려고 얼마나 노력하는지 이해할 수 있다.

4-4. 직무의 평가와 효과성

❶ 보상과 인센티브

최고 의결기관인 이사회의 경영전략에 따라 이사회가 장기적인 기준으로 기업을 평가하면 CEO도 장기적인 기준을 적용하여 평가할 수 있다.정확한 보상제도는 직무성과를 높이는 수단으로 작용한다. 해를 거듭할수록 장기적인 성과가 개선되면 보상도 증가하기 때문에 내부 성과 측정지표는 유용하게 사용될 수 있다. 단기성과와 장기성과를 함께 평가하여 보상과 인센티브가 이루어져야 한다. 단기성과는 성공적인 신제품출시, 고객만족도 향상, 품질개선, 신규성장율 시장에서의 시장점유율 증가, 주요 직원유지율, 효율적인 협력관계 구상 등을 포함한다. 이런 기준을 적용하면 성장을 위한 준비단계나 투자단계에서 수익성이 약하다고 해서 CEO에게 불이익이 돌아가는 걸 막을 수 있다. 오랜 기간의 평균적인 성과를 나타내는 이동평균선을 근거로 CEO에게 보상을 실시하면 투자기간에 보상이 줄어드는 것을 막을 수 있다. 사실, 기간과 성과라는 두 가지 요소를 모두 고려하여 보상을 한다면 재직기간에 성과가 좋았던 CEO는 은퇴한 후에도 계속 혜택을 주는 것이 바람직하다.

❷ 평가기준 적정과 감시의 효과

기업이 장수하려면 기업의 미래성에 주안점을 두고 경영전략을 수립하여야 한다. 이사진이 단기적인 수익성 향상을 중시해서는 안 된다. 대신 이들은 여러 내부적인 기준을 정하여 평가하고 수치이면의 내용들을 관찰해야 한다. 품질은 어떠한가? 고객과 직원들은 기업과 제품을 어떻게 생각하는가? 시장점유율은 어떻게 변하고 있는가? 신제품에 대한 반응과 직원들의 이직률은 어느 정도인가? 이사회나 위원회는 기업이 장기적인 목표를 향해 제대로 나아가고 있는지 면밀하게 살펴보아야 한다. 2년 후, 5년 후, 10년 후를 위해 얼마나 많은 돈을 투자하였는가? 교육, 인프라, 제품과 공정연구, 순수연구, 협력관계 구축 등에 얼마나 많은 투자를 하였는가? 자사의 목표를 경쟁업체와 비교해 보았을 때 어떠한가? 이런 질문들에 대한 대답을 위해 필요하다면 이사진에게 독립적인 평가기관에 의뢰할 수 있는 권한이 주어져야 한다. 특히, 기업운영에 차질이 생겼을 때 이와 같은 권한이 필요하다.

❸ 기업을 대표하는 CEO 선발과 작용

성과는 재인이라 사람에 의하여 기업의 성패는 좌우된다. 이사진과 마찬가지로, CEO도 적절한 보상이 주어지고 바른 가치관과 역량을 갖출 때에만 기업과 이해관계자들의 장기적인 이익을 위해 노력한다. CEO를 선발할 때에는 업무수행능력 뿐 아니라 성격과 사명에 대한 책임감도 고려해야 한다. CEO가 갖추어야 할 주요덕목으로는 성실, 힘든 길을 택할 용기, 기업과 주주들을 위해 올바른 일을 수행할 의지 등이 있다. 경영수업을 통해 후보자의 자질과 성격을 면밀하게 평가할 수 있을 뿐 아니라, 오랜 기간의 교육을 통해 많은 가르침을 줄 수 있기 때문에 가능한 한 내부에서 후계자를 선발하는 것이 좋다. 물론 후보자의 전력도 중요하다. 실질적인 개선을 위해 노력해 왔는지, 그렇지 않다면 눈에 띄는 빠른 성과만을 추구해 왔는지 살펴보아야 한다. 가족기업의 경우는 소유주 가족을 CEO로 선발하는 경우가 많다. 선택된 사람이 위에서 설명한 자질과 역량을 갖추고 있다면 아무런 문제가 없다. 그러나 소유주가족 중 적당한 인물을 찾을 수 없는 경우가 있다. 이런 경우, 편협한 생각을 버리고 외부인을 선발해야 하는데 오랜 기간 조직에서 경륜을 쌓아온 역량 있고 뛰어난 인재를 선발하는 것이 좋다.

용어 설명

탄생기(birth)
성장기(growth)
성숙기(maturity)
쇠퇴기(decline)
소멸기(death)
엔트로피(entropy) - 불확실성 정도
연장기(renewal)
존재(existence)
생존(survival)
성공(success)

참고 문헌

1. 기술혁신; 내일을 준비하는 기술정책 이야기 한국산업기술평가 관리원. 2015.01.31.
2. 기업가 지향성이 경영성과에 미치는 영향; 혁신컨설팅 활동 매개효과를 중심으로, 한성대학교 지식서비스& 컨설팅대학원 송현신 2016
3. 기업-한국 민족문화대백과 blog.naver.cdm
4. 길운규·심용호·김서균, 기술창업 성공요인 도출을 위한 문헌연구, 한국기술혁신학회 춘계학술대회, 2014
5. 김갑수(2011), 독일정부의 중견기업 육성을 위한 연구역량 강화 지원정책, 한국생산기술연구원
6. 김기찬, 기업생태계 관점에서의 연구개발 전략과 플랫폼 리더십. (2009) 2. 대중소기업 상생협력과 R&D에의 시사, 중소기업연구 31(2), pp.255-272.
7. 박영택, 품질경영론, 한국표준협회 미디어 발행. p.203. 품질주택
8. 박영택, 품질경영론, 한국표준협회 미디어 발행. p.134. 품질관리 7가지

요 약

1. 아산의 기업가정신

아산의 기업과 기업가정신(起業家精神), 아산의 도전정신과 개척정신 창조적 불굴의 사나이 아산, 정주영 '무일푼'에서성공으로 일궈낸 보기 드문 기업가이자 정신적 지도자이다. 자동차외 건설·조선·철강 등 황무지에서 개척 대한민국 근대화의 길 개척한 선구자이다.

2. 장수기업 되는 길은

딱 4가지 ①우수한 교육, ② 규제·간섭최소화, ③ 창업우호문화, ④ 효율적 인프라 또는 우수한 교육시스템, 규제와 간섭의 최소화, 창업에 우호적인 문화, 효율적인 제도적 인프라. 딱 이 네 가지면 된다. "창업생태계는 기업을 잉태하고 성장시키는 환경이다. 세계에서 가장 우수한 창업생태계를 갖추고 있다고 평가되는 미국 실리콘 밸리에서 1962년부터 벤처투자를 해온 '벤처캐피털의 대부(代父)' 피치 존슨(82) 미국 애셋매니지먼트(AMV) 회장은 우수한 창업생태계를 만들기 위해 필요한 요소를 네 가지로 요약했다.

3. 기업의 존립과 장수기업

기업의 존립과 장수는 이해관계자의 소통에서 기업이 장수하지 못하는 이유 중에 하나는 이해관계자계자들과 영향력을 행부자는 없을 거야" 만상 홍득주가 임상옥에게 도방 자리를 넘겨주면서 한말이다. 이 말은 오늘의 기업가들도 경영신조로 사하게 되는데 이들과의 소통이 부족함에 따라서 문제가 나타나는 것이다. 기업이 경영활동을 하기 위해서는 막대한 자본이 필요하다고 할 수 있으며 다양한 기술의 확보도 필요하다고 할 수 있다. 경영활동을 함에 있어서 여러 가지 능력의 확보가 필요하다고 할 수 있는데 이러한 능력을 갖추기 위해서는 다른 업체들과의 협력이 필수적인 것이다. 이해관계를 맺고 있는 다른 업체들과의 협력을 통해서만이 능력을 확보할 수 있기 때문이다.

4. 기업의 문화 창조

기업풍토의 개선과 정착은 사업은 이익보다 사람을 중요시하는 데서 시작된다. 장사는 돈을 남기는 것이 아니라 사람을 남긴다는 것이다. 만상 홍득주가 한 말이다. 조선 천지에 나보다 더 큰삼을 만한 명언이다. 자기만의 이익만을 생각하는 사람은 상인으로서의 자격이 없다. '장사는 이익을 남기기보다 사람을 남기기 위한 것이다'라는 마음으로 한 평생을 살아온 임상옥의 경영철학 역시 오늘의 기업가들이 경영신조로 삼을 만한 것이다.

제 3 장

창업기업의 장수전략

제 1 절

기업이 나아갈 방향

성공 Point 13

1. 독선을 버려라

시야가 좁을수록 자신의 생각이 오른 것으로 주장이 강하다. 지휘급의 독선과 아집은 그 조직의 수준으로 미래를 위하여 간부들의 자질개선이 요구된다. 타인의 말에 귀를 기울여라. 과도한 자신감에 사로잡혀 독선하지 말라 사람은 누구나 편견이나 선입견에서 자유로울 수 없다. 다양한 의견들을 개술할 수 있게 기회를 주어라. 창의적인 공통분모를 차자라 잘못된 주장을 알면서도 최면과 지위 때문에 끝까지 고집하는 것은 조직을 망치는 길이다.

2. 사소한 성공에 오만하거나 거만하지 말라

그릇이 차면 넘치는 법. 자기소양과 능력에 따라 자기의 그릇 크기는 조정된다. 사람이 자만하면 더 성장할 수 없다. 벼는 익을수록 머리를 숙인다고 했다. 일이 잘 풀리거나 순조로울 때일수록 겸손하며 보답의 자세로 마음을 갖추고 있으면 더 많은 돈이 돌아온다.

제1절
기업이 나아갈 방향

1-1. 기업의 환경 분석과 나아갈 방향

❶ 장수기업의 경영모형과 성장요소

본장 기술의 목적은 미국이라는 거대한 경제권속의 기업들의 성장배경을 살펴보는데 있다.

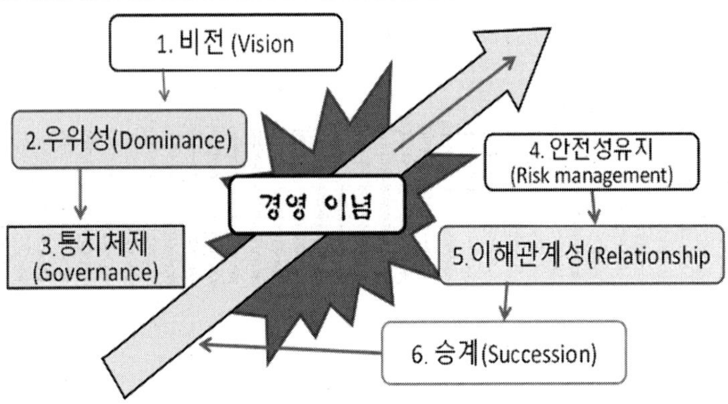

자료: 經濟産業省 벤처기업의 창출 성장 관한조사 2007.12.

| 그림 3-1 | **기업의 장수경영 모델**

❷ 기업성장의 요소

첫째는 비전(Vision): 경영은 비전이요 경영이념에 있다. 장기적인 관점에서 경영의 기본이다.

둘째로 우위성(Dominance): 경쟁우위성의 구축 및 강화하는데 있다. 일상적으로 자사의 강점을 사업화의 자원으로 집중하면서 기술력을 발휘하여 시장에서 상품 우위성 점유한다.

셋째는 통치체제(Governance): 사업기반 구축과 관리체계. 정보공유 등을 병행하는 가족경영의 경우 친족간에 균형이 중요하다.

넷째로 안전성의 유지(Risk management): 재정 면에서는 자기자본에 충실하고 경영면에서는 독립성의 결함이 없어야 한다.

다섯째로 이해관계자들과의 관계성(Relationship): 이해관계자들과 장기적 관계형성과 소통합이 중요하다. 고객, 종사원, 납품업자, 지역사회 등과의 장기간에 있어 신용 제일이 원칙이여야 한다.

여섯째로 승계(Succession): 승계의 철차는 엄밀하여야 하고 내용은 엄정하여야 한다. 경영·자산·기술 등은 광범위하기 때문에 될 수 있으면 장기적 계획으로 이루어지는 것이 바람직하다.

이상의 여섯 가지 요인들은 사회의 공기(共器)로 사회성과 밀접한 관련이 되어있음에 주의성이 필요하다. 100년이라는 장기간에 발생하는 경영상의 위기와 자신의 역량으로 극복하여야 되는 장수기업은 다난(多難)한 시대를 경험한 선대 대대로의 교훈을 배우며 사회공기 사상의 실천함에 대한 중요성의 인식이라 하겠다.

❸ 정확한 분석, 정확한 전략

| 표 3-1 | **기업의 환경분석(SWOT분석)**

SWOT 분석	strength: 강점 기업이 잘 할 수 있는 것
	weakness: 약점 기업이 잘 할 수 없는 것
	opportunity: 기회 강점을 살릴 수 있는 외부환경 I
	Threat: 위협 현재의 약점과 관련된 외부환경

(1) 나아갈 방향을 밝힘

기업경영의 성패는 속도에 있다고 한다. 그러므로 시업은 시류에 빨리 편승하여 진로를 정하여야 한다. 기업환경 분석을 속히 마무리하고 그러한 환경 속에서 기업이 수행해야할 효율적인 방법을 전략적으로 명시 규정해야 한다. 여기서 사명(mission)이란 기업이 하고자 하는 목적을 제시하고 부여된 임무를 뜻하는 것이다.

기업의 전략은 계획을 수립하고 이행하기 위해서는 사명을 명확히 규정해야 한다. 사명을 규정할 때는 우리의 사업은 무엇인지? 우리의 고객은 누구인지? 고객에게 가치 있는 것은 무엇인지? 우리의 사업은 어떻게 될 것인지? 등에 대한 충분한 검토와 가치성이 이루어져야 한다(마케팅전략 계획과정).

(2) 기업사명의 규정 : 기업사명을 구성하는 요소

ⓐ 기업의 연역과 역사
ⓑ 경영자와 소유자의 경영관
ⓒ 현재의 시장 환경과 미래의 환경
ⓓ 조직의 활용 가능한 자원

ⓔ 기업이 가지는 독특한 능력 등이 있다. 이렇게 정렬된 사명표본 작성은 전사원이 공감하고 공유해야 효과성을 높일 수 있다.

따라서 하나의 진술문으로 표현해야 하며, 이를 사명진술문(mission statement)이라고 한다. 바람직한 사명감과 전략적 전술은 시장 지향적이고, 현실적이며 구체적이라야 한다. 시장 환경에 적응하는 적합성이 있어야 하며, 구체적인 실행능력에 기초를 두고, 종업원들의 활동전개에 동기부여를 시킬 수 있어야 한다.

사명진술문은
ⓐ 모든 것을 주장해서는 안 되며
ⓑ 기업외부와 관련하여 설정하여야 하고
ⓒ 사업영역을 구체화해야 한다.

(3) 기업목적과 목표를 설정함

건축설계가 잘 되어야 공사가 수월하고 쓸모가 있으며 가용가치가 높아진다. 기업 운영에 있어서도 계획을 잘 세워야 업무수행 성적이 좋아진다. 그래서 앞에서 규정한 기업의 사명을 성과있게 실현하기 위해서는 기업의 목적과 목표가 정확하게 공지공감(共知共感)할 수 있도록 설정되어야 효과적이다. 목표는 실현가능성을 전제로 한 구체적이며 계량적으로 설정되어야 한다. 기업의 목적을 수립하고 전종업원이 이에 동의하여 달성하도록 관리하는 경영기법을 목표관리(MBO: management by objective)라고 한다.

(4) 사업포트폴리오의 설계

기업의 사명을 실현하기 위한 기업목적과 목표가 설정되면, 기초 작업으로 현재 기업이 어떻게 구성되어 있는지를 파악해야 한다. 이를 위해 현재기업을 구성하고 있는 사업 단위들에 대한 평가가 이루어지는데 이를 사업포트폴리오의 평가라 한다. 여기서 사업포트폴리오(business portfolio)란 기업을 구성하고 있는 사업(단위) 및 제품의 군집을 말하는 것으로, 최선의 사업포트폴리오는 기업의 강·약점을 환경의 기회와 가장 잘 적합 시키는 것이다. 그러므로 기업은 이러한 사업포트폴리오에 신사업(제품)을 추가하기 위한 성장전략도 수립해야 한다.

(5) 현재의 사업포트폴리오의 평가

사업포트폴리오의 평가는 포트폴리오 분석을 통해서 행해지는데 포트폴리오 분석(portfolio analysis)이란 기업을 구성하고 있는 여러 가지 사업단위 들을 평가하여 기업운영의 효율성을 높이는 수단이다. 이 경우 사업단위들을 전략적 사업단위(SBU strategic business unit)라고 한다. 이는 별개의 사명과 목적을 갖고 다른 사업단위들과 독립적으로 계획을 수립하는 기업의 단위를 말한다. 포트폴리오 분석으로 널리 알려진 방법으로는 보스턴 컨설팅그룹 접근방법(bcg접근방법)과 제너럴 일렉트릭사(접근방법) 접근방법이 있다(조직구조와 직무설계).

(6) 천리마 같은 인재에겐 더 넓은 초원을 제공하라

수 백년 전에 있었던 조조와 유비의 싸움인 삼국지가 왜 근대경영학에서 조명되는가? 지략(智略)과 용맹일 것이다 천리마 같은 인재에게는 더 넓은 초원을 주어라. 인재인용의 명구절이다. 삼국지에 나온 영웅들에게서 발견할 수 있는 공통점은 우수한 인재를 자기 밑에 두기 위해 노력을 아끼지 않았다는 것이다. '인재전쟁'이라고 할 정도로 기업마다 우수한 인재를 영입하려고 애를 쓰는 오늘날, 삼국지 영웅들로부터 무엇을 배워야 할까?(독서경영, 삼국지를 통해 현재를 배운다)

❸ 삼고초려

(1) 성과재인(成果在人)

전쟁에서나 기업전략에서나 성과를 내는 것은 사람이다 그래서 성과재인으로 예나 지금이나 사람의 중요성이 강조되고 있다. 삼고초려(三顧草廬)는 삼국지에서 아주 많이 알려진 이야기 중의 하나이다. 유비는 제갈량을 얻고자 세 번이나 몸소 제갈량이 사는 누추한 집을 찾아갔다. 승리를 위해서는 유능한 재사(才士)가 필요하고 필요한 자원을 얻기 위해서는 굴욕도 감내한다는 이야기이다 우리가 배워야 할 것은 큰일을 하는 사람은 항상 겸손하고 자기를 낮춰야 한다는 것이다. 다도를 예를 들어 말하자면 인재는 물이고 조직은 찻잔이다. 찻잔에 물을 따르려면 찻잔이 아래에 있어야 한다. 그렇기 때문에 조직을 이끄는 리더는 항상 자신을 낮추고 겸손해야 한다.

(2) 적인적소(適人適所)

인재적용의 수단은 경영능력으로 평가된다. 인재를 적재적소에 배치해야 업무의 효과성이 높아진다는 점 역시 삼국지가 주는 교훈이다. 방통은 굉장히 못 생기고 세련되지 못해서 처음엔 유비가 좋아하지 않았다. 유비는 방통을 뇌양현이라는 변방의 작은 마을을 다스리도록 발령 냈지만, 방통은 그 일을 너무나 못해서 면직됐다. 아무리 유능한 인재라 할지라도 적기적소(適期適所)가 아니면 충분한 능력을 발휘할 수 없다. 나중에 방통의 재주를 높이산 제갈량이 그를 다시 중앙으로 불러들여 군대지휘를 맡긴 뒤에야 방통은 능력을 발휘했다(자오위핑 趙玉平교수의 三國誌의 리더십).

우리 손을 보면 굵은 손가락은 엄지, 제일 긴 것은 중지, 활동을 가장 안 하는 약지, 이런 식으로 손가락마다 하는 일이 다르다. 하지만 이 모든 손가락이 적재적소에 있어야 건강한 손을 가질 수 있다. 그런데 엄지가 굵어서 좋다고 손가락이 전부다 엄지가 되거나 전부다 긴 중지가 되려고 한다면 그런 손은 기능을 발휘할 수 없다." 이와 같이 사람의 능력발휘에는 적기·적재·적소의 삼대원칙을 인용자(人用者)는 참고하여야 효과적인 성과를 얻을 수 있다.

1-2. 저성장의 난제 기술진보로 풀어야

❶ 미래가 불확실한 경제전망

미래가 불확실한 경제전망 속에서 저성장 국면에 접어든 불경기 상태에서 생존의 활로는 어디에서 찾아 볼 것인가? 결국 차별화에서 찾아볼 수밖에 없다. 차별화란 타와 다른 것을 말하는 것으로 보편적인 (공개된 기술) 것은 차별화라고 하기 어렵다. 그러므로 나만의 또는 소수만이 지니고 있는 기술적 제품능력만이 차별성이라 말할 수 있을뿐더러 이러한 차별성의 진보적 기술력에 의한 제품력만이 저성장의 벽을 무너뜨릴 수 있다.

불확실한 세계경제가 다시는 고성장 국면을 다시는 맞기 어려울거라는 부정적 전망이 팽배하고 있지만 오히려 기술변화 실상을 전망하면 성장기회는 계속해서 많이 존재할 것으로 전망된다. 다만 기술적 변혁과 진보적 생산개선의 증대를 위해 치열한 고민이 필요한 상태에 직면하고 있다. 성장이론 대가답게 폴 로머 뉴욕대 스턴경영대학원 교수는 미래성장에 대한 기대감을 높다고 말하고 있다. 세계 성장엔진 중국의 열기가 식어가지만 지구촌 경제가 이 또한 극복할 수 있을 것으로 내다보고 있다. 향후 100년간 50억 명이 도시에 새로 살게 되면서 수많은 경제적 가치가 생성될 것으로 예상했다. 로머 교수는 기업들이 스스로 자생적으로 자유로이 경쟁하도록 분위기를 조성하는 것이 중요하다고 말한다. 이를 실현하기 위해서는 첫째, 생각을 바꾸고, 둘째, 방법을 바꾸며, 셋째, 대상을 바꾸면 실마리가 풀리기 시작될 것이다([leeya0615.blog.me] '저성장의 난제' 기술진보로 풀어라).

❷ 세계경제 전망과 한국경제 성장률

(1) 세계경제의 전망

1980년대말 오일쇼크 예를 들어보자. 당시 경제위기는 경기 사이클 상의 문제였다. 치솟는 물가는 구매력을 떨어뜨려 많은 기업들이 운영난에 봉착 결국폐업에 이르는 사태가 속출하였다. 따라서 실업률의 증가로 잠재적인 성장률에도 못 미치는 경기불황이 닥치고 말았다. 그래서 중장기 경제전망이 부정적으로 쏟아졌다. 하지만 이는 단기적 현상으로 인해 장기전망까지 부정적으로 바라본 실상이 나타났던 것이다. 지금 불확실한 경제상항을 보면 이런 현상이 다시 일어나고 있다. 우리가 단기적으로 나타나는 현상에 과민반응하고 있는 건 아닌지 주의 깊게 관찰할 필요가 있다. 성장기회는 노력에 따라 여전히 많이 존재한다. 잠재성장률과 실질성장률을 다 같이 끌어올릴 수 있는 역량을 길러내야 할지 고민해야 한다. 변화는 시대 다양한 욕구의 수요고객에게 어떻게 만족한 재화를 제공할 것인지가 문제이다. 변화에 대응하는 앞서가는 역량만이 문을 열 수 있다.

(2) 한국경제 성장률을 높이기 위하여

경제성장률을 높이기 위해서는 생산성이 높아지고 실업률이 낮아지고 구매력이 많아져야 가능한 것인데 경기불황으로 구매력이 떨어지게 되면 역순의 현상이 나타난다. 이러한 사태를 예방하는 도전적인 길은 실업률을 낮추는 것인데 금리를 낮추거나 정부 재정지출을 늘리는 등의 고전적 방식은 분명 한계가 있다.

인구성장이 정체되어 이는 한국에서 노동생산성 향상만으로 3~4% 국내 총생산(GDP) 성장을 이루어 낸다는 것은 결코 쉬운 일은 아니다. 그러나 생산성이라는 것은 노동가용 인구에 비례되는 것은 아니다. 노동의 숫자가 아니라 노동의 질이 문제되는 것이다. 권한보다 의무가 선행되는 사회적 문화가 필요하다. 생각을 바꾸면 길이 있다 한국은 잠재성장률을 높이기 위해서는 중단 없이 성실한 노력을 끈기 있게 기울여야 한다. 잠재성장률이 매우 미미하게 일어나더라도 장기적으로 노력이 더해지면 큰 영향으로 좋은 결실이 이루어질 수 있기 때문이다. 기술진보와 생산성 증대는 성장잠재력을 키우는 매우 중요한 요소이다.

(3) 한국제조업 미래는

개발업무를 게을리 하는 제조업체는 사라지게 될 것이다. 시대흐름에 적응력을 기르지 못하고 시장변화에 대처하지 못하면 사세약화로 경쟁력이 상실되어 폐업의 길로 가게 되는 것이다. 문제는 기업이 미래지향적인 인재육성을 게을리 하여 시대가 요구하는 다변적 욕구에 적응력이 없어 희망이 안보이면 자연적으로 이탈자가 발생하게 된다. 이때 기업에서는 이탈하려는 인력을 어떻게 재교육하고 새로운 기회와 희망을 갖도록 하느냐가 관건이다. 기업의 품격은 구성인원의 수준과 비례된다. 우수한 인력은 우수한 경쟁력을 가져와 기업의 가치를 높인다. 노동품질의 향상으로 생산성을 높이고 새로운 산업으로 노동인력을 전환하도록 유도하는 방안이 포인트이다.

(4) 한국이 도시화 효율성을 높이려면

한국은 산업정책을 성공적으로 수행함에 따라 도시화는 상당히 진행됐고 성공적이었다. 한국경제의 성장이 산업화 정책덕분이라고 할 수 있다. 한국의 도시화는 국가산업 정책에 따라 산업공단이 도시부근에 자리잡아 지방근로자들이 도시에 집중되면서 도시인구가 급격이 늘어났고 자연스레 도시의 광역화가 이루어졌다.

도시화 정책은 산업화 정책과 비례되어 형성한다. 한국은 도시화 혜택을 본 만큼 도시 간 경쟁을 더욱 촉진하여 발전을 유도할 필요가 있다. 지방도시에 더 많은 자율적 자치권을 주어 다양한 산업정책을 실험하고 인구유입을 꾀하여 도시화를 할수 있도록 만드는 것이다. 기업간 경쟁을 통해 인재를 끌어당기는 것처럼 도시 간에도 정책경쟁을 촉진하여 더 밝은 미래를 창조해야 한다.

1-3. 기술진보를 촉진하기 위한 방법

❶ 미국 랜드 그랜트(Land Grant) 대학의 사례

앞서가는 정책 속에서 발전하는 산업이 탄생한다. 미국 랜드 그랜트 대학이 좋은 사례다. 미국정부는 1860년대부터 각 주에 지원하여 랜드 그랜트 대학을 만들었다. 유럽식 학문적 대학이 아니라 실용적으로 산업전선에서 문제발생시 이를 해결하는 능력을 키워나가는데 중점을 두는 학습교육이었다. MIT와 퍼듀대가 그중 하나인데 이들 대학은 20세기 초 화학공학이라는 새로운 학문을 만들어 냈다. 종전까지만 해도 영국과 독일이 앞서가는 기술선진국이었지만 이들 대학에서 개발한 기술을 통해 석유화학 분야에서는 미국이 세계리더로 등극할 수 있었다. 성장잠재력에 영향을 줄만한 기술진보를 위해 교육시스템 변화를 과감하게 개혁하여야 할 것이다.

새로운 기술만이 미래의 동력을 구성한다. 한국은 스타트업 성장을 도울 것인지, 재벌을 중심으로 한 경제 집중화를 유지할 것인지 연구와 고민을 해 좋은 답을 찾아야 한다. 창조적 진보적 기술만이 미래 산업을 개척하는 초석을 이룰 것이다. 미국의 반독점법의 역사를 잘 살펴보아야 한다. 전화사업자인 AT&T 전화기 독점권을 해체해 통신시장의 혁신을 이끌어낸 사례는 혁신촉진책이 제대로 작동하고 있다는 걸 보여줬다. AT&T 해체로 많은 신생기업이 성장하는 계기가 됐다.

❷ 중국 '세계 성장엔진' 역할에 다해…

각국 자생적 성장 꾀하고 있다. 중국의 급속한 성장가도의 속도에 제동이 걸렸다. 이대로 정지될 것인가? 지속할 것 인가? 중국의 발전은 한국과 일본의 성장패턴을 따르고 있다. 낮은 곳에서 시작했을 때는 빠른 속도로 앞서가는 주변 국가를 따라 잡을 수 있을 듯 속력으로 다가오지만 기술역량과 발전이 한계선(프런티어)에 도달하면 성장속도는 떨어질 수밖에 없다. 중국의 성장속도가 둔화되었다고 해서 놀라운 일은 아니다. 중국이 세계경제의 성장엔진 역할을 계속해 주길 기대할 수 없다. 중국은 지금까지는 잘 따라왔지만 한국이나 일본과 마찬가지로 추격(catch—up)성장을 이어갈 것인지, 국면을 어떻게 전환할 수 있을 것인지, 판단의 시점에 와있다 하겠다. 모방경제로서는 한계가 있다. 창조경제로 전환되어야 선진국으로 지향하게 된다. 중국에는 여전히 사용되지 않고 놀고 있는 자원이 많다. 그러나 중국이 유럽의 침체된 경제에 지속적인 자극제가 될 거라는 기대는 비현실적이다. 유럽이 성장하려면 중국에 기댈게 아니라 자신만의 정책으로 자체성장을 이루어야 한다.

❸ 미국만의 경쟁력은 경제적 관점으로 볼 때 무엇인가?

미국은 이민자의 나라 다민족 국가라는 특색을 가지고 있다. 그렇기 때문에 문화풍습이 다르고 사고력도 서로 달라 이러한 다층적 문화의 속성들이 자유경쟁이라는 틀 속에서 충돌하며 반응하고 융합되어 다양한 에너지로 분출되는 것이 미국의 특색이다. 이민자를 받아들여 다양성을 추구한다는 점이 미국 경쟁력의 핵심이다. 지금 정치적으로 이민자에게 비호의적인 정책이 논의되고 있는 것은 시대착오적인 발상일 것이다. 미국은 땅이 넓고 인구가 빠르게 성장하는 등 경제성장의 조건이 갖추어져 있지만 그런 장점도 정책자의 안목에 의해 빠르게 사라지고 있다. 이는 전세계 시장에 물건을 파는 수출한국에도 좋을 것이 없다. 미국은 세계 어느 나라보다도 기업간 경쟁이 활발하다. 월마트나 마이크로소프트(MS) 구글과 같은 새로운 거대 세계적인 기업들이 탄생하고 있다. 미국정부는 혁신을 촉진하지만 기술개발의 방향은 자생적으로 기업에 맡긴다('저성장의 벽' 기술진보로 뚫어야).

❹ 미국경제의 중장기 전망과 군소국가

미국경제는 매우 긍정적이다. 미국경제가 한국경제에 미치는 영향은 크다. 이는 미국경제 자체로 따져서가 아니라 기술진보의 이득을 공유하는 세계경제의 유기적 영향 때문이다. 역사적으로 어떤 국가도 기술진보를 지속적으로 이끌지는 못했다. 네덜란드에서 산업혁명을 일으켜 영국에서 다시 미국으로 기술 선도국이 바뀌었다. 100~200년 뒤에도 미국이 기술적으로 가장 앞선 나라일 것이라는 보장이 없다. 지금의 문명의 수준은 어떠한 군소국가든지 기술선진국으로 도약할 가능성을 가지고 있다 그래서 어느 나라에서든 기술진보가 일어나고 긍정적 영향을 줄 것이다. 한국의 경제도 선진국을 뒤따라가는 모방경제에서 독창적인 창의경제를 지향한다면 머지않은 장내에 기술선국으로 도약의 서광을 받을 것이다. 미국 특유의 경제적 역동성을 지키기 위해 노력하고 있다. 본 내용은 성장이론의 대가로 알려진 뉴욕대 폴 로머 교수의 말을 정리한 것이다.

1-4. 경쟁에서 이기고 성공하려면

매사의 성공은 재미있고 흥미를 가졌을 때 이루어지는 것이다. 피 말리는 맞수를 경쟁에서 피하지 말고 좋은 상대를 골라 흥미롭게 즐겨라!

ⓐ 고정관념을 깨고 역발상을 시도하라 → 메소드, 생활용품을 예술품으로 승화시켜라
ⓑ 새로운 가치를 창출해 시장을 키워라 → 트루릴리전, 프리미엄 청바지 만들어라
ⓒ 경쟁적 포지셔닝을 구축, 각인시켜라 → 맥카페의 일용품 커피로 스타벅스의 다양성을 보라

❶ 가치 창조와 부의 형성

(1) 자기창조 3단계

알면 세상을 변화시킬 수 있고 모르면 남의 지배를 받아야 한다. 재산을 형성하고 싶으면 먼저 자신을 창조하라. 인생의 중력권인 사회, 시대 지역환경 양친형제 등 자신 이외의 무엇인가에 의하여 결정되는 우리들의 인생

(a) 혈(血) : 피는 물보다 진하다. 부모님으로부터 물려받은 도덕성과 가치관은 무엇인가? 전통적 가치는 숭상(崇上)한데 개인적, 인습적 가치에서 벗어나 시대에 적응되는 가치관을 정립됨으로 지속되는 가문에 빛을 더 할 것이다.

(b) 지(地) : 사람은 어느 지역에서 태어났는지에 따라 언어와 풍습을 달리하고 있다. 어떤 풍습 속에서 어떠한 교육을 받았느냐에 따라 관습과 의식이 달라진다. 좁은 지역에서 넓은 세계화로, 안목(眼目)을 넓혀나갈 때 세상이 변하는 예지능력도 길러져 저력 있는 실력자로 인정받게 될 것이다.

(c) 지(知) : 시대는 지식시대로 접어들었다. 지식과 정보가 없으면 운신의 폭은 그만큼 좁아든다. 예부터 인격의 기준을 지인용행(知忍勇行)으로 정하고 사람됨을 평가하였다. 정보화 사회의 인품은 정보력이 더해져야 능력 있는 사람으로 평가된다. 인생의 중력권(重力圈)인 마음속에 흐르는 혈지지(血地知)를 조화롭게 인품적 가치를 창조함으로서 사회적 신망을 얻으며 부를 형성하게 된다.

(2) 자기 창조와 부(富)의 형성

매사의 성공은 재미있고 흥미를 가졌을 때 이루어지는 것이다. 피 말리는 맞수를 競爭에서 피하지 말고 좋은상대 골라 흥미롭게 즐겨라!

(a) 고정관념을 깨고 역발상을 시도하라 → 메소드, 생활용품을 예술품으로 승화시켜라
(b) 새로운 가치를 창출해 시장을 키워라 → 트루릴리전, 프리미엄 청바지 만들어라
(c) 경쟁적 포지셔닝을 구축 각인시켜라 → 맥카페의 일용품 커피로 스타벅스의 다양성

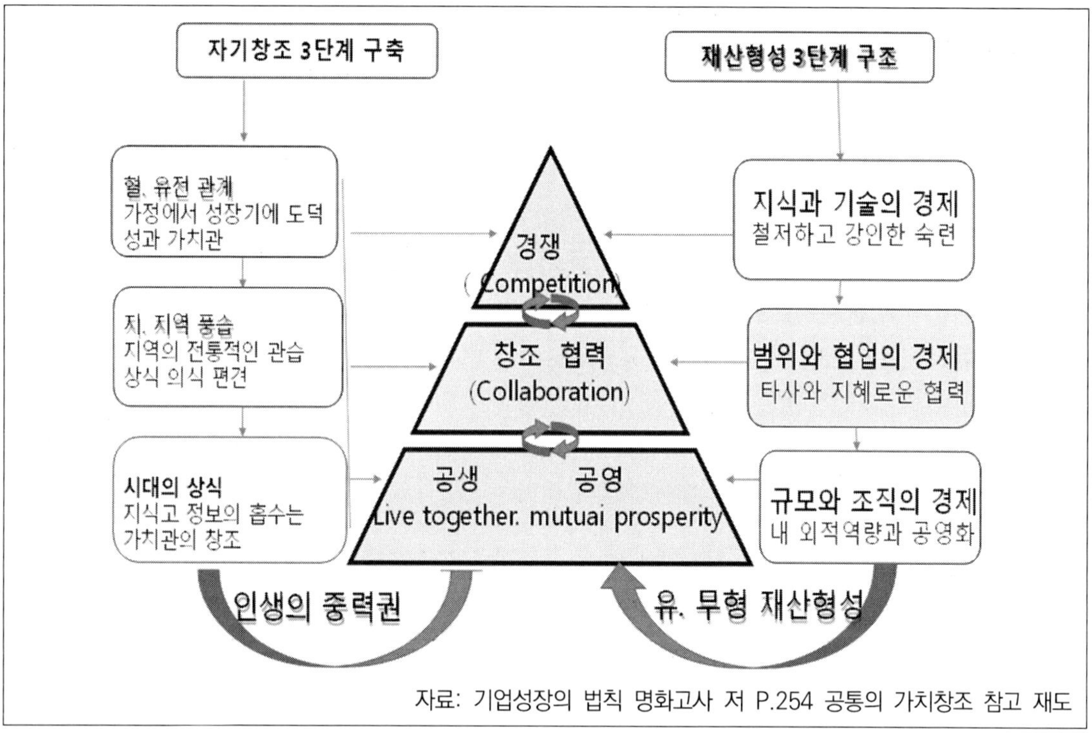

| 그림 3-2 | **가치창조와 재산형성3단계 모형**

❷ 재산형성 3단계

(1) 경쟁(競爭)

전쟁에서 이기려면 무기가 좋아야하고 병사의 사기가 좋아야 한다. 더 중요한 것은 시기가 좋아야 한다. 마찬가지로 사업의 경쟁에서 이기려면 지식과 기술이 뒷받침되는 제품이 있어야 하고 공급자가 소비자에게 만족을 줄 수 있는 가치를 제공하여야 경쟁에서 이길 수 있다. 지피지기는 백전백승(知彼知己百戰百勝) 나를 알고 적을 알고 싸우면 백번을 싸워도 다 이긴다.

(2) 협창(協創)

도불장군(獨不將軍)혼자서 장군이 될 수 없다. 범위의 경제로 확대하기 위해서는 조직이 있어야 하고 협력자가 있어야 하며 창의력이 있어야 한다. 조직을 운영하는 운영자는 인품을 갖추고 신망 있는 행동으로 협력과 창의력을 도출해야 한다.

(3) 공생공영(共生共榮)

미지의 영역을 개척하여 공생공영의 가치를 창조하는 것은 시대흐름의 요구사항이요. 이 시대에 살고 있는 사람은 사회의 요구를 순응하여야 할 책임과 임무가 있다 하겠다. 규규모의 경제로 발돋움하기 위해서는 자사와 타사의 자산을 합쳐 새로운 가치창조로 타 영역을 개척하는 것도 공영공생의 길인가 싶다.

❸ 역발상 라이벌

(1) 성공의 비결은 라이벌을 의식한 역발상이다.

스타벅스는 고객의 변화를 빨리 읽고 속도 있게 대응력을 발휘했다. 스타벅스는 커피문화를 느끼는 특별한 공간으로서의 브랜드 이미지를 구축했다. 이같은 상징적인 아이콘으로서의 커피와는 대조적으로, 맥카페는 '일용품으로서의 커피'라는 콘셉트로 다가갔다. 커피는 누구나 일상에서 쉽게 접하고, 따라서 굳이 비쌀 필요가 없다는 메시지를 준 것이다. 일용품 커피와 아이콘 커피가 소비자의 머리속에 경쟁구도를 만들기 시작하는 순간이었다. 상품의 수명주기를 세심하게 관찰하면서 대응력을 길러가는 것이 지속성장의 기본이다.

(2) 영원한 라이벌 코카콜라 대 펩시

경쟁은 다양한 방법에서 승부를 가린다. 세계에서 수명주기가 가장길고 최고의 브랜드 코카콜라와 끝없는 추격전을 펼쳐온 펩시의 싸움은 언제나 흥미진진하다. 그런데 두 브랜드 간의 경쟁이 과거와는 사뭇 달라졌다. 과거에는 청량음료라는 카테고리 내의 경쟁이었고 그 속에서 펩시는 언제나 2인자에 머물렀다. 펩시는 '맛'이라는 속성으로 승부를 내려고 방향을 달리하였다. 승부 없는 소모전은 빨이 접는 것이 기업에 유익하다.

한국에도 유사한 사례가 있다. 미원과 미풍의 대결이였다. 맛의 노하우는 재벌도 못당한다는 실증의 시례였다. 승부의 시장에서 안된다고 판단되면 즉시 정리하는 것이 삼성의 경영철학이요, 프로젝트 경영법의 우수성이라 할 것이다. 펩시는 코카콜라와의 소모적 경쟁을 접는 대신, '웰빙'을 키워드로 하는 새로운 카테고리로 '도약'하는 전략으로 멋진 승부수를 날렸다.

(3) 여성 CEO인 누이가 인드라의 전략

상품의 변화는 시대변화의 흐름과 비례된다. 고객이 있는 곳에 상품이 존재한다. 고객의 욕구에 따라 상품의 종류와 품질은 변할 수밖에 없다. 웰빙 트렌드에 어울리지 않는 청량음료 비중을 줄이고 대신 소비자의 건강에 도움이 되는 비(非)탄산음료 카테고리를 공략하여 시장을 넓이기 시작했다. 과자부문에서도 튀긴 과자의 비중을 줄이고 유기농 과자로 카테고리를 옮기면서 2007년 세계시장에서 20%의 매출증가를 기록했다. 2등 브랜드라는 꼬리표를 달고 다녔던 펩시가 탄산음료 시장에만 집착했다면 어떻게 되었을까? 펩시는 소모전을 접고 경쟁자인 1등을 지렛대 삼아 다른 카테고리로 훌쩍 뛰어넘는 전략을 구사하였다. 시장변화에 적절히 대응함으로서 기업을 성장시킬 수 있다.

용어 설명

비전(Vision) - 시야 관점
우위성(Dominance) - 도미넌스
통치체제(Govemance) - 거버넌스
유지 (Risk management) - 리스크 매니지먼트
관계성(Relationship) - 릴레이션쉽
승계(Succession) - 석세션
사명진술문(mission statement) - 미션 스테이트먼트
사업포트폴리오(business portfolio) - 비지니스 포트폴리오
포트폴리오 분석(portfolio analysis) - 포트폴리오 분석
MBO: 목표관리(management by objective) - 엠비오: 메니지먼트 바이 오브젝트
SBU: 전략적 사업단위(strategic business unit) - 에스비유(스트레티직 비즈니스 유닛)

참고 문헌

1. 우리나라 기업지배구조의 새로운 패러다임 모색, 한국경제연구원. 1999 이병기외
2. 정책기획연습 최종보고서(2013년 8. 19) 중소기업청 벤처정책과. 창업생태계 선순환을 위한 실패 중소기업인 재기활성화의 방안
3. Centennial Company(백년기업) Handa Junichi 지음. 정영권 옮김 P23
4. 중소기업의 도전 네일 J.험프리스. 조지 W 림러 공저 金容章 監修 샘터발행. 불항을 이겨내는 경영전략
5. 한국기업가사(조기준, 박영사, 1974)
6. 유럽 기업회생법법제의 특색과 시사점, 비교 사법 제14권 2호(이소희 2012)
7. 창업생태계 선순환을 위한 실패 중소기업인 재기활성화방안, 중소기업청 벤처정책과(보고서 2013.8. 19)

요 약

1. 기업성장의 요소
   첫째는 비전(Vision)이요. 경영이념에 있다. 장기적인 관점에서 경영의 기본이다. 둘째로 우위성(Dominance) 구축 및 강화하는데 있다. 일상적으로 자사의 강점을 사업화의 자원으로 집중하면 우위성이 발휘되어 시장이나 기술분야에서 사업의 다각화를 이룰 수 있다. 셋째는 통치체계(Governance)에 있다. 사업기반 구축, 정보공유 등을 평행하는 가족경영의 경우 친족간에 균형이 중요하다.

2. 기업이 나아갈 방향
   기업이 나아갈 방향을 밝힘으로 기업을 둘러싸고 있는 환경에 대한 분석이 끝나면 그러한 환경속에서 기업이 수행해야 할 사명을 규정해야 한다. 여기서 사명(mission)이란 부여된 임무를 뜻하는 것으로 기업경영에서 달성하고자 하는 임무를 지칭하는 것이다. 그러므로 기업이 전략적 계획을 수립하기 위해서는 사명을 명확히 규정해야 한다. 사명을 규정할 때는 우리의 사업은 무엇인가? 우리의 고객은 누구인가? 고객에게 가치 있는 것은 무엇인가? 우리의 사업은 어떻게 될 것인가? 우리의 사업은 어떻게 되어야 할까? 등에 대한 검토가 이루어져야 한다.

3. 기업이 경쟁에서 이기고 성공하려면
   ⓐ 고정관념을 깨고 역발상을 시도하라 → 메소드, 생활용품을 예술품으로 승화시켜라, ⓑ 새로운 가치를 창출해 시장을 키워라 → 트루릴리전, 프리미엄 청바지 만들어라, ⓒ 경쟁적 포지셔닝을 구축, 각인시켜라 → 맥카페, 일용품 커피로 스타벅스 예로 다양성 있는 성장을

4. 미래가 불확한 경제전망 속에서
   저성장 국면에 접어든 불경기 속에서 생존의 활로는 어디서 찾아볼 것인가? 차별화에서 찾아볼 수밖에 없다. 차별화란 타와 다른 것을 말하는 것으로 보편적인(공개된 기술)것은 차별화라고 하기 어렵다. 그러므로 나만의 또는 소수만이 지니고 있는 기술적 제품능력만이 차별성이라 말할 수 있을 뿐더러 이차별성의 진보적 기술력 제품력만이 저성장의 벽을 무너뜨릴 수 있다.

5. 라이벌을 어떻게 성공의 밑거름으로 활용할 것인가?
   경쟁의 틀을 성공의 지렛대로 활용하는 것이 바로 ‘라이벌 마케팅’이다. ‘라이벌 마케팅’의 출발점은 우선 좋은 라이벌을 고르는 것이다. 규모면에서 자기기업과 어느 정도 비슷한 브랜드여야 하며, 시장에서의 평판과 이미지도 좋아야 한다. 라이벌을 택할 때도 기준과 방법이 있다. 자신의 기업보다 한단계 상위기업을 대상으로 하는 것이 좋다.

제2절

인재관리와 기술혁신

경영 성공 Point 14

1. 일을 즐겨라

일을 즐기는데서 방법은 생겨난다. 생각이 바꾸어야 방법이 생겨난다. 일은 고된 업무라고만 여기지 말고 일을 즐거운 오락으로 생각을 바꾸어보라. 성공자는 일 자체가 즐거움이요. 흥미를 느끼며 희망이기 때문이다. 일을 좋아하는 주된 요인은 일자체에서 즐거움을 얻기 때문이다. 그 즐거움을 찾아내는 것은 당신 몫이다. 무슨 일이든 열정을 다하면 일에서 느껴지는 괴로움이나 짜증 따위는 눈 녹듯 사라질 것이다.

2. 부자로 당신도 성공할 수 있다

당신의 내부에는 무한한 보물창고가 있다. 마음만 먹는다면 필요한만큼 언제든지 꺼내쓸 수 있다. 단지 사람들 대부분이 보물을 끌어내는 방법을 제대로 알지 못하고 있기 때문이다. 모든 부(富)는 마음속에 존재한다. 부와 가난을 결정하는 것은 당신 마음이고 어느 쪽을 선택하느냐는 당신 자신에게 달려있다.

제2절
인재 관리와 기술혁신

2-1. 인재관리의 효과와 육성

기업이란 사람들이 모여 자기의 능력(노동)을 제공하고 대가를 받아가는 집합체이다. 사람들이 모여 자기의 업을 수행하는 자생력을 길러 미래를 준비하는 장이기도 하다. 또는 구성원들이 자생적 능력을 발휘할 수 있도록 터전을 조성하여 주는 곳이 기도하다. 그래서 성실성은 최상의 능력을 만들어내고 환경은 최상의 성실성을 이끌어 낸다. 하였다. 경영자의 자질에 따라 환경은 조성되고 기업의 고유문화는 자리를 잡는다. 사람은 감성의 동물이다 매개에 따라 기분 좋은 날에 일도 잘 되고 능률도 오른다. 직원의 창의성을 북돋으려면 작은 일부터 성공을 맛보게 하는 것이 최고수단이다. 사람은 기분이 좋을수록 창의적인 발상과 성취의 확률이 증가한다. 가장 기분이 좋은 하루의 업무성과는 높아진다. 무언가 진전을 경험했을 때가 격려를 받는 것보다 더 큰 효과가 나타난다. 직원의 내면상태에 관심을 가져야 효과성을 넓힐 수 있다. 회사에서 하는 일 중에서 작은 성과를 많이 낼 수 있도록 지원하면 인센티브에 의존하는 것보다 훨씬 효과적이다.

❶ 기분이 좋아야 성과는 올라간다.

(1) 영원한 고민의 하나는 바로 인재기용

인사는 만사(人事萬事)라고 하였다. 그만큼 사람을 만나는 것이 중요하고 어렵다. 기업이란 조직이 생겨난 이래 지금까지 풀리지 않는 영원한 고민이 하나 있다. 이것이 바로 인재등용관리(登用管理)이다. 어떤 사람을 채용해야 업무적성에 맞아 효과성을 높일 수 있을까? 어떻게 하면 직원들이 주인의식을 갖고 열정적으로 일할 수 있게 만들까? 이 문제를 집중적으로 파고든 하버드대 경영대학원의 두 석학 테레사 에머빌 교수와 보리스 그로이스버그 교수가 전하는 이야기이다.

(2) 테레사 에머빌 교수의 말

자신이 하는 일이 재미가 있고 자신감이 있으면 안면희색(顔面喜色)으로 나타난다. 테레사는 환희(歡喜)에 가득찬 얼굴로 자신의 연구성과를 설명한다. 그는 조직의 발전적 창의성을 높이는 데는 인센티브나 복리후생보다 직원들이 일 자체에 흥미를 가지고 작은 성공을 많이 이룰 수 있게 도와 성취감을 주는 것이 가장 중요하다. 구글같은 글로벌 기업이 대대적으로 직원의 복리후생에 투자했다는 뉴스를 듣고 한숨을 내쉬는 경영자가 많을 것이다. 그렇게 '당근'을 뿌려야만 창의성이 높아지고 성과가 나는 것일까? 하지만 지난 30여년간 창의성을 연구해 온 테레사 에머빌(Amabile, 64) 하버드대 경영대학원 석좌교수는 조직의 창의적인 발상의 성과를 높이는 데 굳이 돈을 안 쓰고도 좋은 방법이 있다고 주장한다.

성과를 높이기 위한 가장 좋은 방법은 바로 직원들에게 긍정적 기분을 만들어 주는 것이다. 그들의 내면상태가 성과를 개선시킨다는 것이다. 사람이 기뻐할 때 자신의 업무환경에 대해 긍정적으로 인식하고 자신의 업무에 강력한 동기부여를 받을 때 가장 창의성이 발휘된다는 것이라고 주장하고 있다.

(3) 그렇다면 무엇이 가장 좋은 기분을 만드는 것인가?

기분이 좋아지면 성과가 좋아진다는 것은 여러 연구결과로 밝혀지고 있다. 이것은 많은 사람들이 알고 있는 사실들이다. 그런데 테레사 에머빌 교수의 설명은 많은 사람들이 복지의 혜택이나, 보너스 같은 인센티브에 의한 기쁨보다. 최고의 기분을 유지하는 하루를 만드는 방법이 기쁨을 주는데 더욱 중요하다고 한다. 그것은 매일 사소한 업무라도 의미 있는 작은 성공을 맛보게 해주는 것이 최상의 기쁨을 주는 것이라고 말한다. 그것은 욕구충족의 수단이 단순혜택보다 가치창조의 욕망과 보람이 크기 때문인 것이다.

(4) 직장에서 어떨 때 기분이 좋아지는가?

하는 일에 진전이 있으면 기분이 좋고 기분이 좋으면 성과가 좋게 나타난다. 그렇다면 어떻게 하면 종사원의 기분을 좋게 만들어 줄 수 있을까? 일과 중 기분을 좋게 만들어 주는 요소는 크게 세 가지가 있다. 즉

ⓐ 일에서 작은 성공을 경험하는 것
ⓑ 업무에 필요한 지원을 받는 것
ⓒ 사내 대인 관계에서 좋은 경험을 하는 것 등이다.

그런데 이 셋 중에서도 기분을 최고조로 만드는 데 단연효과가 큰 것이 바로 일에서 작은 성공을 경험하는 것이었다. 사람들이 가장 기분이 좋다고 느낀 것은 업무에서 뭔가 진전을 경험한 것이 가장 높았다. 업무에 필요한 지원을 받았다거나, 사내 대인관계에서 좋은 경험을 했다는 것보다 높았다. 인간은 성취욕의 동물이다. 작은 성취의 쾌감이 큰 성취로 이어져 개인과 기업, 사회가 발전으로 이어진다.

❷ 좋은 것이 있으면 나쁜 것이 있다.

세상 모든 일에는 양면성이 있다. 희노애락(喜怒哀樂), 고저진퇴(高低進退), 온한성패(溫寒成敗) 등 장단의 굴곡 속에서 우리는 살아가고 있다. 호악(好惡) 공존사회에서 어떻게 기쁨과 즐거움을 찾을 것인가? 나쁜 기분을 좋은 기분으로 전환하는 것이 조직의 활성화다.

(1) 가장 기분 나쁜 하루는 어땠을까?

기분이 가장 나쁜 것은 인격적 모욕을 당하였을 때와 하는 일이 절망에 부딪혔을 때일 것이다. 인간은 존재감이 중요하고 성취감이 중요하기 때문이다. 업무에서 좌절을 맛본 것을 이유로 꼽는 직원이 가장 많았다.

우리가 가장 중요한 것은 양면성의 원리에 의해 나쁨을 좋음으로 전환할 수 있는 방법을 찾아 활성화하는 것이다. 어떻게 하면 나쁨을 좋음으로 전환할 수 있을 것인가? 생각을 180도로 생각을 바꾸어보자 목욕적인 것을 좋은 충고로, 절망을 재기의 동기로, 희망의 재생으로 바꾸어 생각하고 자기의 존재에 감사한다면 새로운 길이 보일 것이다.

(2) 종업원의 나쁜 기분은 조직을 망하게 한다.

하버드대 에머빌 교수는 오랫동안 창의성을 연구한 분으로서 그의 저서에서는 직장에서 인정을 받는 것이 최고의 내면상태를 만드는데 가장 중요한 요소가 된다고 한다. 그런데 그것보다 더 중요하게 생각되는 것은 인정을 받든 안 받든 일에서 성과를 내는 것 자체가 더 중요한 것이다. 왜야하면 결과로서 평가되기 때문이다. 보다 의미 있는 일을 하고 거기서 뭔가 진전된 가치를 이뤄낸다면 사람은 긍정적 감정을 갖게 되는 것이다. 동료와 사이가 좋아지고, 동료들에게 강력한 동기부여가 된다. 게다가 뭔가 인정을 받기 위해선 업무에서 어떤 형태로든 작은 성공을 맛보게 하면 성과는 크게 올라간다. 반대로 실제로 성과를 내지 않았는데 인정의 평가를 하면 많은 직원들이 냉소적으로 바뀌고 기분이 나빠 작업의욕이 떨어져 기업은 쇠퇴하게 된다. 평가는 공정하고 모두가 공감할 때에 그 효과성이 발휘된다.

(3) 기업 관리자들이 내면적 진실을 얼마나 잘 알고 있을까?

좋은 성과를 내기 위하여 부하직원들의 내면상태에 관심을 기울이는 게 중요하다는 사실조차 모르는 관리자가 많다. 에머빌 교수는 상사가 직원의 내면상태를 이해하려고 노력하고 지원한 관리자들이 많지 않다고 말했다. 직원의 내면상태를 무시한 회사가 파국으로 치닫는 사례가 소개되어 있다. 미국에서 10위 안에 드는 소비재 제조회사인 '카펜터'(가명)이다. 이 회사의 개발팀은 혁신적 바닥용 대걸레를 만드는 데 모든 열정을 쏟았고, 작업은 이미 상당히 진척된 상태였다. 그런데 갑자기 경영진은 대걸레 제품개발 프로젝트를 취소하고 전혀 다른 제품을 만들라고 지시한다. 그날 개발팀 직원은 일기에 이렇게 썼다고 한다. '우리가 직접 의사결정할 기회를 늘려주지는 못할망정 팀의 방향과 우선순위를 결정할 자유를 빼앗고 명령을 해대니 일할 의욕이 사라져 버렸다.' 의욕이 없는 곳에 능률은 없다. 존중의 미덕에서 새로움이 솟아난다.

(4) 관리자는 그에게 이렇게 되물었다

이 세상에 만능의 사람은 없다. 전문적인 지식을 가지고 있어 그 분야에서는 최고가 될수 있으나 하나의 물품형성은 다양한 성분의 복합성으로 이루어지기 때문에 분야별 협조가 필요하다. 회사에서 최고인재들을 채용했고, 조직이 체계적으로 구축되어 있다면 업무에서 성과를 내는 건 직원 몫이지 굳이 회사가 따로 노력할 필요는 없는 것 아닌가요?

기업은 목표달성의 효과성에 운명이 좌우된다. 어떠한 매개물이 더 효과적인지 심도 있게 고찰하여 적용하여야 한다. 에머빌 교수는 일에서 성과를 낼 수 있도록 지원하면 조직을 경영하는 일이 훨씬 효과적이라고 한다. 이는 막대한 인센티브에 의존하는 방법보다 비용면에서도 효과적이다 오직 돈만이 성과를 위한 만능의 매개물이 아님을 유의하여야 한다.

(5) 명확한 목표를 심어줘야 한다.

목표를 정확이 인식해야 수행구상이 입안된다. 1915년 남극에서 고립된 인듀어런스호의 대원 27명이 전원 생존한 이유도 대장이 명확한 목표를 정한 데 있었다 한다. 한 사람 한 사람에게 모두 할 일을 지정하고, 고립 이후에도 음악과 콩트공연을 통해 긍정마인드를 대원들에게 심어주었다.

명확한 목표를 심은 뒤엔 자율성을 부여해야 개개의 자기업무 수행의 창조력이 발휘되어 효과를 가져 온다. 사소한 일에까지 간섭하고 시시콜콜한 내용까지 지시하는 것은 비능률적인 일이 된다. 그리고 심리적으로 안정감을 주는 기업문화가 필요하다. 실패도 경험의 산물이기 때문에 격려가 바람직하고 부하직원을 억누르고, 비난하고, 비판하고 처벌하는 행위는 비생산적인 결과를 가져오게 된다.

2-2. 행복한 직장을 만드는 방법

❶ 행복한 직장을 만들 수 있는 10가지 방법을 공개했다

| 표 3-2 | **행복한 직장 만들기 10계명**

1	당신의 직원을 믿어라.
2	당신의 직원을 기분 좋게 해주어라.
3	명쾌한 가이드라인과 자유를 주어라.
4	개방적이고 투명한 직장을 만들어라.
5	태도를 보고 뽑은 후에 기술을 가르쳐라.
6	실수를 축하해 주어라.
7	사회와 상호간의 관계를 형성하라.
8	일을 사랑하고 삶을 얻어라.
9	전문성보다 직원관리에 능한 관리자를 뽑아라.
10	직원이 장점을 펼칠 수 있도록 하라.

자료: 헤리 스튜디어의 책 해피 매니퍼스트.

헨리 스튜어트 해피 CEO는 자신의 베스트셀러 '해피 매니페스토'에서 열정적인 직원들로 가득찬 행복한 직장을 만들 수 있는 10가지 방법을 공개했다. 이중 하나로 스튜어트 CEO는 '실수를 축하해 주기'를 꼽았다. 그는 만약 당신의 회사가 지난해 어떤 실수도 겪지 않았다면 정말 지루하기 짝이 없는 회사임이 틀림없다. 특히 유의하여야 할 점은 일을 하지 않으면 성과도 없고 실수의 결점도 없어 무결점 사원이 됨을 유의있게 살펴야 한다. 무행무결(無行無缺)일을 하지 않으면 결점도 없다.

(2) "실수가 없다는 것은 새로운 것도 전혀 없다"는 뜻과 같다

실수는 성공의 어머니다. 실수 없이 성공은 없다. 실수는 성공의 밑거름과 같다. 실수를 중단시키는 것은 개발과 혁신을 중단시키는 것과 같은 것이다. 열심히 일하고 새로운 것을 시도하려다 잘못한 실수라면 직원들이 실수를 많이 저지르고 이를 통해 무엇이 옳고 그름을 직접 깨닫고 새로움을 발견하고 창조하며 새로운 길을 찾아가는 것이다. 새로운 방향차자 열심히 일하는데서 더 나아가 좋은 영향을 미치는 직장을 만드는 것은 실수에서 창조를 이루고 또한 감사하는 마음이 있어야 행복한 직장을 만드는 중요덕목이 되는 것이다.

(3) 명쾌한 가이드라인 … 실수를 축하하라

열정 속에 창조가 있다. 열심히 일하다 실수하는 것은 내일을 기약할 수 있다. 내일을 위하여 일하다 더 많은 실수는 더 많은 노하우를 축적하게 되는 것이다. 작은 실수가 큰 리스크를 예방할 수 있어 큰 손실을 막기 때문이다. 직원들이 행복하고 일하기 좋은 기업일수록 투자자에게 높은 이익을 안겨줄 수 있다. 왜냐하면 즐거움 속에서 발상력과 창조력이 생기(生起)어 경쟁력이 제고되고 수익성이 향상되기 때문이다. 일하기 좋은 기업이 우량기업보다 수익성이 좋아 결국 행복한 직원이 열심히 일하는 회사의 주가를 끌어올려 회사를 발전시킨다는 이야기 이다.

2-3. 직원을 즐겁게 하는 칭찬의 조건

❶ 인적자원 개발의 개념

일반적으로 인적자원 개발이라 함은 조직의 효율성과 생산성 제고를 위하여 조직 내에서 기획된 체계화된 학습활동을 일컫는다. 인적자원 개발은 인적자원관리(human resource management)와 상보적(相補的)인 관계에 있다. 인적자원 개발이 교육·훈련 등 학습활동을 통하여 현재 및 미래 직무에 필요한 능력과 품성을 기르는 것이라면, 인적자원관리는 조직직무설계, 인적자원 미래 수요판단 및 충원계획, 인력선발 및 배치, 평가 및 보상, 인적자원 정보관리, 조직원 지원 등을 통하여 조직의 성과를 제고하는 경영활동을 의미한다. 조직원의 능력 및 경력개발은 조직목적 실현을 위한 개별직무 내용 및 이들 간의 관계, 관련 인력의 변화전망, 인력업무 성과에 대한 점검과 조직차원에서의 인력관리 등과 밀접한 연관을 갖지 않을 수 없다. 예를

들어, 조직이 요구하는 직무능력을 개발하지 못하거나, 조직원이 자신의 능력을 충분히 발휘할 수 없는 부서에 배치를 받게 될 경우 인적자원 개발은 의미를 잃게 될 것이다.

(1) 인간(人間)

인적자원 개발차원의 철학의 의미는 인간의 학습력과 발달가능성에 대한 신뢰이다. 인간의 철학적 관점에서는 다양한 범주의 인간활동의 근간에는 학습이 있다고 볼 수 있다. 인적자원 개발의 실제적 활동학습 기반으로 하는 활동이 주이다, 최근에는 시스템적 접근을 통해 학습을 간접적으로 지원하는 활동도 인적자원 개발의 몫이다.

(2) 자원(資源)

자원의 철학적 의미는 인간의 고유능력, 즉 휴먼웨어의 활용가능성이라 일컫는다. 경영학 분야에서 필요한 물적, 재정적 조건을 의미한 자원이 인간도 자원의 범주로 보는 시각으로 확대, 이는 인간만이 가지고 있는 능력을 자원으로써 활용할 수 있다는 관점이 기초이다. 휴먼웨어는 지식과 역량을 기반으로 하는 노동 또는 직무형태로 인간만이 가지고 있는 능력을 필요로 한다.

(3) 개발(開發)

개발(development)이란 사람의 성장과 발달을 도모하는 활동을 말한다. 즉, 사람을 개발한다는 말은 조직 내에서 수행을 개선하기 위한 목적으로 지식, 기술, 역량을 증진시키는 것을 의미한다. 조직 내에서 사람은 업무를 수행하고 다른 사람들과 관계를 맺는 가운데 학습하고 성장한다. 동시에, 체계적인 교육을 통해 지식과 기술을 더욱더 신장하고 태도를 변화시킬 수 있다. 인적자원의 개발은 사람을 관리의 대상으로 보는 활동과는 구분된다. 조직은 새로운 구성원을 선발하고, 업무에 배치하며, 임금을 지급하고, 노사관계를 조정하는 등 구성원들을 관리한다.

이와 더불어 구성원들의 지식과, 기술, 태도를 증진하고 개발하는 활동을 하게 된다. 인적자원에 대한 개발은 훈련, 교육 등의 개념과 혼용되기도 하지만, 구분할 수도 있다. 훈련은 현재의 직무수행을 위해서, 교육은 미래의 직무수행을 위해서, 그리고 개발은 직무에 초점을 두지 않고 개인의 성장을 도모하기 위해서 이루어지는 학습활동이라고 보았다. 또 다른 견해로, 훈련은 더 세부적이고 구체적인 업무수행 기술을 반복적으로 숙달하여 일정한 기준점에 도달하도록 하는 낮은 수준의 교육활동이며, 교육은 가르치고 배우는 활동을 의미하는 포괄적인 의미로서 훈련을 포함하는 개념으로 보고 있다. 그러나 개발은 자원을 개척하고 활용한다는 의미를 내포하고 있다(인적자원 개발론 인적개방의 세 가지 유형).

❷ 임금관리의 기본원칙

임금이란 근로지가 정신적, 육체적 노동을 제공하고 그대가로 받아가는 금전이다. 공정과 원칙이 지켜지지 못하였을 때 근로의욕을 떨어뜨려 업무에 차질을 가져올 우려를 갖게 된다.

기업은 생산성을 높이고 기업을 발전하기 위해서는 유능한 인재들이 들어와 역량을 발휘할 수 있도록 환경을 제공하여야 한다.

기업 내의 임금관리는 기본적으로 세 가지의 목적을 달성할 수 있도록 전개되어야 한다.

- 외부 노동시장으로부터 우수한 노동력을 확보한다.
- 종업원에 대한 동기유발과 근로의욕을 고양하여야 한다.
- 합리적인 인금관리를 통항 내부인력의 유출을 방지한다.

임금지급 목적을 달성하기 위하여 임금관리의 기본원칙으로 적정성의 원칙, 공정성의 원칙 합리성의 원칙을 충족되어야 한다.

(1) 적정성의 원칙

적정성의 원칙이란 종업원이 기업으로부터 받는 임금수준이 기업의 입장과 종업원의 입장, 그리고 전반적인 노동시장에서 볼 때 모두에게 적정하다고 인정되는 수준의 임금을 말한다. 기업단위 중심으로 전개되는 분야의 임금수준 관리이다.

(2) 공정성의 원칙

공정성의 원칙은 임금수준이 결정된 후 그와 같은 임금 총액이 종업원들에게 분배될 때 각자가 가지고 있는 인적가치 업무성과와 업적직무의 가치 등에 따라 공정하게 분배되어야 함을 의미한다. 공정성의 원칙이 적용되는 분야가 임금체계 관리이다. 임금수준 관리에서 산정된 임금의 총액을 각 종업원들에게 일정한 수준에 따라 공정하게 분배하는 측면을 다룬다. 외부의 공정성, 내부의 공정성, 개별적 공정성, 절차적 공정성 등으로 분류된다.

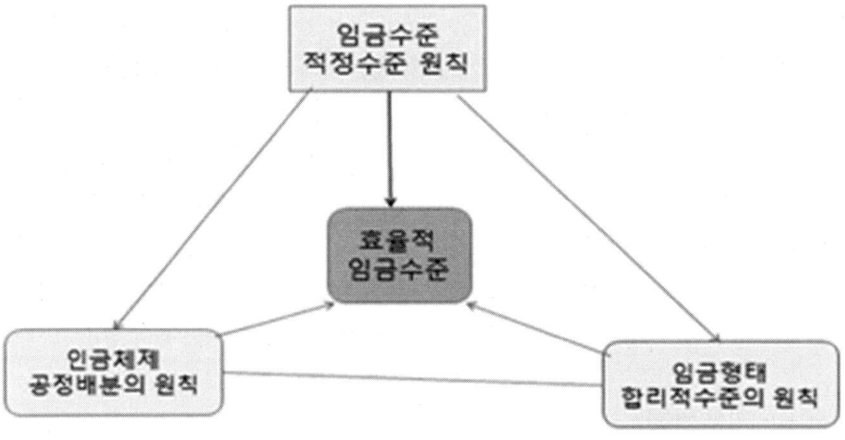

자료: (財) 중소기업총합연 경영전략 2006. 3

| 그림 3-3 | **효율적인 임금관리를 위한 3대 지주도**

(3) 합리성의 원칙

합리성의 원칙은 임금형태 관리와 밀접한 관련을 지니고 있다. 임금형태의 관리는 임금계산 및 지불방법에 대한 관리로서 종업원의 작업의욕과 능률향상의 직접적인 관련을 지니고 있다.

용어 설명

인적자원관리(human resource management)
개발(development)
비전(Vision)
우위성(Dominance)
안전성의 유지(Risk management)
통치체제(Governance)
승계(Succession)
사명진술문(mission statement)이
목표관리(MBO: management by objective)
사업포트폴리오(business portfolio)
SBU strategic business unit)

참고 문헌

1. 문종준, 우리나라 벤쳐기업의 성공요인에 대한 연구, 중요성공과 실패사례를 중심으로 한국항공대학교, 2003
2. 문현주, 윤주환, 김길복, 물 자원의 가치변화와 물 산업 선진화전략, 2011
3. 미국기업 성공신화의 역사. 양흥 지음, 동과서 발행, 2001년 P. 기업가정신에 대한 인정과 촉진의 문화
4. 독일 히든챔피언의 지속가능한 성장요인, 중소기업연구 35권 제3호 조병선 2013
5. 김승일(2009), 독일 중소기업의 경쟁력 실태분석 및 정책적 시사점 연구, 중소기업연구원
6. 김영구, 우리나라 기업의 윤리경영 사례연구, 경희대학교 2009.
7. 공급사슬관리(SCM)의 핵심성공 요인과 추진유형이 기업의 경영성과에 미치는 영향, 경영정보연구, 제28권 제1호, 2009년 3월

8. 게르만 민족 후예답게 독일과 북유럽국가들은 대학진학율이 낮은 점, 실업율이 낮은 점, 복지정책이 유사한 점 blog.naver.com

요 약

1. 기업의 영원한 고민

기업에 있어서 영원한 고민 중의 하나는 인재기용이다. 인적자원관리란 조직이 생겨난 이래 지금까지 풀리지 않은 영원한 고민이 하나 있다. 바로 인재관리다. 어떻게 하면 직원들이 주인의식을 갖고 열정적으로 일할 수 있게 만들까? 그리고 어떤 인재를 채용해야 할까? 이 문제를 집중적으로 파고든 하버드대 경영대학원의 두 석학 테레사 에머빌 교수와 보리스 그로이스버그 교수를 직접 만나 이야기를 들었다.

2. 5W로 풀어보자

칭찬은 고래도 춤추게 한다는 말이 있다. 이 말은 고래가 인간보다 지능이 낮기 때문인 것으로 과거 노동자들의 교육수준이 낮아 관리자들 보다 수준이하에 있을 때 통용되던 어구로 교육수준이 높아진 지금은 잘못 칭찬을 하면 역효과를 가져오는 시기에 와있다. 사람에게는 특단의 기술이거나, 기술을 뛰어넘는 마음의 칭찬이 필요하다. 속이 훤히 보이거나, 성의 없는 겉치레식 칭찬이거나, 허례허식의 칭찬, 야단이나 곤란한 내용전달하기 위한 짝퉁칭찬을 이용할 경우엔 백번 역효과의 결과를 가져온다. 진품명품 칭찬의 노하우를 5W로 풀어서 알아보자. ① 왜(Why), ② 누구(Who), ③ 무엇(What), ④ 언제(When), ⑤ 어디서(Where)

3. 실수 없이 성공 없다

실수가 없으면 새로운 창조도 없다. 실수는 성공의 밑거름과 같은 의미이다. 실수로 중단시키는 것은 혁신을 중단시키는 것과 같다. 열심히 일하고 새로운 것을 시도하려다 잘못되면 실수는 노하우의 축적이다. 직원들이 연구과정에서 많은 실수를 저지르고 이를 통해 무엇이 옳은지 직접 깨닫는 길이 기업이 발전하는 길이다. 더 나아가 좋은 영향을 미치는 직장환경을 만드는 것 또한 행복한 직장을 이루는 중요한 덕목으로 꼽았다.

4. 빈틈없는 교육 : 신입사원에서 CEO까지

교육은 삼성의 임직원들에게 있어서 권리이자 의무이다. 또한 삼성에서는 현장의 업무가 아무리 급해도 부하직원의 교육은 반드시 챙겨주는 것이 전통이다. 삼성의 임직원 교육에 대한 열정은 남다르다. 삼성의 직원들은 입사하는 순간부터 회사를 그만둘 때까지 끊임없이 교육을 받게 되어있다. 삼성의 교육방침은 임직원의 업무지식과 기능향상에도 중요한 역할을 하지만, 무엇보다도 올바른 직업관과 애사심, 책임감과 직업윤리를 확립하는데 큰 비중을 두어 교육한다.

5. 합리성의 원칙

합리성의 원칙은 임금형태 관리와 밀접한 관련을 지니고 있다. 임금형태의 관리는 임금계산 및 지불방법에 대한 관리로서 종업원의 작업의욕과 능률향상의 직접적인 관련을 지니고 있다.

제3절

다품종 소량생산과 마케팅전략

성공 Point 15

1. **침착(沈着)하라**

   위기사항이 닥칠수록 침착하라. 침착성은 처세의 기본이며 재능보다 중요하다 급격한 사항변화에도 당황하지 않고 억울한 목욕에도 분노를 억제함으로 경지에 오른 사람도 있다. 첫째로 사물과 사람에 대한 통찰력을 길러야 한다. 둘째로 일의 결과가 어찌 되었던 있는 그대로 담담하게 받아들일 줄 알아야 한다. 침착성을 유지하지 못하고 냉정하지 못하면 대사를 그르칠 수 있다.

2. **간절하게 원하는 일이라면 두려움 없이 꿈을 가져라**

   아무리 황금을 가득 실은 배라도 나침판이 없다면 아무 소용이 없다. 자신이 평소에 간절히 원하는 일을 성취하기 위해서는 두려움 없이 꿈을 꾸어야 성공의 첫 번째 황금률이며 나침반을 이룬다. 꿈이 없는 사람은 부자의 바다에서 조난을 당하는 것이다. 구체적이고 위대한 꿈을 가지도록 하라 그리하면 머피의 말처럼 사고회로를 담당하는 뇌가 개조되어 사고방식이나 행동에 활기가 일어날 것이다. 인생에서 무엇을 원하는지 확실히 정하고 그것을 얻기 위해 무엇을 쏟아 부을 것인가를 더 확실히 정하라. 불변의 목표야말로 성공의 첫 번째 황금률이다.

제3절
다품종 소량생산과 마케팅 전략

3-1. 기술의 목적과 필요성

❶ 기술의 목적과 필요성

(1) 쇠퇴(衰退)의 이유는 무엇인가

오늘날 많은 기업들이 창업하여 장수기업으로 이어지지 못하고 시장에서의 성공과 실패를 가르게 되는 것은 과연 어떤 이유였을까? 많은 기업들이 뜨고 지는 과정 속에서 실패요인들을 찾아보면 여러 가지 원인이 있겠으나 크게 분류하여 보면 주인(主因)은 소비자의 기호, 즉 니즈를 정확이 파악하지 못하고 대응력의 부족에 따라 고객욕구를 충족시키지 못하였기 때문이다. 이러한 소비계층의 다원성과 소비자들의 다양한 욕구의 생태는 시대변천에 따른 소비기호에 적응력을 길러내지 못함과 더불어 시장 환경 변화를 제대로 예측 대비하지 못하면서 불확실성이 커져가는 시장의 구조적 변화를 확실히 읽지 못하고 대응력을 준비하지 못한데서 기업들의 쇠퇴의 요인을 찾아볼 수 있다.

기업생존의 기초적인 필수요건인 경쟁력을 배제한 채 소비자의 기호에 맞추려는 무리한 업무시스템은 기업을 성공으로 리드하기 보다는 어려움을 가져오게 되는 것이다. 시장의 다변화 소비자욕구의 다양성에 적응하고 나아가 소비자에게 만족을 주어 재구매를 촉진하기 위해서는 소품종 대량생산하는 대기업의 생산자중심 체제에서는 다양한 소비계층의 만족을 줄 수 없음으로 다품종 소량생산이 용이한 중소기업 체제로 중심축이 이동함을 요구하고 있다.

(2) 기업의 운영은 고객의 변동에 따라

기업의 운영관리는 고객층의 변동에 따라 운영관의 기법이 달라져야 하며 기본목적은 수요공급의 안정적 원활성과 고객의 만족에 기인되는바 공급자는 다양한 소비자들의 욕구에 만족을 줄 수 있는 다양한 종류의 제품과, 다양한 품질의 제품들을 서비스와 더불어 가치부여를 제공함으로서 생산성을 제고하고, 소비유통이 원활하게 되는 공급사슬이 이루어져야 생산에서부터 소비에 이르는 합리적인 운영관리가 이루어진다.

어느 한 분야의 제품이나 일률적인 제품으로 다기능적 소비자에게 만족을 부여하기는 어렵다. 그러기 때문에 다품종 소량생산 업체 간에 전략적 제휴의 필요성이 대두되는 것이다.

또한 WTO와 FTA의 체결로 국제적 상권형성은 중소기업의 상품보호와 수비에 대한 자각성이 요구되고 있다. 일반적인 일본의 기술력과 중국의 원가조성은 우리나라 중소기업의 제조업자들에게는 당혹스러운 실상이라 할 것이다. 자사제품을 수비(守備)하고 확장하며 새로운 국제시장에 진출하기 위해서는 역량의 배양이 필요하다. 이는 기술적 정보기능을 공유하면서 자사제품을 교류 판매로 시장을 확장하고 생산성이 향상되어 원가경쟁력의 제고로 국제시장에 도전할 수 있는 전략적 제휴시스템이 절실히 요구된다 하겠다.

❷ 경제적 중축 기술의 혁신

(1) 경제의 중축 중소기업

중소기업은 우리나라 산업경제에서 절대다수를 차지하는 중축(重軸)으로서 중소기업의 경쟁력 강화는 우리경제를 반석으로 지속적인 발전과 성장의 관건이 됨은 모두 가 알고 있는 사실이다. 중소기업의 건실한 발전적 육성은 대기업과의 격차를 줄이고 중소기업 특유의 생산성 향상뿐만이 아니라 유통구조의 합리적으로 고용증대의 효과도 창출되어 사회안전 기반 조성에 기여하는 창조경제의 초석을 이루는 기반이 될 것으로 본다. 2010년도 중소기업청 발표에 의하면 중소기업의 수는 전사업체 수의 99.0%를 차지하고 전체종사원 수의 86.8%를 차지하고 있는 것으로 나타나고 있으며, 중소제조업의 경우에는 전체제조 업체수의 99.5%를 점하고 있다. 종사자 수는 77.1%를 차지하고 있으며, 생산액은 47.0%를 차지하고 있는 것으로 나타나고 있다.

정부는 중소기업의 경쟁력 강화를 위하여 다양한 정책을 마련하여 중소기업을 보호 육성하고 있다. 1980년대까지는 중소기업 보호를 위해 중소기업 고유품목 제도를 시행하였으며 1990년대 들어서면서 중소기업의 구조고도화 정책으로 방향을 전환하고 벤처육성 정책을 실시하여 벤처기업의 창업을 촉진지원하고 있다. 최근에 들어서는 중소기업의 혁신역량을 강화하고 잠재적 신기술을 도출하여 산업의 육성책으로 창업을 지원 촉진하여 대기업과 협력관계를 강화하는 등 중소기업에 대한 정책의 효율성을 극대화하는데 목표를 두고 있다. 그러나 중소기업의 실태는 정보력, 기술력, 자금력의 열세에 있어 이러한 실정을 감안하여 자구적 자생력으로 발전적 모델을 구축하여 제시하고자 하는 것이 기술의 필요성이라 하겠다.

(2) 전략적 제휴와 기술력 보강

우리나라 중소기업을 대상으로 정확한 실태분석을 토대로 실증연구를 통해 기업의 운영관리 기능에서 기업들이 중요시 하는 특수영역을 파악하고 영역별로 현재 기업수준을 진단하여 이들 간에 차이를 분석한 후 중요개선 영역과 전략적 제휴의 가능성 등을 검토하여 이의방법을 제시하고자 한다.

중소기업의 자생적 성장의 방법으로 중소기업의 유사업종 또는 이업종 간에 전략 적 제휴에 의하여 기술력의 보강으로 품질이 향상되고 생산성이 향상되어 원가절감을 가져와 경쟁력을 제공함으로 제휴에 의한 영업력 신장과 지역 확장으로 이어지는 결과를 가져올 수 있다. 또한 아웃소싱 기회가 넓혀져 품목추가에 용이성이 조성될 것으로 기업성장의 매체적 틀인 시스템을 제공하는데 있다.

공급사슬원리에 따라 중소기업의 실태를 정확히 분해 분석하여 특성은 장려하고 부족함은 전략적 제휴나 아웃소싱의 방법으로 보완 보강하여 자생력을 길러내는 방향을 제시하여 대기업과의 연결고리를 찾아주는(정책적 뒷받침)것이 한국적 경제의 초석을 튼튼히 하는 방안이요 이것이 융합된 역량으로 창조경제를 이루어 나가는 기본이 될 것에 가치를 부여한다.

❸ 다품종 소량생산 시스템

(1) 다품종 소량생산의 정의

다품종이란 제품의 형상 제품의 크기, 제품의 재질, 색상, 성능, 용도 등에 따라 분류되는 다양한 품종을 의미하고 있으며 소량이란 제품에 따라 기업의 생산방식이 다르지만 생산이라는 측면에서 볼 때 한 품목으로는 수익성을 기대할만한 생산량에 도달하지 못한 량을 소량이라 할 수 있다. 다품종 소량생산은 로트별 사이즈별 범위가 생산하려고 하는 제품과 그것을 제조하기 위한 생산시스템의 특성적 영향을 받으며 일정한 기간 동안에 생산의 대상이 되는 제품의 종류는 많고 개개의 제품의 특성이 다르며, 생산량은 적은 생산방식이라고 정의되며 종류별 수요량이 소량인 생산 활동을 특징으로 하는 시스템이다(한국표준협회 공장관리 1991년 7월호 p.96).

(2) 다품종 소량생산의 요인

시대적 변천에 따라 사회환경의 변화가 고객의 다양성을 야기 시켰기 때문에 필연 적으로 따라오는 흐름의 현상이라 말할 수 있다. 일반적으로 다품종의 제품은 수요량이 소량으로 규모가 작은 기업에서 생산할 수밖에 없는 품종들이라 할 수 있다. 토플러(Alvin Toffler)는 현대의 시장형성은 마이크로 세분화로 마케팅(Micro Marketing)을 추구하게 될 것으로 말하였다.

믹스 마케팅(Mass Marketing)이 필요로 했던 것과는 달리 마케팅을 위한 다품종 소량생산의 체제로 전환을 필요로 하는 수요구조가 변하여 가고 있다. 오늘날 생산기업들이 다품종 소량생산을 추구하는 것은 사회적 환경변화에 적응하여 기업체질을 강화하려는 것이 중요 요인이라 할수 있다(생산관리론, 이순용, 법문사, p.77).

(3) 다품종 소량생산의 특징

다품종 소량생산은 글자그대로 제품의 종류가 많고 생산량이 적어서 생산공정을 관리하는 책임자가 공정관리를 순조롭게 진행되지 못할 정도로 다양한 품종을 생산하여야 되는 것이 특징이라 할 수 있다. 시장적 측면에서 보면 소비자의 욕구가 다양화 되면서 새로운 생산시스템이 요구되고 상품의 수명주기가 짧아지기 때문에 이를 대체할 제품개발이 요구된다. 제조생산적 측면에서 보면 다품종 소량생산의 비중에 대한 인식도가 높아짐으로 다품종 소량생산의 효율적인 시스템개발과 경쟁력 유지강화를 위한 비용절감, 인건비절약 등이 요구되며 계획변경 시 유연하게 대응할 수 있는 생산시스템이 요구된다. 이러한 두 가지 측면의 요구사항들에 부응하기 위해서는

ⓐ 유연성(Flexibility)
ⓑ 생산성(Productivity)
ⓒ 신뢰성(Reliability) 등이 겸비한 시스템이 요구되는 것이 다품종 소량생산의 특징이라 할 것이다(Manufacturing Engineering. Vol.91.No3 1983. pp.52-54).

(4) 다품종 소량생산의 필요성

대내외적으로 시장의 변화는 국제적으로는 WTO와 FTA에 의한 교역확대로 외국상품의 침투와 내국적으로는 대기업의 독주에 의한 중소기업의 입지는 점점 좁아지는 현상이 나타나고 있다. 이에 중소기업으로서는 자위적 자생적 수단은 다품종 소량생산체제로 상품의 특화성과 전문성을 길러 차별화를 유지 발전시키고 특유의 고유성을 유지함으로서 대기업은 소량수요에 대한 소량생산 체계를 임의적으로 개성한다는 것은 용이한 일이 아니기 때문에 중소기업의 특성을 살려 속성속결로 변화에 대응하는 것이 중요하다.

외래상품의 시장침투는 우리 문화적 고유성의 차별성 가치를 유지한다면 장벽을 넘어오기에 어려움으로 중소기업의 다품종 소량생산을 위한 시장을 구축함이 절실히 요구된다 하겠다.

3-2. 기업간 전략적 제휴와 수익성

❶ 기업간 전략적 제휴

(1) 전략적 제휴

전략적으로 중요한 상호 호혜적인 목적을 달성하기 위하여 복수(둘 이상)의 기업들이 공동의 생존과 번영을 위한 공동의 업무를 수행하기 위해 관계를 체결하고 구축하는 공동의 목표를 설정하여 자사단독으로는 얻을 수 없는 가치를 창출하기 위한 것이다. 또는 제휴기업들이 자원(기술·정보)의 협력을 통하여 시장범위의 확장을 위한 협력적 관계를 구축하는 것 등으로 정의할 수 있다(Kotabe, 2001; Daniels & Radebaugh. 1998, Inkpen, 2001).

시장, 정보, 기술, 자원에 대한 기업의 접근성을 높여주고 제휴를 통한 견문적 학습은 인적자원의 수준을 높여주어 기업들로 하여금 내부자원과 역량의 한계를 극복할 수 있게 해줄뿐

만 아니라 경쟁우위의 원천인 핵심역량을 강화시키는 초석을 이룬다(Hagedoorn, 1995; Mitchell & Singh, 1996).

이러한 제휴를 연대순으로 살펴보면 기업간 제휴라는 개념의 기초는 1913년 Weld가 조직론(institutional theory)의 틀을 마련하고 기업 상호간의 교환을 촉진시키는데 마케팅경로의 뚜렷한 역할을 제시한 것에서 찾아볼 수 있다(Townsend, 2003).

(2) 공동판매 제휴의 범위

제품의 교차판매(cross selling producte), 브랜드명, 광고, 판촉 유통경로 등 마케팅과 서비스망의 공동 활용과 같은 마케팅활동에만 제안하면서 복잡한 상호작용으로서의 공동마케팅을 전략적 제휴의 한 형태를 말한다(이우용·권오영, 1998).

넓은 의미의 마케팅은 단지 판매의 의미가 아니라 제품의 가치를 창조하고 소비자의 만족을 제공하며 기업이윤을 추구하는 모든 활동과정(Kotler & Amstrong. 2001)으로 본다면 공동의 마케팅제휴는 전략적 제휴의 한 형태라 할 수 있다(Thoumrungroje & Tansuhaj, 2004).

(3) 제휴역량 발휘

조직역량으로서 기업의 고유한 경쟁적 성과창출과 지속성에 초점을 맞추고 있다. 전략경영이론에서는 해당기업이 보유한 조직내부의 특성 즉, 자원과 역량의 중요성을 강조해 왔다. 일반적으로 자원이란 기업이 보유한 유형의 자산을 말하며 역량이란 보유한 자원을 결합시켜 성과를 도출하거나 새로운 자원을 창출하는 조직화된 프로세스를 의미한다(권기환, 2006, Barney, 1991).

(4) 전략적 제휴의 이점

이점(利點)은 직접적인 이점과 간접적인 이점으로 구분하여 볼 수 있다. 직접적인 이점은 수익성 변동에서 나타난다. 여기에서는 간접적인 이점이 무엇인지를 살펴본다.

첫째, 제휴파트너 사의 자원역량(정보력, 기술력, 영업력)을 협조를 얻어 자사역량으로 활용도를 높인다(Bucklin & Sengupte, 1993).

둘째, 기업의 종래의 관습적 습성을 조정할 수 있는 기회와 지식을 한 단계 높은 수준으로 증진시키며 눈에 보이는 시설개선의 기회가 부여된다(Calabrese & Baum; 2000. Tsai, 2001).

셋째, 기업이 새로운 정보와 기술습득으로 신제품개발의 기회를 얻을 수 있다. 또한 기업성장으로 인한 사회적 지위와 명성을 가져다준다(Stuart, 2000).

넷째, 기업의 전략적 제휴에 의한 기업의 수익성 효과는 다각화전략 이론의 자원기반적인 관점에서 살펴볼 수 있다(Penrose, 1959).

❷ 전략적 제휴와 기업의 수익성

(1) 기업간 전략적 제휴

제휴를 통해 기업은 기본적으로 외부시장에 의한 거래에 비해 거래비용을 줄일 수 있으며 경영자원, 경험, 정보, 기술 등을 협력함에 따라 경쟁력을 강화시킬 수 있고 상품교류 판매의 전략적 제휴에 의해 시장이 확장되고 수익성이 높아져 회사의 능력이 배양된다. 기업의 합병이나 기업 간의 협력보다 독특한 상품적, 문화적 이미지를 유지하면서 적은 비용으로 기업의 경영/관리능력이나 생산의 기술적 기능을 습득할 수 있기 때문에 기업간 거래나 협력보다 제휴가 매력적이다(전략제휴 성공요인에 관한 연구; 2001, 기노경).

기업 간 전략적 제휴를 하는 목적은 마케팅(상품교류 판매)제휴를 통해 새로운 시장에 진입이 용이하고 진입시간이 단축되며 재고상품 순환이 빨라져 유통 및 보관비용의 절감과 고객만족도를 높일 수 있는 계기가 마련된다. 기업간 상품교류 판매제휴는 조직을 확장시키지 않으면서도 자산운영의 효율성을 극대화시킬 수 있다. 제휴조직의 확대에 따라 시장의 환경변화에 신속한 대응능력을 갖춤으로 경쟁에서 유리한 고지를 점할 수 있고 다품종을 공급함으로서 고객에게 만족을 줄수 있으며 네트워크를 통해 적기납품의 효과성과 물류비용을 최소화로 경쟁력 제고의 기반을 이룬다(제휴가 기업의 수익성에 미치는 영향에 대한 연구, 권계은, 2008).

(2) 판매제휴의 궁극적인 목적

신규 고객층을 창출하여 새로운 소비자를 유치와 기존 소비자의 증대 등 상품들의 인지도를 높여 소비만족을 유도함으로서 매출의 신장과 안전적 소비망을 구축하는 데 목적이 있다. 다품종 소량생산 업체간에 상품교류의 제휴시스템 구축으로 여러 층의 다양한 소비패턴에 대한 대응력을 길러가는 것이 미래시장에 대비하는 적응력을 배양하는 길이라 하겠다.

제휴마케팅의 효과를 인지도 측면에서 분석하고, 기업이 어떤 제품과 어떤 방식의 제휴를 하는 것이 바람직한 지를 실제 시행된 제휴마케팅의 효과를 선행연구를 통해 효과성을 살펴본다.

첫째, 제휴마케팅은 제휴상품의 최초 인지도를 증가시키는 것을 실증분석을 통해 알 수 있다.

둘째, 제휴마케팅이 제휴상품의 최초 인지도에 미치는 영향은 제휴상품간 연관성 (Relevance)이 높을수록 더 효과적인 것으로 나타났다.

셋째, 제휴마케팅 중 최근 활발히 이루어지고 있는 유행성 제품과 실용성 제품간 제휴가 최초 인지도 향상에 더 효과적인 것으로 나타났다.

넷째, 제휴마케팅 전략을 선택함에 있어서 공동/제품제휴와 공동/커뮤니케이션. 제휴의 효과는 유의할 정도의 차이를 발견할 수 없었다.

다섯째, 공동마케팅 활동기간은 공동마케팅 효과를 더욱 높여준다(공동마케팅의 효과적 제휴방식, 정재학 외 1인, 2006).

❸ 중소기업의 업종별 분류

본 통계 수치는 중소기업 제조업체에 국한한 것이다.

No	제조업 분야	업체 수	법인(%)	개인(%)	No	제조업 분야	업체 수	법인(%)	개인(%)
1	식료품제조업	6.533	73.3	26.7	13	비금속, 광물제품	3.540	75.0	25.0
2	음료제조업	328	75.3	24.7	14	1차금속 제조업	3.586	76.8	23.2
3	섬유제품제조업	5.899	62.3	37.7	15	금속가공 제품제조	17.722	66.1	33.9
4	의복·모피제조업	7.388	76.1	23.9	16	전자, 통신, 컴퓨터	5.866	78.5	21.5
5	가방, 신발제조업	1.802	71.8	28.2	17	의료, 광학, 시계	3.830	83.6	16.4
6	나무제품제조업	1.712	73.4	26.6	18	전기장비제조업	6.749	75.5	24.5
7	종이제품 제조업	2.642	69.7	30.3	19	기계, 장비제조업	14.633	67.1	32.9
8	인쇄, 기록복제업	2.982	53.3	46.7	20	자동차 트레일러	4.603	74.3	25.7
9	석유정제제조업	163	74.8	25.2	21	기타 운송장비	1.983	69.0	31.0
10	화학제품제조업	3.598	84.4	15.6	22	가구제조업	2.787	63.2	36.8
11	의료약품제조업	401	89.9	10.1	23	기타 제품제조업	2.369	60.9	39.1
12	고무, 플라스틱	8.663	70.4	29.6					

자료: 본 조사는 2012년 중소기업 중앙회 등록된 업체수로 제조업체에 국한함.

3-3. 장수지향 기업의 마케팅전략

기업의 명예를 높이고 고객들과 바람직한 관계를 형성하라. 장기적인 목표는 명성을 쌓는 데 도움이 되는 뛰어난 제품을 만들고 판매하며 고객과 장기적인 관계를 구축하는 것이다. 마케팅은 화려하게 포장하는 것이 아니라 가치를 표현하는 방법이며, 일회적인 매출상승이 아니라 고객의 충성심을 높이는 데 목적이 있다.

❶ 차별성 있는 신제품개발

(1) 마케팅은 뛰어난 제품과 함께 시작된다.

제품의 차별화는 고객만족을 위한 거의 모든 성공적인 전략의 바탕이 된다. 최고의 품질은 최고의 마케팅이라는 말도 있다. 경쟁을 통해서 제품의 우수성을 입증할 수 있으며, 추상적인 기준이 아닌 구체적인 목표시장이 부여하는 가치에 따라 우수성을 평가해야 한다.

기업의 명성과 고객의 충성도는 장기적인 생존을 위한 필수조건이기 때문이다. 장수하는 기업들은 완벽한 제품과 철저한 서비스를 제공하려 노력한다. 사소한 실수도 기업의 명성에 해를 가져올 수 있기 때문이다. 특히, 고객들이 해당 기업의 제품을 구하려고 많은 비용을 지불하거나 먼 거리를 달려왔다면 사소한 실수라 하더라도 고객의 불만이 커질 수밖에 없다.

따라서 기업의 이미지를 훼손하거나 명예를 떨어뜨릴 가능성이 있는 제품을 출시해서는 안된다는 것이 장수기업들의 신조이다. 실제로 장수하는 가족기업 상당수가 신중하게 제품을 출시하고 경쟁업체들보다 훨씬 적은 수의 제품을 판매하며 적은 수의 제품라인을 운영했다. 신제품을 개발할 때 완벽한 제품이 탄생할 때까지 많은 시간을 투자했다. 무엇보다 중요한 것은 장수하는 가족기업들은 오랜 기간 가치를 발하는 창의적인 제품만을 출시하고 타사의 제품을 모방하지 않았다는 사실이다.

(2) 고객과 지속적인 관계구축

장수를 꿈꾸는 기업들은 고객과 지속적인 관계를 구축하려고 힘쓰고 있다. 이들은 제품과 서비스의 우수성을 이용하여 고객의 충성도를 끌어내고 고객의 친밀성을 바탕으로 시장을 이해하며 제품을 개선시켜 나간다. 고객카드를 작성하여 고객의 취향에 맞는 제품이 출시되었을 때 전화를 거는 등의 간단한 방법만으로도 고객과 바람직한 관계를 구축하고 있다. 고객의 취향에 맞는 제품이 나올 때마다 직원들이 고객들에게 직접 전화를 걸어 신제품출시를 알리는 친절성을 베푼다.

뿐만 아니라, 충성도가 높은 고객들을 위해 무상으로 선물을 제공하거나 할인을 해 주기도 한다. 장수하는 가족기업들은 기회가 있을 때마다 고객과 관계를 이어 나가고 고객의 요구를 만족시키려고 힘쓰며 자신들이 고객들에게 많은 관심을 갖고 있다는 사실을 알리려고 애를 쓴다.

고객과 관계를 유지할 목적으로 고객의 취향에 맞추어 많은 투자를 하는 경우도 있다. 타이슨과 심플롯은 특정고객을 위해 공장을 짓고 물류체계를 설립하여, 고객이 원하는 제품을 원하는 장소와 시간에 배달하는 맞춤식 해결방안을 모색하는 등 고객과 관계형성에 어마어마한 노력을 쏟아 부었다. 다시 한 번 강조하지만, 고객은 자신들은 만족시키는 데 투자를 아끼지 않는 기업의 노력을 높이 산다. 특정대형 고객을 위해 특별히 개발한 신제품과 새로운 서비스 등을 통해 관계를 지속적으로 발전시켜 나갈 수 있다. 앞서 살펴보았듯이, 벡텔은 더 이상 거래를 하지 않는 과거의 고객에게도 국제정세와 경제흐름에 대한 중용한 정보를 제공해 주었다. 이런 노력이 있었기에 관계가 지속될 수 있었던 것이다.

(3) 홍보를 새로운 매개체

아무리 좋은 물건도 알지 못하면 구매할 수 없다. 홍보란 제품의 특성이나 진가를 소비자에게 알리는 수단이다. 홍보를 위한 노력에도 장기적인 안목이 필요하다.

브랜드를 소비자들에게 각인시키는 데는 수년이 걸린다. 협상 중심기업이나 운영중심 기업의 경우, 십여년이 걸려 인맥형성 노력 끝에 대형고객이 나타날 수도 있다. 그러나 장수하는 가족기업들은 몇 년 후에나 진가를 발휘할 일에 기꺼이 많은 돈을 투자하였다. 봄바디어와 모건은 언젠가는 거래를 따낼 수 있을 거라는 희망을 갖고 상대에게 유용한 존재가 되려고 노력하는가 하면 정부를 비롯한 잠재고객사에서 일했던 사람들을 영입한다. 홍보는 기업을 포장하는 수단이 아니라 기업의 특성, 제품의 우수성, 고객만족을 위해 경쟁업체들보다 더 열심히 노력하겠다는 총체적인 의지의 표현이다.

❷ 기업의 운영체계 개선

(1) 운영체계 개선

운영체계를 개선하여 효과성을 높이려면 뛰어난 경영의 종합적인 사업모델을 만들어라, 각각의 사업부서마다 독특하고 전문적인 모델을 두고 그 형태를 염두에 두고 뛰어라. 뛰어난 제품판매를 위해 독창적이고 응집력 있는 사업모델을 활용하는 기업들이 성공하는 길이다. 이케아, 월마트, 피델리티 등은 다양하고 풍부한 제품라인을, 가치사슬의 단계별로 선택, 경쟁업체를 능가하는 역량을 발휘하고, 외부업체와의 협력 등 상호 보완적인 여러 요소들을 결합시켜 가치를 창출한다.

이런 경우 사업자체가 하나의 통합적인 운영체계로 간주된다. 예를 들어 이케아의 제품라인, 입지, 매장배치, 마케팅기법, 외주방침 등은 이케아만의 독특한 사업모델의 상호 보완적인 여러 특성을 보여 준다. 피델리티의 펀드상품, 서비스센터, 판매방식, 고객서비스 자동화, 수수료부과 방식 등은 피델리티의 독특한 체계에서 필수불가결한 요소들이다. 이와 같은 체계는 효율성이 높은 동시에 경쟁업체들이 모방하기도 힘들어 경쟁우위를 유지하는 데 도움이 된다. 우리는 모든 기업들이 자동화를 추구하거나 판에 박은 듯한 통합전략을 구축해야 한다고 주장하는 것이 아니다. 다만 주기적으로 새롭고 폭넓은 관점에서 사업모델을 관찰하여 추가적으로 보완할 요소가 없는지 살펴볼 필요가 있다. 예를 들면

"인프라를 구축하면 새로운 하청의 기회가 생길 수 있다는 것인지?"
"유통전체 형태를 고려해 볼때 제품라인이 확장된다는 것인지?"

(2) 인프라 구축 효과성 제고

고객관계 관리의 효과성은 인프라 구축에 있다. 장수하는 가족기업들은 기업운영에 많은 돈을 투자했다. 월마트는 현대적인 매장과 창고를 보유하고 있으며 최첨단의 컴퓨터 시스템과 물류체계를 갖추고 있다. 피델리티는 가장 뛰어난 고객중심의 자동화 서비스를 제공하고 있다. 임시방편으로 문제를 해결할지 영구적이고 효율적인 체계를 구축할지 결정해야 하는 상황이 되면, 장수하는 가족기업들은 주저 없이 후자를 택했다. 이들은 항상 비용을 줄이려고 노력하기보다는 장기적인 수익개선을 중시했다. 미쉐린과 카길은 가장 효율성이 높은 공장을 지으려 노력했고 최상의 기기만을 구입하였다. 그러나 외관을 꾸미는 데 돈을 지출하는 것은 꺼렸으며, 사무실의 장식도 간소하여 기본적인 가구만 갖추었을 뿐이다. 이들은 핵심적인 역량개선을 위해서만 투자를 아끼지 않았던 것이 장수의 요인들이다.

(3) 자사의 강점에 집중과 타사와의 협력

한 우물을 파라, 우리나라의 속담이다. 다변화사회에서 뒤떨어진 이야기라 지적할 것이다. 여기서의 뜻은 한곳에 몰두해야 그래야 깊이가 있다. 남과 다른 깊은 지식이 있을 때 차별화 강점이 생길 수 있다는 것이다.

한 분야에 집중하는 동시에 외부업체들과 협력하면 고도로 효율적인 운영방식이 탄생한다. 장수하는 가족기업들은 자신들이 최고라고 자부하는 공정과 제품에 집중하고 중요도가 떨어지는 부문은 외부업체와 협력했다. 예를 들어, 벡텔은 수익률이 높은 디자인과 금융부분에 집중했다. 건축부문에 뛰어난 역량을 가진 협력업체가 있었기 때문에 가능한 일이었다. 협력관계의 이점은 예상외로 크다. 이러한 이유로 월마트와 이케아 같은 기업들은 협력업체들이 더 뛰어난 기량을 발휘할 수 있도록 많은 투자를 한다. 장기적인 관점으로 볼 때 모두에게 도움이 되기 때문이다.

(4) 기업조직 체계의 간소화

기업의 운영체계를 지속적으로 업무역량에 비례 개선함으로써 효율성을 높일 수 있다. 최고의 기업은 결코 멈추지 않는다. 효율성을 제고하고, 새로운 기회를 창출하고, 경쟁에서 앞서려고 끊임없이 체제를 개선해 나간다. 그러나 체제개선 작업은 결코 무계획하게 이루어져서는 안 된다. 항상 가장 중요한 부분에 중점을 두어야 하고 핵심역량 구축을 게을리해서는 안 된다.

제품과 공정이 동시에 개선될 때 기업의 성과가 가장 두드러진다. 디자인이 바뀌면 운영방법도 바뀌어야 하고, 반대로 운영방법이 바뀌면 디자인도 바뀌어야 한다. 제품과 공정이 동시에 개선될 때에만 이와 같은 선순환이 발생한다. 코닝, 미쉐린, 모토로라는 다양한 기술부서가 협력하도록 하여 이 같은 선순환을 가능케 했다. 팀켄은 베어링의 디자인과 내구성을 동시에 개선시키기 위해 철강제조 공정을 개선했다. 항상 품질이 가장 중요하다는 점을 잊지마라, 장수하는 기업들은 품질을 중시한다. 이들은 효율적인 인프라 구축을 통해 품질향상과 비용절감을 동시에 추구한다.

3 제휴업체간 업무에 SCM 관리기법 효율화

(1) 공급사슬의 기능 개요

공급사슬의 제 기능인 VMI(Vendor Managed Inventory)를 전략적 제휴한 제조업체 간에 유통·교류하는 상품을 보증하고 보충하는 시스템을 관리하여 상품교류 공급을 원활하게 하고 CMI(Co-Managed Inventory)거래선 간에 추진할 때 주문제안서를 제조업체 상호 간에 작성하고 인수업체에서 수정확정하며 제품의 품질보증은 PL법에 따라 제조자가 책임을 지나 인수판매사가 공동책임을 지는 품질보증 제도를 활성화하여 신뢰성을 높여감에 목적이 있다. 또한 전략적 제휴업체 간에 협력적 계획·예측·보충하는 CPFR의 목적인 수요예측의 정확성을 제고가 필요한 제품을 적기적소에 공급하는 전체 공급사슬에 걸친 재고감축과 품절 방지 및 고객서비스 향상을 위한 제휴업체 간에 공급사슬의 최적화를 이루는 시스템구축을 목적으로 한다.

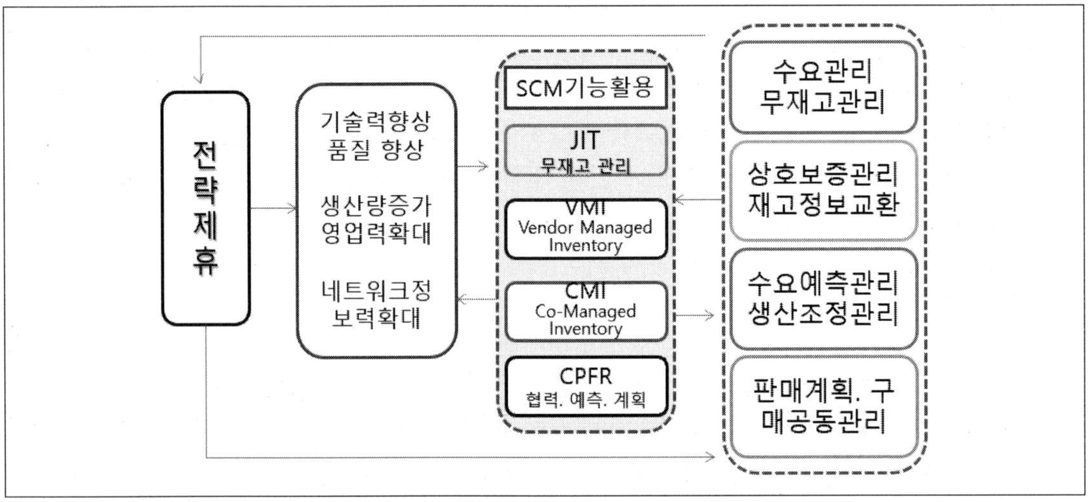

| 그림 3-4 | **전략적 제휴 공급사슬 활동 모형**

(2) 공급사슬의 기능

■ 공급사슬의 기능실현

① JIT(Just in time system)은 적재적소 적기정량을 공급하는 무재고 관리기법으로 보유량 감소로 운영자금이 감소되며 효율성과 생산성이 향상된다.

② VMI(Vendor Managed Inventory)은 공급사슬의 제 기능으로 전략적 제휴한 제조업체 간에 유통·교류하는 상품을 보충하고 보증하는 시스템으로 상품교류 공급을 원활하게 하여 안전성을 기여하여 공급의 안전망이 구축된다.

③ CMI(Co-Managed Inventory)는 거래선 간에 상품교류를 추진할 때 주문제안서를 제조업체 상호간에 작성하고 인수업체에서 수정확정하며 제품의 품질보증은 PL법에따라 제조사가 책임을 지나 인수판매사가 공동책임을 지는 품질보증 제도를 활성화하여 고객의 신뢰성을 높이는데 목적이 있다.

④ CPFR은 전략적 제휴업체 간에 협력적 계획·예측·보충하는 목적인 수요예측의 정확성을 제고해서 필요한 제품·적소·적기에 공급하는 전 공급사슬망에 걸친 재고물량 감축과 품절방지 및 서비스를 향상한 제휴업체간 공급사슬의 최적화를 이루는 것을 목적으로 한다.

❹ 제휴 성공사례

(1) 성공의 근간은 SCM

글로벌 기업의 반열에 올라설 수 있었던 이유는 제품의 경쟁력 공급의 경쟁력이라 할 수 있다. 기업을 성장시키는 기초는 제품의 품질력, 경쟁력, 즉 가격의 경쟁력 공급의 경쟁력 등 세 가지 요건을 강화시키기 위한 경영 활동은 SCM(Supply Chain Management)기능이 근간이 된다.

이에 대한 입증은 삼성전자 성공에서 빼놓을 수없는 공급망 관리기능들이기 때문이다. SCM이란 최종 고객요구에 가장 좋은 제품을 싸고 빠르게 제때(適期)에 공급하기 위한 전체 공급망(Supply Chain)을 대상으로 프로세스 시스템조직을 혁신하는 총체적인 경영활동 근간이라 할 수 있다.

◈ 성공적으로 SCM을 정착시킨 삼성전자의 마케팅

판매, 개발, 구매, 제조, 물류, 서비스, 경영관리 등 프로세스에 적용하고 있다.

(a) NFNA(No Forecast. No Allocation).
(b) 주단위 RTF, 중심운영
(c) 재고 제로화 적용
(d) 글로벌 공급/글로벌 조직

4대 원칙으로 운영관리하여 세계적인 기업으로 성장 성공하고 있다(글로벌 비즈니스 SCM으로 승부한다. p.33. 2013. 08.26. 주호재).

◈ 삼성전자 SCM을 성공적으로 구축한 핵심요소는

(a) 공급망 재설계(공급망 단순화; 리드타임/재고감소, 공급망 가시성 향상)
(b) 공급망을 고려한 제품설계/개발
(c) 수요/공급동기화 프로세스
(d) 주 단위 Closed Loop 관리

주 단위로 계획프로세스 PDCA를 순환 등 네 가지로 분류관리에 질적 향상을 기하였다(SCM 정의, 네이버 지식사전, http//terms.naver.com/entry.nhn.docld =74784).

(2) 다품종 소량생산 판매로 고객만족 극대화 성공사례

가구업계는 치열한 가격경쟁으로 많은 기업들이 도산폐업 사태가 야기되었다. 그 원인은 획일적인 상품으로 다변성 있게 변해가는 시장구조를 제대로 읽지 못하고 생활환경변화에 따른 다양한 고객의 욕구에 적응하지 못 한데 원인이 있다.

다음은 다품종 소량생산으로 고객만족의 극대화의 창조적 역량을 발휘한 성공사례들이다(매경 컨슈머 리포트사별 판매전략. 1996. 01.27).

한샘: 한샘은 원색이 강한 하이글로 시 가구의 퇴조하고 원목계열의 제품이 인기의 경향을 간파 신소재인 멤브레인을 사용한 제품개발에 주력 특히 인테리어에 관심이 높이지는 경향을 반영하여 주택내부의 분위기에 맞게 제품의 다양성에 초점을 맞추어 소형화된 제품을 개발하여 필요한 품목만 선택구입 설치를 가능하게 함으로 효과를 극대화시켜 다품종 소량생산으로 고객의 만족을 이룬 사례이다.

보루네오: 보르네오는 첨단시스템 부엌가구를 통해 주부의 새로운 생활가치를 창조한다는 기치아래 개발한 토털 브랜드인을 차별화 제품으로 내놓았다.

보루네오는 차별화 제품과 더불어 다품종 소량생산 체제로 전환하여 소비자의 선택의 폭을 넓이는 한편 타사제품을 포함한 다양한 제품을 갖춤으로서 소비자 만족을 극대화 하고 있다.

(3) 다품종 소량생산과 공동판매의 강점 흥인지문

동대문 시장은 반경 1km 내에서 기획, 생산, 판매가 모두 이루어지는 단일지역 세계최대의 자기완결 집적지(集積地)이다. 이곳 동대문 지역에는 수많은 소상공인들이 자기특화의 의류패션으로 다품종을 생산하여 다양한 소비자에 만족을 주고 있다. 발전하는 속도를 앞서가는 업체는 브랜드 런칭을 통해 성장하고 그 속도를 따르지 못하는 업체는 퇴출되는 한국패션산업의 실험역할을 하기도 한다.

동대문 지역상가에 종사하는 인원은 10여만 명에 이르며 사업자 등록건수가 3만건으로 각양각색의 브랜드패션이 생산되며 수출산업으로 기여도를 높이고 있다. 일본을 위시하여 대만·홍콩·러시아·남미·중동·아프리카 등의 바이어들에게는 공동대응으로 협력체제를 갖추어 수출판매에 성공을 거두고 있다. 다품종 공동판매 성공의 좋은 사례라 할 것이다(해외공동연구보고서, No 130. 아시아경제연구소, 2002).

(4) 제휴판매 성공사례

코스닥등록 벤처기업인 렉스진 바이오택과 네트워크 업체인 (주)하이리빙을 두고 제조업체와 네트워크의 절묘한 만남이라고 표현한다. 건강보조 식품업체와 네트워크 업체의 제휴사례 중 성공적인 사례로 파트너십이 돋보이기 때문이다.

건강보조 식품은 고가제품이다 보니 한번 구매 후에 재구매가 잘 발생하지 않는 특성이 있는데 하이리빙 사업자들을 대상으로 자사 건보식품에 대해 제품효과성에 대한 교육실시결과 재구매로 이어지는 주문이 꾸준히 늘어났다. 제휴를 맺은 이래 지금까지 매년고도의 성장을 보이고 있다.

이처럼 렉스진 바이오택과 하이리빙의 제휴가 성공을 거둔 것은 상식에 기초를 둔 제조와 판매를 병행하였기 때문에 가능했다. 렉스진에서 생산하고 있는 건보식품은 국내유명 대학병원과 의약포털 사이트인 메디온에 소속되어있는 의학박사들의 임상검증을 거쳐 제조 생산되는 만큼 품질의 우수성이 보장되기 때문이다(포스트 상세정보, 67호 2004. 02. 25).

용어 설명

WTO. 세계무역기구
FTA. 자유무역협정
유연성(Flexibility)
생산성(Productivity)
신뢰성(Reliability)
제품의 교차판매(cross selling product).
연관성 (Relevance)
JIT(Just in time system)은 적재적소 적기정량을 공급 시스템)
VMI (Vendor Managed Inventory)은 공급사슬의 제기능
CMI (Co-Managed Inventory)는 거래선 간에 상품교류

참고 문헌

1. 송수정, 다품종 소량생산 시스템 하에서의 로트크기 결정기법에 관한 사례연구 공업경영학회지, 제17권 제32편, 1994년 11월.
2. 경제장관회의 선순환 기업생태계 조성을위한 중소기업 재도전 종합대책, 2013년 10월 30일, 관계부처 합동
3. 송위진(2013), 사회·기술 시스템론과 과학기술 혁신정책, 기술혁신학회지, 16(1), 156-175.
4. 송제찬, R&D 투자가 기업시장 가치에 미치는 영향, 기술혁신 시스템과 산업특성의 조절효과를 중심으로. 연세대학교 대학원. 2009.
5. 소상공인 경쟁력 제고방안(중진기금내 소상공인 진흥계정 신설과 연계) 2012년 9월 19일, 관계부처 합동
6. 융합중앙회 공고 제2013-1호, 2013년 중소기업간 융합 및 협력사업 시행공고 중소기업융합중앙회

요 약

1. 중소기업의 관점에서

오늘날 중소기업은 국내적으로는 대기업의 독주에 시달리고 외적으로는 WTO, FTA에 의한 외래상품 공세에 시달리고 있다 이를 해결하기 위하여 먼저 우리나라의 중소기업의 실태와 경제에 미치는 영향과 중요성, 중소기업의 입지적 상황과 국가경제 정책방향을 살펴보았다. 이에 대한 해결의 수단으로 문헌과 성공사례를 조사하여 연구의 토대로 구축하였다.

2. 업체간 제휴전략

다품종 소량생산 업체간 전략적 제휴의 성공은 자생적 의지와 현실 위기의식이 공생공영의 길을 열어줌을 알 수 있다. 제품의 경쟁력과 공급의 경쟁력(SCM으로 승부한다) 획일적 상품으로 위기가 초래됨으로 -다품종 소량생산 체제로 전환하여 시장개척 등 재도약의 기회로 전환하고 사세확장은 제휴로 공생의 길을 찾는 실증적 설명을 하고 있다. 중소기업의 제조업자들은 전략적 제휴의 상품교류 판매로 자사제품의 성장과 교류상품으로 시장 확장을 할 수 있다는 공감을 요약정리하면 다음과 같은 의미를 부여하고 있는 것으로 생각된다.

첫째, 제휴시스템의 가동의 첫 번째 효과는 판매신장에서 찾아볼 수 있다. 상품교류 판매는 자사제품을 제휴사에 공급함으로 매출의 신장뿐만이 아니라 교류상품의 병행매출로 외형적 변화와 소득의 증가를 가져오게 된다.

둘째, 공급량 증가에 따른 생산의 구조적 개혁으로 인한 종사원의 의식변화의 발생으로 능동적인 작업을 통해 생산성이 향상되어 단위생산 원가의 절감효과를 가져와 기업이윤의 증가와 복지향상 등 경쟁력 제고를 이룬다.

셋째, 판매신장은 품질에 있다는 제휴업체간 공동관심사는 각기 자사의 특화적 기술이 제유회사의 공정개선에 도움을 주어 그 결과들이 개선된 품질의 제품이 자사로 공급되는 순환작용으로 제휴사 공동의 발전을 제공하게 된다.

넷째, 제휴업체 간에 수집된 정보를 응용 새로운 진로를 모색하는 협의와 검토를 거쳐 새로운 신제품모델이 형성되고 그 신제품의 전략은 생산전략과 기술의 집약을 가져와 새로운 모태로 제휴사 공동발전의 터전을 만들게 된다.

다섯째. 기업본연의 창의성이 협약의 창의성으로 집약되는 것은 산업의 기반인 중소기업의 협력의 뿌리가 공고히 자리잡아가는 풍토의 조성은 창조경제의 밑거름이 되며 우리나라 경제발전에 기여하는 자생적 기업문화로 정착되는 것이다.

제4절

기술창업과 장수기업 전략

성공 Point 16

1. 고난은 선물이다

금정적인 관점에서 고난을 바라보라 고난은 당신의 시야를 넓이고 영혼을 강하게 키우는데 도움이 될 것이다. 이때 자신의 부족한 점이나 자신의 실수를 되돌아 보고 재도전이라는 계기가 된다. 목표 성취적 인물에게는 고난은 목표성취의 기회의 부여이다. 두려움을 모르는 개척 정신자에게는 가혹한 환경에 처할수록 개척의욕이 높아지는 것이다. 고난은 사람들에게 고난극복의 동기부여로 부를 창조하는 기회가 되기도 한다.

2. 사소한일에도 열정과 신념을 가지고 도전하라

나는 해야 한다. 그러므로 나는 할 수 있다 라는 자신감과 신념이 행운의 출발 점이다. 인생에 있어서 아무리 거대한 꿈이 있다 하더라도 불가능한 이유만을 생각하면 꿈은 이룰 수 없다. 반대로 현실 가능한 것만을 찾으면 마음이 안정 되고 자신감과 용기가 생기고 의욕과 활기가 솟아오른다. 신념이란 마음의 상태를 가르키며, 신념이 바로 당신의 인생의 기적을 가져온다.

제4절
기술창업과 장수기업 전략

4-1. 기술기반 창업의 목적과 의의

❶ 기술창업의 목적

(1) 기술창업의 전략과 필요성

본 절의 기술창업과 장수기업 전략에 대하여 기술코자 하는 목적은 기술기반의 토대위에 창업된 기업만이 장구한 미래를 추구하면서 장수기업으로 성장 발전하는 확률이 높다는 실증적 사례를 중심으로 저술하여 새로이 창업하는 창업자에게 참고가 되고 경영자에게는 경영상의 리스크 예방에 도움이 되고자 하는데 목적이 있다.

저성장 시대로 접어든 우리나라 경제를 재도약의 길로 유도하는 방도는 기술진보로 실현을 찾아야 될 것으로 생각된다. 미개발 잠재적 기능을 살려 미래경제의 축을 조성하는 길은 다양한 기술창업의 이행에 있으며 이를 실현화 성공하기 위해서는 미래사회에 도전하는 국민적 공감성과 국가정책이 뒷받침이 되어야 유효한 성과를 이룰 것으로 사료된다. 본 절에서는 기술창업의 필요성과 미래가치와 실현의 방법을 제시하고자 한다. 저성장시대의 벽을 기술진보로 뚫어야 한다. 세계는 지금 여러 나라가 저성장에 시달리고 있다. 어려울 때 지략(智略)은 발동하고 필요에 의해 새로움은 창출된다.

세계경제가 다시는 성장국면을 맞기 어려울 거라는 부정적 전망이 팽배해 있지만 성장기회는 여전히 다가오고 있다. 기술의 혁신적 진보와 생산의 효율성 증대 및 품질향상을 위해 치열한 고민과 창의성 발휘가 필요한 상태다. 성장이론 대가인 폴 로머 뉴욕대 스턴경영대학원 교수는 미래성장에 대한 기대감을 숨기지 않았다. 세계 성장엔진 중국의 열기가 식어가지만 지구촌 경제가 이 또한 극복할 수 있을 것으로 내다봤다. 향후 100년간 50억명이 도시에 새로 살게 되면서 수 많은 경제적 가치가 생성될 것으로 예상했다. 로머 교수는 기업들이 스스로 역량을 갖추어 경쟁하는 것이 바람직하다고 말하고 있다. 지금은 기업스스로가 생존의 기반으로 차별화를 모색하고 몰두하여 실행하지 못하면 생존의 대열에서 낙오될 뿐만 아니라 장수기업의 길은 멀어질 수밖에 없다.

(2) 경제의 흐름도 자연의 이치따라

세파의 물결은 쉴새 없이 흘러가듯 경기의 사이클도 쉬지 않고 돌아간다. 높음이 있으면 낮음이 있듯이 경기도 좋을 때가 있으면 나쁠 때도 있는 것이니 유비무환(有備無患)임을 항상 유의하고 어려울 때를 대비하여야 후환이 없다는 말이다. 항시 역량을 배양하고 비축하는 것이 중요하다. 경제위기는 경기 사이클 상의 문제이기도 하다. 경기불황이 닥쳐오면 이에 대비하지 못한 기업들은 수지균형(收支均衡)을 잃어 경영난을 피하기 어려워진다. 시장 소비성이 덜어짐에 따라 기업의 생산율이 떨어져 노동자의 잉여상태로 실업자가 생긴다. 또한 물가는 올라가 생활하기 점점 어려운 상태를 초래하게 된다. 경기불황이 닥쳐오면 중장기 경제에 대한 부정적 전망이 쏟아져 사람들을 실망하게 만든다. 이것은 어디까지나 단견에서 오는 소산이다. 좀 더 내다보면 경기란 순환하고 있음을 알 수 있다. 비축과 대비가 필수요건이다. 성장기회는 여전히 존재한다. 잠재성장률과 실질성장률을 다 같이 끌어올릴 기회를 어떻게 살릴 수 있는지 고민하며 대안을 찾아야 한다. 성장률을 높이기 위한 방법은 여러 가지 조건들이 존재할 것이다 그 중에서 가장 중요한 조건은 무엇일까? 가장 중요한 조건은 자신의 역량을 길러 자력갱생하는 것이다.

재래적인 방법은 금리를 낮추거나 정부재정 지출을 늘리는 고전적 방식으로 성장률을 높이는 데는 분명 한계가 있다. 인구성장이 정체되어 있는 한국에서 노동생산성 향상만으로 3~4% 국내 총생산(GDP) 성장을 이루는 것도 결코 쉬운 게 아니다. 한국은 잠재성장률을 높이기 위해서는 노동의 질을 향상시고 노동연령을 확대하는 정책적 배려가 요구되며 스스로도 노력을 끈기 있게 기울여야 한다.

잠재성장률 증가가 매우 미미하게 일어나더라도 장기적으로 더해지면 큰 영향을 줄 수 있다. 잠재성장을 촉진하려면 잠재역량에 불을 살려라. 기술진보와 생산성 증대는 성장잠재력을 키우는 매우 중요한 요소이다. 앞서가는 국가의 시책은 미래가 밝아온다. 국가정책이나 시책에 영향을 안 받을 수는 없지만 너무 의존하려는 자세도 바람직하지는 못하다. 자력갱생(自力更生)을 기본으로 삼아야 한다. 기술진보를 촉진하기 위한 방법은 미국 랜드그랜트(Land Grant) 대학이 좋은 사례가 있다. 인재양성은 하루아침에 이루어지지는 않는다. 그래서 교육은 백년대계라 하였다.

(3) 미래를 위해 준비하고 대비하는 자만이 성공한다

미국은 독자적으로 유럽과 차별화하기 위하여 1860년대부터 각 주에 랜드그랜트대(정부가 무상으로 토지 등을 제공해 설립된 대학)를 만들었다. 유럽식 학문적 대학이 아닌 실용적 문제해결 능력을 키우는 데 중점을 뒀다. MIT와 퍼듀 대학이 대표적인 것인데 이들 대학은 20세기 초 화학공학이라는 새로운 학문을 만들어냈고, 유럽을 앞서 나갔다. 2차 세계대전 종전까지 만해도 영국과 독일이 기술선진국이었지만 이들 대학에서 개발한 기술과 연구인력을 통해 석유화학 분야에서 미국이 세계리더로 등극할 수 있었다. 성장잠재력에 영향을 줄 만한 기술진보를 위해 장기프로젝트 교육시스템 변화를 위한 과감한 정책변화가 요구된다.

- 우리는 사고의식의 변화가 요구된다. 왜냐하면 생각을 바꾸면 길이 있다 하였다.

> 한국은 스타트업을 육성성장을 도울 것인지, 재벌을 중심으로한 경제 집중화를 유지할 것인지 고민해 봐야 한다. 양자택일이 아니라 공존공영(共存共榮)하는 동반성장의 길이 무엇인지 고민하며 창의성을 발휘하여야 한다. 미국의 반독점법은 역사가 오래되었다. 전화사업자인 AT&T 전화기 독점권을 해체해 통신시장의 혁신을 이끌어낸 사례는 혁신 촉진책이 제대로 작동하고, 계기가 되었다. 한국제조업 미래를 밝게 하기 위해서는 기업에서 퇴직하는 경험 있는 인력을 어떻게 재교육하여 새로운 산업동력으로 자리 잡도록 돕느냐가 관건이다(참고: 인용문구, 매일경제, 2016. 1. 16).

창조경제의 실현은 끊임없는 창조적 파괴와 자기부정, 적용분야가 넓게 이루어졌다는 것을 보여주고 있다. AT&T 해체는 많은 신생기업들이 성장하는 혁신을 통해 이루진다고 데이비드 보위는 말한다. 불안전 불확실 시대에서 당신이 안전한 곳에 있다고 믿는다면 당신은 죽은 것이라고 갈파한 보위의 실험정신은 한국에도 커다란 울림이 되어야 한다. 영국은 데이비드 보위 등 예술가들이 이뤄낸 창조적 문화토양 위에 제조업 중심에서 서비스기반의 창조경제로 이행하는 계기를 잡는데 성공했다.

❷ 기술 창업의 의의

(1) 혁신은 지식과 아이디어로

본 절을 기술하는 의의(意義)는 시기적으로 중요한 의의가 있다 하겠다. 예측이 불확실한 시대에서 미래를 추구한다는 것은 항상 위험을 내포하고 있고 성공의 확률이 아주 낮기 때문이다. 국가가 창조경제로 새로운 동력을 찾고자하는 정책을 이행하는 과정에서 기술창업의 성공적 논리를 제시한다는 것은 시기적절한 대안이라 할 수 있겠다. 창조경제의 핵심은 혁신적인 새로운 지식의 아이디어로 새로운 창의적 경영모델의 창출에 입각한 도전정신으로 무장한 혁신적 기술창업 기업들이 세계적인 기업으로 성장하여 이틀 토대로 많은 일자리가 생겨나고 경제성장 동력을 창출하고자 하는 대안을 제시하는데 의의가 있다.

창조경제의 실현을 위해서는 보다 많은 기술창업이 이루어져야 하고 창업기업이 불멸의 생존과 번영을 이루며 성공확률을 높여나가는 기반이 조성되어야 한다. 이러기 위해서는 기술적 기량(技量)을 갖고 있는 시니어 세대의 기술창업을 적극 권장하여 새로운 동력을 육성대비하여야 한다.

이에 따라 본 절에서는 기술창업 기업이 중소기업에서 중견기업으로 성장하는 창업-생존-번영-성장-성공의 단계별 성공요인을 파악하고 기술창업의 성공경로에 따른 효과적인 기술적 경영방안을 제시한다. 정부가 역점을 두고 추진하는 창조경제의 핵심은 많은 사람들이 기술창업을 하여 성장경쟁력을 갖도록 함에 있다. 새로운 아이디어와 도전정신으로 무장한 기술인들이 기술창업으로 경제 활성화의 바탕이 되고 일자리 창출의 거름이 되고자 함에 의의가 있다 하겠다.

(2) 창조적인 인재는 창조물을 낳는다.

정부는 기술창업-성장-회수-재도전이 원활한 선순환 창업. 벤처생태계를 조성하여 창조적 인재들이 도전하여 성공하는 영웅신화를 창출하는 것을 목적으로 하는 기술창업의 활성화를 통한 일자리 창출이라는 국정과제 실현을 위해 다음과 같이 중요 추진계획을 갖고 있다(대통령직 인수위원회, 2013).

첫 번째, 추진계획은 창조형 중소기업의 창출이며 이를 위해 기업가정신과 창업교육 강화 등을 통해 우수한 청년창업자를 발굴 양성한다.

두 번째, 추진계획은 원활한 재도전 환경조성을 통해 실패의 경험도 사회적 자산이기 때문에 실패해도 생계를 유지할 수 있도록 면제범위를 확대하고 회생기간을 단축할 수 있도록 추진시킨다(과학기술정책, p.18).

1997년 제정된 벤처기업 육성을 위한 특별조치법의 국가시책에 따라 일자리 중심의 창조경제 실현을 위해서는 보다 많이 실효성 있는 기술창업이 이루어져야 하고 탄생된 기술창업기업이 생존성장 및 성공 장수할 수 있도록 경영능력 배양과 정책적 배려와 경영의 합리적인 차별성으로 운영하는데 의의가 있다(이윤준, 2012).

3 지식의 활용과 기술의 개념

(1) 지식(知識)

지식이란 어떠한 사물을 알고 있는 내용 또는 알려진 일, 마음의 작용 등을 말한다면 기술이란 지식으로 알고 있는 이론을 실제로 응용하는 수단 또는 이상을 실제로 표현하는 재주와 재능으로 남이 할 수 없는 것을 해내는 기능, 또는 기술로 통칭한다. 최근 들어 수요의 차별성이 대두되면서 경쟁우위의 수단으로 시장 환경보다 조직내부의 기술적 핵심역량의 중요성이 강조되면서 지식기반의 기술 원천으로 등장하기 시작하였다.

본 절에서는 지식이란 기술을 포함한 정보, 서비스 기능행위를 개념적으로 말한다. 지식은 지식경영 활동으로부터 생성되며, 지식경영은 조직구성원이 과업활동을 수행하는 과정에서 생성된다. 지식을 조직내 조직원 상호간 교환 공유할 수 있는 형태로 저장하여 활용하고 이를 조직적 자산으로 전환하는 일련의 과정이라 할 수 있다. 지식창조 이론에 대한 개념을 정립한 Nonaka(1994)는 기업에서 구성원들이 가진 지식과 정보를 공유하고 새로운 지식을 창출할 수 있도록 환경을 조성하는 것을 지식경영이라 할 수 있다.

새로운 지식을 창출하여 이를 조직으로 확산 및 공유하는 자료와 정보를 저장하고 처리하는 것이 아니라 내재된 개인의 지식을 이끌어내어 다시 상품, 서비스 및 시스템으로 구체화하는 포괄적 차원에서 지식경영에 대한 개념을 정립하였다. 또한 지식경영이 이루어지는 전반적 프로세스, 측면에서 고객의 가치를 극대화하기 위해 지적자산을 창출하고 함양시킬 수 있는 능력을 갖춰야 한다. 이러한 역량을 만들고 축적하기 위해 준비해야할 모든 프로세스, 시스템, 문화, 그리고 역할 등을 통틀어 정의하였다. Prusak (1997)은 지식경영을 단순구성원들이 의사결정에 활용할 수 있도록 자산화하는 과정으로 개념화하여 지식경영을 가치창출의 수단으로 정의하였다.

(2) 지식활용

지식은 활용할수록 빛이 나고 가치가 향상된다. 지식활용은 프로세스 관점에서 지식경영 활동을 분류한 마지막 단계이다. 지식은 활용할수록 활용영역이 넓어지며 새롭게 가치창출이 되지 않으면 진부해지(眞否解至)로 가치가 떨어지기 쉬운 것으로 지식의 관리활용에 대하여 중요성이 언급되고 있다. 공유지식을 통해 조직구성원 들이 지적재산을 적극적으로 활용할 수 있도록 지원해야 가치가 상승한다고 밝혔다.

하정출(2005)은 실질적으로 지식의 활용을 통해 기업은 향상된 서비스 혹은 제품을 얻을 수 있다. 이런 점에서 지식경영 활동의 마지막 단계라 할수 있다. 지식경영 활동은 기업이 존재하는 동안 계속되는 영속적 활동이므로 새로운 지식으로 보완하며 재창조라는 의미로 받아들일 수 있다. 지식의 사용은 경제적 가치창출의 연속의 의미를 가지게 된다.

지식활용이란 공유지식 활동을 통해 획득한 지식을 실제 응용이용 적용하고 그 결과를 평가하는 과정을 포함하는 활동이다. 지식활용은 조직구성원의 업무성과와 문제를 해결하는 데 직접적으로 기여하게 된다. 다시 말해 조직 내에서 지식활용은 효율적인 업무처리를 위한 지식의 이용, 더 나은 서비스를 제공하기 위한 지식의 응용 및 적용, 효과적인 문제해결 및 합리적인 정책결정을 위한 지식의 응용 및 적용 등으로 구체화한다(권기완, 2014). 지식활용 역시 절대적으로 조직 내 지식의 활용만을 의미하지는 않고 다양한 원천의 지식활용도 포함한다(이홍재, 2004). 다시 말해 지식활용이란 공유지식을 활용하여 조직의 업무효율을 높이고 조직의 가치를 높일 수 있는 활용행위라 정리할 수 있다.

4-2. 기업의 창조적 설립

❶ 기술적 기업가정신의 개념

급변하는 오늘날의 경영환경 하에서 혁신을 일으키고 끊임없이 새로운 고객가치를 창조하는 기업만이 경쟁우위를 창출하고 지속적인 성장을 달성할 수 있으며, 따라서 불확실성과 복잡성으로 가득한 경영환경에서 위기를 기회로 이용할 수 있는 창의적이고 혁신적인 기업가정신이 절실히 요구되고 있다(Bailetti, 2012). 기업가정신은 혁신활동을 촉발시키는 중요한 동인으로서, 자원의 창조와 개발, 그리고 자원관리 활동과 연결되어 시장기회를 포착하고 새로운 제품 및 공정을 창조하여 경쟁자들로부터 기업을 차별화 시킨다(Miller, 1983; Dollinger, 1983).

◈ 기업가정신은 다음과 같다

(1) 기업가정신이란

성실성을 가지고 다른 사람들이 극복하기 어려운 사항들을 예지적 능력으로 도전과 실천으로 창조적 결실을 얻어 기업을 성장시키는 정신을 말한다. 불확실성 속에서 자원여부에 상관없이 기회를 포착하면 도전 및 실현하는 인간의 창조적 행동을 의미하며 무에서 유를 창조하는 경제적으로 파악된 위험을 감수하며 행하는 역량을 뜻한다. 기업가정신은 경제발전, 부의창출, 기업의 성과를 가져온다(Amit. Glosten. & Muller, 1990).

(2) 기업가정신은

경제주기의 흐름에 경기하락을 다시 회복시키는 역할을 수행하는 것은 기술혁신과 경영혁신을 진작함으로써 가능한 것이라고 하여, 많은 학자들에 의해 기업가정신은 다양하게 정의되고 사용되어왔으며, 미래를 성공적으로 예측할 수 있는 능력으로 정의했다(Lowand Mac Millan. p140 m141. 1988).

경쟁자들에 비해 보다 현명하고도 열정적으로 일할 수 있는 능력의 소유로 정의되고 있으며 기술적, 환경적 배경에 맞춰 혁신경영은 역동적으로 시대적응의 신제품으로 역경을 돌파하는 도전정신을 기업가정신이라 할 수 있다.

(3) 기술적 기업가정신의 구성요소

오늘날 심화되는 시장경쟁의 환경에서 기업의 성패는 새로운 기술 및 가치를 창출하게 하는 기업의 기술혁신 활동과 이를 촉발시키는 기업가정신에 달려있다. 기업가정신은 기업의 지속가능한 경쟁우위와 가치창출을 위한 시작점으로 혁신적인 기업들이 비즈니스 기회를 추구하는데 있어 중요한 역할을 수행한다(Bailetti, 2012).

❷ 기업가정신에 관한 선행연구

(a) 혁신성(innovativeness)
(b) 진취성(proactiveness)
(c) 위험감수성(risk-taking)
(d) 자율성(autonomy)
(e) 경쟁적 저돌성(competitive aggressiveness) 등 다섯 가지을 기업가정신의 결정요소로 제시되어 왔으며, 이중 혁신성, 진취성, 위험감수성을 기업가정신의 핵심요인으로 다루어져 왔다(Lassen et al., 2006).

(1) 미래사회를 이끌어가는 기업가정신

기업가정신(entrepreneur)이란 "변화를 탐구하고, 변화에 대응하며, 변화를 기회로 이용하는 자기혁신자"이며 사회의 모든 구성원이 본질적인 변화의 의지를 갖고 있어야 자기혁신을 바탕으로, 경제발전뿐만 아니라 공공서비스 질서확립 등에도 필요하다. 이러한 기업가정신은 사회 각 분야에서도 필요로 하는 정신이다.

(2) 기업가정신

다음과 같은 네 가지 혁신 기업가적 전략(entrepreneurial strategy)을 필요로 한다.
첫째, 총력전략 : 최정예부대를 동원해 요충지를 선점하라(Being 'Fustestwiththe Mostest')
둘째, 게릴라전략 : 적이 없는 곳을 공격하라(Hitting Them Where They Ain's)
셋째, 틈새전략 : 전문분야에서 생태학적 틈새(ecological niche)를 발견하고 또 장악하라
넷째. 고객창조전략 : 제품, 시장, 또는 산업의 경제적 특성을 바꾸어라

(3) 米倉誠一郎(요네쿠라세이치로)

히토츠바시 대학 이노베이션 연구 센터장은 기업가정신이란 새로운 수단을 사용하여 새로운 시도를 하는 능력이며 현상을 이노베이션에 의해 창조적으로 파괴하고, 경제발전의 신 차원을 가져오는 능력이라고 말한다. 기업가정신은 실질적으로 아무것도 아닌 것으로부터 가치 있는 것을 이루어내는 인간적이고 창조적인 행동으로 계산된 위험을 감수하는 의지를 필요로 함이며 현재 보유하고 있는 자원이나 자원의 부족을 고려하지 않고 기회를 추구하고, 비전을 추구함에 있어 다른 사람들을 이끌 열정과 헌신을 요구 실현하는 정신을 말한다.

(4) 삼성경제연구소(2004)

한국의 기업가정신, 진단과 과제에서는 자원의 제약과 리스크의 존재에도 불구하고 모험정신을 발휘하여 창업, 성장, 신사업, 신시장을 일구어 고도화를 꾀하는 기업가의 의지와 노력을 말한다. 새로운 결합을 시도함으로써 시장에서 변화를 추구하는 혁신정신을 기업가정신으로 정의하고 있다.

새로운 결합의 다섯 가지 방식에 의한 기업가정신(起業家精神)
(a) 신제품의 발명 또는 개발
(b) 신생산방법의 도입이나 신기술의 개발
(c) 신시장의 개척
(d) 신원료나 부품의 새로운 공급
(e) 신산업에서 새로운 조직의 형성 등을 말한다.

❸ 네트워크 조직의 역량

(1) 네트워크 조직의 역할

기업의 역량을 높이고 영역을 넓이기 위해서는 조직역량을 강화하여야 한다. 조직은 내적 조직력 중요하지만 넓은 의미에서는 외적 네트워크가 그 이상 중요하다. 불확실한 경영환경에서 기업의 지속적으로 경쟁력을 유지하고 발전하기 위해서는 혁신네트워크의 역할의 중요성을 선행연구자들은 다음과 같이 강조되고 있다. 혁신네트워크는 파트너로부터 새로운 지식과 기술을 습득하고 정보를 수집하며, 파트너와 위험 및 불확실성을 공유하면서, 대응능력을 키우는 조직혁신에 효율적인 메커니즘을 제공한다(Gilsing & Nooteboom, 2005; Rampersad et al., 2010).

기업은 경쟁우위를 점유하고 유지발전하기 위한 기업혁신에 필요한 모든 자원을 기업내부 자원으로만 조달하는 것은 한계가 있고 불가능함으로, 이를 극복하는 방안으로서 외부네트워크 자원을 기업혁신의 자원으로 활용하는 방안에 대한 관심이 증대되고 있다(Yu et al., 2014).

기업의 네트워크 역량은 적절한 네트워크 대상을 발굴 및 연계하여 외부자원을 흡수하고, 이를 기업의 상황에 맞춰 활용할 수 있는 총체적인 역량으로서 기업의 전략적 활동들을 조직화하고 가치를 창출하는데 사용될 자원 및 조직의 능력을 외부 네트워크로부터 획득할 수 있게 한다(Acquaah, 2012; Walter et al., 2007).

네트워크 역량은 기업과 외부네트워크 자원을 연결시켜 전략적인 지식이나 기술과 같은 외부네트워크 자원에 대한 접근을 가능하게 하여 기업성과의 제고로 연결된다(박은경, 강태구, 2013). 효율적 네트워크의 구축은 시장에서 발생하게 되는 거래에 관한 비용을 감소시켜 줄 뿐만 아니라 관리에 관한 비용을 줄일 수 있는 효과적인 대안이 된다. 기업은 외부 네트워크를 성공적으로 구축하여 거래비용을 줄임으로써 기업의 경쟁우위를 달성할 수 있게 된다(Freel, 2003; Powell, 1990).

(2) 네트워크 역량

네트워크 역량은 기업의 역량이요 미래의 역량이라 할 것이다 조직의 역량 없이 기업이 발전할 수 없으므로 보다 광범위한 네트워크 구축은 그 조직의 발전의 전망이다. 네트워크 역량은 해당 산업 및 연구자의 관심분야에 따라 다양한 관점에서 연구되어져 왔는데, 선행연구에서는 네트워크 역량을 외부네트워크가 제공하는 가치와 기회들을 식별하여 정보와 자원을 얻는 능력으로 정의하였다(Moller와 Halinen, 1999). 네트워크 역량을 좋은 협력파트너를 선택하는 능력과 다른 기업들과 관계를 형성하고 유지하는 능력으로 정의하였다(Lechenr와 Dowling, 2003).

네트워크 역량을 조직간 관계를 활용하는 기업레벨의 능력으로 정의하고, 자원접근성, 인적자원관리 방침, 의사소통 구조의 통합, 문화개방도가 네트워크 역량 및 혁신성공에 미치는 영향을 확인하였다(Ritter와 Gemünden, 2003). 네트워크 역량을 네트워크 내 조직 간의 관계를 개발하고 활용하는 기업의 능력으로 정의하고, 기술서비스 기업을 대상으로 관계개발이 유지 및 활용에 미치는 영향에 대해 확인하였다(Walter외, 2006). 네트워크 역량을 핵심공급자들, 고객들, 그리고 다른 조직들과의 관계를 개발하고 관리하는 기업의 능력으로 정의하고, 하이테크 기업을 대상으로 네트워크 역량이 지식공유 및 서비스 혁신성과에 미치는 영향에 대해 확인하였다(Jian과 Wang, 2013).

네트워크 역량을 다른 기업들과 상호작용하는 능력, 기업들간 상호성과 친밀함의 정도로 정의하고, 관계역량, 신뢰 및 유대가 하이테크 기업의 국제적 성과에 미치는 영향에 대해 확인하였다(Kenny과 Fahy, 2013).

네트워크 역량을 기업성과를 개선하고 경쟁우위를 얻기 위해 기업이 네트워크 자원을 모으고, 통합하고 배치하는 능력으로 정의하고, 하이테크 기업의 IT 성숙도, 문화 수용도, 관리시스템, 그리고 네트워크 활동경험이 네트워크 역량과 혁신성과에 미치는 영향에 대해 확인하였다(Fang, 2014).

❹ 기술혁신 역량

(1) 기술혁신 역량의 개념

급변하는 경영환경과 심화되는 시장경쟁에서 기업의 경쟁우위창출 및 유지, 그리고 지속가능한 성장을 이루기 위한 기술혁신의 중요성이 강조되고 있다. 시장에 대응하는 역량은 기술혁신으로 이루어지는 제품의 차별화에 기인한다. 기술혁신은 새로운 제품의 생산 또는 서비스의 공급을 위해 혁신적인 아이디어나 기술을 채택(도입 및 개발)하여 성공적으로 구현하는 일련의 과정으로, 기업의 혁신활동은 혁신적인 아이디어나 기술의 도입단계부터 판매에 이르는 전 과정에 영향을 미친다(OECD, 2005). 기술혁신은 새로운 시장(또는 고객)을 창출하거나 점유율을 높이기 위해 새로운 제품 및 서비스를 개발하거나 기존의 제품 및 서비스를 개선하는 모든 활동의 집합으로서, 기업의 경쟁력을 강화시키고 기업을 성공으로 이끄는 가장 중요한 동인으로 인식되고 있다(Zahra과 George, 2002).

기술혁신 활동은 신생기업에게 성공적인 시장진입을 가능하게 하며, 기존 기업에게는 새로운 기술에 대한 대응력과 조직역량 강화의 기회를 제공한다(Cefis과 Marsili, 2006).

기술혁신 역량은 기업의 혁신을 촉진하고 지원하는 경영자원으로서 기업의 지속성장과 나아가 생존을 결정하는 핵심요인이자 혁신활동의 중요한 결과라 할 수 있다(Burgelman et al., 2009).

기술혁신 역량은 새로운 기술개발, 새로운 제품생산, 새로운 시장창출이라는 단계적 과정의 통합으로서, 신기술에 의해 새로운 제품, 시스템, 프로세스, 그리고 정책 등이 조직에 새롭게 적용되는 것으로 정의하였다. 또한 Lall(1992)은 기술혁신 역량이란 주어진 기술을 이해하여 실제 활용하거나 새로운 기술을 창조할 수 있는 능력은 기존의 기술을 흡수 및 사용하고, 그리고 변화시킬 때에 기술관련 지식을 효과적으로 활용할 수 있을 뿐아니라 새로운 기술을 창출하여 변화하는 시장환경에 대응력을 높여 나아가는 것이다.

(2) 신제품개발로 대응할 수밖에 없다

기존 시장 기존 상품으로 기업을 지속적으로 유지발전하기에는 한계점에 와있다 하겠다. 변화는 시장의 수요와 다양한 고객의 욕구를 충족하려면 신제품개발로 대응할 수밖에 없다. 신제품의 개발능력은 신제품 품위선정 생산공정을 개선, 개발할 수 있게 하는 기술적 능력과 조합기술의 선택, 생산기술에 활용에 필요한 지식과 기법을, 효과적 활용하여 새로운 제품생산 기술을 창출하는 능력을 말한다. 기업의 지속가능성은 성공을 결정하는 매우 중요한 자원이며 혁신활동의 중요한 결과, 이동석과 정락채(2010)은 새로운 제품이나 서비스, 그리고 생산공정에 대한 아이디어나 기술을 개발 및 도입, 그리고 채택하는 과정을 수행하는 조직능력으로 정의하였다(Burgelman외, 2009).

연구개발 역량, 혁신적 의사결정 역량, 마케팅역량, 생산역량, 자금역량을 기술혁신 역량의 구성요인으로 제시하고, 기술혁신 역량이 혁신성과에 미치는 영향에 관해 확인하였다(Lang외, 2012). 연구개발 능력, 생산능력, 마케팅능력, 학습능력, 전략계획 능력, 조직관리 능력, 자원배분 능력을 기술혁신 역량의 구성요인으로 제시하고, 이러한 기술혁신 역량이 기업성과로서 기술경영성과 및 기업경영 성과, 그리고 경쟁적 성과에 미치는 영향에 관해 확인하였다(Wang외, 2008). 기술 혁신프로세스가 협력지속성 및 기업경영 성과에 미치는 영향에 관해 확인하였다(Tomsic외, 2015).

(3) 기술혁신 역량의 구성요소

날로 심화되는 글로벌 경쟁환경 속에서 생존과 번영을 위해서는 기술혁신 역량을 배양하여 기업이 경쟁우위를 확보할 수 있는 새로운 시장에 진입할 수 있는 혁신역량은 필수적 요소로 인식되고 있다. 기업의 혁신역량을 신제품개발을 통하여 시장(또는 고객)의 욕구를 충족시킬 수 있는 역량, 적합한 공정을 적용하여 신제품을 생산할 수 있는 역량, 신제품 및 공정을 개발 및 출시하여 미래의 욕구를 충족시킬 수 있는 역량, 시장 및 경쟁사의 예기치 못한 기술적 활동에 대한 신속한 대응역량으로 구분하였다. 혁신활동을 위한 가용자원, 혁신관점에서 시장 및 경쟁사의 전략과 산업의 진화과정을 이해할 수 있는 능력, 기술개발을 이해할 수 있는 능력, 그리고 기업가정신을 다룰 수 있는 전략적 관리능력 등으로 제시하였다.

기업의 기술혁신 활동은 많은 선행연구들은 기업의 혁신활동이 기업성공의 핵심 요인이라는 전제하에 기업의 혁신활동에 영향을 미치는 요인이 무엇인지를 밝히는데 많은 관심을 기울여 왔으며, 이러한 기업의 기술혁신을 이해하기 위한 학문적 노력은 최근기업의 기술혁신 역량을 결정짓는 내부 및 외부적인 요인들에 관한 탐구를 중심으로 진행되고 있다(Tomsic et al., 2015; Sok et al., 2013; Lang et al., 2012, Hortinha et al., 2011; 기술혁신 역량은 다차원적 활동으로 이루어진 혁신과정을 충실히 반영하고자 연구개발 역량, 자원배분 역량, 생산역량, 마케팅역량, 전략계획역량, 학습역량, 조직역량의 차원으로 구분하여 제시하였다(Guan외, 2006).

기술혁신 역량을 연구개발 역량, 생산역량, 마케팅역량, 자원개발 역량, 조직역량, 전략역량의 차원으로, Wang외(2008)는 연구개발 역량, 혁신적 의사결정 역량, 마케팅역량, 생산역량, 자금역량의 차원으로, Lang외(2012)는 연구개발능력, 생산능력, 마케팅능력, 학습능력, 전략계획능력, 조직관리능력, 자원배분 능력의 차원으로 구분하여 제시하였다.

5 기술혁신 성과

성과 없이 번영 없다. 기술의 성과는 기업의 성과다. 기술의 혁신없이 기업의 혁신 없다. 기업의 경영환경이 급변되어감에 대응하는 것은 기술혁신 성과밖에 없다. 날로 심화되는 시장경쟁에서 적절히 대처하고 적응하기 위하여 지속적인 기술혁신을 통한 혁신성과의 창출 및 유지발전이 요구가 되고 있다. 기업의 경영성과는 기업의 전반의 경영활동의 결과로 실현된 성과로서 기업경영의 환경과 전략, 그리고 조직 등의 다양한 요인들이 종합적으로 작용하여 나타나는 결과라 할 수 있다(윤현덕, 서리빈, 2011).

기업의 경영성과에 대한 측정은 다양한 관점에 따라 접근되고 있으며, 크게 기업의 매출액과 투자수익률, 그리고 순이익 증가 등의 재무적 지표를 이용한 재무적 성과지표와 기업의 전략목표에 관한 다양한 활동들을 포괄적으로 측정하는 비재무적 성과지표로 측정되어져 왔다(Cote et al., 2005).

기업의 성과측정은 전통적으로 매출액과 순이익, 그리고 투자수익률 등의 재무적 지표를 채택하여 성과를 측정하여 왔으나, 급변하는 경영환경 하에서 단기적이며 단편적인 재무적 측정지표만으로 미래의 경쟁력을 평가하는 데에는 한계가 있음이 드러남에 따라 경영성과를 보다 정확하게 측정하기 위하여 재무적 성과차원의 객관적 지표 외에 기업의 환경과 고유한 특성을 반영한 주관적 지표도 함께 고려할 필요성이 제기되어져 왔다(윤현덕, 서리빈, 2011).

기술창업 기업이 성공적으로 시장에 자리잡기 위해서는 기술전략을 기반으로 한 기술혁신을 선도하는 것이 중요하다. 기술혁신은 기존 제품보다 품질이나 원가, 그리고 가격면에서 우수한 제품생산을 통해 경쟁우위를 확보함으로써 높은 경영성과를 실현한다고 하였다. 따라서 기술창업기업의 성과측정에 있어 기술의 우수성 및 파급효과 측면을 반영한 기술성과의 차원이 고려되어져야 하며, 이러한 기술성과의 주요 지표로 신기술 개발율, 신제품 출시율,

기술/제품개발 비용절감, 기술 및 노하우 증대, 지적재산권을 출원하여 취득등록 등이 증가함이 포함된다(Ren et al., 2015; Jian & Wang, 2013). 기술창업 기업은 초기매출보다는 기업의 장기적인 비전과 목표를 기반으로 기업성장 및 고객만족을 위해 기술혁신, 기업가정신 향상, 시장변화 대응 등 다양한 노력을 수행한다(Gundry & Welsch, 2001).

기술창업 기업의 성과측정에 있어 기업의 성장잠재력 및 목표달성 정도, 그리고 고객만족도 측면을 반영한 고객성과의 차원이 고려되어져야 하며, 이러한 고객성과의 주요지표로 제품품질 수준, 품질 및 가격경쟁력, 제품이미지, 제품 및 서비스 고객만족도등이 포함된다(Kozan et al., 2006; Barr et al., 2009).

본 절의 대상인 기술창업 기업과 같은 혁신적인 중소기업의 경우에도 창업 후 단기간 내 의미있는 수익을 창출하는 것은 어려운 실정임으로, 단기적인 매출 또는 순이익 등의 재무적 지표가 아닌 혁신적인 중소기업이라는 기업의 환경과 고유한 특성을 고려한 재무적 지표 즉, 기술창업 기업의 지속적 성장을 위한 성과를 기반으로 성과를 측정하는 것이 필요하다고 할 수 있다

4-3. 장수기업 성취모형도

❶ 장수기업 지향적 전략모형도

본 절에서는 기술창업 기업의 성공요인들을 제시하고 장수지향적 관리방법 등을 규명하는 것을 주요목적으로 설정하고, 선행연구 문헌고찰을 통하여 기술적 기업가정신, 네트워크 역량, 기술혁신 역량을 기술창업 기업의 혁신성과와 관리방법 등에 영향을 미치는 변수로 제시하고 실무에 적용 또는 학술연구에 참고가 되고자 장수기업 전략 사이클 연구모형을 제시한다.

■ 모형의 설명

본 모형은 기술창업을 하여 성장지속하며 장수기업으로 가는 길을 제시하였다. 기술을 기반으로 창업함에는 첫째가 기업가정신이다. 기업을 설립하고 경영하는 경영자의 사고의식이 그 기업의 경영비전을 가름하기 때문이다. 창의와 도전정신, 그리고 위험감수성은 그 기업의 미래를 예측 가능할 수 있기 때문이다.

둘째로, 네트워크 역량이다. 다양하게 급변하는 사회 속에서 기업을 효율적으로 운영하기 위해서는 기술적 정보의 필요성이 대두된다. 필요의 가치를 창출하기 위해서는 자사의 조직뿐만 아니라 광범위한 외부조직의 네트워크 역량이 기업경쟁력에 지대한 영향을 준다.

셋째로, 혁신기술 역량이라 할 수 있다.

여러 층의 다양한 고객에게 만족된 제품을 공급하기 위해서는 다양한 혁신기술이 뒷받침되어야 한다. 이상의 세 가지 요소가 충족된 기업은 성장의 궤도((軌道) 진입하게 된다. 이를 지속으로 발전시켜 장수기업으로 수명이 길어지려면 경영전략의 체계화가 필요하다.

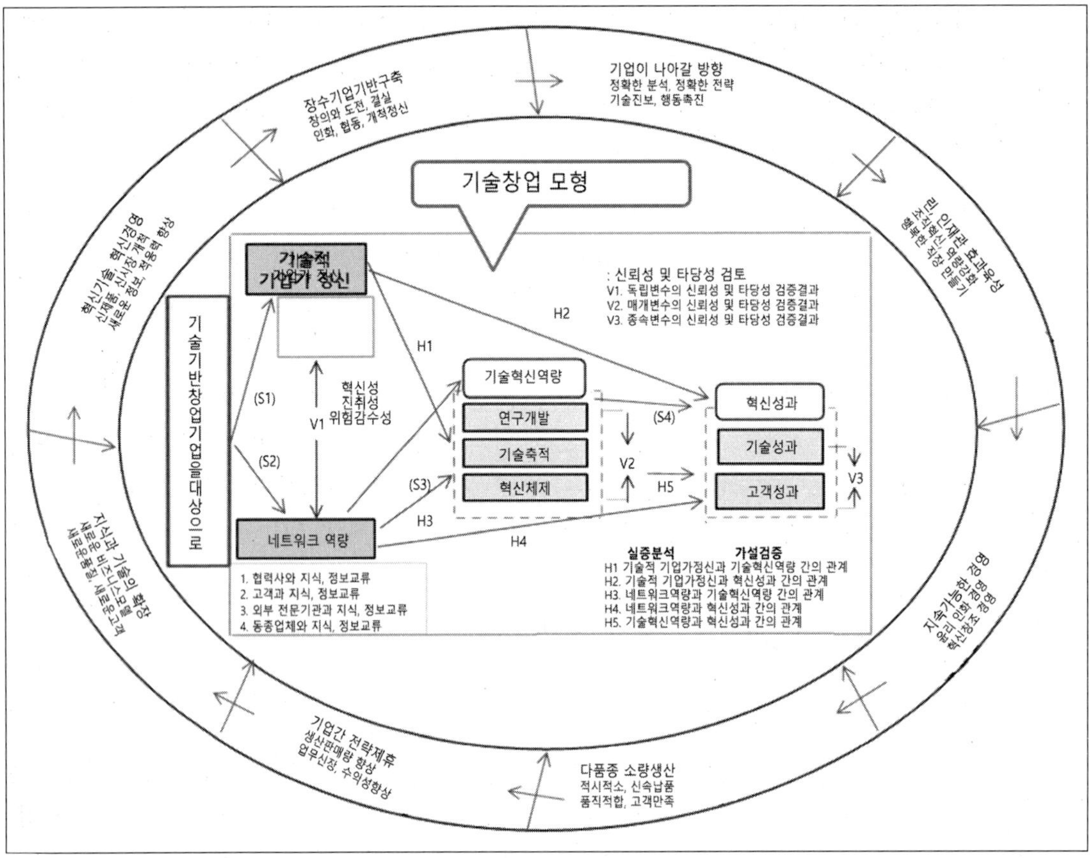

| 그림 3-5 | **장수기업 유지경영전략 사이클 모형**

❷ 장수지향적 기업으로 나아가야할 방향은 무엇인가?

기업이란 사람의 집합체이기 때문에 조직원의 자질과 수준이 제일 중요하다. 채용단계에서부터 종사원을 정확이 분석하여 개개인의 장점을 도출하여 적재적소에서 충실하게 역량을 발휘 할 수 있게 하는 인사전략과 진보된 기술연마로 행동을 촉진시키는 경영전략이 중요한 요건이라 하겠다. 전지전능(全知全能)한 사람은 없다 인재를 어떻게 효율적으로 육성하여 필요가치를 창출하느냐가 경영능력이라 할 것이다. 그러기 위해서는 조직혁신과 역량강화와 창조적 기술혁신이 필연적인 조건으로 수반된다. 이를 이행하게 되면 행복한 기업으로 승화되어 불멸의 기업으로 장수의 여건을 비축할 수 있게 된다.

기업이 지속적으로 성장한다는 것은 두 가지 흐름에서 관찰이 요한다 할 것이다.

첫째는 윤리경영이요, 둘째는 혁신창조경영이 기본의 흐름이 아닌가 한다. 왜냐하면 인본(人本)이 가장 으뜸가는 조건이기 때문이다. 만사는 재인이라 하였다. 모든 것은 사람으로부터 우러나오기 때문이다. 그러기 때문에 윤리도덕적으로 노사가 상부상조(相扶相助)하는 기업체질화가 필요하다하겠다.

둘째로 혁신창조경영이다 이를 필요한 이유는 사람만 좋다고 해서 모든 것이 이루지는 것은 아니기 때문이다. 사물의 기치형성은 창조의 힘이 없으면 이루어지지 않는다. 다변된 사회에서 가치창조란 혁신창조경영은 필수요건이라 할 것이다.

기업의 성장은 고객만족에서 시작된다. 다양한 고객에게 만족을 주기 위해서는 소품종 대량생산의 생산자 위주의 생산방식으로는 불가능하다. 다양한 고객에게 만족을 주기위해서는 소비자 위주의 생산시스템으로 변하여야 한다. 이것이 다품종 소량생산으로 품질과 수요의 적합성으로 적기공급이라는 필연적이 요소가 제기된다. 다양한 고객에 대응하기 위해서는 자사의 역량으로 한계에 부딪칠 경우들이 발생한다. 이를 해결하며 사세를 확장하는 방법이 기업간 제휴라 할 수 있다. 자사의 부족한 부분을 제휴기업으로부터 도움을 받는 상호작용에 의해 수요공급과 창출이라는 기업성장의 매개적 방법이라 하겠다.

급변하는 사회에 대응하는 기업전략은 신지식 신기술의 확장이요 새로운 비즈니스 모델로 새로운 품질로 새로운 고객층에 만족을 제공하는 길이라 할 것이다. 새로운 고객층에게 만족을 주기 위해서는 혁신신기술과 새로운 공정이 뒷받침되는 혁신경영기법이 도입되어야 한다. 이것은 시대의 요청이며 이 문제를 해결하기 위해서는 새로운 정보시스템이 필요하다. 이 문제의 해경방법은 기업간 제휴방법과 네트워크 조성시스템이라 할 것이다. 이상의 제반문제가 실현화되면 자연적으로 장수기업으로의 기반이 구축될 것이며 지속적으로 창의와 도전정신으로 인화와 협동이 이루어진다면 영구불멸의 장수기업이 실현될 것이다.

용어 설명

혁신성(innovativeness)
진취성(proactiveness)
위험감수성(risk-taking)
자율성(autonomy)
경쟁적 저돌성(competitive aggressiveness)
기업가정신(entrepreneur)
기업가적 전략(entrepreneurial strategy)
요충지를 선점하라(Being'Fustestwiththe Mostest')

참고 문헌

1. 우리 경제의 실핏줄 소상공인을 살리는 길, 소상공인 정책보고서, 2013년 1월
2. 영세 자영업자를 위한 상권 정보시스템운영 경제정책해설, 2005년 12월, 중소기업 특별위원회 총괄 조정팀장 제정, 김진형
3. 지식 이전을 통한 서비스 기업의 현지화 전략에 관한 탐색적 연구, 한국항공경영학회지, 제11권 제3호, 조동성, 문휘창, 이윤철, 2013년 6월
4. 自己革新を 遂げて 躍動する 中小企業. 小規模事業者. 2013. White Paper on Small and Medium Enterprises in Japan
5. 한국대학의 벤처교육 현황과 그 과정 개발에 관한 연구, 경남대학교 산업경영연구소, 2000, 허남수, 최덕철
6. 신사업에 임하는 중소기업의 경영전략, 일본 정책금융 공고조사월보, No.58, 후지타 이치로(2013)
7. 低成長時代の企業經營, 長壽企業に學ぶ經營法則, 2013年 3月, 福井經濟同友會

요 약

1. 기술창업의 목적
기술창업과 장수기업 전략에 대하여 기술하고자 하는 목적은 기술기반의 토대위에 창업된 기업만이 장구한 미래를 추구하면서 장수기업으로 성장 발전할 확률이 높다는 실증적 사례를 중심으로 저술하여 새로이 창업하는 창업자에게 참고가 되고 경영자에게는 경영상의 리스크 예방에 도움을 주어 장수기업을 이루고자 하는데 목적이 있다.

2. 지식활용
지식은 어떠한 사물에 대해 알고 있는 내용이며 기술은 지식을 응용하는 수단이다. 그러므로 지식은 활용할수록 빛이 나고 가치가 향상된다. 지식활용은 프로세스 관점에서 지식경영활동을 분류한 마지막 단계이다. 지식은 활용 할수록 활용영역이 넓어지며 새롭게 가치창출이 되지 않으면 진부해지(眞否解至)고 가치가 덜어지기 쉬운 것으로 지식의 관리활용에 대하여 중요성을 언급하였다. 공유지식을 통해 조직구성원들이 지적재산을 적극적으로 활용할 수 있도록 지원해야 가치가 상승한다고 밝혔다.

3. 기업가정신이란
성실성을 가지고 다른 사람들이 극복하기 어려운 사항들을 예지적 능력으로 도전과 실천으로 창조적 결실을 얻어 기업을 성장시키는 정신을 말한다. 불확실 속에서 자원여부에 상관없이 기회를 포착하면 도전 실현하는 인간의 창조적 행동을 의미하며 무에서 유를 창조하는 경제적으로 파악된 위험을 감수하며 행하는 역량을 뜻한다. 기업가정신은 경제발전, 부의 창출기업의 성과를 가져온다.

4. 기술창업에서 장수기업으로
기술을 기반으로 창업을 함에 있어 가장 우선되는 것은 첫째가 기업가정신이다. 기업을 설립하고 경영하는 경영자의 사고의식이 그 기업의 비전을 가늠하기 때문이다. 기업가정신은 창의와 도전정신, 그리고 위험감수성은 그 기업의 미래를 예측할 수 있기 때문이다.
둘째로 네트워크 역량이다. 다양하게 급변하는 사회 속에서 기업을 효율적으로 운영하기 위해서는 기술적 정보의 필요성이 대두된다. 필요의 가치를 창출하기 위해서는 자사의 조직뿐만 아니라 광범위한 외부조직의 네트워크 역량이 기업경쟁력에 지대한 영향을 준다.
셋째로 혁신기술 역량이라 할 수 있다. 다양한 고객에게 만족시킬 수 있는 제품을 공급하기 위해서는 다양한 혁신기술이 뒷받침되어야 한다. 이상의 세 가지 요소가 충만된 기업은 성장의 궤도(軌道)에 진입하게 된다. 이를 지속으로 발전시켜 장수기업으로 수명이 길어지려면 경영철학의 체계화가 필요하다.

제4장

企業이 지속성장 하려는 방책(方策)은

제1절 격동시대 경영전략
제2절 조직의 새로이 구축 없이 파계적 혁신 없다
제3절 신뢰는 소통에서 성공의 제언

제 1 절

격동의 시대 경영전략

성공 Point 17

1. **나쁜 일에서 행운을 만들어라**

   세상매사는 동전의 양면성과 같아서 喜樂, 苦哀가 교차 연주되며 지나간다. 위기는 기회를 동반한다. 나쁜 일에서 행운을 만들어내는 인물인 큰 인물은 한결같이 불행에서 행복을 창조하는 능력을 발휘한다. 불행을 접하였을 때 근심과 절망하기 보다는 어떻게 하면 행운으로 바꿀 수 있을지 고민하며 행동하라. 그러면 행운은 찾아진다.

2. **늘 생각하고 늘 행동하라**

   사람이 지혜가 부족해서 실패하는 경우보다는 성실성 부족에서 야기되는 사례가 더 많다. 성실하면 지혜도 생기지만 성실하지 못하면 지혜도 흐려진다. 꿈을 이루기 위해서는 신념, 노력, 행동 등 삼위일체가 되었을 때 당신의 인생은 당신이 바라는 방향으로 전개될 것이다. 사고와 행동이 결합되면 당신의 운명이 바뀐다. 행동력 없는 생각은 무의미하다.

제1절
격동의 시대 경영전략

1-1. 불황은 언제나 회복기(回復期)를 가져온다

❶ 경기의 사이클(Cycie)

'불황(recession)'은 언젠가 회복되기 마련이다. 경기(景氣)는 사이클(cycle)이기 때문이다. 타이밍이 문제이다. 경기는 상승과 하강이 반복하는 그래프와 같다. 불황기가 지나가면 호황기가 돌아온다. 그러나 시장과 수요는 그대로 돌아오는 것이 아니라 변화하여 돌아오는 것이기 때문이다. 그러므로 불황기에 인내와 극복을 하며 호황기대비(好況期對備) 어떤 역량을 배양하였는지가 중요하다.

진짜 중요한 문제는 이런 단순한 경기회전 사이클이 아닙니다. 전혀 예상하지 못한 신기술 위협이 끊임없이 변화를 추구하는 것이다. 바로 격동(turbulence)의 시대를 맞이하고 있다는 것입니다. 격동이란 마치 비행기가 난기류에 휩싸이는 것처럼 순간적으로 발생하는 돌발사태를 말합니다. 그런데 이런 쇼크가 앞으로 더 자주, 더 예리하게 발생할 수 있다는 것입니다.

세계화와 기술 발전은 새로운 응용과 새로운 시장 개발를 재촉 하고 있습니다. 따라서 불황이 끝난다고 문제가 해결되는 것은 아니라 변화의 지속만이 생명을 유지하고 발전을 이어갈 수 있다는 것입니다. 지금 우리가 맞고 있는 시대는 이전의 시대와는 판이하게 다른 모습으로 나타난다 하겠습니다. 격동의 발생이 일상화되고 '새로운 보편성(new normality)'이 된 시대이다, 즉 영원한 위기의 시대에 접어들었다는 것이 냉엄한 현실로 진단되고 있다.

❷ 불황기(不況期)에 마케팅 전략(戰略)

경제 위기가 닥치면 기업은 움츠러들게 됩니다. 비용 절감 전략을 세운다. 위기는 기회를 동반할 뿐만 아니라 새로운 창조적 기회도 부여된다는 사실의 인식과 노력이 수반 되어야 한다. 가장 잘못된 것은 전 부서에 대해 일률적으로 예산을 삭감하려고 하는 것이다. 그러면 부서장은 또 각 팀장에게 무조건 절감하려 하게 된다. 그러다 보면 자신도 모르는 사이에 회사의 장점과 강점을 살리지 못하고 없애게 됩니다. 이러한 무서운 결과를 초래하게 된다. 최근의 한 연구를 보면 불황기를 맞아 전면적으로 지출을 억제한 기업의 약 48%가 시장에서 유리한 입지를 빼앗겼거나 사업에서 실패한 사례를 볼 수 있다.

불황기의 지출억제의 효과는?

어떤 부분이 불필요한지를 가려내야 합니다. 마케팅 비용이 너무 높은지, R&D 비용이 너무 많은지 원점에서 재검토해야 한다. 이전의 관행을 모두 무시하고 제로 베이스 예산 편성(zero-based budgeting)을 새롭게 하여 도약의 시스템을 재구축하여 자사의 장점과 강점을 되살려 발전의 초석으로 활용함이 필요하다.

구체적 사례를 든다면?-"지난 2000년 A.G.래플리(Lafley) 회장이 P&G의 CEO 자리에 올랐을 때, 상황이 별로 좋지 않았습니다. 그래서 래플리 회장은 원료 배합과 포장의 표준화를 추진했습니다. 제품의 종류도 줄였습니다. 세제라면 그에 들어가는 향(香)의 종류도 줄였습니다. 또 매출이 적은 브랜드는 과감히 포기해 세제(洗劑) 브랜드는 10여개에서 6개로 축소했지요. 그렇게 해서 전체 예산 중 마케팅 비용이 차지하는 비중을 25%에서 20% 수준으로 낮추었습니다.

❸ 마케팅 진화의 3단계 요약

첫 번째 단계: 초창기의 마케팅은 소비자의 생각(mind)에 호소하는 방식이었습니다. 우리 회사 제품이 가장 뛰어나다고 강조하는 것입니다. 고객이 합리적이라면 품질 좋은 제품을 산다고 생각하는 것이죠. 이런 방식을 저는 '마케팅 1.단계'라고 부릅니다.

두 번째 단계: 여기서 한발 나아간 "마케팅은 감성(heart)을 자극하는 것이지요. 이 브랜드의 옷을 입으면 당신도 세련된 패션 리더가 될 수 있고 이 브랜드를 마시면 한 단계 상승한다는 이미지의 메시지를 던지는 겁니다."

세 번째 단계: '마케팅은 사람들의 영혼(spirit)에 호소하는 것입니다', '환경에 신경 쓰고, 사회에 대해 동경심을 보여주는 기업이라면 내게 특별한 혜택을 주지 않더라도 그냥 좋다' 이렇게 생각하는 것이 요즘의 소비자들의 흐름이라 할 것입니다. 현명한 기업인들은 그런 소비자들이 다가오고 있는 것을 인지하고 대책을 세우는 것이 바로 '마케팅 3.단계라 할수'입니다. 이런 기업이 되려면 사회성 도덕성 윤리적인 기업으로 품성(character)과 진정성(authenticity), 그리고 배려하는 마음(caring)을 조직의 DNA에 심어야 합니다.

1-2. 경영전략의 중요성

❶ 중소기업의 실태

중소기업을 경영할 때 전략을 갖고 경영하는 것이 얼마나 중요한지 생각을 해 보아야 합니다. 여러분은 우리나라의 중소기업이 전체회사의 95% 정도를 차지하고 있으며 종업원 30명 미만의 중소기업이라는 것을 알고 계십니까? 또 그중에서 확실하게 이익을 내는 회사가 얼마나 있는지 알고 계십니까? 중소기업 중에는 경영환경이 뚜렷한 변화 속에서도 매기 확실하게 이익을 내고 성장하는 회사가 있습니다. 이렇게 이익을 올리고 성장하는 회사들의 공통되는 것이 사장님의 열정과 자신의 사업에 대한 전략을 갖고 있다는 것입니다.

전체기업의 95%를 차지하고 있는 중소기업 중 전략적으로 경영을 하고 있다고 할 수 있는 회사의 수는 얼마나 있을까요? 여기서 부터가 중요합니다. 다시 말해 종사원 30인 미만의 중소기업일지라도 '전략'을 이해하고 적절한 '전략'으로 실행하면 크게 도약할 여지가 충분하다는 것입니다. 왜냐하면 대부분의 경쟁사들이 전략에 대해 아무 생각이 없이 업무를 수행하고 있기 때문입니다. 이것으로, "경영전략"이 기업경영에 있어서 중요한 것이라는 것을 막연히라도 이해해 주시지 않았습니까? 자, 그러면 전략에 필요한 다섯 가지 요소에 대해서 살펴보도록 하겠습니다.

❷ 경영전략의 중요 요소(重要要素)

(1) 전술과 구분이 되어 있을 것

전략이란, "눈에 보이지 않는 행동, 실행 계획"이고, 전술이란 "눈에 보이는 행동" 즉 계획을 효과적으로 달성하는 행동요강(行動要綱)입니다. 전략과 전술을 명확히 구별한 후에 그것을 양륜(兩輪)으로 하여 일관성(一貫性)있게 실행하면 압도적인 경쟁력을 발휘할 수 있습니다.

(2) 우선순위로 책정되어 있을 것

회사에 있어서 무엇이 가장 중요하고 급한 것인지를 알고 나서, "전략"을 수립해 가지 않으면 안 됩니다. 즉, 자사의 강점을 발휘할 수 있는 분야를 신중하게 선택하고, 그 분야에 경영자원을 집중 투입하는 것이 실효를 걷을 수 있다. 나아가 타사와 차별화할 수 있는 것이 무엇인지 심열(深熱)을 기우릴 필요가 있다.

(3) 미래를 예측도 겸비할 것

전략은 사업 전반적인 사항을 철저히 분석 검토한 후에 다가올 미래에 대한 예측(리스크를 포함)도 포함하여 입안된 계획이라야 한다. 경영환경과 시장의 변화에 따라 공격할 때는 공격하고, 물러설 때의 진퇴전략(進退戰略) 시나리오를 세부 정밀화(細部精密化)하고, 그것을 실행함으로써 계속적인 성장이 가능해 집니다.

(4) 압도적인 강도와 스피드로

"전략"이란 현상의 개선이 아니라, "현상을 타파하고 새로운 플랜을 주입하는"것입니다. 따라서 단기간에 업계지도(業界地圖)를 바꾸어 놓을 수 있는 압도적인 강도와 스피드를 가진 내용이어야 합니다.

(5) 전략은 실행하기 위해 있다

"전략"이란 분석하고, 책정할 뿐만 아니라, 실행하고 성취하는 것이다 아무리 필요정보를 정밀하게 분석하고, 훌륭한 "전략"을 세웠다 하더라도, 그것을 실행에 옮기지 못하면, 아무런 의미도 없습니다. 전략은 실행하기 위해있다는 것을 명심하고 이행하여야 합니다.

3 란체스터 법칙을 전략에 활용

전 항에서 전략을 갖는 것이 얼마나 중요한지를 이야기 한바 있습니다. 전략을 생각함에 있어서 참고가 되는 것으로 "란체스터의 법칙"이라는 것이 있습니다. 이 법칙은 특히 중소기업의 전략을 생각할 때 도움이 될 것이라 생각됩니다. 그렇다면 란체스터의 법칙은 어떤 것일까요?

지금 같은 전투 능력을 가진 군과군(兩軍)이 전투를 한다고 합시다. 군은 병사가 이름, 군은 이름. 이 진용에서 양군이 한판 승부를 벌여 철저히 싸우면 결국 군사(軍士)는 전멸하지만 군도 이름밖에 생존하지 않게 됩니다. 한편, 이번에는 단판 승부가 아닌 양군이 근대 무기(전투기, 미사일 등)를 사용하여 전투를 벌인다고 하면, 군 1병사는 군사로부터 공격을 받는데, 이로써 철저히 싸우면 군은 전멸하는데도 불구하고, 군사(軍士) 명의 생존자를 남길 수 있게 됩니다.

(1) "란체스터의 제 1법칙"

전자가 이른바 "란체스터의 제1법칙"(일명 "일대결"의 법칙) 이며, 후자가 "제2법칙"이라고 하는 것입니다. 여기에서 도출되는 것이 수에 따라 우위를 점하고 있는 자(시장 점유율을 누르는 강자)는 '제2법칙'을 염두에 두고 물량작전에서 한 명이 다수를 공격할 수 있는 원격적인 방법(예를 들어 광고선전 전략)으로 전략을 전개하는 것이 효과적이며 어깨나 시장점유율을 쥐고 있지 않거나 앞으로 새로운 시장을 만들려는 약자는 '일대결의 법칙'을 염두에 두고 가능한 한 국지전에서 게릴라적으로 공격을 가해 강자에게 타격을 주는 전략을 취하는 것이 중요합니다.

지금까지, "강자", "약자"라고 표현해 왔습니다만, 그 구별은, 회사 규모의 대소가 아니고, 시장 쉐어에 대해 압도적인 지배자를 "강자"그 이외는 모두 "약자"로서 생각해 보세요. 예를 들면, "산토리"는 "위스키"에서는 "강자"입니다만, "맥주"에서는 "약자"라고 하는 것이 됩니다. '란체스터 법칙'을 전제로 한 '강자의 전략'과 '약자의 전략'에 대해 정리해 보면

(2) '강자의 전략'(제2법칙)

1. 광역적인 종합전을 전개
2. 한 명이 다수를 공격할 수 있는 집단형 공격(확률전)을 실시한다.
3. 접근전을 피하고 간접적이고 원격적인 전투를 전개
4. 압도적인 병력, 물량으로 포위전 전개

유도작전으로 적의 병력을 분산시키는 "약자의 전략"(제1법칙)~

(3) "약자"이기 때문에 "전략"이 중요!

1. 좁은 범위에서의 국지전
2 '단판 대결'형 전투 전개
3. 접근전으로 도전한다.
4. 병력을 집약하여 일점 집중 공격을 가하다.
5. 양동작전으로 적을 교란하여 적의 주의를 다른 곳으로 돌리게 합니다.

1-3. 중소기업 경영전략

란체스터의 법칙을 바탕으로 중소기업의 경영전략을 고민해 보겠습니다. 중소기업 경영자 중에는 경영서, 비즈니스서를 자주 읽는 분도 많으실 것으로 생각합니다만, 여기에서는, "소니의 전략" "토요타의 전략"이라고 하는 "대기업의 전략"이 아니고, 어디까지나, 중소기업의 전략에 대해 생각해 보겠습니다.

❶ 중소기업 전략의 전제

중소기업의 경영자 분에게는 실례가 된다고 생각합니다만, 이러한 전제에 서서 전략을 생각해 보시기 바랍니다. 중소기업=소규모, 약자 대기업의 전략을 본보기로 하는 것이 아니라 소규모, 약자에 맞는 전략을 세운다.

(1) 약자경영전략의 기본원칙

전항의 "란체스터 법칙"에 근거해, "약자"가 취해야 할 경영전략의 원칙을 정리해 보면 다음과 같습니다.

- 약자는 선발 회사와 차별화해, 같은 방법을 하지 않는다.
- 약자는 소규모 1위 주의, 부분 1위 주의를 노려라.
- 약자는 강한 경쟁상대가 있는 업계에는 결코 참가하지 않는다.
- 약자는 싸우지 않고 이기고, 쉽게 이기는 것을 노려라.
- 약자는 대상 시장 등을 세분화한다.
- 약자는 목표를 잘하는 것 하나로 좁힌다.
- 약자는 경상비로 자금의 고정화를 막는다.

약자는 목표에 대해 가질 수 있는 모든 힘을 집중한다.
약자는 경쟁상대가 모르게 조용히 행동한다.

(2) 약자의 경영전략

"약자의 경영전략"에 관해서, 각 전략별로 정리해 보면 이하의 표와 같습니다. 여기서는 전략의 비중을 '고객관계=8: 내부관리관계=2'와 같이 전략의 중점을 먼저 고객관계에 두고, 나아가 고객관계 중 '상품=3: 영업=5'와 같이 영업전략에 중점을 두겠습니다.

❷ 중소기업의 상품전략

상품 라이프 사이클에 대해서 상품에는 라이프 사이클이 있고, 자사가 취급하고 있는 상품이 라이프 사이클의 어느 시점에 있는지를 아는 것은 중요합니다. 그럼 구체적으로 '상품의 라이프 사이클'이란 어떤 것인지 살펴봅시다. 위 그림은 각 상품 라이프 사이클의 수요 동향과 각 수요 상황에서의 이익 수준을 나타낸 것입니다. 상품에는 도입기, 성장기, 성숙기, 쇠퇴기가 있으며, 각각의 단계에서 다음과 같은 특징이 있습니다.

(1) 상품 전략(商品 戰略)

전략			키워드
고객 관계 (80%)	상품 (30%)	상품전략	특수성, 상품, 차별화, 라이프사이클, 엄선된 사람, 소비 시점과의 갭
	영업 (50%)	지역전략	넓히지 않는다. 세분화, 쥐어 짜서 힘을 집중, 경합하는 사람이 없다.
		객층전략	손님의 엄선, 손님을 선택한다, 가망이 없는 손님에게 시간을 할애하지 않는다.
		영업전략	최종 사용자 지향, 처음부터 팔려고 하지 않고 우선 정보수집, 재방문, 효과가 있는 광고지.
		고객전략	커뮤니케이션을 취한다, 감정에 호소한다, '손님 → 리피터 → 팬'에게 감사의 엽서나 정기적인 뉴스레터, 재방문 효과가 있는 광고지
내부 관계 (20%)		조직전략	인재, 관리
		자금전략	자금조달, 자금융통

(2) 상품 라이프 사이클에 따른 전략

그럼 상품의 라이프 사이클과 전략에 대해 생각해 보도록 하겠습니다. 상품의 라이프 사이클 중 도입기, 성장기, 성숙기의 특징을 바탕으로 자사의 상품이 어떤 사이클에 있는지를 적용하면서 전략을 검토해 보는 것이 좋습니다.

(도입기)

신상품 투입이 막 된 단계라 경쟁사는 별로 없으나 수요(매출) 증가가 완만합니다. 상품 투입 초기 비용(제조 비용, 마케팅 비용)이 많이 들기 때문에 이익도 크게 늘지 않는 상황입니다. 도입기가 끝나는 시점에서 점(피크시) 수요의 약 10분의 1이며, 이 시점을 지나면 성장기에 들어갑니다.

| 표 4-1 | **도입기(導入期)**

특징	전략
(1) 매출의 성장이 완만함 (2) 경쟁 타사가 없다 (3) 고액소득자 타깃 (4) 상품의 사양 변경이 많다. (5) 제조원가가 비싸다 (6) 마케팅 비용이 비싸다	(a) 일점 집중주의 전략 고객층의 엄선 판매지역 한정 유통채널의 엄선 소문, 광고지 중심의 선전광고 활동 (b) 고가 전략

(성장기)

상품의 인지도가 높아지고 판매채널이 확산되면서 수요가 점차 늘어남에 따라 뒤에서 서술하는 〈플라토〉를 넘어서면 수요가 더욱 상승합니다. 한편, 상품의 대량 생산화가 진행됨에 따라 제조 코스트가 저하되고 이익이 크게 늘어갑니다(이익률이 상승한다).또, 이 시점에서는, 경합 타사가 많이 참가하고 있습니다.

〈플라토 현상〉

성장기에 접어들면 수요가 일단 제자리걸음을 하는 곳이 있습니다. 상품에 따라서는 이 플라토 현상 후에 다시 수요가 상승하는 것도 있고, 그대로 실속되는 것도 있습니다. 상승할지 실속할지 판단은 어렵지만, 이 현상이 끝나는 곳에서 후발조의 시장 진입이 있습니다. 후발조로서는 선발조의 상품에 대해 차별화를 꾀하고 색다른 상품을 투입합니다.

| 표 4-2 | **성장기(成長期)**

특징	**전략**
(1) 참가의 증가(경쟁 상품의 증가) (2) 상품의 대량생산화 (3) 중산층 타깃 (4) 판매채널 확대 (5) 가격 저하 (6) 이익이 증가함	(a) 유통채널 다양화 확대 상품라인의 다양화, 차별화

(성숙기)

상품의 인지도가 더 높아지고 공급도 늘어나고 중요도 증가하는데, 정점(점)을 넘으면 수요 증가가 둔화되고 감소합니다. 이 시점에서는 점유율 획득이 중요한 과제입니다. 또한 경쟁사와의 가격경쟁이 시작됨에 따라 저가 지배가 됨과 동시에 점유율 획득을 위한 마케팅 비용 등이 추가되어 점점 이익률이 낮아지고 있습니다.

| 표 4-3 | **성숙기(成熟期)**

특징	전략
(1) 저가 지배 (2) 제조사와 판매 대리점 간의 힘이 균형 (3) 점유율이 매출신장을 결정한다. (광고선전력 ⇒ 세일즈력) (4) 이익률의 저하	(a) 낮은 점유율 브랜드 삭감 (b) 전문화하다 전문화한 후 상품점수를 늘려간다. (c) 보다 빠르게 상품을 제공스피드 차량검사 (d) 패키지 상품 제공 (e) 성장하고 있는 매체를 타다. DHC~편의점 판매 (f) 게으름뱅이의 욕구를 채우다 린스인샴푸 (g) 비용을 대폭 삭감하다 (h) 엄선된 상품에 특화 (i) 사회적 사명, 의의를 내세워 상품, 기업 이미지 제고, 기업메시지 입소문, 언론보도로 전달 친환경 상품제공 유기농법에 의한 신선채소 판매 무농약, 무공해 등 소비자의 건강을 호소하는 활동

(쇠락기 衰落期)

수요가 일순하면서 수요가 계속 줄어드는 상황입니다. 이 시점에서는, 수요의 감소와 저가격, 고정비의 부담에 의해서, 이익액, 이익율 모두 감소해 갑니다. 그러나 한 운수회사 사례를 살펴봅시다. 성숙기에 들어서도 계속 성장하는 회사

〈한 운수회사 사례를 보면〉

한 상품이 성숙기에 도달하면, 다음으로는 새로운 상품을 성장 궤도에 올려 놓고 지속적인 성장을 해 나가는 회사들은

택배 소액운송 분야 진출

↓

압도적 점유율 확보

↓

성숙화

↓

'스키 택배'

↓

골프택배 차례차례로 신서비스를 제공

↓

쿨택배 "상품·서비스"에 대해 생각해 봅시다.

"상품·서비스"를 생각함에 있어서 중요한 것은

1) 요구와 원츠를 파악하고 있나?

2) 상품컨셉이 고객에게 전달되고 있나?
3) 그 상품이 확산되고 있나?
라고 하는 시점으로부터 생각해 가는 것입니다.

(3) 상품 컨셉이 고객에게 전달되고 있나?

요구와 원트가 모두 비싼 상품이라도 그 상품의 내용이 고객에게 전달되지 않으면 해당 상품은 팔리지 않습니다. 고객이 구매하기 위해서는 초등학생도 알 수 있도록 상품이 설명되어 있는가라는 고객의 관점에서 상품을 재검토할 필요가 있습니다.

(4) 그 상품이 확대되는가?

상품의 확대를 수직적 전개와 수평적 전개라는 축으로 판단합니다.

〈수직적 전개〉 고객 스스로가 그 상품을 얼마나 사용하는지, 어느 정도 구매를 반복해도 얻을 수 있을까?

〈수평적 전개〉 고객 주변의 사람을 얼마나 끌어들일 수 있을까.가족이나 친구에게 소개받아 얼마나 상품을 사달라고 할까?

수직적, 수평적 전개 쌍방이 가능한 상품이라면, 한 번 있는 상품으로 고객을 획득하면, 차례차례로 상품 아이템이 고객의 생활에 파고들어 고객의 주위에 퍼져 갈 가능성이 높아집니다.

❸ 중소기업의 고객전략

고객계층별 분류에 대하여 자사의 상품을 어느 고객층에 제공해 가는지는, 자사 상품의 브랜드, 판매 가격 등에 중요한 영향을 줍니다. 그래서 먼저 고객의 계층 구분과 각 계층의 특징을 살펴보고 다음으로 신상품 투입시의 전략을 알아보겠습니다.

고객계층별 구분과 신상품 투입 전략

| 표 4-4 | **고객 계층구분과 각 계층의 특징**

계층	특징
스키닝층	고액소득자 층. 경기 동향에 좌우되지 않는다. 가격 둔감. 특정 브랜드에 구애받지 않는다.
이노베이터층	최고급품 지향의 허세 가격에는 민감하지만 그런 내색을 남에게는 보이지 않는다. 신상품에 대한 관심이 높아 선 구매층.
팔로어층	주위가 가지고 있으면 갖고 싶어지는 층. 성장기의 역군 경기동향에 좌우되기 쉬우며 가격에 민감함
페너트레이션층	싸면 사는 층. 가격으로 움직이는 경향이 강하다. 대매출, 특매에 약하다 경품부, 마켓부착에 취약함

◈ 중소기업의 고객전략~ 고객 호트폴리오에 대해서

1. 기존 고객의 분류; 거래처를 '자사의 중요성'과 '매출 점유율'에 따라 속 성분 비교해 보면, 아래 그림과 같이 "최중요 거래처" "현상 유지 거래처" 중점 방문·라이벌 추종형 거래처" "문제아적 거래처"로 분류할 수 있는 것은 아닐까요. 그럼 먼저 이 매트릭스 안에 자사의 '고객'을 적용시켜 보세요.

| 표 4-5 | **차별화 전략**

가장 중요한 거래처	현상유지 거래처
당사의 매출 쉐어, 거래처의 중요성이 높고, 당사의 포장마차를 지탱하는 고객회사 그룹	당사의 매출 쉐어가 높고, 영업사원에 있어서, 가장 가기 쉬운 단골고객 그룹, 영업사원이 방문과잉이 되는 경향이 강하다.
중점방문, 경쟁자 추종형 거래처	문제아적 거래처
당사의 점유율은 낮지만, 그 중요성이 높고 또한 판매여지가 큰 거래처 그룹. 강력한 경쟁자가 존재하며 고객사와 긴밀한 관계를 맺고 있다.	영업사원의 발길이 뜸해 충분한 방문을 하지 못하고 있다. 고객의 중요성, 당사 매출 쉐어 모두 낮고, 영업 효율이 지극히 나쁜 거래처. 방문할수록 적자가 난다.

◈ 중소기업의 고객전략~ 고객에 따른 판매 방침을 세워 보자

거래처를 분류한 후, 그 특성에 따라 판매 방침을 재검토합니다. 우선, 판매 변혁 방침을 세워 그것을 수치화해, 보다 효율적인 영업을 실시해 갑니다.

| 표 4-6 | **판매변혁 방침**

최대중요 거래처	현상유지처
자사의 최대 중요파트너 보다 긴밀한 관계를 구축해 라이벌로부터 지킨다.	과잉 방문에 주의하면서, 현상 관계를 유지해 간다.
중점방문, 경쟁자 추종형 거래처	문제아적 거래처
경쟁사의 시장점유율을 빼앗는다. 면밀한 방문 계획을 세워 중점적으로 방문하여 매출을 늘린다.	최저한의 교제에서 해결한다.

❹ 변혁방침의 수치화

필요 방문시간은 27% 줄일 수 있다. 방문 시간의 변화를 통해 매출을 늘리는 것은 가능하다. ⇒방문 횟수를 늘린 고객사에서는 매출 증가가 예상된다. 방문 횟수를 줄인 거래처에서도 충분한 팔로우가 되어 있으면 매출을 크게 줄이지 않는다. 영업사원의 행동을 바꾸면 적자의 거래처를 잘라내지 않아도 시간은 남는다. 영업비용을 줄이면서 매출, 이익의 증가도 가능해진다.

◈ 중소기업의 고객전략 ~

이상적인 고객과는 기존 고객을 분류하고, 그 속성에 의해서 고객의 중요도를 도모해, 영업 효율을 높이고, 영업 코스트를 삭감해, 매상, 이익을 확보해 나간다. 이것은 고객 영업 전략이라는 관점에서 매우 중요한 일이지만 마지막으로 계수적인 개념에서 벗어나고 회사에게 이상적인 고객이란 도대체 어떤 고객인지를 생각하고 싶어요.

고객에 대한 생각을 바꾼다.

'이상적인 고객'을 만나기 위해서는 먼저 '고객'에 대한 생각을 바꿔야 합니다. 예를 들면, '고객에게 선택받는 회사가 되자.' "고객을 뽑는 회사는 고객으로 선정" 손님은 쫓을수록 도망간다. 손님에게 "사고 싶다, 갖고 싶다"라고 말하게 한다.와 같은 발상의 전환도 중요합니다. 그래서 고객으로 뽑힌 회사의 예로 루이비통에 대해 자사와 비교하면서 생각해 보시기 바랍니다. 루이비통 고객층은? 고객 대응은? 제공하는 상품은? 제공하는 부가가치는? 다음으로 자사에 있어서 '이상적인 고객'이란 어떤 고객인지 가능한 한 많이 들어보시기 바랍니다. 회사에 이상적인 고객이란? 돈을 잘 쓰는 손님? 불평하지 않는 손님? 손이 가지 않는 손님? 손님을 소개해주는 손님? 등

❺ 이상의 고객을 만나기 위한 힌트

위에서 언급한 '이상적인 고객'을 만나기 위한 힌트로

◈ 다음과 같은 것을 생각할 수 있습니다.

- 스스로가 쫓는 고객은, [이상적인 고객]이 되지 않는다.
- 사귀고 싶은 고객과 사귀고 싶지 않은 고객을 명확히 구분한다.

- 제공하는 상품 서비스가 차별화되어 희소성이 있다.
  고객에게 [아무래도 갖고 싶다]라는 감정을 심어줄 수 있다.
  고객을 데려오는 영향력이 있는 고객이 있다.

◈ 전략경영 재고

경영 전략편에서는, 경영에 있어서의 전략의 중요성을 중심으로, 전략이란 무엇인가, 상품·서비스와 시장, 그리고 고객과의 관계, 재무란 무엇인가(결산서의 견해·생각) 등에 대해 생각해 왔습니다. 마지막으로 '왜 경영에 전략이 필요한가?'를 다시 생각해 보겠습니다. 기업을 둘러싼 환경은 변화무쌍하고 불확실하며 복잡해졌습니다. 그리고 사회의 요구는 다양화되고 환경의 변화에 대응할 수 있는 것만 살아남아 성장하는 시대가 되었습니다. 이런 상황은 대기업이든 중소기업이든 다르지 않습니다. 벌써 이른바 "승자"라고 불리는 대기업에서는, 명확한 목표를 설정해, 목표 달성을 위한 전략을 책정해, 자금력, 인재력, 정보력

을 구사하고, 끊임없는 경영을 행하고 있습니다.

이렇게 말하면 실례일지도 모릅니다만, 자금력, 인재, 정보량으로 대기업에 대항할 수 없는 중소기업이 같은 환경 속에서 살아남기 위해서는 한정된 경영자원(자금, 인재, 정보)을 얼마나 효율적이고 최적으로 활용하여 경쟁에서 이기는 전략이 보다 중요한 것이 아닐까요? 대기업이 책정하는, 고도이고 복잡하고 대규모 전략이 아닌, 이른바 "약자가 취해야 할 전략"을 생각해 가야 할 것입니다.

즉, 중소기업에 필요한 것은, "전략"을 대상으로 하는 것이 아니라, 우선, "전략을 가진다"라고 하는 발상, 다음에, 명확한 목표를 가지는 것, 또한, 스스로의 상품·서비스를 재검토해, 한정된 경영자원을 사용해 어떠한 전략을 세우고, 시장, 고객에게 임할까를 오로지 생각하는 것, 그리고, "목표" "전략"을 응시하면서, 경영을 실천, 계속 관리해 가는 것입니다. 이것이, "전략 경영"인 것입니다. 이러한 필요성을 발견하고 그것을 실행에 옮긴 것만이 대기업, 중소기업의 구분없이 '승자기업'으로서 성장, 발전해 나가는 것입니다.

용어 설명

불황(recession)
격동(turbulence)
새로운 보편성(new normality)
제로베이스 예산 편성(zero-based budgeting)
감성(heart)
영혼(spirit)
품성(character)
진정성(authenticity)
마음(caring)

참고 문헌

1. 뿌리깊은 기업. 성장사와 그의 비결. 신산업전략연구원편 pp. 102-106. 대림산업. 이정현 대리(수정보완. 2016. 11)
2. 뿌리깊은 기업. 신산업전략연구원 편. 화산문화 발행, 2011년 민족기업의 금지

3. 살아남은 100기업 두산이야기 엄광용, 북오선 출판, 1896년 박승직 상점으로 출발, 한국 최고의 기업은 어떻게 살아 남았는가?
4. 삼성의 인사철학과 인사관리, 삼성의 인사철학과 인사관리 전반의 검토다운
5. 김인섭. 김우봉. 문종범, 국내장수 중소기업의 성공요인 관한 사례연구, 한국중소기업학회. 2012.
6. 김종래, 우리나라 벤처기업과 강소기업 특성에 따른 재무성과 비교연구', 2011, 서울과학기술대학교.
7. 김춘근·이충석·김진수, 기술창업기업 초기성과에 미치는 영향요인 분석-청년창업사관학교, 기업을 대상으로, 기업경영연구, 57(단일호), 2014

요 약

1. 변화의 지속만이 생명을 유지

격동이란 마치 비행기가 난기류에 휩싸이는 것처럼 순간적으로 발생하는 돌발 사태를 말한다. 그런데 이런 쇼크가 앞으로 더 자주, 더 예리하게 발생할 수 있다는 것이다. 세계화와 기술의 발전과 새로운 개발이 이를 재촉하고 있다. 따라서 불황이 끝난다고 문제가 해결되는 것은 아니라 변화의 지속만이 생명을 유지하여 갈수 있다는 것이다.

2. 위기는 기회를 동반. 새로운 것을 창조

위기는 기회를 동반할 뿐만 아니라 새로운 창조적 기회도 부여된다는 사실의 인식과 노력이 수반 되어야 한다. 도약의 시스템을 재구축하여 자사의 장점과 강점을 되살려 발전의 초석으로 활용함이 필요하다.

3. 마케팅의 3단계

첫 번째 단계: 초창기의 마케팅은 소비자의 생각(mind)에 호소하는 방식
두 번째 단계: 여기서 한발 나아간 '마케팅은 감성(heart)'을 자극하는 것
세 번째 단계: '마케팅은 사람들의 영혼(spirit)에 호소하는 것이다.

4. 불황속에 성장하는 기업

불황속에서 성업되는 기업의 이유는 무엇일까? 추적하며 답을 찾아라. 위기는 용기를 필요로 한다. 위기는 고통의 시련과 창조와 도전의 기회가 부여된다. 열정 속에서 창조의 근원이 찾아진다. 고객과 함께 미래를 준비하는 마케팅 전략이 필요한 시대로 변해가고 있다.

5. 가난으로 부터 탈출

'가난으로부터의 탈출(Up and Out of Poverty)' 하는 방법으로는 '소상인 사회적 마케팅이 해결'(Social Marketing Solution)책이 한 방법일수 있습니다. 마케팅에서 쓰는 기법을 활용해 가난한 사람들이 빈곤에서 빠져나오도록 돕는 방법에 대한 내용이다. 캠페인에 마케팅 기법을 응용하는 것입니다.

제2절

조직의 새로운 구축 없이 파계적 혁신 없다

성공 Point 18

1. **자기금정(自己昑靜)**

   민주사회에서 대중적인 평가도 중요하지만. 시대흐름의 시류에 의한 평가보다는 정도에 의한 세인의 금정적인 평가가 영원하리라. 자신의 행위에 대해서 스스로 판단할 수 있다. 자기관리의 기본이다 스스로 내리는 자기평가야 말로 가장정확한 평가일 것이다. 정당한 노력으로 소신을 기우렸다면 언젠가는 정당한 평가를 받을 수 있다는 것을 믿어라.

2. **금정적인 사고로 성공하연 사람처럼 행동하라**

   성공한 사람처럼 행동하면 당신은 성공을 향하여 나가고 있는 것이다. 성공과 실패는 드러난 사실이 아니라 그것을 느끼는 사람의 마음속에서 시작된다. 마음을 금정적인 상태로 유지하면 첫째 인생을 활기차게 살 수 있는 꿈을 그리게 되고 둘째 할 수 있다는 신념으로 셋째 행동력을 높일 수 있다. 행복의 싹은 위기와 재난 속에서 깃들어 있다. 문제를 해결하는 방법은 뜻밖의 기회에서 차자오기도 한다. 금정적인 노력이 기회의 문이 열린다.

제2절
조직의 새로운 구축없이 파계적 혁신없다

2-1. 기존조직과 다르게 創意的 기업이 좀 더 효과적

❶ 존속적 혁신과 파괴적 혁신

"혁신에는 '존속적 혁신(sustaining innovation)'과 '파괴적 혁신(disruptive innovation)'이 있습니다. 존속적 혁신은 과거보다 더 나은 성능의 고급품을 선호하는 고객들을 목표로 기존 제품을 지속적으로 개선해 보다 높은 가격에 제공하는 전략을 말합니다.

반면 파괴적 혁신은 현재 시장의 대표적인 제품의 성능에도 미치지 못하는 제품을 도입해 기존 시장을 파괴하고 새로운 시장을 창출하는 것을 말합니다. 일반적으로 기존에 고객이 아니던 사람이나 덜 까다로운 고객들을 사로잡는, 간단하고 편리하고 저렴한 제품들을 출시하는 전략이 여기에 속한다고 볼 수 있습니다."

향후 한국 경제에 가장 큰 위협의 하나는 파괴적 혁신을 기반으로 시장에 새롭게 진입하려는, 중국이 경쟁국이 될 것으로 경계의 대상이 될 것이다. 이제 한국과 대만은 정점에 매우 근접하게 접근하고 있습니다. 동시에 중국과 인도가 따라오고 있습니다. 대만보다는 한국 경제는 우려를 보이고 있다. 왜냐 하면 대만 기업인들은 명함을 두 종류를 가지고 있었습니다. 하나는 자신이 원래의 사업 명함이고, 다른 하나는 자신이 새로 시작한 사업을 위한 명함이었습니다. 이는 존속적 혁신과 파계적 혁신을 병행하고 있다는 것입니다.

기업가 정신이 매우 생생하게 살아있는 문화이지요. 그러나 한국은 좀 더 일본에 가깝습니다. 그렇기 때문에 앞으로 중국이 아래에서 한국 시장을 파괴적으로 흔들 때 더 많은 타격을 받을 것으로 예상하고 대비책이 필요로 생각됩니다.

이에 대한 대책으로는 밑바닥으로 다시 내려가 새로운 원동력을 찾아내는 것과 함께 외국의 인재들에게 문을 열고 영입 기업의 체질개선이 필요하다. "미국 실리콘 밸리에 있는 성공적인 기업 중 절반 이상이 외국인이 설립한 기업입니다. 실리콘 밸리가 가진 가장 큰 장점은 스탠퍼드와 UC버클리가 전 세계에서 우수한 인재와 기술을 끌어들였다는 것이 장점의 예이다.

한국 역시 당면 문제를 해결하기 위해서는 한국이 구조적으로 바뀌어 세계에서 가장 뛰어난 기술자들이 서울대로 와서 공부하고 취업하고 싶게 만든다면, 또, 한국은 새로운 사업을 시작하기에 정말 좋은 곳이구나 하는 인식을 갖게 환경이 조성되면 여기에 정착해서 기업을 세우자'라는 사람들이 많아진다면 지금 한국이 가진 문제는 자연히 해결 될 뿐만 아니라 밝은 미래를 볼 수 있을 것입니다."

❷ 파괴적 혁신은 '결핍'을 먹고 자란다

일반적으로 제품이나 기업도 생명주기를 갔게 된다. 쇠퇴기의 산업과 성장기의 산업은 파괴적 혁신에서 얻는 시사점도 다를 것이다. 쇠퇴기의 산업은 밑에서 치고 올라가는 기업이 기존 기업들을 따라잡기가 상대적으로 쉬울 것이라 생각하게 된다

그런데 어떤 산업이 쇠퇴하는 이유는 그 산업이 다른 곳에서부터 파괴당하고 고객이 이탈하기 때문입니다. 예를 들어 미국의 신문 산업은 빠른 속도로 쇠퇴하고 있는데, 파괴 요인을 살펴보면 인터넷 기반 광고나 구글 같은 포털업체 등 다양합니다.

신문 업계가 기존 비즈니스 모델의 시각에서만 바라본다면 이런 요인들은 자신들과는 별 상관없는 것이므로 원래 하던 방식을 그대로 유지하려고 할 것입니다. 하지만 파괴적 혁신이 일어나면 소비자에게 제공되는 서비스가 편리해지고 저렴해지므로 새로운 시장이 폭발적으로 성장합니다. 신문사들이 이런 엄청난 성장 기회를 보고도 자신들과는 관계가 없다고 생각한다면 그 신문사는 결국 사라지고 말 것입니다.

❸ 경제가 호황기인 경우와 불황기인 경우에도 비슷한 논리가 적용된다

경제 상황이 좋지 않으면 기업들은 혁신을 위해 자원을 사용하는 데 제약을 받게 됩니다. 그러나 이런 제약 때문에 오히려 파괴적 혁신이 빨리 진행될 수 있다. 기업들은 단순한 형태의 혁신을 가지고 재빨리 시장에 진입하고, 그 다음에 하나씩 발전시켜 나가야하기 때문입니다.

반면 기업들이 충분한 자원과 좋은 시장 여건을 가지고 있을 때에는 오히려 너무 오랜 시간 동안 연구개발을 하고 그 결과로 매우 복잡한 형태의 제품을 만들어서 시장에 진입하게 됩니다. 그러나 대부분의 경우 소비자들은 그런 제품을 오히려 외면할 가능성이 많습니다. 아무리 연구개발에 시간과 돈이 많이 소요된 제품이라 하드라도 상품소비는 수요자의 수준과 비례되기 때문입니다. 그래서 타임이 중요합니다.

왜냐하면 소비자들이 필요치 않는 훨씬 복잡한 사양들을 높은 가격에 출시하기 때문입니다. 이러한 사실에 근거해 볼 때, 우리는 경제 상황이 좋지 않다는 것을, 파괴적 혁신을 하지 않아도 되는 핑계로 삼아서는 안 됩니다. 경제 상황이 좋지 않을 때가 오히려 파괴적 혁신에 더욱 집중해야 할 때입니다.

결국 시장을 선도하는 선진기업은 더 복잡한 기능성 제품을 내놓을 가능성이 높고, 시장을 파괴하는 아이디어를 가진 기업은 더욱 단순하고 쓰기 편한 현실적인 솔루션을 내놓을 가능성이 훨씬 높아집니다. 그 이유는 대기업은 미래지향적인 상품을 개발하고 중소기업은 현실 수요를 주안점으로 수요를 개척하기 때문입니다.

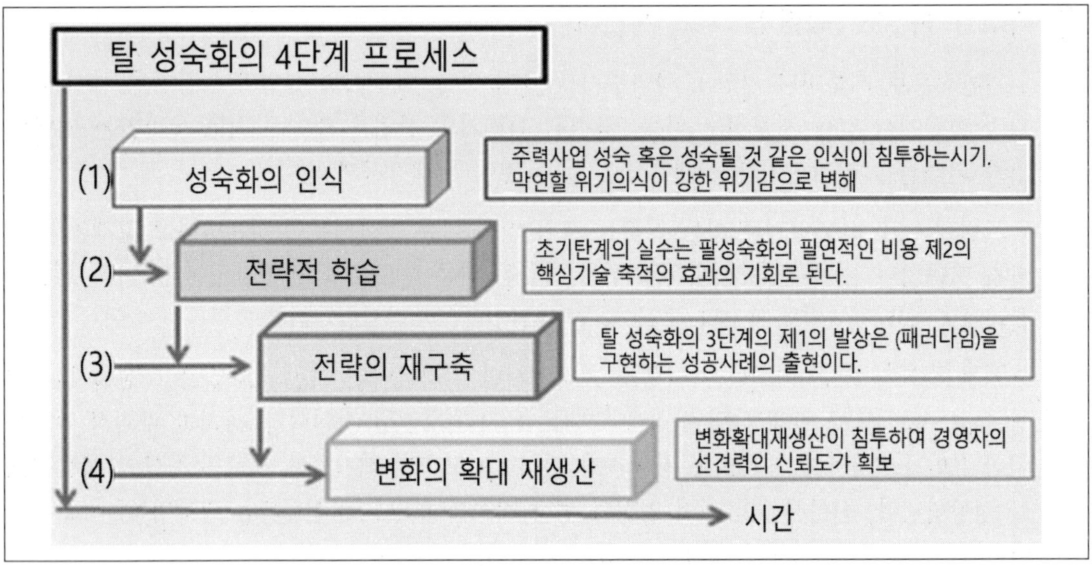

| 그림 4-1 | **파계적 혁신 새로움을 창조 단계적 프로세스 모형**

2-2. 구조변화에 대응

지나온 30년간을 되돌아보면 경제사회의 구조는 크게 변화하고, 향후 이 변화는 더욱 크게 빨라질 것으로 전망된다. 중소기업 경영자들은 이러한 시대적 사회의 변화 속에서유연하게 대응하여 자기변혁(自己變革)을 계속해 나가지 아니하면 경쟁대열에서 낙오(落伍)될 우려가 되는 것이다. 그러므로 본 절에서는 중소기업을 둘러싼 산업경제 사회의 희구(希求)되는 구조 변화와 앞으로 중소기업에 기대되는 사회적 역할에 대해 고찰(考察)해 보고자 한다.

◈ 3개의 경제·사회의 구조변화

중소기업의 경영실태가 완만하게 개선되어 가긴하지만, 적재적소(適材適所)의 사람 부족으로 좋은 성과에 오르지 않은 것으로 나타났다. 여기부터는, 인계는 반드시 적지 않지만, 눈앞의 일을 해내는데 굉장히, 업무 개선이나 신사업전개에 관한 손을 치지 않고 있는 중소기업 동상이 떠오른다. 그러나 이 장의 시작 부분에서 언급했듯이 경제 및 사회 구조는 지난 30년 동안 크게 바뀌었다. 따라서 본 절에서는 중소기업을 둘러싼 인구감소 디지털화 글로벌화의 3개 경제·사회의 변화가 중소기업에 관한 영향을 분석해 나간다.

❶ 인구 감소(人口減少)

(1) 인구변화와 현재

우리나라의 인구변화는 현재 우리가 직면한 큰 과제로서 우선들 수 있는 것이다. 저출산 고령화로 그에 따른 인구감소의 현상이다. 지금까지 우리나라 인구는 계속 증가했으나 2020년대 들어 감소세로 돌아갔다. 특히 지방 지역에서는 이미 인구가 크게 감소를 보이고 있다.

(2) 인구감소와 중소기업

다음으로 각 지역과 중소기업과의 관계를 확인해 본다. 그리고 중소기업의 수와 중소기업에 근무하는 종업원 수 비율이 높은 경향이 보인다.

(3) 중소기업의 노동생산성과

인구밀도의 관계는 다음으로 지역의 산업구조의 변화에 대해 살펴본다. 종업 자수로 본 지역의 중심산업의 변화이다. 일반산업 구조는 경제발전, 성숙에 따라 소매 서비스업 등의 제3차 산업으로 이동하는데, 이것을 보면 우리나라에서도 제조업(녹색)이 감소하는 반면, 소매(청색), 의료·복지(주황색), 서비스(적색)가 증가하고 있는 것을 알 수 있다.

이상을 고려하면 중소기업 사업장의 노동생산성은 입지지역의 인구밀도와의 관계성이 강한 것으로 확인되었다. 그러나 인구감소라는 사건 자체는 하루 아침에 해결할 수 있는 문제가 아니기 때문에 앞으로는 인구 감소를 전제로 한 비즈니스 모델을 구축하고 갈 필요가 있다.

(4) 디지털화는 새로운 판로

"탈화", "글로벌화"는 큰 추풍이 될 것으로 생각된다. 디지털화는 새로운 판로 확장잠재력, 부족한 경영자원 보완 및 경영합리화를 뒷받침하는 흐름이며, 규모의 크고 작음없이 사업을 확대시킬 가능성을 높일 것으로 생각된다. 글로벌화의 흐름은 신흥국을 중심으로 해외 수요를 획득할 수 있다면 성장 여지가 충분하다는 것을 보여줍니다.

따라서 인구 감소라는 큰 도전에 직면하였고 그 중에서도 경제사회변화는 중소기업에 있어서 마이너스의 영향만이 아니다. 지금 중소기업에 요구되는 것은, 돌풍이 되는 경제·사회변화를, 어떻게 자사의 경영에 도입하는가? 라고 하는 문제라고 할 수 있을 것이다.

❷ 사례 1. 주식회사 슈퍼 마루마츠

인구감소와 경합에 참가라는 경영환경에서 편의성 향상이나 고정객 획득으로지역내 점유율 선두를 유지하는 기업인 주식회사 슈퍼 마루마츠(종업원 24명, 자본금 2,500만엔)는 후

쿠오카현 야나가와시에서 지역밀착형 슈퍼를 경영하는 기업이다. 이 회사가 자리잡고 있는 후쿠오카현 야나가와시는 지난 20년간 인구가 약10% 감소했다. 게다가 이 지역에는 1990년대 후반부터 대기업 할인점과 소매체인, 편의점 등의 진출이 잇따라, 지역 소매점이나 지역슈퍼 등은 차례차례로 도태되어 가고 있었다.

이러한 인구감소와 경쟁의 증가라는 매우 엄격한 경영 환경에도 불구하고, 회사는철저한 효율화와 기존고객의 단가 향상 고정객화에 의해 이 지역에서 점유율 1위를 유지하고 창업 이후 무차금 경영을 계속하고 있다. 이 회사는 오히려 인적부족에 시달리고 있었던 것도 철저한 업무 효율화로 이겨내었다.

수년전부터 POS 시스템을 도입하여 판매정보를 중앙 집중화하고 POS 시스템에서 파악한 판매 데이터와 일기예보 등의 정보로부터 다음날 판매수를 예측하여 재고위험을 줄이는 등을 도모합니다. 또한 이 회사는 실제로 판매된 만큼 매입에 계상되는 「소비 매입」을 실시하고 있다.

소비량 매입에서는, 매입 시에 납품수를 체크할 필요가 없고, 검품 업무를 생략할 수 있어 큰 업무 효율화 효과가 있다. 이 회사는 POS 시스템을 도입하여 판매 개수를 정확하게 관리하고 있기 때문에 이 소화 구매가 가능해진다. 현재 약 120개사 의 거래처 중 약 35개사에서 소화매입을 하고 있다.

하지만 당사와 고객의 관계를 보다 견고하게 하고 있다. 나오시 사장은 향후 지역의 인구가 감소하고 고령화가 진행되고 있는 가운데도 ICT 등의 툴을 유효하게 활용함으로써 인력 부족을 극복해 나가면서 고령자에 대한 서비스를 충실시켜 고객과의 관계를 더욱 강화해 나가고 싶다"고 말한다.

❸ 사례 2. 주식회사 도야마 은행

국립 대학법인 도야마 대학 지역의 중소기업의 채용 활동을 금융기관과 대학이 제휴해 지원하는 사례. 도야마현 다카오카시에 본점을 두고 있는 주식회사 도야마은행은 동현 도야마시의 국립대학 도야마대학과 연계하여 현내 중소기업의 신졸채용 지원에 임하는 지역밀착형 금융기관이다. 도야마현에서는, 대졸의 대부분이 3대 도시권에 취직해 버리기 때문에, 현내의 중소기업은 신졸 채용에 고전하고 있었다.

이 때문에 도야마 은행에는 중요 고객인 많은 현내 중소기업에서 신졸 채용에 관한강한 지원 요청이 있었다. 한편 도야마 대학은 지역에 근거한 대학으로서 학생의현내 취업률을 현재의 38.7%에서 48.7%까지 끌어올리는 목표를 내세우고 있어 현지기업과의 제휴가 불가결했다. 이와 같이 공통된 목표를 가진 양자의 협업이 실현되어 도야마현의 중소기업에 대한 신졸학생의 채용 지원이 시작되었다.

우선, 동행이 현지 우량 기업을 추천하고 소개하는 팜플렛 「기업연구책자를 작성하게 되었다. 팜플렛 작성에 즈음해서는, 동 대학의 학생을 말려들어 기업 인터뷰를 받는 것으로, 학생만이 가능한 시점을 담았다. 또한 학생에게 응모하는 기업을 선택할 때 원하는 정보에 대해 사전에 앙케이트를 실시했다.

그 결과, 지금까지 기업측은 자사제품 서비스의 강점을 어필하고 있었지만, 학생측은 일하는 환경이나 활약의 장소로서의 매력을 알고 싶다고 생각하고 있었다. 또한 기업이 전하고 싶고 학생이 알고 싶은 것에 미스매치가 있는 것을 알게 되었다. 그래서 기업연구 책임자'는 학생이 알고 싶은 것을 중심으로 한 내용을 충실하게 설명하였다. 중소기업에 있어서는 본 팜플렛에 게재됨으로써 사업의 선진성이나 사내근무환경 등에 대해 도야마 은행으로부터의 추천 코멘트를 얻을 수 있기 때문에 제3자 시선에서도 매력있는 기업임을 어필할 수 있다는 장점이 있었다.

게다가 '기업연구 책임자'에서 소개를 할뿐만 아니라, 중소기업 자신이 학생들에게 매력을 전하는 것이 필요하다는 문제의식에서 'TOYAMA 채용이노베이션스쿨'도 개강하고 있었다. 이것은 중소기업의 채용력 향상을 목적으로 한 경영자 채용 담당자용 학원으로 강의와 워크숍, 개별 세미나를 조합하여 이루어지고 있다. 첫 회는 2018년에 실시되어 14개사가 참가했다. 고용 대학을 수립한 고베대학 교수의 강의가 있었습니다.

회사의 과제를 정리하고 주체적으로 채용전략을 생각하는 프로그램이 되고 있다. 앞으로도 동은행과 동대학은 현재 중소기업의 인력 부족이라는 과제 해결을 지원해 나갈 방침이며, 현재 전체의 인재 확보육성을 충실이 지원해 나갈 것이다.

2-3. 디지털화

❶ 인터넷의 보급으로

두 번째 변화는 디지털화의 진전이다. 2000년대에 들어서면서 민간에서도 인터넷 이용이 가능해지고 2010년 시점에서 10%선에 불과했던 인터넷의 세대 보급률은 2020년시점에서는 50%를 상회하는 급증세를 보이는 정도의 수준으로 추이하고 있다. 이를 보면 2010년 시점에 파소코 스마트폰의 보유율은 스마트 폰의 보유율을 크게 높아 지고있다.

2000년대 시점에서 보면 10대 초등학교 학생으로부터 80대 노인세대까지 전세대가 스마트폰을 사용하고 있으며 보유율이 PC의 보유비율을 웃돌고 있다. 또한, PC의 보유율은 모두세대를 통해 2010년에서 2020년까지 완만하지만 스마트폰 보유율은 모든 세대를 통해 갑자기 크게 상승했다.

인터넷에서 이용한 서비스·기능을 연령별로 2010년과 2020년에 비교하여 보면 우선 전자 메일 이용 상황을 보면 2010년에 비해 특히 연령이 높은 층의 이용 비율이 높아지고 있는 것을 알 수 있다. 필요한 변화로 언급되는 것은 소셜 네트워킹 서비스(이하 'SNS' 라고

함) 활용이, 2010년부터 2020년에 걸쳐 이용률이 대폭 높아지고 있는 것을 알 수 있다. 이와는 대조적으로 홈페이지 블로그의 이용 상황은 답보(踏步)상태로 나타나고 있음이 보인다.

❷ 중소기업의 ICT 활용 상황

여기에서는 중소기업의 인터넷 활용 상황을 과학기술부. 통신이용 동향조사를 이용해 보면 됩니다. 인터넷의 보급을 기업측에서 보면 정보 발신이나 거래 수단의 범위가 크게 펴졌다고 파악할 수 있다. 인터넷 보급시대의 구매 행동은 AISAS10이라는 모델로 알려져 있으며 구매의 과정에서, 인터넷상에서 「검색」을 하는 것이 일반적으로 되어 있다.

즉 고객과 접점이 인터넷에 제공되도록 자사의 존재와 상품 및 서비스의 인지도를 높이기 위해서는 인터넷상의 정보 발신이 중요하다고 할 수 있다. 종업원 규모별로 본 홈페이지의 개설 상황의 추이이다. 이를 보면 2010년과 2020년을 비교하면 중소기업, 대기업 모두 홈페이지를 개설하고 있는 기업의 비율이 약간 증가하고 있지만, 2010년 시점에서 이미 대부분의 기업이 홈페이지를 개설하고 고객과의 접점이 되는 창구는 설치되어 있다고 할 수 있다.

다음으로 기업에서 소셜 미디어 서비스의 활용 상황을 확인한다. 이것을 보면, 2010년 시점에서 대기업, 중소기업 모두활용 상황은 10% 정도로 큰 차이는 없었지만, 2020년 시점에서는 중소기업의 활용상황이 25%에 비해 대기업이 37%로 차이가 확대되고 있다. 여기서 소셜 미디어 서비스는 블로그, SNS와 동영상 공유 사이트를 가리키고 있다. 이 서비스는 무료 및 저렴하게 사용할 수 있습니다.

많은 점이 특징이며 중소기업의 경우 쉬운 마케팅 도구로 간주됩니다. 또한 2020년에 있어서의 소셜 미디어 서비스의 활용목적·용도를 확인하면 「마케팅」 룰로서의 활용에 대해 대기업과 중소기업의 차이를 볼 수 있다. 소셜 미디어 서비스를 활용한 정보 발신은 매스 미디어를 통한 TV CM 및 광고 전단지같은 일방적이고 획일적인 정보 발신과 달리 양쪽 목표에 맞게 정보를 전송할 수 있습니다. 가능한 점이 특징이며, "고객과의 관계를"보다 확고해질 수 있다. 운영방법에 관해서는 신중하게 검토해야 한다. 그러나 이러한 새로운 도구를 적극적으로 개척해 가는 것은 중요하다고 생각된다.

❸ 콜럼 디지털 플랫폼의 상승

인터넷 및 모바일 단말기 등의 보급으로 새로운 비즈니스 모델도 많이 탄생하고 있다. 현재 인터넷경제 활동을 포함한 다양한 활동이 진행되고 있지만, 이들 인터넷상의 광범위한 활동의 기반을 제공하는 사람으로서, 디지털 플랫포머가 세계적으로 매우 큰 존재가 되고 있다.

GAFA(Google, Amazon, Facebook, Apple)로 불리는 대표적인 디지털 플랫폼을 제공하는 사업자의 매출액의 추이이다. 이것을 보면, 디지털 플랫폼은 스마트폰과 같은 모바일

단말기의 보급과 시기를 같게하여 급속히 성장하고 있는 것을 알 수 있다.

디지털 플랫폼을 가지는 대표적인 사업자의 매출액 추이를 살펴보자. 우리나라에서도 디지털 플랫포머는 이미 삶에 침투하고 있다. 스마트폰에서 인터넷 서비스 이용자의 수를 나타낸 것이다. 이것을 보면 얼마나 많은 사람들이 디지털화 했는지를 알 수 있다. 스마트폰으로부터의 인터넷 서비스 이용자 수가 늘어나고 있음을 알 수 있다.

2-4. 중소기업에 있어서의 전자상거래

❶ 성장하는 전자상거래

EC 전자상거래의 이용 상황이 노동인구 감소에 의해, 특히 지방에서는 수요의 감소가 눈에 띄지만 ICT 기술은 지역을 넘어서는 판로 확대의 가능성을 가져옵니다. 그중 하나로 주목받는 것은 EC이다. 일반적으로 EC는 인터넷상에서 이루어지는 품목서비스의 거래를 가리키고, 그 면에서 확대를 계속하고 있다

다음으로 중소기업의 EC 이용 상황을 확인한다. 종업원 규모별로 본 EC의 이용상황이다. 중소기업에서 EC를 이용하는 기업의 비율은 44.7%로 대기업을 약 10포인트 밑도는 수준이 되어 확대의 여지가 남아 있을 가능성이 있다. 또한, EC를 사용하는 기업의 이용 목적을 나타내고 있다. 이것을 보면 '판매'보다 "조달"에서 EC가 활용되고 있음을 알 수 있습니다.

마지막으로, 특히 BtoC EC에서 판매 모델에 대해 대기업과 중소기업의 판매 모델을 비교하면 자사 사이트와 전자몰의 활용 비율이 다른 점이 특징적이다. 우리나라에서도 높은 인지도를 자랑하는 전자 쇼핑몰이 있습니다.

존재감은 매우 커지고 있습니다. 이러한 전자몰에의 출점은, 집객력의 관점에서는 출점자에게 큰 이점이 있는 반면, 전자몰 운영자에 의해 정해진 규칙에 따라, 정해진 수수료를 지불할 필요가 있다. 한편, 자사 사이트에서의 판매는 자유로운 운영이 가능하지만, 일정한 인지도가 없으면 자사 사이트에의 집객(接客)은 곤란하다고 생각된다. 자사 사이트, 전자몰 모두 메리트와 데메릿이 있기 때문에 전자 몰에 출점함이 좋습니다. 그리고 자사의 인지도를 높이면서, 리피터를 자사 사이트로 유도하는 등 잘 활용하는 것이 중요하다.

❷ 사례에서 보는 전자상거래

(1) 사례에서 볼수 있듯이

EC 영업에 도입하여 효과적으로 활용하는 것은 지역 내 수요의 감소가 진행되는 지방에서 해외를 포함한 판매를 확대하는 효과적인 수단이 될 수 있을 것이다. 또한 최근에는 인구 감

소와 EC의 발달로 소매점의 곤경이 지적되고 있다. 이러한 환경하 "매장에서 고객을 기다립니다. "EC에서 구입할 수 있는 상품을 판매한다는 비즈니스 모델에는 한계가 있다. 사례와 같이 고객에게 "특별한 가치와 경험을 사업자측에서 전달하십시오." 모두 경제와 사회의 변화에 대응하는 한 가지 방법으로 여겨진다.

(2) 사례 호시산 주식회사

EC의 전략적인 활용에 의해, 판로의 확대를 실현한 노포기업(老鋪企業) 구마모토현 구마모토시의 호시산 주식회사(종업원 50명, 자본금 3,850만엔)는 간장, 된장, 드레싱 등의 조미료를 제조·판매하고 있는 기업이다. 이 회사는 창업 100년 이상의 노포 조미료 메이커로, 도매상을 통해 구마모토 시내의 소매점이나 음식점용으로 간장 미소를 중심으로한 조미료를 판매해 왔다. 그러나, 약 30년 전부터 구마모토시내에 양판점의 진출이 진행되어, 대형 메이커가 시장을 석권하기 시작했다.

또한 최근에는 공동 가구의 증가등 라이프 스타일이 변화하고 일반 가정에서는 조리제 식품이 식탁에 늘어선 기회가 늘어나는 등의 요인을 배경으로 간장과 된장 판매량도 감소하고 있었다.

이러한 배경에서 구마모토 시내에 그치지 않고 판로를 전국으로 확대시킬 필요성을 느끼고, 약 10년 전부터 사내에서 EC판매의 준비를 진행해왔다. EC 판매의 본격적인 도입을 향해 전문적인 지견을 가진 인재를 확보하기 위해 ICT나 인터넷 통신 판매에 정통한 인재의 모집을 계속하고 있었는데, 4년 전에 채용에 성공하여 자사의 홈페이지를 작성해, 대형 통신 판매 사이트를 이용해 EC 판매를 본격적으로 시작하게 되었다.

(3) EC 판매 활용도 높여

실제로 EC 판매를 시작했는데, 「불의나라 폰식초」등 구마모토현 같은 상품이 전국의 소비자로부터 높은 평가를 얻었다. 구마모토시내 중심의 종래의 판매 채널에서는, 간장이나 된장 등의 정평 상품의 판매가 중심이었기 때문에, 기존의 상품과의 서거를 실시하면서, 새로운 판로를 획득할 수 있었던 것은 당사에 있어서 큰 성과였다. 이 성공 경험은 우리의 새로운 제품 개발의 동기 부여로 이어졌습니다.

EC 판매가 궤도를 타고 있는 가운데, 이 회사는 EC의 활용 방법에 대해서도 전략적으로 재검토를 진행하고 있다. EC 판로 확대를 위해 매우 효과적인 반면, 상품의 인지도를 높이기 위해 EC 사이트에서 광고를 하면 다량의 광고 게재료가 이익을 압박한다. 동사가 판매하는 상품은, 그 특성상, 1상품당의 단가가 1,000엔에 미치지 않는 것이 중심이며, 고액의 광고 게재료는 비용 효과의 관점에서 맞지 않았다.

따라서 회사는 2018년 9월부터 EC 사이트에서 광고 게재를 중단했습니다. 그러나 회사의 제품은 그 매력에서 이미 '브랜드'가 확립되어 충분한 인지도를 가지고 있었고, 자사 HP를 이용한 정보 발신이 충분히 기능하고 있으며, 광고게재의 취소에 의한 판매량 감소와 같은 문제는 발생하지 않았다. 또한 현재는 HP에서 EC 판매를 실시하고 있습니다. 이 회사는 또한 해외의 일본식 붐을 기회로 파악하고, EC를 활용한 해외 전개도 시야에 담고 있다. 고소완지 사장은 "근래는 사회적 트렌드가 급속히 변화한다. 이 변화에 늦어져 나가기 때문에 앞으로는 IoT나 AI 등의 기술도 적극적으로 도입해 나가겠다"고 말한다.

(4) 사례 어린이 고본점

고객가치의 추궁에 의해 타사에서는 흉내낼 수 없는 자사 독자적인 부가가치나 강 점을 발휘하고 있는 사업자" 아이치현 키타나고야시의 어린이 고본점(종업원 5명, 개인 사업자)은, 주로 아이용 그림책의 리사이클 판매를 실시하고 있는 사업자이다. 최근, 대형 인터넷 통신 판매의 상승에 의해, 종래형의 서점이 차례차례로 모습을 지워가는 가운데, 사업주의 나카지마 히데아키씨는, 2012년에 어린이용 그림책(고서)을 주력상품으로 하는 인터넷 통신 판매 사업 2015년에는 자동차로 그림책의 이동 판매를 시작했다.

고서의 판매에 있어서, 편리성에서는 대형넷 통신판매회사, 가격 우위성에서는 인터넷 옥션에 지지 않는다고 생각해, 동사업자는 독자적인 부가가치로서, 아이용의 그림책에 특화해, 철저하게 「품질」(깨끗하고 안심·안전)을 중시하는 것과, 그림책의 즐거움을 체험 공유해 주는 등 타사에서는 흉내낼 수없는 가치를 제공하기 위해, 고객(그림책을 손에든 아이나 어머니 등)의 관점에서 있는 판매 전략을 전개하고 있다.

이 사업자는 고서점으로서 처음으로 최신의 도서소독기를 도입하고 있어 쓰레기, 먼지, 세균, 진드기 등의 제거를 가능하게 하고 있다. 이를 통해 수작업으로 할 수 없는 세부사항의 소독까지 가능하게 하여 '안심 안전한 그림책'으로서 상품 전개를 가능하게 하고 있다. 고품질의 상품인 것을 고객에 대한 최대의 소구 포인트로 하고, 클리닝 방법이나 과정 등의 상세한 내용을 홈페이지에서 소개하는 등 고객에 대한 PR을 적극적으로 실시하고 있다.

또한, 자동차로의 이동판매에 있어서는, 그림책에 정통한 전문의 스탭에 의한 「읽어 들려 라이브」를 개최하고 있다. 현대의 아이들은 휴대용 게임기나 태블릿 단말기에서 놀이가 많아지고 있지만, 이 대처를 통해 아 이들에게 그림책의 즐거움을 실체험으로 느끼게 하는 것을 목표로 하고 있다. 또한 전문 직원의 현장감 넘치는 독서 그림책의 매력을 홍보함과 동시에 지역 아동관 등에 어린이들에게 전화를 주는 등 이동 판매만의 기동성과 편리성 등의 강점을 살려 타사와의 차별화를 도모하고 있다.

또한, 상술한 클리닝 기술이나, 그림책의 판매·읽어 들려 라이브에 관련된기능 등, 그림책에 관한 지식이나 전문성을 습득시키기 위해, 종업원에 대해 4~6개월간의 연수를 실시해 왔다. 또한 이 회사는 EC에서 판매를 하고 있으며, 이동판매로 그림책의 매력을 알고 있는 고객이 리피터로 구입하는 경우도 많다고 한다.

나카지마씨는 책방의 제일의 매력은 사람이라고 생각하고 있다. 새로운 책과의 만남이나 접점을 만드는 것이 서점의 본래의 일이며, 아이와 어머니의 추억이 담긴 그림책의 재활용을 통해 "따뜻한 것보다 따뜻하다."라는 방침아래 철저하고 안심 안전한 상품을 제공하고 있다. 그림책을 포함하여 물건을 소중히 하는 마음을 전하고 싶다.라고 말했다.

2-5. 응용기술과 비즈니스 모델

❶ 技術도 重要하지만 비즈니스 모델에 고민 필요

다우코닝은 소비자들에게 꼭 맞는 제품을 만들기 위해 다양한 부문에서 맞춤화된 제품을 개발합니다. 그런데 어느 날 위기가 찾아옵니다. 중국 기업들이 유사한 제품을 20%나 저렴하게 출시한 것입니다. 다우코닝은 저가 시장에서 중국 기업들에 밀릴 수밖에 없었습니다. 이런 상황에서 다우코닝의 경영진들은 파괴적 혁신을 기반으로 중국 기업들과 경쟁하는 전략을 짜냈습니다. 손해를 보지 않으면서도 20% 더 저렴한 가격에 제품을 공급할 수 있는 새로운 비즈니스 모델을 개발한 것입니다.

소비자들이 모든 주문을 인터넷을 통해 하고, 주문을 받은 뒤에 생산하고 배송하는 모델이 그것입니다. 다우코닝은 이 새로운 비즈니스 모델을 기존 조직과 분리해 자이아미터(Xiameter)라는 사업부를 만들었습니다. 이를 통해 다우코닝은 똑같은 품질의 실리콘을 20% 낮은 가격에 제공할 수 있었고, 사업부를 설립한 지 1년 만에 출하량이 40% 늘어났습니다. 이제 다우코닝은 가격을 가지고 불평하는 고객들은 자이아미터로, 그리고 서비스를 원하는 고객에게는 기존의 다우코닝이 높은 가격으로 판매하면서 이익을 900%나 증가시켰습니다(크리스텐슨 교수의 말).

❷ 비즈니스 모델 이원적운영(異源的運營)의 효과

비즈니스 모델 혁신을 통하여 기존 고객을 유지하는 놀라운 결과를 만들어 냈다. 기존 사업을 잠식하지 않으면서도, 서로 다른 비즈니스 모델을 활용하여 잠식하는 기업들에 빼앗기던 사업 분야를 다시 회복시킨 것입니다. 현재는 다우코닝이 출하하는 제품의 60% 정도가 자이아미터에서 나옵니다. 한국의 경영자들은 이 사례에서 배워야 할 것은, 잠식기업의 추격 문제를 해결하는 방법은 기술 혁신뿐만 아니라 비즈니스 모델의 혁신도 있다는 것입니다.

혁신적 비즈니스 모델을 재구성하는 데 있어서 CEO들이 직면하는 가장 큰 장해는 내부에서의 저항일 것입니다. 기존의 조직 구성원들이 변화를 원하지 않는 타성에 젖어있기 때문입니다. 이것을 해결하기 위한 좋은 방안은 참 어려운 문제입니다. 완벽한 해법은 없을지도 모릅니다. 그러나 인식을 바꾸면 가능합니다.

인텔의 사례가 참고가 될 수 있을 겁니다. 1990년대 말 인텔은 사이릭스(Cyrix)라는 기업이 훨씬 더 단순하고 값싼 프로세스를 출시하자 시장 지위가 위협받는 지경이 되었습니다. 이런 위기를 해결하기 위해 인텔은 한 번에 100명 정도의 임직원들을 대상으로 1년 동안 18번에 걸친 세미나를 진행했습니다.

거의 2,000명에 달하는 인원들이 파괴적 혁신에 대한 이론과 생각의 틀을 배웠습니다. 세미나에서 인텔 임직원들은 '인텔이 어떻게 시장을 파괴적으로 혁신할 수 있을까?'에 대해 심도 있게 토론했습니다. 이런 토론 중에 시장 맨 아래로 다시 내려와 저가의 셀러론(Celeron)이란 칩을 개발해 사이릭스를 몰아낼 수 있었습니다.

결국 실제 시장에서 소비자가 원하는 것이 아니라 회사 안에 존재하는 기존의 비즈니스 모델에 짜맞추기 위해 새로운 아이디어를 수없이 수정해야 한다는 것입니다. 그래서 최고 경영진이 기존 모델에서 약간씩 변형된 '미투 제품(me-too product)'들을 보며 "우리는 창의성이 필요해"라고 아무리 외쳐도 결과는 달라지지 않는 것입니다. 따라서 우리에게 가장 필요한 것은 개인의 창의성이 아니라 창의적인 아이디어가 나왔을 때 기존의 비즈니스 모델에 맞추려고 노력하는 것, 바로 이러한 사고와 태도를 고치여야 되는 것입니다(크리스텐슨 교수의 말).

용어 설명

존속적 혁신(sustaining innovation)
파괴적 혁신(disruptive innovation)
CDS (신용부도스와프)
CDO (부채담보부증권)
GAFA (Google, Amazon, Facebook, Apple)

참고 문헌

1. 한국기업의 형성과 발전에 관한 연구, 김영래, 국제무역경영연구원
2. 2015년 개정판. 알기 쉽게 풀어쓴 중소기업 범위해설, 중소기업청
3. 소상공인 경쟁력 제고방안(중진기금내 소상공인 진흥계정 신설과 연계) 2012년 9월 19일.

관계부처 합동
4. 경제장관회의 선순환 기업생태계 조성을위한 중소기업 재도전 종합대책, 2013년 10월 30일. 관계부처 합동
5. 융합중앙회 공고 제2013~~1호. 2013년 중소기업간 융합 및 협력사업 시행공고 중소기업 융합중앙회
6. 기업-한국 민족문학 대백화 blog.naver.cdm
7. 장수기업으로 가는 길, 김종영 저 제3장 2절 민주화와 기업체질 개선 제2장 기업의 성장요소와 단계

요 약

1. 존속적 혁신과 파괴적 혁신
혁신에는 '존속적 혁신(sustaining innovation)'과 '파괴적 혁신(disruptive innovation)'이 있습니다. 존속적 혁신은 과거보다 더 나은 성능의 고급품을 선호하는 고객들을 목표로 기존 제품을 지속적으로 개선해 보다 높은 가격에 제공하는 전략을 말합니다.

2. 새로운 시장창출
기존 시장을 파괴하고 새로운 시장을 창출하는 것을 말합니다. 일반적으로 기존에 고객이 아니던 사람이나 덜 까다로운 고객들을 사로잡는, 간단하고 편리하고 저렴한 제품들을 출시하는 전략이 여기에 속한다고 볼 수 있습니다.

3. 파괴적 혁신(破戒的革新)
현대가 조선사업에서 성장할 수 있었던 것은 시장 밑바닥으로 내려가 거기서부터 올라왔기 때문입니다. 지금 중국도 단순한 제품에서 시작해 시장 아래서부터 올라오고 있습니다. 반드시 기억해야 할 것은 이런 방식이 바로 한국이 일본을 무너뜨린 전략이고, 또 중국이 한국을 무너뜨릴 수 있는 전략이란 것입니다.

4. 비즈니스 모델 이원적 운영의 효과
비즈니스 모델 혁신을 통하여 기존 고객을 유지하는 놀라운 결과를 만들어 냈다. 기존 사업을 잠식하지 않으면서도, 서로 다른 비즈니스 모델을 활용하여 잠식하는 기업들에 빼앗기던 사업 분야를 다시 회복시킨 것입니다. 현재는 다우코닝이 출하하는 제품의 60% 정도가 자이아미터에서 나옵니다.

5. 피말리는 맞수 경쟁피하지 말고 좋은 상대 골라 즐겨라!
① 고정관념 을깨고 역발상을 시도하라 → 메소드, 생활용품을 예술품으로 승화
② 새로운 가치를창출해 시장을 키워라 → 트루릴리전, 프리미엄 청바지 만들어
③ 경쟁적 포지셔닝을 구축, 각인시켜라 → 맥카페, 일용품 커피로 스타벅스

제3절

신뢰(信賴)는 소통에서 성공의 제언

경영 성공 Point 19

1. **어려운 상황에 처한 사람을 진심으로 돕는다**

   같은 값이면 아는 사람의 것을 팔아주자는 것이 통속적 인지상정이다. 가면 돌아온다는 것이 자연의 이치뿐만 아니라 사회적 통습이기도 하다. 상대가 난처한 상황에 놓여있거나 고민에 빠져있을 때 최선을 다하여 도와주라 상대가 감동하며 세상사는 환경이 바뀌어 회전한다. 당신이 필요시 구원의 손길이 다가올 것이다.

2. **들어서 기분 좋은 말 의욕을 불태우게 한다**

   다른 사람이 기뻐할 수 있는 말을 사용할줄 알아야 성공한다. 어쨌든 다른 사람에게 기쁨을 주는 말을 사용하는 것은 좋은 화법이다. 들어서 기분 좋은 말. 의욕이 생기는 말 찾아 사용하면 업무진척에 효용성을 높인다. 상대의 기분이 즐거워 질수 있는 말을 찾아내어 말을 자주 사용하라 이런 태도가 습관화되면 당신인생이 풍요로워 질 것이다.

제3절
신뢰(信賴)는 소통에서 성공의 제언

3-1. 라이벌 마케팅 성공을 위한 제언

❶ 고정관렴(固定觀念)에 도전(挑戰)하라

양날의 칼과 같은 라이벌 마케팅에서 성공하려면 세 가지가 필요하다. 현재 자사 브랜드가 활동하는 카테고리 안에서 통용되는 고정관념에 도전하면서 1등 브랜드와 한판 승부를 벌여라. 생활용품 카테고리의 고정관념에 도전해 선전하는 브랜드가 있다. 바로 '메소드(Method)'다. 2001년 설립된 메소드는 식기세척제와 스프레이클리너 등 다양한 생활용품을 취급한다. 현재 생활용품업계 1위는 P&G로, 다양한 카테고리와 세분화된 시장을 공략하는 수많은 브랜드를 거느리고 있다. 그 어떤 경쟁 상대도 쉽게 P&G의 장벽을 뛰어넘지 못한다. 그런데 P&G라는 거대 브랜드에 대적할 만한 경쟁자로 급부상한 것이 메소드다.

생활용품은 대개 과시적인 소비와는 거리가 멀다. 그래서 시장엔 평범하고 진부한 디자인의 생활용품이 넘친다. 하지만 메소드의 창업자 에릭 라이언(Eric Ryan)과 애덤 라우리(Adam Lowry)는 기존의 통념을 깨는 기발한 역발상을 시도했다. 식탁 위의 후추통이나 소금통 같은 생활용품도 획기적인 '아이콘'이 될 수 있다고 생각한 것이다. '생활 속의 작은 예술품'이라는 새로운 가능성을 개척한 덕에 메소드는 급신장세를 보이며 기존 시장의 절대 강자 P&G를 위협하고 있다.

❷ 고객(顧客)에게 카테고리의 새로운 價値를 이야기하라

이는 카테고리의 재해석을 의미한다. 청바지 카테고리의 1등 브랜드는 '리바이스'다. 리바이스는 합리적인 가격으로 언제 어디서나 편하게 입을 수 있는 청바지로 오랫동안 사랑받아 왔다. 그런데 리바이스 청바지를 파티나 중요한 행사장에도 입고 갈 수 있을까? 이 의문이 바로 '트루릴리전(True Religion)'이 품었던 생각이다. 트루릴리전은 편한 활동복이 아닌, '프리미엄 패션 아이템'으로 청바지를 재해석했다. 유명인을 활용한 마케팅(celebrity marketing)을 전개해 기존의 청바지와 차별화된 '프리미엄 진'의 이미지를 구축했다. 이후 리바이스도 발 빠르게 '리바이스 시그니처(Levi's Signature)'라는 고급 라인을 출시했다. 리바이스가 프리미엄 진 시장에 가세하자 시장은 더욱 커졌다.

❸ 경쟁적(競爭的) 포지셔닝을 活用하라.

1등 브랜드와 대비되는 메시지를 이용해서 경쟁적 포지션을 구축해야 한다. 맥카페는 막 출시될 때부터 소비자의 뇌리에 카테고리 내의 1등 브랜드인 스타벅스와 차별화되는 강력한 인식을 남겼다. 커피를 고급품이나 사치품으로 받아들이지 말고 일용품으로 이해하라는 메시지를 전달, 라이벌 브랜드에 대한 인식까지 바꾸어 놓은 것이다. 이것이 바로 경쟁적 포지셔닝이다.

이는 광고를 통해 각인시키는 경우가 많다. 최근 아파트 광고 중에도 경쟁적 포지셔닝을 활용한 예가 있다. '삶이 있는 공간, 진심이 있는 공간'이라는 메시지를 내세운 대림산업의 'e-편한세상' 아파트 광고가 바로 그것이다. '고급스러움'이라는 이미지를 주로 내걸었던 여타 브랜드와 경쟁 구도를 형성하면서, 상대적 우위를 확보하는 토대를 마련한 좋은 사례다. 〈디자인+마케팅〉〈마케팅 잘하는 사람, 잘하는 회사〉

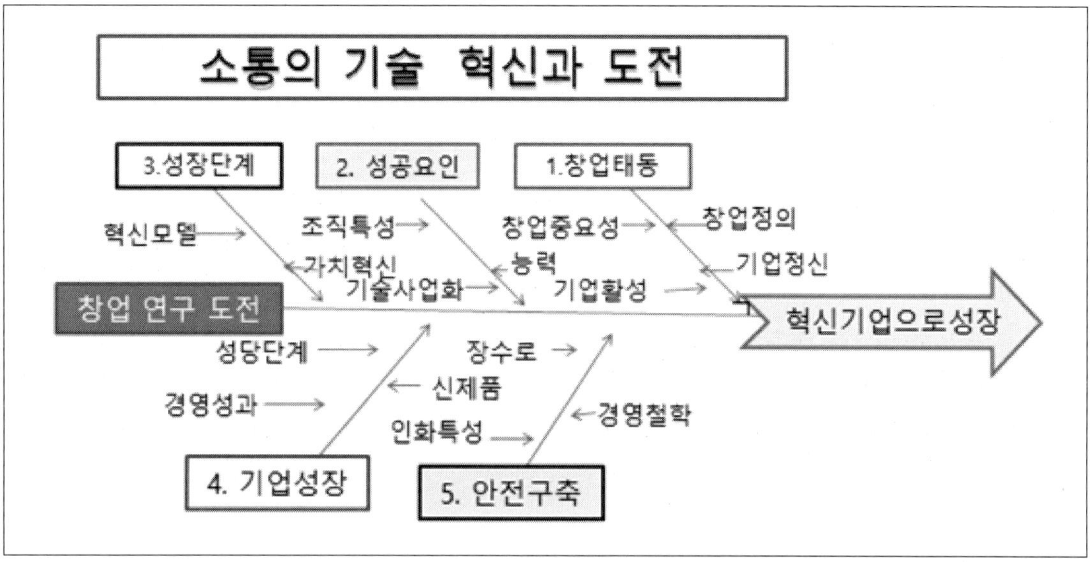

| 그림 4-2 | **혁신 성장기업 구축 모형**

3-2. 4차 산업혁명 산업구조의 변혁

❶ 4차 산업혁명과 경영자원

四次 産業革命이 가져온 경영자원의 "격차로인해 소멸"기업의 가능성 예상된다. 이것은 ICT 산업에 폐쇄된 조류가 아니라 산업구조를 크게 변화 시킬 것이다. 이러한 신기술을 기반으로 한 새로운 제품 및 서비스도 만들어지고 있다. 이러한 큰 변화는 18 세기말 이후의 수력

과 증기관에 의한 공장의 기계화인 제1차 산업혁명, 20세기 초의 전력을 이용한 대량생산인 제2차 산업혁명, 1970년대 초반부터의 전자공학이나 정보 기술을 이용한 자동화의 첫 번째 3차 산업혁명에 이은 산업혁명으로서 '제4차 산업혁명' 이라고 한다.

제4차 산업혁명이 바로 진행되고 있는 곳에서 향후사회 경제에 미치는 영향을 정확하게 예측하는 것은 어렵다. 할 것이다. 그러나 이러한 신기술을 바탕으로 한 신상품과 서비스는 과거에서 지적되었습니다. '대기업과 중소기업의 규모 격차'가 해소될 가능성은없다고 생각된다. 여기, 특히 중소기업의 경영방식을 크게 바꿀 수 있는 '사물의 인터넷(Internet of Things(IoT)' 응용 방법을 도입할 것으로 보인다.

❷ IoT와 AI

최근, 새로운 기술로서 IoT, AI가 주목받고 있다. 그 이유는 "대량의 데이터를 수집하고 분석함으로써 다양한 문제를 해결해 활용할 수 있기 때문이다. 통신 기술, 센서 기술 등의 발달로 다양한 사물이 인터넷으로 연결되는 것(IoT)으로 실사회(實社會) 정보를 전자 데이터로 취급할 수 있게 되었다. 또한, AI에 따라 대량의 데이터를 분석함으로써 특정 조건 하에서 최적의 솔루션을 도출할 수 있는 흐름 이것은 미래의 경영 방식을 크게 바꿀 것입니다.

중소기업의 IoT·AI 도입활용 실태는 어떻게 되어 있을까? 우선 중소기업 IoT·AI 도입 상황을 확인한다. 종업원 규모별로 본 IoT·AI의 도입 상황이다. 이것을 보면 중소기업은 대기업에 비해 IoT·AI 도입이 비극적이며 IoT·AI 모두 도입 하여 응용할 환경이 조성되지 못하고 있다,

다음으로, IoT의 도입에 주목하여 분석을 실시한다. IoT 도입 의도가 없는 기업 그리고 도입하지 않는 이유로는 대기업 및 중소기업 모두가 도입 후 비즈니스 모델이 불명확하다" 라는 점이 특징적이다. IoT는 최근 유행하고 있습니다. 그러나 기업은 어디까지나 자사의 경영 문제를 해결할 결정을 할 것이냐?가 문제의 키이다. 불안전한 상황에서는 IoT를 도입해야 안정화가 이루어 질 것이다.

경영과제가 부족하기 때문에 야기되는 회사의 경영과제를 밝히고 그런 다음 IoT의 활용 가능성을 검토하여 보는 것이 바람직 할 것이다. 이 섹션의 시작 부분에서 언급했듯이 사물과 인터넷이 연결되어 다양한 데이터를 수집합니다. 데이터를 축적할 수 있었지만 더 중요한 것은 수집 및 축적 된 데이터를 활용하는 방법이다. IoT를 도입한 기업 수집 및 축적된 데이터의 활용 상황을 참고함이 유익하다. 수집 축적된 데이터의 활용 방법은 Kiku "기존 업무 개선"과 "상품 및 서비스 개방 등의 2개의 방향성으로 나뉜다.

이것을 보면, 「기존의 업무 개선」에의 활용은 대기업·중소기업 모두 일정 정도 진행되고 있지만, 서비스 개발 및 배포에 관해서는 활용이 진행됩니다. 없는 것을 알 수 있다. 중소기업의 경우 수집 및 축적 된 데이터를 기반으로 새로운 사업개발을 고려하면 새로운 성장 기

회로 이어질 수 있다.

IoT-AI는 여전히 먼 거리처럼 느껴집니다. 예를 들어, 스마트폰의 소리 음성 어시스턴트 기능과 청소로봇 등은 일상의 생활중심으로 이미 침투하기 시작한 것도 많다. 중소기업에서는 IoT-AI 자체를 경영수단으로 이용되고 있습니다. 업무에 실지활용에 가능한지 여부에 대해서는 업종별 직능별 검토를 수행하여 선택하면 업무문제 해결에도 도움이 될 것으로 기대된다.

❸ IoT·AI를 도입함에 따라서 경영문제를 해결하는 중소기업 사례

(1) 사례 스기사키 리스 공업 주식회사

IoT 시스템 도입으로 관리를 강화하고 다거점(多居店) 전개를 하는 기업 니가타현 니가타시의 스기자키 임대공업주식회사(종업원 76명, 자본금 5,000만엔)는 공사용 부철판등 건설용 가설자재를 임대하는 기업이다. 이 회사는 국내 최상급의 부철판 보유수를 자랑하며 국내의 부철판 임대기업 점유율 1위를 목표로 하고 있다. 지금까지 이 회사는지점·영업소·공장을 전국에 전개해 순조롭게 사업을 확대해 왔지만, 최근에는 거점이 증가함에 따라 전사적으로 커뮤니케이션 부족이 되어 각 거점의 상세한 상황을 파악하기가 어려워지고 있었다.

또, 전국의 거점에는 1,2명의 직원으로 영업하고 있는 지점·영업소·공장도 있어, 연결이 없어져, 직원의 동기 저하나 트러블 발생시의 리스크의 증대, 업무 효율성 저하와 같은 문제로 이어질 우려가 있었다. 이러한 상황에서 스기사키 유키 사장은 전국의 직원이안심하고 효율적으로 업무를 수행할 수 있는 구조의 구축을 목표로, 우선 실시간 정보 관리의 도입을 진행시켰다.

이 회사는 지점 영업소에서 계약 청구 관리 및 고객 대응을 실시하고 공장에서 부철판등의 대출 반환 보관 업무를 실시하고 있기 때문에 고객대응을 실시하는 지점 영업소에서는 공장의 재고 상황 파악이 어려워 입출고 관리에 드는 수고가 매우 컸다. 그래서 이 문제를 해결하기 위해 공장에 카메라를 설치하고 그 영상을 스마트폰이나 태블릿에서 언제 어디서나 확인할 수 있는 시스템(정리하여 네트워크 카메라 with Safie)을 구축했다. 그 결과, 급한 고객의 요구에 대응할 수 있습니다.

그렇게 함으로 지점 공장 간의 제휴가 대폭 개선되었다. 또한 실시간 재고 파악을 통해 공장 간 재고 유통이 용이해져 업무의 효율성은 높이고 시간은 줄일 수가 있었다. 게다가 카메라 영상에서의 관리는 트러블 발생 시의 대처에도 도움이 되었다. 예를 들어, 공장 내 동사 상품과 고객의 차량이 접촉했을 때 사고 검증에 큰 도움이 되었다.

또한 전사의 커뮤니케이션을 충실히 하기 위해 스마트폰에서도 이용할 수 있는 화상회의 시스템의 도입도 실시했다. 결과적으로 원격 미팅이 가능해졌다. 이로 인해 잃어버린 일체감을 되찾을 수 있었다. 스기사키씨는 중소기업의 최대의 강점은 밀접한 커뮤니케이션에 의한 유연하고 신속한 대응이지만, 이를 잃을 것을 두려워 전국 전개를 단념하는 경영자도 많다. IoT는 이 문제를 해결하는 효과적인 수단이다. 또한 종업원의 부하(負荷) 경감에도 효과적이며 앞으로도 적극적인 시스템 도입을 진행하여 일하기 쉬운 환경을 정비하고 싶다 라고 말한다.

(2) 사례 유한회사 즈비야

AI에 의한 데이터 분석으로 업무 개선이나 종업원의 사기향상, 매출확대를 실현한 기업이다. 미에현 이세시의 유한회사 즈비야(종업원 45명, 자본금 500만엔)는 1912년에 창업해 100년 이상 이세신궁의 내궁 앞에서 경영해온 음식점이다.

대기업 IT 기업에 근무하고 있던 현 사장인 오다시마 하루키씨가 2012년에 입사한당시에는 금전 등록기 없는 식권식의 대중식당이며, '경험과 감'에 근거한 사업 운영이 상태화 되고 있었다. 이 때문에 정확한 수요 예측이 불가능하고, 매입이나 조리품의 로스(식품 로스)가 상당히 발생하고 있었고, 비효율적인 업무에 의해 현장에서 일하는 종업원은 피폐하고 있었다.

이러한 상황을 개선하기 위해 그는 "고객 예측"을 중점 과제로 정하고 ICT를 활용한 과제해결을 검토했다. IT 벤더와 해결 방법을 찾는 가운데, 방문객수를 예측하기 위해서는 방대한 데이터 처리가 필요하고, AI를 이용하는 것이 최적이라는 결론에 이르렀다. AI를 이용한 방문객수의 예측 등을 진행함에 있어 항목에 짜서 분석했다. 그 결과, 어떤 시간대에, 몇 명의 고객이 내점할까 고객이 주문하는 메뉴는 무엇인가 라고 하는 항목에 대해서, 90% 이상의 정밀도로의 사전 예측을 할 수 있게 되었다.

수요 예측의 정확성 향상은 사전구매 및 구매 효율성을 높여 식품 손실의 상당한 개선으로 이어졌다. 또한 직원에게 과도한 조리를 할 필요가 없어지고, 업무 부담이 경감됨과 동시에 시간대별 방문객수의 예측에 의해 업무 시간 중 빈 시간을 유효 활용하는 것 성공했다. 이 효율화에 의해 직원을 늘리지 않고 점의 일부 스페이스에서 상점이나 포장마차의 판매를 개시하는 등 다양한 업무를 할 수 있게 되었다.

또한 종업원에게 시간적 여유가 생겨 접객의 질이 향상되었을 뿐만 아니라 종업원으로부터 업무 개선의 제안이 나오게 되는 등 활기찬 직장 만들기에도 이루어지고 있다. 또한 수요 예측뿐만 아니라 매장 안팎에 설치한 카메라의 이미지를 AI로 해석함으로써 방문객 수와 성별, 연령 구성 등 상세한 고객 분석도 가능해지고 데이터 기반 업무개선을 진행 있다.

이러한 노력으로 직원 수를 늘리지 않고 기존에 비해 매출액을 4배로 증가시킬 수 있었고, 주휴일, 장기휴가 등의 제도를 도입하고, 종업원 급여도 증액 실현이 가능했다. 오다시마 사장은 자사의 AI를 활용한 일련의 경영개혁의 실적을 바탕으로 2018년 6월에 EBILAB

를 설립하여 자사에서 구축한 데이터 활용 구조의 외판도 개시하고 있다. 그는 "EBILAB를 통해 일본 서비스업의 과제 해결에 공헌해 나가고 싶다"고 말한다.

3-3. 중소기업의 AI 등 도입을 위한 지원 사업

❶ AI등 도입 지원 사업

전략적 기반기술 고도화 지원사업은 중소기업이 담당하는 제조 기반기술의 고도화를 위한 연구개발 및 그 성과의 이용을 지원하는 사업이다. AI 등 도입 사업의 지원을 받기 위해서는, 중소기업의 제조기반기술의 고도화에 관한 법률에 의거 정부의 지원제도 활용이 바람직하다. 정부의 지원을 받고자 하는 중소기업자가 임해야할 연구개발의 방향성을 나타내는 지침에 따라 연구 개발을 실시하는 것이 요구된다. 최근 심각화 하여지는 인력 부족을 배경으로, 중소기업의 생산성을 높이는 연구개발 투자를 촉진하기 위해서 IoT-AI등의 활용하는 기술 지침이 포함되는 연구개발 방향이 명시되어야 할 것이다.

IoT·AI 시대의 연구개발의 방향성은 중소기업 스스로에 의한 IoT·AI 등의 기술의 고도화와 IoT·AI 등을 활용한 중소기업 스스로의 기반기술의 고도화의 2개의 방향성을 도시하고 있으며, IoT·AI 등의 기술의 고도화를 견인하는 연구 개발을 실시하는 것과, IoT·AI 등의 기술을 활용해 자사의 사업에 활용하기 위한 연구 개발을 실시하는 것을 지원하는 것이 정부시책 시책이다.

(1) 지원 보조의 스킴

지원금을 활용하여 AI를 이용한 연구 개발의 사례로서, 이바라키현 도카이무라주식회사 히바라 코퍼레이션(종직원 40명, 자본금 3,000만엔)을 소개한다.

이 회사는 2016년에 보조금 채택을 받아 숙련 기술자의 도장기술을 AI 등을 이용함으로써 로봇에 의해 재현하는 것에 임했다. 구체적으로는 도장 현장에서 숙련 기술자의 조작을 데이터베이스화 하고, AI등을 활용하여 최적의 스프레이건의 조작을 산출하고, 로봇암에 학습시킴으로써 다품종 소량 생산에 대응하는 자동도장을 향한 구조를 개발했다. 이것은 페인트 현장에서 숙련된 기술자의 감소와 기술의 전승 등의 과제 해결로 이어질 것으로 기대된다.

숙련 기술자의 조작을 데이터베이스화하여 활용하는 것으로 최적인 스프레이건 조작을 산출해 로봇 암에 학습시키는 것으로, 다품종 소량 생산에 대응하는 자동 도장에 향한 구조를 개발했다. 이에 따라 도장 현장에서 숙련 기술자의 감소나 기능의 전승 등의 과제 해결로 이어질 것으로 기대된다. 지원사업을 계기로 중소기업에 의한 AI·IoT를 사용한 새로운 비즈니스 모델로의 전개, 중소기업에 의한 데이터 활용, 기업간의 데이터 연계 등을 추진해 나간다.

여기에서 중소기업의 공유 이코노미의 인지도에 대해 확인한다. 2016년 시점의 기업 규정 차별적으로 본 공유경제의 인지 상황에서 이다. 이를 보면 중소기업은 대기업에 비해 공유 이코노미의 인지도가 낮다는 것을 알 수 있다. 한편, 활용 상황을 보면 대기업과 중소기업 사이에 현저한 차이는 보이지 않는다. 일원으로 공유 이코노미는 개인 간의 매칭을 중심으로 성장하는 시장입니다. 그러나 사례에서 알 수 있듯이 앞으로 기업을 위한 공유 서비스도 증가하고 있습니다."라고 생각된다.

공유 경제를 알고 있지만 사용하지 않는 중소기업에 대해 공유 경제를 구성하는 세 가지 역할 비교에 대한 관심도를 보여준다. 이것을 보면, 중소기업은 수요자로서 쉐어링 이코노미를 활용하는 요구가 높은 것을 알 수 있다. 특히 최근 몇 년동안 인력 부족이 진행되고 있는 동안 공유 서비스를 활용하여 장비와 같은 고정자산 뿐만 아니라 인력과 노하우까지 보다 낮은 비용으로 획득할 수 있다고 생각된다. 이는 중소기업의 경영자원의 과소성을 해소할 수 있는 큰 기회이다. 중소기업·소규모 기업 경영자에게 기대되는 자기변혁의 실천이라 하겠다.

(2) 사례 주식회사 공유 팩토리

설비 점유율을 통해 중소제조업 설비에 관한 과제를 해결하고 있는 기업 아이치현(愛知縣) 나고야시의 주식회사 쉐어링 팩토리(종업원 3명, 자본금 500만엔)는 사용하고 있지 않는 설비를 가지고 있는 기업과 설비를 사용하고 싶지만 구입이 어려운 기업을 매칭하고, 다액의 설비투자를 하지 않고 제조업을 운영하는 것을 가능하게 하는 플랫포머 기업이다. 일반적으로 제조업은 설비를 스스로 소유하는 경우가 많지만, 기술혁신의 속도가 빨라지는 가운데 설비를 구입하고 싶지만 내년에도 같은 일이 있을지 모른다. 수년 후에는 완전히 다른 것 특히 중소기업은 과감한 설비투자를 하기 어렵다.

최근, 민박이나 카쉐어 등, 개인간 거래로 쉐어링 에코노미가 보급되는 가운데, 일본 특수도업 주식회사의 종업원이었던 하세가와 유키씨는, 기업간에서도 쉐어링이코노미를 활용하면, 중소기업 2016년 사내 프로젝트를 시작하고 2018년 스핀 오프하는 방식으로 공유 공장을 설립했습니다.

이 회사는 우선 설비 점유율의 사업성을 탐구하기 위해 많은 마을 공장을 방문하여 많은 기업이 가동하지 않는 설비를 다수 소유하고 있음을 확인했다. 또한 이들 설비 타사에의 대출여부를 물었더니 언제라도 가능하고 일부 시간대(저녁 등)는 가능하다고 응답하는 기업이 많았다. 같은 공업단지 안에서 설비를 빌리고 싶은 기업의 바로 가까이에 그 설비를 사용하지 않고 자고 있는 기업이 있는 경우도 있었다. 이러한 조사에 근거하여, 회사는 대여 가능 또는 매각 가능한 설비를 가진 기업과 그것을 사용하고 싶거나 저렴하게 구입하고 싶은 기업을 매칭시키는 BtoB 플랫폼을 새로운 비지니스로 시작했다.

회사의 서비스는 설비의 소유자가 설비의 종류나, 대여에 관한 가격이나 시간대, 매각 가격 등의 조건을 웹상에 게재해, 그것을 빌려 사용하고 싶은 사람 혹은 구입하고 싶은 사람 간의 상담·신청을 하고 매칭하는 구조이다. 현재 등록되어 있는 기계장치나 계측기기 등의 설비는 400을 넘어서 서비스 개시 시부터 매월 매칭 건수는 늘고 있다고 한다. 이 회사의 하세가와 유키 사장은 처음에는 상정하지 않았으며 앞으로 제조업에서 기업하는 사람에 의한 이용도 있어 초기 비용을 낮게 억제할 수 있다고 호평을 받고 있다. 비율 향상과 고정비 절감을 통해 제조업의 발전에 공헌해 나가고 싶다."라고 말했다.

❷ 가치관의 변화

소유로부터 사용에 '가치관의 변화와 쉐어링 서비스'변화가 발생하고 있다. 지금까지 스스로 이용하는 물건에 관해서는, 구입해 소유하는 것이 일반적이었지만, 최근에는 이 가치관에 대해서도 변화가 발생하고 있다. (주)노무라 종합 연구소가 실시한 생활자 1만 명의 앙케이트 조사에 의한, 렌탈이나 리스의 사용에 대한 저항감에 대한 응답 결과이다. 이 변화를 기회로 파악하고 플랫폼으로 사업을 전개하는 중소기업도 나타나고 있다.

2018년의 조사 결과를 보면 20대 이후의 전 세대에서 렌탈이나 임대에 대한 저항감이 낮은 비율이 증가하고 있는 것을 알 수 있다. 이에 대한 저항감에 대한 응답 결과이다. 이것을 보면, 1985년의 조사에서는, 특히 40대 이후의 세대에서 물건을 소유하는 것에 대한 의식이 높은 것을 알지만, 렌탈과 임대는 지금까지 DVD, 웨딩 드레스, 스키 용품 등 특정 영역에서 일반적인 것이었다. 그러나 지금까지 보았듯이 공유 경제의 확대로 지금까지 구매하고 소유하는 것이 일반적이었던 재화 및 서비스도 대여 및 임대 형태를 대체 할 가능성이 있습니다.

(1) 렌탈이나 임대를 사용

렌탈이나 임대를 사용하는 것에 대한 저항감이 낮은 사람의 비율의 추이를 보면, 렌탈과 임대는 지금까지 DVD, 웨딩 드레스, 스키 용품 등 특정 영역에서 일반적인 것이었다. 그러나 지금까지 보았듯이 공유 경제의 확대로 지금까지 구매하고 소유하는 것이 일반적이었던 재화 및 서비스도 대여 및 임대 형태를 대체 할 가능성이 있습니다. 이와 같은 이 변화를 기회로 파악하고 플랫폼으로 사업을 전개하는 중소기업도 나타나고 있다.

(2) 소유에서 공유로

사례 계약업체 아츠마리: 소유에서 공유로 하는 소비자의 새로운 요구에 응해, 악기의 쉐어링 플랫폼을 구축 운영하는 기업 도쿄도 지요다구의 합동회사 atsumari(CEO : 키부츠 아츠토, COO: 카폴라리 진료)는 현악기의 국내외에서 도매 사업과 악기의 이용자·출품자·장인을 잇는 새로운 플랫폼을 개발 운영하는 기업이다.

물건이 없는 라이프 스타일이 가속화되는 가운데, 악기를 공유한다는 선택도 가능해 졌다.

이 회사의 서비스를 이용함으로써, 악기의 이용자는 마음에 드는 악기를 합리적인 가격으로 부담 없이 사용할 수 있게, 악기의 소유자는, 탄스의 기름지게 하고 있는 악기를 이용해 부수입을 얻을 수 있고, 악기의 장인은, 폭넓은 이용자에게 장인 기술을 체험하게 하는 기회 확대로 이어지는, 쉐어링 이코노미 시대에 있어서의 3방 좋은 혁신적인 서비스가 되고 있다 .

세상에는 악기를 가지고 있지만, 사용하지 않고 보관하고 있다라고 하는 소유자가 많이 존재한다. 그러나, 악기를 숍 등에 판매하려고 하면, 희망의 매입 가격으로부터 멀리 가격이 되어 버리는 경향이 있다. 다른 한편으로, 악기를 필요로 하는 사람들이 인터넷으로 구입하는 경우, 시주(視奏)할 수 없다 악기에 대한 정보가 적다라는 점이 넥이 되어, 구입에 저항을 느끼는 경우도 적지 않다. 그러나 이 회사의 서비스는 지금까지 도매사업에 의해 구축된 지식에 의해 출품된 악기의 엄격한 심사 출품된 악기를 모두 회사가 이미지, 동영상, 설명문을 육안으로 확인하고 설명문의 정정을 출품자에게 촉구하였다 이용자는 출품자에 대해서 커뮤니티 기능으로 질문을 할 수 있으므로, 신뢰할 수 있는 정보 아래에, 안심하고 악기를 사용하는 것이 가능하게 되어 있다.

또, 음대생이나 음악 교실의 학생, 서클이나 부활동 등으로 악기를 사용하는 사람들 가운데, 콩쿨 등 일정 기간만 특정 악기를 사용하고 싶은 연주자, 취미로 음악을 즐기고 싶은 사람들, 성장에 응하고 그릇 사이즈를 업 시키고 싶은 아이 등 폭넓은 이용자의 요망에 부응하는 서비스가 되고 있다. 게다가, 이 서비스의 큰 특색은, 출품자 프레임에 악기 장인을 채용하고 있는 점이다. 시카고에서 바이올린 제작을 배운 COO의 카폴라리 마스키 씨로부터, 학생 동료가 수리 장인과 악기 제작을 양립시키고 싶다. 주자와도 연결되고 싶다라고 하는 졸업 후의 희망을 가지는 것을 들었다.

CEO의 나무부 아츠토씨가 이 기능을 발안했다. 악기 장인은 장인 회원으로서 어카운트 등록을 함으로써, 지금까지 없었던 새로운 연결을 만들 수 있게 되어 있어, 폭넓은 이용자에게 장인 기술을 구사한 고품질의 악기를 체험하고 받을 기회를 제공한다. 이용자는 마음에 드는 악기를 지금까지의 이용료를 뺀 합리적인 가격으로 구입 할 수 있기 때문에 악기의 판로 확대에도 도움이 되는 서비스가 되고 있다.

(3) 전망과 목표

앞으로의 전망으로, 키부츠 아츠토 CEO는 "2~3년 후를 목표로 음악 교실 강사와 경험자에 의한 연주 지도의 스킬 공유 서비스, 연주 장소의 공동 이용 등 장소 공유 서비스를 동 플랫폼상에서 모두 완결할 수 있는 서비스를 개발해 나가고 싶다고 말한다. 정상적인 자금조달을 할 때 자금제공자에게 어떠한 대가를 지불할 필요가 있다. 특히 중소기업에서는 금융기관으로부터의 차입으로 자금조달을 실시하고, 원금과 함께 '이자'를 상환하는 것이 일반적입니다.

한편, 클라우드 펀딩의 경우 가격지불이 균일하지 않다는 점이 특징입니다. 현재 거기에 일반적으로 알려진 클라우드 펀딩은 5가지 종류로 알고 있다. 새로운 상품을 개발할 때의 테스트 마케팅에도 활용할 수 있는가? 이다. 앞으로 클라우드 펀딩뿐만 아니라 다양한 자금 조달 수단이 등장 할 것으로 예상되어 옛날부터 중소기업의 큰 과제로 꼽힌다. 자금 조달의 존재가 크게 바뀔 수 있습니다. 그러나 중소기업이 이러한 새로운 자금조달 방법을 활용하기 위해서는 자금 제공자 어떻게 매력적인 대가를 제공하는지 생각하지 마십시오. 반드시 정상적인 자금 조달과는 별도의 궁리가 필요하다.

❸ 사례 주식회사 마에하라 광영 상점

클라우드 펀딩에 의해, 새로운 상품 개발과 고객 개척에 연결한 기업이다. 도쿄도 다이토 구의 주식회사 마에하라 광영상점(종업원 10명, 자본금 2,400만엔)은 1948년에 창업한 우산을 제조·판매하는 기업이다. 이회사의 제품은 "고급우산"으로 알려져 있으며, 16개 뼈의 우산(통상은 8개), 수중(손잡이)에는 천연 목재를 사용하고 있으며, 한 개 한 개 장인 수제로 제조되고 있다.

마에하라 신사 사장은 오랫동안 주위에서 "우산은 항상 기차에서의 분실물의 1위이며, 어떻게 하면 우산을 없애지 않아도 될까?" '없다' 위험을 줄일 수 있다면 더 많은 고객을 확보할 수 있을 것이라고 생각했다. 그 결과, IoT 디바이스를 설치하면 항상 장소를 파악할 수 있는 우산의 개발을 생각해 냈다. 그러나 이 신상품은 어디까지나 니즈가 있는 것은 아닐까? 라는 가설에 근거하는 기획이며, 실제로 팔릴지는 모르기 때문에, 최대 리스크를 배제한 형태로 상품개발 및 판매 방법을 검토했다. 그래서 이 회사가 활용한 것이 클라우드 펀딩이었다.

이 회사는 지금까지 클라우드 펀딩을 사용한 적이 없었지만, 활용 실적이 있는 거래처로부터 이야기를 듣고 흥미를 가지고 있었다. 클라우드 펀딩이라면 고객으로부터 구매가 확약된 가운데 제조를 하게 되므로 리스크로 자금조달이 가능함과 동시에 자금 조달 상황에서 '소비자에게 있어서 정말 가치있는 상품인가'를 확인할 수 있는 점에 매력을 느꼈다고 한다.

게다가 이 대처에 의한 정보 발신이 이번에 발안한 신상품의 지명도 향상으로 이어질 것으로 기대하고 2017년 11월에 인터넷상의 클라우드 펀딩 사이트에서 출품을 실시했다. 그 결과, 1개월의 출품기간에 약 50만 엔의 자금을 확보할 수 있어 신상품의 제조·판매에 연결할 수 있었다. 판매 면에서는 매출 자체 이상으로 가격설정이나 상품설계면의 과제가 밝혀진 점에서 큰 성과를 얻을 수 있었다.

클라우드 펀딩의 활용은 지금까지 도달할 수 없었던 고객에게 상품을 알게 된다는 점에서도 큰 성과가 있었다. 게다가 회사의 직원에게 새로운 것을 만들고 많은 사람들에게 알게 되는 기쁨을 아는 기회가 되는 등, 사내 분위기에도 좋은 변화가 생겼다고 한다. 마에하라 사장은 "이번 대처는 새로운 고객에 대한 접근이 되어, 지금까지 리피터 중심이었던 당사의 사업에 바람을 뚫게 되었다. 앞으로는 사내에서의 기술 계승에도 대처 한편, 신상품 개발이나 타사와의 콜라보레이션에 힘을 실어가고 싶다.

용어 설명

메소드(Method)
에릭 라이언(Eric Ryan)
애덤 라우리(Adam Lowry)
트루릴리전(True Religion)
활용한 마케팅(celebrity marketing)
리바이스 시그니처(Levi's Signature)
사물의 인터넷(Internet of Things)

참고 문헌

1. 산업분야 융합의시대와 제조기업의 신사업전개, 오가와 마사히로 니시오정 편저, 현대 일본기업의 혁신II 네트워크 구조조정과 혁신 - 새로운 연결이 낳는 물건 만들기와 지역의 수성동우관
2. 현 중소제조업의 신규사업·신분야 진출에 대한 대처 상황에 대한 실태조사, 시즈오카 산업창조기구(2009)
3. 혁신의 이유 - 자원동원의 창조적인 정당성 유비 각 중소기업청 중소기업백서 (2013년판)
4. 중소제조기업의 첨단기술개발과 혁신에 관한 조사 연구, 중소기업기반 정비기구 (2012)
5. 중소기업의 혁신창출과 지속적인 경쟁우위 시내 마사히로 니시오카 긍정적 편저 니시오정 (2012) 중소기업의 혁신과 신사업 창출, 동우관
6. 신사업에 임하는 중소기업의 경영전략, 일본정책금융 공고조사월보, No.58, 후지타 이치로 (2013)
7. 低成長時代の 企業經營. - 長壽企業に 學ぶ經營法則 - 2013年 3月, 福井經濟同友會

요 약

1. 양날의 칼과 같은 라이벌 마케팅에서 성공하려면 세 가지가 필요하다.
   * 다양한 카테고리와 세분화된 시장을 공략하는 수많은 브랜드를 가져라.
   * 고객에게 카테고리의 새로운 가치(價値)를 주입하라.
   * 1등 브랜드와 대비되는 메시지를 이용해서 경쟁적 포지션을 구축해야 한다.

2. 소통(疏通)의 기술(技術)

   '커뮤니케이션의 가장 중요한 첫 원칙은 이해되어야 한다.'는 것이다. 상대방이 '이해할 수 있도록' 정보를 전달하는 것이다. 상대를 리해하는 능력은 소통의 일단계. 대화는 긴장과 흥미를 놓치지 않으려는 배려와 이해의 화술이 필요하다. 소통은 상대의 차이와 개성을, 그들의 문화 인생 가치관 등 다양한 맥락에서 이해해할 때 진정한 커뮤니케이션이 이뤄진다.

3 위기의 정도는 중요도와 모호함을 곱한것

   위기(crisis)의 정도는 중요도(importance)와 모호함(ambiguity)을 곱한 것이다 아무리 중요한 사안에 관한 위기라고 해도, 커뮤니케이션을 통해 모호함을 줄일 수 있다면 결국 그 위기의 정도는 극적으로 많은 정도를 떨어뜨릴 수 있다는 것이다.

4. 약속을 했다면

   그것은 실천으로 뒷받침 되어야하고 결과로 신뢰를 지키여야 한다.
   첫 번째 충고는 본인과 대중에 대해 리서치(research)하라는 것이고
   두 번째로는 일단 약속을 하게 되면 꼭 지키라는 것이다.
   세 번째 약속한 공약과 현실 사이에 갭이 존재한다면, 반드시 행동을 통해 실현해야 한다.

5. 다국적 기업의 경영자는

   주재국 문화적 배경에 유의할 필요가 있다. 많은 문화권에 걸쳐 사업을 한다면, 일관된 메시지를 좀 과하다 싶을 정도로 자주 전하는 것이 중요합니다. 보통 기업 입장에서는 이골이 날 정도로 많이 반복했다고 생각이 들 때쯤이야, 겨우 대중은 메시지를 접하기 마련이다.

6. 국제사회에서는 상통하는 언어 실력은 물론 중요합니다.

   아울러 글로벌 커뮤니케이션에서는 그 표현이 각기 문화에서 의도한 뜻대로 받아들여지는가 하는 점을 세심하게 따져야 합니다. 혹시 그 문화에서 전혀 다른 의미를 뜻하는 것은 아닌지를 확인해보는 '문화감사(culture audit)'의 과정이 반드시 필요합니다.

제 5 장

성공의 가치관과 지식의 범위

제1절 전공과목·교양과목 지식범위 넓여라
제2절 가치협상 협상의 달인이 될 수 있다
제3절 중소기업 진흥과 가치 창조

제 1 절

전공과목·교양과목 지식범위 넓혀라

경영 성공 Point 20

1. 자기자신을 믿어라

인간의 운명은 성격과 습관으로 결정된다. 작은 인물은 자신의 성격상 결함이나 불량한 습관을 고칠 생각을 하지 않기 때문에 운명의 지배를 받을 수밖에 없다. 큰 인물은 성공을 이루기까지 수많은 곤경과 위기를 겪었다. 그때마다 그들은 용기와 지혜로 곤경을 헤쳐나간다. 바로 자신의 운명을 스스로 개척하는 것이다. 운명은 어느 누구에게나 완벽한 불행이나 완벽한 행운을 가져다주지 않는다. 선천적인 조건과 후천적인 환경의 모든 일은 당신의 노력여하에 따라 변한다. 우리가 처해있는 환경이 마음에 들지 않는다면 그 환경을 바꾸면 될 것이다. 개선의 방법은 행동이지 원망이나 체념이 아니다.

2. 자신을 소중이 생각하라

자신을 가치 있는 사람으로 생각하라. 사람의 인물상을 마음에 새긴다. 자신감에 넘치고 결단력 있고 유능하며 침착함 사람이 되도록 확신하고 노력하라 두려워하는 불안한 장벽을 도파하라 열등감이나 자기 혐오감은 인간으로서의 정상적인 반응이다 자기 혐오감에서 벗어나지 못하는 이유는 자기통제 능력결여에서 발생된다. 불필요한 의식을 떨쳐버리는 자기관리의 혁신이 필요하다.

제1절
전공과목·교양과목 모두 중요 지식범위 넓혀라

1-1. 지식의 범위를 넓히고 적응력을 높혀야 한다

❶ 다양한 교육으로 다재다능한 인재육성

다양하게 변해가는 사회에서 일인일기(一人一技)로선 부족하다 다기능적 사회로 발전하면서 다재다능한 인재가 필요한 사회로 변모되어 가고 있다. 대학은 자연과학쪽 전공을 한 학부 졸업생도 기업 홍보팀에서 일할 수 있고 상경계가 아닌 인문학 전공 출신도 기업에서 커리어를 쌓을 수 있도록 다재다능한 인재를 양성하여야 사회에 적응력을 높이 키워 나갈 수 있다.

인재육성에 있어서 대학 역할론과 인재론이다. 사회과학과 인문학의 중요성을 강조되며 학부 간 협업의 필요성도 제기되고 있다. 다재다능한 대학 인재를 육성해 내는 것이 대학의 역할이요 임무임을 사회는 요구하고 있다. 시카고 대학은 미국 최고 MBA 등 실용 학문과 자연과학 등 순수 학문 사이에서 적절한 균형을 잘 맞추는 것으로 유명하다.

시카고대는 자유로운 캠퍼스 분위기를 중요시한다. 사고의 다양성은 시카고대가 사회발전 과정에서 적극적이고 지적인 역할을 수행하는데 도움을 준다. 미래의 직업에 적응하려면 이제 학생들도 다방면에서 자질을 갖춰야 한다. 학생들은 새로운 도전 상황에 신속하게 적응할 수 있는 능력을 길러야 한다. 지금은 예측하기 힘든 새로운 아이디어를 받아들이는 유연성은 물론 새로운 도전에 당당히 맞설 수 있는 자신감도 갖춰 나가야 한다.

❷ 全世界의 多樣한 文化差異도 理解해야 한다.

전공의 전문지식도 중요하지만 교양과목(liberal arts)도 중요하다. 교양과목 수강을 통해 학부 학생들은 다양한 방식으로 사고하는 방식을 배우고 창의적인 사고를 정리하는 한편 이를 실제 생활에 적용할 수 있는 방법을 배울 수 있다. 교양과목 수강은 미래의 지도자를 키우는 탁월한 교육방식 중의 하나다.

교양과목에 무게중심을 두는 것이 다소 폐쇄적인 실용학문보다 훨씬 더 좋은 교육이라고 할 수도 있다. 전문적이고 실용적인 프로그램에도 협소한 일련의 기술분야 습득에 그치기보다는 비판적인 사고(Critical Thought), 아이디어의 정리, 기존의 관행에 대한 개혁적 도전과 같은 교육도 포함되도록 노력이 필요하다. 한국의 경우 기초학문에 대한 학생들의 관심이 계속 줄어들고 있다. 기업들이 현장에서 곧바로 활용할 수 있는 인력에 더 큰 관심을 기울이고 있기 때문이다. 산업의 미래를 보아 좀 더 기초학문에 관심을 가져야 할 것이다.

❸ 大學은 자유스러운 雰圍氣속에서 學問的 成就度를 길러야

대학은 학생이나 교수들이 자신의 생각과 아이디어를 자유롭게 표출할 수 있는 환경을 만들어야 한다. 이처럼 자유스런 분위기가 학문적 성취를 가져온다. 복잡한 이슈에 대해 체계적이고 창의적인 방식으로 생각하고 문제를 해결할 수 있는 능력을 갖출 수 있도록 학생들을 교육하는 것이 중요하다.

이 같은 교육 방식을 통해 인문학을 전공한 학생들도 업계에서 성공적인 경력을 쌓고 있다. 자연과학 분야 학생들도 홍보분야에서 일할 수 있도록 교육하는 것이 필요하다. 인문학이든 자연과학이든 영역의 장벽을 허물고 복잡한 문제에 실용적으로 접근하는 훈련을 해야 한다. 대학은 다양한 분야에서 성공적인 커리어(경력)를 쌓을 수 있도록 다재다능한 인재를 키워야 한다.

1-2. 학문과 지식을 바탕으로 토론연구에서 명확성을 찾아

❶ 學問的 尊重보다 論爭과 討論으로 明確性을 찾는길

학문적 존중보다는 논쟁과 토론에서 명확성을 찾는 길이다(argumentation rather than deference is the route to clarity)라는 말을 믿는다. 교수나 학생 모두 겸양의 미덕에서 그냥 존중(deference)하기보다 기존의 존재를 그대로 받아들이기 전에 철저한 검증을 거치도록 하는 도전적인 분위기, 끊임없는 담론(談論)을 통해 새로운 사고의 지평을 열어가는 면학 환경 등을 강조 되고 있다. 항상 우리들 자신과 동료들에게 최고의 결과물을 내놓을 수 있도록 동기를 부여하는 문화를 만들어야 한다.

교수들은 개방적이고 담론을 지속할 수 있는 면학 환경에 만족하고 경계를 넘어선 연구에 집중해야 한다. 교수들이 최고 결과물을 내놓을 수 있는 환경을 조성하는 한편 개방적인 학문과 지적 분위기를 찾는 것이 대학의 역할이라고 할 것이다. 또 대학의 성공과 실패는 도전적인 탐구정신과 지적능력을 발휘할 수 있는 개방적이고 역동적인 분위기를 창출할 수 있는지 여부에 달려 있다.

❷ 科學 技術의 進步가 前提되여야 해결

글로벌 경제가 다시 성장궤도에 진입하는데 과학과 기술이 어떤 역할을 할 것인가? 그동안 과학과 기술은 혁신과 경제성장의 강력한 토대로 작용했다. 앞으로도 과학과 기술의 이 같은 역할은 계속될 것이다. 가장 기본적인 사회적 이슈도 과학과 기술의 진보가 전제돼야만 해결

될 수 있다.

아시아와 남미지역이 괄목할 만한 경제성장을 계속하려면 지속가능한 에너지 생산을 위한 과학과 기술의 혁신이 필요하다. 과학과 기술의 진보는 경제성장과 그 기저에 깔린 사회적 이슈를 효과적으로 해소하기 위한 혁신의 일부가 돼야 한다.

❸ 솔루션을 開發하거나 構築하여 劣弱한 地域支援

영역을 넘어서는 협력에 방점을 찍고 있다. 예를 들면 도시교육과 관련해 시카고 대학은 교육 인프라스트럭처가 열악한 도시환경에 처해 있는 학생들을 교육하기 위한 솔루션을 개발하거나 직접 솔루션을 구축해주는 역할을 하고 있다. 이 같은 작업은 여러 분야 교직원들이 함께 참여해야만 가능하다.

또 국제화도 관심사다. 실질적으로 해외에 교육센터를 설립하거나 교수교환 파견 등의 협력 사업을 진행 중이다. 글로벌화된 세계에서 시카고대는 베이징에 연구센터를 개원할 예정이다. 이미 런던, 파리, 싱가포르에 교육센터를 보유하고 있다. 다른 지역에서도 교육센터 설립을 준비 중이다. 재정지원을 사회과학, 인문학 대학원생들에게 제공하고 학부 간 경계를 넘어서는 협업을 위한 협력 연구소도 세워 운영한다(시카고대학 총장 로버트 짐머의 대담내용 요약이다).

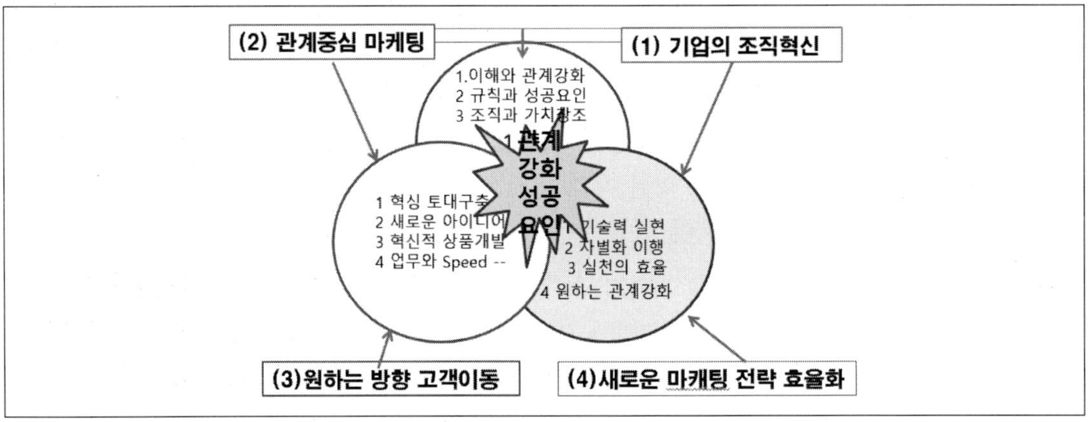

| 그림 5-1 | **다양한 학문 지식 중심의 성공요인 모형**

1-3. 경영자원의 조달과 기업규모

❶ 중소기업을 둘러싼 어려운 환경

인재와 자금은 경영 자원의 쌍방을 이루는 것이고 모두 비대칭 정보와 규모의 경제문제에 의해 중소기업이 대기업에 비해 그 조달이나 확보에 있어서 불리한 상황에 놓인다고 한다. 그러나 양자는 다음과 같은 점에서 크게 다르다. 그것은 자금 조달 문제가 규모가 커짐에 따라 비례적으로 개선되는 것에 대해 인재의 확보에 관해서는 보다 복잡한 움직임을 하는 것이다. 인재의 확보는 가족이나 창업 시의 멤버만의 때에는 거의 문제는 되지 않지만 20명 규모를 넘는 무렵부터 큰 문제가 되고 그 문제는 기업 규모가 정의상의 중소기업을 넘을 때까지 계속되는 경향이 있다. 예를 들어 2008년 가을 리만 쇼크 이후 대기업은 물론 중소기업에서도 고용과 일감은 전체적으로는 격렬해졌다. 최근에는 약간 완화 경향이 있지만 제조업에서는 과잉하는 기업 비율이 부족한 기업 비율을 20%포인트 정도 웃돌고 있으며 비제조업에서도 그 값은 10%포인트 가까이 되고 있다.

❷ 중소기업에서의 업종별 인원 부족 현상

(1) 필요한 노력과 정보를 선택

그러나 이러한 상황에서도 인재에 부족감을 호소하는 기업은 적지 않다. 산업간 바라츠키는 있지만 상당한 비율의 중소기업에 있어서 사람 손에 부족한 기업이 존재하고 있다. 본서를 작성하는데 있어서 기업의 경쟁력에 있어서 인재는 어떠한 역할을 가지고 그 인재의 확보와 육성에 있어서 중소기업은 어떠한 문제를 갖고 경영적으로 어떻게 대응하고 있는지 정리하고자 한다. 본 절의 최종 목표는 개별 기업의 인력 확보 및 육성에 대한 구체적인 노력에서 다른 중소기업이 참고가 되는 점을 추출 정리하는 것에 있다. 중소기업은 여기에 제시된 구체적인 노력을 모두 견습할 필요는 없다 해야 할일은 필요한 노력과 정보를 선택하고 자신의 노력과 정보를 가장 합당한 형태로 조합하는 것에 있다.

(2) 기업의 경쟁력

기업의 경쟁력은 크게 나누면 2개의 계층으로 이루어져 있다. 하나는 고객과 사용자가 직접 평가하는 부분이며 예를 들면 제품 서비스의 성능이 우수하다. 가격이 싼 애프터 서비스가 좋은 판매, 거점이 많이 있다는 것 등이다. 다른 하나는 고객과 사용자에게는 보이지 않는 부분이다. 그것은 뛰어난 성능의 제품 서비스를 만들 수 있는 능력이며 또한, 개발할 수 있는 능력 등이다. 고객이나 사용자는 성능이 좋고 가격이 저렴한 제품 서비스에 관심이 있더라도 그들을 누가 개발했다. 누구가 제조하고 있는지에 대한 관심은 없다. 그러나 기업의 경우 이들 중 어느 것도 부족합니다. 할 수 없는 것이며 표리일체를 이루고 있다 기업에서 인재가 중요하다는 것은 당연한 일이지만 중소기업 경영에서는 규모가 원래 작은 것 외에도 틈새시장에서 온리 원이라는 단어에 상징되도록 제품 및 서비스 수의 경쟁력이 강조되어 왔다. 기업 실적과 인적 자원 사이의 관계에는 그다지 주의를 기울이지 않았지만 지금부터는 그럴 수 없다.

(3) 성장 구동력 배양

자찬 자탄(自讚 自嘆)하여야 무슨 소용인가. 정확한 분석 하에 대책이 필요하지만 많은 사람들이 자신의 문제를 남의 일인 양 내받는 실상을 볼 수 있다. 여건을 탓해서 환경이 바꾸어진다면 비판의 가치가 있을 수 있으나 비판이 자기갱생의 길은 열어주지 못할 것이다. 오직 자신의 역량만이 미래 개척의 수단이요, 지렛대의 역할을 할 것이다. 내 문제는 내가 해결한다는 독자적 독립정신이 중요하다.

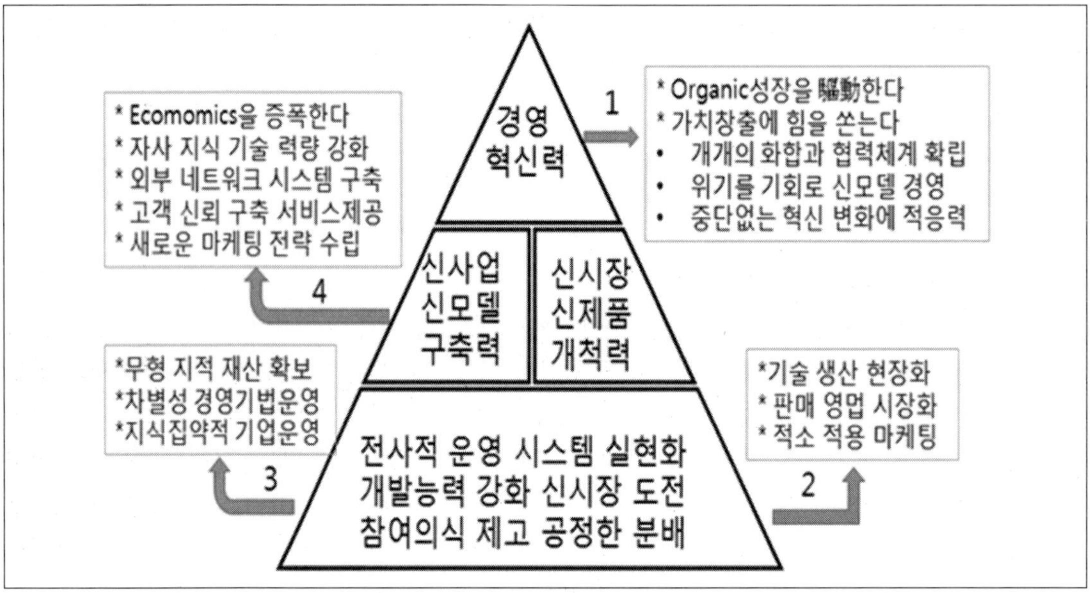

| 그림 5-2 | **인재육성 차세대 구동력 모형도**

1-4. 인재(人材)와 경쟁력(競爭力)

❶ 적응력 높은 인재확보

인재가 경쟁력과 밀접하게 관련되어 있는 것은 인재는 비즈니스 모델처럼 모방할 수 없는가? 등이다. 인재는 시장성이 부족하고 (사는 것이 어려워) 육성에 시간이 걸리는 특별한 성격 있는 경영 자원이다. 즉 인재는 인간 사물 돈이라는 단어로 경영 자원으로서 대량으로 분류되는 경우가 많지만 분명히 다른 경영자원과는 다른 성격이 있다.

첫째, 시장 유통에는 제한이 있습니다. 각 사람이 다른 특징을 가지고 있기 때문에 동질의 재서비스를 한꺼번에 다루는 것이 능숙한 시장거래에는 적합하지 않다.

둘째, 교육 훈련 투자가 필요하다. 구매 후 투자 유무가 성능 에 큰 영향을 미친다.

셋째, 대체성의 한계가 강하다는 것이다. A가 B씨의 일을 대신하는 것은 간단합니다가 안 되는 경우가 많다. 이러한 이유로 인재 특히 중요한 인재는 기업 내부에서 육성하는 것이 유리합니다. 일본 기업에서는 장기 고용을 전제로 인재를 육성해 왔다는 경위가 있다.

❷ 중소기업과 인재

인재 확보 및 육성에 관해서는 대기업과의 비교에서 경영 내용이나 노동 조건 등의 우열과 관계없이 소기업은 다음과 같은 고유한 문제를 안고 있다. 즉 채용 활동은 구직측에도 구인측에도 정보의 비대칭성이 강하게 나타나는 거래 형태의 하나이며 기업의 구직자 정보는 매우 제한적이며 구직자가 기업에 대한 정보도 어렵다는 것이다. 기업규모와 탐색 관계가 모두를 아는 것은 어렵다. 따라서 특히 신출시장에서는 기업이 학력과 과거의 채용실적으로 첫 스크리닝을 하거나 학생은 기업의 지명도나 규모로 후보가 되는 기업 그룹을 선택하는 경향이 생긴다.

이것은 각각의 경제주체에게는 학력이나 지명도 등을 신호 정보로 사용하여 구인이나 구직에 걸리는 거래 비용을 낮추려는 합리적인 행동이다. 또 한정된 합리성 때문에 구인측도 구직측도 모든 정보를 체크해 베스트를 목표로 하기 때문에는 아니고 일정한 기준을 클리어 할 수 있는 집합을 확보할 수 있으면 거기서 탐색 행위 그 자체를 중지해 버린다. 구직측이 기업의 지명도나 규모 등을 시그널 정보로서 모든 기업을 조사하려고 하지 않는 것은 일반적으로 지명도가 낮고 규모가 작은 중소기업은 원래 취업처 후보로도 선택되지 않을 가능성이 높아진다. 또한 채용 활동은 규모의 경제가 일하는 것이다.

설명회를 개최하더라도 채용 관련 홈페이지 작성을 하더라도 채용 예정 인원수가 10명에서 100명이 되더라도 비용이 10배가 되는 것은 아니다. 중소기업은 구직자 측의 제한된 합리성을 극복하기 위해 지명도를 높이는 노력을 하자. 그럼에도 불구하고 그 노력은 규모의 불경제로 인해 비용 효율적인 측면에서 대기업에 비해 처음부터 불리한 상태에 놓여있다. 채용 활동에는 이러한 성격이 수반되기 때문에 정확히 동일한 채용 조건을 가진 대기업과 중소기업이 있습니다. 어쨌든 일반적으로 중소기업은 고전을 강요 받는다. 또한 인재 육성에 관해서도 인재 육성 대상 인원수에 소요되는 규모의 불이익(연수 대상자가 적다) 비효율성과 작업 회전 옵션이 적습니다. 소기업관 네거티브인(이미지 의) 문제도 적지 않고 존재한다.

❸ 경영적 대응(經營的 對應)

이상과 같은 문제에 대해 중소기업은 경영적으로는 주로 다음과 같은 대응책을 강구하고 있다.

첫째, 채용 시의 비용 효과를 개선하기 위한 연구입니다.

직원 수가 상당한 규모가 되더라도 고채용을 주력으로 하는 기업도 있다. 또한 특정 지역의 산업 대학 및 고등 전문학교와의 연결을 강화합니다. 그렇다면 대학의 졸업채택을 그 특정 학교에 의존하는 기업도 기술자의 확보를 목표로 하는 중에서는 물론 어쨌든 채용 시 비용을 줄이면 채용 단계에서 불일치의 가능성을 높일 수 있습니다. 채용의 모집단을 확보하기 위한 프로세스와 그 모집단으로부터 실제로 채용하는 인재를 좁히기 과정은 따로따로 생각해야 한다.

둘째, 응모자의 검색 비용의 절감이다.

이것은 앞서 언급한 연고의 활용과 특정 학교와의 연결강화 이외에 화제 제안이 있다. 중소기업에 일반적으로 적용할 수는 없지만 성장 궤도에 있는 기업의 사장 책(대표자나 창업자의 태어나고 생각도 정리한 책 등)을 적극적으로 출판하는 것은 응모자의 탐색 비용의 절감을 노린 것으로 말할 수 있다. 기술적으로는 인터넷상의 홈페이지 활용도 있다. 입소문도 큰 영향을 미친다.

셋째, 채용 단계에서 정보의 비대칭성을 극복한다.

재무 정보 회사에 가입한 후 작업 환경 및 연수 등의 정보는 대기업에 비해 취득하기 어렵다는 문제에 대한 대응이다. 물론 대기업도 공개정보만으로 만족스러운 것을 얻을 수 있는 것은 아니지만 중소기업의 경우 원래 사업 내용이나 경영성과 그리고 노동조건 등이 다종다양한 것이 이 문제를 보다 큰 것으로 하고 있다. 중소기업의 일부 경영자는 사장 스스로가 설명회에 참가하고 때로는 술자리를 함께 할 수 있습니다. 이러한 활동이 문제에 대한 실용적인 대응 중 하나입니다. 인턴쉽도 효과적인 대응책이지만 하지만 노동과 비용면의 문제가 중소기업에게는 크다.

넷째, 규모가 작은 것이 유리하게 되는 육성 방법의 실시이다.

대기업이 실시하려고 하면 규모의 불이익이 일하는 채용이나 육성 방법을 실시하는 것이다. 설명회 단계에서 일대일 인터뷰 시간거기에 실시하는 것은 대기업에서는 불가능하며 매년 1명 정도의 신규 채용이라면 동기와의 경쟁 등은 일어나지 않기 때문에 그것을 평가하는 학생도 있을 것이다 가족적인 분위기도 대기업에서 실행된다. 그렇게 어렵지만 중소기업에서는 그다지 어렵지 않다. 대표자와 임원이 신입 직원 교육에서 적극적으로 참여함으로써 자발적인 교육을 촉구할 수 있다면 대기업이 모방할 수 없는 인력 개발에 이어진다.

1-5. 중소제조업 기업의 해외전개에 있어서

❶ 살아남기 위해 필요한 현지인 육성

중소가업이 해외에 진출하여 첫 번째 시련은 현지인 채용과 능력개발에 관한 것이다. 여기에 체험담을 소개하면 할 수 없다고는 생각했습니다만 이렇게까지 심하다고는 생각하지 않았습니다. 정말로 놀람과 동시에 어떻게 하면 좋을지 골머리를 앓게 됩니다. 이렇게 이야기해준 것은 인도네시아의 자카르타 근교에 공장을 짓는 일본계 제조업 기업의 일본인 주재원 분입니다. 공장 근로자와 현지인 간부 10명 정도에게 초등학생에게 배우는 산수의 간단한 문제를 풀게 했더니 평균 점수는 문항 10개 중 문항 3대의 정답 수준이어서 건잡을 수 없는 기초학력 부족을 목격하게 됐다. 시험을 치른 참가자는 고졸 이상의 학력을 가졌으며 그중에는 대졸도 있었다.

국내에 나도는 소비재에서 차지하는 수입품의 비율이 저하해 국내 생산 회귀가 진행되고 있다는 보도가 있다. 확실히 외국계 기업의 진출이 많은 아시아 각국의 임금 상승은 현저하고 코스트 하락을 전망해 진출한 기업에 있어서의 맛은 해마다 적게 되고 있는 것이 실정이다. 이러한 상황이 계속 될 경우 이미 해외로 진출해 생산을 실시하고 있는 기업에 있어서는 철퇴를 생각하거나 인건비 상승에 의한 고비용의 계속적인 상황을 내다보고 살아남기 위한 새로운 전략을 생각할 필요가 있다.

그러나 대기업이라면 몰라도 해외에 생산거점을 둔 중소기업에는 해외진출 실패를 철수하는 것만 해도 그토록 활황이었던 인도네시아 투자도 지금은 얼어붙어 인도네시아뿐 아니라 아시아 전역에서 성장 정체가 나타나고 있다. 그동안 아시아 성장을 이끌어 온 국가들의 성장이 일제히 둔화된 탓이다. 이른바 중진국의 덫에 빠져 있는 상황이어서 안타깝게도 해결의 실마리는 보이지 않는다. 이러한 상황에서는 이미 진출을 실시해 버린 외국계의 중소기업에 있어서는 철퇴냐 계속이냐 하는 선량한 양자택일이 아니라 사느냐 죽느냐 하는 양자택일을 날마다 강요당하고 있는 상황에 가까울지도 모른다.

❷ 현지시장 지향형으로 기업전략의 방향 전환

M&A 등의 합병 흡수 등의 방책은 차치하고 기업이 단체로 살아남기 위한 전략을 대략적으로 정리하면 새로운 시장을 개척하는 것 혹은 기업의 생산성을 향상시키는 것 두 가지로 나눌 수 있다. 사쿠라이(2017) 등에 의하면 일본의 대중 투자는 3년 연속으로 감소하고 있어 수출 기지로서의 중국의 위상은 저하되고 있는 한편 새로운 시장을 현지에서 개척하는 현지시장 지향형으로 기업 전략의 방향 전환을 하는 기업이 증가하고 있는 것을 지적하고 있다. 또 오타 코시무라(2017)에 의하면 현지 수요개척을 향해서 현지 인재의 등용을 적극적으로 가고 있는 기업은 시장 개척이 성공하고 있을 확률이 높은 것 같다. 아시아 지역은 세계의 생산 공장이라는 위치와 동시에 대규모 시장으로 변모하고 있어 그 새로운 시장 창출에 있어서 현지를 잘 아는 현지 인재의 활용이 열쇠가 되는 것은 이해할 수 있다.

그러나 마켓에의 변모는 착실하게 일어나면서도 일본계 기업이 예상하고 있던 만큼 그 스피드는 빠르지는 않은 것이 현상인 것은 아닐까? 물론 기업이 제공하는 서비스나 재화의 종류에 따라 일률적으로 말할 수는 없지만 단지 시장 개척에만 기업의 생존을 걸 수 있을 정도로 아시아 시장의 성장속도는 빠르지 않다는 것이다. 인도네시아에 진출한 중소 제조업 기업에 있어서 자동차의 판매 대수 추이는 매우 중요한 경기의 바로미터가 되지만 수년전에 기대되었던 것처럼 순조로운 성장은 나타나지 않고 정체가 계속 되고 있다.

그러면 또 하나의 전략 즉, 기업의 생산성을 올리기 위해서는 어떻게 하면 좋을까? R&D나 설비투자가 중요하다는 것은 말할 것도 없다. 또 기업 내의 조직 구조가 기업의 생산성이나 성장에 중요해진다는 논점도 있다. 그러나 흔히 나오는 얘기지만 결국 현지 인력의 퀄리티가 기업의 생존을 결정짓는 결정적 요인이 될 것이다. 그렇다면 일본계 중소기업은 어떻게 질 좋은 인재를 확보 또는 육성하고 있을까? 스즈키(2017)에서는 인도에 있어서의 인터뷰 조사에서 장래 핵심을 담당할 것으로 주목되고 있다.

❸ 어떠한 인재육성의 전략이 가능한가?

코어 인재의 육성이 자사내에서의 대처만으로는 곤란하기 때문에 인재 소개 회사 등에 의해서 담당되고 있는 상황을 말하고 있다. 또한 다와라(2017)에서는 태국에서도 마찬가지로 인재파견회사 또한 종업원의 소개 등을 통해 보다 나은 인재를 확보하고 있다고 기술되어 있다. 또 일본에서의 연수를 보상으로 하는 것이나 적절한 경쟁 환경을 유지하는 것 등에 의해서 자사 내부의 인재육성에도 여러 가지 형태로 임하고 있다고 기술되고 있다.

확실히 코어 인재나 화이트칼라층으로 불리는 대졸 레벨의 인재에 대해서는 이러한 대처에 의해서 확보 육성이 가능할지도 모른다. 그러나 아시아에서 일하는 노동자의 대부분이 오퍼레이터나 블루칼라층으로 불리는 사람들이며 그들은 일본인이라면 상식적으로 갖추고 있는 기초적인 학력이나 논리사고 능력을 가지고 있지 않다. 해외에 있어서의 코어 인재나 고도 인재의 육성에 포커스한 논문이나 서적은 산더미처럼 있지만 이상하게도 대다수의 노동자인 워커층의 육성에 맞춘 논문 연구는 지극히 적다.

일본의 KAIZEN 방식의 철저함이 생산성 향상에 기여할 가능성이 있음을 지적한 연구도 있지만 단지 KAIZEN 어디까지나의 실천이 주효하는 것은 최저한의 학력이나 사고능력을 가지기 때문이며 필자가 인도네시아에서 실시하고 있는 인터뷰 조사에서는 그 기초적인 레벨의 능력조차 갖지 못한 층에는 KAIZEN과 같은 대처는 효과가희박한 것을 알 수 있었다. 그렇다면 어떠한 인재육성의 전략이 가능한가? 화려함도 기발함도 없지만 역시 착실하게 종업원의 능력을 높여 중장기적인 시점으로부터 종업원 교육을 실시하는 것 이외에는 방법이 없다.

혹은 사람을 키우는 것을 포기하고 AI에 의지하는 것도 좋을지도 모른다. 그러나 AI의 시대가 오면 테크놀로지의 진보로 생산성을 높이고 있다는 점에서는 지극히 역설적이지만 아시아의 많은 국가들이 중진국의 덫을 벗어나기는 쉽지 않을 것이다. 기능이나 기초학력이 없는 워커층이 자동차를 구입할 수 있는 구매층이 되기 어렵기 때문이다. 인재의 육성은 단기적으로 실시하는 것은 지극히 어렵다. 더욱이 기초적인 학력이 없는 층을 상대해야 한다면 말이다. 아시아 지역에 있어서의 중소기업의 해외 전개 지원에 대해서는 이러한 점에 포커스한 연구나 실험이야 말로 요구되고 있는 것은 아닌가?

용어 설명

KAIZEN 지속적인 향상
교양과목(liberal arts)
비판적인 사고(Critical Thoughts)
그냥 존중(deference)

참고 문헌

1. 중소기업청 공고 제2014-366호, 2015년도 중소. 중견기업기술개발 지원사업 통합 공고 중소 중견기업의 글로벌화와 강소기업 육성의 방안(2013년 2월)
2. 한국 강소기업의 블루오션전략에 관한 연구, 2011, 한국무역보험학회 장정근
3. 우리나라 기업의 지배구조가 기업성과에 미치는 영향에 관한 연구, 한남대학교, 2006, 윤평구외 1명
4. 중소기업을 위한 조세지원제도에 광한 연구, 조세특례제한법을 중심으로 연구
5. 우리나라 기업지배구조의 새로운 패러다임 모색, 한국경제연구원, 1999 이병기 외
6. 정책기획연습 최종보고서(2013년 8. 19) 중소기업청 벤처정책과, 창업생태계 선순환을 위한 실패 중소기업인 재기활성화의 방안
7. Centennial Company(백년기업) Handa Junichi 지음, 정영권 옮김 p.23

요 약

1. 다재다능한 인재육성
인재육성에 있어서 대학 역할론과 인재론이다. 사회과학과 인문학의 중요성을 강조되며 학부 간 협업의 필요성도 제기되고 있다. 다재다능한 대학 인재를 육성해 내는 것이 대학의 역할이요 임무임을 사회는 요구하고 있다. 시카고 대학은 미국 최고 MBA 등 실용 학문과 자연과학 등 순수 학문 사이에서 적절한 균형을 잘 맞추는 것으로 유명하다.

2. 자유스러운 雰圍氣속에서
學問的 成就度를 길러야 대학은 학생이나 교수들이 자신의 생각과 아이디어를 자유롭게 표출할 수 있는 환경을 만들어야 한다. 이처럼 자유스런 분위기가 학문적 성취를 가져온다. 복잡한 이슈에 대해 체계적이고 창의적인 방식으로 생각하고 문제를 해결할 수 있는 능력을 갖출 수 있도록 학생들을 교육하는 것이 중요하다.

3. 論爭과 討論으로 明確性을 찾는 길
기존의 존재를 그대로 받아들이기 전에 철저한 검증을 거치도록 하는 도전적인 분위기, 끊임없는 담론(談論)을 통해 새로운 사고의 지평을 열어가는 면학 환경 등을 강조 되고 있다. 항상 우리들 자신과 동료들에게 최고의 결과물을 내놓을수 있도록 동기를 부여하는 문화를 만들어야 한다.

4. 과학 기술의 진보가 전제되어야 해결
글로벌 경제가 다시 성장궤도에 진입하는 데 과학과 기술이 어떤 역할을 할 것인가? 그동안 과학과 기술은 혁신과 경제성장의 강력한 토대로 작용했다. 앞으로도 과학과 기술의 이 같은 역할은 계속될 것이다. 가장 기본적인 사회적 이슈도 과학과 기술의 진보가 전제돼야만 해결될 수 있다.

제2절

가치협상 협상의 達人이 될 수 있다

경영 성공 Point 21

1. 가난을 삶의 원동력으로 삼아라

가난은 절망이 아니라 기회와 동기의 부여이다. 그런데 왜 가난에서 벗어나지 못할까? 첫째로 그들은 자신이 처한 현 사항을 바꿀 수 있는 능력이 자신에게 있다는 사실을 믿지 않는다. 둘째로 인생의 본질을 땀과 눈물을 통해 느끼는 만족감을 모른다. 가난을 삶의 원동력으로 삼는 성공의 큰 인물. 물론 가난이 성공의 필수조건은 아니다. 끊임없이 목표를 향하여 나아가는 도정정신이다. 그들은 곤경에 빠질수록 왕성한 도전정신을 불태운다. 지금 당신의 미래의 모습은 아니다 당신은 모든 것을 바꿀 수 있는 능력이 있다는 사실을 잊지 말라.

2. 행복을 꿈꾸거든 주위 사람에게 사랑과 기쁨을 베풀어라

인정은 다른 사람을 위한 것이 아니라 자신을 위한 것이다. 다른 사람에게 기쁨을 주는 마음이 없으면 재산이 늘어나기에는 어렵다. 행운이나 재산 성공이란 좇아가서 움켜질 수 있는 성질의 것이 아니다. 사람을 매개로 사람에 의해 도모되는 것이 행운이고 성공이다 타인에게 베푼 기쁨은 당신의 내부에 존재하는 보물창고에 싸인다. 결국 당신을 행복으로 이끈다. 풍요로운 삶을 바란다면 우선 보물창고에 투자하라.

제2절
가치협상 협상의 達人이 될 수 있다

2-1. 혼자 웃는게 정답일까? 함께 웃는게 정답이다

MBA 출신으로 글로벌 컨설팅 기업에 입사한 A씨, 연봉 협상을 끝내고 '정말 이 회사 일원이 됐다'는 생각에 뿌듯했지만 가슴 한구석에 남아 있는 찜찜한 기분을 감출 수가 없었다. 연봉 계약서를 아무리 살펴봐도 보너스에 대한 내용을 찾을 수 없었기 때문이다. 컨설팅 회사에서 인센티브와 보너스는 기본이라고 생각했는데, 계약서에는 이 항목이 보이지 않으니 A씨는 답답할 노릇이었다. 하지만 어렵게 구한 직장에서 처음으로 자신을 내보이는 자리인 만큼 분위기상 "내 보너스는 어떻게 되냐"고 묻기가 쉽지 않았다. '돈 밝히는 신입사원'이라는 이미지가 박힐까 두려웠고 향후 자신에 대한 평가에도 불리하게 작용할까 염려가 됐다.

결국 그는 꿀 먹은 벙어리처럼 아무 말도 못한 채 인사를 하고 자리에서 일어나고 말았다. 이 사례를 읽으며 당신은 단순히 신입사원 연봉협상장에서 벌어지는 일상적인 일이라고 생각하고 넘길 수도 있다. 하지만 프랑스의 세계적인 경영대학원 인시아드(INSEAD)에서 협상을 강의하는 협상전문가 호라시오 팔카오 교수는 경제신문과 인터뷰하면서 A씨 태도가 "모든 협상장에서 바로 당신이 언제나 취하고 있는 태도일 수 있다"고 꼬집어 말했다.

A씨는 두려움 때문에 연봉 협상에서 자신이 원하는 제안을 제대로 하지 못한 채 나와야 했지요. 하지만 이게 과연 그가 신입사원이었기 때문에 일어난 일까요. 아닙니다. 사실은 대부분 협상이 이런 두려움 때문에 무너지고 맙니다. 잘 생각해 보세요. 경쟁에 대한 두려움, 실패에 대한 두려움, 시간 부족에 대한 두려움, 상대방이 나보다 더 많이 가져갈 것이라는 두려움, 바보 같은 행동을 할 수도 있다는 두려움, 상대방이 먼저 자리에서 일어나 버릴 것이라는 두려움은 항상 많은 협상을 실패로 몰고 갑니다. 실제 팔카오 교수 제자이기도 했던 A씨가 그에게 찾아왔을 때 팔카오 교수는 A씨에게 당장 연봉 담당자에게 전화를 걸 것을 지시했다.

"계약서에 보너스에 대한 내용이 있는지부터 확인하고 대부분 MBA 출신 컨설턴트가 보너스를 받는다고 말하라고 했지요. 그 기업은 A씨 말을 듣고 '계약서에는 고지되지 않았지만 원한다면 주겠다'며 얼마면 적당한지를 묻더군요. A씨는 2년간 MBA스쿨을 다니면서 자신이 지불한 학비 전액을 요구했고 담당자는 흔쾌히 수락했습니다. 그가 눈치를 보며 자기 요구사항을 얘기하지 않았다면 이런 일은 일어나지 않았을 거예요. 두려움 때문에 그 친구는 4만 5000유로를 잃을 뻔했지요."

두려움이 협상을 방해하지 않기 위해서는 예측이 불가능한 데 따른 '모호함'을 벗겨내야 한다. 팔카오 교수는 "앞으로 일주일 후에 일어날 일을 예측하는 건 불가능하지만 2분 앞을 내다보며 준비하는 일은 누구나 가능하다"며 "협상에도 여러 가지 단계가 있는데 다음 단계로 넘어가야 할 타이밍을 예측하고 실행하면 두려움을 줄일 수 있다"고 설명했다. 두려움의 연막을 벗겨내고 협상 단계를 예측할 수 있는 눈을 뜨면 '가치협상(Value Negotiation)'이라는 새로운 세상이 열린다. 가치협상이란 협상 테이블에서 모두가 '이길 수 있는' 협상이다.

"보통 협상을 하다 보면 결국 '중간 선'에서 합의가 이뤄지죠. 내가 원하는 가치가 100이라면 결국은 70~80선에서 협상이 마무리되곤 합니다. 하지만 양쪽 다 100을 얻는 방법이 있는데 '중간 선'에서 만족할 필요는 없습니다. 내가 협상을 통해 얻고자 하는 가치와 상대방이 원하는 가치에 집중해 보세요. 양쪽 다 100 이상을 얻고 웃으며 협상을 마무리할 수 있을 겁니다. '80:20' 내가 더 가졌으니 만족할 만한 협상이지. 지금껏 이렇게 생각했다면 앞으론 이렇게 생각하세요. '100:100' 나와 상대방이 원하는 100 둘 다 얻는다.

산책을 하다 작은 돌부리에 발이 걸려 넘어졌을 때는 툭툭 털고 일어서면 그만이다. 하지만 가파른 절벽을 타고 올라가다 발을 헛디디거나 잡고 있던 돌을 놓친다면 상황은 달라진다. 산책길에서 하는 실수는 멋쩍은 웃음으로 끝낼 수 있지만 절벽에서 하는 실수는 생명을 위협한다. 이런 '용서할 수 없는 실수'를 막기 위해 등산가들은 항상 기상을 체크하고 장비를 점검한다. 목적지에 도달하는 과정 중 겪을 수 있는 예측 불가능한 상황을 끊임없이 준비한다. 협상에서도 마찬가지다.

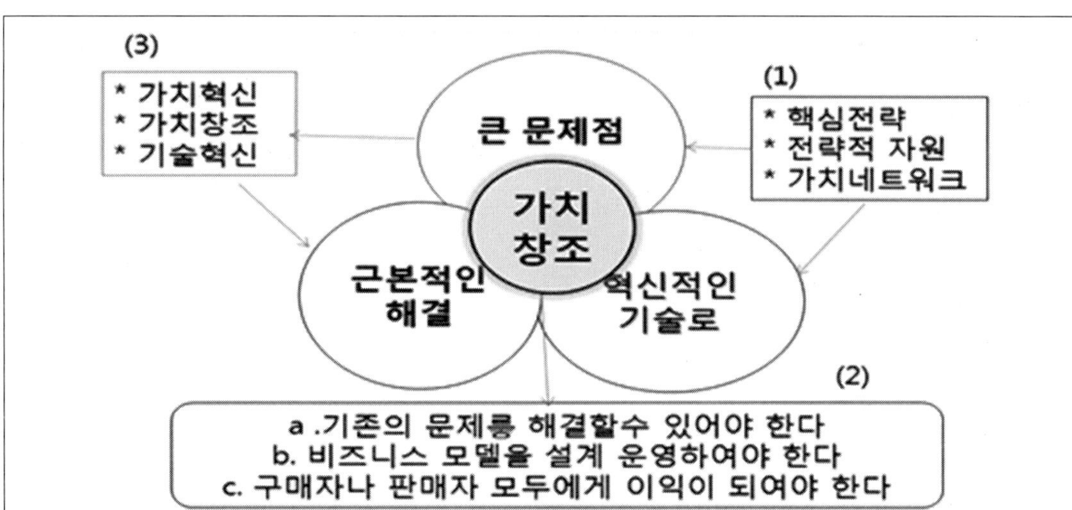

| 그림 5-3 | **가치창조와 공유가치 모형**

성공한 기업의 공유 가치관

성공한 기업들이 경쟁자보다 우위에 있어야 한다는 가치혁신(valueinnovation)이라는 전략적 사고의 논리를 가지고 있다는 것을 발견했다. 또한 이어지는 연구에서 Kim & Mauborgne(1999)은 시장을 창출하기 위해 경영자는 다음과 같은 모형을 참고해 새로운 모형을 창출해야 한다고 밝혔다.

2-2. 고객분야별 전략과 영업전략

❶ 고객의 중요도와 영업의 효율화

기존 고객을 분류하고 그 속성에 의해서 고객의 중요도를 도모해 영업 효율을 높이고 영업 코스트를 삭감해 매상 및 이익을 확보해 나간다. 이것은 고객 영업 전략이라는 관점에서 매우 중요한 일이지만 마지막으로 계수적인 개념에서 벗어나고 회사에게 '이상적인 고객'이란 도대체 어떤 고객인지를 생각해 보시지요.

(1) 고객에 대한 생각을 바꾼다.

이상적인 고객을 만나기 위해서는 먼저 고객에 대한 생각을 바꿔야 합니다. 예를 들면, 고객에게 선택받는 회사가 되자.

⇒ 고객을 뽑는 회사는 고객으로 선정 손님은 쫓을수록 도망간다.

⇒ 손님에게 사고 싶다. 갖고 싶다. 라고 말하게 한다. 같은 발상의 전환도 중요합니다. 그래서 고객으로 뽑힌 회사의 예로 루이비통에 대해 자사와 비교하면서 생각해 보세요.

(2) 루이비통 ⇒ 고객층은

고객 대응은, 제공하는 상품은, 제공하는 부가가치는, 다음으로 자사에 있어서 이상적인 고객이란 어떤 고객인지 가능한 한 많이 들어보시기 바랍니다.

회사에 이상적인 고객이란?
돈을 잘 쓰는 손님
불평하지 않는 손님
손이 가지 않는 손님
손님을 소개해주는 손님

(3) 이상의 고객을 만나기 위한 힌트

위에서 언급한 이상적인 고객을 만나기 위한 힌트로 다음과 같은 것을 생각할 수 있습니다. 스스로가 쫓는 고객은 이상적인 고객이 되지 않는다. 사귀고 싶은 고객과 사귀고 싶지 않은 고객을 명확히 구분한다.

제공하는 상품, 서비스가 차별화되어 희소성이 있다.
고객에게 아무래도 갖고 싶다라는 감정을 심어줄 수 있다.
고객을 데려오는 영향력이 있는 고객이 있다.

❷ 전략 경영의 제고

(1) 왜 경영에 전략이 필요한가?

경영전략 편에서는 경영에 있어서의 전략의 중요성을 중심으로, 전략이란 무엇인가? 상품, 서비스와 시장, 그리고 고객과의 관계, 재무란 무엇인가?(결산서의 견해, 생각) 등에 대해 생각해 왔습니다. 왜 경영에 전략이 필요한가를 다시 생각해보겠습니다. 기업을 둘러싼 환경은 변화무쌍하고 불확실하며 복잡해 졌습니다. 그리고 사회의 요구는 다양화되고 환경의 변화에 대응할 수 있는 것만 살아남아 성장하는 시대가 되었읍니다.

이런 상황은 대기업이든 중소기업이든 달라지지 않습니다. 벌써 이른바 '승자'라고 불리는 대기업에서는, 명확한 목표를 설정해, 목표 달성을 위한 전략을 책정해, 자금력, 인재력, 정보력을 구사하고, 끊임없이 신경영을 행하고 있습니다. 이렇게 말하면 서운해 할지 모릅니다만, 자금력, 인재, 정보량으로 대기업에 대항할 수 없는 중소기업이 같은 환경 속에서 살아남기 위해서는 한정된 경영자원(자금, 인재, 정보)을 얼마나 효율적이고 최적화로 활용하여 경쟁에서 이기는가 하는 전략이 보다 중요한 것입니다.

대기업이 책정하는, 고도이고 복잡하고 대규모 전략이 아닌, 이른바 '약자'가 취해야 할 전략을 생각해 가야 할 것입니다. 즉, 중소기업에 필요한 것은, '전략'을 최상단으로 하는 것이 아니라, 우선, 전략을 가진다는 발상, 다음에, 명확한 목표를 가지는 것이 중요한 순서이다. 또한 스스로의 상품·서비스를 재검토해, 한정된 경영자원을 사용해 어떠한 전략을 세우고, 시장, 고객에게 임할까를 오로지 생각하는 것이다. 그리고 목표 전략을 주시하면서, 지속경영과 실천을 계속 관리해 가는 것입니다. 이것이, 전략 경영인 것입니다. 이러한 필요성을 발견하고 그것을 실행에 옮긴 것만이 대기업, 중소기업의 구분없이 '승자기업'으로서 성장, 발전해 나가는 것입니다. 발견과 실천만이 미래를 개척하는 초석을 이루어가는 것이다.

(2) 본 절의 개요

중소기업 육성에 인식이 새로워지고, 그 중에서도 특히 상업, 유통업과 서비스업에 관심이 모아지고 있다. 과점적 제조 기업이나 대기업도 그렇지만, 간과해서는 안 되는 현실로서 우리나라 경제의 기반의 원동력인 중소 영세 기업에 대한 날카로운 분석은 사회경제적 요청을 강하게 조명되고 있다는 것이다. 특히 이론연구에 있어서 강력한 뒷받침하는 것으로서 컨설턴트로서의 풍부한 실천 경험을 참고가 필요하다. 마케팅은 이를 경제현상으로 파악하려는 입장에 있고, 다양하게 현상하는 마케팅 활동들의 무한대의 확장을 갖는 실천 속에서 본질적인 활동들을 추출하고 이를 체계화 하는 것이다. 이와 같이 과점적 제조기업과 비교하여 방대한 수의 중소기업에 의한 다양한 마케팅 실천 속에서 본질적인 부분의 진출 작업은 그 경험 속에서 이루어지는 것이다.

❸ 지금 왜 중소기업 마케팅인가?

충분한 기술력이 있어도, 마케팅 중에서 특히 판로 개척에 약한 중소기업의 현 상황을 타개하기 어려워진다. 거기에 우리는 눈을 돌려야 한다. 예를 들어 고도의 기술이 구사된 제품이라고 해도, 그것이 직접 기업의 존속으로 이어진다고는 할 수 없다. 제품 자체가 가진 경쟁력을 발휘하기 위해서는 중소기업 마케팅의 지향성을 도입해야 한다. 생산에 지나치게 편중이 있어서는 안 된다. 특히, 신흥국 전용의 상품 개발에 있어서 그것은 현저해진다. 현지 경제의 발전 정도에 대응해 소비자가 진정으로 요구하는 내용이나 품질의 결정이 내려져야 한다. 상품이란 수요수준에 비례되었을 때 효과성이 발휘된다.

중소기업의 힘을 발휘시키기 위해서는 전략적인 마케팅 이야말로 중요하며, 거기에 근거해 세분화된 명확한 시장에 대해서 강한 독자성을 가진 제품을 도입이 중요하다. 그러나 그런 제품들은 그 특성을 강화하는 데 반비례해 시장 규모가 한정적이다. 그에 상응하는 시장규모를 확보하기 위해, 세계화의 물결 속에 스스로를 투입해, 글로벌 틈새 기업으로서의 지위를 획득하지 않으면 안 된다. 중소기업에 있어서 요구되는 힘은 판매력이며, 기술력에 비례해 그 힘은 강해져야 한다. 그 방안으로 중소기업 마케팅이 있다. 그러므로 고객수요 만족을 위하여 다품종 소량생산의 시스템 구축이 중요한 시기에 직면하고 있다.

❹ 중소기업 마케팅은 어떻게 인식되어 있나

중소기업에 있어서의 마케팅의 본연의 자세를 분석한다. 그것은 중소기업 마케팅의 체계화가 목적이며, 그 분석 소재로서 마케팅이 어떻게 활용되고 있는지를 분석하는 것이 본서의 기본적 자세이다. 근년, 해외에 판로를 요구하는 중소기업은 현지 캠페인 등의 움직임을 활발하게 하고 있다. 신규 고객을 획득하기 위한 수단으로서 마케팅은 주목받아 그 노하우를 구축하고 있다. 그러한 환경하에 있고, 우리나라의 중소기업론에서는 경제학적 어프로치가 이루어지는 것이 많아, 이 영역에 있어서의 마케팅에의 연구의 대처는 뒤떨어지고 있는 현상이다.

과점적 제조업체를 대상으로 한 전통적 마케팅 기법을 직접 중소기업에 적용하는 연구가 많다. 그러나 중소기업은 연구 소재로서의 매력을 가진 뛰어난 기술력에 반해, 그러한 제품의 판매에 대한 관심은 상대적으로 낮은 현실을 감안할 때, 그러한 연구의 유효성이 의문시된다.

그런 사실은 있지만 맹아적 연구도 볼 수 있게 되었다. 거기서는 전통적 마케팅의 수정을 시도하거나 관계성 마케팅에 의한 재구축을 목표로 하거나 독자성이 있는 연구도 행해지고 있다. 또, 컨설턴트적 성격을 가지는 연구 영역도 있다. 이러한 국내 상황에 대해 외국에서는 활발한 연구가 이루어지고 있다.

2-3. 중소기업 지속성장과 마케팅 전략

◇ 중소기업 마케팅을 체계화하는 전제로서

❶ 다음 4가지가 중요하다.

첫째, 중소기업 마케팅은 기업의 경영규모에 관해 어느 범위까지 적용 가능한가 하는 것이다. 당연히 경영력은 자본 규모로 규정될 뿐 아니라 경영자 개인의 경영력에도 크게 의존한다. 이 양면을 파악하지 않으면 안 된다.

둘째, 마케팅을 실시하는 중소기업의 경영 자세이다. 규모의 확대를 목표로 하는 발전형, 보수적인 현상 유지를 도모하려는 지속형의 2가지가 있으며, 현실의 대부분은 후자의 타입이 많다. 따라서 본서에서는 발전형에만 눈을 빼앗기는 일 없이, 지속형을 한 전형으로서 분석을 진행시킨다. 하지만 현실엔 발전형에 관심이 쏠리면서 기업의 성장 패턴을 분석해 왔다.

셋째, 전통적 마케팅의 여러 활동을 어느 정도 적용할 수 있는가 하는 것이다. 이를 위해서는 중소제조업, 중소도매업, 중소소매업, 중소서비스업으로 나눠 분석이 진행돼야 한다. 자금적으로도 인재적으로도 제약을 받는 중소기업에 있어서 자사에 있어서 핵심이 되는 마케팅 활동을 축으로 하여 다른 여러 활동을 간소화할 필요가 있다. 단, 그것은 간소하지만, 단순화를 의미하는 것은 아니고, 핵심 부분이 복수의 다른 부분에 효과를 발휘하는 다의성(多意性)을 중시한 시스템으로서 파악되지 않으면 안 된다.

넷째, 중소기업 마케팅의 핵심은 무엇인가이다. 시장 규모와 경쟁 강도에 따라 중소기업 마케팅은 그 내용을 크게 규정해 각각 고유한 특징이 부각시켜야 된다. 전략의 효과는 조직 운영의 결과이다 우리가 조직 관리를 합리성 있게 운영하느냐가 그 기업의 성과를 판단하는 자의 책임과 역할을 하는 사람의 의사결정이 지연되어 적기적 시간을 적중치 못하거나 합리성을 배재한 독선적 의사결정은 실효성은 떨어지는 것이다.

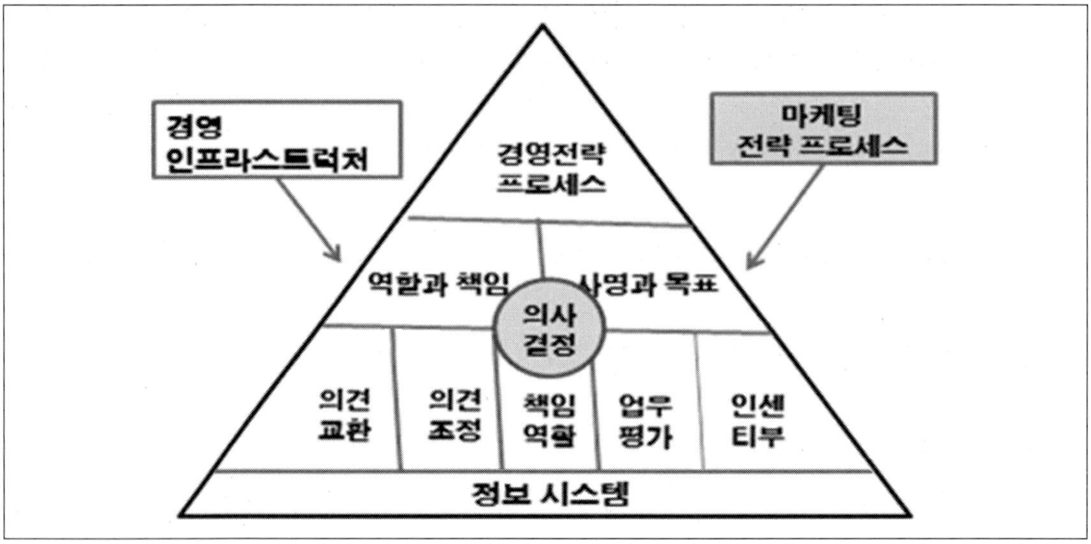

| 그림 5-4 | **기업 마케팅 전략 시스템 모형도**

❷ 중소기업 마케팅의 구조

중소기업 마케팅이 안고 있는 제약조건으로서 과점적 대기업에 등장한 마케팅은 중소기업에 그 성과 수법을 거의 이전하지 못하고 있다. 그 때문에, 적절한 사례를 상세하게 분석하는 것에 의해서, 실증적 증명을 하는 작업이 요구된다. 중소기업 마케팅의 연구 접근법에 대해, 마케팅 과정에서의 접근은 중소기업의 마케팅을 전략적 마케팅과 업무적 마케팅으로 나누어 파악된다.

시장 규모와 영업 구조로부터의 어프로치로서 무제한의 시장의 경우 BtoB 시장에서는 규모적 차이가 직접적으로 경쟁력이 되기 쉽지만 BtoC 시장에서는 고객의 다양성을 볼 수 있기 때문에 다양한 전략을 취할 수 있다. 또, 한정된 시장의 경우, BtoB와 BtoC 시장 모두, 중소기업의 경쟁력이 발휘될 가능성이 있다. 중소 기업론으로부터의 어프로치는 이중 구조론과의 관련으로 마케팅을 파악할 수 있다. 또, 중소 제조업, 중소 도매업, 중소 소매업, 중소 서비스업이라고 하는 유형별의 어프로치도 있다.

중소기업 마케팅의 특질에 대해 경영의 의사결정은 경영자 자신 또는 신뢰할 수 있는 특정 간부 사원에 의해 대부분 이루어진다. 그 기초가 되는 시장 조사 노력은 부족하기 때문에 시장의 파악을 경시하는 경향이 있다. 시장 조사에 의한 분석을 객관적인 것으로 한다면 보다 주관적인 고객 이미지 중에서 고객 만족을 파악하려고 한다. 대기업에는 곤란한 고객에 대한 신속하고 탄력적인 인터랙티브 마케팅, 개인으로서의 한계를 보완하는 인터오가이제셔널 마케팅, 종업원을 가족으로서 파악하려는 인터널 마케팅이라는 3가지 IM이 있다. 중소기업 마케팅의 구조에 대해서, 마케팅의 간소화와 다의성과 시장 직결에 의한 문제 발견력이 열쇠가 된다.

❸ 중소 제조업의 마케팅 활동

제품 자체의 독자성 강화와 동시에 시장성을 확보한 존재가 중요하다, 소위 틈새 기업으로서의 전개, 또 기술수준 향상과 함께 마케팅적인 '한결'을 더하는 것이 중요하다. 제품의 의미 변화를 확실히 파악하지 않으면 안 된다. 그것은 제품을 팔아서 끝내는 것이 아닌 순환형의 고도의 제조업에의 전환이다. 시장의 변화에 대해서 사회적 과제의 발견에 의한 새로운 사업 기회의 창조를 실시하지 않으면 안 된다. 이에 적합하기 위해 GNT(글로벌니치톱)가 아니라 LNT(로컬니치톱)를 목표로 해야 한다.

'대지농원'은 드라이플라워 시장에서의 점유율이 60%나 된다. 재료를 모두 자체 수입으로 해 최신 물류시스템을 구축해 신제품 개발에 임했다. 사원은 제조, 기획, 디자인, 영업 등, 다의적 인재의 육성을 받고 있다. '가장 재미있는 회사가 되자.'를 표어로, '진미를 지극히 한다.'라고 하는 개성적인 기획 개발형의 식품 기업이다. 당초에는 기계 설비를 가지고 있었지만, 시대의 급속한 변화에 대응하기 위해, 자사 공장이 없는 파블레스 기업으로, 제품의 기획·마케팅력의 양성에 주력 하는 방향으로 이행했다.

사원 스스로가 도전 정신을 가지고 자주성과 창조성을 크게 발휘하는 구조로서의 자창(自創) 경영을 도입해 사원 개개인이 다의적인 능력을 갖는다는 사상이 저류가 되었다. 경영자는 사원과의 커뮤니케이션을 소중히 해, 매일 150 문자 이내에서의 종업원으로 부터의 메일에 답장을 쓴다.

2-4. 소비자의 변화 중소기업의 대응능력 강화

❶ 중소 도매업의 마케팅 행동

유통 혁명의 진전에 수반해, 많은 도매 기업은 도태되었지만, 한편으로 건투 하는 기업도 있다. 그러한 기업은 마케팅의 본질인 시장 환경에 대한 창조적이고, 통합적인 적합 행동을 실시해 왔기 때문이다. 거기서는 전략적 마케팅이 중요한 위치를 얻는다. 코베 코난 사카에야는 홈 페이지에서 돼지고기에 관한 풍부한 정보를 발신하고 있다. 효고 유키히메 포크는 그 대표이며, 여러 가지 궁리가 이루어지고 있다. 도매업의 경우, 그 집적으로서의 도매시장이나 도매단지에 있어서의 마케팅 활동도 볼 수 있다.

❷ 중소 소매업의 마케팅 활동

중소 소매업이 살아남는 방향으로 합리적 측면과 다른 정서적 측면이 지적된다. 중소 소매업과 대규모 소매업과는 입지 요인이나 가격 요인에는 큰 차이가 있다. 입지는 여건이 될 가능성이 있지만, 점포의 연출은 마케팅을 전개할 기회가 된다. 또, 비가격 경쟁에서의 비합리적인 측면의 강화에 의한 존립 가능성은 충분히 있다. 양적 판매 시점에서 벗어나 질적인 독자성을 높이는 것이 중요하다.

각지의 매력있는 제품을 개인적인 연결을 형성하는 것에 의해서, 갖추는 노력도 필요하다. 제품을 작품으로서 그 구색을 충실하게 하고, 그것을 보다 매력있게 하기 위한 연출이 되는 장을 창조하여, 작품과 장소를 최대한으로 효과를 내기 위한 소비자 커뮤니케이션을 실시한다. 소비자 커뮤니케이션의 핵심은 호스피탤리티 정신으로 정서적 측면으로 자리매김한다. 장의 창조는 자금적인 제한을 받는 가운데 연구가 필요하다.

오오츠키는 상품의 가격이 전체적으로 약간 비싸기는 하지만, 다른 가게에서는 볼 수 없는 장르를 좁혀 충실한 상품구색을 형성하고, 호스피탤리티 정신을 가진 소비자 커뮤니케이션이 실천되어, 가게의 개성과 특징을 어필한다. 기본 상품 이외, 매입은 점장의 자유 재량에 맡겨져 점포 운영에 관한 종업원의 애착심을 강화하고 있다.

나가사와 문구센터는 정가 판매이지만 높은 접객 수준과 다른 어떤 제품도 흉내 낼 수 없는 깊이로 마니아적 소비자에 대한 소구력을 강화하고 있다.

츠마가리 S. 코야마는 초콜릿이 본고장 프랑스에 있어서도 높은 평가를 얻고 있다. 점포는 모두 주택지에 위치해 입지적으로는 풍족하지 않지만, 장소 만들기에 독자성을 발휘하고 있다.

니시무라카와 어점은 장어의 매장 판매를 실시해, 소비자에의 어프로치를 궁리한다. 나가타역에는 상품 그 자체의 홍보를 거의 볼 수 없는 사장이 팔짱을 낀 간판, '잠깐 이야기'라는 미니코미, 사장이 스스로 눈에 띄는 복장을 입고 자전거로 배송하는 것 등에 의해서, 마케팅을 실천한다.

지연적 공동 조직으로서의 상점가 마케팅으로서 코하마 상가에 보이는 개별 점포의 인지도를 높이는 노력, 고베 신선 시장에서 보이는 전국 유명 시장 서밋이라 칭하는 이벤트의 실시에 의한 전국에서의 지명도 향상 등이 있다.

❸ 중소 서비스업의 마케팅 활동

서비스의 제공 형태에는 2가지가 있다. 동일한 서비스를 제공한다고 하는 균일성 중시형과 비반복성이라고도 말할 수 있는 전문화·개성화 중시형이다. 대규모 서비스업이 IT 등을 채용한 커뮤니케이션 수단을 채용하는 데 반해, 중소 서비스업은 리얼을 주로 감성에 호소하는 방법을 채용한다. 지리적 범위가 좁기 때문에, 지연적 관계가 농후해져, 고객 만족에 주력하기 쉽다. 대규모 서비스업이 어려운 영역, 특히 지역성에서 중소 서비스업이 약진할 가능성이 있다.

킨키 택시는 상권을 반경 2킬로 이내로 좁혀, 고객 만족도를 높이려고 한다. 오리지널 서비스로서 고베 양과자점을 둘러싼 스윗츠 택시, 학원 픽업을 위한 안심 개구리호, 꽃놀이 택시, 비프 택시 등이 있다.

홀로닉은 소비자와의 2인3각을 목표로 지역 주민의 생활과 일체화하는 것을 목적으로 하는 커뮤니티 호텔이다. 회원 한정의 요리 교실 개최, 지역을 포함한 숙박 투어의 제안, 서비스에 대한 의견교환회의 개최 등을 실시한다.

콘체르트는 독자적인 이야기를 만드는 관광 기선사이다. 배 자체를 고베의 영빈관 역할로 삼고 선내 프로포즈 플랜도 한다.

❹ 중소기업 마케팅 성과로서의 브랜드 형성

중소기업에 있어서의 브랜드 형성에 대해서, 한정된 시장에서의 아는 브랜드로서 정착하는 경우도 있다. 브랜드화가 성공하고 사회적 평가가 높아지면 판매의 용이성이 높아져 이익을 확보한다. 사회적 평가의 고조는 금융기관이나 구입처의 평가를 높여 기업의 존립 기반을 강화한다. 그것은 종업원의 대우에도 파급해, 인터널 마케팅으로서의 역할을 완수한다.

중소기업의 경영자와 종업원 전원 스스로가 잠재적으로 가지는 브랜드 가치에 대해서 의식을 공유하는 것이 출발점이 된다. 브랜드 가치의 본질은 상품 그 자체가 가진 기능에 뒷받침된다. 그러나 브랜드화를 진행하기 위해서는 그 상품 기능과 매력을 눈에 보이는 형태로 표현하고 제시해야 한다. 이 경우, 중소기업의 존재 그 자체에 디자인성을 도입하는 것이다.

그것은 기업이 소구하려고 하는 코어 메세지를 크리에이티브하게 디렉션 함으로써, 통일감 있는 존재로 자리 매김을 해 간다. 소비자에의 전달에 있어서, 비용이 그에 상응하는 광고가 아닌, 퍼블리시티를 적극적으로 활용한다. 이를 위해 정보발신 태세를 항상 취하는 노력이 필요하다. 당연히, 오늘날과 같은 정보화 사회에 있어서, IT의 중요성은 비약적으로 높아지고 있다. 그리고, 한 번 확립된 브랜드라고 해도, 공격과 수비 양쪽을 제대로 하기 위해서 브랜드의 유지 보수는 빠뜨릴 수 없다. 지역 브랜드와의 상승 효과를 도모하는 것도 중요하다. 토요오카 가방의 사례에서는 가방을 키워드로 하는 토요오카시 만들기의 시도가 있다.

❺ 본 절의 의의, 평가, 과제

본서는 우리나라의 기업구조를 부여하고, 강력한 경제발전을 추진하기 위한 중요한 지침을 제공하는 것이다. 중소기업 마케팅은 그 중요한 수단이 된다. 과점적 제조 기업이 수행하는 마케팅의 체계화는 이루어지고 있지만, 이 영역에서의 그것은 맹아적 단계이며, 선구적 대처로서 높게 평가된다. 특히, 과점적 제조 기업의 행동은 여러 가지 기관으로부터의 정보 발신이 이루어지지만, 그에 반해, 중소기업의 정보량은 매우 적다.

그 때문에, 이 체계화를 시도할 때, 연구자 스스로의 풍부한 히어링 조사나 경험이 필요

불가결이 된다. 다나카 씨는 그 점에서의 문제는 전혀 없다. 그만큼 뛰어난 연구 성과다. 본 절의 과제는 타나카씨도 말하는 것처럼, 이 영역에서의 연구가 희박하다는 것이다. 정치화를 추진하기 위해서는 연구 환경의 장을 형성할 필요가 있다. 그것은 다나카씨 개인의 문제는 아니지만, 기본적 문제로서 항상 의식하는 것은 중요할 것이다.

기초연구에서 과점적 제조 기업에 의한 마케팅을 경제현상으로 파악하는 입장, 또한 서비스 마케팅의 대상을 고객의 다양성에 유연하게 신속히 대응하기 위해 서비스의 품질과 가격이 그만큼 높은 장면으로만 한정해야 한다는 입장에 있다. 이론연구의 기본방향이 그래야 한다고 생각하는 것은 아니다. 연구 자세는 연구의 본연의 자세의 선택사항 중 하나에 지나지 않는다. 적극적으로 마케팅을 응용 전개해야 한다고 인식한다. 타나카 씨의 연구 성과를 귀중한 소재와 위치, 앞으로 필자는 중소 제조 기업의 마케팅 체계화를 시도하고 싶다.

용어 설명

가치협상(Value Negotiation)
가치혁신(valueinnovation)
3가지 IM이 있다.
GNT(글로벌니치톱)
LNT(로컬니치톱)

참고 문헌

1. 경제월보 강연회체지방계 타니타의 경영전략: 건강 및 기업경영, 2012년 3월호(제335호)
2. 기술경영의 성과측정 변수와 가중치, 기술경영 성과측정에 대한 접근학습, 혁신역량과 혁신성간의 관계에 관한 연구), 기술혁신학회지, 제17권 2호, 2014년 6월
3. 기술혁신 지향성의 선행요인과 기술혁신성과에 미치는 영향: 국내 IT 중소기업 사례, 문창호, 김시연, 2016년 1월
4. 企業ドメインと企業革新プロセスの關係性ータニタの戰略開發プロセスを通じて一小樽商科 大學 論文賞番號B-11, 批田洸里 平成26年
5. 革新企業のモデル國民經濟雜誌, 第163巻 第1號, pp.41-55, 加護野忠雄(1991)
6. 進化論的戰略の構想.經營戰略のフロンティア第31巻第1號 pp.33~49野中有次郎(1983年)
7. 起業家の 成功要因に關する 實證分析. 松田尙子 經濟産業硏究所.松尾豊 東京大學. 2013년 9월 獨立行政法人 經濟産業硏究所

요 약

1. 기업의 경쟁력
기업의 경쟁력은 크게 나누면 2개의 계층으로 이루어져 있다 하나는 고객과 사용자가 직접 평가하는 부분이며 예를 들면 제품 서비스의 성능이 우수하다 가격이 싼 애프터 서비스가 좋은 판매, 거점이 많이 있다는 것 등이다.

2. 적응력 높은 인재확보
인재가 경쟁력과 밀접하게 관련되어 있는 것은 인재는 비즈니스 모델처럼 모방할 수 없는가? 등이다 인재는 시장성이 부족하고 (사는 것이 어려워) 육성에 시간이 걸리는 특별한 성격있는 경영 자원이다. 즉 인재는 인간 사물 돈이라는 단어로 경영 자원으로서 대량으로 분류되는 경우가 많지만 분명히 , 다른 경영자원과는 다른 성격이 있다.

3. 현지시장 지향형으로
수요개척을 향해서 현지 인재의 등용을 적극적으로 가고 있는 기업은 시장 개척이 성공하고 있을 확률이 높은 것 같다 아시아 지역은 세계의 생산 공장이라는 위치와 동시에 대규모 시장으로 변모하고 있어 그, 새로운 시장 창출에 있어서 현지를 잘 안 현지인재의 활용이 열쇠가 되는 것은 이해할 수 있다.

4. 인재육성의 전략
상식적으로 갖추고 있는 기초적인 학력이나 논리사고 능력을 가지고 있지 않다 해외에 있어서의 코어 인재나 고도 인재의 육성에 포커스한 논문이나 서적은 산더미처럼 있지만 이상하게도 대다수의 노동자인 워커층의 육성에 맞춘 논문 연구는 지극히 적다.

5. 사용인재교육 필수
어떠한 인재육성의 전략이 가능한가? 화려함도 기발함도 없지만 역시 착실하게 종업원의 능력을 높여 중장기적인 시점으로부터 종업원 교육을 실시하는 것 이외에는 방법이 없다.

제3절

중소기업 진흥과 가치 창조

경영 성공 Point 22

1. **차이를 인정하라**

   사회조직에 있어서 사회적 지위가 높고 낮음은 필연적인 순리이다. 이때 이상적으로 타인과의 격차를 인정하고 사회조직 순리를 따라야 당신 미래발전을 위한 현명한 선택이 될 수 있다. 당신보다 사회적 신분이나 지위가 높은 사람들과 교제를 피한다고 해서 그 사람과의 격차가 줄어드는 것은 아니다. 오히려 격차는 더욱 버러지는 것이다. 성공하고 앞서가는 사람들과 친분을 쌓도록 노력하라. 당신의 사고방식이 바뀌면 앞서가는 사람들과 격차를 줄일 수 있다.

2. **돈은 목적이 아니라 수단으로 생각하라**

   돈은 사람을 타락시키는 악의 근원이며 인생을 어지럽히는 마약과도 같다 돈을 죄악의 근원으로 보는 마음으로는 돈에 다가가지 못한다. 돈이 목적이 된다면 돈을 버는 당신이 수단이 되고 다른 사람 역시 수단으로 보일뿐이다. 돈이란 사람들과의 약속한 만물척도의 매개물이기 때문에 약속을 믿는 사람들과 더불어 삶의 목적과 가치를 이루는 수단으로 필요하다. 돈에 대한 올바른 마음가짐은 돈을 사랑하는 것이다 돈을 사랑한다는 것은 돈이 꿈의 실현이나 삶의 보람을 창조해주는 중개의 역할을 하고 있기 때문이다.

제3절
중소기업 진흥과 가치 창조

3-1. 중소기업 진흥에 대한 개관

❶ 중소기업진흥의 개관

(1) 중소기업 진흥의 현황과 중요성

중소기업 진흥은, 우리 나라를 포함한 많은 나라에 있어 중요 과제로서 자리 매김되는 것이 많다. 그것은 중소기업이 한 나라의 사회경제 속에서 다음과 같은 다면적인 기능·역할을 하고 있기 때문이다.

첫째, 한 나라의 경제활동에서 차지하는 중소기업의 비중의 크기다. 중소기업은 많은 나라에서 사업체수, 종업원수 면에서 압도적인 지위를 차지하고 있어 경제활동의 주요한 플레이어이기 때문이다.

둘째, 중소기업이 가지는 노동 시장을 통한 사회에서의 안정 기능이다. 중소기업은 미숙련 노동자를 포함한 많은 노동자에 대해 고용 기회를 제공하는 것이 가능하며, 거시적으로 소득의 분배 기능을 가지고 있다.

셋째, 중소기업의 시장 참가율과 퇴출율의 높이다. 산업구조의 고도화를 포함한 경제발전은 비효율적인 기업이 효율이 높은 기업에 의해 대체되는 다이나믹한 프로세스를 통해서 실현된다. 이런 의미에서 중소기업은 시장경제 역동성의 원천이라 할 수 있다.

넷째, 아웃 소싱처로서의 중소기업의 역할이다. 중소기업이 수출을 위한 조립 기업이 필요로 하는 부품·컴포넌트의 공급처가 됨으로써 다양한 부품·서비스를 유연하게 제공할 수 있어 전체의 경제 효율을 높이는 데 공헌한다.

다섯째, 지역경제에 있어서의 산업의 요체로서의 역할이다. 지방, 농촌부에서의 고용 기회는, 도시지역에 있어서의 실업·빈곤 문제와 밀접한 관계를 가지고 있다. 중소의 현지 제조업은 지방·농촌부에서 비농업 노동 기회를 제공하는 귀중한 산업이다.

중소기업 진흥 협력의 중요성은 이상의 여러 점에 집약할 수 있지만, 협력 실시에 있어서는 개발 과제와의 관계에서 기대되는 중소기업의 기능·역할을 확인한 후에 구체적인 협력

계획을 입안하는 것이 중요하다. 최근 개발도상국 정부로부터 중소기업 진흥에 관한 협력 요청을 받는 경우가 많은데, 중소기업에 기대하는 역할이 반드시 명확하지 않은 상태에서 협력 요청이 나오는 경우가 많다. 효과적인 협력 프로그램을 입안하기 위해서는 초기 단계에서 중소기업 진흥을 필요로 하는 이유를 정확하게 확인할 필요가 있다.

(2) 중소기업 진흥의 정의

중소기업에 관한 국제적인 정의는 없지만, 중소기업 진흥 협력에는 개념적으로 두 가지 다른 어프로치가 있다. 하나는, 사회의 안정에 완수하는 중소기업의 역할에 주목해, 약자 보호적인 관점으로부터 지원을 실시하는 접근법이다. 다른 하나는 중소기업을 산업구조의 고도화를 통한 경제발전을 가져오는 주요 플레이어로 보고, 잠재성장력이 있는 기업의 성장을 촉진하는 접근방식이다. 실제 협력의 상황에서는 상기 어느 하나의 관점에서 중소기업 진흥을 실시하느냐에 따라 대상 중소기업의 규모·성격이 달라진다.

일반적으로 잠재 성장력이 있는 중소기업의 성장 발전을 통해서 산업경쟁력 강화를 의도하는 중소기업 진흥의 경우, 산업 전체의 효율 향상에 중요한 역할을 하는 중소 제조업이 대상이 되는 경우가 많다. 소득격차의 시정을 통해 사회 안정에 기여하는 지역사회의 활성화, 고용·소득의 창출을 목적으로 하는 중소기업 진흥의 경우, 비교적 소규모로 지역에 밀착한 제조업, 상점 등의 폭넓은 업종을 취급하는 경우가 많다. 농업관련 부야를 대상으로 할 경우 인포멀 섹터 육성도 포함된다.

(3) 국제적 동향

민간 분야에 대한 정부의 개입을 최소화해야 한다는 견해가 세계은행·IMF를 중심으로 한 국제원조 커뮤니티에서 강조되는 경향이 있지만, 중소기업에 대해서는 다른 원조국· 국제기관도 중점 지원 분야로 규정하고 있다 세계은행을 비롯해 IDB(Inter - American Development Bank), USAID(The United States Agency for International Development) 등은 조직 내에 중소기업 지원을 전문으로 하는 부서를 설치하고, 이 분야에 대한 대응을 강화하는 자세를 밝히고 있다.

이것은 중소기업 분야에서는 시장의 실패가 발생하기 쉽다는 인식을 반영한 것으로 생각되지만, 한편 정부의 역할에 대해서는 여전히 다양한 논의가 있다 각 원조기관이 어느 규모의 중소기업을 원조의 중점 대상으로 하고 있는지 명확하지 않지만, 일반적으로는 산업경쟁력 강화, 경제개발의 관점보다 사회적 안정, 빈곤 삭감의 견지에서 영세기업을 포함한 중소기업에 대한 지원에 초점을 맞추고 있는 경우가 많다. 또한 국제개발금융기관은 중소기업 진흥 협력 컴포넌트의 일부로서 기업활동 전반에 관한 level playing field 의 정비, 금융 분야의 개혁 등에도 힘쓰고 있다.

(4) 우리나라의 원조동향

우리나라는 중소기업 진흥에 관해 오랜 경험을 갖고 있으며 그 경험을 활용한 효과적인 협력을 전개할 수 있는 원조국으로서 많은 개발도상국들로부터 기대되고 있다. 중소기업 진흥에 관한 원조 방침으로는 공적개발 원조에 관한 중·장기 정책에서는 다음 사항을 언급하고 있다.

빈곤대책과 사회개발 분야 지원으로 취업 기회 확보하기 위한 지방 산업의 육성을 지원하다. 아시아 통화 경제위기 극복 등 경제구조 개혁 지원으로 우리나라가 추진해온 인프라 정비 협력, 기술이전, 중소기업 진흥산업육성에 대한 협력에 대해 다른 공적자금과의 역할분담과 연계를 중시하면서 한층 더 충실을 도모한다. 핵심 인재 육성과 기업 경영·기술 기술력 향상 등에 이바지하는 협력을 실시해 나간다.

또한 중소기업 분야에 대해서는 ICA뿐만 아니라 수많은 국내 기관이 다양한 형태로 협력을 실시하고 있다. 국제 협력 은행 Bank for International Cooperation: BIC)는 금융 측면의 지원을 하는 기관으로서 중소기업용 투스텝 론과 민간기업의 수출입·투자를 촉진하는 수출입. 투자금융, 언타이드 론에 의한 협력을 실시하고 있다. 무역진흥회(External Trade Organization: ETRO)는 전문가의 파견, 견본시, 산업교류포럼 등에 의해 개발도상국의 저변산업 육성이나 기업의 지원을 하고 있다.

또, 해외 기술자 연수 협회(The Association for Overseas Technical Scholarship: AOTS), 해외 무역 개발 협회(Overseas Development Corporation: JODC)에서는 연수원의 수락, 전문가의 파견 등에 의해 개발도상국의 산업 기술자의 육성을 실시하고 있다. 이 분야의 원조를 효과적으로 실시하는데 있어서 이들 국내 관계기관이 우수분야를 서로 살리면서 상승효과를 낼 수 있는 연계협력을 촉진할 필요가 있으며, 국내 관계기관과의 정보교환을 적극적으로 실시하는 것이 향후 더욱 더 중요해지고 있다.

❷ 중소기업 진흥에 대한 협력의 개념

- 중소기업 진흥 과제
- 중소기업의 성장 발전에 관한 과제
- 중소기업에 내재된 과제
- 중소기업의 성장발전에 관한 과제

(1) 시장경제를 지탱하는 기본 제도의 정비·운용

기업 관련 법제도, 정부 규제, 비즈니스 관습 등 기업이 원활하게 시장에 참가·퇴출할 수 있으며, 시장에서 공정·자유로운 기업 활동을 하기 위한 기본적인 룰의 정비·운용에 관한 과제이다. 도상국 전반에서 발견되는 문제이지만, 특히 후발 개발도상국, 시장경제 이행국에서는 정비와 적절한 운용이 지연되고 있다.

(2) 중소기업 진흥에 관한 적절한 정책의 입안

행정 조직의 정비 많은 도상국에서는, 중소기업 진흥의 근거가 되는 기본법이 없다. 이 때문에, 예산 조치를 포함한 정부(중앙·지방)의 역할이나 책임 범위가 불명확해, 장기에 걸치는 정책 일관성의 확보가 곤란하다. 또한 중소기업 전문 행정조직이 정비되지 않고 행정관의 능력 부족으로 인해 중소기업 진흥시책을 효과적으로 입안하고 실시할 수 없는 경우도 있다.

(3) 자금 공급의 원활화

자기 자본충실을 위한 여러 제도의 정비·운용 기업이 성장 발전하는데 있어서 직면한 최대 과제 중 하나로, 장기 자금으로의 접속의 문제가 있다. 많은 도상국에서는 민간은행의 금융중개 기능이 충분하지 않고, 또한 자본시장도 정비되어 있지 않기 때문에 자금·자본의 획득이 매우 어렵다. 특히 리스크 평가가 어렵고 차입액도 작은 중소기업은 더욱 불리한 상황에 놓여 있어 이를 시정하는 제도의 정비·운용이 중요하다.

(4) 산업활동을 뒷받침하는 지적 인프라의 정비·운용

기업 활동을 뒷받침하는 인프라는 전기, 물, 도로, 통신, 항만과 같은 물리적 인프라 외에도 산업의 지적 인프라라고도 할 수 있는 다양한 제도가 포함된다. 구체적으로는 표준제도, 지적 재산권 보호제도, 통계제도 등을 들 수 있지만, 많은 도상국에서는 이러한 산업활동에 밀접한 지적 인프라가 정비되어 있지 않다.

(5) 무역·투자제도 정비

무역투자제도는 기업이 해외에 새로운 시장을 개발하거나 외국기업과 연계하는 데 큰 영향을 미친다. 도상국에서는 무역·투자에 관한 여러 제도나 규제가, 국제 무역·투자의 메리트를 향수하는데 있어서의 저해요인이 되고 있는 케이스가 있다. 무역·투자 제도의 관련에서는, WTO(World Trade Organization: 세계 무역 기구) 협정에 근거하는 의무의 이행과 함께, 현재, 각지에서 지역경제 통합이 급속히 심화하고 있다. 중소기업의 성장발전에 영향을 미치는 사업 환경으로서 이러한 지역 고유의 사정도 염두에 둘 필요가 있다.

❸ 중소기업의 내재적(內在的) 과제

◇ 개개의 기업의 경영자원의 부족

(1) 업무 인력의 부족

산업 인재의 부족이 현저하고, 특히, 중소기업의 현장을 담당하는 기능자가 압도적으로 부족하다. 또, 교육기관이나 직업 훈련학교 등은, 중소기업의 수요에 충족하지 못하고 노동 시장에 있어 미스매치를 많이 볼 수 있다. 또한, 중소기업 자신도, 중장기적인 견지에서 인재육성을 실시하는 것은 부족하고 인재부족이 중소기업의 성장 발전의 큰 과제가 되고 있다.

(2) 경영·기술 노하우의 부족

중소기업의 상당수는 오너 경영자이며, 중장기적인 견지에서 비즈니스 플랜을 세우는 경영 노하우를 가지고 있는 인재는 적다. 또, 자금력이 없기 때문에, 연구 개발 등을 통한 기술 노하우 개발을 할 수 없다. 개발도상국의 중소기업 상당수는 만성적인 자금 부족에 직면하고 있다. 그리고 이들 중소기업은 일반적으로 담보력이나 비즈니스 플랜을 세우는 노하우가 부족하고 차입액도 작아 민간 금융기관으로부터의 자금조달은 매우 어렵다. 이 결과 성장에 필요한 중장기적 투자를 할 수 없게 돼 시장경쟁에서 탈락할 수밖에 없게 된다. 자금부족 자체에 더해 자금접근이 대기업에 비해 크게 제한되고 있는 점이 문제다.

(3) 시장 정보의 부족

중소기업은 일반적으로 정보 수집력이 약하고, 도상국의 중소기업은 시장 정보를 특정 트레이더에 의존하고 있는 경우가 많다. 이 때문에, 원재료나 노동력의 점에서 우위성을 가지고 있어도, 시장안에서 그러한 우위성을 살리는 것, 즉 시장 요구에 응한 상품 제안을 할 수 없기 때문에, 새로운 판매처를 확보할 수 없어, 사업의 확대를 할 수 없는 케이스가 많다.

(4) 기업간 링크의 형성

중소기업의 경쟁력은 기업간 링크에 근거한 분업과 특화의 메리트를 통하면 보다 발휘되는 케이스가 많다. 조립 기업을 정점으로 하는 저변 산업, 동업종의 집적을 통해서 규모의 경제성을 발휘하는 산지 등이 대표적인데, 도상국에서는 이러한 기업간 링크의 형성이 충분하지 않고, 중소기업의 잠재적인 경쟁력이 충분히 활용되고 있지 않다.

(5) 지역진흥

기본적으로는 경영자원 문제로 집약되는 과제이다. 지방 분권화가 추진되는 도상국에서는 지역간 격차를 시정하기 위한 지방산업의 진흥은 중요 과제이며, 지방산업의 담당자는 대부분의 경우 중소기업이다. 지방·농촌부의 잠재 실업자에 대해서 농업 이외의 새로운 고용 기회를 창출하려면, 현지의 자원을 활용한 중소 제조업의 육성이 유효하다. 그렇지만, 도상국의 지방·농촌부에서는, 지방 자원의 활용 방법, 마켓 정보, 제품 제안·개발력, 판매력, 인재 등이 절대적으로 부족하다.

(6) 협력의 기본적 생각

중소기업의 다양하고 활력 있는 성장발전을 통해서 산업구조의 고도화, 취업기회의 증대, 지역경제의 활성화를 도모하는 것을 목표로 한다. 본 절에서는 중소기업 전체를 약자로 간주해 폭넓은 향상을 도모하는 사회정책적인 사고방식은 취하지 않는다. 잠재 성장력을 가진 중소기업에 대한 지원을 통해 산업구조의 고도화를 포함한 경제발전을 촉진하는 접근법에 중점을 두기로 한다.

(7) 산업구조의 진화과정

사업구조의 진화과정을 Grant(1998)에 의하면 소비자들이 보다 많은 정보의 경험을 갖게 되면 가격에 민감하여 지므로 이에 따라 생산자 기업들은 새로운 제품 차별화에 보다 많은 노력을 하게 된다는 것이다. 또한 일반적인 기술이 보편화되고 넓이 확산됨에 따라 제품의 표준화가 이루어지고 가격경쟁이 심화된다는 것이다.

성장이 둔화됨에 따라 공급이 과잉이 발생하고 유통구조가 집중화 됨에 따라 유통채널의 교섭력이 강화된다는 것이다. 이와 같이 시장변화는 지속되고 있으며 다가오는 4차 산업 혁명과 같은 기술적 구조적 변화 대응능력의 강화는 혁신을 바탕으로한 불확실성에서의 예지적 능력과 도전적인 기업가정신이 요망되는 시점이라 하겠다.

3-2. 중소기업 진흥에 대한 효과적 접근

❶ KOICA를 통한 중소기업 진흥

한국국제협력단(Korea International Cooperation Agency: KOICA)을 통한 접근중소기업 진흥에 관해서는 크게 사업 환경의 정비·운용과 중소기업에 내재하는 문제의 2가지 과제를 생각할 수 있다. 또한 중소기업에 내재하는 문제에 대해서는 산업경쟁력 강화를 목적으로 하는 중소기업 진흥과 지역사회 활성화를 목적으로 하는 중소기업 진흥이라는 두 가지 접근법을 생각할 수 있다.

| 표 5-1 | **산업구조 진화과정 산업진화의 원동력(Driving Forces of Industry Evolution)**

원동력 Driving Forces	상업구조 Industry Structure	경쟁 Competition
고객은 더 많은 지식과 경험을 갖게 된다. Customers Become more knowledgeable and experienced	고객은 더 많은 가격을 의식하게 된다. Customers become more price conscious	기업은 차별화를 위한 새로운 방법을 모색한다. Firms seek new avenues to differentiation.
생산자들간에 기술적 지식이 확산된다. Technical knowledge among producers grows and diffuses.	제품이 보다 표준화 된다. Products become more standardized	가격경쟁이 심화된다. Price Competition intensifies
생산이 더 R&D기술 집약적이 된다. Production becomes less R&D skill-intensive	초과 사용이 증가, 과소비상태. Excess capacity increases	분배자의 교섭력이 증가한다. Bargaining power of distributors increases
수요 성장의 둔화 Demand growth slows	유동 채널이 더욱 집중화된다. Distribution channels become more concentrated	저임금국가로 생산지 이동 Production shifts toward low-wave countries.

(1) 한국국제협력단의 설립 목적

개발도상국의 빈곤 감소 및 삶의 질 향상, 여성, 아동, 장애인, 청소년의 인권향상, 성평등 실현, 지속 가능한 발전 및 인도주의를 실현하고, 협력대상국과의 경제 협력 및 우호협력관계 증진, 국제사회의 평화와 번영에 기여한다는 목적으로 설립되었으며, 국내에 기반을 두고 있어 접근이 용이하나 여러 방향에서 그 접근의 효율성을 검토해 보고자 한다.

- 개발 전략 목표
  (a) 중소기업의 성장발전에 이바지하는 사업환경의 정비·운용
  (b) 산업경쟁력 강화에 이바지하는 중소기업의 육성
  (c) 지역사회 활성화·고용 창출에 이바지하는 중소기업 육성

❷ KOICA의 목표사업 저해요소 개선

중소기업의 성장 발전에 이바지하는 사업 환경의 정비·운용으로 개발전략 목표에 저해요인으로 작용할 수 있는 법 제도, 규제사항 등 저해요인을 사전에 제거할 필요가 있다. 아울러 후발 개발도상국, 시장경제 이행국 등에서는 시장경제의 토대가 되는 룰이 충분히 정비되어 있지 않거나 과도한 규제에 의해 민간 경제활동의 역동성(시장에의 참가, 퇴출, 자유롭고 공정한 경제활동)이 손상되고 있는 경우가 많다. 이러한 저해요인 추출작업은 중소기업 진흥 분야의 협력 첫 단계에서 실시할 필요가 있다.

- KOICA 활동의 실적 부진 요인
  중소기업 진흥과 관련하여 제도 및 규제 측면의 문제에 초점을 맞춘 KOICA의 협력실적은 많지 않다. 이것은 제도·규제면의 문제 해결을 중소기업 성장 발전의 중요 과제로서 언급하는 국제부흥개발은행(International Bank for Reconstruction and Development: IBRD), 국제통화기금(International Monetary Fund: IMF) 등의 대응과 대조적이다. 이 분야에서 KOICA 사업의 실적이 많지 못한 것은

(a) 제도와 규제에 관한 문제는 요청 기반의 기술 협력 안건이 되기 어려움,
(b) 중소기업을 대상으로 하는 특별한 진흥 시책을 실시하는 전문가가 중심이다.
(c) 제도와 규제면의 문제는 세계은행, IMF 등에 의한 금융면에서의 지원 조건인 경우가 많아, 자국의 관여할 수 있는 여지가 적다는 등의 이유를 들 수 있다.

❸ 개발과제에 관련된 안건 형성상의 유의점은 다음과 같다

(1) 문제점의 정확한 파악과 공통 인식 형성

제도나 규제적인 문제와 관련된 안건 형성 시에는 소통의 길을 찾아 상대국 정부뿐만 아니라 민간 분야 및 각계 분야의 의견을 청취하고 시간을 두고 협력 과제에 관한 공통 인식을

형성할 필요가 있다. 또, 자금 협력과도 제휴해, 기술 협력의 성과를 지지하는 협력 프로그램을 준비하는 것도 중요하다.

(2) 지원 분야 엄선 및 다른 기술 협력과의 연계

우리나라에서도 전문가가 적은 분야이므로 안건 형성에 있어서는 어떤 전문가가 파견 가능한지를 사전에 조사한 후 다른 기증자에 비해 우위성이 있는 과제에 협력의 초점을 좁히는 것이 중요하다. 그때, 우리나라의 경험을 베이스로 한 협력(예를 들면, 산업정책과 경쟁 정책 등)에 프라이어리티를 두는 것도 하나의 안이다. 또한 별도의 법제도 정비 등과 관련된 협력이 이루어지고 있는 경우에는 당연히 연계를 확보할 필요가 있다.

(3) 중소기업 진흥정책 입안 및 실시

중소기업의 성장 발전에 이바지하는 제도 설계와 중소기업에 대한 효과적인 지원을 실시하려면, 정책 입안·실시자로서의 정부가 충분한 행정 능력을 가질 필요가 있다. 이런 의미에서 중소기업 진흥정책의 입안 및 실시 지원이 이 분야 협력의 핵심이 된다. 중소기업 진흥정책에 대해서, 우리나라는 풍부한 지식과 경험을 가지고 있지만, 대상국의 재정 상황이나 사회경제 제도를 충분히 토대로 한 오더메이드의 협력이 필요하고, 우리나라의 경험을 단지 베끼기만 하는 협력이 되지 않도록 주의가 필요하다.

(4) KOICA의 활동

중소기업 진흥정책의 입안에 관한 협력으로는 전문가 파견에 의한 정책 제언이 있고, 주된 사례로는 동남아 제국에의 '중소기업 정책·금융' 전문가 파견이나 '중소기업 진흥 지원' 전문가 파견이 있다. 모두, 중소기업 진흥에 있어서의 행정의 중요성을 지적해, 일관된 정책이 효율적으로 실시할 수 있도록, 중소기업 기본법의 제정과 조직의 일원화를 요구하고 있다.

그 대부분은 "잠재 성장력이 있는 중소 제조 기업"을 타겟으로 하는 진흥책이다. 정책 실시면에서는 중앙 또는 지방 행정관에 대한 인재육성(본방연수, 재외연수)이 중심이며 내용적으로는 한국 행정의 경험을 전달하는 것이 중심이다. 지방과의 네트워크 구축을 목적으로 하는 협력의 실적은 적고, 개발 조사에서 지방정부의 역할 등을 조사 분석한 것이 불과할 정도다. 이 과제에 있어서의 안건 형성상의 유의점은 다음과 같다.

(5) 카운터파트 기관 선정

많은 도상국에서는 중소기업 진흥 행정은 일원화되어 있지 않다. 이 때문에, 안건 형성 단계에서 유의해야 할 최대의 과제는, 카운터파트가 되는 행정 기관의 선택이다. 안건 형성 단계에서는 카운터파트 기관의 선정에 관해 폭넓은 선택사항을 가질 수 있도록 해 두는 것이 중요하다. 그러기 위해서는 상대국의 정부수위급과의 컨택트를 유지하면서 가능한 한 많은 관계행정기관과 협의하여 해당기관의 정책, 대응의욕, 예산, 실시체제 등을 확인해야 한다.

또 다른 기증자의 경험, 민간 섹터로부터의 정보 수집도 유익하다.

(6) 중앙과 지방의 관계

좋은 통치와의 관계로 지방 분권화를 추진하는 도상국이 늘고 있다. 중앙 레벨에서의 시책을 현장 레벨로 침투시키는데 있어서, 지방정부가 완수하는 역할은 크다. 안건 형성 단계부터 중앙정부와 지방정부의 각각의 역할과 상호 관계를 염두에 두고 협력 프로그램을 검토할 필요가 있다. 또한 상대국의 상황이나 규모에 따라 지방자치단체뿐만 아니라 NGO와의 연계를 염두에 둘 필요가 있다.

4 자금공급 원활화: 자기자본 확충

자금 및 자본의 원활한 획득은 기업 활동에 있어서 불가결하며, 특히 중소기업에서는 자금조달의 원활화에 관련되는 문제가 지원의 초점이 되는 경우가 많다. 자금조달에 관한 협력에서는 문제의 소재(시장의 실패)를 정확하게 파악하고 정부의 역할을 검토하는 것부터 시작하는 접근방법이 기본이 된다.

(1) KOICA의 활동

자금협력기관이 아닌 KOICA의 경우 자금공급제도의 설계와 운용지원, 중개(金融機関) 금융기관의 캐퍼시티 빌딩이 주된 협력 내용이다. 자금 공급 시스템의 정비에 관해서는 전문가 등에 의한 지도 조언(담보제도 등 관련 법제도, 신용보완제도 및 중소기업을 위한 정책 금융기관의 구축 등)이나 금융기관의 심사 능력 향상을 위한 인재육성 면에서 협력 실적이 있다.

자본 획득 시스템의 정비에 관해서는, 연수 스킴에 의한 한국 증시의 소개, 감독·규제 행정의 노하우에 관한 전문가 등에 의한 어드바이스외, 개발 조사에서는, 사업 투자 조합 설립에 필요한 법제도 정비나 벤처 캐피탈의 제도 설계에 관한 어드바이스를 실시하고 있는 케이스가 있다. 세제나 기업회계제도의 정비에 관한 협력 실적은 적지만, 자금 공급을 원활히 하는 제도 인프라이며, 향후 협력의 필요성이 높은 분야라 할 수 있다. 이 과제에 있어서의 안건 형성상의 유의점은 다음과 같다.

(2) 공적 개입 범위와 타당성 검토

중소기업에 대한 자금조달 지원은 신용보완제도나 정책금융의 구축 등 공적인 개입이 일반적이지만, 민간 금융섹터가 기능하고 있지 않으면 공적 개입의 효과도 제한된다. 정부가 중소기업의 자금 조달에 개입할 필요성을 논의할 때는 회계제도 등 제도 인프라와 민간은행을 중심으로 한 금융기능 강화를 동시에 검토할 필요가 있다. 또한 재정상황이 어려운 개발도상국에서 금융제도 구축과 관련된 지적지원을 할 때는 제도의 지속가능성을 고려하여 정책금융의 원자재 방식(해외 자금 원조에 의존하지 않고 국내 자금을 동원하는 방안)에 대해서도 함께 검토할 필요가 있다.

(3) 자금 협력과의 연계

정책금융의 구축 등에 대한 기술협력을 할 경우에는 JBIC 등 자금협력기관과의 사전 협의가 필요하다. 많은 도상국에서는 중요한 자금이 부족하기 때문에, 제도 설계나 인재육성만으로는 만족하지 않는 것이 많다. 자금협력 요청에 대응하지 못할 경우 상대국의 실망을 살 뿐만 아니라 관련 기술협력 효과도 줄어들게 되므로 자금협력기관과의 연계는 이 분야의 안건 형성을 위해서도 필수적이다.

(4) 자본시장 육성에 관한 협력

자본 시장의 육성에 관한 협력을 실시하는 경우에는, 단순한 “시장의 창설”을 목적으로 하는 협력을 실시하는 것이 아니라, 시장이 활성화하는 육성적인 어프로치를 취할 필요가 있다. 즉 자본시장을 키우기 위해서는 회사나 회계 등 기본이 되는 법제도의 정비에서 시작해 우량 주식시장이나 증권거래에 관한 법제도의 정비를 계기로 투자자들이 모여 감사법인과 증권회사가 육성된다. 거기에 시장 감시 기능이나 디스클로저 제도도 충실해, 그리고, 자본 시장과 관련한 제제도·환경이나 투자가의 성숙도가 일정 레벨에 이르면, 중소기업을 위한 시장이 창설, 육성된다, 라고 하는 단계를 거칠 필요가 있는 것을 염두에 두어야 한다. 여건이 좋지 않은 나라에서 중소기업용 주식시장을 설립해도 중소기업의 자금조달에 기여하지 못해 정부 부담은 늘어날 수밖에 없다는 점에 유의할 필요가 있다.

(5) 다른 정책과의 연계 또는 정합성

거시경제정책과의 연계, 또 경영지도, 정보제공, 진단과 같은 경영자원 대책과의 연계도 필수적이다. 일본에서는 우대세제와의 조합으로 시책을 실시해 왔지만, 다른 우대조치와 어떻게 조합해 실시해 나갈 것인지에 대해서도 검토할 필요가 있다.

3-3. 산업활동을 뒷받침하는 지적 인프라

❶ 지적 인프라 정비

(1) 목표 표준 제도 정비

경제의 글로벌화, 보더레스화에 수반해, 국제거래 룰로서의 표준의 역할이 증대하고 있다. 제품개발이나 생산활동을 규정하는 공업표준화 제도의 적절한 도입을 통해 중소기업의 품질관리 능력의 향상을 도모하고, 국제무역 활동의 이익을 누릴 수 있도록 하는 것이 이 과제에 있어서의 협력의 기본적 접근이 된다.

지금까지 KOICA는 이 분야에서의 협력을 적극적으로 실시해 왔으며 협력내용은 시험·검사기관의 캐퍼시티 향상, 기준 인증 행정·품질관리 분야에 있어서의 인재육성이 중심이다.

(2) 지적재산 보호제도 정비

기술의 개발이나 교류가 세계적인 규모로 진행되고, 경제의 글로벌화가 진전되는 가운데 기술개발 성과물 등에 가치를 부여하는 지적재산 제도는 투자의 회수와 개발 인센티브를 부여하는 제도 기반으로서 중요성이 더하고 있다. 지적 인프라 제도의 정비를 통해서 중소기업에 의한 틈새시장(틈새시장)의 개척이나 창조적인 사업 활동을 촉진하는 것이 협력의 기본적 접근이 된다. 이 분야에서의 KOICA 협력은 지적재산권 설정 및 보호를 담당하는 행정기관의 캐퍼시티·빌딩이 중심이다.

(3) 각종 통계 정비

기업이 경제·사회의 상황을 시기적절하게 파악해, 경영계획을 책정하기 위해서는 기업 활동에 필요한 정보 정비로서의 각종 통계의 정비가 중요하다. 또, 중소기업이 안는 문제를 정확하게 분석·파악해, 적절한 지원 시책을 입안하는데 있어서도, 중소기업에 관한 데이터가 불가결하다. 많은 도상국에서는 기업활동에 관한 각종 통계가 미비하여 기업활동에 필요한 정보의 입수가 어렵다. 또, 통계가 없기 때문에, 각종 지원 시책의 입안·평가도 곤란해지고 있다. 기업 활동에 관한 필요 정보를 정비하는 동시에 중소기업 정책 입안·평가 능력의 향상을 촉진하는 방향으로 통계 정비를 추진할 필요가 있다. 이 분야에서는 공업통계의 정비에 관한 협력 실적이 있다. 최근의 경기동향을 정확하게 파악하는데 있어서 유효한 생산동태 통계의 정비에 관한 협력을 KOICA에서 실시하고 있다.

(4) 안건 형성상의 유의점

상기 지적 인프라 정비에 있어서의 안건 형성상의 유의점은 다음과 같다. 중소기업에 대한 특별한 배려는 규격의 인증이나 특허의 유지는 기업에 대해서 일정한 자금 부담을 강요한다. 자금력이 없는 중소기업에 있어서 지적 인프라 제도는 결과적으로 시장에 진입 제한적인 제도가 될 가능성이 있다는 점에 유의할 필요가 있다. 중소기업 진흥과의 관련되어 지적 인프라의 정비에 대한 협력을 실시하는 경우, 안건 형성 단계부터 중소기업이 제도의 이익을 적정하게 향수할 수 있도록 배려할 필요가 있다.

(5) 협력기관과의 연계

일본의 경우를 보면 산업의 지적 인프라에 관한 지식은 정부 관계기관에 이들 정부 관계기관은 지적 인프라의 국제 협력에 대해 독자적인 전략을 가지고 있는 경우가 많다. 이 때문에 안건 형성에 있어서는 협력의 기본적 방향성이나 협력체제에 관해서 국내의 관계 기관과 사전에 조정해 두는 것이 불가결하다. 덧붙여서, 표준 제도는 경제 산업성(공업 표준), 지적재산권은 특허청(공업 소유권 등)과 문부 과학성(저작권), 통계 제도는 총무성(국민소득 통계 등)과 경제 산업성(공업 통계)이 주된 관계 기관이다.

❷ 무역·투자제도 개선

(1) 자유롭고 공정한 국제 거래 장려

무역 및 투자 제도는 기업의 자유롭고 공정한 국제 거래를 장려하는데 중요하다. 하지만, 반대로 국내 산업의 보호 수단으로서도 사용된다.WTO 체제 하에서 무역·투자의 자유화가 요구되고 있으며, 도상국에서도 국내 산업의 발전과 점진적인 무역 자유화를 잘 조화시켜 갈 필요가 있다. 협력을 실시할 때에는 자유무역의 이익을 최대화하고 리스크를 최소화하는 협력이 기본적 어프로치가 된다.

(2) KOICA의 활동

무역 투자 제도의 개선은 기본적으로 중소기업 진흥과는 독립적인 과제이다. 그렇지만 서로 밀접한 관련이 있다. 이 분야에서의 KOICA 협력은 해외시장 정보의 제공이나 무역 실무 인재의 육성에 관한 협력이 중심이 되고 있다. 동남아 제국에서는 무역촉진기관의 설립과 운영에 대해 무상자금 협력과 기술협력을 통한 종합적인 협력을 노력하고 있다. 중소기업은 대기업에 비해 해외의 시장정보에 대한 접근이 한정되어 있고, 또 무역 실무에 정통한 인재도 부족하다. 이 때문에, 이러한 불이익을 커버해, 중소기업의 수출 확대에 이바지하는 협력에 대한 도상국의 요구는 크다.

무역 제도 자체를 직접적인 대상으로 하는 협력 실적은 적지만, 최근에는 WTO체제하에서 도상국이 자유무역의 이익을 향수할 수 있는 능력을 확보하기 위한 지원(WTO 캐퍼시티·빌딩)도 행해지고 있다. 중소기업 진흥과의 관계에서 말하면, 수출 시장에의 접속 지원과 함께, 무역에 드는 거래 비용을 삭감하기 위한 조치(무역 원활화)가 중요한 지원 분야가 된다.

(3) 투자제도에 관한 협력

가공조립부문을 중심으로 하는 직접투자 촉진을 위한 지도 조언이 중심이었고 중소기업 진흥과의 관련성은 희박했다. 한편, 제조업 부문의 외국 직접투자가 현지 기업의 성장발전에 막대한 영향을 미친다는 사실이 밝혀짐에 따라, 외국 투자의 효과를 얼마나 국내 산업구조의 고도화로 연결시킬지가 과제가 되고 있다. 이와 관련해 외국 투자와 로컬 중소기업의 연계 강화를 꾀하기 위해 기존에 보호되어 온 국내 중소기업 부문에도 외국 직접투자를 유치하는 중요성이 인식되기 시작하고 있으며, 이러한 투자제도나 중소기업과의 매칭과 관련한 지원도 향후 중요성을 더할 가능성이 높다.

❸ 안건 형성상의 유의점은 다음과 같다

(1) 기본방침 확인

중소기업 진흥의 견지에서 무역 투자 제도의 기본방향을 논할 경우, 산업 진흥의 기본 정책과의 정합성을 확보하는 것이 중요하다. WTO 체제하에서 극단적인 수입 대체 정책을 취할 여지는 거의 없어졌지만, 자유화의 이익을 최대화하고, 리스크를 최소화하기 위해서도 시장이나 국내 산업의 발전 정도에 따라 자유화의 범위나 속도를 조정하는 것은 불가결하다. 무역투자 제도는 선택사항이 많고 산업에 대한 영향도 크기 때문에 안건 형성 단계부터 산업진흥 비전과 중소기업의 역할을 충분히 논의하고, 그에 따른 제도 마련에 대한 지원책을 검토할 필요가 있다.

(2) 국제무역규율에 입각한 협력 안건 형성

무역투자 제도와 관련된 협력안건 형성에 관해서는 WTO 등의 국제무역규율의 내용을 충분히 토대로 하여 이들 규율과의 정합성에 대해 세심한 주의를 기울일 필요가 있다. 또한 테마에 따라서는 교섭사항과도 밀접하게 관련되므로 관계 정부기관과 충분한 조정이 필요하다.

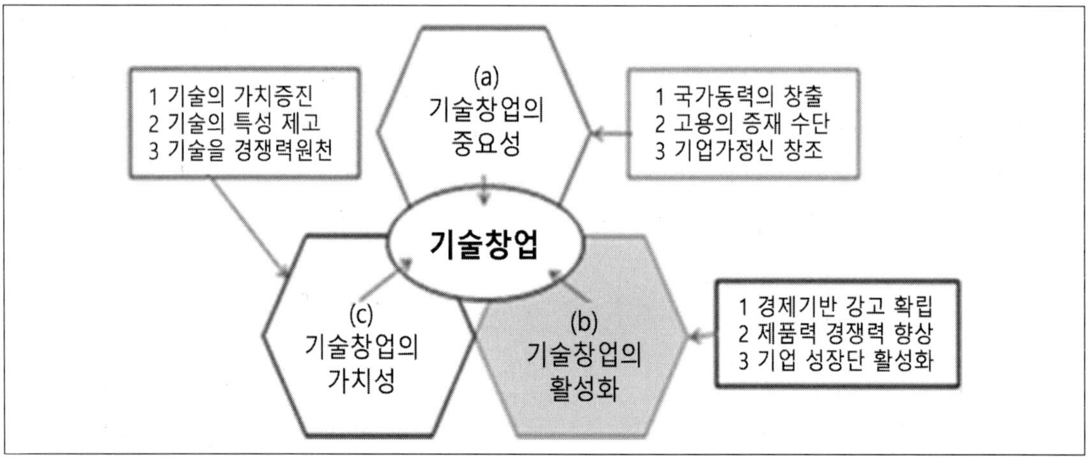

| 그림 5-5 | **경영혁신과 기술창업 성공가치 모형**

(3) 투자제도에 관한 협력

가공조립부문을 중심으로 하는 직접투자 촉진을 위한 지도 조언이 중심이었고 중소기업 진흥과의 관련성은 희박했다. 한편, 제조업 부문의 외국 직접투자가 현지 기업의 성장발전에 막대한 영향을 미친다는 사실이 밝혀짐에 따라, 외국 투자의 효과를 얼마나 국내 산업구조의 고도화로 연결시킬지가 과제가 되고 있다. 이와 관련해 외국 투자와 로컬 중소기업의 연계 강화를 꾀하기 위해 기존에 보호되어 온 국내 중소기업 부문에도 외국 직접투자를 유치하는 중요성이 인식되기 시작하고 있으며, 이러한 투자제도나 중소기업과의 매칭과 관련한 지원도 향후 중요성을 더할 가능성이 높다.

(4) 산업경쟁력 강화에 이바지하는 중소기업 육성

여기에 분류되는 협력 프로그램은 전체 경제의 생산성을 높이고 국제 경쟁력 있는 산업을 육성하는 차원에서 성장잠재력이 있는 중소기업(군)을 대상으로 적극적인 지원을 하는 것을 목적으로 하고 있다.

(5) 경영기반 강화

인재, 기술, 경영 노하우, 시장정보, 자금·설비라는 기업의 경영자원의 강화는 중소기업이 안고 있는 가장 기본적인 과제이며, KOICA도 적극적으로 지원을 실시해 온 분야이다. 국제적으로는 중소기업의 경영자원 강화 지원은 Business Development Service(BDS)라 하고, 그 제공자는 Service Provider라 불리고 있다. 덧붙여 국제적인 원조의 장소에서는, BDS의 타겟은 영세소기업인 것이 많다. 근년 기증자 사이에서는 BDS의 본연의 자세에 관해서 활발한 논의가 이루어지고 있다.

세계은행이나 복수의 원조국(영국, 독일)은 기증자의 지원을 받은 공적기관에 의한 기업으로의 서비스 제공은 지속 가능성이나 서비스 제공 범위의 점에서 문제가 있었으므로, 기업에 대한 서비스 제공은 시장경제의 틀에 준거해 이루어져야 한다고 주장하고 있다. 이것은 KOICA가 취해 온 전통적인 어프로치(정부기관에 대한 지원)와 다른 것이지만, 향후에는 이러한 어프로치에 관한 논의가 존재한다는 점을 토대로 하여, 이 분야의 협력을 추진할 필요가 있다. 또, 개개의 기업의 경영 자원 강화에 가세해 동업종 기업 또는 타 업종 기업을 정리해 조직화를 도모하거나 산업 집적의 활성화를 도모해, 그 외부 효과를 이용함으로써 개개의 중소기업의 경영 자원을 높이려는 어프로치도 있다.

용어 설명

KOTRA (Korea Trade-Investment Promotion Agency) 한국무역진흥공사
SBC (Small medium Business Corporation) 중소벤처기업진흥공단
KOEIB (The Export Bank of Korea) 한국수출입은행
KOICA (Korea International Cooperation Agency) 한국국제협력단
BDS (Business Development Service) 경영자원강화 지원
IDB (Inter-American Development Bank) 미주개발은행
USAID (The United States Agency for International Development) 미국대외원조 실사기관
BIC (Bank for International Cooperation) 국제협력은행
ETRO (External Trade Organization) 무역진흥회
AOTS (The Association for Overseas Technical Scholarship) 해외기술자 연수 협회
ODC (Overseas Development Corporation) 해외무역개발협회
WTO (World Trade Organization) 세계무역기구
IBRD (International Bank for Reconstruction and Development) 국제부흥개발은행
IMF (International Monetary Fund) 국제통화기금

참고 문헌

1. 전략경영에서 비즈니스 모델의 개념과 적용 산업경영연구 (제11호.2003. 이동현)
2. 지속(가능)경영-지속경영보고서 작성을 위한지침 (서울경제경영 2007. 조동성)
3. 벤처기업 성장단계와 지식활동간의 관계분석 벤처경영연구(83-110. 2002 차민 식. 배종태)
4. 한국은행 조사국 해외조사실 2008. 일본기업의 장수요인 및 시사점(한은조사연구 2008-13)
5. 장수기업의 사회적 정당성 메카니즘, 서울대학교 경영학 논문(2005. 김보미)
6. 벤처기업의 성과 결정요인 에관한 실증연구, 벤처경영연구. 3-33(2003 고봉상, 용세종, 이상천)
7. 우리나라 벤처기업의 성장단계 에대한 실증조사 핵심성공요인 환경특성. 최고경영자의 역할 외부자원의 활용. 기술혁신연구(125-153. 1999 김영배 하성욱)

요 약

1. 중소기업 진흥에 대한 협력의 개념
   - 중소기업 진흥 과제
   - 중소기업의 성장 발전에 관한 과제
   - 중소기업에 내재된 과제
   - 중소기업의 성장발전에 관한 과제

   (1) 시장경제를 지탱하는 기본 제도의 정비·운용
   기업 관련 법제도, 정부 규제, 비즈니스 관습 등 기업이 원활하게 시장에 참가·퇴출할 수 있는 경쟁력 있는 기업육성

   (2) 중소기업 진흥에 관한 적절한 정책의 입안
   많은 개발도상국에서는, 중소기업 진흥의 근거가 되는 기본법이 없다 중소기업 진흥시책을 효과적으로 입안하고 실시할 수 있는 제도적 입안이 필요하다.

   (3) 자금 공급의 원활화
   자기 자본충실을 위한 여러 제도의 정비·운용 기업이 성장 발전하는데 있어서 직면한 최대 과제 중 하나로, 장기 자금으로의 접속의 문제가 있다.

   (4) 산업활동을 뒷받침하는 지적 인프라의 정비·운용
   기업활동을 뒷받침하는 인프라는 전기, 물, 도로, 통신, 항만과 같은 물리적 인프라 외에도 산업의 지적 인프라라고도 할 수 있는 다양한 제도가 포함된다.

2. 중소기업 진흥에 대한 효과적 접근
   - 개발 전략 목표
     (a) 중소기업의 성장발전에 이바지하는 사업환경의 정비·운용
     (b) 산업경쟁력 강화에 이바지하는 중소기업의 육성
     (c) 지역사회 활성화·고용 창출에 이바지하는 중소기업 육성

   (1) 문제점의 정확한 파악과 공통 인식 형성
   제도나 규제적인 문제와 관련된 안건형성 시에는 소통의 길을 찾아 상대국 정부뿐만 아니라 민간분야 및 각계분야와 공통 인식을 형성할 필요가 있다.

   (2) 지적재산 보호제도 정비]
   기술의 개발이나 교류가 세계적인 규모로 진행되고, 경제의 글로벌화가 진전되는 가운데 기술개발 성과물 등에 가치를 부여하는 지적재산 제도는 투자의 회수와 개발 인센티브를 부여하는 제도 기반으로서 중요성이 더하고 있다.

제6장

신 시장개척 성공 창조적 모방에

제1절 혁신과 가치 창조
제2절 생각을 바꾸면 성공이 보인다
제3절 불·실한자 다수의 성실한자에 영향을 끼친다

제 1 절

혁신과 가치 창조

경영 성공 Point 23

1. 사소한 일부터 시작하라

방대한 고객망을 확보한다는 중요한 일은 지극이 사소한 만남에서부터 시작된다. 여러 가지 단계를 거쳐 최종적으로 완성된다. 이때 각 단계별 사소한일들을 최선을 다해 수행한다면 성공은 따 놓은 당상이다. 인생의 목표를 세웠다면 당신이 가장 우선적으로 갖춰야 할 기본요소가 무엇인지 파악하라. 관점을 바꾸어라. 눈앞에 놓인 잡다한 일들이 일생목표에 어떠한 영향을 미치는지 살피고 중요성을 인식하라 작은 일도 제대로 처리 못하는데 누가 큰일에 책임을 주겠는가?

2. 들어서 기분 좋은말 의욕을 불태우게 한다

다른 사람이 기뻐할 수 있는 말을 사용할 줄 알아야 성공한다. 어쨌든 다른 사람에게 기쁨을 주는 말을 사용하는 것은 좋은 화법이다. 들어서 기분 좋은 말. 의욕이 생기는 말. 찾아 사용하면 업무진척에 효용성을 높인다. 상대의 기분이 즐거워질 수 있는 말을 찾아내어 말을 자주 사용하라. 이런 태도가 습관화되면 당신인생이 풍요러워질 것이다.

제1절
혁신과 가치 창조

1-1. 창조적 모방은 제품개발: 시장개척의 기초

❶ 따라 해도 앞서갈 수 있다

정말 제대로 배워야 한다. 먼저 된 자로서 나중 되고 나중 된 자로서 먼저 될 자가 많으니라. 성경의 마태복음에 나오는 구절이다. 삼성만큼 이 구절이 실현되기를 간절히 바라는 기업도 없을 것이다. 삼성이 최근 23조원을 쏟아 붇겠다고 밝힌 5대 신수종 사업에서 삼성은 후발주자, 즉 '나중 된 자'이기 때문이다.

태양전지와 바이오제약, 자동차용 전지, LED, 의료기기 등 삼성의 5대 신수종 사업은 이미 글로벌 기업이 활발히 진출한 분야다. 태양전지는 큐셀 등 유럽·일본·미국 기업들이 시장을 선점했고 바이오복제약은 머크 등 글로벌 제약사들이 이미 시장에 진입해 있다. 자동차용 전지는 국내에서도 LG화학이 앞서 있는 것으로 평가된다.

삼성으로서는 '먼저된 자(큐셀·머크 등)가 나중 되고, 나중된 자(삼성)가 먼저 되기를 간절히 바라는 게 당연하다. 그렇다면 삼성의 전략은 어떠해야 할까. 오데드 센카 미국 오하이오 주립대 교수의 성공 방정식을 따른다면 모방가(imitator)와 혁신가(Innovator)의 합성어인 '이모베이터'(Imovator)가 돼야 한다. 삼성 같은 후발 기업은 선도 기업의 비즈니스 모델과 제품을 '모방'하되 점진적인 '혁신'을 통해 차별화된 경쟁력을 확보하는 '이모베이터' 전략이 필요하다는 뜻이다.

단순히 선도 기업만을 모방하는 것만으로는 불충분하다. 산업의 경계선을 뛰어넘어 글로벌 차원에서 모방의 대상을 찾아야 한다. 삼성전자는 이미 '이모베이터'의 DNA를 갖고 있다. 반도체 분야에서 △도시바 등 일본 기업을 타깃으로 적절한 모방전략을 구사했으며 △폭넓은 생산 경험이라는 강점을 활용해 공장 건설에 필요한 기간을 절반으로 줄이는 혁신으로 반도체 시장에서 승자가 됐다. 그러나 현실에서는 혁신만이 지나치게 강조된다. 대다수 기업들이 체계적인 혁신 전략을 세우기 위해 노력하지만, 정작 중요한 모방을 위한 전략이 없다. 이 때문에 숱한 기업들이 시장에서 패자로 전락한다.

미국 기업이 80년대 일본에 경제적 패권을 내주었으며 일본 기업이 90년대 후반부터 어려움에 빠진 데는 혁신에 과잉 집착했기 때문이라는 주장도 나온다. 80년대 말에 미국의 혁신 기업들은 과거 첫 제품을 내놓고 시장을 선도한 대부분의 분야에서 모방가인 일본 기업에 시장을 내주었다. 일부 경제학자들은 일본은 창조적 모방가인 반면에 미국은 서투른 모방가이기 때문이라고 분석했다.

일본 기업이 모방을 기초 삼아 작고 점진적인 개선을 통한 개발 활동에 집중한 반면, 미국은 혁신에 집착해 모든 에너지를 연구에만 쏟았다고 지적된다. 그러나 역설적으로 90년대부터는 일본이 되레 모방보다는 혁신에 과잉 집착하고 있다. 모방의 능력을 상실해 '이모베이터'의 능력을 잃어버리고 있다는 뜻이다. 일본이 최근 글로벌 시장에서 '이모베이터'의 DNA를 갖고 있는 한국 기업에 점점 시장을 빼앗기고 있는 것도 이와 무관하지 않다.

센카 교수는 오늘날을 '모방의 시대(Age of imitation)'라고 강조한다. 글로벌화로 모방가들의 숫자가 급증했으며 지식의 체계화(codification)로 지식 이전이 쉬워졌다. 전략적 제휴, 모방 클러스터 확산 등으로 대규모 모방이 가능해졌다. 덕분에 모방의 속도가 더욱 빨라져 80년대 크라이슬러가 개발한 미니밴이 모방되는 데는 9년이 소요됐지만, 최근 GM이 개발한 소형차를 중국 기업이 모방하는 데는 겨우 1년이 걸렸을 뿐이라고 센카 교수는 하버드 비즈니스 리뷰와 인터뷰에서 밝혔다. 센카교수의 말이다. '이처럼 모방이 급속도로 확산되는 오늘날에는 체계적인 모방 전략 수립이 기업에 더욱 절실해진다.'

1-2. 모방은 진보의 1단계 가치창조

❶ 모방은 혁신보다 가치가 있다

센카 교수 주장은 학계에 신선한 충격을 주고 있다. 이를 반영해 하버드 비즈니스 리뷰는 최근 '모방은 혁신보다 가치가 있다'는 제목으로 센카 교수 기사를 실었으며 하버드 경영대학원 출판사는 6월 중순께 센카 교수 저서인 '모방가들: 똑똑한 기업이 전략적 우위를 확보하기 위해 모방을 이용하는 방법(Copycats: how smart companies use imitation to gain a strategic edge)'을 출간할 예정이다.

센카 교수는 왜 모방이 중요하다고 강조할까? 혁신을 바라보는 시각이 남다르기 때문이다. 센카 교수는 "혁신은 점진적으로 이뤄진다"고 강조했다. 경제학자 슘페터가 말한 '창조적 파괴'나 크리스텐센 하버드 경영대학원 교수가 강조하는 '파괴적 혁신' 같은 급격한 혁신은 현실에서 찾기 힘들다는 뜻으로 풀이된다. 이 때문에 현실에서는 후발 기업이 혁신 기업을 모방하면서 제품·서비스를 차별화해 시장에서 승자가 되는 일이 비일비재하다.

❷ 혁신과 모방의 관계

모방이 출발점이다 수익률이 높은 혁신 사례를 자세히 관찰하면 모방을 바탕으로 하고 있다는 것을 알게 된다. 모방 위에 (혁신의)작은 발걸음들이 점진적으로 집합된 것이다. 성공기업들은 먼저 모방하고 혁신을 통해 차별화했다. 모방이 중요하다면 남보다 먼저 혁신 제품을 만드는 것은 더욱 좋은 일이나 어렵기 때문에 단계를 받는 것이 오히려 속도와 경쟁이다.

그러나 모든 것을 혁신할 수 있는 기업은 없다는 점을 강조하고 싶다. 당신이 무엇을 모방할지 탐색하고 제대로 모방할 수 있다면 무엇을 혁신해야 하는지도 알게 된다. 누군가 먼저 혁신 제품을 개발하기를 기다린 다음 모방해서 개선하는 게 최선의 전략이라는 뜻인가. 때때로 그렇다고 할 수 있다. 그러나 모방에는 많은 활동이 따른다. 매우 활동적으로 다른 산업과 다른 나라 등을 모니터링해야 한다. 그래야만 좋은 아이디어를 가져와서 '진짜 모방(True imitation)'을 할 수 있다.

(1) 진짜 모방은 구체적으로 무슨 뜻인가

원인과 결과를 이해해야 진짜 모방 이다 모방에는 여러 가지 유형(type)과 수준(level)이 있다. 거위 새끼는 왜 어미를 따르고 모방하는지 이해하지 못한다. 단순히 본능적으로 어떤 움직이는 물체를 따를 뿐이다. 거위는 스스로가 왜 어미를 따르는지, 어미가 왜 그 같은 행동을 하는지 원인과 결과를 이해하지 못한다. 거위는 부화한 뒤 특정 시점에 가장 먼저 눈에 띈 대상을 어미로 인식해 애정을 쏟으며 행동을 모방한다. 간혹 모방 대상이 인간 또는 움직이는 기계가 되기도 한다.

기업들은 모방을 강조하지 않는 이유는 모방에는 '오명(stigma)'이 덧씌워져 있기 때문이다. 어떤 기업도 자신이 다른 기업을 모방하고 있다고 알려지기를 원치 않는다. 모방한 사실 자체를 인정하려는 기업도 없다. 이 때문에 결국 많은 회사들이 어둠 속에서 모방을 한다. 기업들은 체계적으로 모방 활동을 못하는 게 문제다. 경영대학원에서 하는 편향된 교육도 문제다. 여러 연구 자료를 찾아보면, 혁신의 수익률은 상당히 의문시된다. 그러나 경영대학원은 이 같은 사실을 애써 무시한다. 학생들은 혁신이 모든 문제를 해결한다는 인상을 받고 MBA 과정을 마치게 된다.

❸ 실패 사례에서 '진짜 모방' 단서 확보

(1) 모방을 위한 전략

기업이 모방을 위한 전략을 세워야 한다고 강조하는데, 예를 들면. 신문 기업은 어떤 전략이 필요한가. 인터넷 시대에 어려움을 겪고 있는 오늘날 신문 산업은 음악 산업을 들여다보는게 좋겠다.

음반회사는 콘텐츠를 생산하고 사람들이 콘텐츠를 이용한 대가로 돈을 지불하기를 기대한다는 점에서 신문기업과 비슷하다. 그러나 많은 음반회사들은 인터넷 시대에 적응하지 못하고 실패했다. 신문사는 음반회사 실패 사례를 연구해야 한다. 실패 사례도 모방 대상이 될 수 있다. 실패한 원인과 결과를 이해하면 음반 산업에서 성공적으로 모방할 수 있는 아이디어를 찾아낼 수 있을 것이다.

모방가들(Copycats) 모방 대상으로는 실패 사례를 중요시할 필요가 있다. 실패 사례는 '진짜 모방'을 위한 요건인 '원인과 결과'를 이해하는 연결고리(link)가 될 수 있기 때문이란다. 실패 원인을 찾아내 제거하면 성공적인 모방이 가능하기 때문일 것이다. 애플이 유통 분야에 뛰어들면서 앞서 유통업에서 실패한 '게이트웨이' 소매 전략을 자세히 분석한 것도 같은 맥락이다. 스티브 잡스 애플 CEO는 "애플에 복귀한 이후 10년 동안 컨설턴트를 고용한 사례는 단 한 번뿐이었는데 게이트웨이와 같은 잘못을 저지르지 않기 위해서였다"고 말할 정도로 실패 사례 연구를 중요하게 여겼다.

(2) 불법·비윤리적 모방은 금물

모방을 연구 주제로 삼게 된 이유는 중국에 대한 관심이 출발점이었다. 중국 기업인들을 만날 때면 그들은 혁신에 대해 이야기하고 싶어 한다. 그러나 흥미롭게도 중국 기업은 모방에 매우 능하다. 그들이 모방으로 성공하는 모습을 가까이에서 관찰하면서 나는 '미국 기업들이 모방을 무시하고 있다'는 것을 깨닫게 됐다.

한국 기업들도 내가 모방을 연구하는 데 자극이 됐다. 한국 기업들은 모방가로서 세계시장에 뛰어들었다. 그러나 지금은 한국 제품을 값싸게 모방하는 중국 기업과 경쟁해야 한다. 이 모든 것들이 내 관심을 끌었다.

중국은 불법 복제 행위로 지탄을 받을 때가 많다. 내 연구는 합법적이고 윤리적인 모방을 다룬다. 불법 복제와 비윤리적 모방은 배격한다. 역설적이게도 현실에서는 모방에 능한 기업이 불법 복제를 막는 데도 뛰어나다. 체계적이고 효율적으로 모방하는 방법을 알기 때문에 다른 기업이 자사 제품과 서비스를 모방하는 행위에도 효과적으로 대처할 수 있다.

(3) 모방 전도사 센카 교수는

미국 내 대표적인 중국 전문가로 전략적 제휴분야서 큰 업적을 남기고 있다. 센카 교수는 이스라엘 히브리대학교에서 학사를, 미국 컬럼비아대학교에서 석사·박사 학위를 받았다. 미국에서 대표적인 중국 전문가로 꼽힌다. 무려 30년간 중국을 연구했다. 역작인 '중국의 세기'(The Chinese Century)를 비롯해 셀 수 없을 정도로 많은 중국 관련 논문과 저서를 발표했다. 그는 글로벌 시장에서 기업의 전략적 제휴 분야에서도 많은 업적을 쌓았으며 많은 다국적 기업과 국가 기관, 국제기구에 컨설팅을 하고 있다. 99년부터 오하이오 주립대 교수로 재직 중이며 포드자동차 석좌 교수이기도 하다.

◈ 가치창조는 국가경제의 원동력

산업의 발전은 앞서가는 기능을 모방 실현함으로서 경쟁력이 강화되고 여기에 자신의 아이디어가 가미하는 새로운 기술창업의 가치제공은 국가경제의 원동력을 창출함에 중요성이 있으며 고용을 증대하는 효과성도 있어 사회문제 해결에도 도움을 준다. 창업에서 성공을 가져오는 것은 가치창조의 기업가 정신이다.

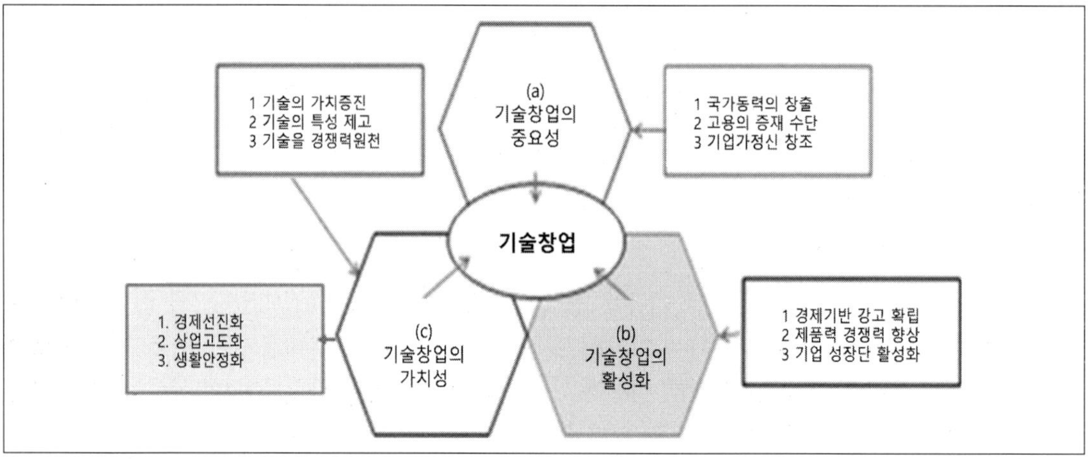

| 그림 6-1 | **모방경제에서 창의경제로 기술창업**

1-3. 경제발전의 필수요소는 생산성 향상

❶ 경제발전의 필수요소

국가경제 발전을 위해서는 중소기업이 생산성을 향상하고 성장하기 위한 방안 을 검토한다. 중소기업은 기업수의 대부분 를 차지해 고용의 약 70%를 지지하고 있어 경제의 기반이 되고 있다. 경제를 확대 발전해 나가기 위해서는 중소기업이 성장해 나가기 위한 방책 검토는 필수적이다. 중소기업의 경제활동이 더욱 확대되기 위한 노력은 지금까지도 관민이 함께 이루어져 왔지만, 그 효과는 아직 충분히 나타나지 못하고 있다.

최근에 와서는 중소기업을 중심으로 기업의 인력 부족감이 강해지고 있으며 기업의 생산활동에도 영향을 미치기고 있다. 이러한 상황을 해소해 나가기 위해서, 중소기업이 요구되고 있는 것은 생산성 향상이다. 예를 들어, 노동 생산성을 국제적으로 비교해 보면, 반드시 중소기업에 특화된 것은 아니지만, 2015년에 한국은 OECD 회원국 35개국 중 22위를 이루고 있으며, 개선의 여지가 상당이 많이 있다고 보여진다. 그래서 본 절에서는, 기업 앙케이트나 히어링

조사 결과 등을 이용해 중소기업의 실태를 토대로 하여 중소기업이 생산성을 향상하고 성장해 나가기 위해서는 어떤 방책이 효과적인가? 에 대해서 선행연구를 바탕으로 찾아보고자 한다.

❷ 생산성향상을 위한 설비투자

많은 중소기업의 생산성 향상을 위한 새로운 방책을 연구 검토 하고 있다. 중소기업의 설비투자 스탠스를 보면, 최근의 인공지능 등 데이터를 활용위한 움직임이 활발해지는 가운데에서 기업의 정보화 투자와 스탠스는 과거 10년간 완만하게 계속 되고 있으며 그 한편으로는 유지 갱신만이 상승의 경향을 주고 있다. 기업의 실태를 보면, 중소기업을 중심으로 일손 부족을 실감하고 있다 기업은 전체의 약 6할 정도에 달한다. 기업이 생산성을 높여 일손 부족도 해소해 가기 위해서는 정보화 자산에 대한 투자 또한 사람에 대한 투자를 늘려 개개인의 생산성을 높여가는 것이 빼놓을 수 없는 실정이다.

중소기업의 사례를 통해 투자에 적극적인 기업을 분석한 결과 정보화 투자를 진행함과 동시에 인적 투자를 중시하는 점이나 연구개발 에서도 대학과의 공동연구 을 실시하고 있다는 점, 기업 확대에 인적 네트워크를 효과적으로 활용하고 있음을 알 수 있었다. 기업이 생산성을 높이기 위한 정보화 투자나 연구 개발 투자는 사람 투자나 조직에 대한 투자라고 하는 보완적인 투자를 수반함으로써 효과를 높여 나가는 것이 연구 성과와 함께 합리적이다. 생산성을 높이기 위한 수단으로 용도가 확대되고 있는 인공 지능 의 활용은 매우 유망해 보인다. 새로운 기술을 도입함과 동시에 인적 자본도 높이고, 생산성 향상으로 연결하는 기업의 도전이 기대된다.

1-4. 고객관리 유치 마케팅 전략

❶ 고객만족

(1) 생산자 시대에서 소비자시대로

20세기 초반의 '생산자의 시대'에서 '소비자의 시대'로 넘어오면서 '고객'에 대한 개념은 기업의 가장 중요한 가치이자 자산이 되었다. 고객의 관리를 통해 기업은 수익을 창출하고 생존하고 성장할 수 있는 기반을 마련할 수 있기 때문이다. 생존과 수익, 성장을 성립시킬 수 있는 근거는 제품에 대한 품질과 서비스, 빠른 공급으로 이루어지는 공식이다. 이를 위해서는 경쟁업체보다 더 빠른 정보와 더 많은 만족을 제공해야만 한다.

(2) 고객만족(CS)의 대두

경쟁환경의 변화로 기업은 단기적 매출을 통해 이익을 확보하는 방식에서부터 고객만족을 추구하여 이익을 확보하는 방식으로 경영의 패러다임이 바뀌고 있다. 이는 기업이 원하는 고객과 장기적이고 지속적인 수익을 창출하고자 하는 데서 비롯된 것이다. 이와 같은 관점에서 고객만족은 현대 기업들의 지상과제가 되었다고 해도 과언이 아니다. 따라서 기업들을 고객을 어떻게 만족시킬 것인가라는 중요한 이슈에 직면해 있다.

일반적으로 고객만족(Customer Satisfaction)은 고객의 제품 및 서비스의 구매로부터 시작되며, 구매한 제품이나 서비스에 대한 총체적인 경험이 자신의 사전기대수준에 부응했을 경우, 긍정적 반응을 거쳐 고객만족이라는 심리적 상태에 이르게 된다. 만족한 고객은 향후 해당 제품 및 서비스의 구매에 다시 긍정적인 영향을 미치게 되는데, 이러한 선순환적인 흐름이 고객만족 이론의 핵심이라고 할 수 있다.

(3) 시장의 다양성과 글로벌 시대로

이제 기업의 시장은 국내에만 한정되지 않는다. 국경 없는 글로벌 시대로 들어서면서 모든 형태의 기업경쟁이 심화되고 있다. 이런 기업환경 속에서 고객만족을 실현할 수 없는 기업은 시장에서 퇴출당하는 위기를 맞이하게 될 것이다. 산업혁명을 통해 기업들이 기계화·근대화되면서 생산을 증대시키기 위한 많은 방법들이 쏟아져 나왔고, 기업의 가치는 생산자에서 소비자로 변화되었다. 이런 환경에서 고객은 주도권을 가지고 상품선택의 자유와 폭을 넓혀가고 있다.

따라서 고객들은 그들에게 가장 많은 만족을 가져다 줄 수 있는 제품과 서비스를 구매하는 경향을 보이게 된다. 상품에 대한 품질과 서비스는 하루가 다르게 변화하고 있다. 더 빠른 주기의 기술개발, 더 저렴한 상품공급, 더 빠른 공급수단, 합리적인 유통과정 등은 소비자들이 손쉽게 그들이 원하는 상품을 수용하도록 도와준다. 따라서 오늘날의 고객들은 높은 교육수준과 인터넷 등을 이용한 풍부한 정보로 보다 우수한 품질과 서비스, 저렴한 가격을 요구하고 기업에 대한 기대수준도 높아지고 있다.

따라서 고객만족을 증진시키는 것은 이제 기업에게는 전사적인 과업으로 요구되고 있다. AMA(American Marketing Association)는 "고객만족"은 고객의 니즈(Needs)에 의해 생겨난 기대를 충족시키거나 초과할 때에 발생하고, 반대로 기대에 못 미칠 때에는 불만족(dissatisfaction)이 발생한다."라고 정의했다. 따라서 고객만족이란 고객이 지각된 제품과 기대를 비교하였을 때 유발되는 고객의 느낌이라고 정의할 수 있다.

- 고객은 다양한 수준의 만족을 경험할 수 있다.
  첫째, 제품의 품질이 기대에 못 미치면 고객은 불만족 한다.
  둘째, 제품의 품질이 기대와 일치하면 고객은 만족한다.
  셋째, 제품의 품질이 기대를 초과하면 고객은 대단히 만족한다.

❷ 고객만족(CS) 전략

고객만족을 제고함에 있어서 기업은 그들의 기대를 만족하는 수준에 머무르기 보다는 대단히 만족하고, 충분히 감격시키는 데 목표를 두어야 한다. 고객만족을 통해서 기존고객의 이탈을 방지할 수 있고, 예상고객의 자사로의 구매전환을 유도시킬 수 있으며, 이는 곧 기업의 수익성으로 이어진다. 21세기를 디지털시대라고 하지만 고객만족은 긍정적인 구전커뮤니케이션을 통해서 궁극적으로는 시장점유율의 증가를 초래한다. 인터넷을 통한 확산은 무시할 수 없는 촉진 수단이다.

또한 만족한 고객의 증가는 고객들로 하여금 제품과 서비스에 대한 가격에 덜 민감하게 만들며, 경쟁업체에 비해 마케팅관련 비용을 감소시키고, 경쟁업체들의 마케팅관련 비용을 증가시킨다. 가장 중요한 초점은 충성도가 높은 고객을 창출한다는 것인데, 이는 더 이상의 많은 추가비용을 들이지 않고도 자사의 제품을 계속적으로 공급할 수 있는 효과적인 수단이 된다.

고객만족전략(customer satisfaction strategy)은 크게 공격적 전략(offensive strategy)과 방어적 전략(defensive strategy)으로 구분된다. 앞에서 열거한 것처럼 고객만족전략은 공격적이라기보다는 방어적인 성격이 짙다. 따라서 고객만족전략은 기존고객들을 유지하는 데 그 초점을 맞추고 있다. 새로운 고객을 창출하는 데 드는 비용은 기존의 고객을 유지시키는 데 드는 비용보다 다섯 배나 더 많음을 고려할 때, 충성도 높은 고객의 유지는 기업의 생존을 위해 필수적인 요건이 된다.

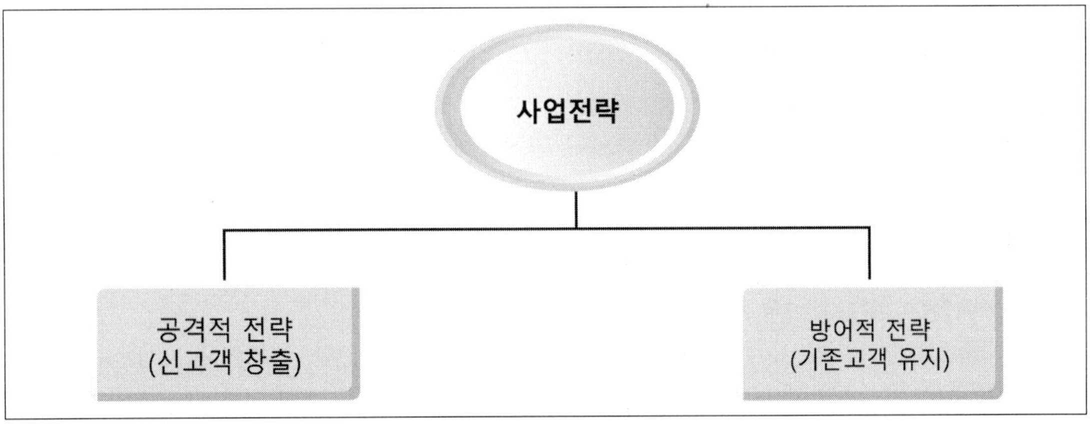

| 그림 6-2 | **공격적 전략과 방어적 전략**

❸ 기존고객 유지를 위한 전략

(1) 고객과의 관계성

새로운 고객을 창출하는 데 드는 비용은 기존고객을 유지하는 데 드는 비용에 비해 다섯 배나 많은 비용이 요구된다. 따라서 새로운 고객을 창출하고자 하는 공격적 전략은 기존고객을 유지시키고자 하는 방어적 전략보다 훨씬 많은 비용을 요구한다. 따라서 기업으로서는 사활을 걸고 기존고객의 유지율을 최대한 높이도록 노력해야 한다. 인터넷의 발달은 고객들에 의한 구전효과를 놀랍도록 증대시켰다. 만족한 고객은 또 다른 만족한 고객을 창출시킨다는 것을 고려할 때 일회성의 거래보다는 꾸준한 고객관리가 필요하며, 이들과의 연과관계를 효과적으로 활용해야한다.

(2) 판매 후 서비스 활동

판매전의 활동(pre-sale activity)과 판매 활동(sales activity)보다는 판매 후의 활동(post-sale activity)에 더 많은 주의와 초점을 기울여야 한다. 새로운 고객을 창출하는 데 드는 비용이 다섯 배나 더 많이 드는 것도 문제지만, 기존고객의 이탈률을 5% 줄이게 되면 기업의 수익을 적게는 25%에서 많게는 85%까지 증대시킬 수 있다는 조사결과가 있기 때문이다. 소비자로서는 귀찮은 면도 없지 않지만 국내의 여러 전자업체에서 애프터 서비스 후에 몇 단계의 사후전화를 통해 고객서비스 만족도를 조사하는 것은 이러한 점을 고려한 사후서비스 활동으로 보여 진다.

(3) 효과적인 물류관리

이제 배달시스템의 관리는 기업의 수익에 큰 비중을 차지하는 중요한 사안이 되었다. 3S 1L(safety, surely, speedy, low price)은 수익을 향상시키기 위한 필수적인 조건이다. 고객들은 더 좋은 품질의 상품을 더 빠르고 안전하게, 저렴하게 공급받고 싶어 한다. 따라서 생산업체 자체의 제품생산도 중요하지만 이후의 판매, 판매 전 후의 활동들을 합리적으로 연계하는 것은 기업의 가치를 향상시키는 가장 중요한 전략이 되었다.

(4) 구매전환 장벽의 구축

기존고객을 얼마나 유지하느냐는 곧 기업의 수익성과 직결된다. 기업이 효과적으로 구매전환 장벽을 높게 구축할 수 있다면 기존고객의 이탈을 효과적으로 방지할 수 있다. 고객으로서는 타사의 제품으로 전환하는데 드는 비용이 과도하게 발생한다거나, 정보를 수집하는데 드는 비용이 발생한다거나, 기존업체로 부터의 계속적인 마일리지와 할인 등의 혜택이 유지된다면 쉽게 타사제품으로 전환하기 어렵다. 그러므로 기업은 계속적으로 구매전환 장벽을 효과적으로 유지할 수 있는 다양한 전략들을 개발해야만 한다.

(5) 2:8의 법칙

상위 20%의 고객이 수익의 80%를 창출한다는 말이 있다. 이는 기업으로서는 보다 많은 이익을 안겨줄 수 있는 로열티 고객에게 더 많은 서비스와 혜택을 제공해야 함을 의미한다. 로열티 고객에 대한 더 많은 편의제공, 할인혜택, 부가적 서비스 등을 개발하여 이익적인 고객(profitable customers)을 더 많이 확보하고 유치하여 유지 시켜야만 한다.

용어 설명

모방가(imitator)
혁신가(Innovator)
이모베이터(Imovator) 모방가+혁신가
모방의 시대(Age of imitation)
지식의 체계화(codification)
유형(type)
수준(level)
오명(stigma)
모방가들(Copycats)
유력한 용의자(Usual Suspect)
숨겨진 용의자(Unusual suspect)
맥락짓기(contextualizing)
깊이 잠수하기(deep diving)
참여한 뒤에 모방(Come from Behind)
오픈 이노베이션(open innovation) 개방형 혁신
크라우드 소싱(crowd sourcing) 대중의 지혜

참고 문헌

1. 장수기업의 성장단계별 경영혁신에대한 연구; IBM 사례를 중심으로 한국항공대학교 양현식 2011
2. 국내 장수중소기업의 성공요인관한 사례연구. 한국 중소기업학회. 김인섭, 김우봉, 문종범, 2012.
3. 마케팅-전략과정. Ansoff 성장전략 Porter 본원적 경쟁전략 STOW, www.reportworld.co.kr

4. 기업의 지속적인 가치창출을 위한 비즈니스모델 혁신전략, 한양대학교 대학원 저자 김아랑 201
5. 중소기업의 도전 네일 J.험프리스. 조지 W 림러 공저 金容章 監修 샘터발행. 불항을 이겨내는 경영전략
6. 한국기업가사(조기준, 박영사, 1974)
7. 유럽 기업회생법 법제의 특색과 시사점, 비교 사법 제14권2호(이소희, 2012)
8. 창업생태계 선순환을 위한 실패 중소기업인 재기활성화방안, 중소기업청 벤처정책과(보고서 2013. 8. 19)

요 약

1. 창조적인 모방
   미국 오하이오 주립대 교수의 성공 방정식을 따른다면 모방가(imitator)와 혁신가(Innovator)의 합성어인 '이모베이터'(Imovator)가 돼야 한다. 삼성 같은 후발 기업은 선도 기업의 비즈니스 모델과 제품을 '모방'하되 점진적인 '혁신'을 통해 차별화된 경쟁력을 확보하는 '이모베이터' 전략이 필요하다는 뜻이다.

2. 모방의 시대(Age of imitation)
   센카 교수는 오늘날을 '모방의 시대(Age of imitation)'라고 강조한다. 글로벌화로 모방가들의 숫자가 급증했으며 지식의 체계화(codification)로 지식 이전이 쉬워졌다. 전략적 제휴, 모방 클러스터 확산 등으로 대규모 모방이 가능해졌다.

3. 혁신과 모방의 관계
   모방이 출발점이다 수익률이 높은 혁신 사례를 자세히 관찰하면 모방을 바탕으로 하고 있다는 것을 알게 된다. 모방 위에 (혁신의)작은 발걸음들이 점진적으로 집합된 것이다. 성공 기업들은 먼저 모방하고 혁신을 통해 차별화했다. 모방이 중요하다.

4. 모방할 가치 기업의 선택
   비슷한 업종에서 성공한 기업을 벤치마킹하는 전략은 매우 불충분하다. 쉽게 눈에 띄는 그럴듯한 요인만을 모방하려다 낭패를 볼 수 있어서다. 다른 나라, 다른 산업에 속한 소규모 기업도 찾아내 모방의 대상으로 삼아야 한다. 이를 두고 센카 교수는 '유력한 용의자'(Usual Suspect) 대신 '숨겨진 용의자'(Unusual suspect)를 찾아야 한다고 말한다.

5. 모방 대상과 분야를 구체화
   모방할 비즈니스 모델 또는 제품, 서비스, 프로세서 등을 찾는 과정이다. 이는 다른 기업의 '베스트 프랙티스'를 찾으라는 얘기가 아니다. 베스트 프랙티스가 자신에게는 들어맞지 않는 경우가 많다. 모방 대상을 구체화하려면 기업의 성공과 실패를 둘러싼 맥락과 전후 사정을 이해해야 한다.

제2절

생각을 바꾸면 성공이 보인다

성공 Point 24

1. **남에게 이용당하는 만큼 당신은 가치 있는 사람이다**

   성공하는 인물은 남들로부터 이용당하던 말던 오로지 자신의 목표에만 집중한다. 타인에게 이용당한다는 것은 당신의 능력이 있기 때문이다. 타인의 성과나 성공에 시기하지 말라 설사 남들보다 험난한 길일지라도 당신이 가야할 길을 묵묵이 가라. 당신의 성공을 위하여 아낌없이 협조를 베풀어 줄 사람이 나타날 것이다. 이용당한 만큼 새로운 기회가 창출될 것이다.

2. **필요한 지식이나 정보를 제공한다**

   뿌린 만큼 돌아오는 것이 지식과 정보이다. 서비스란 자신만의 노하우를 제공하는 것이다. 이를 팔면 장사가 되고 주면 봉사가 되는 것이다. 상대를 배려하는 마음 친절한 마음이 상대에게 기쁨을 주고 그 마음이 쌓이면 복이 되어 돌아오는 것이 우리가 살고 있는 세상의 이치이다. 돈을 늘리는 비결은 모든 정보와 지식을 혼자 독점한다는 발상에서 벗어나는 것이다. 다른 사람을 위해 정보와 지식을 제공하게 되었을 때 당신의 부는 늘어나는 것이다.

제2절
생각을 바꾸면 성공이 보인다

2-1. 게으름뱅이를 부지런한 직원으로 바꾼 일화

❶ 업무 몰입도와 구조의 변화

게으른 직원들이 어느 날 세상에서 가장 부지런한 직원들로 탈바꿈했다고 한다면 믿을 수 있을까? 어느 날 갑자기는 아니지만 실제로 이 같은 일이 일어난 회사가 있다. 미국의 대표적인 식품 기업 중 한 곳인 '캠벨 수프 컴퍼니'(Campbell Soup Company, 이다 캠벨은 2001년 직원들의 업무 몰입도에 대한 갤럽 조사에서 미국 포천 500대 기업 중 최악의 성적표를 받았다. 업무 몰입도 비율이 2대1을 밑돈 것이다. 직원 3명 중 2명은 대충이라도 일을 하지만, 나머지 1명은 적극적으로 게으름을 피우며 빈둥대고 있다는 뜻이었다. 회사 상황도 엉망이었다. 1999~2001년 3년 동안 주가가 46%나 빠졌으며 회사 제품은 월마트 등 대형 마트의 선반에서 밀려나고 있었다.

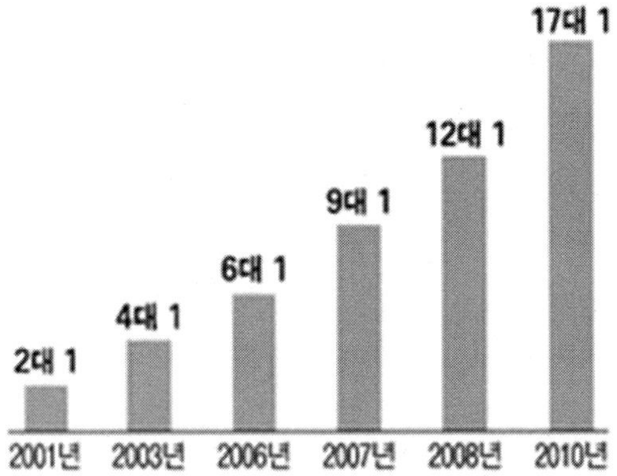

2001년 2대 1은 직원 3명 중 1명은 적극적으로 빈둥거리며 게으름을 피우고 있다는 뜻.
자료=더글러스 코넌트 전 캠벨 CEO 저서 "터치포인트"

| 그림 6-3 | **직원들의 업무 몰입도**

그러나 더글러스 코넌트가 최고경영자(CEO)로 취임하면서 상황은 완전히 달라졌다. 직원들의 업무 몰입도가 2003년 4대1, 2006년 6대1, 2007년 9대1, 2008년 12대1, 2010년

17대1로 치솟았다. 직원 18명 중 기껏 1명만 빈둥댄다는 얘기였다. 업무 몰입도 비율만 따진다면 2001년에 비해 직원들이 거의 6배나 더 열심히 일하게 된 셈이었다. 세계 최고 수준 기업에서도 업무 몰입도 비율이 9.57대1이라는 점을 감안하면 캠벨 직원들의 업무 몰입도는 상상을 초월할 정도다. 직원들이 열심히 일하자 실적도 따라서 좋아졌다. 수익과 매출은 증가했고 주가 상승률은 S&P500을 항상 앞질렀다.

❷ 코넌트 CEO의 비결

코넌트는 작년 7월 말 캠벨 CEO에서 물러났지만, 여전히 캠벨을 살려낸 전설적인 CEO로 꼽힌다. 코넌트 전 CEO와 인터뷰를 통해 직원들이 세계에서 가장 열심히 일하게 된 비결을 물었다. 그는 "따뜻한 마음으로 직원들의 삶을 돌보면서 동시에 엄격한 마인드로 직원들에게 높은 성과를 요구했기 때문"이라고 말했다. 실제로 그는 직원들에게 3만장의 자필 편지를 쓰는 등 그들의 삶을 깊숙이 돌보면서도 350명의 임원 중 300명을 성과 미달로 내보내는 엄격함을 보였다.

❸ 내가 어떻게 도와줄까요

캠벨 CEO가 된 뒤 만나는 직원마다 '내가 어떻게 도와줄까요?'라고 물었다. 그 말에는 마법과 같은 효과가 있다고 했는데 왜인가? 오래전에 회사에서 해고를 당했을 때였다. 이직을 돕는 상담사를 만나야 했다. 닐 맥카나라는 그 상담사는 나를 만날 때마다 '어떻게 도와줄까요?'라고 말을 꺼냈다. 진심이 담긴 그의 말과 행동은 나와 가족이 해고의 어려움을 딛고 일어나는 데 큰 힘이 됐다. 그때 이후 나는 그를 본받았다. 직원들에게 '내가 어떻게 도와줄까'라고 묻기 시작했다. 당신이 진심으로 그렇게 한다면 효과는 엄청나다. 다른 사람을 도우면 그들도 진심으로 나를 돕는다는 것은 내가 인생을 살면서 깨우친 진실이다.

리더십 모델은 신뢰에서 출발한다. 직원들의 신뢰를 얻기 위해 리더는 따뜻한 마음으로 그들의 삶을 돌보고 도와야 한다. 왜 리더는 신뢰부터 얻어야 하나? 스티븐 코비의 명저(名著) 신뢰의 속도 '(Speed of Trust)'에는 '(신뢰는) 모든 것을 바꿀 수 있는 한 가지'라는 부제가 붙어 있다. 진짜 옳은 말이다. 믿을 수 있는 사람과 일을 하면 모든 일이 쉽게 이루어지기 마련이다. 반면 신뢰할 수 없는 사람과는 함께할 수 있는 일은 없다. "(코넌트 전 CEO는 미국 갤럽 비즈니스 저널과 가진 인터뷰에서 신뢰를 리더의 '자격증'에 비유했다. 그는 신뢰는 리더가 사람들에게 방향을 제시하고 그들을 정렬시키고 활력을 불어넣을 수 있는 허가증"이라고 강조했다)

2-2. 신뢰를 얻으려면 어떻게 해야 하나

❶ 리더 신뢰의 조건

신뢰는 리더가 반드시 가져야 하는 두 가지 자신감에 기반을 둔다. 리더는 먼저 반드시 좋은 성격(good character)을 갖추어야 한다. 이것은 명예에 관한 사항이다. 그러나 이것만으로는 충분하지 않다. 리더는 자신의 분야에서 높은 경쟁력을 가져야 한다. 당신이 좋은 성격과 함께 경쟁력을 갖춘다면 시간이 흐를수록 사람들은 당신을 믿게 될 것이다.

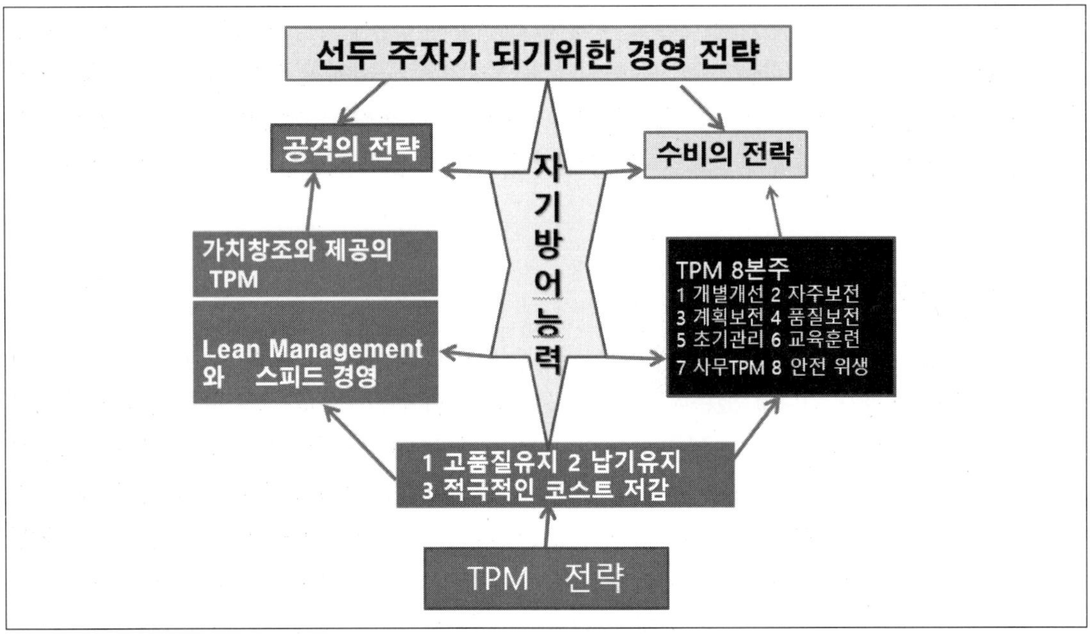

| 그림 6-4 | **신뢰는 선두 주자가 되기 위한 전략에서**

리더의 신뢰는 가치 제공에 있다 선두주자로서 비전을 제시하고 이를 실천하는 성실도는 직원들의 신뢰를 넘어 귀감이요 존경대상으로 끌어 올릴 수도 있을 것이다. 직원들의 신뢰를 얻기 위해 무엇을 해야 하나? 예를 들면 날마다 직원들 개개인에게 10~20통의 자필 편지를 썼다. 회사를 위해 올바른 일을 한 직원, 전략을 잘 집행한 직원, 고객에게 좋은 서비스를 제공한 직원들을 찾아내 그들에게 편지를 썼다. 싱가포르·시드니·파리·모스크바 등 전 세계의 캠벨 직원들에게 쓴 편지가 3만 통이다.

직원들은 CEO가 자신들에게 관심을 기울이고 있고, 자신들의 공헌을 잘 알고 있다는 사실에 깊은 인상을 받았다. 나중에 알고 보니, 세계 곳곳의 직원들이 내 편지를 책상이나 사무실 보드 판에 붙여 놓았더라. 세계 곳곳에 진출해 있는 글로벌 기업의 CEO는 그 모든 지역을 매일같이 찾아다닐 수는 없다. 그러나 세계 곳곳의 직원들이 CEO의 존재를 느낄 수 있게 하는 방법은 얼마든지 있다. 나 같은 경우에는 편지 쓰기가 그 같은 효과를 낳았다. 시간이 흐르면서 나는 세상의 어떤 CEO보다 개인적으로 더 많은 직원들과 연결됐다.

② 편지의 효과 신뢰를 부여

'직장생활을 하면서 CEO로부터 편지를 받는다는 것은 기분 좋은 일로 사기에 도움을 준다. 회사가 당신에게 관심을 갖고 있으며 당신이 보여준 리더십을 높이 평가하고 있다'는 편지를 받았을 때 회사와 매우 긍정적이고 깊은 관계를 맺고 있다는 느낌이 들었다. 그러나 현실에서 경영자들은 직원들의 틀린 점을 찾아내 고치도록 훈령(訓令)을 한다. 그러다 보니 대부분의 회사들은 직원들의 잘못에 지나치게 초점을 맞춘다. 나는 직원들이 잘한 일과 못한 일을 찾는 데 균형을 맞추고 싶었다. 그래서 직원들의 공을 치하하는 편지를 쓰기 시작했다. 그 덕분에 나는 회사의 상황을 훨씬 더 잘 알게 됐다. 편지를 쓰려면 회사 곳곳에서 벌어지는 일을 공부해야 했기 때문이다.

CEO는 항상 바쁘기 마련이다. 직원들과 진정으로 연결되고 싶다면 자신의 라이프 스타일에 맞는 방법을 찾아야 한다. 보고 느끼며 대화에서 얻는 정보는 실용화의 산물이다 편지 쓰기와 걷기는 내게 맞는 방식이었다. 나는 무엇인가 지연돼 짬이 생기면 운동화를 신고 만보계를 차고 회사 안을 걸었다. 걷지 않았다면 사진에서만 보았을 직원들과 개인적으로 연결이 됐고, 회사에 대해 내가 몰랐던 많은 일들을 알게 됐다.

2-3. 경영이념과 기업의 지속성

① 경영이념과 기업운영

경영 이념은 경영자가 기업 운영에 대해서 품는 신조·이념·경영관을 가리킨다고 해도 좋을 것이다. 그것은 경영 철학, 경영 신념, 경영 사상, 행동 이념, 지도 원리 등의 명칭으로 불린다. 경영자가 리더십을 발휘할 경영의 방향을 정하는 데 매우 중요한 역할이다. 경영자가 경영 이념을 구성원에 침투시키기 위해서는 프로 정신에 뒷받침된 리더십 함양과 그것을 기업 내에서 발휘하기 위한 환경이 필수적이다.

(1) 기업의 이념과 가치관

지속 경영되는 장수 기업의 상당수가 창업 이후 경영 이념(기업 이념)을 들고 공통의 가치관 혹은 경영 방침으로, 그동안 경영을 해왔다. 모든 장수 기업이 경영 이념을 명문화된 것은 아니지만, 구전을 포함하고 장수 기업에 공통적으로 보는 것은 양질 저가, 신장을 중심으로 경영을 해오고 있는 것이다. 그런 경영에는 창업자의 경영 이념, 경영 철학과 같은 가르치고 교훈, 가훈이 경영 지침이 되는, 가치관의 양성, 정신적 지주가 되었기에 오늘까지 존재하는 것이다.

(2) 공유가치창조(CSV)

마이클 포터(Porter, Michael E.)와 마크 크라머르(Kramer, Mark R.)는 Harvard Business Review(2006년 12월호)에서 사회적 과제에 대한 자사의 사업을 통해서 기업 가치를 향상시키는 CSR의 수법으로서, CSV(Creating Shared Value: 공통의 가치 창조을 제창한 그 다음 마이클 포터와 마크 크라머르는 Harvard Business Review(2011년 1월·2월 합병호에서 CSV의 컨셉에 대해서 다루고 있다. 기업은 사회적 책임을 다하려 노력할 때 생산자와 소비자의 공통의 가치가 창조되는 것이다

(3) 상인(商人)의 3면3미(三面三味)

그러나 그들의 개념보다 이전부터 내려오는 상인의 삼면 좋은(판매자 좋고, 사람 좋고, 세상 좋은)에 보듯이 사회의 정합성에 맞춘 경영을 실천하고, 그 경영에는 경영 철학이 있음을 지적하고 싶다. 100년, 200년 이상이라는 장수 기업은 일본에 왜 세계에서 가장 많은지 그 특징을 학습해야 할 일이 있다. 본 절에서는 지속 가능한 발전을 목표로 기업의 바탕을 이루는 경영자의 이념과 사회적 책임 활동의 관계에 대해서 고찰한다. 구체적으로는 경영 이념을 종업원과 공유하고 사회적 책임 활동으로 경영 실천하기 위한 규정, 그 특징을 밝히고자 한다.

❷ 경영자의 경영 이념의 침투와 그 실천

(1) 구체적 실천 요강(實踐要綱)

(a) 경영 이념에서 지속 가능한 발전의 목적을 비추어, 경영자가 시대의 요청에 맞추어 경영 이념을 검토할 필요가 있다.

(b) 경영 비전과 경영 목표가 경영 이념을 구현하기 때문에, 경영 비전과 경영 목표를 구상하고, 입안한다.

(c) 장기 경영 계획에서는, 경영 비전과 경영 목표에서 장기 경영 계획을 경영자가 기업 안팎에 위임한다, 경영자의 리더십에 의하여 조직 전체에 침투한다.

(d) 경영 실천, 경영자의 사업 활동이 장기 경영 계획의 경영 실천으로서 이루어지며 기업의 사회적 책임 활동이 경영 실천동기의 하나로 집행된다.

(e) 중간 관리는 기업의 사회적 책임 활동을 도입한 경영 실천이 중간 관리에 조직학습을 통해서 침투한다.

(f) 종업원이 경영 이념이 중간 관리를 통해서 종업원에 침투하고 경영 실천하는 것이 필요하다.

(2) 경영자가 지속 가능한 발전을 목표는 다음의 5가지를 들 수 있다.

(a) 장기적으로 경영 재무적인 기업 가치 향상에 매진하는 것

(b) 안팎의 법 및 그 정신을 준수하고 공정한 기업 활동을 통해서 사회에 신뢰를 얻을 것

(c) 그 실현을 위해서는 다양한 이해 관계자와 상호 관계를 구축하고 장기 안정적인 성장을 이루어 가는 것

(d) 이를 위한 다양한 시책을 강구하여 자사에 적합한 코퍼레이트 경영 체제를 도모하는 것

(e) 경영자는 이해 관계자에게 특히 금융자본 시장을 의식한 경영자의 사회적 책임을 다할 것

❸ 경영비전은 장기경영 계획구상에 필요하다

경영자는 자사의 기본 방향을 구상하고 확고한 경영 이념에서 경영 비전이나 장기 경영 계획을 구상할 필요가 있다. 경영자의 경영 이념은 조직을 통해서 기업 전체가 일체가 되지 않으면 실효성이 없다. 경영자의 사리사욕이나 일방적인 리더십에서는 같은 방향을 향하고 경영을 추진하면 결과에 기대할 것은 없다. 경영자의 경영 이념을 조직에 침투시키고 경영 이념을 통한 사회적 책임 활동을 실천하기 위한 지배력이 요구된다.

거기에서의 지배력은 이해 관계자(주로, 주주)의 통치가 아니라 경영자가 성실한 기업 혹은 사회의 신뢰를 받는 기업을 목표로 하려는 지배 구조를 의미한다. 이러한 기업 지배 구조에서는 경영자의 경영 비전과 경영 목표를 명확히 하는 장기 경영 계획을 경영 실천에 연계, 경영자의 사업 활동을 중간 관리, 종업원까지 책임 경영을 실행 중에 독자성이 필요하다. 여기에 경영자의 일방적인 리더십에서 경영 실천이 이뤄지는 것이 아니라 경영자와 종업원이 경영 이념을 공유한 쌍방향 관계 위에서 경영자의 리더십을 통해서 경영 실천이 이루어지는 데 특징이 있다.

경영자의 경영 이념이 조직을 통해서 말단까지 침투하고 경영자와 종업원이 벡터를 맞춘 책임 경영을 해나가기 위해서는 경영 교육의 내실화가 불가결하다. 경영 이념의 실천은 인재 육성 그 자체에 직결된다고 지적할 수 있다. 기업의 인재 육성은 기업 내 대학 및 연수 시설 등 하드웨어와 경영 이념을 철저한 경영 교육의 소프트 면 모두가 필요하다. 그렇게 만들어진 기업 풍토 속에서 주인과 종업원이 커뮤니케이션을 거듭 함으로써, 경영자와 종업원이 경영 이념을 반영한 경영 실천을 실시할 수 있다고 생각된다.

파나소닉은 마쓰시타 고노스케 시절부터 이미 현대적인 사회적 책임에 통하는 경영을 해오고 있는 것이나 기업은 사회의 공기라는 창업자의 생각이 파나소닉 그룹 전체에 면면히 계승되고 있는 점이 꼽힌다. 도요타 자동차에서는 기업 이념에 기초한 경영을 행하고 있으며, 오늘의 기업은 사회적 책임이 전략적 사업으로, 일상 업무에 편입되고 실행하고 있는 점이 있으며, 캐논에서는 창업이래의 기업 이념을 시대에 적응하고 새로운 가치관으로서 경영 이념을 책정하고 그것을 바탕으로 사회적 책임 활동을 하고 있는 점에 주목했기 때문이다.

발전 지속되는 기업은 모두 창업 이후 경영 이념(혹은 기업 이념)이 경영자와 종업원의 공통의 가치관이 되어 끊임없이 대화나 커뮤니케이션을 거듭, 확고한 경영 이념 자체를 경영 실천하고 있다.

2-4. 경영자의 경영 이념과 리더십

❶ 경영자의 경영 이념

일반적으로 경영 이념과는 경영자가 기업 운영에 대해서 갔고 있는 신조·철학·경영관을 가리킨다고 해도 좋을 것이다. 그것은 경영 철학, 경영 신념, 경영 사상, 행동 이념, 지도 원리 등으로 불리고 있다. 오쿠무라(1997)은 경영 이념에 상당하는 명칭으로, 기업 이념. 사시, 사훈, 강령, 경영 방침, 경영 지침, 기업 목적, 기업 목표, 기업 사명, 근본정신, 신념, 이상, 비전, 맹세 등을 목표로 하는 기업상, 사업의 비결, 사업 영역, 행동 지침, 행동 기준, 을 말하고 있다.

광의의 경영 이념으로서, 경영자 조직체의 행동 규범 활동 방침인 가치관 혹은 지도 원리로서, 경영자 개인의 이념이나 철학에서 기업 조직, 기업 그룹의 이념과 미션까지 포함하고 있다. 여기에서는 경영자 개인이 품은 신조, 철학, 경영관을 의미한 경영 이념으로 기업 이념과 관련에서는, 기업 이념은 기업의 신조이며, 기업 활동의 원점, 원동력, 최고 기준이 될 것을 의미한다.

중국 송대(中國 宋代)의 유학 발전(儒學發展)의 시대 배경을 정리한, 선인의 이념과 정신과 가치관을 들면, 이시다 매암(1685년~1744년)석문 중국 송대의 유학, 니노미야 타카노리(1787년~1856년)의 보덕 사상, 시부사와 에이이치(1840년~1931년)의 이타의 정신, 도덕 경제 합일(윤리와 이익의 양립) 등이 있다.

마쓰시타 고노스케(1894년~1989년)의 기업은 사회의 공기, 토요다 키 이치로(1894년~1952년) 일본인의 머리와 팔로 자동차를 만들고 리코 이치무라 키요시(1900년~1968년) 미요시 정신(사람을 사랑하는, 나라를 사랑하고 직장을 사랑), 캐논의 공생, 삼자의 정신(자발·자치·자각)등이 있다. 특히 창업자 또는 경영자에 대해서는 그 경영 철학이 그룹 기업 이념으로 기업 행동 기준의 원점이 되고 있다.

경영자의 인품(人品)이 스스로의 경영 이념은 구성원이 공유하고 실행하지 않으면 소용이 없어진다. 이것은 경영 이념 자체가 기업의 벡터로서 반영해야 하는 것이다 조직체의 구성원은 경영자와 같은 경영 이념을 공유하고, 같은 방향을 향하고 있는가가 중요하게 된다. 이를 위해서는 경영자가 명확한 경영 이념을 갖고 있음을 전제로 된다. 그러한 의미에서, 교세라 명예 회장인 이나모리 가즈오는 그 경영 이념에 대한, 누구나 공감하는 보편성 있는 것이어야 한다고 말하고 있다. 아무리 뛰어난 경영자도 사리사욕을 종업원에게 강요 하면 경영은 계속되지 않을 것이다, 아무리 성장했던 기업 경영자의 경영 이념에 이기주의가 너무 강하면, 순식간에 붕괴할 우려가 있다고 지적했다.

이처럼 경영자의 경영 이념은 사내외의 방향 자체를 나타내고 있는 것이 발견된다. 경영자의 역할이 경영을 감독하는 입장과 경영을 집행하는 입장이 있다. 그러나 경영자는 그러한 입장에 관계없이, 종업원에게 무엇이 바르고, 무엇이 그른지를 나타내는 그 경영 이념을 공유하는 것이 중요하다. 종업원이 경영 이념을 공유하지 않으면 어떤 제도도 기능하지 않음을 강조하고 싶다. 종업원 개개인에게 경영 이념이 침투함으로써, 종업원이 경영자와 같은 방향으로 경영에 종사하는 것이 중요하다. 기업 활동의 근간인 경영 이념이 필요하다, 그러한 경영 이념에 따라서 누구나 납득하는 구조를 형성하는 것이 경영자들에게 요구하는 중요 과제 중의 하나이다.

❷ 경영자의 리더십과 그 자질

경영자의 리더십에 대해서 선행 연구 안에서 정수기업의 논고를 중심으로 검토를 시도 하였다. 시미즈에 따르면, 뛰어난 최고 지도자의 능력에 관해서, "조직의 목적을 달성하기 위해서 리더가 부하들에게 행사하는 대인 영향력이다. 최고 지도자는 환경 변화에 대응하고, 축(軸)을 기업가 정신 혹은 관리자 정신에 옮기는 것이라고 지적하고 있다. 경영자에는 환경을 응변하는 능력이 리더십을 발휘하는 데 필요하고 있다.

(1) 능력 요소에 대해서 시미즈는

ⓐ 최고 지도자가 기업가적 태도로 장래 구상의 구축·경영 이념의 명확화를 실시할 때는 통찰력, 비전, 결단력 등의 능력이 필요하다,

ⓑ 관리자적 태도로 집행 관리를 실시할 때는 인간적 매력, 상대방의 입장에 서서 말을 생각하는 능력, 인성 운용이 필요함을 보였다.

그러나 최고 지도자에게 이들이 절대적인 것은 아니다 라고 시미즈는 언급하고 있다. 최고 지도자로서도 업종, 형태, 규모 등에 따라서는 능력의 요소가 달라진다. 경영자의 절대적 조건을 보이는 것이 아니라 다양한 능력을 가진 경영자가 있기를 의미한다.

예를 들면, 경영자에게는 폭넓은 경영 지식과 인간적 매력이 불가피하더라도 회계나 재무, 기술에도 정통한 능력이 요구된다. 경영자의 자질로는 경영 감각이 필요하다면, 어떻게 습득해야 할지가 드러난다. 그러기 위해서는 사람의 몇 배의 노력과 노력이 요구된다. 그 의미에서는 경영자의 리더십이 무엇인지 일반적으로 제시하는 것에 어려움을 드러낸다.

경영자의 몸짓에는 그 사람의 가진 인간성과 지성의 외에 리더십을 발휘하기 위한 경영자

로서 자질이 매우 중요하게 된다. 구체적인 자질로는 창조성, 선견성, 비전, 판단력, 경영 감각과 열정, 겸손 등을 갖추고 있는 인물이 요구될 것이다.

(2) 현대의 경영자에게 중요한 자질 5가지

(a) 높은 윤리관과 가치관
(b) 뛰어난 판단력
(c) 용기 있는 결단력
(d) 구상력과 선견성·감성
(e) 적응력등 5가지를 꼽았다.

경영자의 리더십이 잘 적용되지 않는 것은 경영자 자신의 인간성과 자질에 깊이 관련되어 있다. 하지만, 경영자가 윤리관이나 도덕관과 지식이나 이론으로 알고 있어도 경영자 자신의 성격, 인간성까지 침투하지 않으면 소용없다. 그것을 경영자가 인식하고 경영의 프로패셔널로서 경영 활동을 펼칠 필요가 있다. 오늘의 지배 구조와 CSR에 관한 논의는 이런 경영자의 윤리관, 인간성의 실행이 중요하다.

3 경영자의 경영 이념의 침투와 경영 실천

(1) 경영자의 이념과 리더십

경영이념은 경영자가 리더십을 발휘할 경영의 방향을 정하는 데 매우 중요한 역할이다. 경영자가 경영 이념을 구성원에 침투시키기 위해서는 프로 정신에 뒷받침된 리더십 함양과 그것을 기업 내에서 발휘하기 위한 환경이 필수적이다. 그러나 경영자 자신의 윤리관이나 도덕관이 부족하여 저질적 독선 권위적 경영실태에서는 아무리 훌륭한 경영 이념을 내걸고 있어도 경영은 오래가지 못한다. 경영자의 강한 감정을 일방적으로 종업원에 떠넘기는 것이 아니라 경영자의 경영 이념과 조직 전체가 서로 작용함이 중요하다.

교세라 필로소피는 경영자와 종업원이 공유하고, 같은 방향으로 경영하는 것이 경영 이념의 침투와 그 실천인. 것이다. 도요타 자동차의 창업자인 토요다 키이치로 일본인의 머리와 팔로 자동차를 만든다는 이상은 도요타 자동차가 내세우는 인재 육성의 이념 인 것이다. 제조는 사람이 만드는 것으로 직결된다는 것이 토요타 키이치로의 이상적 신념이다. 아버지인 토요다 사키치의 사상이 영향을 주고 있지만 사람을 소중하게 여기지 않으면 공장을 포함하여 회사운영의 기능(技能)다하지 못하면, 소비자의 신뢰를 얻지 못한다.

파나소닉의 창업자인 마쓰시타 고노스케의 "경영의 근간은 사람의 것", "물건을 만드는 전에 사람을 창조"라는 이념이다. 파나소닉은 2008년 10월 1일에 마쓰시타 전기 산업에서 회사 이름을 변경해도 마쓰시타 고노스케의 경영 이념이 불변이라고 발표했다. 그 경영 이념의 핵심을 이루는 "기업은 사회의 공기", "고객 제일" 늘 새로운 "중지를 모은 전원 경영" 같은 생각은 파나소닉 그룹의 전 종업원에 면면히 계승되고 있다.

(2) 모두 공통되고 있음은

(a) 어린 시절에 받은 영향은 그 후의 경영 이념에 반영하고 있음.

(b) 경영 이념을 종업원에게 말한다, 종업원을 소중히 하는, 경영자와 종업원이 같은 방향을 향하고 나가려는 것.

(c) 인재 육성을 중요시하고 있어, 인간으로서, 사회인으로서 훌륭한 인간임을 사명으로 한 교육 훈련, 간부 연수 프로그램 등이 실시되고 있는 것이 꼽힌다. 이렇게 하고, 조직체 구성원의 마음을 묶는 굳건한 것에 이어 갈 바탕으로 창업자의 신념인 경영 이념의 실천을 엿볼 수 있다.

2-5. 차별화 기업 지향적 품질경영

❶ 제품의 품질과 기업의 지속성

본 절의 기술(記述) 목적은 강소장수 기업으로 지향하는 품질영영은 어찌하여야 될 것인가? 기존의 장수기업들은 품질영영을 어떻게 하여 기업이 장수할 수 있었던가? 제품의 품질은 사람이 만드는 것이기에 그 만드는 사람의 인적품격이 선행조건이라 할 것이다. 성공하는 사람은 생각이 다르다. 많은 장수기업들은 기업가 정신에 입각하여 창조적 도전정신에 있었음을 알 수 있다. 창조적 도전정신은 행복추구의 근원에서 소생한다.

사람들의 삶은 행복추구에 있고 그의 실현은 인적품질에 이여 물적 물질이 충족할 때 이루어진다. 인간행복의 기본구성원은 각자의 일을 매개체로 사람들과의 수직적 관계와 수평적 관계를 이루면서 행복의 사회학적 기본구성원이 되어 살아간다. 이러한 사회관계(Social Relation)에서 나타나는 사회적 상호작용(Social Interaction) 이 원활할 때 인간은 행복하다.

삶에 있어 가장 중요한 것은 인간관계이다. 하버드대학에서 성공한 CEO를 대상으로 연구결과에 따르면 성공과 행복의 조건으로 직무능력이 15%. 인간관계가 85%라고 밝혔고 조지 베일런트 교수는 인생에서 가장 중요한 것은 다른 사람들과의 관계라는 사실이라고 하면서 인간관계의 힘(Power of Human Relation)을 강조했다.

사회 환경과 더불어 기업환경도 급변되고 있다. 이러한 상황 속에서 기업의 생존과 번영을 추구하는 수단은 생산제품과 더불어 모든 분야의 품질에 둘 수밖에 없다 하겠다. 이러기 때문에 기업들은 점점 다양하게 변화하는 고객요구에 부응하기 위하여 품질경영을 전략적 운영도구로 활용하고 있다.

기업들의 상품품질을 최우선시 하는 것은 제조업뿐만 아니라 서비스, 유통업에 이르기 까지 대·중·소기업을 불문하고 품질을 강조하여 변화는 시장에 대응력을 높이는 전략으로 고객만족으로 이어지는 수요창출과 재구매로 촉진되는 경쟁력 강화의 기법으로 품질관리의 도구들이 사용되고 있다.

기업경영에 있어서 품질은 기업의 사활에 관건한문제로 전략적 무기로 활용되는 것은 규모와 업종을 떠나 모든 분야에 일반화되어 있지만 품질관리 도구의 황용 시스템의 적용에는 명확한 수준을 진단하고 조직의 지속적인 개선방향을 제사한다는 측면에서 볼때. 시행상 많은 차이가 발생되고 있다.

이러한 문제점들의 관리상의 구도들을 기존에 제시된 품질관리모텔의 단점을 보완하는 새로운 품질경영성숙도(Quality Management Maturity: QMM)를 연구 제시함으로서 문제점을 개선하여 산업의 품질 운영관리 특성을 명확히 진단하고 기업의 발전방향을 설계할 수 있는 모델을 형성하고자 한다

공정의 수행계획은 생상설계 도면상에 주어진 정보나 모델을 이용하여 제조에 필요한 작업순서 및 치수(함량)공차(성분)에 관한 상세한 정보를 제공하여 분리되어온 설계(시방)의 제조를 이어주는 교량적 역할을 하며 공정계획에서 주어진 결과인 작업순서에 따라 설계부품(약품)치수(수량)및 공차(성분)를 얻기 위해 가공(합성)하는데 이때 가공품(완성품)의 경쟁력을 갖추기 위해 설계대로 함으로서 불량을 최소화한다.

❷ 본장의 기술 배경

품질경영의 궁극적인 성공은 인적자원 품질관리에 있는바 성공적인 삶을 위한 새로운 관계능력지수(NQ: Network Quotient)가 상호관계를 얼마나 원활하게 발전하며 잘 유지하고 운영하는가를 나타내는 지수로 무한경쟁 시대에서 필요요소로 현대사회가 수평적 관계를 맺는 네트워크 사회로 발전되는 과정의 소통은 품질경영의 기본요소라 하겠다.

품질경영의 성공은 구성원의 습관을 품질경영에 맞게 고치는 것이다. 감사함도 행복함도 습관에서 나온다. 훌륭함은 반복과 습관화로 이루어진 예술이라고 아리스토텔레스가 말했다. 그는 우리가 습관적으로 하는 일들이 우리가 어떤 사람인지(人的品質)를 결정한다. 경영학의 아버지 프로페셔널의 저자 피터 드러커도 목표달성능력은 하나의 습관이고 습관적인 능력들의 집합이라 말했다.

한국경제의 미래는 융합에 달려있다. 정부는 융합기술을 통한 창조산업 육성을 국정과제로 제시하고 있다. 융합이라는 키워드는 창조경제의 핵심가치인 융합을 통해 중소기업을 상호보완하며 시너지효과를 만들어 내는 것으로 사람과 사람이 연결되고 기술과 물질이 결합되며

감성이 융합되는 새로운 품질의 미래 청사진의 실현은 정책과 사회의 수용능력이 좌우될 것이다.

행복한 품질경영의 원활한 실천을 위해서는 인적 물적품질의 조화와 사회적 환경이 뒷받침 되었을 때 가능한 결과치가 도출된다. 이러기 위해서는 인적품질이 선행되어야 물적품질로 이어져 고객만족을 가져올 것이다. 인적품질의 발원은 감사는 태도에서 태동되며 이는 행복감을 높이고 관계발전에 긍정적인 효과를 가져온다.

산업발전이 고도화 되어감에 따라 기초화학에서 정밀화학 쪽으로 방향이 선회함에 따라 기존의 기초화학 제품의 수요는 줄어 들어가며 정밀화학 분야의 수요가 늘어나는 현상이 나타나고 있다 이러한 수요에 대응하기 위해서는 기존제품을 고순도화 하거나 품위를 조절하여 수요에 적응하여야 되는 환경적 변화가 도래하고 있다

한편으로는 새로운 수요에 맞는 제품개발 공급함으로서 수요만족을 주는 길이다. 제품개발이란 다양한 기술정보와 구체적인 필요차를 확보 못하면 시행착오로 오류를 범할 우려가 많아 세심한 주의를 요하는 것으로 제품개발의 복잡성은 수요제품의 복잡도에만 있는 것이 아니라 개발 프로세스와 그 조직과 함께 존재한다.

개발프로세스에 있어서 어느 한 부분만 최적화가 이루어졌다고 하여 전체 프로세스가 완성 되는 것이 아니므로 이러한 복잡한 개발 프로젝트 환경에서 제품(Product) 공정(Process) 그리고 조직(People)이 3P간의 유기적인 복잡한 관계를 하나의 문제를 다루는 시스템(System)으로 운영의 효과를 얻을 수 있다(김진훈, 2007; Buede).

❸ 기업의 핵심역량은 경쟁력

기업의 핵심 경쟁력은 마케팅, 디자인과 같은 영역에서의 경쟁자와의 차별화에 의해 발현되고, 이를 위한 기업의 혁신능력은 고객의 이해와 창의적인 사고에서 나타나게 된다. 기업들이 경쟁역량을 갖추기 위해 추진하여 온 품질경영도 이러한 경영환경의 변화에 따라 그 영역을 재정립하면서 발전하여 왔다. 다시 말하면, 품질경영은 일반적으로 몇 가지 특징으로 구분되어 질 수 있는 발전단계를 거치면서 발전되었다.

품질경영의 태동기라고 할 수 있는 1930년대의 품질경영은 제품 및 프로세스에서의 품질검사를 통해 무결점 품질을 획득하는 것으로 인식되었으나, 1980년 후반에 등장한 종합적 품질경영의 개념은 고객의 관점에서 이해당사자의 욕구를 충족시키는 것 보다 확대된 개념으로 해석되었다. 더 나아가 GE, 모토롤라, 삼성 LG와 같은 세계적 선도 기업들은 보다 통제된 프로세스를 확립하고, 문제를 제거함으로써 높은 품질비용을 줄여 나가고자하는 방안으로 6 시그마를 적용하고 있다. 6 시그마는 기업에게 문제해결을 통한 개선을 제공할 수 있을 뿐만 아니라 기업조직이 이를 쉽게 받아들일 수 있다는 점에서 장점을 갖고 있다.

용어 설명

신뢰의 속도(Speed of Trust)
좋은 성격(good character)
MBWA(Managing by Wandering Around) 걷기를 통한 경영
사람들에게 따뜻한 마음(tender-hearted with people)
성과에 대해서는 엄격한 마음(tough-minded on the performance)
계층제(hierachy)

참고 문헌

1. 한국기업의 형성과 발전에 관한 연구, 김영래, 국제무역경영연구원
2. 2015년 개정판. 알기 쉽게 풀어쓴 중소기업 범위해설, 중소기업청
3. 소상공인 경쟁력 제고방안(중진기금내 소상공인 진흥계정 신설과 연계) 2012년 9월 19일. 관계부처 합동
4. 경제장관회의 선순환 기업생태계 조성을위한 중소기업 재도전 종합대책, 2013년 10월 30일. 관계부처 합동
5. 융합중앙회 공고 제2013~1호. 2013년 중소기업간 융합 및 협력사업 시행공고 중소기업 융합중앙회
6. 기업-한국 민족문학 대백화 blog.naver.cdm
7. 장수기업으로 가는 길, 김종영 저 제3장2절 민주화와 기업체질개선

요 약

1. 업무 몰입도의 변화
"따뜻한 마음으로 직원들의 삶을 돌보면서 동시에 엄격한 마인드로 직원들에게 높은 성과를 요구했기 때문"이라고 말했다. 실제로 그는 직원들에게 3만장의 자필 편지를 쓰는 등 그들의 삶을 깊숙이 돌보면서도 350명의 임원 중 300명을 성과 미달로 내보내는 엄격함을 보였다.

2. 리더십 모델은 신뢰에서 출발한다.
"신뢰의 속도(Speed of Trust)에는 '신뢰는 모든 것을 바꿀 수 있는 한 가지'라는 부제가 붙어 있다. 진짜 옳은 말이다. 믿을 수 있는 사람과 일을 하면 모든 일이 쉽게 이루어지기 마련이다. 신뢰는 리더가 사람들에게 방향을 제시하고 그들을 정렬시키고 활력을 불어넣을 수 있는 허가증"이라고 강조했다.

3. 리더 신뢰의 조건
신뢰는 리더가 반드시 가져야 하는 두 가지 자신감에 기반을 둔다. 리더는 먼저 반드시 좋은 성격(good character)을 갖추어야 한다. 이것은 명예에 관한 사항이다. 그러나 이것만으로는 충분하지 않다. 리더는 자신의 분야에서 높은 경쟁력을 가져야 한다. 당신이 좋은 성격과 함께 경쟁력을 갖춘다면 시간이 흐를수록 사람들은 당신을 믿게 될 것이다.

4. 직원들과 진정으로 연결되고 싶다면
자신의 라이프 스타일에 맞는 방법을 찾아야 한다. 보고 느끼며 대화에서 얻는 정보는 실용화의 산물이다 직원들이 잘한 일과 못한 일을 찾는 데 균형을 차자주고 직원들의 공을 치하면 효과성을 높아진다.

5. 경영자의 임무
경영자는 온정과 결단이라는 두 가지 책임이 놓여 있다. 결단적 측면에서는 중간리더의 역할이 부진하여 하부직원의 발전에 저해를 준다거나 직원발전에 저해의 요소가 있다면 조직강화를 위하여 결단이 필요하며 능동적으로 업무를 수행자에 대해서는 온정의 배려가 필요하다.

제3절

불·성실한자 다수의 성실자에 영향을 끼친다

성공 Point 25

1. 불가능에 도전하라

성공을 추구하는 사람의 머릿속에는 불가능이라는 단어는 찾아볼 수 없다. 그들에게는 목표를 달성하고자하는 용기만이 있을 뿐이다. 불가능이라는 장벽 앞에 발걸음을 멈추는 사람이 있는가하면 기를 쓰고 장벽을 넘어가는 사람이 있다. 이 두 사람 인생의 성공과 실패를 갈라놓는 길이다. 성공의 주저는 당신의 재능이 부족한 것이 아니라 도전정신의 결여에 있다. 난제에 부딪쳤을 때 불가능하다고 단정하기 전에 해결책이 없는지 생각하고 찾아보라. 스스로 해결할 수 없는 문제는 협력의 도움으로 해결책을 차자라 외부의 협력을 구해내는 것도 능력이다.

2. 최선의 마음으로 상대를 배려한다

친절과 배려는 주는 만큼 돌아온다. 당신도 다른 사람이 나에게 그렇게 해주었을 때 기분 좋은 일을 먼저 다른 사람에게 하여 주도록 하라. 이러한 사소한 배려를 갖추고 실행한다면 그 만큼 상대방은 감동하고 마음이 밝아지게 될 것이다. 다른 사람에게 인정을 베플라. 인정을 베풀수록 당신의 호감도는 늘어난다. 성공한 사람들은 인정과 배려를 통해서 기회를 잡았다는 사실을 잊지말라.

제3절
불·성실한자 다수의 성실자에 영향을 끼친다

3-1. 악질직원 1~2명 있다고 별일 있을까?

❶ 천만에! 조직성과 30~40% 갉아먹어

악질 1명 막으려면 선한 사람 5명이 필요하다. 세계에서 가장 창조적인 기업이라는 디자인 회사 IDEO의 데이비드 켈리 회장은 '사랑'과 '돈'의 균형을 강조한다. 그는 종종 두 가지 요소가 균형을 이룬 스케치(그림)를 그리곤 한다. 켈리 회장은 직원들이 존경을 받으며 즐겁게 직장생활을 보내는 '사랑'의 요소와 수익에 초점을 맞춘 '돈'의 요소가 균형을 맞추도록 하는 게 보스가 해야 할 일이라고 말한다.

당연히 켈리 회장은 악질과 악질행위를 배격한다. 직장 내 존경과 기쁨을 파괴하고 장기적인 성과를 갉아먹기 때문이다. 그렇다면 악질이 조직성과에 얼마나 해를 끼칠까. 윌 펠프스 에라스무스 리더십센터 연구위원은 1명의 악질이 있는 팀은 그렇지 않은 팀보다 성과가 30~40% 떨어진다는 연구 결과를 내놓은 적이 있다.

세계적인 베스트셀러 '악질 금지 규정(No Asshole rule)'의 저자인 로버트 서튼 스탠퍼드 대학교 경영대학원 교수가 소개하는 의류소매업체 멘스웨어하우스의 일화도 펠프스 연구위원의 연구결과와 일치한다. 멘스웨어하우스는 최고의 판매실적을 올리는 영업사원을 해고한 적이 있어요. 다른 사람의 공을 가로채는 자기중심적인 행동이 문제가 됐죠. 그런데 해고 뒤에 팀 전체 실적이 무려 30%나 늘어났어요. 해고된 영업사원은 악행으로 다른 사람의 업무 의욕을 꺾어왔던 것이죠.

서튼 교수는 실리콘밸리의 한 벤처기업에서 악질 1명의 폐해를 금액으로 계산한 결과 악질 비용(One Asshole Cost)이 연간 16만 달러(1억9000만 원)에 이른다는 구체적인 수치를 제시하기도 했다. 악행의 강력한 영향력도 악질이 위험한 까닭이다. 서튼 교수는 "부정적인 감정·관계는 긍정적인 감정·관계보다 5배는 강력하다"는 '5대 1의 법칙'을 제시한다. 조직 내 인간관계가 유지되려면 긍정적 감정의 횟수가 부정적 감정보다 5배는 많아야 한다는 것. 결국 악질 단 1명이 선한 사람 5명의 영향력과 맞먹는다는 계산이 나온다. 1명의 악질이 조직을 파괴할 수 있는 이유다.

❷ 저질(악질)상사(上司)의 영향

악질 상사는 직원들을 병들게 하고 직장을 떠나게 만든다. 핀란드에서 804명의 공장 직원을 조사했더니 상사에게 부당한 대우를 받은 직원들은 그렇지 않은 직원들보다 심장병 발병률이 높았다. 스웨덴에서 3000명의 근로자들을 대상으로 실시한 조사에서도 같은 결과가 나왔다.

영국에서 공무원 6000명을 추적 조사한 결과, 칭찬보다는 비난에 능한 보스 밑에서 일했던 직원들은 심장마비와 협심증 등 심장 관련 질환으로 고통받는 것으로 나타났다. 리서치 업체인 조그비의 2007년 조사에 따르면 무려 2000만 명의 미국 근로자들이 악질 때문에 직장을 옮긴 경험이 있는 것으로 조사됐다.

❸ 악질 어떻게 구별하나

로버트 서튼 교수는 악질(asshole)을 판별하는 두 가지 테스트를 제시한다.

첫째는 지속적으로 다른 사람 기운을 빠지게 하거나 초라한 느낌 또는 수치심을 안겨주느냐는 것이다.

둘째는 자신보다 힘없는 이들을 대상으로 그 같은 행위를 하느냐는 것이다. 일시적 또는 한두 차례 그 같은 행위를 했다고 해서 악질로 규정할 수는 없을 것이다.

특히 전략적 악질(strategic asshole)은 조직에서 위험하다. 치밀하게 계산된 의도된 악질 행위를 하는 '전략적 악질'은 감정을 통제하고 상황을 장악하는 방법을 알기 때문에 조직 차원에서 쉽게 정체를 파악해 대처하기가 쉽지 않다.

3-2. 저질 직원 조직에 얼마나 해로운가?

❶ 악행은 선행보다 전염력이 5배

악질 전문가' 로버트 서튼 미국 스탠퍼드대 경영대학원 교수는 2007년 '악질 금지 규정'(No Asshole rule)이라는 베스트셀러를 내놓아 세계적인 화제를 모았다. 직장 내 악질의 폐해와 대처법을 다룬 이 책은 세계 19개국에서 번역됐다. 책이 출간되자 전 세계에서 직장 내 악질의 폐해에 공감하고 해법을 묻는 편지와 이메일이 쏟아져 들어왔다는 게 서튼 교수의 얘기다. 이달 초 서튼 교수는 미국에서 '악질 금지 규정'의 속편인 '좋은 보스, 나쁜 보스 '(Good Boss, Bad Boss)를 출간했다. 서튼 교수는 매일경제와 전화 인터뷰에서 "보스가 악질의 70% 이상을 차지한다는 점에 착안해 속편의 주제를 정했다"고 말했다. 그는 "악행은 선행보다 전염력이 5배는 강하기 때문에 악질 주위에 있으면 악질이 될 가능성이 크다"며 악질의 폐해를 강조했다.

베스트셀러가 된 전작 '악질 금지 규정'의 핵심은 무엇인가. 스스로 악질이 되지 말라, 그리고 악질을 뽑지 말라, 악질은 해고하라 등 세 가지로 요약할 수 있다. 전작 '악질 금질 규정'에서 스티브 잡스 애플 최고경영자(CEO)를 악질로 분류했다. 하지만 잡스는 위대한 CEO로 꼽힌다. 악질도 CEO로 성공할 수 있나. (잡스의 이기적인 행동과 폭언·전횡에 얽힌 일화는 한두 가지가 아니다. 여러 직원이 그의 말과 행동에 자괴감과 모욕감을 느끼고 회사를 떠났다.)

금전적 성공이나 스포츠 게임의 승리를 성공으로 정의한다면 '그렇다'고 말할 수 있다. 간혹 악질도 성공하는 CEO가 된다. 운이 좋거나 재능이 뛰어난 경우가 그렇다. 그러나 악질은 승자가 된다고 해도 여전히 사람들에게 많은 피해를 준다는 점을 강조하고 싶다. 악질 CEO는 성과가 나빠지기 시작하면 금세 많은 적의 공격을 받고 매우 빨리 쫓겨나게 된다.

❷ 스티브 잡스의 변화 해고와 복직

잡스에 대해 사람들이 잊고 있는 게 있다. 그가 1986년 악질이라는 이유로 애플에서 해고당했다는 사실 말이다. 당시 애플 이사회는 그를 '통제 불능'이라고 판단했다. 그러나 잡스는 해고당한 뒤 훨씬 교양 있고 좋은 사람이 됐다. 더 이상 예전처럼 회사를 돌아다니며 사람들을 비하하지 않는다. 여전히 가끔은 나쁜 짓을 하지만 과거보다 악질의 정도는 낮아졌다. 이는 잡스가 애플로 돌아와 성공한 이유 중 하나다.

(1) 악질은 전염병과 같다.

악행의 전염성을 강조한다. 그렇다면 악질은 전염병을 퍼뜨리는 바이러스거나 바이러스 보균자와 같은 것이다. 그렇다. 썩은 사과(악질)는 모든 사람을 감염시킨다. 누군가를 악질로 바꾸는 가장 확실한 방법은 그를 악질 곁에 두는 것이다. 어떤 그룹에서는 악행이 규범이 되기도 한다. 그런 그룹에서는 악질이 키워진다. 악행의 영향력이 선행의 5배라는 '5대 1의 법칙'을 적용하면 악행은 선행보다 5배나 전염력이 강한 셈이다. 따라서 악질은 토끼처럼 빠르게 번식해 나간다.

그렇다면 '악질 금지 규정'은 전염병 치료제 또는 백신이 될 수 있나. 그렇게 되기를 희망한다. 일부 회사는 '악질 금지 규정'을 만들고 실천하는 데 매우 적극적이다. 물론 일부 회사는 단지 말만 하고 실천하지 않는다. 그들은 '우리 회사에는 악질이 없다'고 말하지만 실제로는 그렇지 않다.

(2) 무관심이 때로는 열정보다 중요

악질 대처법으로 '무관심의 대처법을 키우라고 말한다. 악질과 감정적으로 거리를 두라고 조언하는 까닭은 악질이 당신의 '영혼'을 해치지 않게 하기 위해서다. (악질과 함께 일하면) 엄청난 정신적 에너지가 소모된다. 악질과 더 많은 시간을 보낼수록 더 많이 고통 받는다. 무관심의 대처는 당신이 어쩔 수 없이 견뎌야 하는 힘든 상황에서 당신의 '정신'을 지켜줄 것이다. 악질의 파괴적인 행동과 말에 관심을 덜 쓰도록 스스로를 훈련해야 한다.

무관심의 대처기술에 대해 구체적으로 사례를 든다면. 일부 기술은 기계적인 것들이다. 악질이 참여하는 회의에 가지 않거나 가더라도 뒷자리에 앉는다. 얼굴을 마주보는 대화는 전화로 대신한다. 악질과는 물리적으로 거리를 두는 방법을 찾는 것이다. 다른 기술은 정신적인 것이다. 회사에 열정을 쏟고 싶은 직장인들에게는 아쉽기만 하다. 서튼 교수는 '무관심이 열정만큼 중요한 이유'라는 글에서 "악질에 둘러싸여 있을 때 열정은 자기 파괴적"이라고 단언한다. 악질이 조직을 장악한 상황에서 조직을 올바르게 이끌려는 열정은 자신의 영혼을 파먹을 뿐이다. 때로는 무관심이 열정보다 중요하다.) 무관심에서 관심사로 태만에서 부지런사람으로 무능에서 유능한 사람으로 끄러 올리는 것도 모두가 소통의 기능으로 가능한 것임을 유의 하여야 한다.

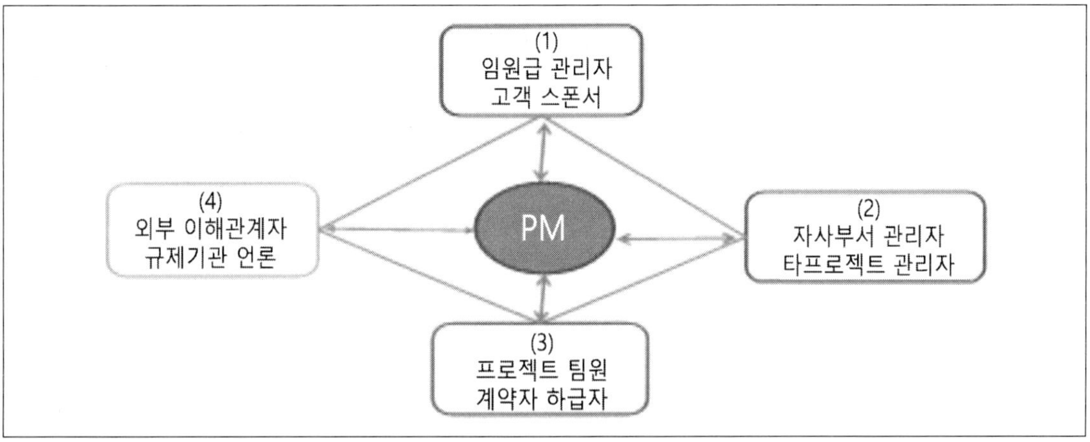

| 그림 6-5 | **의사소통 기준순서**

❸ 현실개선의 선봉에

현실에서는 악질과 맞서려는 직장인이 더러 있다. 그럴 때는 여러 가능성을 '계산'해야 한다. 당신이 해고를 당하거나 다른 팀으로 물러날 가능성 등을 따져야 한다. 그런 다음 당신을 보호할 사람이 있는지, 회사 시스템이 당신을 지켜줄 수 있는지를 '평가'해야 한다. 사내 정치도 필요하다. 왜냐하면 (악질과 맞설 수 있느냐는) 정치적으로 당신이 얼마나 보호받을 수 있느냐에 달려 있기 때문이다. 악질에 대한 가장 강력한 저항은 사람들이 연대해 악질에게 반격하는 것이다.

(1) 최고의 보스는 누구일까

좋은 보스, 나쁜 보스 '에서 악질 보스뿐만 아니라 좋은 보스도 있다. 최고의 보스는 어떠해야 하나. 좋은 보스, 나쁜 보스'에서 가장 중요한 질문 한 가지를 고르라고 한다면 '당신 밑에서 일한다는 게 어떤 것인지 잘 알고 있느냐'는 질문이다. (서튼 교수는 '좋은 보스, 나쁜 보스'에서 이 질문이야말로 좋은 보스와 나쁜 보스를 가르는 핵심 기준이라고 말한다) 당신이 보스로서 성과를 올리려면 사람들을 강하게 밀어붙여야 할 때가 있다. 동시에 사람들이 감정적으로 무엇이 필요한지 알고 대응해야 한다. 이를 위해 보스는 자기 밑에서 일한다는 게 어떤 느낌인지 잘 알아야 한다.

(2) 보스의 인간관계가 성과로 이어져

보스를 성과(performance)로만 판단할 게 아니라 인간성(humanity)으로도 판단해야 한다고 주장한다. 그런 기업이 있는가? 세계 최고의 혁신기업이라는 IDEO의 회장이자 설립자인 데이비드 켈리는 돈과 사랑의 균형을 맞추라고 강조한다. 예를 들어 켈리는 IDEO의 한 디자이너가 수익을 위해 싫은 프로젝트를 맡았다면 다음번에는 수익은 낮더라도 자신이 좋아하는 프로젝트를 맡게 한다. 사우스웨스트와 P&G, 픽사 등도 돈과 인간성의 균형을 추구하는 기업이다. 애니메이션 제작사인 픽사는 '창조적이기 위해서는 열심히 일하면서 인간성이 좋아야 한다'는 문화를 갖고 있다.

3-3. 전략을 축으로 한 새로운 분석 시점

❶ 시장을 바탕으로 분석하는 것의 어려움

앞에서 서술한 대로 선행연구를 바탕으로 중소기업 존립의 형태별로 중소기업이 존립하는 이유를 적극적 이유, 중간적 이유, 소극적 이유로 정리했는데 이들 시장은 보다 구체적으로 어떤 시장 인지에 대해 밝힐 필요가 있다.

선행 연구에서는 중소기업이 존립하기 쉬운 시장으로서 산업 특성이나 업종 특성을 기준으로 고찰하고 있는 연구가 많은 것 같다. 예를 들어 이즈미(1954)에 따르면 중소기업은 경공업에서 큰 경쟁력을 보이고 있다고 한다. 또, 호소노(1955)에 의하면, 중소 규모에 있어 뛰어난 산업으로서 식료품 제조업, 가구 및 장비품 제조업, 화학공업을 들 수 있다. 스에마츠(1962)에 의하면, 제3차 산업에 있어서는, 중소기업의 활동 분야가 꽤 많아진다고 여겨진다. 최근의 연구로서는 마츠무라(2007)가, 기업수·개폐업율의 추이, 재무 지표, 최소 최적 규모론에 의한 어프로치를 기본으로, 의료·복지(사회보험·사회 복지·간호 사업)나 수송용 기계기구 제조업, 일반 기계기구 제조업, 금속제품 제조업에 중소기업의 존립 기반이 있다고 하고 있다.

그러나 단일 업종에서도 다양한 시장이 존재하기 때문에 업종을 기본으로 이러한 시장(경쟁 시장, 하청 시장, 틈새시장, 대기업 독과점 시장을 분류했을 경우, 각각의 기업에 있어서의 중소기업으로 계속 되는 이유를 상세하게 분석하는 것이 어렵다. 또, 예를 들면 세분류와 같이 업종을 보다 세세한 단위로 분석하는 방법도 생각할 수 있지만 이것은 결과적으로 틈새시장의 도출에 끝날 가능성이 있다.

게다가 각 중소기업을 봐도, 대기업과 경합적인 사업을 실시하는 한편으로 대기업으로 부터의 하청을 실시하고 있는 등 복수의 사업을 실시하고 있는 경우가 있어, 이러한 시장이나 업종을 기본으로 중소기업이 계속 되는 이유를 묻는 것은 분석이 불충분해질 가능성이 있다. 애초에 중소기업이 계속 중소기업인 이유에는 앞에서 서술한 바와 같이 중소기업이 존립하기 쉬운 기반의 존재 이른바 외부환경과 함께 거기에서 도출되는 내부환경(전략이나 경영자의 방침)이 짙게 반영된다고 생각된다. 또, 외부 환경은 동일한 업종이라도 시대에 의해 크게 변화하기 때문에, 업종 특성에 의해서 중소기업의 존립 기반을 확인했을 경우에서도, 다른 시대에는 해당되지 않는 것을 생각할 수 있다.

❷ 전략에 근거한 선행 연구 재정리

(1) 업종과 시장의 존속

본 조사에서는 업종/시장이라는 축이 아니고, 선행 연구를 기초로 도출된 중소기업인 계속 되는 이유에는 사업 전략이라고 하는 새로운 축을 마련해, 다시 정리해, 왜 그러한 전략을 채용하게 되었는가라고 하는 외부 환경의 변화도 아울러 고찰한다고 하는 어프로치를 채용했다.

사업전략이라는 축을 채용한 이유로서 시장별로 보는 중소기업으로 계속 있는 이유의 대부분은 이른바 사업전략으로서 거론되는 것임을 들 수 있다. 예를 들어 쇠퇴산업 또는 유망산업 등 항상 중소기업이 활동하기 쉬운 분야에 초점을 맞춰 활동하고 있다는 것은 사업도메인 결정과 다름없다. 또 대기업보다 높은 이윤율을 올리고 있다는 것은 고부가가치 전략으로 볼 수 있다.

덧붙여 전략을 기준으로 해 분석하는 메리트로서는 우선 다양한 업종/시장에서 활약하고 있는 중소기업도 다루어 분석의 대상으로 할 수 있는 것부터, ①시장을 기본으로 분석하는 것의 곤란성에서 지적한, 결론이 틈새인 시장의 도출에 끝나 버리는 것을 피할 수 있는 것을 들 수 있습니다. 또, 각사 개별의 상황에 초점을 맞추기 위해, 외부 환경뿐만 아니라 각사 특유의 강점이나 약점이라고 하는 내부 환경(기술력·서비스력·인적자원 등)도 상세하게 고찰할 수 있는 것도 들 수 있다. 게다가 하나의 기업이 여러 가지 업종/시장에서 활약하고 있는 경우도, 각각의 업종/시장의 상황을 종합한 다음, 규모의 확대를 제일의로 하지 않고 중소기업인 채로 계속 있다고 하는 전략을 채용한 경위를 상세하게 분석할 수 있다.

(2) 중소기업의 존립 기반

선행연구에서 보는 중소기업의 존립 기반'에서 도출된 중소기업 존립 형태별 중소기업이 존립하는 '적극적' 이유를 다시 사업전략별로 정리하면 다음과 같다.

(a) 헌터(Hunter)형

유망 산업(향후 시장의 형성 확대가 전망되지만 시장규모가 작기 때문에 참가가 심하지 않은 산업)이나 쇠퇴 산업 등 항상 중소기업이 활동하기 쉬운 분야에 초점을 맞춰 활동하는 이른바 수렵적인 전략을 채용하고 있는 기업이 해당된다. 시대의 변동 속에서, 타 업종에의 참가나, 동일 업종에 대해도 전혀 다른 업태로 변경해 이윤을 쫓는 기업도 해당된다.

헌터형 전략을 채택하는 기업에게 있어서는 조직의 규모가 커지면 기민성이 없어지기 때문에 중소 규모인 편이 유리하다고 생각된다. 선행연구에 있어서도 유망산업이나 쇠퇴산업에서는 기업간 경쟁이 심하지 않고 시장규모도 그다지 큰 것이 아니기 때문에 대기업보다 중소기업이 참가하기 쉽다고 여겨진다.

(b) 서핑(Surfing)형

수요변동이 심한 시장 때문에 대기업이면 수요가 침체되었을 때 비효율성이 현저해지기 때문에 중소규모를 유지하고 있는 기업이 해당된다. 구체적으로는 고객의 요구가 시대와 함께 격렬하게 바뀌기 때문에 독자성이 높은 기술이나 전문성. 노하우를 무기로 하면서도 시대의 요구를 재빨리 감지해, 유연하게 대응하는 기업 등이 해당한다.

많은 시장에서 양적 확대가 과거의 일이 되고 있어 동일한 일이 일정량 계속적으로 있었고, 게다가 장기적으로 계속 증가한다고 하는 시대는 끝났다고 여겨진다. 이 지적에서도 볼 수 있듯이, 단순한 확대는 리스크를 수반한다. 또, 리스크 분산화를 위해서 사업 포트폴리오를 확대한다고 하는 전략도 생각할 수 있지만, 어중간한 확대는 반대로 리스크가 커질 가능성도 있다. 따라서 중소 규모를 유지하고, 유연한 체제를 구축하는 것으로 수요 변동으로부터 받는 리스크를 최소화할 수 있는 경우가 있다고 생각할 수 있다.

(c) 프리크(Freak)형

고객과의 접점을 중요시하여 고객을 프리크(Freak 광팬)함으로써 사업을 안정 확대하는 전략을 채용하는 기업이 해당된다. 이러한 기업에서는 경영자나 종업원이 눈에 띄는 범위에서 고객에게 치밀한 서비스를 제공하는 것이 필요하기 때문에 기업 규모의 확대를 제일로 하고 있지 않은 것을 생각할 수 있다.

예를 들면, CRM(Customer Relationship Management) 분야에서도 중요한 고객과 평생에 걸쳐 계속적으로 거래를 실시함으로써 기업의 이익(고객으로부터 얻을 수 있는 가치의 총합)을 최대로 한다는 생각이 중요시되고 있다. 특히 성숙기를 맞이하는 시장 등에서 CRM

에 의한 고객 유지는 보다 중요하다. 프리크형은 CRM으로 대표되는 고객과의 관계 유지를 더욱 넘어 고객을 열광적인 팬으로 함으로써 보다 강고한 기반으로 하고 있는 것을 생각할 수 있다.

(d) 스트롱 서포트 (strong support)형

하청거래를 하고 있는 기업에 있어서 특히 강점을 발휘할 수 있는 전략으로, 타사를 모방하기 어려운 기술을 무기로, 가격결정권을 가지고 있는 기업이나, 무형의 전문성·노하우를 활용해 활동하고 있는 기업이 해당된다. 전자에서는 예를 들면 제조업에 있어서의 강한 기술력을 가진 기업이 해당한다고 생각할 수 있다. 후자에 대해서는 예를 들면 서비스업에서 눈에 보이지 않는 전문성이나 노하우를 가지고 있어 그 기업에서만 대응할 수 있는 업무가 존재하는 기업이 해당한다고 생각할 수 있다.

덧붙여 중소기업 금융 공고(현 주식회사 정책금융 공고)(2006)에서는, 스트롱 서포트형으로 대표적인 기업인 강한 하청 기업으로서 시장에 있어서의 자사의 포지션과 요구를 적확하게 파악해 한정된 경영 자원을 수탁 청부 업무에 집중적으로 투입해, 경쟁 우위성을 높임으로써 거래처 기업에 대한 자사의 존재 가치를 확립하는 것에 성공한 중소기업이 소개되고 있다.

(e) 서브마린(submarine) 형

대기업보다 높은 이윤율을 올리고 있지만 대기업의 눈에 띄지 않고 대기업의 그늘에 가려 활동을 계속하겠다는 기업이 해당된다. 구체적으로는 대기업 독과점 시장 안에서 일정 정도의 점유율을 확립하고 있는 기업이나 OEM에 의해 높은 이윤을 올리고 있는 기업 등이 해당한다고 생각된다. 전술한 바와 같이, 이것은 선행 연구에서도 지적되고 있다. 즉 대기업이 프라이스 리더의 지위를 확보하고 있기 때문에 중소기업을 배제해도 얻을 것이 없다고 생각하는 경우에는 중소기업이 존립할 여지가 있다고 여겨진다.

(f) 편의점형

제품 라인업을 많이 갖추지만 하나하나의 마켓이 작아 결과적으로 다품종 소량생산을 무기로 하는 기업이 해당된다. 이른바 틈새시장에 주목하는 기업은 편의점형에 속할 가능성이 높다. 중소기업이 활약하는 분야라는 것은 공급면에서 보면 자본집약도가 낮고, 수요면에서 보면 다품종 소량, 수요변동이 심한 분야라고 지적되고 있다. 다품종 소량 생산 대응을 실시함으로써, 사업 기반을 안정시키고 있다. 하나의 아이템으로 좁히고, 그 안에서 다품종 소량으로 대응을 실시하고 있다. 다 이아공업은 접골원용 상품을 선별해 그 중 업계 타사를 압도하는 3,500 품목의 취급 품목수를 무기로 다품종 소량 대응하고 있다.

(g) 공통의 이유

이른바 일반적으로 중소기업이라는 점을 장점으로 들 수 있으며 각형에 공통된 이유라고도 할 수 있다. 예를 들면 경영자가 고정화된 업무가 아니라 항상 이노베이티브하게 활동하고 싶은 소수 정예의, 높은 근로 의욕을 가진 종업원만으로 활동하고 싶다, 중소기업의 기민성 유연성을 살리고 싶다. 중소 규모가 경영자의 의사가 반영되기 쉽다, 라고 하는 것을 들 수 있다. 이러한 전략을 토대로, 경영환경이나 자사의 강점을 감안해 전술 (a)~(f)의 전략을 채택함으로써 각 기업의 특징 및 중소기업으로 계속 남아 있는 이유가 명확해질 것으로 생각된다.

이상 중소기업 존립의 형태 및 중소기업인 적극적인 이유에 대해서 선행연구를 바탕으로 정리한 후 본 조사의 목적인 중소기업이 계속 중소기업인 이유를 보다 상세하게 분석하기 위해서 각사의 사업전략이라는 시점을 넣어 계속 중소기업인 이유를 다시 정리할 필요가 있다.

3-4. 중소기업의 새로운 도전전략

❶ 사업 전략의 배후 사례

◈ 강한 경쟁력을 기본으로 독자적인 포지션 유지를 중요시

본권 에서는 중소기업이 활동하기 쉬운 영역이 존재하고, 그러한 영역에서 활동하는 중소기업은 계속 중소기업인 것에 대한 적극적인 이유가 있다는 가설을 갖고 선행연구의 사업전략에 의한 재정리나 인터뷰 조사를 통해 검증을 시도했다. 그리고 결과적으로, 중소기업들 중에는 반드시 확대를 제일의 목적으로 삼지 않고, 강한 경쟁력을 기본으로 독자적인 포지션을 유지하고 있는 기업이 존재하고 있었다. 사회구조의 변화로 양적 확대가 성과로 이어진다고는 할 수 없는 상황은 향후 더욱 강해질 것으로 생각되므로, 이러한 기업의 기본방향은 새로운 중소기업 상으로서 크게 참고가 될 것이다. 여기서, 재차 사업 전략 마다, 각 기업이 중소기업으로 계속 있는 이유를 정리하고자 한다.

❷ 중소기업의 배후 생존전략

선행연구와 인터뷰 사례를 정리해 보면 사업전략별로 중소기업이 계속 중소기업인 이유를 정리할 수 있다. 그러나 이러한 기업의 중소규모 유지라는 전략은 중소규모인 것이 자사의 최선의 선택인지 아닌지를 숙고하고, 또 외부환경이나 내부환경을 판별해 중소기업임을 긍정적으로 고려한 후에 나온 것이라고 할 수 있다.

거기서, 사업 전략별 분류에 머무르지 않고, 사업 전략을 넘어 각 기업에 공통되는 특징을 추출하는 것과 동시에, 각 기업이 어떠한 시점을 기본으로 중소 규모의 유지라고 하는 선택을 했는지에 대해 고찰해 기업 전략의 보다 깊은 부분을 분명히 하고자 한다. 우선, 본조사의 대상 기업에 대해서, 많은 기업에 특징적인 사항을 정리하면, 이하의 3가지로 집약할 수 있다.

(1) 각 기업에 공통되는 특징

첫 번째, 영속적인 기업에 대한 의식이 사업전략의 차이에 관계없이 많은 사례에서는 영속적인 기업(Going Concern)으로서의 자사를 강하게 의식하고 있어, 전략의 근저로 하고 있음을 알 수 있었다. 예를 들어 무세(주간, 주철)가 특수강재는 역동 과감하게 기업 장수라는 기업 이념을 내세워 회사의 수명은 영원하면 좋겠다는 것이다. 또한 풋마크에서는 2046년까지의 계획을 정하고 그 계획을 외부용 홍보자료에도 기재하고 있다. 이 외, 아이디어에서는, 120년의 역사를 중시하고 있다, 기업을 영속적으로 유지하는 것을 우선 업무사항으로 하고 있다. 또한 경영자의 사고에 의하면 영속적인 기업이라는 것은 전통적인 윤리와 사회성을 지키는 것과 동시에 당사에 업무 자원을 제공하는 지역 주민에 대한 책무라고도 느끼고 있으며 지역을 지탱하는 기업이라는 자각도 강하게 가지고 있다.

(2) 확대보다 우선하는 사항의 존재

본 조사에서 거론한 기업은 모두 업계 내에서 강한 경쟁력을 가지고 있어 양적 확대(생산량의 확대, 종업원 수의 확대 등)를 첫 번째 목표로 하면, 현재 이상의 규모에 이르는 것도 어렵지 않다고 생각된다. 그렇지만, 어느 기업에 있어도, 단순한 양적 확대보다 우선하는 목표가 있는 것을 알았다. 예를 들어 이비사에서는 질 좋은 핸드백을 만드는 것은 물론 고객과의 관계를 무엇보다 중시한다. 이를 통해 열광적인 팬(프리크)이 탄생해 당사를 지탱하고 있다. 당사는 고객이 경영자 및 종업원의 눈에 잘 띄는 범위에 들어가는 것이 중요하기 때문에 규모를 확대한다는 방침은 후순위다.

닌덴야카미하라 유시치는 400년 전통의 기술을 지키고 또한 시대에 맞는 개량을 거듭해 후세에 남기는 것을 중시하고 있다. 당사에서는 세계적인 브랜드 메이커보다 당사의 소재를 구입하고 싶다는 타진이 있었던 것으로도 대표되듯이, 현재보다 많은 수요가 예상되므로 양산 체제를 구축함으로써 규모를 확대한다는 선택사항도 있었다. 그러나, 자사의 전통이나 디자인력을 지키기 위해, 이러한 오퍼에 응하지 않고, 독자적인 포지션으로 계속 활동하고 있다.

이 외, 종업원에게 눈을 돌리면, 종업원 수의 증가보다 생산성의 향상을 중시하고 있는 기업이 있던 것이다. 특히 해야 할 일이라고 말할 수 있다. 예를 들면, 키타하라 전목에서는 종업원 수를 확대하는 것은 생각하지 않고, 종업원 한 사람 한 사람의 생산성을 향상시키는 것으로 골태의 체질을 만들어내 효율적인 경영을 실시하는 것을 중시하고 있다. 쿠리야마 쌀과에서는 IT투자에 의한 업무 효율화등도 있어, 영업 담당 종업원의 감소와 매상증가의 양쪽 모두를 실현하고 있다. 또, 풋마크에 대해도, 종업원 수의 확대에 대해서는 의식을 향하지 않지만, 각종업원의 생산성 향상에 대해서는 철저하게 추구하고 있다. 새로운 인재 등용에 의존하지 않고 우선 생산성 향상의 길을 모색하는 이 방침도 시사하는 바가 크다 하겠다.

(3) 기업 성장과 직원 성장 연결

전술한 바와 같이 본 조사에서 다룬 기업은 양적 확대를 고려하는 것이 비교적 용이한 기업도 많다. 현재 상황을 상회하는 고객 니즈가 있는 경우에는 중도 채용 등을 통해 체제 강화를 도모해 단번에 업무용량을 확대하는 액션도 가능하지만, 본 조사의 경우 외부 인재 등용에 반드시 적극적인 것은 아닌 기업이 많이 나타나고 있다. 그 배경으로서 현재 재적하는 종업원이 성장해 가는 것이, 기업 자신의 성장에 깊게 연결된다고 하는 생각이 근저에 있는 것처럼 보여 진다.

예를 들어 다이아공업은 중도 채용을 앞두고 프로퍼 직원을 성장시키는 것을 우선으로 하고 있다. 이는 외부에서 우수한 인재를 고용해 합당한 자리에 앉힐 경우 프로퍼 직원의 동기부여가 떨어져 결과적으로 기업 전체의 퍼포먼스가 떨어질 것을 우려한 것이다. 또, 타케오 특수 강재에 대해서는, 다음 세대의 교육이라고 칭하는 연수 프로그램을 계획해 차세대를 담당하는 중견층이 아니고, 한층 더 그 다음 세대를 담당하는 젊은 층에 중점적으로 교육을 실시해, 종업원과 기업의 성장을 링크 시키고 있다.

쿠리야마 쌀과에 대해도, 종업원 교육을 철저히 해, 어려운 연수를 실시하고 있어 이것에 의해 종업원이 자기 자신을 되돌아보고 정신적인 성장을 이루어 기업의 변혁·발전에 도움이 되어, 최종적으로는 실적 향상에도 연결되고 있다. 이상, 각 기업에 공통되는 특징을 3가지로 정리했는데, 이것들은 모두 경영자가 자사에 대해서 가지는, 보편적인 신념·생각에 지나지 않는다. 즉, 각 기업이 헌터형이나 서핑형이라고 하는 사업 전략을 내세우는 근저에 있는 의식이라고 말할 수 있을 것이다.

❸ 중소규모 선택의 중요한 시점

다음으로, 이러한 경영자의 신념이나 생각을 근거로 한 다음, 각 기업이 중소기업으로 계속 유지한다고 하는 선택에 이른 프로세스를 쫓아 거기로부터 도출되는 중요한 시점을 정리하면 이하의 3점이 떠올라 왔다.

(1) 중소기업 지속 의식 공유

경영자의 신념 생각을 토대로 하여 자사가 나아가야 할 방향성을 검토하고, 후술하는 프로세스를 거쳐 중소기업인 것이 최선의 선택이라고 판단했을 경우에는 이것을 경영자만의 의식으로 할 뿐만 아니라 종업원을 포함한 전사에서 의식을 공유하는 것이 가장 중요한 요소가 된다. 특히 강한 경쟁력을 가지는 만큼 종업원 사이에도 확대라는 의식이 생겨 전사적인 방향성의 통일감을 유지할 수 없게 될 가능성이 있다. 대기업과 비교하면, 중소기업의 경우는 양이라는 의미에서의 인적 자원이 한정되기 때문에 종업원이 각각 다른 방향을 향하고 있는 것은 큰 손실이 된다.

예를 들면, 이비사에서는 버블기에 시대의 요청에 의해 양판에 의한 확대 노선을 지향한 종업원이 있어 전략의 통일성을 도모할 수 없는 사태가 발생했다. 하지만 당사는 이 시점에서 궤도를 수정하고 대량생산이 아닌 독자성 높은 제조라는 방침으로 전사적인 벡터를 갖춰 중소기업으로서 더욱 활약하고 있어 이것은 종업원까지를 포함해 의식을 공유하는 것으로, 생산성의 향상이나 거기에 수반하는 기업의 활력이 만들어지는 예라고 말할 수 있다.

다만, 의식을 전사에서 공유하는 것은, 말하기 쉽지만 실행은 어렵다고 말할 수 있다. 자사의 실적이나 업황 등을 개방으로 하는 등의 연구를 하고 있는 기업은 적지 않지만, 경영자 혹은 경영층의 이념 비전까지 전 종업원이 이해하고, 각자의 행동에 반영되고 있는 기업은 그리 많지 않을 것이다. 그러나 중소기업으로서 대기업과 호각 또는 대기업을 능가하는 활약을 하고, 또한 영속적인 기업으로 계속 되기 위해서, 전종업원의 의식의 공유는 필요 불가결하다. 경영자에 있어서는 자사를 되돌아보고, 자신의 신념·생각이나, 거기로부터 계속 도출되는 중소기업으로 있는 선택이 전종업원에게 침투하고 있는지 아닌지에 대해서는, 계속적으로 확인할 필요가 있다고 말할 수 있을 것이다. 덧붙여 중소기업이라고 하는 선택을 할 때는, 이하의 프로세스가 필요하다.

(2) 중소기업이라는 점에 대한 검토

중소기업 계속 의식의 공유에서는 중소기업으로 계속 유지된다라는 선택에 있어서 가장 중요한 시점을 들었지만, 이 선택을 실시하기 전에, 자사가 중소기업인 것이 최선인지 아닌지를 검토할 필요가 있다. 여기서 도출되는 응답은 (1) 각 기업에 공통되는 특징으로 든 경영자의 강한 신념·생각에 규정되지만, 그 중에서도 자사가 영속적인 기업으로서 존속하는 것을 전제로 하고 있는지 아닌지와 같은, 기업에 있어서 가장 본질적인 의식에 크게 영향을 받는다. 법 규제등의 시한성이 있는 사업을 실시하는 경우나, 일과성이 높은 사업을 실시하는 경우에는, 단기적으로 취할 수 있는 최대의 수익을 우선하기 위해서 규모의 확대를 제일로 생각하는 것은 의의가 있는 것이며, 영속적인 기업으로서 존속한다고 하는 관점은 불필요할 것이다. 그러나 통상적인 사업을 실시하는 경우에는 규모가 작은 기업이라도 거래처, 금융기관, 종업원, 지역사회 등 다양한 이해 관계자가 지속적으로 사업을 하는 것이 무엇보다도 큰 사명이 된다.

게다가 사업 승계 문제가 표면화되고 있는 요즈음의 사정을 감안하면, 자사의 인재나 기술·서비스력을 후세에 남기는 것을 바라는 중소기업도 많이 존재하는 실정이라고 생각된다. 그 때, 역시 한번 영속적인 기업인 것을 강하게 의식하고, 그것을 위해서 무엇이 필요한가를 재고하는 것은, 향후의 방향성을 결정하는데 있어서의 큰 요소가 될 것이다. 이것에 덧붙여, 중소기업인 것이 최선인지 아닌지의 판단은, 자사의 활동 영역의 시장 규모나 향후 예상되는 시장의 성장성, 시장 구조(대기업 독과점의 시장인가, 제품 차별화나 코스트 우위를 쌓아 올리기 쉬운 시장인가 등)라고 하는 외부 환경, 자사의 현재의 설비나 자금의 상황, 인적 자본의 상황이라는 내부 환경에 의해서도 크게 규정된다. 구리하라나 다이아몬드 공업으로 대표되듯이, 본 조사 대상 기업에서도, 자사가 놓여진 상황을 철저하게 분석한 다음, 채용해야 할 전략을 결정하고 있다. 이것은 확실히 전략 책정의 프로세스에 다름없다.

또한 본 조사에서는 대상 기업들이 모두 주식공개를 강하게 원하는 것은 아닌 것으로 나타났다. 그리고 이는 결코 소극적인 선택이 아니라 자사의 전략적 관점에서 도출된 적극적인 선택이었다. 예를 들면, 이와테 아베 제분에서는, 단기적인 성장을 바라지 않고, 장기적인 시선에서의 상품개발 체제를 쌓아 올리기 위해서, 주식공개의 권유를 모두 거절하고 있어. 풋마크에서도 주식공개가 고객의 이익에 반드시 연결되지는 않는다며 주식공개 의향은 갖고 있지 않다.

이와 같이, 강한 경쟁력을 가지면서도 중소기업임을 스스로 선택하고 있는 기업이 존재하는 것은, 많은 중소기업에 있어서 큰 참고가 될 것이다. 단, 한편으로 대기업으로 성장한다는 전략도 존재한다는 점에는 유의할 필요가 있다. 본 조사에서는 굿컴퍼니 대상 수상 기업 중심으로 분석을 진행했지만, 이 상 수상 기업 중에는 교세라로 대표되듯이 중소기업에서 대기업으로 성장하고 성공하는 기업도 존재한다는 점을 잊지 말아야 한다.

대기업이 더 활동하기 쉬울 경우 안이하게 중소기업에 머무르는 것은 성장의 기회를 놓치고 영속적인 기업이기 때문에 잘못된 선택이 될 가능성이 높다. 이것들을 토대로 하여 다시 중소기업인 것이 최선이라고 판단되는 경우에는 자사가 중소기업인 것을 적극적으로 인식하고, 나아가 중소기업이라는 포지션에서 활약하기 위해서 필요한 대응을 검토하고 실행할 필요가 있습니다.

(3) 강력한 경쟁력을 유지하기 위한 노력

전술한 대로, 키타하라전목이나 구리야마 쌀과, 풋마크에서는 종업원 수의 증가가 아니고, 종업원 한 사람 한 사람의 생산성을 향상시키는 것에 주력해, 그로 인해 자사의 경쟁력 강화를 도모하고 있다. 또, 카쯔론이나 무생 특수 강재에 대해서는, 종업원의 다능공화를 목표로 하는 것에 적극적으로 임하고 있어 종업원이 여러 가지 업무를 완수함으로써, 동업 타사에는 없는 인재력을 무기로 하고 있다.

또, 다이아몬드 공업에 있어서의 프로퍼 사원의 성장을 우선하는 사례나, 무세이 특수 강재에 있어서의「차세대의 교육」등, 종업원의 성장과 기업의 성장을 밀접하게 링크 시키는 대처도, 대기업과는 구별한 방법으로 자사의 경쟁력을 높이기 위한 전략이라고 할 수 있을 것이다. 덧붙여 구리야마 쌀과에서는, DPM 시스템이나 ERP 패키지의 도입이라고 하는 IT 투자에 의해, 종업원 한 사람 한 사람의 생산성을 향상시키는 것에 성공하고 있다. 이와 같이, 종업원의 업무를 지원해, 보다 효율적인 업무를 가능하게 하기 위한 대처도 큰 효과가 있다고 말할 수 있다.

이러한 예는 확실히 자사가 중소기업으로 계속 유지한다고 하는 스스로의 선택을 적극적으로 파악해 기업 규모라고 하는 골조와는 관계없이 자사의 활동 영역에서 강한 경쟁력을 발휘하기 위한 적극적인 대처라고 말할 수 있다. 자사의 방향성에 관한 철저한 분석·숙려 결과, 자사의 포지션을 결정하는 한편 포지티브하게 파악하고 있기 때문에 실행할 수 있는 대응이라고 할 수 있을 것이다.

이상, 각 기업이 계속 중소기업으로 있는 선택에 이른 프로세스를 쫓아, 거기에서 도출되는 중요한 시점을 정리했지만, 많은 중소기업이 향후의 방향성을 검토하는데 있어서, 이 세 가지는 큰 참고가 될 것이다.

용어 설명

악질 금지 규정(No Asshole rule)
악질비용(One Asshole Cost)
전략적 악질(strategic asshole)
성과(performance)
인간성(humanity)
에너자이저(energizer) - 활력을 주는 사람
역발상의 법칙(Weird Ideas That Work)
속도로 실행하라(The knowing -doing gap)

참고 문헌

1. 여은정(2008), 우리나라 기업경영권 보호제도현황과 시사점, 한국금융연구원
2. 우리나라 기업지배구조의 새로운 패러다임모색, 한국경제연구원. 1999 이병기외 6명.
3. 우리나라 기업의 지배구조가 기업성과에 미치는 영향에 관한 연구, 한남대학교, 2006. 윤평구외 1명
4. 우리나라 기업사회 공헌활동 현황과 발전방향에 관한 연구, 한양대학교, 2008, 한지혜
5. 한국경제백년사, 경제평론사, 1982
6. 한국자본주의 성립사론, 조기준, 대왕사, 1982
7. 한국기업가사, 조기준, 박영사, 1974
8. 기업가지향성이 경영성과에 미치는 영향; 혁신컨설팅 활동매개효과를 중심으로, 한성대학교 지식서비스 & 컨설팅대학원, 송현신 2016

요 약

1. 조직성과 30~40% 갉아먹어…
악질 1명 막으려면 선한 사람 5명이 필요하다. 세계에서 가장 창조적인 기업이라는 디자인 회사 IDEO의 데이비드 켈리 회장은 '사랑'과 '돈'의 균형을 강조한다. 직원들이 존경을 받으며 즐겁게 직장생활을 보내는 '사랑'의 요소와 수익에 초점을 맞춘 '돈'의 요소가 균형을 맞추도록 하는 게 보스가 해야 할 일이라고 말한다.

2. 저질(악질)상사(上司)의 영향
악질 상사는 직원들을 병들게 하고 직장을 떠나게 만든다. 핀란드에서 804명의 공장 직원을 조사했더니 상사에게 부당한 대우를 받은 직원들은 그렇지 않은 직원들보다 심장병 발병률이 높았다. 스웨덴에서 3000명의 근로자들을 대상으로 실시한 조사에서도 같은 결과가 나왔다.

3. 악행은 선행보다 전염력이 5배
악질 전문가 로버트 서튼 미국 스탠퍼드대 경영대학원 교수는 그는 "악행은 선행보다 전염력이 5배는 강하기 때문에 악질 주위에 있으면 악질이 될 가능성이 크다"며 악질의 폐해를 강조했다.

4. 현실개선의 선봉에
현실에서는 악질과 맞서려는 직장인이 더러 있다. 그럴 때는 여러 가능성을 '계산'해야 한다. 당신이 해고를 당하거나 다른 팀으로 물러날 가능성 등을 따져야 한다. 그런 다음 당신을 보호할 사람이 있는지, 회사 시스템이 당신을 지켜줄 수 있는지를 '평가'해야 한다. 사내 정치도 필요하다.

5. 성과는 인간관계 균형에서 수익성을 높인다.
성과와 인간성의 균형을 추구하는 회사의 수익률이 더 높아진다. 그렇다 증거 또한 많다. 포천이 선정한 '일하기 좋은 직장 100곳'을 보라. SAS와 구글, P&G, 사우스웨스트 등 기본적인 인간의 가치를 추구하는 회사가 높은 성과를 내고 있다.

제 7 장

쇠퇴 초기단계의 기업 경영전략

제1절 조직간 전략관계 구축에 의한 기업성장
제2절 전략적 중소기업의 연대와 협동
제3절 중소기업 전략적 네트워크 산업조직

제 1 절

조직간 전략관계 구축에 의한 기업성장

경영 성공 Point 26

1. **기업을 창업하여 성숙단계에 이르면**

   자만에 빠지기 쉽다. 이때 나타나는 증상은 기업이 자만에 빠졌을 때 나타나는 대표적인 증상은 다음과 같다. 첫째, 고객의 소리를 듣기보다 내부규정이나 지침을 앞세워 고객을 설득하려 한다. 둘째, 남에게 배우는 것을 수치로 여기며 조언자를 오히려 가르치려 한다. 셋째, 새로운 것을 거부하고 과거의 관행에 집착한다. 위기는 내가 제일이라고 생각할 때 찾아온다. 발전 없는 현재는 자만심에 찬 퇴보이기 때문이다(이광현 『스스로를 공격하라』에서).

2. **시간의 가치를 높여라**

   가면 돌아오지 않는 것이 시간이다. 시간을 황금처럼 여기는 사람은 성공률이 높다.

   - 다음날 처리하여야 할 일을 정리하고 기록하면 시간의 효율성을 향상시킬 수 있다.
   - 일의 중요도에 따라 순서를 정해서 가장 중요한 일부터 시작하라.
   - 날마다 휴식시간을 정하여 마음 편히 쉬는 습관을 가져라.
   - 가족간의 대화시간을 가져 친밀감을 나누어라 가화만사성이다.

제1절
조직간 전략관계 구축에 의한 기업성장

1-1. 부족한 경영자원 보충을 목적으로 한 조직간 관계

❶ 조직간 관계란

복수의 조직 사이에서 관계를 말한다. 조직은 다른 조직에서 자사에는 없는 자원이나 약체로 보이는 자원을 조달하거나 조직간 그 경영자원을 보완적으로 공급하고 결합되도록 하여 전략을 전개해 간다. 경영자원의 부족을 보충하는 가장 단순한 방법은 시장거래에 있다. 부족한 경영자원을 시장에서 사는 것이다. 복잡하고도 계속적인 조직간 관계가 일어나지 않고, 필요한 인적자원이든 물적자원이든 자원을 필요할 때 필요한 만큼 조달할 수 있는 것이 시장거래이다. 최근에는, 아웃소싱(Out sourcing) 방식이 IT(Information Technology)의 진전에 수반하여 주목을 받고 있다.

특히, 벤처 비즈니스분야에서는 새로운 아이디어를 상품화하는 스피드(속도)에 따라 성패가 좌우되므로, 철저한 아웃소싱방식이 사용되고 있으며 실리콘벨리 네트워크 기기(機器)의 최대 메이커인 시스코시스템에서는 제조의 대부분이 아웃소싱이 되고있는 실정이다. 아웃소싱이란 부족한 경영자원의 조달이나 일부기능을 외부의 기업에 외주한다는 것으로 어떤 새로운 개념이 아니다.

그러나 경제의 글로벌화 진전에 따라 기업은 자사의 사업재구축(Restructuring)이 어쩔 수 없이 되어 자사의 도메인(domain) 재정의(再定議)를 해야 하는 과정에서, 코어컨피던스(core confidence 신뢰의 중심)으로 경영자원의 중점적 배분과 코어 이외로 필요로 하는 경영자원의 외부의존을 전략으로 하게 되는 것이다. 그러나 시장거래는 단기적이면서 수시적으로 경영자원이 조달되는 반면, 장기적으로는 안정적인 자원조달이 어렵고 또한 반드시 조달된다는 보증도 없다. 그리고 장기적이면서 안정적인 자원확보라는 점에서 생각해보면 필요로 하는 경영자원을 기업마다 매입하는 특유의 방식을 채택하게 된다.

두개의 기업이 독립된 기업으로 사업을 경영하기보다, 하나의 기업으로 통합하여 경영하는 쪽이 큰 가치가 실현되는 경우임으로 그곳에서 생겨나오는 가치실현에 있어 서로의 미이용(未利用) 경영자원을 이용하여 결합함으로써 기업성장의 가치가 실현된다. 서로의 사업이 보완관계나 상승효과를 만들어 냄으로써 범위의 경제가 실현된다. 즉 복수의 사업을 조합함으로써 리스크의 분산을 기할 수 있다는 세 가지 원천이 떠오른다. M&A는 두 개 기업이 통합됨에 따라 이와 같은 큰 가치를 만들어내는 반면, 다른 조직풍토를 융합시키는 어려움과 합병. 매수한 경영자원을 확보하기까지 시간이 걸리고 큰 리스크도 뒤따른다. 특히 기업경영에 있어서 장기근속에 따른 연봉서열제나 기업별조합 등이 저해요인이 되고 있다.

이와 같은 리스크를 피하기 위해 또는, 기업간 경쟁이 세계적. 지구적 규모로 넓어지는 대경쟁사회라는 시대의 요청가운데, 시장거래와 M&A의 중간에 위치하고 완만한 조직간 관계를 형성하는 전략적 제휴방식을 채용하는 기업이 근년에 증가하고 있다. 전략적 제휴란 기업의 독립성을 유지하면서 전략전개에 따라 극히 중요한 특정의 경영자원을 획득하기 위해, 다른 기업과 완만하고도 유연한 조직간 관계를 맺는 것이다. 일반적으로 그 제휴내용은 기술제휴나 판매제휴, 생산제휴 등 자본관계를 수반하면서 합병이나 자본참가 등의 자본관계를 수반하기까지 다양하다. 또한, 최근에는 이업종간이나 경합기업과의 제휴나 국제제휴, 계열을 초월한 제휴 등도 보인다. 전략적 제휴가 성립하는 논리는 불안정하면서 단기적인 시장거래와 안정적이면서 장기적이고 계속적인 M&A쌍방의 단점을 잘 상쇄하는데 있다.

❷ 성장을 향한 비즈니스 모델

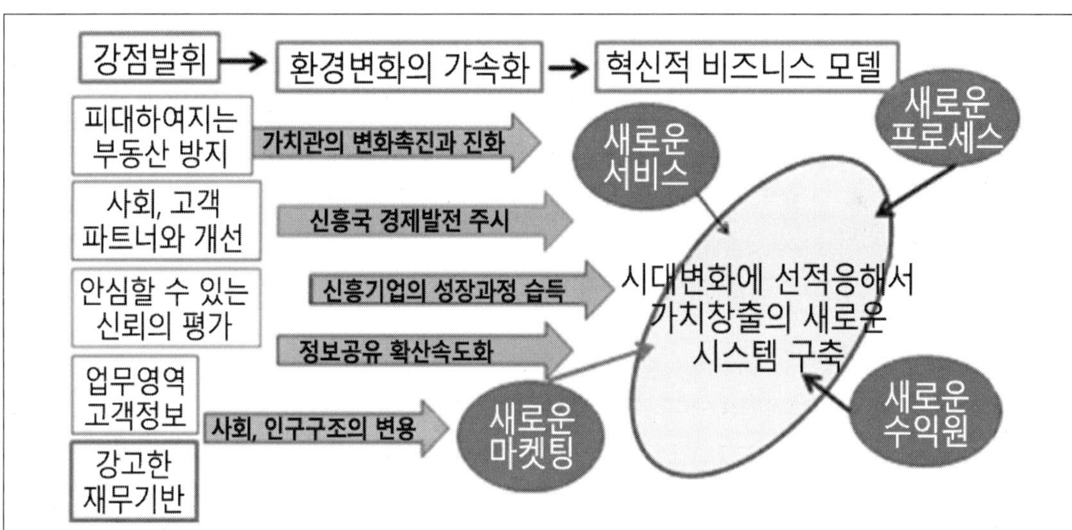

| 그림 7-1 | **성장을 향한 혁신 비즈니스 모델**

경영자원이 부족한 처지에서는 정확한 경영모델을 설정하고 경영도표로 공감을 이끄는 것이 효과적이다. 비즈니스계획을 명확히 하고 달성확률을 높이기 위해서는 전략, 실행평가(Plan, Do. See)의 사이클을 업무의 생활화하고 지속할 때 리스크를 최소화하고 효율성을

높일 수 있다. 기존사업을 효과적으로 발전 진화하며 신규 성장영역을 효과적으로 진입하기 위하여 그림 7-1의 성장을 향한 혁신 비즈니스 모델을 참고하기 바란다.

❸ 케이스 스터디(경우의 연구)

(1) 케이스 스터디(Case Study)란

미리 특정한 절차에 따라 경험적인 피크를 연구하는 방법이며, 케이스 스터디가 바람직한 것은, 어떠한 또는 왜? 라는 문제가 제시될 경우 연구자가 사상(事象, 사물의 형태)을 거의 제어할 수 없을 경우, 그리고 현실의 문맥에서 현재 현상에 초점이 있는 경우로 한다. 또한 케이스스터디가 가진 장점으로는,

첫째, 소수케이스에 대해 흥미로운 분석이 가능한 점
둘째, 실태나 인과관계에 대해 전체상(全體像)을 제공할 수 있는 것
셋째, 시계열적(時系列的), 역사적인 거동이나 변화를 잡을 수 있는 것 등의 세 가지를 들 수 있다.

이렇게 하면, 본고와 같은 전략의 시계열적(時系列的) 동향을 다루는 연구로는 케이스 스터디가 적합할 것으로 생각된다. 금후, 케이스 스터디를 실시한 기업의 3개사만을 소개하고자 한다. 케이스 스터디의 대상기업 선정에서는,

첫째, 하드소프트 양면에서 새로운 기술을 코어 컨피던스로 기업경영을 하는 것을 지향하는 점
둘째, 창업으로 신규 사업분야에 진출하여 단기간급성장을 수행하고 있는 가능성이 높을 것
셋째, 경영자는 왕성한 기업가정신을 가지고 적극적 사업확대를 기하고 있는 것의 세 가지를 기준으로 한다.

(2) 케이스 1: 주식회사 사다마쓰

(a) 기업프로파일

사다마쓰는 앞 세대가 1920년에 나가사키(長崎)현 大村町(現代大村市)에서 창업한 시계부문의 시작으로 선대는 1977년 안경부문에 진출하였다. 현 사장 貞松隆弥씨는 가업을 이을 생각이 없었으나 선대가 병으로 쓰러진 후부터, 1986년 동사에 입사 영업본부장과 전무를 거쳐 2000년부터 사장으로 취임하였다.

현 사장입사 후 안경부문을 여러 점포로 전개하고 1990년에는 나가사키현하에서 톱 세어(최고 점유)까지 이르렀는데, 안경시장은 시장규모 5,000억 엔 정도로 큰 메이커의 세어(몫) 비율이 높고, 상품단가도 하락되는 경향이어서 이 이상 기업성장은 볼 수 없는 한계를 느꼈다. 그리고 타 업계로 진출을 기획하고 인재파유로 화장품 등 1조 엔을 넘는 업계의 리서치를

하였다. 그 보식업계(寶飾業界) 보석장식가공업은 3조 엔을 넘는 시장규모가 존재하는 것이다. 업계 Top기업도 연 매출 2~300억 엔 정도의 중소기업이 많은 것이다, 아울러 클레오파트라 이래의 긴 역사가 있으며 보석이 세상에서 없어지지 않는다는 점이 진출의 결심이 되었다.

그리고 선대가 구축한 안경부문에 새로운 보식(보석장식)부문을 더하여 나가사키 내에 체인을 전개하고 1993년에는 현재의 주력업체가 되었다. 비디오 소피아 1호점을 오끼나와현 羅牌市의 대형 상업시설의 한쪽 모퉁이에 출점하였다. 사다마쓰의 비즈니스모델 기본은 같은 고객이 여러 번 내점하는 중소상권모델이면서 시의 상권은 보식업계로의 본격참여에 최적지였다. 여기서의 성공을 모델로 하여 2002년에 쟈스탁(Jastac)에 상장하고, 현재는 국내 79점, 해외 7점 계 86점포를 가지기에 이르렀다.

사다마쓰 비즈니스모델의 기간은 접객을 과학으로 하고 미래정보를 파악하는 CRM (Customer Relationship Management)이다. 사다마쓰(貞松)사장에 의하면 당사는 보식소매업이라기 보다는 접객업인 고객데이터 비즈니스업이라는 인식을 강하게 가지고 있다는 것이다. 접객에 의해 정보수집을 하고 그것을 데이터베이스화하고 제품마련이나 점포 만들기에 활용하여 메니지먼트 사이클의 구축은 좋은 업적으로 비결의 하나가 된다. 또한, 2005년 5월에는 수도권을 중심으로 38점포의 보식점포망과 우수한 상품기획기능을 가진 뷔엘(상점명)의 주식을 취득하고, 완전자회사화를 맡고 있다. 이것으로 인해 西日本 중심이었던 점포전개가 단숨에 동일본지구로 전개하게 되었다.

금후는, 뷔엘의 완전자회사화를 계기로 전국으로 다점포전개의 적극적 진전결과로 매상고 100억엔의 실현을 목표로 하고 있다. 2006년 2월에는 東京. 히비야의 복합 상업시설에 그룹의 기반점이 되는 페이스타리아 비디오소피아를 출점하고, 또한 해외전략으로는 지금까지 중국, 태국에서 보식품의 생산을 해 왔으나 2005년 9월 대만에 해외 자회사를 설립하고 아시아를 시작으로 해외의 점포전개를 기하고 있다.

(b) 구체적인 전략전개

사다마쓰가 독자 개발한 고객정보시스템은 상품을 구입한 고객에만 그치지 않고, 접객한 대부분의 고객의 취미와 기호에서 소비행동까지 상세한 데이터화로 가설을 세워, 고객이 장래적으로 어떤 상품을 어느 정도의 다이나믹한 정도로 어떤 목적으로 구입하는가의 예측이 된다. 또한, 구매후의 앙케이트 조사를 100%하여 고객에 대한 회신엽서는 직접 사장의 손으로 한다. 이 시스템에 의한 미래정보와 POS시스템애서 초래되는 과거정보 또는 해외전시회 등에 스테프(기간요원)의 파유로 수집되는 트렌드정보를 합쳐 분석하고 개발되는 오리지널상품은 지금까지 히트를 실현하고 있다.

상품의 기획과 개발은 디자이너를 시작으로 사내스테프가 한다. 제조에 관해서는 유연성를 중시하고 자사공장이 없는 해외를 포함한 아웃소싱의 활용을 적극적으로 하고 있다. 이것은 자사공장을 소유하면 자사의 고유의 것을 제조한다는 프로닥트 아웃지향(志向)이 되어 시장 변화에 대응할 수 없는 예가 있기 때문이다. 단, 금후는 해외 등의 공장을 산하에 확보 가능한 규모까지 도달하기 위해 저가격상품을 중심으로 제조판매 일체형 비즈니스의 강화도 가능하다.

사다마쓰에는 고객데이터 비지니스를 실천하기 위해 정보발신의 입지 전략이 아닌 정보수신에 우수한 입지 전략을 채용하고 있다. 고객정보를 수집하기 위해서는 동일고객이 몇 번이고 내점하는 지방의 중심상권이 적합하고, 더욱 대상권을 침범하는 해외유명브랜드 點과의 경합도 피하는 장점이 있다. 그러나 최근에는 교외형 쇼핑센터도 난립되는 경향이 있으므로 도시형 입지의 업태를 개발하고 교외형 모델과 도시형 모델을 양립시켜가는 것이다.

(3) 케이스 2: 즐거운(樂) 주식회사

(a) 기업프로파일

즐거운(樂)사는 松尾康志 사장이 현재 협력관계에 있는 자판케미칼의 환경사업 부장에서 2001년 6월 분사(分社)독립한 환경벤처기업이다. 책상에서 환경문제를 생각하는 것이 아니라, 실천 가능한 것부터 구별행동하고 고객에게 제안하는 비즈니스모델로 평가되고 있다. 2004년도 제2회 북큐슈시 환경상(장려상)을 수상하였다. 또한, 그것에 이어 동년도에는 업무용 쓰레기처리기 CERES 안전한 竹割箸, 대나무사용 후 리사이클 竹炭, 대나무 숯이 북큐슈 에코프로닥쓰 환경제품으로 선정되었다.

사업구성은 쓰레기처리기 분야가 4할, 대나무 젓가락과 리사이클 죽탄분야는 6할이 되었다. 본사를 북큐슈시 야하다(八幡) 서구에서 若松區의 북구주 에코타운 내로 이전하고 환경벤처로서 재 비약을 목표로 하고 있다.

(b) 구체적인 전략전개

동사의 쓰레기처리기는 호기성 미생물군이 붙은 각(殼, 껍질)을 처리층에 넣고 쓰레기를 투입하면 미생물은 쓰레기를 물과 이산화탄소로 분해된다. 반년에 1회만 각(殼)을 교환할 필요가 있는데, 쓰레기를 삭감시켜야 하는 곳에 사용되는 것으로 타사가 모방할 수 없는 기술력을 가지고 있다. 처리기 본사는 한국기업과의 공동개발품인데 프로그램은 동사에서 개발하였다. 이것은 처리기의 주역은 미생물의 거동에 있다. 그러므로 소중하게 쓰고 싶다는 생각을 고객에게 전하기 위해 시작된 것이다.

제품 한대한대마다 명명하는 것도 업계처음이며 명명하는 사장이 神主資格을 가지고, 출하시 혼을 넣고 제를 올린 것도 업계처음이다. 최초는 사장이 명명해 왔으나 최근에는 고객이 적극적으로 이름을 붙혀 주는 경향이다. 2005년 1월부터는 고객이 처리기를 도입할 때 투자부담을 경감시키기 위해 렌탈 사업을 개시하고 사용량에 따라 요금을 지불하는 구조로 하기 위해, 통상의 쓰레기처리에 필요한 비용과 거의 같은 수준으로 이용이 가능하게 하고 환경대책도 할 수 있게 하였다. 이것도 업계최초가 되었다.

동사의 고객인 음식점에서 나오는 쓰레기만이 아니다. 젓가락(대나무)도 의외로 쓸모없는 것이므로 고객의 입장에서 7년 전부터 대나무 젓가락의 리사이클을 시작하였다. 그러나 젓가락에는 곰팡이 방지제, 농약, 표백제 등 유해한 물질이 혼입돼 있으므로 이와 같은 젓가락을 금붕어어항에 넣어두면 금붕어가 1주일 만에 죽는 것을 알게 되었다. 한때는 젓가락의 리사이클을 그만 두려는 생각도 하였으나 안전우선에서 환경에 좋은 젓가락을 자사에서 개발하고 고객에게 제공하는 것이 좋겠다는 생각에서, 자생(自生) 3~4년된 나무는 정기적인 벌채가 필요하고 이것은 환경부하가 적은 대나무인 것에 착안하고, 무표백 자연 상태의 대나무 젓가락 'Ceres'을 2003년 7월부터 판매하기 시작하였다. 중국에서 생산한 것보다 가격절감이 되어 기존의 젓가락과 같은 가격으로 판매면에서는 저대(著袋)의 톱메이커 기업과 제휴를 하고 있다. 현재는 연간 5,000만선(膳), 2008년에는 1억 선의 판매목표까지 사업이 성장하고 있다.

또한, 동시에 음식점에서 사용되는 대나무 젓가락의 리사이클에도 참여, 현재의 리사이클율은 2할을 6할까지 늘어날 것으로 생각된다. 사용 시 대나무 젓가락의 태반은 쓰레기처리나 흙 만들기에 쓰고 일부를 죽탄(竹炭)으로 하여 음식점에서 리사이클 발송분을 죽탄으로 돌려주고 있다. 1팩에 100엔 판매하여 음식점에서 추가발주가 올 정도로 인기가 있다. 대나무 젓가락의 처분은 쓰레기처리를 하여도 동일한 비용이 들어가므로 리사이클 함으로써 부가가치기 있고, 고객인 음식점의 입장에서는 매리트가 크다. 죽탄매상의 일부는 植木基金으로, 大連市 정부환경국에 2004년도에 5,000개분을 위탁하고 2005년도 이후 계속 실시하고 있다. 2004년 가을부터는 국산대나무 사용의 도저(塗著, 코팅된 저)를 발매하였다. 1선(膳)에 30엔으로 100회 사용의 경제성을 가지며 리사이클도 가능하다. 또한, 이들 포장은 복지시설과도 연대하고 있다.

(4) 케이스3: 푸디 파인딩 주식회사

(a) 기업프로파일

푸디 파인딩은 1993년에 白水義信사장이 도쿄에서 귀향하여 설립한 회사로 나노레벨의 파인세라믹스의 연구개발을 착수하였다. 사장의 학력은 문과계 출신으로 전직은 영업으로 전혀 이 분야와는 먼 분야의 사람이다. 단지, 도자기를 좋아했던 까닭에 흥미를 가지게 되었다. 귀향 후 북구주의 공장을 조사해본 결과, 소각로의 부착물이나 다이옥신문제로 곤란에 처한 것을 알았다. 이 문제를 해결하는데 세라믹스의 기술을 활용하지 않으면 안될까? 하는 생각을 거듭한 결과, 독학으로 연구를 시작하여 도서관이나 대학의 연구실을 드나들기를 거듭하였다.

처음에는 이해할 수 없었으나 열심히 연구를 계속한 결과 1994년에는 흑연산화방지제의 개발로 북구주시 중소기업기술개발진흥 조성금에 채택되었다. 그후, 중소기업창조법의 인증과 국·현·시에서 수많은 조성금과 표창을 받고 선진적인 기술력을 높게 평가받게 되었다. 설립 후에는 북큐슈시의 벤처 인큐베이션시설의 임대공장에 입주하고 있으며 2004년 5월 이토쥬(伊藤忠)상사와 자본. 업무제휴를 기하여 본사공장을 옮기고 연구개발시설을 확충하고 있다.

(b) 구체적인 전략전개

주요제품은 전기로전극용 산화방지제 SANBO와 소각로용 내화물 보호제. 이형제인 모드 RM1, RM1GL이다. 그리고 소각로내벽의 내화물을 고온 또는 화학물질로부터 지켜주는 파인세라믹스제 도료이다. 소각로는 다이옥신류 발생방지대책을 위해 온도를 올려 운전되고 있으므로 크링커의 발생, 트러블의 원인이 되고 있다. 또한, 크링커의 제거는 인력에 의한 작업이 중심이 되므로 작업자의 안전관리나 제거비용증대 등의 문제도 발생되고 있다. 때문에 이 도료(塗料)를 내화물표면에 스프레이 하거나 솔질 등으로 도포해 두고 운전으로 고온이 되면 강고한 세라믹막을 만들고, 내화물의 화학침식방지와 크링커의 부착방지 또는 박리가 용이하게 되는 효과가 있다. 코스트 다운에도 효과를 발휘하여 종래의 소각회제거작업의 3분의 1 정도까지 삭감하게 되었다.

연구개발체제는 사원 6명중 공학박사 2명, 2005년 4월부터 2명 증원과 공동연구를 산총연큐슈(産總硏九州)·九州공업대학과 실시하고 있다. 이후에는 상하이(上海)교통대학이나 미국의 로스아라모스의 연구소 등과 하기로 하였다. 이 면에서도 이토쥬상사와 제휴관계를 맺고 있다. 연구개발의 기본은 현장에서 할 것과 개발에 숨겨진 니즈(Need)가 현장에 있다는 것이다. 현장사람의 의견을 철저히 듣기로 하였다. 제조업현장에서는 그 니드를 받아들이고 융합시키지 않는 것이 유감이다. 드디어 세계전개가 가능한 상품이 출현할 단계까지 도달하였다.

2004년 5월에 큰 회사인 이토쥬(伊藤忠) 상사와 자본업무제휴를 하고 있다. 동사의 기술력을 평가한 이토쥬 상사는 자본금의 48%를 출자하고 국내외 시장개발과 판매확대를 하고 있다. 해외의 대학, 연구기관 등과의 공동연구지원도 할 예정이다. 이것으로 인해, 동사는 연구개발과 특허취득에 신경쓸 환경을 마련하였다. 연구개발과 판매의 두 바퀴가 나란히 갖추어지므로 3년 후에는 매상 10억 엔을 목표로 하고 있다. 동사의 매출은 높은 기술력만이 아니라 코스트 삭감효과를 내고 공업로의 성(省)에너지에 있다. 단지, 유럽에서는 환경문제가 중시되고 있어 ISO의 취득이 필요하다. 독자의 기술이 있으면 가격결정권을 장악하여 이익률이 높고 우위성도 가지게 되지만, 이미 다음의 제품개발에 돌입하고 있다. 이토쥬 상사와 제휴로 인해 판매력이 강화되었으므로 철저하게 하나의 연구개발 테마에 임하고 제조에 대해서는 아웃소싱을 고려하고 있다. 그리고 장래적으로는 주식상장을 목표로 하고 있다.

1-2. 조직간 특성과 관계형성 효율화

❶ 조직구조의 특성

조직간에 효율적인 관계형성에는 리더십이 영향을 미친다. 리더십의 효과성발휘는 상황요인을 분석하고 대응력을 발휘하는데 집중함에서 나타난다. 여기에는 조직체계의 이해와 협조라는 명제하에 사업을 전개해 나가는 리더십이 영향을 미치게 된다. 리더십의 효과성은 조직 환경정책 상관관계에서 나타난다.

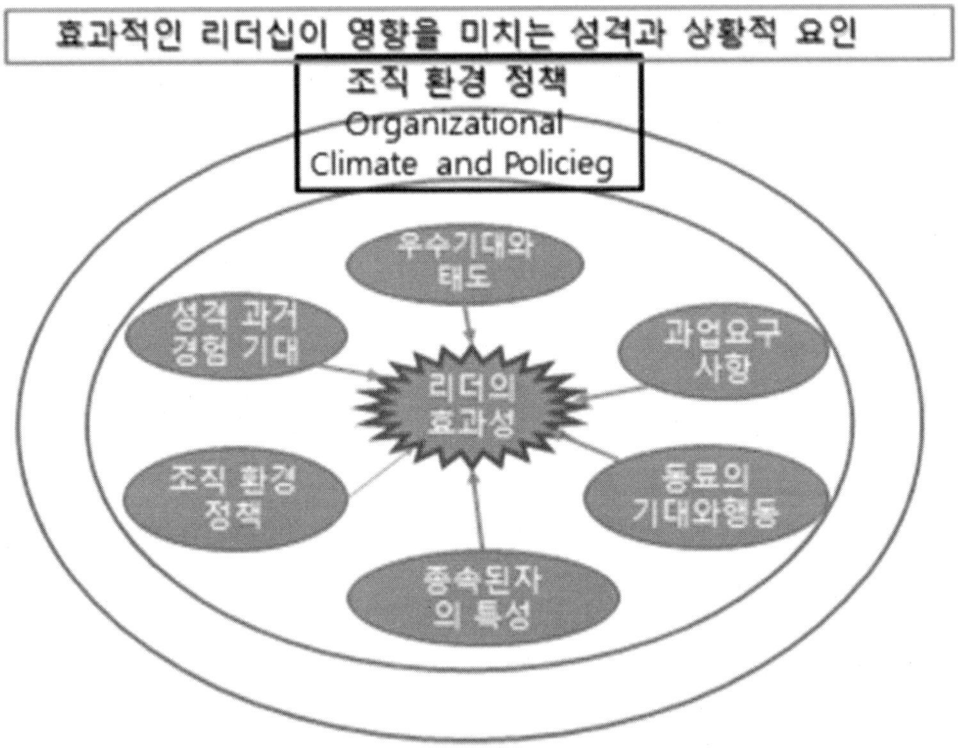

FIGURE 5-11, Personality and situational factors that influence effective leadership. Source; James A. F. Stoner. Management 2nd ed (Englewood Cliffs. New Jersey; Prentice-Hall Inc. 1982) Used by Permission.

| 그림 7-2 | **리더십의 영향과 상황적 요인 모형**

❷ 조직구조의 분류

조직체계는 기능조직과 전담조직으로 구분하고 중간형태의 매트릭스 조직(matrix organization)으로 분류하고 있다. 매트릭스 조직은 다시 약한 매트릭스 조직, 보통 매트릭스 조직, 강한 매트릭스 조직으로 구분된다.

(1) 전통적 기능조직

전통적 기능조직은 설계생산 마케팅 등 각 기능 부서별로 부서장의 책임 하에 프로젝트를 수행한다. 타부서와 업무협조를 할 때에는 부서장을 통하여 이루어진다. 기능조직의 장점은 프로젝트에 동원되는 자원을 효율적으로 사용할 수 있고 규모의 경제를 실천할 수 있고 인력도 활용측면에서 유연성이 높다는 것이다.

(2) 프로젝트 전담조직

프로젝트 전담조직은 오직 프로젝트만을 위한 프로젝트 관리자(PM: project manager) 책임 하에 별도로 운영되는 조직형태를 말한다. 프로젝트 전담조직의 장점은 구성원들의 충성도가 아주 높다는 것과 보고체계가 단순하며 효율적이며 신속한 의사결정 및 집행이 가능하다는 것이다.

(3) 매트릭스 조직(Matrix organization)

매트릭스 조직은 프로젝트 기능조직과 전담조직의 장점을 극대화하고 단점을 줄이기 위해 고안된 절충형 조직이라 할 수 있다. 매트릭스조직은 프로젝트위주로 사업하는 기업조직에서 가장 널리 사용되는 이상적인 조직형태라 할 수 있다. 기능부서와 프로젝트팀 간에 정보공유가 필수적이며 기업자원을 공유함으로서 기업조직을 최대로 활용할 수 있는 장점이 있다.

(4) 약한 매트릭스 조직(Week Matrix organization)

약한 프로젝트 조직은 기능조직의 특성을 가지고 있다. 타이틀을 가진 자가 없는 상태에서 제한적인 의사결정권이 있는 프로젝트 조정자 조정과 같은 프로젝트 관리자역할을 수행한다.

(5) 보통 매트릭스 조직(Balanced Matrix organization)

보통 매트릭스 조직은 약한 프로젝트 조직보다 프로젝트에 대한 몰입도가 커질 수 있도록 프로젝트 구성원 중에서 프로젝트 관리자를 선임해서 프로젝트를 지휘하게 된다.

(6) 강한 매트릭스 조직(Strong Matrix organization)

강한 메트릭스 조직은 프로젝트 전담조직의 특성을 많이 가지고 있는 조직이다. 여러 프로젝트 관리자를 통괄하고 기능부서장과 같은 프로젝트 매니저를 두고 있다. 보통 매트릭스조직보다 높은 수준의 권한을 가지고 있다. 조직의 장점은 다른 매트릭스조직과 마찬가지로 환경변화에 대하여 유연하게 대응할 수 있으며 동시에 수직수평으로 정보공유는 물론 고객변화에 대응력이 빠르다.

1-3. 시간의 효율화를 위한 조직의 재구축

❶ 경쟁력은 시간이다

기업의 조직이 복잡하거나 경직되어 있으면 업무의 효율은 떨어져 경쟁력을 잃게 된다. 경쟁은 시간이다. 업무의 속도가 떨어지면 다양한 변화에 밀접하게 대응하기 어려워진다. 그러므로 기업의 조직구조도 새로운 환경변화에 맞게 재구축(restructuring)되어야만 한다. 업무의 효율화를 위한 조직의 재구축방향은 복잡한 조직에서 단순조직으로 경직된 조직에서 유연한 조직으로 수직조직에서 수평 조직으로 전환되는 것이 중요하다. 통합된 조직에서 전략적 단위사업체로 기동성을 높여 경쟁력을 제고함이 바람직하다.

❷ 발견사실과 평가

이상의 케이스기업에서 조직간 관계의 형태를 집약해보면 시장거래는 케이스기업 3사가 함께 제조를 아웃소싱하였다. 시다마쓰는 자사의 공장이 있으면 프로덕트 아웃소싱지향이 되고, 시장변화에 대응하지 못하는 예가 있다는 이유에서, 상품의 기획·개발만을 자사 내에서 하고, 제조에 관해서는 해외를 포함한 아웃소싱의 활용을 적극적으로 하고 있다. 즐거움(樂)사에서는 환경부하가 낮은 대나무에 착안하고 대나무산지이면서 인건비가 낮은 중국에서 제조하여 코스트 저감을 기하였다.

후지파인 테크에서는 자사의 사업을 강화하는 연구개발 특화의 목적으로 제조에 대해서 이후 아웃소싱도 생각하고 있다. 동일한 제조업의 아웃소싱이라도 각사 그 목적이 다른데, 사다마쓰는 시장변화에 대응하기 위해 즐거움사는 코스트 저감을 위해 아웃소싱 경영자원을 코어컨피던스로 집중하고 있다. 그러나 사다마쓰의 경우 이후 해외의 공장을 산하에 놓을 정도로 M&A가 가능한 규모가 되면서 저가상품을 중심으로 내재화(內在化)하는 것도 시야에 두어 반드시 아웃소싱만을 고집하지는 않고 있다.

이렇게 하여 점포전개의 스피드업을 기한다. 또한, 상품기획 기능도 시너지효과를 발휘하고 있다. 사다마쓰는 이미 상장을 한 기업으로 M&A를 위한 자금이 시장에서 직접 조달되고, 상장으로 인해 기업성장에 효과가 나오고 있는 사례이다.

❸ 전략적 제휴는 케이스기업 3개사

즐거움(樂)사는 쓰레기처리기 본체는 한국의 기업과 제휴한 공동개발을 하고 있는데, 코어가 되는 프로그램은 동사에서 개발한 독자성을 확보하고 있다. 또한, 대나무 젓가락의 리사이클은 전국에 판매망을 가진 젓가락포장 톱메이커 기업과 판매제휴를 하고 사업전개 스피드업을 기하고 있다. 후지파인테크는 동사의 기술력이 평가되어 이토주 상사 측에서 자본제휴의 신청이 들어와 실시되고 있다.

이토주 상사는 국내외의 시장개발. 판매확대 및 해외대학. 연구기관 등과의 공동연구지원에도 제휴를 하고 있다. 이로 인해, 동사는 연구개발. 특허취득에 경영자원을 집중하기에 이르렀다. 오-네스트사도 판매업무를 대부분 상사에 아웃소싱 함으로써, 판매관리비나 대리점으로의 마진 등 간접비가 없도록 하고 개발업무에 특화할 수 있는 체제로 정비하고 있다. 전략적 제휴에 들어간 3사 모두 자사의 취약한 기능을 제휴선에 의존함으로써 코어 컨피던스로 경영자원의 중점적 배분이 가능케된 것이 눈에 들어온다.

이상의 조직간 관계구축의 세 가지 형태를 종합적으로 분석. 평가해보면 시장거래는 체제면에서는 아웃소싱, 특히 해외발주가 주를 이루고 있는 점, M&A는 상장한 기업이 직접 금융의 강점을 살려 사업확대를 위해 하는 점, 전략적 제휴는 자사의 취약한 부분을 제휴서에 의존하고 자사의 강점부분으로 특화를 가능하게 하는 것 등을 알 수 있다. 또한, 벤처기업이 선발자의 우위성을 확보하고 기업성장을 도모하기 위해서는 사업전개의 스피드를 빠르게 하지 않으면 안 된다. 그러나 경영자원의 축적에는 시간이 걸리므로 조직간 관계구축에 따라 부족한 경영자원보강은 지향(志向)된다. 경영자원의 새로운 원천으로 시간의 중요성은 벤처기업에 의해 보다 늘어나고 있는 것을 케이스스터디(Case Study)에서도 읽을 수 있다.

| 표 7-1 | **케이스 3사의 시장거래와 전략 제휴**

구분	케이스 기업	시장거래	M&A	전략적 제휴
1	사다마쓰	○(제조)	○(자회사화)	
2	즐거운(樂)사	○(제조)		○(판매)
3	후지파인딩	△(제조)		○자본. 판매)

❹ 케이스스터디의 시사점

경영자원은 외부에서 조달이 용이한 정도에 따라 가변적인 자원과 고정적인 자원으로 분류되는데, 전략상 중요자원으로 되는 것은 금전지불에 의해 쉽게 손에 넣는 가변적인 자원이 아닌 고정적인 자원이다. 고정적 자원 중에서도 가장 경쟁상 차별화요인이 되어 얻어지는 정보적 자원은 극히 고정성이 높고 축적하는데 시간이 걸린다. 또한, 미국의 벤처기업이 아웃소싱을 철저하게 하는 사례를 참고할 필요가 있다. 그러나 제조는 대부분 아웃소싱으로 하였으나 정보적 자원이 필요한 제품개발에 대해서는 자사 내에서 한다. 이것은, 정보적 자원이 가격을 붙이기 어렵다는 것이다, 배우고 전수하는 것이 요구되는 팩키지(Package)화가 불가능함에 따라 시장거래와 변화에 흔들리지 않기 때문이다. 장기적이고 안정적인 자원확보라는 점에서는 필요로 하는 경영자원을 기업마다 매입해 두는 M&A방식이 적합하다. 그러나 M&A는 조직풍토의 융합이나 합병. 매수에 시간이 걸리므로 사업전개 스피드가 요구되는 벤처기업에는 큰 리스크도 따른다. 이번(今回)의 케이스스터디 기업에서도 M&A에 의한 보강책이 몇 개인가 나타났는데, 자회사화한 기업과 조직적·인적 일체화를 진행하는 것이 당면한 큰 과제가 되고 있다.

전략적 제휴방식은 기업의 독자성을 유지하면서 전략전개로 인해 아주 중요한 특정의 경영자원을 획득하므로, 타 기업과 완만하고도 유연한 조직간 관계를 체결하는 형태이므로 벤처기업에 적합하다. 금회의 케이스스터디 기업에서도 자본이나 기술, 판매 등의 전략적인 제휴가 보였다. 다른 고정적 자원인 인적·물적·자금적 자원에 대해서는 시장거래형태인 아웃소싱의 활용이 효과적이다. 코어 컨피던스(Core Confidence)로의 경영자원의 중점적 배분과 코어이외로 필요하게 되는 경영자원의 외부의존을 전략적으로 하는 것은 벤처기업에서 사업전개의 스피드업을 위한 불가결한 요소이다. 금회 케이스스터디 기업에서도 제조면의 외부의존 편재가 다수 있음을 볼 수 있었다. 부족한 경영자원의 보완에는 국가나 지방공공단체에 의한 벤처기업에 대한 공적지원책이나 민간의 벤처 케피탈 활용도 효과적으로 생각된다. 단지, 공적지원책이나 벤처 케피탈에 의한 지원책이 지금까지 금융면에 편재된 점이다. 아울러 신흥기업용 주식시장이 갖춰지지 않아 간접금융이 중심이 된 점, 미국과 같은 엔젤(기업을 위한 단체)이 적은 점 등은 벤처기업의 니즈사이에 미스매치(Miss match, 오류)를 만들고 있다.

용어 설명

아웃소싱(Out sourcing)
IT(Information Technology) - 정보통신 기술
사업재구축(Restructuring)
도메인(domain) - 영역
코어컨피던스(core confidence) 신뢰의 중심
CRM(Customer Relationship Management) - 고객중심마케팅
매트릭스조직(matrix 0rganization)
프로젝트 관리자(PM: project manager)
팩키지(Package) - 포장
코어 컨피던스(Core Confidense) - 중심 신뢰

참고 문헌

1. 우수한 케이스스터디를 하는데, 연구자의 스킬(숙련도)면에서 생각하여도 극히 어려운 것 등이 지적되고 있다. Yin 1994
2. 벤쳐기업의 정의에 대해, 清成, 中村, 平尾(1971)는 벤처비지니스에 대해, 처음으로 정의된 후, 지금까지 여러 가지 정의가 내려지고 있으나, 아직 통일된 정의는 없다[이노우에(井上) 2002

3. 네트워크 조직론에서 본 하청생산시스템] 중소기업사업단. 중소기업연구소[중소기업의 구조분석](89-1.1989)
4. 아나슈, 植田, 山本(1986), 177항. 그리고 이 정의의 元典은 植草益[산업조직론], 笻摩書房, 1982
5. 中小企業の經營の改善及び地域の活性化のための取組みの狀況.事業性評價に關する 取組み方針
6. MIZLHO, 持續的成長を支える財務マネジメントのあり方(閉寒狀況 企業財務財務マネジメント) みずほコーポレート銀行 產業調査部.
7. ベンチヤー企業及び中小企業の育成に際しての問題とその解決策について經營研究調査會 研究報告 第8號平成11年7月22日 日本公認會計士協會

요 약

1. 케이스 스터디란

   미리 특정한 절차에 따라 경험적인 피크를 연구하는 방법이고, 케이스 스터디가 바람직한 것은 어떠한 또는 왜? 라는 문제가 제시될 경우, 연구자가 사상(事象, 사물의 형태)을 거의 제어할 수 없을 경우, 그리고 현실의 문맥에서 현재 현상에 초점이 있는 경우로 한다. 또한, 케이스 스터디가 가진 장점으로는,
   첫째, 소수케이스에 대해 흥미로운 분석이 가능한 점
   둘째, 실태나 인과관계에 대해 전체상을 제공할 수 있는 것
   셋째, 시계열적(時系列的) 역사적인 거동이나 변화를 잡을 수 있는 것 등의 세 가지를 들 수 있다.

2. 조직간 특성과 관계형성 효율화

   케이스기업에서 조직간 관계의 형태를 집약해보면 시장거래는 케이스기업 3사가 함께 제조를 아웃소싱하였다. 사다마쓰는 자사의 공장이 있으면 프로닥트 아웃소싱 지향이 되고, 시장변화에 대응하지 못하는 예가 있다는 이유에서 상품의 기획. 개발만을 자사 내에서 하고, 제조에 관해서는 해외를 포함한 아웃소싱의 활용을 적극적으로 하고 있다. 즐거움(樂)사에서는 환경부하가 낮은 대나무에 착안하고, 대나무산지이면서 인건비가 낮은 중국에서 제조하여 코스트 저감을 기하였다

3. 전략적 제휴는 케이스기업 3개사

   즐거움(樂)사는 쓰레기처리기 본체는 한국의 기업과 제휴한 공동개발을 하고 있는데, 코어가 되는 프로그램은 동사에서 개발한 독자성을 확보하고 있다. 또한, 대나무 젓가락의 리사이클은 전국에 판매망을 가진 젓가락포장 톱메이커기업과 판매제휴를 하고 사업전개 스피드업을 기하고 있다. 후지파인테크는 동사의 기술력이 평가되어 이토주 상사측에서 자본제휴의 신청이 들어와 실시되고 있다.

4. 케이스스터디의 시사점

   경영자원은 외부에서 조달이 용이한 정도에 따라 가변적인 자원과 고정적인 자원으로 분류되는데, 전략상 중요자원으로 되는 것은 금전지불에 의해 쉽게 손에 넣는 가변적인 자원이 고정적인 자원이다. 고정적 자원 중에서도 가장 경쟁상 차별화요인이 되어 얻어지는 정보적 자원은 극히 고정성이 높고, 축적하는데 시간이 걸린다. 또한, 미국의 벤처기업이 아웃소싱을 철저하게 하는 사례를 참고할 필요가 있다.

제2절

전략적 중소기업의 연대와 협동

성공 Point 27

1. 유능한 영업판매사원

유능한 판매사원은 가장 먼저 고객의 신뢰를 얻는다. 그들이 제일 먼저 파는 것은 그들 자신이다. 그 다음으로 회사를 팔고 제품과 서비스를 판다. 제일 마지막으로 가격을 말한다. 반면 일반적으로 보통의 영업사원은 가격을 제일 먼저 흥정한다. 그리고 나서 서비스나 제품에 대해서 말하고 그들 자신에 대해서 말한다. 고객의 욕구나 구매사양 등을 고려치 않고 자신의 제품만을 앞세우는 오류를 범합니다. 고객의 신뢰를 확보하는 것이 중요합니다. 진정승리에 필요한 것은 긴 안목과 호흡입니다(해리 백위드 넥스트 마케팅).

2. 사소한 일부터 시작하라

방대한 고객망을 확보한다는 중요한 일은 지극이 사소한 만남에서부터 시작된다. 여러 가지 단계를 거쳐 최종적으로 완성된다. 이때 각 단계별 사소한 일들을 최선을 다해 수행한다면 성공은 따 놓은 당상이다. 인생의 목표를 세웠다면 당신이 가장 우선적으로 갖춰야 할 기본요소가 무엇인지 파악하라. 관점을 바꾸어라 눈앞에 놓인 잡다한 일들이 일생목표에 어떠한 영향을 미치는지 살피고 중요성을 인식하라 작은 일도 제대로 처리 못하는데 누가 큰일에 책임을 주겠는가?

제2절 전략적 중소기업의 연대와 협동

2-1. 전략적 연대의 정의

본 절은 이업종교류와 전략적 제휴 등으로 새로운 형태의 기업간 관계의 발전을 염두에 두면서 지금까지의 중소기업연구를 정리·검토하고, 현 단계에서 중소기업의 기업간 관계를 분석 검토하여 쇠퇴기에 접한 기업을 재소생의 길을 찾아 장수기업으로의 진로를 개척하는 것이 필요로 하는 과제이다. 현 단계에서 중소기업의 기업간 관계분석 시 필요로 하는 것은 세 가지 시점으로 요약된다.

첫째, 인식의 변화가 필요하다

우리들은 중소기업 성장의 사실. 가능성을 정당히 인식하지 않으면 안 되는 것으로 생각된다. 이 경우, 중소기업을 한 가지로 독점자본에 의한 수탈의 대상으로 파악하는 것은 적당치 않다.

둘째, 지배 종속관계

필요로 하는 시점(관점)에서 중소기업과 그 외 기업이 연결되는 기업관계에 지배종속관계를 가정하지 않는다는 시점이다.

셋째, 기업간 관계와 규모

이상과 같은 두 가지 시점에서 보면, 중소기업의 기업간 관계, 또는 여기서 문제를 분석하고 중소라는 기업규모가 어느 정도까지 의미를 가지는지 검토할 필요가 있다. 현 단계의 기업간 관계를 특징으로 하는 것은

* 전문기술을 가진 기업이 환경변화에 적응력이 있는 기업을 목적으로
* 자발적으로 참가하여 자립적·계속적인 기업간 관계를 구축하고
* 그 관계가 환경적응의 성공을 통해 효율성·경제성을 발휘한다는 점에 있다.

우리들은, 이와 같은 기업간 관계를 네트워크형 산업조직, 기업간 관계라고 부르기로 한다. 그리고 이와 같은 전방향(前方向) 중소기업관을 전제하면서 문제를 발견하고 해명하는 것이 중요하다고 생각된다.

❶ 전략적 협업연대

전략적 연대에 관한 연구는 지금까지 많은 연구자에 의해 연구되었으나 명확하게 정의되지 못한 현상이다. 기업간 연대가 전략적 연대에 해당되기 위한 조건으로는

(1) 다음 세 가지가 지적되고 있다

- 장기성 : 장기성이란 기업간 연대로 되는 거래가 단발적으로 끝나지 않고, 어떤 종류의 관계가 일정기간 성립하는 것을 가리킨다.
- 전략적 의도 : 전략적 의도란 쌍방의 당사자가 자사의 경쟁우위를 확립한다는 의도에 근거하여 관계가 성립하는 것을 의미한다.
- 대등성 : 대등성이란 양자간에 본질적인 의미로 주종관계가 존재하지 않는 것을 의미한다.

이들 조건을 만족한 상태에서 전략적 연대는 본질적인 대화가 상호작용이 되지 않으면 의미가 없는 관계이고 불안정하지만 그 중에서 새로운 지식이 생길 가능성이 내포되어 있는 것이다. 그리고 본 절에서는 전략적 연대를 기업간 관계가 상기 세 가지를 충족한 상태에서 복수의 기업이 연대하고, 각각이 가진 다른 기술·노하우를 조합함으로써, 신제품·신기술개발을 하는 것으로 정의한다.

(2) 문제의 소재

현재, 중소기업을 둘러싼 환경은 여러 가지로 어려운 실정이다. 그 주된 원인으로 수요의 정체와 해외생산의 확대에 의한 국내산업의 공동화로 생각된다. 수요의 정체에 따라 획일적인 제품은 팔리지 않고 잠재적 니즈를 현재화(顯在化)하는 신제품 신기술의 개발의 필요성이 증가하고 있다. 또한, 해외생산의 확대에 따라 국내공업제품 중 부가가치가 낮은 것이나 표준적인 것은 중국 등의 동아시아 지역으로 생산이 이전되고 있다. 국내 중소기업은 코스트 경쟁에서 크게 손질할 수 없으므로 고부가가치화를 위한 신제품·신기술개발은 보다 중요하다. 중소기업이 신제품·신기술개발 필요성에 대해 대기업에 떨어지지 않는 우수한 기술, 노하우를 가진 기업도 있다. 그러나 중소기업의 기술, 노하우는 좁은 분야에 한정된 경우가 많다. 따라서 잠재적 니즈를 현재화하여 부가가치가 높은 신제품·신기술을 중소기업이 개발하기 위해서는 다음 두 가지 수단이 있을 것으로 생각된다.

제1의 수단은, 자사가 가진 기술·노하우를 보다 탐구해 가는 것이다. 그 길에 다다르게 되면 경합기업이 모방하기 곤란한 신제품·신기술을 개발할 수 있게 된다. 그러나 그 길에 이르는 유일한 기술·노하우를 손에 넣는 것은 매우 어렵다. 그 수단을 전략으로 하는 것도 생각할 수 있지만 본 절에서는 다음 수단에 주목하고자 한다.

제2수단은, 자사가 가진 기술을 조합하여 융합화로 다른 곳에는 없는 신제품·신기술을 개발할 수 있다. 자사의 기술·노하우가 좁은 분야에 한정되어 있는 중소기업으로는 다른 기술과 조합하기 위해서는 자사와 다른 기술·노하우를 가진 이업종(異業種)기업과 연대를 갖는 것이 효과적인 수단이 된다. 이상과 같이 신제품·신기술개발을 위해 이업종연대를 갖는 것이 효과적인 것으로 생각된다.

(3) 문제의 함정

제2수단에서는 신제품·신기술개발을 위한 이업종연대의 효과에 대해 논하였다. 그러나 이업종연대를 체결할 때 문제는 연대할 상대를 파악하기 어렵다는 것이다. 그러면, 왜 중소기업은 이업종연대를 체결 시, 연대할 상대를 파악하기 어려운 것일가? 경영자원에 제약이 있는 중소기업으로는 자사의 우위성이 발휘되는 것에 경영자원을 집중하고 전문화해가는 것이 효과적인 전략이 된다. 전문성을 추구하여 중소기업이 존립하는 분야에서 경합기업에 대해 우위성을 가진 기술, 노하우를 보유하는 것은 가능하다.

그러나 그 반면, 자사의 사업분야 이외에 대한 정보가 부족한 실정이다. 전문분야로 특화한 중소기업의 일상적 거래상대는 친근한 기업이나 구입처에 한정되며, 다른 분야 기업과의 거래는 드물다. 그렇기 때문에, 중소기업은 일상적 거래 중에는 자사와 관련이 없는 분야의 정보에 대해서는 얻을 기회가 거의 없다는 점이다. 이상과 같이 중소기업이 이업종연대를 체결할 때 연대할 상대를 파악하기 어려운 원인으로 다른 분야의 정보가 부족한 점으로 생각된다.

❷ 최적의 연대할 대상기업

(1) 세 가지 정보

중소기업이 이업종연대를 체결하기 위해서 다른 분야의 정보를 정밀하게 파악하는 것이 필수적 요건이다. 따라서 연대를 실행하려면 타 분야의 정보를 다음 세 가지는 정확하게 파악하여야 리스크를 최소화 할 수 있다. 타 업종정보, 타사의 정보, 그리고 경영자의 정보 등이다. 이 세 가지 정보를 얻게 되면 연대할 상대를 충분히 알 수 있다. 중소기업은 자사의 사업분야 외에 대한 정보가 적으므로 정보 확충에 노력을 집중하여야 한다.

- 타 업종의 정보 : 타 업종기업과 연휴를 체결하여도 그 업종에 자사의 기술·노하우를 활성화하면 좋을 것인지 알지 못한다. 연대할 상대를 찾는 데는 타 업종의 정보를 알고, 자사의 기술·노하우를 어떤 업종의 기술·노하우와 조합할 것인가를 판단할 필요가 있다.
- 타사의 정보란 : 사업영역, 코어기술(핵심기술), 경영의 토대. 기반, 구매처, 판매처핵심이 되는 상품 등에 관한 정보이다. 중소기업은 타 업종의 정보를 알아도, 충분히 타사의 정보를 확보하지 못하여 연대할 상대를 만나지 못하는 경우가 많다. 연대할 상대를 찾는데는 폭넓고, 깊게 타사의 정보를 알고 그 얻어진 정보 중에서 기업을 선별할 필요가 있다.
- 경영자의 정보란 : 경영자의 경영의 행보, 경영철학, 신조, 신념, 경영관, 목표, 전망, 경영자의 당면 관심사, 화제 등에 관한 정보이다. 중소기업은 오너 경영자(소유와 경영의 일치)가 많아 경영자의 생각이 기업방침에 큰 영향을 미치는 속인적인(사람 의존적) 요소가 강한 경영체이다. 따라서 경영자를 이해하는 것은 기업을 이해하는 것으로 연결된다. 때문에 연대를 체결할 때 경영자의 정보를 알 필요가 있다. 이와 같이, 연대할 상대를 아는 데는 타 업종의 정보, 타사의 정보, 경영자의 정보 세 가지 정보가 필요하다.

❸ 중소기업의 경영개선과 활성화

중소기업의 경영을 개선함으로서 활성화의 방안이 도출되고 따라서 부과율이 향상되어 기업발전과 고용증대복지향상이라는 궁극적인 기업목적에 접근하게 된다. 또한 사업성 평가 제도를 도입함으로써 성장의 싹인 기술력. 장래성. 지속성 등에서 외부적 협력관계와 내부적 협조관계로 부과율 향상과 경제 활성화라는 창생의 목표를 세워 나가게 한다.

(1) 정보교환

우리들은 연대할 상대를 찾기 위해서는 세 가지 정보가 필요한 것으로 생각하였다. 그 중에서도 경영자의 정보는 경영자들끼리 Face to Face로 정보교환을 하여 알 수 있다. 이것을 축적함으로써 상호이해가 깊어지고 최적 연대할 상대인가 아닌가를 파악하는 것이 가능해진다. 또한, 경영자로부터 보다 깊은 타 업종의 정보, 타사의 정보를 얻을 수 있다. 실제, 들어본 바에 의하면 연대를 할 상대가 어떤가의 최종적인 판단은 경영자와 Face to Face에서 정보교환을 기초로 결정하는 것이다. 또한, Face to Face로 정보교환을 하여 깊은 정보를 교환할 수 있으므로 지적창조가 자극되고, 신제품·신기술의 아이디어가 나오기 쉽게 된다. 이상에서 우리들은 최적의 연대할 상대를 찾는데 Face to Face의 정보교환이 필요한 것으로 생각된다.

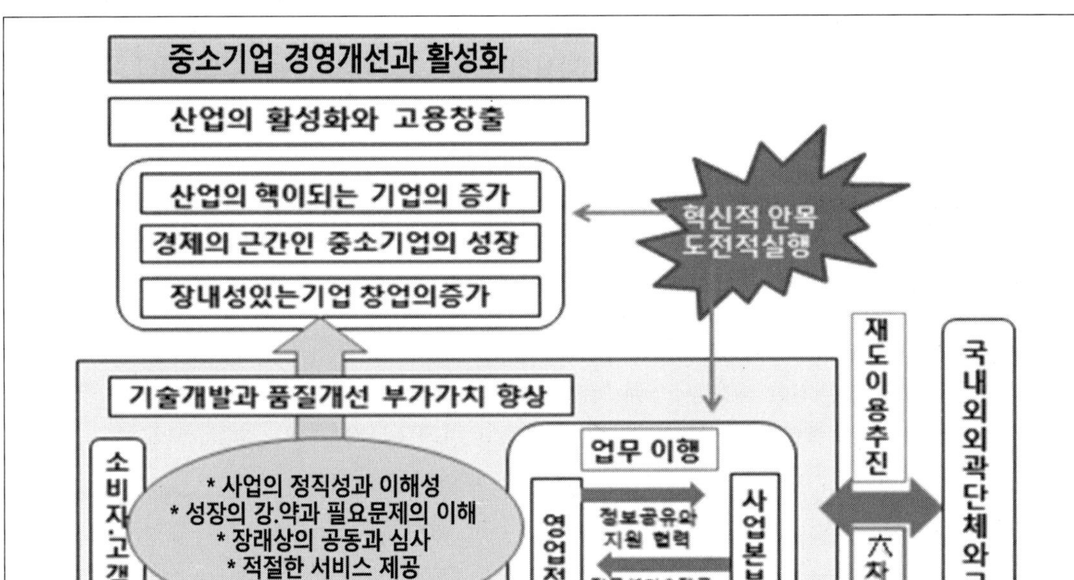

| 그림 7-3 | **중소기업의 경영개선 모형**

(2) 최적의 연대할 상대

우리들은 중소기업이 이업종연대를 체결할 때 문제로 타 분야의 정보가 부족하여 연대할 상대를 찾는 것이 곤란함을 지적하였다. 그리고 중소기업이 이업종의 기업과 연휴를 체결하는 데는 타 분야 정보부족을 극복하고 연대할 상대를 찾는 것이 필요하다. 그러나 단지 상대를 찾는 것만으로 되지 않는다. 연대를 맺어도 신제품·신기술연대에 의한 신제품·신기술개발을 성공으로 이끄는 데는 자사로서 최적의 연대할 상대를 찾는 것이 중요하다. 우리는 최적의 연대할 상대의 조건으로

- 장기적인 관계를 가질 것
- 전략적 의도를 가질 것
- 대등한 관계를 가질 것
- 기술격차가 없을 것
- 업적격차가 없을 것의 다섯 가지이다.

우선, 상대가 전략적 연휴의 세 가지 조건(장기적, 전략적, 대등성)을 충족한 것이다. 또한 기술적격차가 없을 것, 업적격차가 없을 것이라는 조건도 필요하게 된다. 연휴를 맺고 신제품·신기술을 개발하는 데는 자사의 기술·노하우를 조합한 우수한 기술·노하우를 연대할 상대가 가지는 것은 필요불가결하다. 또한, 기술수준이나 업적에 차이가 있을 경우, 안고 있는 문제나 서로 필요로 하는 기술·노하우가 부합되지 않아 연대가 잘 되지 않을 때가 많다. 실제 모니터링에서도 기술격차나 업적격차가 있으면 연대가 잘 되지 않는다라고 듣고 있다. 따라서 연대를 체결할 때 기술이나 업적에 차이가 없는 상대를 찾는 것이 필요하다.

2-2. 이업종 교류로 사세확장 쇠퇴방지

❶ 이업종 교류를 채택하는 의의

중소기업은 최적의 연대할 상대를 찾기 위해서 어떻게 이업종기업과 Face to Face로 정보교환을 하면 좋은지에 대해 생각해 봐야 한다. 현재 이업종의 기업의 모임인 이업종교류회가 있다. 이업종교류회란 다양한 기업이나 기관이 거래유무나 사업 분야에 불문하고 네트워크를 만들고 정보교환이나 공동연구개발을 하는 모임인 것이다. 여기서는, Face to Face의 정보교환이 되고 있다. 참가한 기업수도 증가되는 경향으로 주목을 끌고 있다.

(1) 이업종교류회의 현상

이업종교류회에서는 참가기업 개개의 경영자원 확대를 목적으로 하는 경향이 있고, 특히 이업종의 기업이 교류를 통하여 이업종의 정보(기술포함)나 노하우를 습득할 수 있다. 또한, 신제품개발이나 연구회 등, 이업종교류회 전체로 활동하는 것이 많고 협조성에 무게를 두는

경향이 있다.

이업종교류회에 참가하고 있는 모니터링회사의 말을 들어보면, 실제로 신제품·신기술개발을 위해 연대할 상대를 찾아 비즈니스까지 발전된 케이스는 없다라는 회답을 얻는다. 이업종교류회에서는 직접 이익에 연결되는 활동은 없고 참가기업에 따라 긴 안목으로 보아 이익(경험이나 지식의 축적)으로 이어지는 활동을 목적으로 하는 경향으로 생각된다.

(2) 이업종교류회가 안고 있는 문제

우리들은 중소기업이 최적의 연대할 상대를 찾는 데는 이업종의 기업이 모여 Face to Face로 정보교환을 할 경우가 필요할 것으로 생각된다. 이업종교류회는 활동목적으로 최적의 연휴상대를 찾는 것이 아니지만 이업종기업이 모여 Face to Face로 정보교환도 하고 있다. 따라서 최적의 연대할 상대를 찾기 위해 이업종의 기업이 모여 Face to Face로 정보교환을 할 경우의 문제점을 찾기 위해 이업종교류회의 문제점을 검토하는 것은 의의가 있는 것으로 생각된다. 이하 이업종교류회를 최적의 연대할 상대를 찾을 경우로 생각할 때 문제점을 보기로 한다.

(a) 첫 번째, 활동 메너리즘이 있다

활동 메너리즘화가 되면 유익한 정보를 얻지 못하게 된다. 이 원인으로 멤버가 고정된 점이 생각된다. 이업종교류회에 참가하고 있는 기업이 고정적으로 되면 활동자체에도 큰 변화가 없고 자극이 적어지므로 메너리즘화가 진행된다. 그 결과로 유익한 정보교환이 되지 않게 된다.

- 메너리즘화 : mannerism(버릇, 관습화, 타성적)의 변형어이다.

(b) 두 번째로, 개개기업의 참가목적 분산에 있다

이업종교류회 정보의 수집, 인맥의 확대, 신규 사업분야로 진출, 자사 기존기술의 향상, 신제품·신기술개발 등 기업마다 다양하다. 이업종교류회에 참가하는 대다수의 기업이 연대를 목적으로 하는 것은 아니다. 그 결과 이업종의 기업이 회의에 참석하여도 연휴를 체결하는데까지 도달하지는 못한다.

(c) 세 번째로 기업의 격차와 기술의 격차

기업격차와 기술의 격차가 있다는 점을 들 수 있다. 참가기업 간에 기업격차가 있으면 연휴가 실패로 끝나 버리므로 연대체결까지 이르지 못한다. 개개기업의 참가목적이 여러 가지로 숨겨짐과 기업간 격차가 있다는 원인으로는 이업종교류회가 기본적으로는 누구라도 참가할 수 있으나 활발해지지 못하는 경우이다. 누구라도 참가할 수 있으므로, 여러 가지 업종의 기업이 참가할 수 있는 장점이 있으나, 개개기업 참가목적의 분산이나 기업격차가 있다는 문제점이 제기되기도 한다.

우리들은 이업종기업이 모여 Face to Face로 정보교환을 할 수 있을 경우의 문제점으로 활동의 메너리즘과 개개기업 참가목적의 분산 그리고 기업격차가 있다는 것이다. 따라서 최적의 연대할 상대를 찾는 데는 이업종기업이 모여 Face to Face로 정보교환을 할 경우를 생각함에 있어, 이 세 가지를 해결할 필요가 있는 것으로 생각한다. 이하에서는 이 세 가지를 고려해 넣고 해결책을 제시하고자 한다.

2 해결책 제시

(1) 적임자 만남 모델

우리들은 중소기업이 이업종 연대를 체결하고 신제품·신기술개발을 하기 위해서는 최적의 연대할 상대를 찾는 것이 중요하다고 생각된다. 때문에 이업종의 기업이 모여 Face to Face로 정보교환을 하는 경우가 필요하다. 이하, 이업종교류가 안고 있는 문제점을 고려하면서 중소기업이 최적의 연휴상대를 찾아가는 모델을 제시한다. 그리고 그 모델을 적임자만남 모델이라 명명한다.

적임자만남 모델은 참가기업이 심사함으로서 개개기업의 참가목적의 분산과 기업의 격차를 해결한다. 또한, 메너리즘을 막기 위해 교류회기업의 흐름을 활발하게 하여 유익한 정보교환이 되도록 한다. 이때, 어드바이저(Adviser)가 중요한 역할을 한다. 이하 심사, 교류회, 어드바이저, 서포터에 대해 논한다.

(2) 심사

적임자 만남 모델에는 입회 희망기업을 심사한다. 입회조건으로

① 이업종연대를 체결하고, 신제품·신기술개발을 하는 것으로 생각된다.

② 우수한 기술. 업적을 가짐이다.

①을 심사하여 모델에 참가하는 기업의 목적이 일치하게 된다. 즉, 참가기업의 목적은 교류회를 이용하여 전략적 연대를 체결하고 최적의 상대를 찾는 것이 된다. 따라서 개개기업의 참가목적이 분산됨이 해결된다. 구체적으로는 입회희망기업의 경영자를 면접으로 심사한다.

- 어드바이저 : 조언자
- 서포터 : 지원자, 조력자 공급자

②를 심사하여 입회희망기업의 기술수준. 업적을 체크하고 어느 수준 이상의 기술. 업적을 가진 기업만 입회하도록 한다. 따라서 참가기업에 기업격차가 있다라는 문제가 해결된다. 구체적으로는, 입회희망기업에 일거리를 발주하고 그 기술수준을 판단한다. 업적은 재무제표 등으로 판단한다.

❸ 전체 교류회와 업종별 교류

전체 교류회와 업종별 교류회의 두 개의 모델

(1) 전체 교류회에 대해 논한다.

전체 교류회에는 분야를 불문하고 다양한 업종의 경영자가 참가한다. 다른 분야 경영자에 의한 Face to Face의 정보교환을 하여 참가자의 지식창조가 자극된다. 전체 교류회의 목표는 참가자에 신제품·신기술개발의 아이디어나 특정 분야에 대한 흥미를 가지게 한다. 전체 교류회에 참가하여 신제품·신기술개발의 아이디어나 특정 분야에 흥미를 갖도록 하여 참가자가 특정 업종별 교류회로 관심이 쏠리게 한다. 그러면, 전체교류회가 참가자에게 신제품·신기술개발의 아이디어나 특정 분야에 흥미를 가지게 할 경우 기능참가자는 무엇이 필요한지 알게 되면 그것은, 자신을 어필하는 기회이다. 전체 교류회에 참가하는 경영자 모두 자사의 정보를 외부로 발신하면 교류회에서 정보가 활발하게 교환된다. 이것으로, 참가자는 보통 접해보지 못하였던 다른 분야의 정보에 많이 접해 볼 수 있고 지적창조의 자극을 받아 신제품·신기술개발의 아이디어나 특정 분야에 흥미를 가지게 되고, 그 후 업종별 교류회에 참가한다.

(2) 업종별 교류회에 대해 논한다.

업종별 교류회에는 그 업종에 속하는 호스트기업과, 그 업종기업과 연휴를 체결하고자 하는 게스트기업의 두 종류 기업이 참가한다. 표적을 설정한 업종별 교류회에 게스트로 참가한다. 또한, 표적설정이 되지 않은 기업은 전체 교류회에 참가하고, 신제품·신기술개발의 아이디어나 특정 분야에 흥미를 가질 수 있게 되고, 그 후 업종별 교류회에 참가한다. 업종별 교류회에서는 호스트기업이 업종별로 한정되었으므로 게스트기업은 자사의 아이디어나 흥미에 맞는 상대를 만나기 쉬워진다.

업종별 교류회에서 게스트기업과 호스트기업이 유동성을 가지게 되어 메너리즘을 방지할 수 있다. 그 이유로써, ① 업종별 교류회 내에서 호스트기업에는 큰 변화가 없지만, 호스트기업이 활발하게 바뀌지는 점이 있다. 또한, ② 호스트기업도 자사가 속해있는 업종별 교류회를 나와, 다른 업종별 교류회에 게스트기업으로 참가할 수 있는 점도 있다. ①, ②와 같은 업종별 교류회 간의 기업활동에 따라 참가기업은 많은 이업종기업과 적임자만남을 할 수 있어 항상 새로운 자극을 받을 수 있게 된다. 이상과 같이, 출회계 모델(적임자 만남 모델)은 기업은 교류회를 통해 Face to Face로 정보교환을 하면서 호스트기업-게스트기업, 주최기업-참가기업 최적의 연대할 상대를 찾게 된다.

(3) 어드바이저와 서포터

적임자 만남 모델에서는 어드바이저와 서포터가 재적(在籍, 입회하여 적을 둠)한다. 여기서 어드바이저의 역할은 업종별 교류회간 기업의 이동을 활발하게 하는 것이다. 구체적으로는 참가기업에 알맞은 업종별 교류회를 소개하는 것이다. 이 모델에서는 참가기업이 어드바이저나 흥미가 있을 경우, 업종별 교류회를 이동하여 Face to Face로 정보교류를 활발하게 할 수 있다. 그러나 아이디어나 흥미가 없을 경우 다른 업종별 교류회에 게스트기업으로 참가는 인센티브가 작아진다. 호스트기업으로 업종별 교류회에 참가하고 이업종기업과 정보교환을 하여 아이디어나 흥미가 생기는 경우도 있으나 아이디어나 흥미가 생기지 않아 이동이 정체하는 것도 생각된다. 이럴 때는 어드바이저가 그 기업에 알맞은 업종별 기업을 소개함으로써, 아이디어나 흥미가 생기고 기업이동을 활발하게 하고 정보교환도 활발해진다. 이때 어드바이저는 각 업종에 정통한 스페셜리스트가 적합할 것으로 생각된다.

한편, 서포터의 역할은 연대체결계약 시 법률이나, 특허, 세금 등에 대해 상담한다. 서포터의 적절하고 명확한 어드바이저에 의해 양사가 납득하는 계약을 체결할 수 있고, 신제품·신기술개발을 원활하게 진행할 수 있다. 이때 서포터는 변호사, 회계사, 변리사 등이 적합할 것으로 생각된다.

2-3. 모델실현에 있어 고려할 점과 검토할 점

❶ 모델의 실현에서 고려할 점

(1) 모델실현 가능성 높여

여기서는 이 모델의 실현가능성을 높여주는 시도를 한다. 그러므로 이하 두 가지로 생각된다. 제일 고려할 점은 운영모체에 대한 것이다. 이 모델은 모델의 모체가 없으면 성립되지 않는다. 운영모체로서 어느 기관 또는 어느 기업이 상응하는지 생각할 필요가 있다. 제2의 고려할 점은 진정으로 정보교환이 활발한지 여부이다. 이 모델의 실현가능성을 중소제조업 A사의 경우를 보면, 이 모델의 참가기업 사이에 경합성이 있으면 정보나 아이디어의 누설우려 때문에 활발한 정보교환이 활발하지 않다라는 지적을 받고 있다. 이 모델에서 정보교환이 활발하도록 고려할 필요가 있다.

(2) 운영모체에 대한 검토

우리들은 운영모체는 운영하는 인센티브가 큰 기관 또는 기업이 좋을 것으로 생각된다. 이 모델을 운영할 경우 문제점으로는 회비수익뿐이라는 점이다. 또한 중소기업의 신제품개발에서 문제점의 하나로 판로가 없다는 점이다. 따라서 우리들은 운영모체가 신제품의 판로를 확보하고 운영마진을 얻게 하여 운영이 가능케 하는 것이다. 이렇게 하여 중소기업은 판로를 확보할 수 있으므로 이 모델에 참가하는 인센티브가 커지는 것으로 생각된다. 또한, 운영모체 측도 이익을 올릴 수 있어 운영하는 인센티브가 커지는 것으로 생각된다. 그러나 구체적 운영모체로서 누가 최적인가는 차후의 문제로 남아 있다.

(3) 의사소통과 성공모델형성

의사소통모텔은 의시를 소통하기 위한 정보의 송신자와 수신자 간의 색각이나 아이디어를 상호간 이해하고 협력하기 위한 매개체로 정보의 송신과 수신으로 구성된다. 따라서 의사소통과정에서 송신자와 수신자 간에 공유할 수 있는 공유물의 가치가 있었을 때 새로운 지식기반의 문화조성을 위하여 원활하게 소통작용이 이루어진다.

2-4. 의사소통 위한 정보의 송·수신

❶ 정보의 송신(Sender)

송신자가 자신의 생각이나 아이디어를 수신자가 이해할 수 있는 기호, 언어, 비언어, 문서, 도형 등 다양한 매체를 통하여 문화요소들을 수신자에 전달하는 수단이다.

(1) 정보의 수신(receiver)

정보를 수신하는 사람은 전달수단을 통해 전달해온 문자, 언어, 부호, 도형문장 등을 통해 상대방의 생각이나 아이디어를 이해하는 것이다. 그림 7-4는 프로젝트관리자를 중심으로 한 의사소통의 채널을 보여주고 있다. 조직내부에서 이루어지는 수직성향 및 하향 의사소통과 수평의사소통에 대해 부연하여 설명한다. 의사소통의 채널에는 세 가지 즉 상향적, 하향적, 수평적 방법을 말할 수 있다.

출처: Vijay Vema. Human Resources Skills fir the Projecd Management vll

| 그림 7-4 | **의사소통 성공방향 모델**

첫째, 상향적 의사소통

상향적 의사소통은 프로젝트 임원 혹은 스폰서 등의 상급자와의 수직적 의사소통의 관계로서 프로젝트관리자가 책임을 맡고 있는 프로젝트 수행성과에 대한 보고를 하고 평가를 받고자할 때 또는 조직적 전략을 재정립하고자 할 때 활용한다.

둘째, 하향적 의사소통

하향적 의사소통은 프로섹스 팀원이나 작업자에게 작업에 대한 지시나 통제를 할 때 사용한다. 프로젝트관리자는 하급자에게 작업 및 활동에 관한 의사소통을 할 경우에는 업무의 범위나 품질의 구현방법평가 및 피드백 등에 대한 초점을 맞추어 소통의 필요가 있다.

셋째, 수평적 의사소통

수평적 의사소통은 일반적인 프로젝트관리자와 동등한 관계인 기능부서 관계자 타 프로젝트관리자 지원인력 및 타 프로젝트 이해관계자들과의 수평적 관계의 의사소통관계로서 조직의 한정된 인적자원 일정예산 및 계약조정 규제기관, 고객과의 협상 등 향후 프로젝트수행을 위한 계약 작성할 때 아래 표를 참고하여 작성한다.

❷ 정보교환이 활성화되는 것이 필수요건

(1) 호스트기업과 게스트기업

업종별 교류회에서는 호스트기업과 게스트기업의 두 종류의 기업이 있다. 이중 호스트기업은 동업종의 기업이 모여진 것으로 생각된다. 확실히, 상기의 지적과 같이 경합상대가 동 교류회 내에 존재함으로써 정보누설의 우려에서 활발한 정보교환이 이뤄지지 않는다. 그러나 동업종이라고 하여 경합성이 꼭 높은 것만은 아니다. 예를 들어 프레스가공기술을 가진 기업이라도 박판프레스와 후판프레스에서는 경합성이 낮은 것으로 생각된다. 따라서 반드시 활발한 정보교환이 안 되는 것만은 아닌 것으로 생각된다.

(2) 총괄(적임자 만남 모델)

우리들은 본 논문을 통하여 주요기업이 신제품 신기술을 개발하기 위해 이업종의 연대할 상대를 어떻게 찾을 것인가에 대해 논한다. 그 해결책으로 호스트기업과 게스트기업만남 모델을 제시한다. 우리들은 최적의 연대할 상대를 찾는것이 연대의 성공에서 중요한 것으로 생각되어 이것에 주목하여 논하였다. 그러나 연대에서 이익이 생기고 진정한 성공이라 하는 데는, 연대의 체결로부터 사업화할 때까지도 중요하다. 연대를 체결하고부터 이것에 대해서는 본 문에서 과제로 남는다. 또한, 모델의 실현가능성을 들어볼 때 대학이나 연구기관도 이업종 기업과 같이 취급한다. 모델에도 참가할 수 없는가하는 의견을 듣는다. 이 점에 대한 것도 본 문의 과제로 남는다.

| 표 7-2 | **정보활성화의 기술**

순서	관계	제공	기대	기술
1	임금관리자/고객/스폰서	상태 및 경고	조직지원, 피드백 의사결정	문제해결시스템구축
2	지사 및 부서관리 타 프로젝트관리	기회 및 조정	기술적지원 및 협력	협상 계약
3	프로젝트임원/계약자/하도급자	리더십 및 통제	품질 및 요구사항	기획 팀구성 및 조정
4	외부이해관계자 규제기관 공공언론	진행정보	피드백 및 지원	공공관계 및 인터페이스

용어 설명

메너리즘화: (mannerism) 버릇, 관습화, 타성적
이업종기업이 모여 Face to Face
어드바이저(Adviser)
정보의 수신(receiver)

참고 문헌

1. 한국마케팅저널 제3권 제2호 pp.53 2011/7 강성호·강하영·박홍수, 기업 간 제휴 활동이 제휴 성과로 이어지기 위한 선행요인에 관한 연구.
2. 한국마케팅저널 제13권 제2호 2011/7 강성호외2명) 기업 간 제휴활동이 제휴 성과로 이어지기 위한 선행요인에 관한 연구
3. 유통정보학회지. 제7권 제2호 2004/12. 김창봉, 물류기업의 전략적 제휴 파트너십이 사업성과에 미치는 영향에 관한연구
4. 산업경제연구 제10권 제1호. 1997/8. 최원일·김상조, 기업규모를 고려한 신제품개발전략과 신제품 성과의 관계에 괸한 연구
5. 경영과학 제30권 제3호 2013년 11월 장영순, 중소기업의 연구개발 및 생산운영관리 개선영역 도출에 관한 연구
6. 한양대학교 대학원 2000/12 朴貞宣 논문, 전략적 마케팅 제휴에 있어서 통제매커니즘의 결정요인과 효과
8. 連想關聯マップを用いたeCRM 事例集の見える化モデリング 關西大學 綜合情報學研究科 一松達失 2013年

요 약

1. 전략적 연대의 정의
본 절은 이업종교류와 전략적 제휴 등으로 새로운 형태의 기업간 관계의 발전을 염두에 두면서 지금까지의 중소기업연구를 정리. 검토하고, 현 단계에서 중소기업의 기업간 관계를 분석 검토하여 쇠퇴기에 접한 기업을 재소생의 길을 찾아 장수기업으로의 진로를 개척하는 것을 필요로 하는 과제이다.

2. 최적의 연대할 대상기업
세 가지 정보중소기업이 이업종연대를 체결하기 위해서 다른 분야의 정보를 정밀하게 파악하는 것이 필수적 요건이다. 따라서 연대를 실행하려면 타 분야의 정보를 다음 세 가지는 정확하게 파악하여야 리스크를 최소화 할 수 있다. 타 업종정보, 타사의 정보, 그리고 경영자의 정보이다.

3. 최적의 연대할 상대
우리들은 중소기업이 이업종연대를 체결할 때 문제로 타 분야의 정보가 부족하여 연대할 상대를 찾는 것이 곤란함을 지적하였다. 그리고 중소기업이 이업종의 기업과 연휴를 체결하는 데는 타 분야 정보부족을 극복하고 연대할 상대를 찾는 것이 필요하다.

4. 이업종교류를 채택하는 의의
중소기업은 최적의 연대할 상대를 찾기 위해서 어떻게 이업종기업과 Face to Face로 정보교환을 하면 좋을까 현재 이업종의 기업의 모임인 이업종교류회가 있다. 이업종교류회란 다양한 기업이나 기관이 거래유무나 사업 분야에 불문하고 네트워크를 만들고 정보교환이나 공동연구개발을 하는 모임인 것이다. 여기서는 Face to Face의 정보교환이 되고 있다. 참가한 기업수도 증가되는 경향으로 주목을 끌고 있다.

5. 해결책 제시
적임자만남 모델(出會系모델)은 우리들의 중소기업이 이업종연대를 체결하고 신제품·신기술개발을 하기 위해서는 최적의 연대할 상대를 찾는 것이 중요하다고 생각된다. 때문에 이업종의 기업이 모여 Face to Face로 정보교환을 하는 경우가 필요하다. 이하, 이업종교류가 안고 있는 문제점을 고려하면서 중소기업이 최적의 연휴상대를 찾아가는 모델을 제시한다. 그리고 그 모델을 적임자만남 모델이라 명명한다.

제 3 절

중소기업 전략적 네트워크 산업조직

성공 Point 28

1. 어떻게 고객을 감동시킬 것인가?

고객을 감동시키는 비결은 간단하다. 감동한 직원은 감동한 고객을 창출해 낸다. 감동한 직원은 상사와 경영진을 신뢰하며 자신의 일과 조직의 자부심을 느낀다. 그리고 일에서 보람과 재미를 느낀다. 즉 일을 즐기면서 헌신적으로 하여 고객을 감동시킨다. 고객감동의 첫 번째 전제는 종업원의 만족에 있다(미국 경영대상 수상기업 페덱스 제록스).

2. 남에게 이용당하는 만큼 당신은 가치 있는 사람이다

성공하는 인물은 남들로부터 이용당하던 말던 오로지 자신의 목표에만 집중한다. 타인에게 이용당한다는 것은 당신의 능력이 있기 때문이다. 타인의 성과나 성공에 시기하지 말라 설사 남들보다 험난한 길일지라도 당신이 가야할 길을 묵묵히 가라. 당신의 성공을 위하여 아낌없이 협조를 베풀어 줄 사람이 나타날 것이다. 이용당한만큼 새로운 기회가 창출될 것이다.

제3절
중소기업 전략적 네트워크 산업조직

3-1. 기업간 관계와 전략제휴

❶ 본 절의 목적

종래부터 중소기업의 기업간 관계에 대해서는 하청제의 연구를 중심으로 수많은 연구가 있었다. 하청제에 대한 연구에서는, 주로 친기업(親企業: 주기업의 의미)과 하청기업의 대등한 거래. 외주관계의 분석에 무게가 실렸다. 그런데, 근년에는 중소기업의 전반적인 연구개발력, 마케팅력, 경영관리력의 향상을 배경으로 이업종교류와 전략적 제휴 등의 새로운 형태의 기업간 관계가 출현하고 이와 같은 관계를 종래의 친기업을 정점으로 하는 피라미드형 산업조직, 기업간 관계와 구별하여 네트워크형 산업조직, 기업간 관계라고 하는 견해가 등장하고 있다.

(1) 네트워크형 산업조직의 특징은

- 자립성이 있는 기업의 연합. 제휴라는 것
- 리더십을 발휘하는 주체가 기업의 규모에 의한 것이 아닌 문제내지는 역할에 따라 교대하는 것
- 그 연대의 이면에는 가치관의 공유성 내지는 새로운 산업사회와 이것에 대응하는 기업에 대해 이미지를 공유한다는 특징이 있다. 또한 청성(淸成, 1990)은 다른 전문능력을 가진 복수의 기업이 새로운 가치를 창조하기 위해 자발적이고 대등하게 연대함으로써, 정보창조형의 네트워크형 기업간 관계가 형성된다고 한다.

본 절에서는 위에서 논한 바와 같은 새로운 형태의 기업간 관계의 발전을 염두에 두면서 지금까지의 중소기업연구를 정리검토하고, 현 단계에서 중소기업의 기업간 관계를 분석하는데 필요로 하는 시점. 과제를 나타내는 것이다. 그리고 본 절에서는 중소기업연구 중에서도 특히 중소공업연구를 다루기로 한다.

(2) 중소기업연구의 두 가지 시점

종래의 중소기업연구는 어떤 것을 확실하게 할 것인가라는 차원에서 보면,

- 중소기업이 가진 문제성에 초점을 맞추고 그 문제성의 원인을 해명코자 하는 것
- 중소기업이 다른 기업과 연결(거래, 생산력관계)에 초점을 맞추어 그 기업간 관계전체가 시스템으로 작동하여 효율성, 경제성의 발생메커니즘을 규명하는 연구로 대별된다. 여기

서는 전자를 문제성 시점과, 후자의 효율성, 경제성 시점으로 구별한다. 그리고 각각의 시점에서 기업간 관계가 어떻게 분석될지 보기로 한다. 단, 다음의 두 가지 점에 대해서는 미리 간단하게 줄여보기로 한다.

첫째는, 기업간 관계의 분석이라 할 때, 채택할 분석상대는 주로 하청관계이다. 이것이 중소공업연구의 대부분이 하청관계를 의식하고 있는데 더하여, 금일과 같은 이업종교류나 전략적 제휴 등이 인식된 것은 1980년대 후반이 되고 부터이다.

둘째는, 문제성 시점이다. 효율성·경제성 시점, 각각은 주장하는 시대배경이 있는 것이다. 문제성 시점이 주장된 것은 2차 세계대전 전 중소기업문제가 독점자본주의의 구조모순의 대표적 국면이며 구체적으로는 빈곤층문제로 의식되어, 전후에도 2층 구조형태로 대기업과의 격차문제로 의식되었기 때문이다. 그 이론적 기반은 주로 마르크스의 경제학이었다. 이것에 대해, 효율성·경제성 시점은 두 번의 오일쇼크를 넘어 강한 국제경쟁력을 가지기에 이르게 된 기계공업의 하청생산시스템의 세계적인 주목이었다. 그리고 그 효율성 발생의 메커니즘 해명이 단서가 되고 있다.

따라서 효율성·경제성 시점에서의 연구의 제일원류는 같은 전방향의 중소기업관을 이전부터 제기해 온 중견기업론이나 벤처 비지니스론이고, 제2의 원류는 미국에서 발전한 거래코스트론이었다. 80년대 후반부터 정보네트워크화의 급속한 진전이 이업종교류나 전략적 제휴의 활성화에 직면하여 네트워크조직론이 전개하게 되었다. 이상의 두 가지 점을 시작으로 압축하고 각각의 시점에서 연구를 리뷰(되돌아보기)하고자 한다.

(3) 산업기술의 연구

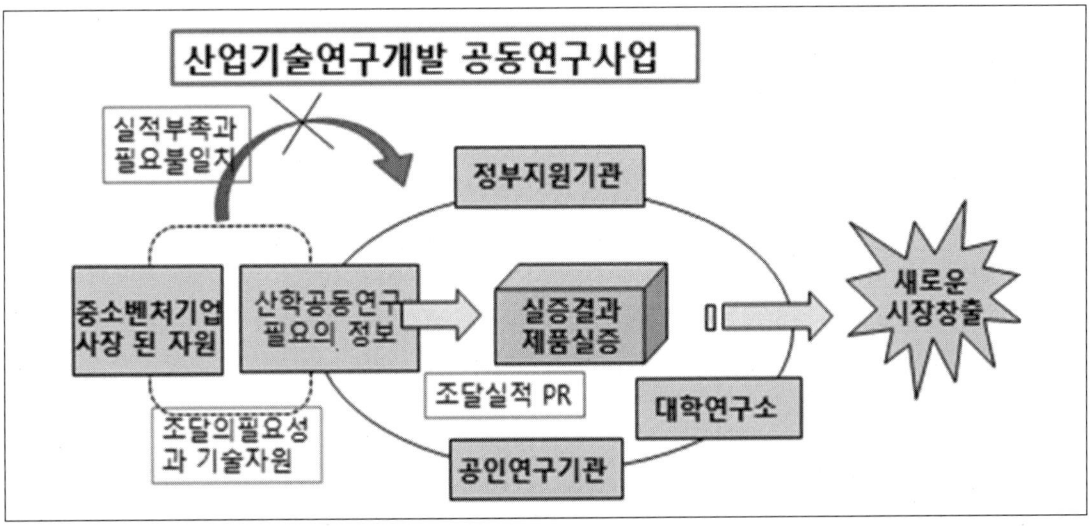

| 그림 7-5 | **산업기술 연구개발 모형**

❷ 중소기업의 문제성

(1) 구조모순의 시점

제1의 문제성 시점에서 연구의 원점은 독점자본에 의한 중소기업의 지배. 수탈이라는 관점의 연구이다. 여기에는, 중소기업은 한편으로 국민경제에 점유하는 지위와 역할에서 보아 경제발전에 크게 기여하고 성장. 발전이 전망되지만, 다른 한편으로는 독점적 대기업의 우월적 지위에 의한 지배대상으로 수획(收獲)되는 모순된 입장으로 연결된다고 한다.

구조적인 모순의 문제로 중소기업 문제가 논의된다. 이 문제란, 이론적으로는 기업간 경쟁압력으로 유기적 구성의 고도화가 강화된 대기업이, 유기적 구성이 상대적으로 낮은 중소기업에서 착취한 잉여가치 이윤의 일부를 수탈하지 않으면 안되게 된다라는 것이다. 또한, 이와 같은 이론을 적용하면 성장 중소기업은 자본의 유기적 구성의 고도화를 이루고, 고도생산성을 발휘하여 이와 같은 수탈을 피하여 희생을 다른 중소기업에 넘기는 것과 같은 중소기업이 된다.

구조모순시점의 기본적 내용이론이 기업간 관계의 분석에 응용될 경우에는 중소기업의 존립형태 논(論)이라는 형태를 취한다. 예를 들면, 마르크스주의적 중소기업론의 대표예인 후지다(藤田, 1965)는 독점자본주의의 단계에서 중소기업의 자본축적이 극단으로 곤란한 경우에도 중소기업의 존립은 가능했으며, 그 존립조건의 하나로 중소기업의 대표적인 존속(存續)적 형태로 하청제, 기업계열이 있다. 따라서 의논은 한결같이 중소기업의 존립형태에 대한 논의이고, 문제의식도 독점체는 중소기업을 고의로 온존(溫存)시켜 이것을 수탈대상으로 한다는 입장을 뚜렷하게 일관하여 지속해 왔다는 것이다.

또한, 근년에는 강한 국제경쟁력의 원천으로 하청분업생산시스템 기업을 들고 그 효율성도 문제성의 본질에 둔 의논이 있다. 한 예로, 선(選, 1987)을 보면 먼저 하청분업생산시스템은 국제경쟁력 강화에 대하여 극히 효율적이고 합리적이며, 친기업과 보완적인 상호 의존관계를 가진 생산성의 시스템으로 되어 있다. 그러나 하청분업생산시스템은 생산관계와 생산력의 양측면을 통일적으로 보면 한편으로는 독자적으로 높은 기술력·개발력을 가지며 자립성이 강한 하청중소기업의 성장에 이바지해 왔으나, 다른 한 편에서는 하청중소기업 간의 격차를 확대하고, 2차 하청, 3차 하청이란 단계적 기업구조를 형성하고 하청중소기업의 선별. 정리를 해 왔다라고 평가된다. 결과적으로는 하청분업생산시스템의 전개는 친기업과 하청중소기업 간 임금격차의 축소경향에 머물지 않고, 반대로 1차 하청의 성장 중소기업을 포함한 임금격차의 확대경향으로 이어지는 본질적인 문제가 있다라는 입장도 그 본래의 문제의식에서 보면 구조모순시점에 포함시킬 수 있다.

(2) 구조모순 시점(視點, 觀點)의 비판

그러나 이상과 같은 초기의 구조모순시점은 수탈·지배의 반복이나, 경직된 시각이다라는 비판을 초래하게 된다. 그의 문제의식은 중소기업문제를 현대자본주의의 구조모순으로 파악하는 시점을 유지하면서도 구조모순시점의 경직화를 배제하고, 문제로서 중소기업을 먼저 제1의 적으로는 피지배층으로 설정하지 않고, 즉시적으로 경쟁하는 중소기업으로 설정하여 이것이 금일의 대기업체제의 원천이 되도록 하는 논리와 메커니즘 및 새 국면을 통해 피지배상태에 있는지를 해명할 필요가 있다.

우리들은 문제되는 기업간 관계의 분석차원에서 경쟁론적 어프로치에 의한 하청문제의 분석을 볼 필요가 있다. 여기에는 친기업이 하청과 외주관리를 통하여 하청기업 간의 경쟁을 조작·관리하고, 매수독과점적 시장지배력을 행사함으로써 하청중소기업의 이윤을 계속 조여 최소한의 이윤까지 수탈하는 메커니즘이 해명된다. 이와 같은, 경쟁논적 어프로치는 친기업 간의 경쟁관계, 하청중소기업 독자의 경영전략, 지역과 공업집적을 시야에 둔 연구가 이어지고 있다.

지금 한 가지, 종래의 구조모순시점의 반성으로 제출된 것이 하청단가결정론이다. 하청단가결정방식의 고찰을 축으로 친기업이 하청기업에 대해 지배력을 갖게 되는 메커니즘을 논하였다. 이 경우에,

- 하청관계를 특별 처방품으로 외주생산에서 발주자·원청기업이 수주자 하청기업에 대해 매수로서 시장지배력을 행사하는 거래관계가 되는 점
- 하청단가의 경기가 뚜렷하게 변동되는 경우를 제외하고는 하청기업의 최저한 재생산을 보증하는 비용으로 링크한다라는 점에서, 넓은 의미에서 문제성 시점의 기본적인 문제의식을 계승하고 있다는 것이다.

❸ 기업간 관계의 효율성. 경제성과 시점

제2의 효율성·경제성 시점에서 연구는 주로 1980년대에 거래 코스트론이나 중간조직론의 응용으로 발전하였다. 따라서 분석대상이 된 초기단계는 기업간 관계 중에서도 특히 하청관계, 하청생산시스템이었다. 그러나 현재는 보다 넓은 네트워크형 산업조직·기업간 관계가 부상하게 되었다.

(1) 기업간 조직의 생산성 시점

효율성·경제성 시점의 내용과 이것의 분석시각은 다양한데, 하나의 전형은 항(港, 1984)의 기업간 조직의 생산성 시점의 연구에서 볼 수 있다. 기업간 조직의 생산성 시점의 연구목적은 사회적 분업의 한 형태인 하청생산시스템이 여러 외국에 비교하여 높은 생산성과 효율성이 생기는 메커니즘의 해명에 있다. 이 경우 하청기업과 친기업이 기능적으로 통합이 되어있다는 사실의 인식이 전제돼 있다.

기능적인 통합이란 다시 말하여 친기업과 하청기업 사이의 통제. 권한의 수용이란 관계가 성립돼 있는 것이다. 처음부터 하청기업이 이와 같은 관계를 구축한데 기인하여, 친기업의

경영자원(시장·기술·자금)에 의존함으로써 성장이 가능한 점에 있다. 그렇지만 다른 한편, 친기업의 경영자원(시장·기술·자금)에 대한 의존은 친기업에 하청기업을 통제하는 권한을 주게 된다. 그리고 이와 같이하여 성립된 것이 친기업과 하청기업 사이의 통제·권한의 수용이란 관계가 된다.

이와 같은 관계로 효율성이 발생하는 논리는 다음과 같이 요약된다.

- 중층적(重層的)·계층적인 하청생산의 근본에는 정보전달상 기업간 커뮤니케이션으로 코스트를 낮게 유지할 수 있고, 하청기업의 수가 한정되므로 밀도 높은 정보파악이 가능하게 된다.
- 장기적 거래에 따라 새로운 하청기업을 개척하기 위해 정보탐색 코스트를 절약할 수 있고, 하청기업측에 학습효과를 발휘하도록 도와줄 수 있게 된다. 또한 하청기업의 성장에 따르는 성장의 이익, 리스크 분담이란 의미의 분업의 이익, 기술이전과 촉진효과 등을 얻을 수 있다. 그리고 장기적 거래의 바닥에는 하청기업의 기회주의적 행동이 하청기업이 잠재적인 경쟁상태에 있음으로 억제된다는 것이다.

이상과 같은 효율성 시점에서 초기의 연구를 일컬어 거래코스트론 또는 그 응용으로써 중간조직론을 이론적 배경으로 하고 있다. 그리고 이하에 중간조직론을 개요적 관찰을 하려고 한다. 여기서 말하는 중간이란 시장과 조직의 중간이고, 처음부터 중간조직론은 거래코스트론의 시장과 조직의 2분법에 대한 비판에 대응하는 것을 말한다.

시장과 조직을 분석할 때 구체적인 분석차원은 결정원리와 멤버십이다. 즉, 결정원리에 대해서는 ① 자유교환(시장에서의 결정)과 ② 권한에 의한 명령(조직에서의 결정)이 대치되고, 멤버십은 ① 자유로운 참여와. 퇴출(시장에서의 멤버십)과 ② 고정적·통계적 관계(조직에서의 멤버십)이 대치된다. 그리고 하청·계열관계 등 기업간 관계는 시장과 내부조직 양쪽의 장점을 가짐으로 평가하고, 이와 같은 관계조직을 중간조직이라 부른다. 아울러, 중간조직에서의 권한에 대해서는 해당조직에 의해 전략적으로 중요하면서 희소한 자원의 소유자에 발생한다라는 것이다.

이상과 같이 앞의 기업간 조직의 생산성 시점의 연구는 중간조직론의 연장선상에 있음을 알 수 있다. 그런데, 기업간 조직의 생산성 시점은 그 후 네트워크 조직론에 의해 대체되게 된다.

3-2. 네트워크 조직론

현 단계에서 중간조직론을 대신하여 네트워크 조직론이 주장된 것은 거래 코스트나 중간조직에서 이업종교류나 전략적 제휴 등의 새로운 형태의 기업간 관계는 분석이 불가능하였기 때문이다. 여기서는 이 점을 의식하고 두 가지 다른 네트워크 조직론에 대해 그 요점을 보기로 한다.

❶ 제1의 네트워크 조직과 실효성

네트워크 조직론이 중간조직론이나 기업간 조직 생산성 시점의 연구와 큰 차이점은 다음과 같은 점이다. 즉, 지금까지의 조직연구는 주로 조직을 대상으로 하고 이로 인해 권한이나 권력 등의 개념을 중시하고 관리자의 역할에 주목한데 대해, 네트워크 분석에서는 주로 수평형 조직을 대상으로 하고, 네트워크의 밀도가 연결성과 어떤 개념을 사용하는지, 조직간 이어지는 경계인(경계자)의 역할에 주목하고, 또한 우발적 자연발생적 연결이 만들어져 가는 창발적인 네트워크에 주목함으로써 조직전개와 발전의 다이나믹즘(활동적 특성)을 취할 수 있는 점이다.

또한, 오늘날에는 특히 정보네트워크 조직 = 시장과 조직을 초월하는 조직에 초점을 맞추고 있다. 여기서 초월조직이란 사람과 사람의 상호작용 가운데 의미를 더해가는 동적정보를 정보네트워크에서 시너지효과를 기대할 수 있다는 점이다. 그리고 이와 같은 네트워크는 신뢰관계에 기초한 사회적 교환과 기본적인 계약에 기초한 경제적 교환이 조합되어 시작하고, 밸런스를 취한 호주적(濠州的)인 관계를 준다. 네트워크 조직에서 주목하는 것은 시장과 조직체를 연결하는 새로운 시스템은 연쇄형 조직의 네트워크의 분석이다. 여기서, 연쇄형 조직이 장래의 분립형 분업과 다른 점은 재활동이 연결한 결합된 형태의 분업이라는 점이다.

그리고 이와 같은 연쇄형 조직이 형성되는 근거 또는 연쇄형 조직내의 권력과 협조의 조정 메커니즘에 대해 다음과 같은 논이 있다. 연쇄형 조직이 형성되는 것은 연결의 경제성이며 구체적으로는

- 정보연결의 시너지효과
- 주체의 행동양식에서 학습효과
- 신뢰 재(財, 資産)의 구축효과 거래코스트
- 거래코스트(정보코스트, 결재코스트, 재고코스트)의 절약을 추구하기 때문이다.

이렇게 형성된 연쇄형 조직내의 권력과 협조형 조정메커니즘에 대해 두 가지 유형으로 표시된다. 즉, ① 노드(結節)형 기업을 중심으로 한 통제형/단단한 결합의 경우이다. 그리고 ② 후자는 신사업, 신제품, 신기술 등의 개발형의 성격을 가진 점이다.

지금까지, 두 가지 네트워크 조직론에 대해 대체적으로 관찰해 왔는데, 어느 쪽 논의라도 특히 중소기업의 기업간 관계에 초점을 둔 논의는 아니다. 그러나 중소기업의 기업간 관계를 네트워크형 산업조직이라 할 때 이상과 같은 의논을 전제한 것은 나카무라(中村, 1992)가 80년대 중견기업 이노베이션의 원천으로 연결의 경제성추구를 한 것도 참조한다. 더욱, 네트워크형 산업조직시점과 접점은 네트워크 조직형성을 통해, 중소·중견기업의 성장가능성이 높아진다는 면에서 구할 수 있다. 단, 여기서 주의하지 않으면 안 될 점은 금일의 기업간 관계를 네트워크형 산업구조라 부르는 것과 네트워크 조직론을 주장하는 것과 완전히 같지 않다는 것이다. 이것은, 후자가 간단히 기업간 관계의 분석에 머물지 않고 네트워킹 전략론의 내

용을 갖기 때문이다. 따라서 이하에는 금일의 기업간 관계를 네트워크형 산업조직이라 부르는 경우 네트워크형 산업조직 시점을 넘어, 네트워크 조직론과 구별하여야 한다.

❷ 메이커와 서플라이어(Supplier)간 관계

지금까지의 기업간 조직의 생산성시점이나 네트워크형 산업조직시점, 네트워크 조직론은 개별기업간 관계에 착안하여 보아도 시스템이나 관계의 총체로서 조직의 효율성·경제성·시너지효과의 분석을 주안점으로 하였다. 이것에 대해 개별의 기업간 관계에 한정하고 메이커와 서플라이어의 관계를 유형화하고, 관계계속의 메커니즘과 서플라이어의 진화과정을 논한 연구가 있다.

거래 코스트론을 기초로 제품모델의 개발부터 양산(量産)단계까지의 계약적 조립구조가 논해졌다. 이 경우 서플라이어는 그 제공하는 부품의 종류에 따라 貸與圖部品 메이커, 承認圖부품 메이커, 시판부품 메이커의 세 종류로 분류된다. 그리고 관계에서 특유의 기능향상을 기초로 한 대여도 부품메이커에서 승인도 메이커로 발전이 중요하다. 서플라이어의 진화과정으로 파악되고 있다.

3-3. 중소기업간 관계의 필요성과 과제

이상에서 본 두 가지 분석시각의 문제성시점과, 효율성·경제성시점은 중소기업연구 중에서 기업간 관계가 될때 전형이 진행되는 것이다. 이 두 가지의 분류시각 입장에 중소기업의 기업간 관계를 논할 때 기본적인 스텐스나 원점을 볼 수 있다. 아울러, 현 단계에서 중소기업이 처해있는 상황이나 이업종교류나 전략적 제휴 등의 새로운 기업간 관계의 출현에 비추어 이와 같은 두 가지 시각이 어떠한 의의와 한계를 가지는지 검토함으로써, 우리들의 금후 기본적인 분석시각을 밝힐 수 있을 것으로 생각된다.

❶ 문제성 시점에 대한 비판과 효율성. 경제성 시점의 평가

첫째로 문제성 시점의 비판을 보기로 한다. 문제성 시점의 최초의 비판은 1955년대 후반부터 중견기업론이나 1969년대부터의 벤처비즈니스론의 입장에서 나타났다. 일컬어, 중소기업성장 시점에서의 비판이다.

그 전형(典型)은 중소기업은 독점자본의 수탈대상으로 한편으로는 몰락되고, 다른 편으로는 유지 존속되는 기업층으로 규정하고, 중소기업의 성장은 환상에 그치지 않는다와 같은 도식(圖式)에서는 경제문제를 정치화하는 것이 가능하지만, 독점과 독과점의 폐해를 개선하기 위한 적극적인 문제제기도 또한 중소기업혁신과제를 제기하는 것도 불가능하다라는 것이다.

네트워크형 산업조직 시점에서 비판은 문제성 시점과 같이 대기업과 중소기업과의 관계를 피라미드형 산업조직으로 단순화하는 것은 완전히 퇴보되고, 다원화하고, 다이나믹하게 변화하는 양자의 관계를 볼 수 없게된다가 되는 것이다. 말을 바꾸어보면, 현 단계에서 중소기업의 기업간 관계를 종래와 같이 기업규모간 격차의 이용으로 성립된 피라미드형 산업조직으로 다루는 것은 적당하지 않다로 보는 것이다. 이와 같은 비판은 중소기업성장 시점에서 비판과 본질적으로는 변함이 없다. 왜냐하면, 금일의 네트워크형 산업조직 시점은 중견기업론이나 벤처 비즈니스론과 동일한 중소기업관을 전제로 하기 때문이다. 이것에 대해 효율성·경제성 시점에 대한 비판은 어떠한 것인가. 효율성·경제성 시점이 기본적으로 중소기업성장 시점의 연장에 있다고 보면, 문제성 시점에서의 중소기업성장 시점의 비판을 먼저 볼 필요가 있다.

일반적으로 문제성 시점은 중소기업성장 시점이란 중견기업, 벤처, 비즈니스라 부르는 성공사례는 일부를 제외하고 과대한 평가이고, 또한 중소기업의 발전성장 유형을 논하는 것만으로는 중소기업간 문제해결의 기본방향에 대해 과학적 해명을 하는 것은 불가능하다고 한다. 아울러 네트워크형 산업조직시점에 대해서는 특히, 하청관계의 평가와 관련하여 (하청)중소기업의 기술수준이 향상되는 것이나 (하청)중소기업이 거래처를 다각화한 것과, 지배·종속관계와 쌍방을 분석시야에 넣을 필요가 있다는 비판이 있다. 이 시점(관점)에서 보면, 네트워크·네트워크형 산업조직을 형성한 거래관계는 바로 대등한 거래관계에 이어지지 않는다. 네트워크형 산업조직을 종래의 단계적 기업구조로 치환하거나, 네트워크형 산업조직과 단계적 기업구조의 병존을 간단히 주장하거나 하는 착오가 된다. 이와 같은 비판은 지배·종속관계나 계층적 기업구조를 무시하는 의미로 앞에서 본 메이커와 서플라이어간 관계의 분석과도 비교된다.

❷ 기업실패의 원인과 재기의 자원

기업이 쇠퇴를 방지하고 지속적으로 활로를 이어가려면 쇠퇴되는 원인을 찾아 이를 제거함으로서 성장세를 이어갈 수 있을 것이다. 우리가 기업을 경영하면서 자신도 모르게 실패의 길로 가고 있는 것은 과연 무엇일까?

(1) 성공이 실패를 가져 온다

기업을 창업하여 천신만고의 실연(實練)을 겪으며 성장기를 지나 성숙기에 접어들면 안일한 생각이나 우월적 자만심에 빠지기 쉽다. 이러한 함정에 빠지면 성공한 자의 자만심으로 변하여 자기독선으로 중지를 모을 기회를 상실하게 되어 합리적인 전략이나 화합된 실행이 어려워 업무능률을 높이기 어려진다.

(2) 성장일변도 경영

사람이나 기업이나 능력에는 한계가 있다. 그렇기 때문에 한계를 어떻게 넓혀 나가느냐가 중요하다. 사람은 자기분수를 모르고 기업은 자체역량을 넘어 질주하게 되면 반듯이 과부하에 직면하게 된다. 이때 수습역량이 부족하게 되면 어려운 시련을 격게 된다. 역량성장에 비례하여 기업을 확장하여 나가는 것이 안전경영 정도인가 싶다.

(3) 고질적인 습관이 야기하는 위험

일상의 습관은 우리생활에 여러 가지로 영향을 준다. 우리의 속담에 세 살적 버릇이 여든까지 간다라는 말이 있듯이 생활습관은 건강에도 영향주고 기업업무효율에도 영향을 미치고 있다. 사고란 우연히 또는 도발적으로 생기는 것보다는 주의신호나 위험의 경고를 먼저 받게 된다. 이때 이를 무시하고 질주하면 큰 재앙에 부딪치게 된다.

(4) 성공이 그를 망친다.

소승(小勝)이 대욕(大欲)을 일으켜 과욕하게 되면 무분별한 방만한 경영에 진입하게 된다. 사람도 기업도 나름대로의 그릇이 있다. 그 그릇의 용량에 초과하여 주입하면 넘쳐나거나 잘못하면 용기자체를 파손으로 가져갈 우려가 있다. 무분별한 방만경영은 성장확장의 장을 넘어 자기파멸이라는 무서운 결과를 자초할 우려가 있다.

(5) 명맥유지야 파멸이야

(1), (2), (3), (4)의 지적사항대로 실태가 나타나면 기업은 유지발전하기 어려울 것이다. 그러나 개과천선(改過遷善)의 길은 기업을 알차고 보람되게 길러 사회에 보답하는 계기가 될 수도 있다.

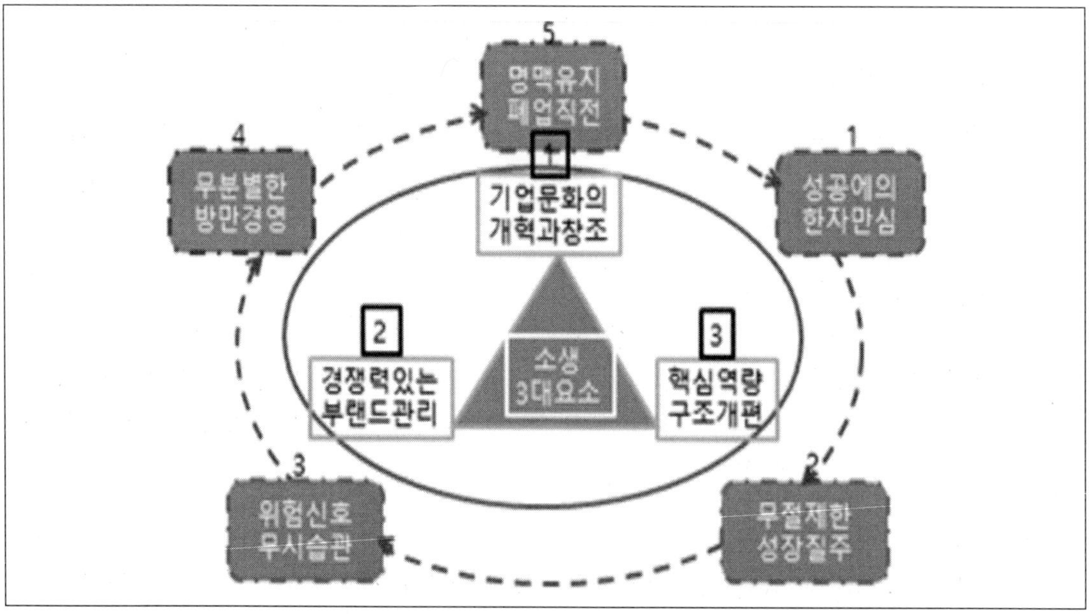

| 그림 7-6 | 기업의 성장 패망의 순서와 재기의 순서

❸ 재생, 재기의 3대원칙과 요소

(1) 재생의 세 가지 원칙

- 기업문화의 개혁과 창조
- 경쟁력 있는 브랜드관리
- 핵심역량과 구조개혁

이상의 재생 3원칙을 효율적으로 실행할 것인가? 영향 관계도를 보며 관계성을 이어가 효율속성의 방향을 찾아낼 것인가?

3-4. 영향관계도 따라 방향추적

❶ 기업문화 개혁과 창조

기업문화는 구태구습에서 벗어나 새로운 창조문화로 혁신되지 않으면 기업은 경쟁 대열에서 낙오를 면하기 어려워 질 것이다. 개혁이란 시대조류에 맞지 않는 전통적 또는 세습적, 습관적인 문화에서 벗어나 창조적인 것으로 대치되는 개혁이 이루어 졌을때 재생의 기회로 회생성장을 이어나갈 수 있을 것이다.

❷ 경쟁력 있는 브랜드관리

기존의 제품을 수정 보완하여 기존고객의 신뢰를 높임으로서 시장의 점유율이 유지되고 매출의 지속성이 이어지는 관리제도로 안정적이기는 하나 획기적인 발전은 이루기 어렵다. 경쟁력 있는 새로운 브랜드(상품)를 도입하여 시장영역을 높이는 것도 재생방법의 한 축이 될 수 있다.

❸ 핵심역량과 구조개혁

구조개혁 없이는 혁신도 없다. 핵심역량을 강화하려면 혁신체제로 구조개혁이 이루어져야 만이 가능해진다. 기업의 핵심역량이란 연구개발, 생산품질, 판매신장의 3대 필수사항으로 이를 달성하기 위해서는 전사적 노력이 뒷받침할 때 신생하는 활력은 재생의 문이 활짝 열려질 것이다.

❹ 필요로 하는 시점

여기서는, 지금까지 보아온 문제성시점과 효율성·경제성시점의 내용 또는 각각의 비판을 통해, 현 단계에서 중소기업의 기업간 관계분석상 필요로 하는 시점에 대해 검토코자 한다.

첫째, 우리들은 중소기업연구의 궁극적 목적은 중소기업의 발전을 위해 그 장해가 되는 문제의 해결책을 고찰할 필요가 있을 것으로 생각된다. 그 의미에서 중소기업연구에서 무엇보다도 중소기업성장의 사실과 가능성, 즉 중소기업에서 연구개발력, 마케팅력, 경영관리의 향상(질적 기업성장이라 함), 또는 기업규모의 확대(양적기업성장이라 함)를 정당히 인정하지 않으면 안 된다. 말을 바꾸어보면, 꿈도 희망도 있는 인간활약의 장(사토1989)의 중소기업의 위치 매김이 필요하다라고 하는 것이다.

그리고 이와 같은 위치 매김을 하기 위해서는 각각의 중소기업에 독자자본에 의한 수탈대상으로 파악하는 것은 적당치 않다. 왜냐하면 수탈되는 중소기업으로 가정하면 하청기업의 성장가능성은 극히 작아지기 때문이다. 질적 기업성장이든 양적 기업성장이든 간에 중소기업에서 이윤축적이 대전제가 되는 것 같다. 우리들은 이 의미에서 대기업과 중소기업과의 관계를 피라미드형 산업조직으로 단순화하는 것은 완전히 과거의 모델이고, 다원화하고 다이나믹으로 변화하는 양자의 관계를 보지 못하는 것이 되고 만다는 나까무라(1992)의 주장에 동의한다.

둘째, 필요로 하는 시점은 중소기업과 다른 기업이 기업간 관계에 지배종속관계를 가정하지 않는 시점이다. 지배종속이란 말의 용법은 논자에 따라 한결같지 않으나, 반대로 지배종속을 경영상의 의지결정에 개입 및 그 개입을 받아들이는 것으로 하여도 중요한 것은 그의 정도일 것이다. 바꾸어 말하면 통제·권한의 수용이 어느 범위까지인가, 권한의 수용에서 어느 정도의 강제력이 작용하거나 어떤가? 예를 들어 주식소유, 임원파워 등을 통한 개입, 통제의 범위는 상당히 넓은 것으로 생각되고 하청단가의 결정시 나타나는 것과 같은 형체의 개입도 생각된다. 또한, 임원파워나 자본참가에 대해서는 중소기업이 자사의 경영안정을 측정하기 위해 자주적·즉각적으로 개입을 받아들이는 것도 생각된다. 이와 같은 경우에는 지배·종속관계를 즉, 문제로 할 수 없을 것이다. 차음부터 우리들은 특정의 기업간 관계는 그 기업이 직면한(무엇인가) 환경에 대한 적응을 목적으로 구축되는 것으로 생각된다. 이 의미에는 효율성·경제성 시점의 효율성이나 경제성은 넓은 환경적응에서 성공의 결과로 생각해도 좋다.

이와 같은 생각이라면 기술혁신이 급속하게 진전되는 시대에는 각각 현장의 정보를 활성화하여 변화에 기민하게 적응할 필요가 있으며, 기업의 존속이 위기적인 상황에 있을 경우를 제외하면 과도의 개입은 환경에 대한 적응을 지연시켜 바람직하지 않다. 이것은, Hayek(1945)의 지적에 근거하고 있다.

참고 문헌

1. 일본형 하청생산시스템의 국제전이 가능성] [삼전상학연구](30권3호1987)
2. 이마이(今井)는 새로운 산업조직. 기업간관계를 시너지효과를 의도적으로 한 분업 즉 네트워크분업 으로서 특징을 부여 하다(343).

3. 이마이 1988, 339-343항, 또는 이마이. 가네꼬 1988, 가네꼬(金子) 1988 153-169항을 참조하였다. 여기서 말하는 사회적 교환이란 단순이 넓은 의미의[貸借:임대임차]
4. 나까무라(中村 1992) [피라미드형 산업조직]에 대비되는 것은, 나까무라(1985)에는 [네트워크형 산언조직]에 있고, 나까무라 1992의 시점에는, 네트워크 조직 나까무라(中村) 1977 2항
5. 自己革新を遂げて躍動する 中小企業. 小規模事業者 2013 White Paper on Small and MediumEnterprises in Japan 第2部
6. ターゲット. マーケティングにおける 顧客維持戰略の階層性 . 岩本 俊彦東京情報大學綜合情報學部 ビジネス學科 2009年 12

요 약

1. 네트워크형 산업조직의 특징은
   ① 자립성이 있는 기업의 연합·제휴라는 것, ② 그 리더십을 발휘하는 주체가 기업의 규모에 의한 것이 아닌 문제내지는 역할에 따라 교대하는 것, ③ 그 연대의 이면에는 가치관의 공유성 내지는 새로운 산업사회와, 이것에 대응하는 기업에 대해 이미지를 공유한다는 특징이 있다. 또한 청성(淸成, 1990)은, 다른 전문능력을 가진 복수의 기업이 새로운 가치를 창조하기 위해 자발적이고 대등하게 연대함으로써, 정보창조형의 네트워크형 기업간 관계가 형성된다고 한다.
2. 기업간 관계의 효율성·경제성과 시점
   제2의 효율성·경제성 시점에서 연구는 주로 1980년대에 거래코스트론이나 중간조직론의 응용으로 발전하였다. 따라서 분석대상이 된 초기단계는 기업간 관계 중에서도 특히 하청관계, 하청생산시스템이었다. 그러나 현재는 보다 넓은 네트워크형 산업조직·기업간 관계가 부상하게 되었다.
3. 메이커와 서플라이어간 관계
   지금까지의 기업간 조직의 생산성 시점이나 네트워크형 산업조직 시점, 네트워크 조직론은, 개별기업간 관계에 착안하여 보아도 시스템이나 관계의 총체로서 조직의 효율성·경제성·시너지효과의 분석을 주안점으로 하였다. 이것에 대해, 개별의 기업간 관계에 한정하고 메이커와 서플라이어의 관계를 유형화하고, 관계계속의 메커니즘과 서플라이어의 진화과정을 논한 연구가 있다.
4. 중소기업의 기업간 관계의 필요성과 과제
   두 가지 분석시각-문제성 시점과 효율성·경제성 시점은, 중소기업연구 중에서 기업간 관계가 될 때 전형이 진행되는 것이다. 이 두 가지의 분류시각·입장에 중소기업의 기업간 관계를 논할 때, 기본적인 스텐스나 원점을 볼 수 있다. 아울러, 현 단계에서 중소기업이 처해있는 상황이나 이업종교류나 전략적 제휴 등의 새로운 기업간 관계의 출현에 비추어, 이와 같은 두 가지 시각이 어떠한 의의와 한계를 가지는지 검토함으로써, 우리들의 금후 기본적인 분석시각을 밝힐 수 있을 것으로 생각된다.
5. 필요로 하는 시점
   지금까지 보아온 문제성 시점과 효율성·경제성 시점의 내용, 또는 각각의 비판을 통해, 현 단계에서 중소기업의 기업간 관계분석 상 필요로 하는 시점에 대해 검토코자 한다. 중소기업연구의 궁극적 목적은 중소기업의 발전을 위해 그 장해가 되는 문제의 해결책을 고찰할 필요가 있을 것으로 생각된다. 그 의미에서 중소기업연구에서 무엇보다도 중소기업 성장의 사실과 가능성, 즉 중소기업에서 연구개발 역량과 마케팅역량이다.

제8장

기업 성공을 위한 핵심키워드 업무구축

제1절 성공 기업은 억지로 강요하지 않는다
제2절 비즈니스 모델의 대 전환기 132113전기…
제3절 기업의 이슈와 글로벌화

제 1 절

성공 기업은 억지로 강요하지 않는다

성공 Point 1

1. **기회를 창조하라**

   기회를 창조하는 인물 하늘은 스스로 돕는자를 돕는다고 하지 않았는가? 신은 한 쪽문을 닫으면 반드시 다른 한 쪽문을 열어둔다라고 했다. 당신이 그 자리에 주저앉지만 않는다면 이 세상은 끊임없이 새로운 기회가 부여될 것이다. 기회가 없다는 말은 성공하지 못한 사람의 변명에 불과하다. 기회는 저절로 찾아오지 않는다. 오로지 당신의 행동을 통해 기회를 얻을 수 있는 것이다. 새로운 방법은 새로운 기회로 이어진다. 능력이 부족하면 새로운 기회를 얻기가 어렵다. 항상 스스로를 점검하고 실력을 향상시켜야 기회가 창조된다.

2. **자신의 행복보다 남의 행복을 먼저 생각하라**

   어려운 상황에 놓여있을 때 최선을 다하는 행위만큼 숭고한 것은 없다. 사람들은 남을 도와주기는 어렵지만 다른 사람을 위해서 최선을 다하면 반드시 행운과 부가 찾아온다. 이것은 단순한 정신론이 아니라 진리이기도 하다. 부를 축적하기 위한 비결은 이기적인 마음을 버리고 다른 사람을 위해 최선을 다하는 것이다. 그러면 당신이 바라던 바라지 않던 부가 필연적으로 다가오는 것이다.

제1절
성공 기업은 억지로 강요하지 않는다

1-1. 경영의 핵심 키워드로 모멘텀 이펙트

기업 경영의 핵심 키워드로 '모멘텀 이펙트(momentum effect)'를 꼽았다. 기업은 밀어붙이기 판매 대신 제품 자체가 스스로 잘 팔릴 수 있는 힘을 갖게 해야 한다. 이런 모멘텀 이펙트가 기업의 한 부분이 되면 자연스럽고도 효율적인 성장이 가능해진다 애플 아이폰 닌텐을 보라. 사지 않고는 못 견디게 만들어 이것이 기술집약적 사업 모멘텀이다.

기업은 수요를 제공하는 것이 아니라 수요를 창출하는 환경전환이 필요하다. 가상적 공간에 상상을 던져보는 것도 스스로 물살을 만드는 것이 될 수도 있다, 이것을 라레슈 교수는 '모멘텀 이펙트(momentum effect)'라고 이름 붙이고 있다. 모멘텀이란 눈덩이처럼 저절로 굴러가면서 커지는 힘을 말한다. 기업이 성공으로부터 스스로 에너지를 축적해 성장의 가속효과를 만들어내는 힘을 말한다. 마케팅 활동을 통해 제품을 고객에게 밀어붙이기(push marketing) 식으로 판매하는 것이 아니라, 제품 자체가 스스로 팔릴 수 있는 힘을 갖게 해야 한다는 의미다.

라레슈 교수는 세계 1000대(大) 기업의 20년 경영 성과에 대한 면밀한 분석을 시도, 성공 기업들의 공통점을 뽑아냈다. 그가 찾은 비밀의 열쇠가 바로 '모멘텀 이펙트'였다. "모멘텀이란 간단히 말해서 적은 것으로 더 많이 이루는 것"이라고 말했다.

기업이 고객들의 숨은 욕구와 가치를 찾아내 이를 제품화 한다면, 엄청난 마케팅과 영업비를 들이지 않고도 고객들이 그 제품을 구매할 수밖에 없을 것이다. 이처럼 고객들이 사지 않고는 못 견디게 만드는 위력적인 제안, 즉 '파워 오퍼(power offer)'를 제공하는 기업만이 모멘텀 이펙트를 누리며 효율적인 성장을 하게 된다.

마케팅하지 않고도 고객들이 사지 않고는 못 견디게 만드는 것은, 참 좋은 말이다. 하지만 세상의 어느 기업인들 그러고 싶지 않겠는가? 사실 모든 기업이 고객을 중요시 이야기한다. 그런데 어떤 기업은 고객에게 파워 오퍼를 제공하는 데 성공하고, 어떤 기업은 실패한다. 그 이유는 무엇인가?

기업은 소비자의 내면적인 욕구에서 새로운 상품 수요를 읽어내야 합니다. 예를 들어 닌텐도의 위(Wii)는 '몸을 움직이며 놀면 더 재밌다'는 소비자의 욕구를 정확히 간파한 제품입니다. 스카이프(Skype)의 경우를 보면 미국이나 유럽에 스카이프와 유사한 수많은 비즈니스 모델이 있었지만, 스카이프는 확실한 승자로 살아남았습니다. 프로그램을 다운받는 데 10초면 충분하고, 다운로드 후 바로 사용할 수 있다는 탁월한 장점 덕이죠. 스카이프 제품 사용자의 95%는 다른 이용자의 입소문을 듣고 가입한 사용자들입니다. 스카이프의 광고비 지출액은 제로(0)입니다. 이게 바로 모멘텀 이펙트이다.

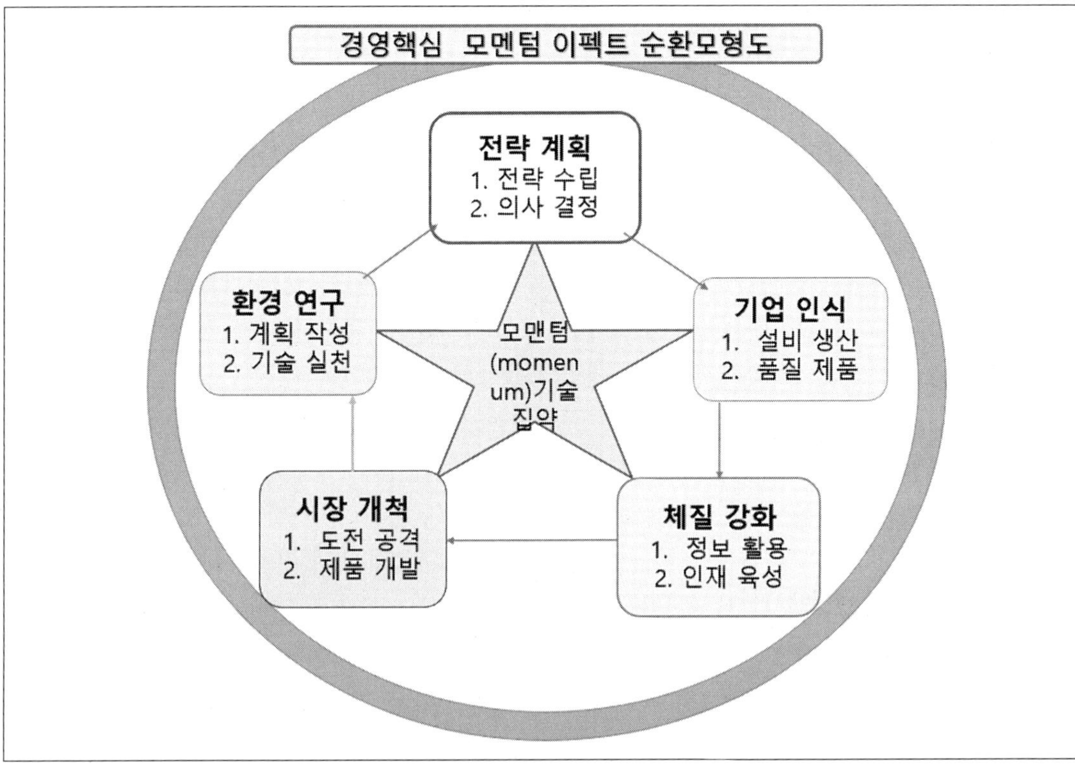

| 그림 8-1 | **경영의 핵심 키워드로 '모멘텀 이펙트'(momentum effect)**

반면 미국 자동차 회사처럼 대당 5,000달러 이상 광고비를 써가며 수요를 억지로 찾아내는 마케팅 전략은 소비자에 대한 인사이트가 전혀 없기 때문인가 싶습니다. 제품 개발 단계에서부터 소비자의 참여를 이끌어내 물건을 사지 않고는 못 배기는 '파워 오퍼'를 창출하는 것이 효과적인 필연이다. 그러기 위해선 실용(實用)의 차원을 떠나 이미지, 활력, 성능 면에서 소비자의 기호에 완벽하게 부합하는 제품을 만들어내는 것이 중요하다.

모멘텀으로 이끄는 강력한 인사이트를 얻는 방법을 제시하는 대목은 우리가 유의하여야할 대목이다. 전통적인 경영 분석만으로는 그런 인사이트를 얻을 수 없다. 경영자 관리자들은 사무실을 벗어나 고객들을 향해 열린 탐험의 과정에 동참하고 필요창의를 인출함이 필요하다.

은행 간부들은 줄을 서지 않고 은행 업무를 보고, 항공사 임원은 절대 이코노미 클래스를 타지 않으며, 자동차 회사 경영자들은 직접 운전을 하지 않습니다. 결국 이들은 제품이나 서비스를 고객과 같은 방식으로 경험할 수 없다, 그만큼 고객에게서 멀어지게 될 수밖에 없다. 고객과 몸으로 부닥칠 때 고객욕구를 인지할 수 있고 대책을 마련하는 시간이 짧아진다. 고위 임원들은 끼리끼리만 대화했고, 직원들을 맹신해 고객으로부터 멀어지고 말았다. 분석은 적게 하고, 탐험을 더 많이 하는 것이 효과성을 높인다.

모멘텀 창출력은 리더가 가진 비전(vision)의 강렬함에 의해서도 좌우된다. 일반적으로 전문 경영인보다는 기업 창업자들의 모멘텀 창출력이 강하고 좋다 창업자들은 돈보다는 세상을 바꾸겠다는 뚜렷한 목표가 있기 때문이다. 반면 창업세대 이후 전문 경영인들은 미래보다 현재의 실적이 중요하기 때문에 사람에 따라 모멘텀 창출력이 크게 차이가 난다.

IBM을 예로 든다면, 창업자 토마스 왓슨 부자는 발명가로서 좋은 성과를 냈었지만, 뒤에 CEO가 된 존 에이커스는 경영자로서 기업의 위기를 해결할 능력이 없었다. 그러나 다음 CEO인 루 거스너는 6개월간의 심사숙고 끝에 경영 컨설팅 서비스와 정보통신 솔루션을 함께 제공하는 돌파구를 찾아냈죠. 이 비즈니스모델 전환 후 IBM은 5년 동안 매해 20%의 성장을 이루어 냈다. 기업의 모멘텀 창출력은 기업의 올바른 방향 설정과 성장에 도움을 줄 수 있다.

그는 모멘텀 이펙트를 창출한 대표적 기업으로 애플과 닌텐도, BMW, 그리고 HSBC의 인터넷 다이렉트 뱅킹 서비스인 '퍼스트 다이렉트(First Direct)'를 꼽았다. 퍼스트 다이렉트는 대부분의 사람이 은행에 갖고 있는 불만을 개선해 새로운 인사이트(insight)를 찾은 케이스이다. 사람들은 어쩔 수 없이 은행을 이용하긴 하지만, 오래 기다려야 하는 불편함과 열악한 서비스 때문에 은행에 가는 걸 꺼려합니다.

퍼스트 다이렉트는 고객으로부터 이런 인사이트를 찾아내 전화를 기반으로 소액 거래 은행 서비스를 제공하는 지점 없는 직통 은행으로 만들어 졌습니다. 24시간 이용할 수 있고, 기다리지 않아도 되며 잘 교육된 직원들이 친절하게 상담을 해주는 등 고객들에게 절대 가치(absolute value)를 제공했습니다. 2년도 안 돼서 이 은행은 오프라인 은행들을 제치고 영국에서 가장 많이 추천받는 은행이 됐고, 지금까지 그 자리를 한 번도 놓친 일이 없습니다.

모멘텀 창출의 핵심적 요소로 입소문을 꼽는다. 퍼스트 다이렉트의 경우 기존 고객의 30%가 강력한 추천을 통해 새 고객을 끌어온다. 따라서 신규고객 유치 비용이 제로(0)다. 하지만 한때 강력한 모멘텀을 구축했다가 뒤에 잃어버린 기업도 있다. 라레슈 교수는 대표적 사례로 마이크로소프트를 지목했다.

마이크로소프트의 경우 20년간에 걸쳐 환상적인 모멘텀을 보여준 기업이지만, 몇 년 전부터 더 이상의 모멘텀이 없어졌다. 야후, 구글, 페이스북, 트위터와 같은 것을 발명했어야 했지만 이를 놓쳐 버렸다. 연간 수십억 달러의 연구 개발 예산과 수천 명의 직원을 갖고도 리더 부재로 모멘텀을 차자내지 못하고 불과 5명이 1년 동안 연구 발명한 제품을 만들지 못하고 뒤처지는 현상이 되었다.

1-2. 중소기업이 계속 중소기업인 이유

❶ 개요(槪要)

시대변화에 따른 시장변화에 대비는 기술 진보나 환율의 변동 등 근래에는 소비자 요구의 세분화나 글로벌리제이션의 진전 등 우리나라에 있어서의 중소기업을 둘러싼 환경은 크게 변화하고 있다. 중소기업은 여러 가지로 어렵고 곤란한 경험을 해 왔다. 그러나 이러한 역경에도 불구하고 중소기업은 우리나라에서 확고한 지위를 유지하고 있다. 80년대 이후 중소기업 수의 추이를 보면 많이 증가되었음을 알 수 있다. 또, 높은 기술력이나 서비스를 무기로 각각의 시장에서 높은 쉐어를 차지하는 중소기업도 많이 존재한다.

한편으로는 계속 성장해 주식을 상장한 기업이 있는가 하면, 강력한 경쟁력을 가지면서도 계속 중소기업을 유지하고 있는 기업이 대부분을 차지하고 있다는 것을 알 수 있다. 중소기업의 성장이라는 것은, 기업규모의 확대에 의해 대기업에 접근하는 것을 의미하는 것이 많지만, 중소기업 경영자로부터 규모의 확대는 목표로 하고 있지 않다라고 하는 것이 의외로 많다는 것이다.

이러한 사실로부터, 본권 에서는 중소기업이 활동하기 쉬운 영역이 존재하고, 그러한 영역에서 활동하는 중소기업에는 중소기업으로 계속해있는 것에 대한 적극적인 이유가 무엇인가?라는 가설을 가지고, 이것을 밝히는 것을 목적으로 했습니다.

구체적으로는, 문헌이나 통계 데이터를 참고로 하면서 조사의 골조를 굳혀 굿 컴퍼니 대상기업을 중심으로 긴 업력을 통해서 강한 경쟁력을 가지는 한편 중소기업 인으로 계속되는 기업인을 대상으로 실시해, 중소기업으로 계속 있는 이유 및 전략을 조사했다.

이러한 이유를 밝혀 우리나라를 지탱하는 중소기업들에게 유례없는 새로운 시각을 제시하고자 하는 뜻이 있음을 참고하시길 바랍니다. 본권 연구와는 다른 시점에서 중소기업의 성장을 분석하고 있어, 아울러 참고하여 주시가 바랍니다.

❷ 조사의 필요와 목적

(1) 조사의 목적

우리나라에서 중소기업의 수나 기업 전체에서 차지하는 구성비는 일관해서 높은 수준을 유지하고 있다. 또, 긴 역사를 가진 기업을 보면 후에 중소기업에서 대기업으로 확대 성장해 가는 기업이 존재하는 한편, 시장에서 강한 경쟁력을 가지면서도 중소기업으로서 일정한 규모를 유지하고 있는 기업이 대부분을 차지하는 것을 알 수 있다.

본권은 중소기업이 오랫동안 안정적인 지위를 차지하고 있는 가운데, 강한 경쟁력을 가진 중소기업(강소기업)을 대상으로 그 전략을 밝히는 것을 목적으로 한다. 구체적으로는 기업의 규모에 대해서는 일반적인 기업 성장의 라이프 사이클에 의하지 않고 확대를 제일의로 하지 않는 중소기업의 전략 즉 중소기업이 계속 중소 강소 기업의 적극적인 이유에 주목해서 그 전략에 대해 조사를 실시하는 것이다.

(2) 조사방법(調査方法)

(a) 문헌·통계조사

문헌이나 통계 데이터를 이용해 매크로적으로 본 중소기업의 수나 재무 상황을 개관한 후 중소기업의 존립 기반 등에 관한 선행 연구를 참고로 해 본조사의 베이스가 되는 개념을 정리했다.

(b) 인터뷰 조사

굿 컴퍼니 대상기업 리스트를 중심으로 긴 업력을 통해서 강한 경쟁력을 가지는 한편 중소기업으로 계속되는 기업을 대상으로 인터뷰를 실시해 계속 되는 이유를 조사하여 정리한다.

1-3. 우리나라의 중소기업 위상

❶ 확고한 지위를 유지하는 중소기업

(1) 안정적인 추이를 보이는 중소기업

우리나라에서 중소기업은 지금까지 항상 약한 존재로 여겨져 왔다. 1972년의 중소기업 백서에서는 중소기업의 이미지 조사 결과를 공표하고 있지만 이것에 의하면 이중 구조라고 하는 이미지로 연결되는 노동 조건의 나쁨 저소득층, 저생산성, 불안정, 금융, 경기변동에 약함, 도산이라고 하는 이미지가 강한 실정이었다.

또 중소기업을 둘러싼 환경도 많이 변했고 중소기업은 여러 가지 어려움을 겪어왔다고 할 수 있다. 예를 들면, 80년대 후반보다 환율이 불안정 급격하게 진행되어 중소 제조업의 상당수는 수출가격의 하락과 그에 따른 수익의 악화를 경험하였다. 또, 90년대 이후에는 글로벌리제이션이 진전해 대기업에 의한 해외 진출이나 신흥국 기업과의 경쟁이라고 하는 환경 변화에 휩쓸리기도 했다.

그러나 이러한 역경에도 불구하고 중소기업들은 여전히 우리나라의 위상을 유지하고 있으며. 80년대 이후의 중소기업수의 추이를 보면 최근 감소 경향에 있는 업종도 있으나, 대략 80년대에 비해 상당이상의 수를 유지하고 있는 것을 알 수 있다.

또한 최근 중소기업에서 폐업률이 개업률을 상회하는 이른바 개폐업률 역전이 지적되고 있지만 2004~2006년에는 개업율이 상승 경향에 있으며 이에 따라 개폐업률도 개선 경향에 있다. 이상과 같이 중소기업은 수적으로 안정적으로 추이하고 개업율에 대해서도 상승 경향에 있으므로 신진대사도 여전히 활발하다는 것을 알 수 있다.

(2) 대기업을 능가하는 퍼포먼스

중소기업의 재무 상황에 대해서 우선 중소기업의 ROA를 대기업과 비교하면 대기업과 동등하거나 그 이상의 비율을 나타내고 있다. 또, 마찬가지로 중소기업의 부가가치율을 대기업과 비교하면, 소매 이외의 업종에 대해서는 대기업보다 높은 비율을 나타내고 있는 중소기업도 많다. 이상으로부터 큰 환경 변화에도 불구하고 재무 상황을 봐도 중소기업은 일정한 지위를 쌓아 올려 유지하고 있는 강소기업이 많이 있다는 것을 알 수 있다.

❷ 기존 가치관에 얽매이지 않는 중소기업의 존재

(1) 중소규모를 유지하는 적극적 이유

앞에서 서술한 바와 같이 중소기업은 지금까지 급격한 환경 불안정과 글로벌 경쟁 등 다양한 역경을 겪고 있음에도 불구하고 경제의 안정적인 지위를 계속 확보해 오고 있다. 특히 미디어를 중심으로 높은 기술력과 상상력을 무기로 강한 경쟁력을 가지며 글로벌 경쟁 중에서도 세계 시장에서 높은 점유율을 차지하는 중소기업인 강소기업이 소개되는 일도 많다.

이것들을 감안하면 어느 하나의 가설을 이끌어낼 수 있다. 그것은 중소기업이 중소기업이기 때문에 강한 경쟁력을 발휘할 수 있는 일정한 영역이 있고, 따라서 강한 경쟁력을 가지면서도 규모의 확대를 제일의로 삼지 않고 계속 중소기업을 유지하는 것은 아닌가 하는 것이다. 일반적으로 중소기업은 앞에서 서술한 것처럼 약한 존재로 간주되는 경향을 갖고 있다.

또 중소기업의 성장이라는 경우에는 기업규모의 확대에 의해 대기업에 접근하는 것을 의미하는 경우가 많다. 확실히 경제규모가 점점 확대 성장을 보이고, 그에 따라 시장도 항상 확대하는 사회에서는 대량생산을 위한 설비투자를 실시해 규모의 경제성에 의한 코스트 다운을 도모함으로써 경쟁 우위를 쌓아 올릴 수 있다. 특히 우리나라 경제에서는 휴전 후에 급격한 상승의 경제를 경험하고 있기 때문에 이러한 규모의 경제성 추구는 무시되는 경향이 강하다.

그러나 굿 컴퍼니 대상 기업 515사의 그 뒤를 보면 성장해 주식을 상장한 기업이 66사(전체의 13%)에 이르고 있다 결코 많은 수는 아니다. 그러나 그들 기업 중에는 세계 시장에서 활약하는 기업도 많이 있다, 그러한 대다수의 기업들은 계속 중소기업인 채로 남아 있는 것을 지적하고 있다. 그 중소기업들은 오랜 시간에 걸쳐 축적해온 기술을 한층더 갈고 닦고, 또 응용 분야를 펼쳐 강한 경쟁력을 가지는 제품과 서비스를 창조해 왔다.

그것이 세계 시장에서 높은 평가와 쉐어를 획득하고 있다. 그것을 가능하게 한 것은 글로벌리제이션의 진전이나 기술 혁신의 가속 수요의 다양화와 어지러운 변화에의 유연하고 신속한 대응이었던 것은 아닌가? 라고 분석된다. 있어 중소 규모인 것을 적극적으로 평가하고 있다. 굿 컴퍼니 대상 기업의 그 후 사례에서 보듯 중소기업이 계속 중소기업으로 남아 있는 데에는 소극적인 이유가 아니라 적극적인 이유가 있다고 생각된다. 거기서 중소기업이 활동하기 쉬운 영역 또 중소기업으로 계속 있는 적극적인 이유를 정리하고자 한다.

(2) 선행연구에서 보는 중소기업의 존립 기반

첫 번째, 중소기업 존립의 형태

서술한 바와 같이 중소기업에는 중소규모이기 때문에 강한 경쟁력을 발휘할 수 있는 일정한 영역이 있으며, 그러한 영역에서는 중소규모인 것에 소극적인 이유가 아니라 적극적인 이유가 있는 것을 생각할 수 있다. 그래서 선행연구를 바탕으로 중소기업의 존립 기반에 대한 가능성을 살펴본다.

우선 중소기업의 존립 기반에 대해서는 1960년~80년대에 걸쳐 활발하지만, 최근에는 그다지 많은 연구가 이루어지고 있지 않은 것이 현상이라고 할 수 있다. 이러한 일련의 논의에 대해 대표적인 것으로는 동일 산업에서 규모가 다른 기업이 동시에 존립할 수 있는 형태로서

(a) 중소기업이 대기업과 경쟁할 수 있고,

(b) 양자가 개별 기능을 완수하는 보완관계,

(c) 소기업이 경쟁에 의해 대기업을 압도하거나, 업종에서의 대기업 경영이 본래 성립되지 않는다고 하는 3가지를 들고 있다.

(a)에 대해서는, 이른바 하청 관계를 시사하고 있다고 말할 수 있다. 이즈미는 "대규모 경영이 유리한 산업에서 중소기업이 존립을 유지· 발전시킬 경우 대기업에 대해 보완적 관계를 영위하고 종속적 지위에 서야 한다고 했다.

(b)에 대해서 중소기업이 독점 불완전 시장을 가지는 산업에 있어서도 그 독립성이 절대적인 것은 많지 않다라고 지적해, 소기업이 경쟁에 의해 대기업을 압도한다고 하는 형태는 그다지 현실적이지 않다고 하고 있다.

(c)는 그 예외로 일부 업종에서의 대기업 경영이 본래 성립되지 않는 형태, 이른바 틈새시장의 존재를 시사하고 있다고 할 수 있다. 또, 타카하시(1955)에서는, 소기업을 존속시키는 요인으로서 산업내의 과점적 조건은 해당 산업내의 소기업의 존속을 가능하게 하고, 대기업은 프라이스 리더의 지위를 확보하고 있기 때문에, 소기업을 배제해도, 얻을 곳이 없다라고 여겨진다. 따라서 대기업의 독과점 시장에서도, 중소기업이 존립하는 한 형태가 있다고 생각할 수 있다.

이상을 정리하면 중소기업이 존립하는 형태로 (a) 경쟁시장, (b) 하청시장, © 니치시장, (d) 대기업 독과점시장이라는 4가지를 들 수 있다.

| 표 8-1 | **중소기업 존립 형태**

형태(形態)	내용(內容)
경합 시장	이 대기업과 중소기업이 경쟁할 수 있다.
하청 시장	대기업·중소기업 양쪽이 개별의 기능을 완수한다.
틈새 시장	산업종에서의 대기업 경영이 본래 성립되지 않는다.
대기업독점시장	대기업이 프라이슬리더의 지위를 확보하고 있기 때문에, 소기업을 배제하는 메리트가 크지 않다.

❸ 중소기업이 존립하는 이유

(1) 중소기업의 존립요인

중소기업이 존립하는 이유를 선행 연구를 바탕으로 정리하고자 한다. 이들을 포괄적으로 논의하고 있는 대표적인 연구로는 다카하시(1955)를 들 수 있다. 다카하시에 의하면 중소기업이 존립하는 요인으로서 다음과 같다.

(a) 소기업에서 대기업으로의 이행은 거액의 자본축적이 필요하기 때문에 성장에 상당히 긴 기간을 필요로 하는 것이다.

(b) 불완전경쟁은 소기업 형태의 시장을 보호하고, 소기업의 존립에 중요한 한 원인을 형성하고 있는 것이다.

(c) 산업 내의 과점적 조건은 해당 산업 내의 소기업의 존속을 가능하게 한다. 대기업들은 프라이슬리더의 지위를 확보하고 있어 소기업을 배제해도 얻을 것이 없다는 점이다.

(d) 경영자의 도박자적 태도를 들고 있다.

또, 나이토, 이케다(1995)에 의하면, 중소기업이 계속적으로 존속하는 일반적인 이유로서(타카하시(1955) 외에)

(e) 생산물에 관한 시장의 불완전성이 중소기업에 이익을 주는 것, ② 노동시장의 불완전성

(f) 중소기업이 기업가 자신에게 고용을 주고 있는 것

(g) 적정 규모가 중소기업 측에 있는 것

(h) 기술 발전에 의해, 소규모 단위의 생산이 가능해지는 것을 들고 있다.

이를 바탕으로 중소기업이 존립하고 있는 이유를 정리하면 다음과 같다.

| 표 8-2 | **중소기업이 존립하는 이유**

순서	중소기업이 존립하는 이유
1	중소기업에서 대기업으로 이행은 거액의 자본축적이 필요하기 때문에, 긴 기간을 필요하다
2	대기업이 프라이슬리더의 지위를 확보 때문에, 소기업을 배제해도 얻을 것이 없기 때문이다.
3	경영자의 도박자적 태도 때문이다.
4	생산물에 관한 시장의 불완전성이 중소기업에 이익을 주기 때문이다.
5	노동시장의 불완전성이 존재하기 때문이다.
6	중소기업이 기업인 자신에게 고용을 주기 때문이다.
7	적정 규모가 중소기업 측에 있기 때문이다.
8	기술 혁신등에 의해 소규모 단위의 생산이 가능해졌기 때문이다.

출처) 다카하시(1955) 및 나이토, 이케다(1995)를 바탕으로 미즈호 종합연구소 작성

중소 규모인 것의 장점으로서 오가와(1974)에 의하면, (a) 기업 목표에 대한 실행의 확실성, (b) 인간적 접촉이 도모하기 쉬운, (c) 대기업에 비해 높은 근로 의욕을 기대할 수 있는, (d) 중소기업의 탄력성(기민성, 관리비가 낮은 등), (e) 조직 구조가 간단, (f) 거대 기업의 눈에 띄지 않고 사업을 육성 가능, 이라고 하는 6가지를 들 수 있다.

| 표 8-3 | **중소규모라는 장점**

순서	중소규모 때문에 장점
1	기업 목표에 대한 실행의 확실성
2	인간적 접촉이 꾀하기 쉽다.
3	대기업에 비해 높은 근로 의욕을 기대할 수 있다.
4	중소기업의 탄력성(기민성, 관리비가 낮다 등)
5	조직 구조가 간단
6	거대 기업의 눈에 띄지 않고 사업을 육성 가능

1-4. 중소기업 존립과 형태

❶ 시장별로 보는 중소기업인 이유

앞서 서술한 대로 선행 연구를 바탕으로 중소기업 존립 형태 및 중소기업이 존립하는 이유를 정리할 수 있다. 본 조사에서는 이들 연구 성과를 기반으로 하여 중소기업 존립 형태별로 중소기업이 존립하는 이유를 적극적 이유 중간적 이유 소극적 이유로 정리했다. 이 중, 본권 조사에서는 적극적 이유를 상세하게 분석하고 자한다.

(1) 경쟁하는 시장

경쟁 시장에서는 중소기업인 계속의 적극적인 이유로서 수요 변동이 격렬한 시장이기 때문에 중소 규모인 것이 유리하다고 생각할 수 있다. 수요가 일정 정도 예상하고 대량 공급으로 높은 이윤을 누릴 수 있는 시장의 경우에는 대기업이 유리해 중소기업이 경쟁을 이겨내기는 어렵다. 중소기업이 대기업과 막상 경쟁하려면 그런 대량 공급이 어려운 시장이어야 한다.

이 외의 경합 시장에 있어서의 적극적인 이유로서는 대기업에의 성장 도중인 것이나, 소수 정예의 높은 근로 의욕을 가진 종업원만으로 활동하고 싶은 것을 들 수 있다. 소극적 이유로는 주식공개를 하면 단기적인 이윤을 좇을 수밖에 없다는 점을 들수 있다. 또 중간적 이유로 경영자가 도박적인 활동을 계속하고 싶어 한다는 점도 꼽힌다.

(2) 하청시장

하청시장에서의 적극적인 이유는 대기업보다 높은 이윤을 올리고 있는 것이 특징이라고 할 수 있다. 또 대기업으로의 성장도라는 점도 꼽힌다. 소극적 이유로는 경쟁시장처럼 주식공개를 하면 단기적인 이윤을 좇을 수밖에 없다는 점을 들 수 있다.

(3) 틈새시장

틈새시장에서의 적극적인 이유로서는 쇠퇴산업 또는 유망산업 등 항상 중소기업이 활동하기 쉬운 분야에 초점을 맞추고 있다는 점을 들 수 있다. 또, 수요 변동이 심한 시장이기 때문에, 중소기업인 것이 유리하다는 것 등도 들 수 있다. 한편, 중간적인 이유로는 시장 자체가 그다지 크지 않기 때문에 규모의 경제가 작동하지 않는다고 한 것 등을 들 수 있다.

(4) 대기업 독과점 시장

대기업 독과점 시장에서의 적극적인 이유로는 대기업에 주목받지 않고 계속 활동하고 싶다는 점을 들 수 있다. 또, 대기업으로의 성장 도중이나, 소수 정예의 높은 근로 의욕을 가진 종업원만으로 활동하고 싶은 것도 들 수 있다. 소극적인 이유로는 주식공개를 하면 단기적인 이윤을 좇을 수밖에 없기 때문이다.

(5) 각 시장 공통의 이유

각 시장에 있어서 전술(前述)한 바와 같은 이유를 특징으로서 들 수 있지만 한편 각 시장에 공통의 이유도 생각할 수 있다. 이러한 공통의 이유를 베이스로 각 시장에 맞추어 계속 중소기업으로 있는 이유에 특징이 나온다고 생각할 수 있다. 공통의 이유 중 우선 적극적인 이유로는 경기변동으로 부터 받을 리스크를 최소화하고 싶다는 생각과 중소규모가 경영자의 의사가 반영되기 쉽다는 점을 들 수 있다.

또, 중소기업의 기민성 유연성을 살리고 싶다고 한 것도 들 수 있다. 이러한 적극적인 이유는 일반적으로 중소기업의 메리트로서 널리 알려진 것이기도 하다. 중간적 이유로서 규모의 경제가 작용하지 않는 것이나, 시장규모가 작은 것, 고정비가 작은 것, 경영자가 현상에 만족하고 있는 것 등을 생각할 수 있다. 소극적 이유로는 각종 중소기업 시책을 받지 못하는 점, 경영자의 예견이 비관적인 점, 경영자가 대규모 기업을 관리할 능력이 없다는 점을 들 수 있다.

| 표 8-4 | **중소기업 존립 형태별 중소기업이 계속 중소기업인 이유**

구분	적극적 이유	중간적 이유	소극적 이유
경쟁 시장	수요변동이 심한 시장이기 때문에 중소규모인 것이 유리. 경영자가 고정화·안정화된 업무가 아니라, 항상 이노베이티브하게 활동하고 싶다. 거대기업으로의 성장 도중. 양대 기업보다 높은 이윤율을 올리고 있다. 소수 정예의, 높은 근로 의욕을 가진 종업원만으로 활동하고 싶습니다.	경영자가 도박적인 활동을 계속하고 싶다.	주식공개를 하면 단기적인 이윤을 추구하지 않을 수 없게 된다.
하청 시장	거대기업으로의 성장 중. 양대 기업보다 높은 이윤율을 올리고 있다.		대기업의 존재에 따라 하청거래를 유지하지 않을 수 없다.
틈새시장	쇠퇴산업 또는 유망산업 등, 항상 중소기업이 활동하기 쉬운 분야에 초점을 맞춰 활동하고 있다. 수요변동이 심한 시장이기 때문에 중소규모인 것이 유리해. 대기업에 주목받지 않고 활동을 계속하고 싶다. 경영자가 고정화·안정화된 업무가 아니라, 항상 이노베이티브하게 활동하고 싶다. 양대 기업보다 높은 이윤율을 올리고 있다. 소수 정예의, 높은 근로 의욕을 가진 종업원만으로 활동하고 싶습니다.	소규모 경제가 작동하지 않는다(최소 최적 규모가 작다). 장터 규모가 작다. 경영자가 도박적인 활동을 계속하고 싶다.	
대기업 독점 과점 시장	대기업에 주목받지 않고 활동을 계속하고 싶다. 거대기업으로의 성장 도중. 소수 정예의, 높은 근로 의욕을 가진 종업원만으로 활동하고 싶습니다.		주식공개를 하면 단기적인 이윤을 추구하지 않을 수 없게 된다.
각 시장 공통의 이유	경기 변동 등으로 인해 받는 리스크를 최소화하고 싶다. 중소규모가 경영자의 의사가 반영되기 쉽다. 중소기업의 기민성·유연성을 살리고 싶다(심플한 조직 구조, 조직 풍토의 침투 등).	소규모경제가 작동하지 않는다(최소.최적.규모가 작다). 장터 규모가 작다. 고정비가 작다. 경영자가 현상에 만족하고 있다(가족경영 등의 이유로).	각종 중소기업 시책을 받을 수 없게 된다. 경영자의 예견(외부 환경, 확대 의향)이 비관적. 경영자에게 대규모 기업을 관리할 능력이 없다.

용어 설명

모멘텀 이펙트(momentum effect) 눈덩이처럼 저절로 커지는 힘
파워 오퍼(power offer) 위력적인 제안,
퍼스트 다이렉트(First Direct) - 직통
절대 가치(absolute value)
빅 브러더(big brother) - 독재자
강렬한 충성(vibrant retention)
강렬한 연대(vibrant engagement)
탑 박스(top box) 매우 만족해
감정(emotion)
행동(motion)
운동(movement)

참고 문헌

1. 한국산업정보학회 논문집 제15권 제1호 2010.3 P 48, 임광혁 다품종 소량생산 공정을 위한 규칙기반 공정관리 시스템
2. 산업경제연구, 제10권 제1호, 1997/8, pp.212~213, 최원일, 김상조, 기업규모를 고려한 신제품개발전략과 신제품 성과의 관계에 관한 연구
3. 대한경영정보학화 경영정보연구 제28권 제1호 2009/3 PP.47~48 이재식 공급사슬관리의 핵심성공 요인과 추진유형이 기업의 경영성과에 미치는 영향
4. 창업기업의 기업가정신과 혁신성과와의 관계 연구, 호서대학교, 2011, 송재길
5. 창업의지의 영향요인에 관한 실증연구, 호서대학교, 2009 유연호
6. 창업의지 결정요인에 미치는 영향에 관한 한·중 비교연구, 숭실대학교, 2010 이기일
7. 벤처기업의 현황 및 문제점을 통한 활성화 방안연구, 2006 박범용

요 약

1. 경영의 핵심 모멘텀 이펙트
기업 경영의 핵심 키워드로 '모멘텀 이펙트(momentum effect)'를 꼽았다. 기업은 밀어 붙이기 판매 대신 제품 자체가 스스로 잘 팔릴 수 있는 힘을 갖게 해야 한다, 이런 모멘텀 이펙트가 기업의 한 부분이 되면 자연스럽고도 효율적인 성장이 가능해진다.

2. 기업은 소비자의 내면적인 욕구에 충족해야
모멘텀으로 이끄는 강력한 인사이트를 얻는 방법을 제시하는 대목은 우리가 유의하여야할 대목이다. 전통적인 경영 분석만으로는 그런 인사이트를 얻을 수 없다. 경영자 관리자들은 사무실을 벗어나 고객들을 향해 열린 '탐험의 과정에 동참하고 필요창의를 인출함이 필요하다.

3. 모멘텀 창출의 핵심적 요소로 입소문을 꼽는다.
퍼스트 다이렉트의 경우 기존 고객의 30%가 강력한 추천을 통해 새 고객을 끌어온다. 따라서 신규고객 유치 비용이 제로(0)다. 하지만 한때 강력한 모멘텀을 구축했다가 뒤에 잃어버린 기업도 있다. 라레슈 교수는 대표적 사례로 마이크로소프트를 지목했다.

4. 실패 위험을 줄이려면 어떻게?
해야 하나요. 기업이 저지르는 실수는 두 종류로 나눌 수 있다. 해야 할 일을 잊고 안 하는 실수(omission)와 행위를 했지만 엉뚱한 결과를 낳는 실수(commission)이다. 이 제품은 이미 30년 전에 나왔어야 할 제품이었는데, 30년 동안 생산을 안 한 것은 전자의 실수입니다. 그 후 소비자에 대한 설득 없이 생수를 출시한 것은 후자의 실수이다.

5. 고객의 욕구에 맞는 제품을 만든다는 것
이것은 세계 모든 기업의 기본적인 출발점이다. 모멘텀 설계 과정을 통해 최초의 모멘텀을 만들었다면, 이를 유지하고 지속하는 모멘텀 이펙트의 또 하나의 엔진, '모멘텀 실행'이 필요합니다. 애플은 아이팟에 이어 아이폰으로 고객의 '강렬한 충성(vibrant retention)'은 물론 '강렬한 연대(vibrant engagement)'까지 지속하게 만들었어요. 이는 모멘텀 실행의 대표적 성공 사례라 할 수 있습니다.

제2절

비즈니스 모델의 대 전환기

성공 Point 30

1. 전문지식을 갖춰라

어떤 분야의 성공자든 성공한 사람은 그 분야의 전문지식을 갖고 있다. 전문적인 식견을 가지무로서 관이 달라지고 정보 소화력과 창작력이 달라져 성공의 접근율이 높아지는 것이다. 다재다능(多才多能)한 재사(才士)보다는 한 가지라도 적용기술의 전문지식이 있는지 스스로를 돌아보는 자기 관리가 필요하다. 어설픈 기술자보다는 실무종사 경력이 필요하다.

2. 준비 보다는 행동하라

만반의 준비를 갖추고 시작하기에는 입지적 환경적 재정적 사정이 여의치 못할 경우가 많다. 미지의 세계란 완벽이란 누구도 예지하기 어렵다. 다소의 시련을 안고 행동하며 문제를 풀어가는 창조적 개발이 요구된다. 성공자는 만반의 준비를 갖출 때까지 기다리지 않는다. 사물은 불확실성과 변수를 가지고 있으며 전쟁을 치르면서 새로운 전략을 배우고 경영전선을 누비면서 새로운 경영모델을 착상한다.

제2절
비즈니스 모델의 大전환기

2-1. 서비스 빅뱅이 富 부른다. 제품 서비스 융합시대

❶ 기업의 부 창조 방식

기업들의 부(富)를 창조하는 방정식이 바뀌고 있다. 애플은 아이팟과 아이폰을 팔아서 실제 큰돈을 벌지 않는다. 아이튠스와 앱스토어를 연계한 서비스를 통해 막대한 부를 만들어낸다. 과거 하드웨어(HW) 생산업체였던 GE는 2007년 22.5%에 그쳤던 매출 대비 서비스업의 비중을 지난해 24.7%로 확대했다. 컴퓨터 회사였던 IBM은 서비스 분야에서 매출의 57.4%를 올린다.

서비스 산업이 급속도로 발전하면서 '서비스 빅뱅' 시대가 열리고 있다. 서비스 빅뱅이란 서비스 제공자와 사용자가 함께 가치를 창출해내는 새로운 차원의 '통합서비스 시스템'을 의미한다. 제조부문보다 연구개발, 마케팅, 재무 등의 서비스 분야가 21세기 기업의 부를 창출해주는 핵심으로 부상하고 있기 때문이다. 나아가 제품을 생산하는 일 자체가 아니라 제품과 서비스를 결합해 새로운 차원의 '고부가 서비스제품'을 만들어내는 '제품+서비스의 빅뱅'이 더 중요한 가치를 발휘하기 때문이다.

소비자는 이제 제품보다 서비스를 원한다. 서비스는 제품보다 더 큰 부가가치를 창출한다. 이로 인해 비즈니스 패러다임이 '제품기반(product-based)'에서 '서비스 기반(service-based)' 시대로 급속히 바뀌고 있다. 프랑스 최대 발전설비업체 알스톰은 2004년 5월, 연간 1조 원이 넘는 적자 때문에 파산위기로 내몰렸던 기업이다. 3억유로(약 4500억 원)의 정부지원금을 받고 5000여 명을 감원하는 구조조정 끝에 3년 만에 정상궤도에 오른다.

❷ 비즈니스 모델의 전환

어떻게 이렇게 일찍 정상화할 수 있었을까. 여기에는 비즈니스 모델의 전환이 큰 몫을 했다. 알스톰은 원래 열차와 전력 생산, 신호·차량통제시스템 생산과 같은 제조업 중심의 비즈니스 모델을 갖고 있었다. 이 때문에 1995년 매출은 약 1조4000억 원에 그쳤다. 알스톰은 2000년 들어 고객의 니즈가 바뀌는 것을 간파했다. 차량의 운영과 유지, 개·보수, 부품 공급 등 서비스에 대한 요구가 분출했기 때문이다. 이에 대응해 회사 측은 기차 관련 통합 솔루션(기차+서비스)을 제공하는 서비스 회사로 대전환을 시도했다.

기차 시스템 디자인을 비롯해 기차의 전 생애주기에 대한 관리를 회사의 기본 사업모델로 했다. 고객들이 바라는 대로 차량의 유지·운영·보수에 초점을 맞춰 통합솔루션을 제공한 결과 지난해 매출은 277억8000만 달러(약 33조 원)로 1996년의 2.4배로 급증했다. 고객의 서비스 회사로의 진화 요구에 귀 기울여 성공 시나리오를 만들어낸 것이다.

글로벌 기업 GE는 1878년 토머스 에디슨이 설립한 회사다. 비행기용 제트엔진과 발전용 터빈을 생산하는 '제조업체 중 제조업체'다. GE는 1999년 보잉777보다 빠르고 멀리 비행할 수 있는 초강력 비행기 엔진 GE90을 시장에 내놓았다. 전 세계에서 운용 중인 엔진 중 가장 추진력이 큰 엔진으로 평가받아 기네스북에도 올랐다. GE는 '빠르고 멀리'라는 가치창출이 항공사들의 니즈를 충족시켜 줄 것으로 믿었다. 당연히 많은 항공사들이 신형 엔진을 선호할 것으로 기대했다. 그러나 결과는 정반대였다.

항공사들은 유지·보수비용에 대한 불확실성 때문에 새 엔진 채택을 꺼려했다. 고민에 빠진 GE는 제품 판매가 아닌 서비스 판매로 비즈니스모델을 바꿨다. 엔진의 사용 시간에 따라 서비스 비용을 받는(power by the hour, 엔진+서비스) 형태로 비즈니스 모델을 바꾼 것이다.

❸ 제품보다 서비스 사업화

즉, 제품에 값을 매겨 판매한 게 아니라 유지·보수비용이 포함된 '사용시간'이라는 신제품을 개발해 판매한 것이다. 이 같은 비즈니스 모델의 전환으로 GE는 신형 엔진을 성공적으로 시장에 내놓을 수 있었다. GE는 기존의 지불 방식을 혁신하는 과정에서 '제품'아닌 '서비스'로 요금청구 대상을 바꿔냄으로써 고객들의 희망사항을 정확히 해결해줬던 것이다.

기업들의 비즈니스 패러다임이 바뀌고 있다. 현재 산업현장에서는 △제품의 서비스화 △서비스의 제품화 △ 서비스 대통합이 트렌드로 자리잡고 있다. 균형성과표(BSC)의 창시자인 로버트 캐플런 하버드대 교수와 컨설턴트 데이비드 노턴은 "신경제에서는 인재와 브랜드, 지적재산, 네트워크와 같은 무형자산이 새로운 부가가치를 창출하는 원천"이라며 "비즈니스 모델을 서비스형으로 바꿔야 높은 부가가치를 창출할 수 있다"고 강조했다.

2-2. 이제는 제품 + 서비스 융합시대

❶ 제조업 중심에서 서비스와 융합으로

기업들이 어떻게 하면 제조중심 기업을 서비스중심 기업으로 바꿀 수 있을까. 경쟁의 규칙을 바꿔야 한다. 21세기는 특정 산업이나 제품군 중심으로 경쟁하던 방식이 아니라 경쟁자를 특정할 수 없는 초경쟁시대이기 때문이다. 산업 간 영역이 붕괴된 21세기에는 '융합형 제품'

이나 혁신적 '서비스 빅뱅'으로 경쟁해야 한다. 다시 말해 제품이 갖고 있는 고유 가치에 고객이 원하는 서비스를 결합해 하나의 '묶음 서비스'를 창출해내야 한다. 최근 트렌드는 상품의 서비스화(servicization), 서비스의 상품화(encapsulation), 서비스의 대통합(grand integration)이라는 '서비스 빅뱅' 형태로 분출되고 있다.

마케팅 부문 목표를 보다 명확하고 달성 확률 향상을 목표로 하기 위해서, PLAN, DO, SEE 사이클을 확립하고 중계한다. 제조업중심에서 서비스 융합 상품화호 이전되고 있다.

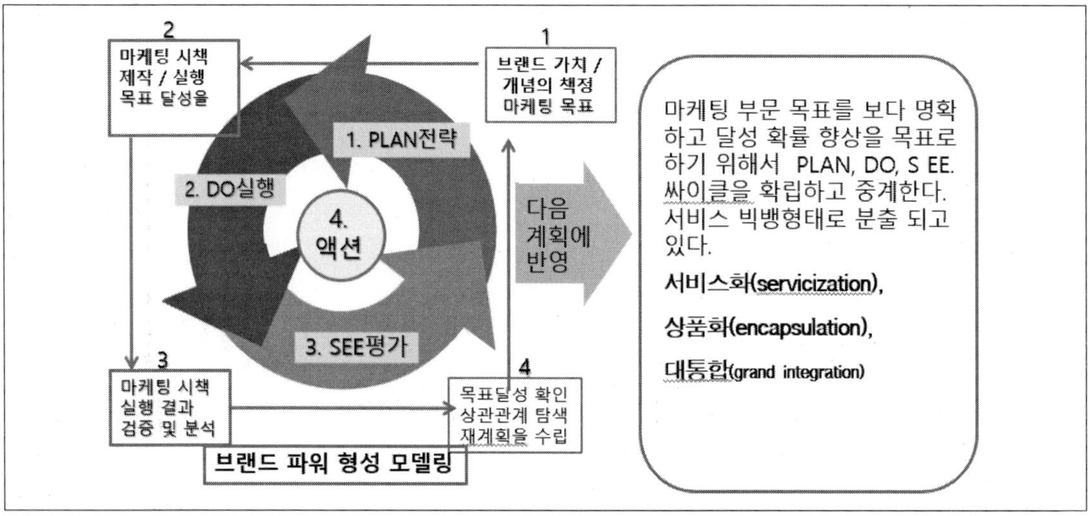

| 그림 8-2 | **P.D.S 싸이클 실천 실효성 모형**

사례 1(CASE) : 제품의 서비스화(servicization)

조직을 서비스회사로 어떻게 전환할 것인가? 여기에는 세 가지 방법이 있다.

첫 번째는 상품의 서비스화(servicization)다. 상품과 서비스를 연계해 새로운 차원의 상품을 만들어내는 일이다.

두 번째는 서비스의 상품화(encapsulation)다. 고객이 불편을 겪는 애로사항을 찾아내 이를 상품으로 만들어내는 일이다.

세 번째는 상품과 서비스 자체의 완전한 대통합(grand integration)이다. 이는 가장 강력한 '서비스 시스템'을 구축하는 것으로 기술과 지식을 통합해내는 지식통합역량이 뒷받침되어야 가능한 방법이다.

이들 세 가지 방법은 제품 생산과 판매를 중심으로 하는 비즈니스모델을 솔루션과 서비스를 중심으로 하는 비즈니스 모델로 바꾸는 대표적인 방법이다. 이러한 비즈니스 모델 전환에는 비즈니스 방식과 프로세스에 대한 체계적인 재설계가 요구된다.

만약 여러분의 고객이 더 이상 여러분이 제공하는 제품이나 서비스를 이용하지 않는다면 여러분은 어떤 대책을 내놓을 것인가? 제품이나 서비스가 팔리지 않는다면 거기에는 반드시 합당한 이유가 있다. 그 이유를 찾아 문제를 해결해줘야 새로운 사업 기회가 열리게 된다.

2-3. 비즈니스 애널리틱스(Analytics)에 의한 마케팅의 변혁

❶ 기술정보 대응 고객취향 인지

분석 기술 정보(Anaiytics)를 기업이 활용할 수 있는 고객취향과 구매 동향에 관련하는 데이터는 근년 이전과는 비교가 안 될 정도로 증가하고 있다 그 배경에는 인터넷 보급에 의해서이다. 고객 데이터가 디지털화된 형태로 용이하게 연결 입수할 수 있게 된 바 있다. 기업에서는 이러한 데이터를 분석함으로써 고객을 더 자세히 알 수 있게 되어 광고판매 촉진은 물론이고 상품·서비스를 고객 요구에 따라 효율적으로 수요자 욕구에 임할 수 있게 되었다.

이렇게 축적된 고객에 관한 데이터를 분석하고, 이를 마케팅 시책에 반영하는 아나리틱스(분석 기술)은 현재 없어는 안 될 중요 요소로 되어있다. 아나리티크스는 수중에 갔고 있는 데이터를 해석하기 위한 폭넓은 기술과 기법의 총칭이다. 다양한 데이터 분석, 애널리틱스 활용이 확대되어 마케팅은 어떻게 바뀔지에 대해서, 여기에서는,

① 세그먼테이션(분할)
② KPI(Key Performance Indicator:중요업적 성과 지표)
③ PDCA(계획, 실행, 과제, 개선)의 4가지 관점에서 논한다

❷ 애널리틱스에 근거한 새로운 분할의 가능성

기존의 마케팅에서는 일반적으로 데모그래픽 속성 이라는 性·年代 世帶類型, 地域 등이 고객의 세그멘테이션 축으로서 이용되어 왔다. 그러나 소비자의 요구·행동의 다양화가 진행되어 일반적인 성·연령 등의 축으로 분석하기 때문에 충분치 못한 경우가 많아지고 있다. 또 회원제 조직 등에서 회원 정보를 수집하고 그것을 분할에 활용하려는 가족 구성, 직업, 취미 등 본래의 회원 정보는 아직 갱신하지 뭏한 경우가 많아 충분한 것은 아니다.

고객 설문을 통해서 수집하는 정보도 그 시점에서는 유효하지만, 개인의 기호나 행동은 시시각각 변화하고 있다 그래서 다양한 고객을 위해서는 한계가 있다. 그러므로 빅 데이터 시대에서는 다양한 정보를 새로 획득, 활용할 수 있게 된다.

그래서 새로운 분할의 방식이 널리 활용되고 있다. 예를 들어 각종 회원 카드의 구조를

사용함으로써 이른바 ID에 입력된 구매 이력(누가 어떤 품목을 구입했는지) 데이터를 수집할 수 있다. 그 데이터에서 구매빈도 등을 산출하고, 고객 로열티에 바탕한 분할이 가능하다.

영국의 대형 소매업인 테스코에선 회원카드 외상 구매 결제의 보급을 추진하는 것으로 회원 ID와 구매 이력을 연결시키고 있다. 그것에 품목별로 상품 DNA(용량의 대 중 소선도가 좋고 조리가 간단하고 어린이용 정보로 불리어지는 상품 속성의 데이터에 부가하고 품목별 구매 이력과 연결 한다. 그래서 고도의 라이프 스타일 분할을 하고 있다.

휴대 전화 단말·스마트 폰과 GPS(전지구 측위 시스템)기술에서 얻는 소비자 위치 정보를 활용하여 현지에 따른 DM(다이렉트 메일)을 보내는 타겟팅이 가능하다. 웹(Web)사이트액의 액세스 로그를 분석해 소비자의 사고·행동적 변화에 따른 분할, 티켓팅을 하는 대처도 늘고 있다.

Facebook, Twitter등의 소셜 미디아에서 글이나 발언 내용, 소셜 구라후(Web사이트상에서의 인간끼리의 관계에 관한 정보를 분석함으로써 (정보 발신력의 애정의 소비자)의 영향도 등을 근거로 분할이 가능해진다. 이처럼 고객의 실제 행동에 근거한 정보를 활용함으로써 고객의 분할을 생생하게 변화시키면서 마케팅 시책이 실행할 수 있다.

❸ 비즈니스 애널리틱스에 따른 KPI 정밀화

경영 전략에서 우선 명제인 목표를 정하고 다음에 그 목표를 구체적으로 실현했다 시책을 책정했을 때 그 시책이 원만하게 수행되어 있는지를 측정하는 것을 KPI로 불리는 "지표"가 최근에는 중시되고 있다. 마케팅에도 KPI을 정하고 "4P"로 불리는 Product(상품), Price(가격), Place(수입파는 매체), Promotion(광고 판매 촉진) 등의 마케팅 시책의 업무 프로세스를 모니터링 하는 것이 중요하다.

빅 데이터라고 불리는 각종 데이터를 활용 사용함으로써 이 KPI을 보다 정밀화 할 수 있다. 오기노는 야마나시 현을 중심으로 2013년 11월 현재, 39점포를 전개하고 있는 슈퍼마켓이다. 오기노에서는 일반적으로 사용되고 있는 KPI을 정밀화하게 활용하고 있다. 예를 들어 DM의 효과를 DM전송 후의 반복함으로써 보다 명확히 파악하고 있다. 또 크로스 셀의 효과로, 고객의 소리, 개개인 및 가게의 평가 등을 정리하고 우량 고객층을 좁혀 정량화함으로써 KPI을 보다 정밀한 효과를 얻게 된다. KPI의 설정은 전략상의 목표에 응하고 예정 설정한다.

❹ PDCA 사이클 운용의 고도화

설정된 KPI에 근거하여 마케팅의 PDCA 사이클을 운용하도록 요구하고 있다. 그것에는 과제 추출(Check)의 기능 확충을 위해서 각종의 빅 데이터를 구사 했다 실시하는 시간화는 기민성과 신속성이 관건이다.

캐주얼 의류의 핵심은 자사의 목표를 20대, 30대 여성을 압축한 상품 기획부터 매장 판매까지 시간의 단축을 실현했다. 매출, 매입, 재고 데이터를 바탕으로 분기 마다 재고 관리를 날짜로 하고, 상품 투입한 뒤에도 도중에 소재와 색 등을 기동적으로 수정할 수 있도록 하고 최장 3개월의 상품 공급을 평균 1개월에 장외의 상품 대부분이 바뀌는 구조를 갖추고 고객에게 잦은 방문을 촉구하는 신선한 가게 점포 양성을 전개하는 등 마케팅 PDCA사이클의 실현화를 철저히 하고 있다.

포인트는 생산을 외부에 위탁해 ODM(상대편 브랜드에 의한 설계·생산)을 강점으로 매출액 1000억 엔 이상 기업으로 성장했다 그러나 최근에는 ODM이 경합 타사와 같은 동질화를 초래했다는 반성에서 SPA(제조 소매)을 도입하고 디자인 및 생산 기능 내재화를 도모하면서 시장 변화에 대응한 PDCA 사이클을 어떻게 운용할 것인가의 새로운 도전에 고민에 직면하고 있다.

Web마케팅의 세계에서는 특히 계획(Plan) 실행(Do)이 비교적 용이하다. 예를 들어 우선 일부 층에서 캠페인 참가를 촉구하는 DM(전자 메일)을 송부하고 효과를 측정한 뒤 DM효과가 높았다. 세그먼트의 층에 추가로 DM을 송부한 것과 같은 프로모션 시책이다. 그 때는 프로모션의 효과를 곧 측정할 수 있는 분석 프로세스를 PDCA 사이클에 짜 넣는 것이 요구되므로 ICT(정보 통신 기술)의 활용도 검토하는 것이 중요하다.

사내외에 산재해있는 대량의 정보 자원 및 데이터를 집약하고 그것을 분석·활용하기 위한 시스템인 BI(비즈니스 인텔리젼스)라고 불리는 시스템을 활용함으로써 필요 정보를 필요한 시점에서 제공할 수 있게 된다. 또 PDCA 사이클을 굴릴 때의 과제 추신(Check)때는 반드시 정량적인 정보 아니라 정성 정보가 활용되는 것도 최근 다시 주목 받는 행동 관찰 등에 의한 에스노 그래픽 어프로치와 같은 수법에서 정성 정보의 활용하는 것을 검토하는 것도 요구된다.

◈ 포인트 비즈니스 모델의 특징

- 가격인하상품 판매에 확실한 계획상품 : 타켓은 같은 세대의 젊은 여성사원에게 권한을 위임
- 상품계획부터 점포에서 판매까지의 시간단축 : 상사와의 협업 현장에 권한위임 및 협업에서 자체생산 확대이행
- 입화 후 기간 중에 소재나 색상을 기동성있게 수정 제공
- 재고관리 매상이나 매입은 재고 데이타에 의해 브랜드는 당일 대응
- 고객에게 신선함을 주기위해 점포를 장식하고 매월 3가지 최고상품을 제공

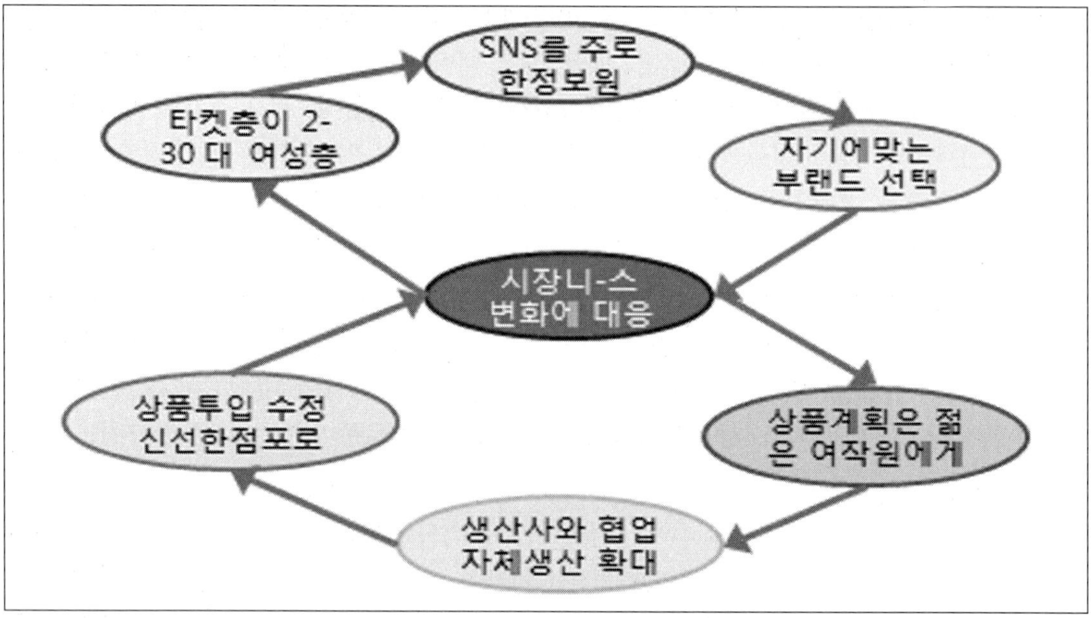

| 그림 8-3 | Point 비즈니스 모형

2-4. 비즈니스 애널리틱스에 기업이 필요한 인재 체제

다음에 애널리틱스가 얽힌 실제 프로젝트를 추진할 때 어떤 사람들의 체제가 필요하게 되는지 NRI가 과거에 실시한 각종 업계의 프로젝트(건설팅 시스템 개발의 모두를 포함) 경험을 바탕으로 정리한 결과를 나타낸다.

❶ 마케팅 PDCA 사이클 운용효과

지금까지 살펴본 여러 기업의 사례들을 보고 알듯이, 마케팅 PDCA 사이클에는 데이터를 수집·분석하는 아나리티크스가 다양한 국면에 직면하게 된다. 특히 계획(Plan)과 과제 추출(Check)스텝에서는 데이터 분석에 입각 제안과 시사가 요구되고 있다. 빅 데이터의 활용이 진행되면서 데이터의 양(Volume), 정보의 종류(Variety), 발생 빈도·갱신 빈도(Velocity)에 변화가 일어났다. 그것들에 대해서 IT를 활용하는 것으로, 대용량 데이다 정보 처리, 비구조화(非構造化) 데이터의 해석, 고속·고빈도의 데이터 처리가 가능했다. 이것은 IT의 활용에 의해서 아나리데이크스의 프로세스가 바뀌는 것을 의미하고 있다. 특히 데이터 수집, 데이터 분석은 IT에 의해 직접적으로 크게 달라진 스텝에 있다. 그 외에도 IT를 활용하는 것이 사실 현실화의 일이다. 1개는 문제 발견의 기회를 비약적으로 확대되는 일이 된다.

1개는 데이터에 근거한 가설 구축이 검증에서 제안과 시사점을 만드는 프로세스를 보다 창조적이고 기민한 것으로 바꾸는 것이다. 그렇게 마케팅 아나리티크 소스를 바꿈으로써 마케팅 PDCA사이클의 운용을 변혁하고 데이터에 근거한 도전적 전략적 전술적인 의사 결정을 고속화 고도화가 실현하게 된다.

❷ 애널리틱스에 있어서의 업무 컨설팅의 중요성

이처럼 애널리틱스를 추진하기 위해서는 IT의 활용이 중요하다고 되어 있고 그를 전제로 필요한 인력을 정리한다. 그리고 애널리틱스 상에서 데이터 분석이 필요한다. 업무를 BI(비즈니스 인텔리젼스)라고하고 BA(비즈니스 애널리틱스)으로 나누어 생각한다. 또한 BI의 범위는 다양한 견해가 있지만, 본고에서는 이하처럼 설정하고 있다.

즉 BI는 과거 데이터를 집계하고 과거에 무엇이 일어났는지, 그 실태를 밝히고 그 배경에 있는 문제점을 분석하고 어떠한가에 대해 대책이 필요할지도 검토하고 KPI설정까지 하는 업무이다. 반면 BA는 분석 모델을 이용하여 원인을 검증하거나 향후 예측이나 또는 최적화를 꾀하거나 하는 업무이다. BI, BA에서 중요한 것이 개선을 위한 프로세스이다 가설 구축 과정에 있어 이 가설 구축은 전략을 입안은 해당업계 정통한 인재기 필요로 한다(전략 컨설턴트)라 불리어진다.

업무 컨설턴트는 전략 컨설턴트는 정통한 인력이 겸임하는 것도 가능하다 그러나 해당 업계의 업무 지식을 바탕으로 한 업무의 관계는 개선 가설의 구축이나 KPI설정 등을 담당한다. BI, BA의 어느 경우에도 개선 가설을 얼마나 유효하게 세우느냐가 중요하다. 가설설이나 수집된 데이터를 분석해도 유효한 결과를 얻기는 어렵다. 여기서 개선 가설을 구축하는 업무 컨설턴트의 역할이 중요 핵심이 된다.

❸ 데이터 과학자의 역할

분석 모델을 이용하여 원인을 검증하거나 향후 전망 및 최적화를 하는 BA에서는 분석 모델을 이용한 데이터 분석, 가설 검증을 담당하는 업무가 필요하다. 그 인력이 데이다 정보 과학자이다. 데이터 과학자가 작성하는 분석모델은 현실의 세계를 데이터 분석으로 다룬 것처럼 단순한 것이며 현실에 가까운 데이터에 대한 분석 모델을 이용하여 솔루션 사태에 의한 현실의 문제를 해명한다.

데이터 과학자 하면 요즘에는 고객의 속성이나 구매 이력 기호축적 데이터에 날씨와 교통량 주식시세 등의 유통되는 정보를 더한 이른바 빅데이타를 분석 해석하고 효과적인 판매 촉진 조달 수요 예측 등을 끌어내는 직업의 총칭으로 불리는 것이 많아지고 있다. 통계적 계획 등의 전문성을 지닌 프로페셔널 인재가 향후 빅 데이터를 분석하는 수요가 늘어남과 동시에 인력 부족사태가 우려된다.

최근에는 사내에 데이터 과학자로 구성되는 조직을 만들어 사내 데이터 분석을 지원하는 체제를 취하는 기업도 나오고 있다 花王(카오)에서는 마케팅 개발 부문의 산하에 6명의 데이터 과학자로 구성된 디지털 사업 관리(DBM)실을 설치하고 있다. 이 조직은 원래 마케팅 투자 ROI(투자 수익률)을 측정하기 위한 DBM프로젝트로서 2004년 출범한 뒤 2005년에 독립된 조직에 승격했다. 처음에는 데이터 분석 시스템을 구축 했다.

실제 분석과 개선을 현장에 맡긴다는 도구선행형(道具先行型)의 방침을 취해 나갔다. 현장과 긴밀하게 대화 하며 과제를 함께 찾아 개선책을 고안했다. 과제 해결형의 조직으로 변신하고 있다. 이를테면 가령 의료용 세제, 표백제, 유연제 탈취제 등 4가지 범주의 병매(併賣) 실태를 DBM실이 분석하고 그 결과, 표백제가 소비자의 구매의 허브가 되어 있는 것을 밝혀냈다. 표백제를 확대 판매함으로써 그 외 상품의 판매 증가가 기대되므로 이에 프로모션을 강화함으로, 표백제로 인해 매출이 3배 증가함을 보여주고 있다.

DBM실은 분석 수법을 중시한 어프로치에 뛰기 쉬운 경향을 고치고 처음의 목적 방침을 명확히 하는 것과 알기 쉬운 쪽을 중시하고 수집 분석 평가하는 항목을 정한다는 기본 방침을 취하고 있다. 데이터 과학자나 업무 컨설턴트의 활동을 지원하기 위해서 ICT의 전문성을 가지는 엔지니어의 지원이나 시스템적인 기반 정비도 중요하다. 빅데이터 시대로 대량의 데이터를 취급하는 케이스도 늘고 있는 가운데 컴퓨터 수준에서는 다루지 못하는 경우가 증가하고 있다.

분석이 쉽도록 사전의 데이터 가공 또 분석틀의 설정·정비가 요구된다. 이상과 같이 BI, BA의 프로젝트를 실행하려면 각종 기능, 역할을 담당하는 인재가 요구되고 있다. PDCA 사이클을 고속으로 운용이 가능할려면 한 사람으로 해결할 수 있는 것이 이상적 이지만, 현실에는 그것은 실현하기 어렵게 마련이라고 되어 지고 있기 때문에 일체화한 팀을 만들어 긴밀한 연계를 도모하는 것이 중요하다.

2-5. 비즈니스 마케팅 애널리틱스에서의 과제

빅 데이터 시대의 기업의 마케팅활동에서의 애널리틱스의 활용 현황과 과제에 대해서 개관했다. 본장에서는 빅 데이터 시대를 맞아 마케팅 애널리틱스에 있어서 변한다는 점과 다름없는 점을 합쳐서 거기에서 앞으로 우리가 과제로 인식해야 할 점을 정리한다.

❶ 빅 데이터 시대로 마케팅 애널리틱스

변화를 가져오고 있는 점 빅 데이터의 이용이 확대되어 마케팅 애널리틱스 상에서는 이하의 3부분이 변화하고 있는 점이다.

(1) 적용할 수 있는 데이터의 양과 질의 확대

빅 데이터 시대에서 마케팅으로 활용할 수 있는 데이터가 양이(Volume) 증가 뿐 아니라 종류(Variety)발생 갱신 빈도(Velocity)등 질적인 요소 변화되어 감에 적용할 수 있는 데이터 범위는 확대하고 있다. 데이터를 분석할 때 관련 IT도 진보 속에서 확대하는 데이터의 양과 질에 대응할 수 있는 분석을 위한 툴과 기반의 정비가 요구 되고 있다. 또한 업무 컨설팅, 데이터 과학자 등 애널리틱스 관련 인재의 각 스킬과 분업 체제로 하는 조직력이 중요하다.

(2) 민첩하게(agile)

시장 변화에 대응하려면 수집하는 데이터 정보를 발생 빈도·갱신 빈도가 높아지는 형태로 신속하게 분석하고, 고속 PDCA 사이클을 돌릴 수 있도록 함이 요구된다. 이 말은 PDCA사이클의 민첩하게 뒷받침 하며 마케팅·애널리틱스가 중요하다.

(3) PDCA 사이클을 운용하는 기업의 자세

빅 데이터가 모종의 붐을 이루고 산업계에 침투함으로써 데이터 활용에 대한 기업의 요구가 높아지고 있다. 그것은 데이터를 분석하고 KPI을 설정하는 것으로 가시화를 도모하고, 혹은 PDCA 사이클로 운용에 적극적으로 임한다는 기업 자세의 변화로 이어지고 있다.

❷ 마케팅 애널리틱스에 관해

從來부터 변화가 없는 중요한 점은 한쪽에서 빅데이타 시대가 되었다고 해도 마케팅 애널리틱스에 관해서는 변화가 없는 것으로 해서 다음 2가지 점을 거론한다.

(1) 데이터의 가치

미국의 광고 회사 오글우이 앤드 메이자글프의 데이터 과학자가 선택한 디미토리·믹스(Dimitri Maex)는 최근 빅데이터의 붐이 평가되어 데이터의 가치가 급속히 증대되는 것은 아니라는 주장이다. 구래서 데이터의 가치는 量으로 側定하는 것은 아니다라는 것이다. 종래 존재하는 규모가 작다 하더라도 비즈니스 성장에 크게 공헌한바 있다. 그러므로 데이터의 가치는 목적에 적응하는데 있다. 데이터는 량에 있는 것이 아니라 종래부터 존재해 있는 것을 지금 사장(死藏)되여 있는 데이터를 활용하여 목적을 향상시킬 수도 있다.

(2) 가설 구축의 중요성

입수할 수 있는 데이터의 양과 질이 확대되면서 데이터 정보 분석에 관한 정보 기술이 진보하고 있다. 그래서 분석 방법 및 접근은 변화의 가능성을 갔고 있다. 가설 없이 분석하는 것은 당연한 효율적인 것은 아니라 정통인 접근도 아니기 때문에 그래서 각 업계의 업무지식을 모아 가설을 구축하고 업무컨설턴트의 역할이 중요성의 변화가 이루어 질 것으로 역어진다.

차라리 기업 내의 전략설정을 담당하는 능력자가 있다면 분석모델 KPI를 설정, 여기에 연관되는 IT나 이해 조작할 수 있는 학제적(學際的)인 인재가 바람직하다. 그러므로 전략 책정자의 창조성이 아나라 아나리티쿠스의 활용을 통해서 증폭이 된다면 그것이 기업의 강점으로 될 것이다. 이를 바탕으로 가설을 구축하는 업무 컨설턴트 역할의 중요성은 달라질 것이 없다는 것이다. 더하면, 기업 내에 있어 전략 책정을 담당하는 인재도 분석 모델, KPI 설계 쪽에서 데이터 시대의 마케팅 어프로치나 리티크스의 현황과 과제를 정리한 총론 실천적인 마켓 ROI의 측정과 활용은 마케팅에서 최근 중요한 KPI이다.

용어 설명

하드웨어(HW)
제품기반(product-based)
서비스 기반(service-based)
균형성과표(BSC)
상품의 서비스화(servicization)
서비스의 상품화(encapsulation)
서비스의 대통합(grand integration)
교차 기능적(Cross functional)

참고 문헌

1. 설동욱, 지식경영 도입을통한 공기업의 혁신방안, 연세대학교 행정대학원. 2001.2
2, 선진기업의 조건 품격경영 유한주, KSAM 발행 p.53
3. 서유진, 800년 장사의 비밀. 티움출판, 중국의 초장수기업의 비밀분석
4. 세계를 향한 KOTRA 50 ; 1962~2012, KOTRA 발행 KOTRA 2012.
5. 백년기업 Handa Junichi 지음 정영권 옮김, 새로운 제안 p.102. 장기번영 기업구축, 조직을 철저하게 가르쳐라.
6. 미국기업 성공신화의 역사. 양흥석 지음, 동과서 발행, 2001년 P. 기업가정신에 대한 인정과 촉진의 문화
7. 김종래, 우리나라 벤처기업과 강소기업 특성에 따른 재무성과 비교연구, 2011, 서울과학기술대학교

요 약

1. 기업들의 부(富)를 창조하는 방정식이 바뀌고 있다.
서비스 산업이 급속도로 발전하면서 '서비스 빅뱅' 시대가 열리고 있다. 서비스 빅뱅이란 서비스 제공자와 사용자가 함께 가치를 창출해내는 새로운 차원의 '통합서비스 시스템'을 의미한다. 제조부문보다 연구개발, 마케팅, 재무 등의 서비스 분야가 21세기 기업의 부를 창출해주는 핵심으로 부상하고 있기 때문이다.

2. 어떻게 이렇게 일찍 정상화할 수 있었을까?
여기에는 비즈니스 모델의 전환이 큰 몫을 했다. 알스톰은 원래 열차와 전력 생산, 신호·차량통제시스템 생산과 같은 제조업 중심의 비즈니스 모델을 갖고 있었다. 이에 대응해 회사 측은 기차 관련 통합 솔루션(기차+서비스)을 제공하는 서비스 회사로 대전환을 시도했다.

3. 제품보다 서비스 사업화
즉, 제품에 값을 매겨 판매한 게 아니라 유지·보수비용이 포함된 '사용시간'이라는 신제품을 개발해 판매한 것이다. 이 같은 비즈니스 모델의 전환으로 GE는 신형 엔진을 성공적으로 시장에 내놓을 수 있었다. GE는 기존의 지불 방식을 혁신하는 과정에서 '제품'아닌 '서비스'로 요금청구 대상을 바꿔냄으로써 고객들의 희망사항을 정확히 해결해줬던 것이다.

4. 제조업중심에서 서비스중심으로
기업들이 어떻게 하면 제조중심 기업을 서비스중심 기업으로 바꿀 수 있을까. 경쟁의 규칙을 바꿔야 한다. 산업 간 영역이 붕괴된 21세기에는 '융합형 제품'이나 혁신적 '서비스 빅뱅'으로 경쟁해야 한다. 다시 말해 제품이 갖고 있는 고유 가치에 고객이 원하는 서비스를 결합해 하나의 '묶음 서비스'를 창출해내야 한다. 최근 트렌드는 상품의 서비스화(servicization), 서비스의 상품화(encapsulation), 서비스의 대통합(grand integration)이라는 '서비스 빅뱅' 형태로 분출되고 있다.

5. 고객이 원하는 서비스를 어떻게 상품화할 것인가?
가치창출 프로세스에 고객을 참여시키는 방법이 있다. 고객들을 단순히 제품이나 서비스 사용자로 보는 것이 아니라 윈-윈모델로 바라보는 시각이다. 이는 고객들을 서비스 프로세스에 참여시켜 고객과 기업이 동시에 이익을 보도록 하는 비즈니스 모델이다.

제 3 절

기업의 이슈와 글로벌화

성공 Point 31

1. **필요한 지식이나 정보를 제공한다**

   뿌린 만큼 돌아오는 것이 지식과 정보이다. 서비스란 자신만의 노하우를 제공하는 것이다. 이를 팔면 장사가 되고 주면 봉사가 되는 것이다. 상대를 배려하는 마음 친절한 마음이 상대에게 기쁨을 주고 그 마음이 쌓이면 복이 되어 돌아오는 것이 우리가 살고 있는 세상의 이치이다. 돈을 늘리는 비결은 모든 정보와 지식을 혼자 독점한다는 발상에서 벗어나는 것이다. 다른 사람을 위해 정보와 지식을 제공하게 되었을 때 당신의 부는 늘어나는 것이다.

2. **최선의 마음으로 상대를 배려한다**

   친절과 배려는 주는 만큼 돌아온다. 당신도 다른 사람이 나에게 그렇게 해주었을 때 기분 좋은 일을 먼저 다른 사람에게 하여 주도록 하라. 이러한 사소한 배려를 갖추고 실행한다면 그만큼 상대방은 감동하고 마음이 밝아지게 될 것이다. 다른 사람에게 인정을 베풀라 인정을 베풀수록 당신의 호감도는 늘어난다. 성공한 사람들은 인정과 배려를 통해서 기회를 잡았다는 사실을 잊지 말라.

제3절 기업의 이슈와 글로벌화

3-1. 이제는 이슈 매니지먼트 시대

❶ 끌어갈 것인가 끌려갈 것인가

소비자 불만이라는 이슈를 제대로 관리하지 않아 위기로 키울 우려가 있다. 기업들은 뜻하지 않은, 혹은 원하지 않은 이슈에 불가피하게 직면한다. 올해만 해도 도요타는 리콜, '이슈'에 직면했다. 천안함 사태도 국가적인 '슈퍼 이슈'인 셈이다.

기업은 이 모든 이야기를 감추고 싶어 한다. 하지만 늘 가능하지는 않다. '이슈'란 사태를 악화시켜 기업 명성에 치명적인 손상을 입힐 수 있기 때문이다. 따라서 이슈를 관리하지 않으면 안 된다. 기업이 소비자 입을 막을 수 있는 시대는 인터넷, 소셜미디어 등장과 함께 사라진 지 오래다. 하지만 아직도 기업들은 이슈를 '수습'하겠다는 생각에서 벗어나지 못하고 있다.

❷ 속결(速決)이 피해방지(被害防止)

지난해 10월 삼성 지펠 냉장고가 폭발한 사건이 발생했다. 삼성은 '냉장고 폭발'이라는 위기를 접하고 고민에 빠졌다. 급기야 20일 만에 리콜로 사태를 수습했다. 하지만 글로벌 차원의 이슈에는 대응이 늦었다. 삼성은 국내 폭발 사고가 일어나기 전에 해외에서도 여러 차례 비슷한 사례가 발생했으나 정중한 사과나 적절한 대응 조치를 취하지 않았다. 블로그를 비롯한 소셜미디어와 외신 등이 고발자로 나서자 뒤늦게 이슈의 중요성을 간파하고 리콜로 대응했지만 따가운 비판이 한 차례 훑고 지난 뒤였다. 성민정 중앙대 광고홍보학과 교수는 "기업 내 사건이 외부에 유출되면 사실상 이를 감추거나 수습하기 위해 기업에 주어지는 시간은 이제 없다"고 말한다. 잭 웰치 전 GE 회장은 "회사가 인간의 구성으로 이뤄져 있는 한 여기에는 분명 실수와 논란, 폭발이 존재한다. 현실을 직시하라. 바란 적 없고, 받아들일 수 없는 사건을 더 이상 피할 수 없는 것이 지금 우리가 처한 현실"이라고 경고했다.

바야흐로 기업들이 이슈를 효율적으로 관리해야 할 '이슈 매니지먼트(Issue Management)' 시대가 됐다. 이슈 매니지먼트란 위기 상황이 오기 전 이를 보다 긍정적인 방향으로 이끄는 것을 말한다. 이슈를 피하지 않으려면 맞서야 한다. 뒤늦은 사과와 대처, 대형 리콜로 도요타가 입은 손실이 50억 달러(약 5조7000억 원)에 이를 것이라는 보고가 나오고 있는 지금, 기업 평판과 기업 관련 이슈를 관리하는 방법이나 중요도를 한국 기업은 얼마나 인지하고 있을까. 이제 스스로에게 질문을 던져 보라. 당신은 이슈를 끌어가고 있는가. 아니면 이슈에 끌려가고 있는가.

❸ '이슈관리 우등생' 델도(Dell sucks)

소셜 미디어 등장은 기업에는 '공개적인 소비자 불만'이라는 위기요인을 낳았다. 이는 기업에 크고 작은 비상 상황을 불러일으킨다. 이 같은 델 사례가 우리에게 보여주는 것은 무엇일까? 답은 단순하면서도 어렵다. '현재 기업들이 소비자와 소통하며 겪을 수 있는 이슈들을 모아 놓은 '종합세트'다. 이제 자기 자랑만 일삼고, 실수에 대해서는 감추기에 급급했던 과거 위기 수습에서 벗어나 평소에 불만을 가진 소비자들을 찾아나서 문제를 해결해주고, 그들 이야기를 들을 수 있는 소셜 미디어 채널을 구축하고, 대화하며, 잘못한 점에 대해서는 쿨하게 털어놓고 사과해야 하는 이슈 매니지먼트를 해야 한다. 비즈니스위크를 대신해 델 회장을 직접 인터뷰한 자비스는 기사 첫머리에 이렇게 적었다. 블로그와 소셜 미디어로 소비자들이 힘을 얻는 시대에 델은 최악에서 최고로 도약했다.

불만 전화를 여기저기 안 돌리고 바로 해결 고객이 블로그에 글 올리면 회사서 연락 기술자 직접 연결시켜서 문제를 해결해주는 시스템이 구축 이행되고 있다. 홈페이지도 고객과의 소통의 장으로 활용 다양한 블로그 채널도 열어 대화를 시도 자신들의 허물도 스스럼없이 이야기하는 환경이 조성되고 있다.

미국 '파워 블로거'인 제프 자비스(Jeff Jarvis)가 그해 구매한 델 랩톱 컴퓨터에 대한 불만 표출에서 시작됐다. 세계경제포럼(WEF)에서 '글로벌 미디어 리더100인' 중 한 명으로 꼽힌 그는 델 컴퓨터를 사용하던 중 발견한 하드웨어상 문제점들에 대한 서비스를 요청했다. 하지만 직원들이 계속 짜증만 낼 뿐 문제를 해결하려 들지 않았다. 화가 난 그는 2005년 6월 21일 블로그를 통해 '거짓말하는 델, 멍청이 회사 델(Dell lies, Dell sucks)'이라는 글을 올렸다. 순식간에 엄청난 반향이 일어났다.

3-2. 글로벌화(GLOBAL화)

❶ 신흥국의 대두

해운이나 항공 인프라 등 운송 기술이 발달과 같이 그 중에서도 국제거래의 존재방식도 크게 변화하고 있다. 지금까지 하나의 제품을 생산하는데 필요한 다양한 공정은 일국에서 완결되었다. 그러나 운송기술의 발달은 생산공정의 지리적 분산을 가능하게 하고 제조업에서도 특히 노동집약적인 공정은 인건비의 저렴한 신흥국으로의 이전이 진행 되고 있다.

국제적인 분업이 진행되고 있는 가운데, 신흥국이 가공이나 부품제조 등 생산과 관련된 중간 공정을 담당하게 되었다. 또한, 최근에는 자본 및 기술의 축적이 진행되고 있습니다. 그 결과, 신흥 국가에서도 많은 최종 제품 자동차가 등장해 시장을 석권하고 있다. 신흥국가에서 수입되는 물량 추이를 보면 기계류 및 수송기기에서 약 7.5배, 화학제품으로 약 4.5배, 잡제품으로 약 4.2배 기타 식자재 등이 해외 제품의 국내 시장으로 유입이 매우 커지고 있음을 알 수 있다. 수입 자체는 소비자에게는 선택이 넓어지고 가격도 하락하기 쉬워지기 때문에 바람직한 것이지만, 개별 중소기업에 있어서는 경쟁의 증가로 이어진다.

따라서 이러한 상황에 대응해야 합니다. 또한 국가 및 지역별 주요 수입품의 수입액의 추이를 보면 미국과 EU의 의존도보다 중국에 존재감은 매우커지고 있다. 중국으로 대표되는 신흥국의 대두는 국제 경쟁력이라는 관점에서 보면 큰 위협으로 파악된다. 반면 신흥국의 급속한 경제 성장은 각국의소득 수준을 높이고 수요가 크게 확대되었습니다. 국내 시장의 축소가 예상되는 가운데 수요확대는 중소기업에게 큰 추풍이며, 적극적으로 해외 수요를 받아 성장으로 이어진다.

❷ 중소기업의 해외 전개 상황

여기에서 중소기업의 해외 전개 상황에 대해서 확인해 간다. 일반적으로 해외 개발에 있어 크게 나누어, 간접 수출, 직접 수출, 직접 투자의 세 단계가 있다고 생각된다.

- 간접 수출은
  무역회사 등을 통해 물품 서비스를 해외로 전개하는 것이다. 그러므로 일반적 통상의 상거래가 되기 때문에 장애요소는 상대적으로 낮다고 생각된다.
- 직접 수출은
  해외 전개를 실시하는 기업이 직접 외국 기업과의 거래를 실시하는 것으로, 무역 회사에 지불하는 수수료를 필요하지 않으므로 거래처와 유연하게 거래 조건을 결정할 수 있다. 한편, 해외와의 거래와 관련된 사무비용 (계약 및 무역절차) 및 거래국 컨트리 리스크는 자기 부담이기 때문에 간접 수출과 비교하여 비용이 많이 드는 측면도 있습니다.
- 직접 투자는
  타국에 자사의 자회사를 설립하거나 현지 기업을 인수함으로써 경영권을 보유하고 있습니다. 사업을 타국에 마련하는 것을 가리킨다. 비용이 낮은 해외에서의 생산이나 해외에서의 판매망을 확대시키는 것을 목적으로 하는 것이지만, 모든 리스크를 자기 부담이어야 한다. 그러므로 이세가지 형태 중에서 가장 비용이 높다.

이상을 토대로, 여기에서는 중소기업의 해외 전개의 상황을 확인해 본다. 대기업과 중소기업의 직접 수출기업 비율의 추이이다. 이것을 보면 중소기업의 수출 비율이 점차 증가하고 있음을 알 수 있습니다. 또한 중소기업 수출액과 매출액 수출비율 추이전을 보더라도 수출액은 제조업·비제조업 모두증가 경향에 있어, 매출액에서 차지하는 수출액의 비율도 증가 경향에 있는 것을 알 수 있다.

중소기업의 해외직접투자 상황을 확인한다. 대기업과 중소기업의 해외 현지법인의 보유율의 추이이다. 이것을 보면 해외에 회사를 보유한 중소기업의 비율은 증가세최근 14.2 %의 중소기업이 해외 자회사를 보유하고 있다. 또한, 해외 직접 투자를 실시하고 있습니다. 기업이 진출한 국가·지역의 추이이다. 이것을 보면 2000년대 중반까지 중국으로의 진출이 약 50%를 차지했지만 그후 중국에 설립자회사의 수는 완만하게 감소하고 있다. 반대로 ASEAN을 포함한 아시아 국가로의 진출은 증가하고 있으며, 그 중에서도 태국, 인도네시아, 베트남으로의 진출 비율이 높아지고 있다.

❸ 중소기업의 해외전개 동향

지금까지 보았듯이 중소기업의 해외 개발은 순조로운 성장을 보이고 있다. 앞으로 국내시장 축소가 예상되는 가운데 해외시장의 적극적인 개척은 중요한 노력이다. 실제로 해외 전개를 할 때는 고려해야할 사항이 많이 있으며, 하루 아침에 저녁에 실현할 수 있는 것은 아니다, 고품질의 제품을 요구가 많다고 생각되며, 항상 해외 시장을 염두에 두며 경영을 해 나가는 것이 중요하다고 생각된다. 또한 디지털화의 진전 속에서 중소기업의 해외 전개를 뒷받침하는 흐름도 있다. 그 대표적인 예라고 들 수 있는 것은 월경 EC이다. 월경 EC는 "2. 디지털화"로 접한 EC를 해외 고객을 향해 실시하는 것이다.

미국.중국의 소비자에 의한 사업자로부터의 EC 구입액의 추이를 나타내는 것이다. 시장규모는 급속히 확대되고 있으며 2017년도 두 번째로 중국과 미국의 2개국에서 해외의 주요 EC 사이트도 기업이 이용하기 쉬운 구조를 구축하고 예를 볼 수 있으며 중소기업의 해외 개발 기회는 확대하고 있다고 할 수 있다.

3-3. 클라우드 펀딩 유형

❶ 콜럼 클라우드 펀딩 유형

여기서는 현재 일반적으로 알려져 있는 클라우드 펀딩의 5 종류가 있다.

- 구입형

  구입형은 상품·서비스의 개발이나 생산에 필요한 자금을, 그 상품이나 서비스의 제공을 희망하는 사람들로부터 조달하는 하는 방법이다. 자금 제공자에 대해서는, 조달한 자금으로 개발·생산한 상품이나 서비스를 제공하는 것이 일반적이며, 그 상품이나 서비스 수요의 유무를 확인할 수 있는 점을 들 수 있다.

- 기부형

  기부형은 문자 그대로, 자금의 제공자로부터 기부를 모집하는 것이며, 기본적으로는 대가의 지불을 필요로 하지 않는 형태이다. 이 형태로 자금을 조달할 때, 클라우드 펀딩의 운영 사업자에 의해, 기부의 대상이 되는 프로젝트로서 적절한가 아닌가에 대해 판단되는 것이 일반적이다 기부형의 특성을 감안하면, 이 형태로의 자금 조달을 실시하는 프로젝트 등에 관해서는, 사회적 의의가 요구된다고 생각된다.

- 펀드형

  펀드 유형은 특정사업 (프로젝트)을 수행하기 위해 익명 조합 계약을 설정하여 자금조달을 수행합니다. 자금제공자는 투자자로서의 성질을 갖기 때문에 자금제공자에 대해서는 해당 사업(프로젝트)에서 발생한 이익을 금전으로 지불하는 것이 일반적이다. 이 형태로 자금조달을 하는 메리트로서는, 사업(프로젝트) 단위로의 자금조달·이익 분배가 행해지기 때문에, 리스크 분산이 가능해지는 점 등을 들 수 있다. 한편, 리스크로서는 사업계획이 공표되기 때문에 아이디어의 유출 등을 들 수 있다.

- 대출형

  대출형도 펀드형과 마찬가지로, 익명 조합 계약을 이용한 자금 조달 방법이다. 펀드형과의 차이점은 클라우드 펀딩 운영 사업자가 익명 조합을 설립하고, 자금 제공자(투자자)로부터 자금을 조달함과 동시에 자금 조달을 희망한다. 기업에 대해 자금을제공한다는 점에 있다. 자금 조달을 희망하는 기업에 있어서, 차입을 한다(대출을 받는다)라는 의미에서는, 그 상대방이 금융기관으로부터 클라우드 펀딩의 운영 사업자에 대신하는 통상의 차입(대출)과 똑같다고 생각된다.

그러나 클라우드 펀딩 운영 사업자는 자금 조달을 실시하고 있는 투자자에게 일반적으로 예금이나 국채 등에 비해 상대적으로 높은 수익률로 배당을 지불할 필요성이 발생한다. 따라서, 사업 리스크가 어느 정도 존재하는 기업이라도, 그 리스크에 맞는 이율로 이자를 지불함으로써 자금 조달할 가능성이 있다.

- 주식형

  주식형은, 주식 미공개 기업이 자사의 주식을 대가로 하고, 자금 제공자(투자가)로부터 자금조달을 받는 것이다. 이 자금 조달 방법은 금융 상품 거래법 의해 실행된다. 이 방식을 이용하는 이점은, 상장하지 않고도 개인 투자자로부터 자금 조달을 실시하는 것으로 자기자본의 충실을 도모하는 것이 가능한 점을 들 수 있다. 한편, 투자자로부터의 이해를 얻기 위해, 사업 개요·계획 등의 적정한 개시를 비롯하여, 외부주주와의 커뮤니케이션이 중요해질 것으로 예상되며 이해관계자를 의식한 경영체제의 정비가 필요하다고 생각된다.

❷ 중소기업간 데이터의 공유

이 활용의 본연의 방법을 검토하여 이를 활용전자 신청을 실시한 보조금·계획 인정 등의 신청 데이터를 축적해, 데이터에 근거하는 시책의 효과 분석(EBPM)과 효과적인 중소기업 시책의 홍보에 활용하기 위해 중소기업청과 중소기업 지원기관이 가진 데이터를 연계 세우는 인프라인 중소기업 지원 플랫폼의 구축을 목표로 하고 있다. 현재 데이터를 기반으로 한 시책 분석 실증, 다양한 관계기관에 있어서의 데이터 이익 이용의 유스 케이스의 특정, 관민에서 데이터 제휴를 실시함에 있어서의 기술적· 제도적 과제목의 정리·검토를 실시하고 있다. 앞으로 데이터 연계의 범위를 행정기관, 중소기업 지원기관, 민간사업자 등 점차 확장. 이를 통해 시너지 효과를 내고 중소기업 지원 플랫폼이 중소기업 지원의 기반으로 지속적인 발전을 하고 있다.

◈ 전자 시스템의 구축신청

지원기관 계획을 인정의 전자 시스템의 구축신청. 행정 절차의 부담 경감을 위해, 특히 신청수가 많은 경영력 향상 계획을 인정 경영혁신 등 지원기관, 인정 정보처리 지원 기관에 대해 전자 신청 시스템을 구축하고 있다. 시스템의 구축에 있어서는, 사업자에 의한 신청으로부터 행정 기관내의결재, 사업자에게 통지에 이르기까지 일련의 절차 프로세스를 처음부터 검토하고 기존 절차 프로세스에 시스템을 맞추는 것은 없이 사업자 시선에서는 운용 개선을 목표로 하고 있다. 앞으로는 중소기업 지원 플랫폼의 본격 운용을 보고 데이터를 활용한 시책효과 분석 도구체적인 실천이나 관민에서의 데이터의 공유 연계에 관한 룰 설정, 사업자에게 있어서 사용하기 쉬운 「미라사포 plus」의 개발, 복수의 신청 시스템간의 제휴 등을 진행해 가고 있다.

◈ 중소기업·소규모 사업자를 뒷받침

경제발전과 고용증대는 중소기업 사업자의, 창생의 주역이며 활기찬 성장 외에도 고용유지를 위해 지속적인 발전을 이룰 필요가 있다. 향후 중장기적으로 중소기업·소규모 사업자가 발전을 계속하기 위해서는 다음의 관점을 근거로 정책을 진행할 필요가 있다.

Ⓐ 전기업의 95% 이상을 차지하는 중소기업·소규모 사업자는 다양한 업종에 사업을 전개하고 있다. 그러므로, 지역 경제발전과 고용증대라는 이원적 효과를 높이고 있을 뿐만 아니라 지역 문화의 유지 및 발전에 기여 헌신하여 산업 부흥에 중요한 역할을하는 등 사회기초를 형성하는데 필수적인 존재이다.

Ⓑ 우리나라의 경쟁력의 원천은 중소기업·소규모 사업자에 있는 것이다. 중간소기업·소규모 사업자가 경영력과 특수성의 전문화로 생산성을 향상시키고, 적정한 거래에 의한 강인화를 도모하는 것은 대기업의 국제 경쟁력을 촉진하고 유지 발전하는데도 기여도를 높이어 나갈 것이다.

Ⓒ 현재 중소기업은 기이한 현상으로 인손 부족이라는 시련을 격고 있지만, 장기적으로 보면 우리나라의 인구감소화, 즉 저출산 고령화로 진전되어 2020년에는 경영자의 고령화로 가업 경영승계가 부득한 현상이 될 것으로 예상된다. 이로 인해 승계가 원활치 못할 경우 사업자 수가 추가로 감소할 우려가 있으며 중소기업·소규모 사업자가 기여하고 있던 지역의 사회에도 영향이 우려된다.

Ⓓ 경제의 국제화나 TPP의 체결 등에 의해 중소기업·소규모 사업자에게 비즈니스 기회는 확대되는 반면, 신흥 기업의 상승 등에 따라 국제 경쟁의 격화가 예상된다.

당국은 중소기업에 대해 대담한 지원제도를 검토 진행시켜 나갈 필요가 있습니다. 그 때 최대한 알기 쉬운 KPI를 정량적으로 설정함으로써 시책향성을 이해하고 효과를 검증하기 위해 노력해야 할 것입니다. 또한 2030년대 중소기업 구성의 그림을 그리면서 장기적한 관점에서 중소기업 시책의 존재 방식을 검토하는 것도 필요할 것이다.

❸ 중소기업 사업자의 시책 대상의 분류

중소기업·소규모 사업자는 다양하게 존재하기 때문에 시책을 효과적으로 실행하기 위해서는 목표를 명확히 할 필요가 있습니다. 이 때문에, 다음과 같은 분류로 중소기업 정책을 실행할 필요가 있다.

1. 우리나라 경제를 지원하는 중소기업·소규모 사업자
2. 지역의 경제와 고용을 담당하는 중소기업·소규모 사업자
3. 세계시장 획득을 목표로 하는 중소기업·소규모 사업자 게다가, 우선은 이하와 같은 지원이나 제도 재검토를 진행해, 중소기업 · 소규모 사업자의 활력 있는 성장과 지속적인 발전을 중장기적으로 궤도에 올려한다.

3-4. 경제발전의 진원 중소기업

❶ 경제발전의 진원(經濟發展 震源)

(1) 경영력 강화

중소기업의 경영력을 강화하고 수익성을 높이고 경상완료의 순환에 연결하기 위해 중소기업 은 경영 강화의 법칙을 착실한 시행을 도모하여야 한다. 시행 시 소매업, 운송업, 제조업 등 업종별로 생산성 향상의 우량 사례를 지침의 형태로 알기 쉽게 보여주는 것이 중요하다. 또한 지침의 충실과 대상 업종의 확대를 끊임없이 실시하고 있어야 한다. 또한 중소기업 등 경영 강화법의 고정 자산세 경감 조치배치 등의 지원 조치가 소규모 사업자에게도 널리 이용되도록 지원기관에 의한 지원이나 충실한 정보 제공 등, 다양한 지원이 강구되어야 한다.

(2) IT 화 촉진

IoT 및 제4차 산업 혁명은 중소기업 및 소규모 사업자에게도 새로운 한 기회이다. 이 기회를 확실히 활용하기 위해, 중소기업 소규모사업 경영자의 IT에 관한 인식과 의식개혁이 필요하다 또한 중소기업 소규모 사업자는 전문 인력을 수락하면서 IT 투자를 통해 경영력을 강화

하여야 한다. 또한 이커머스와 텔레워크, Fintech에 대한 대응 등도 촉진해야 한다. 또한 중소기업 및 소규모 사업자는 IoT 및 빅 데이터를 활용할 능력을 길러야 합니다. 업간의 울타리를 넘어 제휴해해, 새로운 것 만들기나 서비스를 창출하여야 한다. 또한 공통 수주 주문 시스템 (공통 EDI)의 보급시키기 위한 소프트의 개발 등의 모델 케이스를 창출 하여야 한다.

(3) 하청 거래 조건 개선

하청 기업의 거래 조건 개선을 위해 정노사(政勞社)합의에 의거 조기 실행 철저히 그 내용의 후속 조치를 실시함과 동시에 협의에 의한 자유로운 결정을 저해하는 신의칙에 반하는 행위에는 어려운 자세로 임하면서, "좋은 품질"에 맞는 "적정한 가격"을 지불하는 관행과 문화를 우리나라에 뿌리를 내리는 것이 중요하다. 따라서 하청 기업뿐만 아니라 모기업 인 대기업에 대한 히어리 해야 한다.

또한 하청 대금법과 독점 금지법의 운용의 철저한 강화를 도모함과 동시에 대기업에 대한 거래 적정화 및 거래 조건개선을 위한 자발적 행동 계획의 수립을 요청해야 합니다. 또한 보다 쉽게 이해할 간단히 요약 된 사례를 인상 대형의 문제점을 만들기 기업과 중소기업 모두가 지침으로 활용할 수 있도록 주지 철저를 도모해야한다. 또한 협력업체의 부가가치를 높이기 위한 대기업의 협력함이나 공동으로의 대처하는, 하청 기업 스스로의 노력에 의한 다각화나 생산성 향상, 연계·재편 등의 자립·지위 향상에의 대처를 확실히 지원해야 한다이다.

(4) 제조 및 서비스 혁신

"제조 보조금"은 제조 분야뿐만 아니라 상업 및 서비스 분야로 지원 대상을 확대함과 동시에 생산성 향상을 위한 대규모 투자를 가능하게 하기 위한 상한액 인상 및 소규모 사업자를 위한 "소규모 모형"의 설정 등의 개혁을 진행해 왔다. 또한 산학관의 연구개발 지원뿐만 아니라 제조업 및 이비스 분야에도 지원대상을 확대를 도모해 왔다. 계속해서, "제조 보조금"과 지원 프로젝트에 대한 보조금을 조달도 지원합니다. 아울러 중소기업·소규모 사업자의 제조와 서비스의 혁신, GNT(글로벌 틈새 시장) 기업의 창출을 지원하고, 원사업의 후속 조치를 실시하여 효과 검증을 진행해야 한다.

(5) 금융 중개 기능의 발휘와 사업 재생·사업 승계의 촉진

원재료 구매 가격 상승 등 어려운 상황에 있는 중소기업·소규모사업자 중에는 아직 필요한 자금을 충분히 확보할 수 없는 사업자도 산견되기 때문에, 금융면으로부터의 지원의 충실을 도모할 필요가 있다. 또한 금융기관은 중소기업 및 소규모 사업자에게 지원하고 있습니다. 사이에 키우는 금융의 기능을 충분히 발휘하는 것이 중요하기 때문에 차용자 측의 의견을 들으면서 경영자 보증에 의존하지 않는 자금의 철저를 도모함과 동시에, 신용보증 제도의 재검토 등을 진행시킨다. 게다가 지역에서 생업을 운영하는 중소기업·소규모 사업자를 포함한 과잉 부채 및 경영자의 고령화·후계자 부족에 대한 대응을 강화하고, 사업 재생·사업 승계를 추가로 빨리하기 위해, 재생 지원 협의회나 사업인계 지원센터, 제2창업 보조금(승계 보조금)이나 승계세제 등의 충실을 도모한다.

(6) 상담 체제의 정비

물론 지원 거점에서 IT 상담을 충실히 강화하고 상공회의소. 중소기업중앙회. 기타 지원기관 및 금융 기관을 포함한 지원기관들 과의 협력을 도모하고 새로운 한 지원 기관의 발굴을 진행시킨다. 한편, 친숙한 지원기관으로 여겨지는 인증지원 훈교(訓教)를 받으며 인증 지원 기관을 평가하는 구조를 도입하여 실적을 높일 수 있습니다. 인정지원기관을 가시화할 필요가 있다.

(7) 홍보의 충실

중소기업 소규모 사업을 지원하는 정부 시책들이 지역 구석구석까지 적용되기에는 한계가 있을 것이다. 우선, 상공 회의소기존 조직을 통한 시책의 홍보를 철저히 이해하여야 한다. 또한 중소기업 중앙회를 통해 알기 쉬운 해설이나 모범 사례 등의 정보를 얻어 인지도를 높여나갈 필요가 있다. 전국에는 빛나는 기술과 서비스를 가지고 활약하고 있는 중소기업·소규모 사업자가 많이 있다. 이를 발굴 표창 등에 의해, '보기화'를 더욱 강화할 필요가 있다.

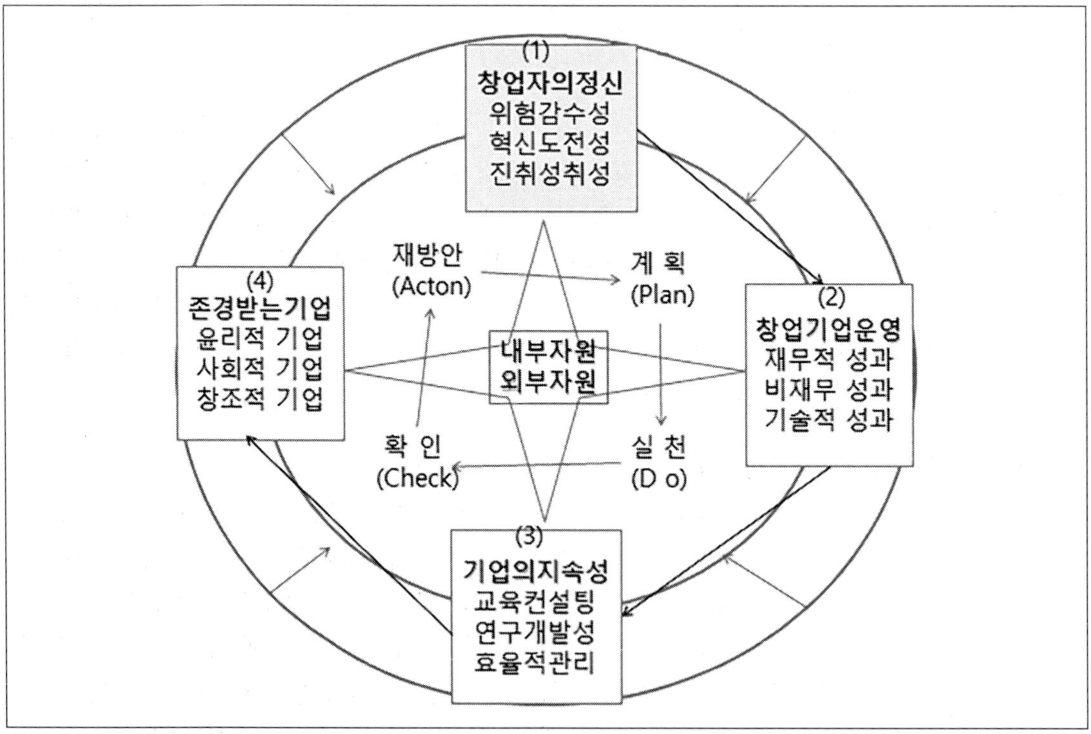

| 그림 8-4 | **존경받는 기업상 구축모형**

❷ 경제발전과 고용증대

(1) 지역사회 발전 소규모 사업자 판로 개척 지원

지역 구석구석까지 소규모 사업자 지속화 보조금을 넘어서 소규모사업자의 새로운 판로 개척을 지원하고 고용 유지 등을 도모함으로써 지역사회를 지원한다. 그 때, 지원 사업의 후속 조치를 실시해, 효과 검증을 진행해야 한다. 또한 각 지역에서 소규모 사업자에게 경영 상담에 따라 경영 지도원이 자신의 활동에 자신 있게 활력 있는 대처를 추진하고, 그들이 자립적으로 성장하고, 후진을 육성하도록 한 대처를 검토할 필요가 있다. 또한, 경영 지도원의 지원 능력의 다양성과 감독자를 파견하기위한 노력을 계속하고 소규모 사업자의 경영력의 향상을 도모하는 것으로 한다.

(2) 우수한 인재 확보

고용주에게 급여 등의 지급액을 일정 비율 이상 증가시킨 경우 법인세가 경감되는 고용 확대 촉진 세제에 대해서는, 중소기업·소규모 사업자에 대해 요건의 완화와 지원 내용을 깊이 리해합이 중요하다. 이러한 특례는 확실히 PR함으로써 중소기업 소규모 사업에 우수한 인재 확보기 가능하여 진다.

또, 중소기업·소규모 사업장에 있어서, 우수한 인재를 찾아내는 장소확보를 위해 앞으로도 전국 각지에서 지역의 실정을 근거로 한 효과적인 매칭을 전개해야 한다. 또한 대기업의 우수한 인재를 지방 중소기업 소규모 사업자의 어드바이저로서 파견하는 대처를 실시함도 한 방법이다. 또한, 중소기업 소규모 사업장 에서도 여성과 노인들에게도 일자리 제공함이 바람직한 일이라 하겠습니다. 쉬운 환경을 정비하는 대처하는 단순 노동뿐만 아니라 고도의 지식과 경윤을 가지고 있는 자원을 활용하는 인재 확보를 진행함으로서 기업기반이 공고해 질 것이다.

(3) 지역의 창업 및 창업 활성화

지역에서 새로운 일자리를 창출하고 유지하기 위해서는 기초자체 따라서 창업을 지원하는 것이 중요하다. 이를 위해 설치된 산업경쟁력 강화법에 근거한 지방정부 창업지원 사업 계획에 의거 창업 지원 환경이 양성되고 있다. 지역 창업 성공 사례, 우양호 지원 사례 등은 지역을 넘어 전개해 지역 창업 지원망 구축을 뒷받침하고 있다. 또한 지역 금융 기관과의 협력을 강화한후, 주도의 창업지원 재원을 계속 확보할 필요가 있다. 또한, 지역의 기초 자치단체가 핵이 되어, U턴 기업, 촉진하기 위해, 지방 창생 교부금 등도 효과적으로 활용함도 바람직하다.

(4) 지역 소비성 환기

지역의 일상생활 수요뿐만 아니라 왕성한 인바운드 소비를 지역에 끌어들이기 위해 인바운드 접시가 될 수 있는 쇼핑 거리를 전략적으로 지원합니다. 돕는 것과 동시에, 그것을 위한 지원 인재의 육성을 진행시킨다. 또한 노인이 보유한 기능 등 지역 커뮤니티 활동에 공헌한다.

❸ 세계 시장 획득을 목표로 하는 중소기업

(1) TPP의 장점을 잘 알고 상담 체제를 강화

중소기업 수출 지원 핸드북의 충실을 도모하면서, TPP 설명회를 집중개적으로 개최하고, 상담 창구에서 섬세한 대응을 실시한다. 또한, 지금까지 해외 개발에 성공한 사업자 출응원대 등에 지명해, 앞으로 해외 전개를 목표로 하는 중소기업 · 소규모사업자의 선도자 역할을 한다.

(2) TPP를 계기로 한 해외 전개 지원

TPP를 기회로 해외 시장 확보 및 글로벌 공급 업체실의 활용 등을 목표로 하는 중소기업 소규모 사업자 에게 국가 컨소시엄을 통해 관계 기관이 협력하여 세밀하게 지원한다.

(3) 지역 상품·서비스 해외 시장 획득

지역 자원과 농상공 협력을 활용하여 지역의 강점과 매력을 보유한 상품이나 서비스의 개발 지원을 실시함과 동시에 전국 시장에의 판로개척을 지원한다. 게다가 해외에서도 통용하는 것으로 했기 때문에 전략 책정이나 브랜드화 등의 대처를 지원한다. 또한 해외 판매길 획득·확대를 위해 전시회·상담회를 활용한 매칭 지원을 한다. 상류·물류 기회의 창출 등도 진행한다. 게다가 해외판이 아닌 지원거점에서 전문가 소개 등의 지원을 실시한다.

(4) 글로벌 커넥터 허브 기업 지원

세계 시장과 직접 연결되어 지역 중소기업 그룹의 허브가 되었습니다. 로벌 커넥터 허브 회사에 대한 인센티브 제공연구 개발 등의 지원을 실시한다.

용어 설명

투명성의 패러독스(paradox of transparency)
이슈 매니지먼트(Issue Management) - 이슈 다루기
세계경제포럼(WEF)
비평가(Critics)
그라운드 스웰(Groundswell) 폭풍에 의한 큰파도
정보 전염병(infodemics)
불만(complaints)
적극적인 위기 리더십(Active Crisis Leadership)
반응(reaction)
액션(action)

참고 문헌

1. 創業の手引. 平成27年度版. 日本政策金融公庫. 國民生活事業.
2. 潛在的起業家に關にする一考察(出所; 中小企業廳編 2007년판中小企業白書
3. 日本政策金融公庫 平成27年度版. Ⅲ創業の基礎知識
4. 창업보육센터 운영가이드 중소기업청, (사)한국창업보육협회(KOBIA)
5. 창업보육센터 지원실, 중소기업 금융지원. 기술개발지원 주요 사업
6. 일본 경제재생 종합사무국(2013)『 일본재흥전략 - JAPAN is BACK』
7. 생존분석을 이용한 중소기업의 장수요인도출과 육성전략에 관한 실증연구, 건국대학교 대학원 벤처전문 기술학과, 하태관, 2013년8월

요 약

1. 끌어갈 것인가 끌려갈 것인가
소비자 불만이라는 이슈를 제대로 관리하지 않아 위기로 키울 우려가 있다. 기업들은 뜻하지 않은, 혹은 원하지 않은 이슈에 불가피하게 직면하는 경우도 생긴다. 이슈란 사태를 악화시켜 기업 명성에 치명적인 손상을 입힐 수 있기 때문이다.

2. 잭 웰치 전 GE 회장은
"회사가 인간의 구성으로 이뤄져 있는 한 여기에는 분명 실수와 논란, 폭발이 존재한다. 현실을 직시하라. 바란 적 없고, 받아들일 수 없는 사건을 더 이상 피할 수 없는 것이 지금 우리가 처한 현실"이라고 경고했다.

3. 이슈의 중요성을 간파하고
바야흐로 기업들이 이슈를 효율적으로 관리해야 할 '이슈 매니지먼트(Issue Management)' 시대가 됐다. 이슈 매니지먼트란 위기 상황이 오기 전 이를 보다 긍정적인 방향으로 이끄는 것을 말한다. 이슈를 피하지 않으려면 맞서야 한다. 홈페이지도 고객과의 소통의 장으로 활용 다양한 블로그 채널도 열어 대화를 시도 자신들의 허물도 스스럼없이 이야기하는 환경이 조성되고 있다.

4. 정보 전염병을 피하기 위해 변화를 시도하다
정보의 득실 제보가 한 기업의 제품에 대한 신뢰성에 치명적인 타격을 준다. 소비자는 더 이상 '소비'만 하지 않는다. 이들은 누가 시키지 않아도 기업이 생산한 제품이나 서비스에 대한 평가를 인터넷에 올리고, 잘못된 점은 사진으로 전파시킨다.

5. 소비자 이야기에 귀를 열다
과거 불만이 있는 소비자들은 기업이 운영하는 소비자보호센터로 연락해 항의했다. 보다 극성스러운 소비자들은 언론사에 제보를 하기도 했다. 하지만 지금 소비자들은 항의가 받아들여지지 않을 때 블로그 등을 활용해 기업에 대한 '배드 뉴스(bad news)'를 직접 생산하고 직접 퍼트린다.

6. 이슈 관리 매뉴얼을 만들어라
이슈 관리에도 매뉴얼이 필요하다. 섣부른 관리는 도리어 화를 부른다. 이제 이슈를 관리하기 위해 훈련하며 지나간 이슈로부터 교훈을 얻는 보다 적극적인 위기 리더십(Active Crisis Leadership)의 시대가 왔다.

제9장

쇠퇴방지 경영전략

제1절 쇠퇴방지 전략적 기업간 제휴전략
제2절 사회공헌 활동으로서의 성공조건
제3절 지속 경영 전략의 중요성

제 1 절

쇠퇴방지 전략적 기업간 제휴전략

경영 성공 Point 32

1. **성공과 실패를 가르는 단 한가지**

   성공하는 사람과 실패하는 사람 사이에는 오직 한 가지 차이밖에 없는데 그것은 돈도 아니고 머리도 아니다. 성공의 비결은 자신감이다. 그런데 자신감을 가지려면 반듯이 갖춰야할 게 있다. 충분이 준비할 것, 경험을 쌓을 것, 그리고 절대 포기하지 말 것, 이 세 가지다. 자신감은 준비, 경험, 조직 환경에서 나온다. (매리 매털린, 딕 체니 미부통령 자문관)

2. **불가능에 도전하라**

   성공을 추구하는 사람의 머리 속에는 불가능이라는 단어는 찾아볼 수 없다. 그들에게는 목표를 달성하고자 하는 용기만이 있을 뿐이다. 불가능이라는 장벽 앞에 발걸음을 멈추는 사람이 있는가하면 기를 쓰고 장벽을 넘어가는 사람이 있다. 이 두 사람 인생의 성공과 실패를 갈라놓는 길이다. 성공의 주저는 당신의 재능이 부족한 것이 아니라 도전정신의 결여에 있다. 난제에 부딪쳤을 때 불가능하다고 단정하기 전에 해결책이 없는지 생각하고 찾아보라. 스스로 해결할 수 없는 문제는 협력의 도움으로 해결책을 찾아라. 외부의 협력을 구해내는 것도 능력이다.

제1절
쇠퇴방지 전략적 기업간 제휴전략

1-1. 기업간 전략적 제휴가 기업성장 성과에 미치는 영향

❶ 제휴가 기업성장과 성과에 미치는 영향

(1) 제휴필요성의 배경

최근 들어 많은 기업들이 다른 기업들과 전략적 제휴를 통하여 끊임없는 혁신과 업무영역을 확장시키려 노력하고 있다. 기업간 제휴활동과 관련된 많은 연구성과에도 불구하고 경쟁기업보다 우월한 제휴관계를 형성하기 위한 구체적인 방안과 기업역량이 제휴성과에 미치는 영향에 대한 연구는 상대적으로 미흡한 실태로 나타나고 있다.

경쟁과 협력에 대한 인식은 서로의 반대되는 개념으로 인식되었다. 협력은 서로의 목표를 향하여 함께 추구하여 나가는 것이고 경쟁은 각기 독자적 목표를 추구하여 나가는 일련의 활동인 것이다. 경쟁과 협력은 서로 배치되는 개념으로 양립 가능성이 없는 듯이 보이나 이 두 개념은 상호 보완적 관계에 있다는 것이 최근 제시되고 있다(Gimeno and Jeong 2001. 국제경영연구원 제13권 제2호 2002년 12월).

제품이나 서비스영업이나 생산경영 등에 관련된 유무형의 자원을 교환하고 공유하며 공동개발하는 기업간 제휴활동이 광범위하고 다양하게 전개되고 있다. 대부분의 중소기업들은 급속도로 변화하고 있는 기술혁신과 다양한 시장성에 직면하면서 기업들은 현재 자사가 보유하고 있는 자원만으로는 변화하는 경영환경에 대응할 수 있는 역량이 부족하여 축적하려는 수단으로 제휴활동이 필요하게 되는 것이다.

최근에 소비자들의 니즈가 다양해지고 고객층이 다변화되면서 기술과 산업간의 융합과 복합의 흐름과 외래상품으로 시장을 역동적으로 변화하면서 기업은 치열한 경쟁 속에서 생존전략에 직면하고 있다. 이러한 역동적인 시장에 대응하기 위하여 기업들은 끊임없이 혁신을 추구하며 많은 노력과 자원을 투자하고 있다.

그러나 초 경쟁적인 오늘날의 시장환경 속에서는 한 기업이 단독의 혁신활동만으로는 급변하는 니즈를 모두 충족시키는 것은 어렵기 때문에 이에 따라 많은 기업들이 전략적 제휴를 통하여 가치창조의 네트워크를 구성하여 새로운 사업이나 기술을 협동하여 시장의 영역을 넓이는 혁신활동을 추진하고 있다.

전략적 제휴의 성공은 파트너십과 사업성에 달려있는바 기업들의 주된 관심은 좋은 파트너기업을 선정하는 문제와 선정된 파트너기업과 장기적이고 안전하게 유지해 나가는 것이 경영적 관심사라 하겠다. 파트너기업 간의 핵심역량. 문화적 차이, 능력의 조화, 네트워크역량 등 상호 신뢰적 관계가 요인으로 작용됨을 유의할 점이라 하겠다.

❷ 제휴로 기업의 브랜드가치 향상

오늘날 많은 기업인들과 더불어 연구자들은 기업간 제휴에 대하여 연구되고 있다. 어느 한 분야의 제품이나 일률적인 제품으로 다기능적 소비자에게 만족을 부여하기는 매우 어려운 실정이다. 그러기 때문에 업체간에 전략적 제휴의 필요성이 대두되고 이 제휴방법을 이용하여 자사의 생산성을 높이고 시장의 영역을 확장시켜 자사 브랜드가치를 높이여 사세확장의 합리적인 방법을 제시하는데 연구의 목적이 있다.

(1) 제휴의 실패원인과 성공의 전제사항

본 장에서는 중소기업간 제휴에 의한 실증적 효과인 생산성에 미치는 효과판매신장에 관한 것이다. 그러면 전략적 제휴에 있어서 성공과 실패를 가르게 되는 이유는 과연 무엇일까? 많은 기업들이 제휴제도의 실행과정에서 실패요인들을 찾아보면 원인을 분류하여 보면 주인(主因)은 자사의 동태적 실상(實像)과 계리된 제휴와 소비자의 기호, 즉 니즈를 정확이 파악하지 못하고 능동적으로 대응능력들이 제휴기업간에 상이성과 소통의 협력부족에서 기인한 것으로 여겨진다.

(2) 성공의 전제되는 사항들

- 제휴의 파트너십과 사업의 타당성
- 제휴의 네트워크 성과의 영향
- 제휴의 지향성과 창의성
- 제휴의 역량과 성과
- 제휴 후 생산성과 판매신장에 미치는 영향 등

제휴의 핵심개념은 파트너십과 제휴사업의 합리적 타당성을 전제로 네트워크 활동성, 지향성, 창의성, 상호의 관계성, 업무의 효과성에 있다.

(3) 자사제품 수비와 시장개척

또한 기업간 제휴방법은 WTO와 FTA의 체결로 국제적 상권형성은 중소기업의 제조상품 시장성에 대해 자각성이 요구되고 있다. 우리나라 중소기업제조업자들은 급변하는 시장상황에 대한 당혹스러운 미래의 우려는 유비무한(有備無患)의 정신으로 대비하는 기초의 제공함에 목적이 있다. 자사제품을 수비하고 확장하며 새로운 국제시장에 도전하기 위해서는 역량의 배양으로 이는 기술적, 정보적 기능을 공유하면서 자사제품을 교류판매로 시장적 외형이 확장되고 생산성이 향상되어 원가경쟁력의 제고로 국제시장에 도전할 수 있는 전략적 제휴시스템을 구축하는데 목적이 있다.

(4) 기업 쇠퇴방지와 재활성화를 위한 전략

기업의 쇠퇴를 방지하려면 재활성화의 전략수행이 필수적이다. 쇠퇴방지전략을 효율화하기 위해서는 내부자원과 외부자원의 결집이 요구된다. 부족한 내부자원역량과 외부자원을 흡수함으로서 부족한 영역을 보충하고 공동의 역량을 발휘함으로서 내부자원만으로 불가능하였던 영역들을 탈환하여 사세를 확장하는 원동력이 된다.

❸ 쇠퇴방지의 체제구축과 모형

(1) 제휴의 필요성

기업이나 제품이나 일정시간이 지나가면 쇠퇴기가 찾아온다. 이를 방지하고 재활성화하는 지속성을 이어가기 위해서는 새바람을 필요로 하는바 이 방법이 제휴의 필요성이라 하겠다.

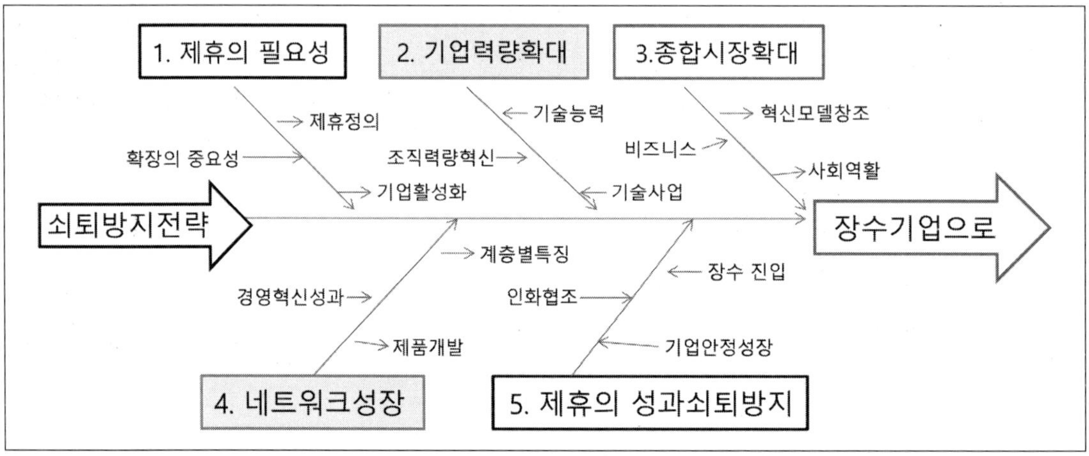

| 그림 9-1 | **기업의 쇠퇴장지와 장수가업으로 진입 모형**

(a) 기업역량의 확대

기업단독으로는 역량의 한계가 있다. 이를 파계하는 방법은 기업간 협력체계를 구축하는 것이다. 협력사 간에 기술을 교류함으로서 새로운 제품의 탄생과 새로운 시장개척이 가능하여 진다.

(b) 조합시장 확대

제휴나 협력체제는 새로운 혁신 사업모델을 탄생시킬 수 있다. 이 혁신모델은 창조적인 새로운 제품으로 종합시장에 확대될 것이다.

(c) **네트워크성장**

외적 네트워크라인을 확고히 함으로서 정보능력과 판매능력배양과 외형확장의 효율화에 기여된다.

(d) **기업의 성장과 지속성**

쇠퇴방지는 활성화의 재생이요. 지속경영의 기틀이다. 지속경영 능력은 장수기업진입의 초석이요 불멸기업의 터전이다.

❹ 제휴는 성과를 창출하는 기업의 수단

제휴는 기업의 성과를 창출하는 수단으로 전략적 제휴의 중요성이 인식되면서 꾸준히 실행의 증가를 보이고 있다. Fortune 500대 기업들은 평균적으로 60여개의 중요한 전략적 제휴관계를 맺고 있다. 기존의 연구들은 대기업을 대상으로 수행되어 왔다.

2012년 중소기업중앙회에 등록된 업체총수 109,778개사 중 화학제품제조업에 3,598개사의 범위 내에 적용한다. 연구의 범위는 중소기업의 범위 내에서 제휴의 가치가 전제되는 조건이 구비되면 업체간에 협업적 제휴는 제휴 기업간 동질성으로 산업의 특성에 맞는 맞춤형 제휴의 범위에 국한한다. 화학제품제조업체 3,598개사 중 선별하여 적용한다. 제품을 형상으로 구별하면 고상, 액상, 기상의 제품으로 구별되나 본 장에서는 액상제품에 국한된 생산업체 간에 전략적으로 제휴함으로서 기업성장의 매개적 작용을 찾고자 한다.

사용원료는 유사하나 판매시장이 다를 경우와 생산제품은 상이하나 적용시장이 유사할 경우 또한 생산시설이 유사한 업체 간에 전략적으로 제휴를 함으로써 노동생산성을 높이고 판매시장이 확장되어 자사발전에 기여도를 높이는 범위에서 연구한다. 제휴사 간에 협업적 제휴는 자사가 갖고 있는 특유의 노하우와 특허권을 교류 사용함으로서 새로운 시장의 안목을 넓일 수 있어 도전적 의욕이 함양되어 공동체적 발전의 동기를 부여하여 실현함으로써 시너지효과가 발생하는 효과를 가져오는 시스템 구축의 범위로 한다.

❺ 네트워크 파트너십의 조화성과 타당성

(1) 파트너십

파트너십과 제휴사업의 타당성의 문제이다. 제휴기업들의 주된 관심사는 파트너기업의 선정과 장기적 유지인바 그러기 위해서는 업종의 분석과 유관성시장의 유사성과 효과성 등을 검토 분석하는 예진(豫診)의 절차가 필요하다.

(2) 제휴와 네트워크

제휴네트워크가 어떻게 변화하는지 기업의 영향력과 혁신활동성과에 어떠한 영향을 미치는지 실증적으로 탐색하며 독립변수인 기업의 영향력과 종속변수인 혁신활동의 제휴성과의 중심성을 이용하여 측정하고자 한다.

(3) 제휴와 창의성

제휴지향성과 창의성의 구축은 제휴관계를 통해 기업이 무엇인가 성취하고자 하는 제휴활동이 어떠한 기능을 수행하며 어떻게 진화하여 나가는지의 제휴성과와 제휴관계의 형성과 적절한 파트너의 선택제휴를 위한 적절한 조직구조를 결정하는 과정을 지향적 창의성으로 구축하는 부분이다.

(4) 제휴와 역량

제휴역량과 성과는 성공적인 제휴성과를 위한 기업의 제휴역량을 밝히고자 하는 연구에서 경쟁사보다 우월한 제휴성과을 달성할 수 있는 기업의 역량을 제휴역량과 성과로 정의하면서 기업의 네트워크를 통해 제휴관련관리 노하우를 획득하고 분석하여 구체적인 기업의 핵심역량으로 레버리지할 수 있는 능력을 측정한다.

(5) 기능적 역량과 인지도

제휴생산성과 판매신장에 미치는 영향은 시행력 강화는 제휴사들이 보유하고 있는 기능적 역량과 인지도를 기초로 융합시켜 새로운 경영에너지로 발산되는 모델의 창출이다. 제휴기간에 제품의 생산성제고와 시장을 확충하는 협력모델의 형성과 이행이라 하겠다.

중소기업의 자생적 성장의 방법으로 유사업종 간에 전략적 제휴에 의하여 기술력의 보강으로 품질적 기능이 향상되고 생산적 효율이 향상되어 원가절감을 가져와 경쟁력이 제공됨으로 제휴에 의한 영업신장과 확장으로 이어지는 결과를 가져와 기업발전에 기여하는 방법을 모색하는 것이다. 공급사슬원리에 따라 중소기업의 실태를 정확히 분해·분석하여 특성은 장려하고 전략적 제휴로 부족함을 보완·보강하여 자생력을 길러내는 바탕을 제시하고 변화하는 시장에 대응력을 길러 한국경제의 초석을 튼튼히 하는 방안이요 이것이 융합된 역량으로 창조경제를 이루어가는 기본이 될 것에 가치를 부여하는 연구목적이요 방법이다.

1-2. 전략적 제휴의 이론적 배경

❶ 전략적 제휴의 정의

(1) 제휴의 전략

제휴는 전략적으로 중대한 상호 호혜적인 목적을 달성하기 위하여 복수(둘 이상)의 기업들이 공동의 생존과 번영을 위한 공동의 업무를 수행하기 위해 관계를 체결구축하고 공동의 목표를 설정 자사단독으로는 얻을 수 없는 가치를 창출하기 위한 것, 또는 제휴기업들이 자원(기술·정보)의 협력을 통해 시장범위의 확장을 위한 협력적 관계를 구축하는 것 등으로 정의할 수 있다.

제휴는 시장, 정보, 기술, 자원에 대한 기업의 접근성을 높여주고 협업을 통한 견문적 학습과 인적자원의 수준을 높여주어 기업들로 하여금 내부자원과 역량의 한계를 극복할 수 있게 하여줄 뿐만 아니라 경쟁우위의 원천인 핵심역량을 강화시키는 초석을 이룬다. 이러한 제휴를 연대순으로 살펴보면 기업간 제휴라는 개념의 기초는 1913년 Weld가 조직론(institutional theory)의 틀을 마련하고 기업 상호간의 교환을 촉진시키는데 마케팅경로의 뚜렷한 역할을 제시한 것에서 찾아볼 수 있다.

(2) 제휴의 창의성 구축

제휴지향의 형성은 제휴목적의 추진방향 설정으로 제휴관계를 통해 기업이 상호간에 협력의 기본을 명시하고 어떠한 기능을 수행 진화할 것인지를 이루는 것이다. 지향적 성과는 창의성에 있는바 제휴기업이 보유한 정보기술을 활용 운영조직을 재구축하고 상품과 서비스의 가치를 창조적인 경쟁력을 갖도록 전략적 제휴를 통해 기업의 가치적 경쟁력을 갖도록 효율성과 가치성을 강화시켜주는 창의력을 구축한다. 제휴역량 발휘 조직역량으로서는 기업의 고유한 경쟁적 성과창출과 지속성에 초점을 맞추고 있는 전략경영이론에 해당하는 기업이 보유한 조직내부의 특성, 즉 자원과 역량의 중요성을 강조해 왔다. 일반적으로 자원이란 기업이 보유한 유형의 자산을 말하며, 역량이란 보유한 자원을 결합시켜 성과를 달성하거나 새로운 자원을 창출하는 조직화된 프로세스를 의미한다.

(3) 전략적 제휴의 이점

제휴의 이점은 직접적인 이점과 간접적인 이점으로 구분하여 볼 수 있다. 직접적인 이점은 수익성과 변동성에서 나타나며 또한 간접적인 이점은 무엇인가를 살펴보면

첫째, 제휴파트너사의 자원역량(정보력, 기술력, 영업력)의 협조를 얻어 자사역량으로 경쟁력을 높인다.

둘째, 기업의 종래의 관습적 습성을 조정의 기회와 지식을 한 단계 높은 수준으로 증진시키며 눈에 보이는 시설의 개선기회가 부여된다.

셋째, 기업이 새로운 정보와 기술습득으로 신제품개발의 기회를 얻을 수 있다. 또한 기업성장으로 인한 사회적 지위와 명성을 가져다준다.

넷째, 기업의 전략적 제휴에 의한 기업의 수익성, 효과성과 다각화전략이론의 자원기반적인 관점에서 살펴볼 수 있다.

❷ 제휴 파트너십과 사업성

(1) 파트너십의 사업성

전략적 제휴 파트너십이 사업성에 미치는 영향과 효과는 전사업 영역과 지역화에 확대되어가는 상황에서 제휴기업의 최대 관심사는 파트너의 선정과 제휴품목의 연결사슬이라 하겠다. 고로 공급사슬관리(SCM. Supply Chain Management)는 새로운 제휴운영관리의 기능을 제공하는 바탕이 된다.

본 연구는 기존의 선행연구를 바탕으로 파트너기업 간에 핵심역량. 네트워크역량, 성실과 몰입도, 능력의 조화, 상호보완적 관계, 상호신뢰관계 등 파트너기업의 요인으로 제시되고 있다. 전략적 제휴의 특성은 기업의 자원. 에너지. 경영능력을 최대한 제휴사업에 집중시켜 나가는 것이 기업의 성장성에 영향을 미친다.

제휴파트너가 기업간에 상호보류하고 있는 역량을 보완적 측면에서 경영역량을 상호 보완적으로 협력할 때 기업의 성장에 궁극적으로 시너지 효과성이 발생하여 제휴기업의 목적수행에 영향을 미치는 것으로 사업성성장으로 제휴의 가치성이 이루어진다.

(2) 파트너의 선정

제휴의 사업성은 파트너의 선정과 사업의 동질성에서 찾아야하며 동질성이란 판매사장의 동질성분야와 적용분야의 동질성으로 생산공정 및 원리가 동질성일 때 기업의 체질이 동질적으로 유사하여 기업간의 그 분야의 경협과 지식이 유사하여 제휴의 미래성이 상통함으로 업무수행의 지향적 효과를 가져오며 새로운 차원의 아이디어가 개발되어 새로운 시장개척에 협력하는 설계가 가능하여진다.

궁극적인 기업의 목적은 생산성의 제고 시장의 확충, 수익의 증대라는 목표를 성취하는 것이 자사단독보다는 전략적 제휴로 업무를 협업하였을 때 용이성, 시행성, 결과성으로 보았을 때 동질성이 전제되어야 장기적인 사업성이 유지되고 미래성추구의 실현성이 가능하게 된다.

❸ 제휴네트워크 영향과 성과

(1) 네트워크 관점

기업간 관계에 초점을 맞추어 장기적으로 협력관계를 유지하는 조건 또는 그 이상의 조직체계를 구성하는데 서로 다른 이해관계자 및 집단 간에 독립성을 유지하면서 상호신뢰를 기본으로 전략적 의도 하에 장기적으로 결속관계를 구축 유지하는 과정의 형성이다. 급변하는 경영환경에서 경쟁우위를 창출하려는 수많은 경영자원이 필요한 상황에서 기업들은 독자적 행보보다 타 기업들과 유기적인 네트워크를 형성하고 그 구성원이 되는 것이 효율적이라는데 주목된다.

네트워크 관점에서 기업이 전략적 제휴를 맺는 이유는 첫 번째 불안정한 경영전략적 위치(vulnerable strategic position)요소로서 이를 극복하기 위한 기술적 경영전략의 시도이며, 둘째로는 강한 사회적 위치(Strong Social position)요소로서 경영자의 사회적 영향력의 중요성을 강조한다.

(2) 네트워크의 중요성

기업간 제휴네트워크의 중요성이 대두되면서 관련연구가 많이 소개되고 있다. Ozman은 기업네트워크 관련연구를 세 가지로 구분하였다.

첫째, 네트워크의 형성(Network Formation)
둘째, 네트워크의 구조(Network Structure)
셋째, 네트워크의 성과(Network Performance)로 설명되어 있다.

첫째, 네트워크형성에 초점을 맞춘 연구는 기업들의 네트워크형성 및 참여의 동기에 관한 것으로 네트워크 형성방법과 파트너선택의 방법이 주가 되고 있다. 최근의 기업경쟁구도는 개별기업 간의 경쟁구도가 아니라 여러 개의 기업으로 이루어진 기업네트워크 간의 경쟁구도로 변화하여 가고 있다. 네트워크형성은 시장상황변화에 따라 동태적으로 분리와 통합을 전략적으로 탄력성 있게 운영되어야 효과적이다.

둘째, 네트워크의 구조는 주로 네트워크구조가 시간이 경과함에 따라 어떻게 변화되는지 네트워크 변화요인들을 이해하고 규명하는데 초점이 되고 있다.

셋째, 네트워크성과에 대한 연구는 네트워크관련 연구 중 가장 많은 연구가 진행되고 있는 분야로 이 분야의 연구는 주로 네트워크의 특성과 기업의 성과간의 연관관계를 실증적으로 분석하는데 중점을 두고 있다.

(3) 네트워크의 영향

네트워크 성과와 관련연구는 개별기업의 네트워크 내에서 위치한 역할이 그 기업의 혁신성과에 어떻게 영향을 미치는지를 조명하고 특히 제휴관계를 맺은 후 기업들이 효율적인 지식과 보유기술의 교류지원 또는 외부에서 발생되는 정보교류로 제휴네트워크 성과에 미치는 영향에 관한 것이다.

네트워크에서 기업의 영향력과 그 위치가 기업의 혁신활동성과에 미치는 영향에 관하여 본 연구는 네트워크관련 선행연구 중 네트워크 성과를 조명하고 본 논문이 지향하는 생산과 판매신장에 어떻게 영향을 미치는지를 실증적으로 분석하여 실행성 가치제고에 있다.

1-3. 제휴의 성과

❶ 제휴의 조직간 관계와 성과

제휴의 조직간 관계와 성과는 기업은 제휴를 통해서 파트너조직과 협력관계를 관리유지하면서 성공적인 제휴목적달성에 노력한다. 제휴조직 간의 상호작용은 특정제품의 공동개발, 설계, 생산, 마케팅 등에서 밀접한 협력관계를 유지하며 성과를 이루는 것을 말한다. 따라서 조직간의 상호작용은 기업특성의 조화, 상호 보완성의 의지, 신뢰성과 소통, 재무상태의 건전성이 제휴성과의 기본요소이다.

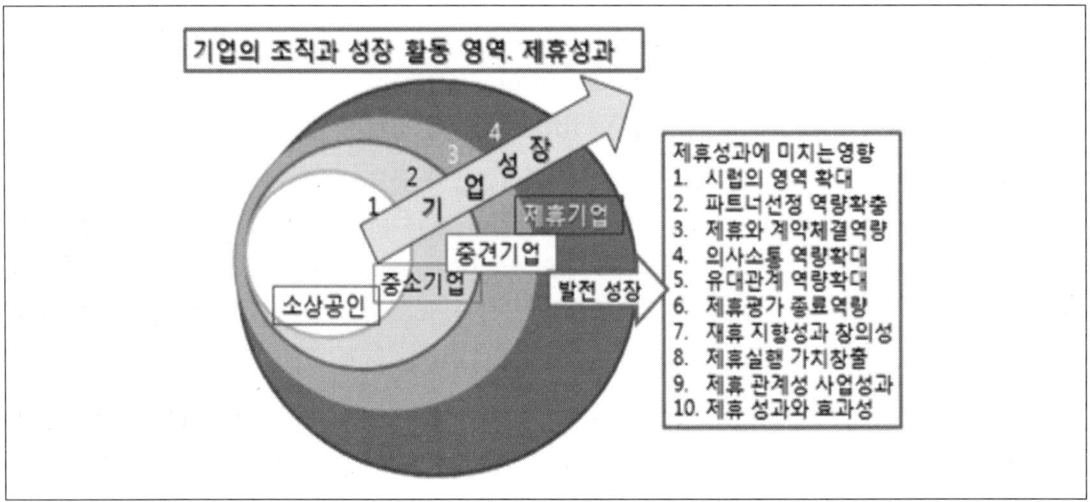

| 그림 9-2 | **제휴조직간 관계와 활동의 범위**

제휴의 성과는 제휴업무를 수행하는 조직역량에 있다. 제휴성과에 미치는 영향은 다섯 가지의 제휴역량 즉

① 제휴영역 및 파트너 선정역량
② 재휴협상 및 계약체결역량
③ 의사소통역량
④ 유대관계역량
⑤ 제휴평가 및 종료역량 등이 제휴의 경쟁성과에 금정적인 영향을 미치는 것으로 파악되었다. 또한 제휴역량은 효율성개선, 제휴 목적달성 그리고 전반적인 제휴만족도에 영향을 미치는 것으로 파악되었다.

기업은 조직내부의 한계를 극복하고 사업의 불확실성을 감소시켜 높은 성과를 창출하고자 전략적 제휴를 수행한다. 조직내부 특성을 창출의 동인으로 중시하는 기존이론을 따른 제휴활동을 수행함으로서 성과를 창출하고자 하는 경우 파트너기업의 강점을 흡수하고 제휴업무를 적절하게 수행할 수 있는 협력노하우를 창출하게 된다.

❷ 제휴의 지향성과 창의성

제휴의 지향성은 제휴정보에 관한 수집과 확산 그리고 학습에 관한 기업내부의 역량축척을 의미하는데 제휴관계의 특성상 제휴파트너와의 적절한 관계강도와 갈등방지의 메커니즘이 필수적이다. 상호의존적 요소로서 제휴관계의 성과는 제휴파트너와의 관계강도와 만족스럽게 협업할 수 있는 관리능력을 의미한다. 독특하고 의미 있는 제품을 공급하는 기업 활동을 제공하는 창의적인 기업은 시장변화에 매우 혁신적이고 우월한 서비스를 제공함으로서 변화하는 소비자의 욕구를 충족시킨다. 제휴의 창의성은 독특한 의미의 기업활동에서 차별화 수단이 되며 여러 가지 변수를 고려한 의사결정에 다양한 형태의 의견수렴이 이루어진다.

(1) 제휴이행의 가치

제휴의 가치는 그 프로그램 이행에서 각각의 자원준거의 관점에서 금전적 가치, 열망의 가치, 적절성, 편리성, 이용확률, 소비들의 충성도 등에서 가치성이 부여되며 기업에서 제공하고 있는 보상적 기치를 높이 평가할수록 고객충성도 형성이 높게 나타고 있다. 기업들이 공동의 목표를 갖고 혼자서 얻을 수 없는 가치를 창출하는 것으로 자원의 공유를 통해 경쟁력 및 시장점유율, 성과향상의 협력관계구축을 제휴이행가치로 정의할 수 있다.

전략적 제휴는 기업들이 신규시장진입을 위하여 제휴를 통한 학습은 자원의 한계를 극복할 수 있게 하며 경쟁우위의 원천적 핵심역량의 적용을 확장시킨다. 이로 인해 제품개발, 비용절감, 공유확산, 마케팅 범위확대 등을 위한 수단으로 전략적 제휴가 활발하게 이용되고 있다. 이러한 제휴는 새로운 제품개발 보완적 마케팅전략 기술적 범위의 리스크 방지 등으로 다양한 이익을 창출하는 잠재성을 지니고 있다.

(2) 제휴의 관계성과 사업성과

제휴를 성공적으로 이끌기 위해서는 기업특성의 조화 상호보완성의 의지 문화생활적인 차이뿐만 아니라 파트너기업 간의 신뢰성과 몰입도의 의지를 가지고 제휴에 임할 때 보다 성공적인 협력관계가 유지될 수 있으며 진실성과 성실성은 필수적인 요건이다. 파트너기업과 문제해결을 위한 논의를 하고 있는가. 아이디어를 함께 공유하고 있는가 하는 공동의식이 사업성과에 영향을 준다.

제휴로 인한 기업의 성과는 현재의 제품 또는 시장에서의 성공과 미래시장에서의 위치를 포함하는 것이다. 기업은 제휴파트너와의 관계의 질을 기초로 시장에서의 재우위를 차지할 수 있다. 제휴파트너와 강력한 관계를 형성함으로서 기업은 우월한 조건의 전술을 교환함으로서 양질의 정보와 신뢰를 기반으로 한 지배구조(governance)는 시장에서의 경쟁우위를 갖게 된다.

(3) 제휴성과 효과성

기업이란 생리적으로 이익을 추구하는 조직으로 이해관계를 가진 기업이 참여한다는 점에서 전략적 제휴를 운영하는 과정에서 정보를 공유하고 의사소통을 긴밀히 한다는 것은 상당이 어려움이 따른다라는 것이 아직까지의 통상적인 정설이다. 그러나 세태의 변화와 기업인들의 인식의 변화를 가져와 무엇이 생산적아고 무엇이 소모적인지 독자적인 행보는 고립을 자초하는 결과로 나와 더불어 같이 발전하는 공영의 마인드가 소생되고 있어 전략적 제휴가 원만하게 운영되고 지속되기 위해서는 원활한 의사소통을 위한 스킬이 필수적이다.

제휴기업 간의 원활한 의사소통은 수집된 지식과 정보를 공유함을 넘어 자사가 보류하고 있는 특유의 기능을 제휴기업에 제공함으로서 기술력 향상에 따른 생산원가절감과 품질향상으로 제휴기업 간의 신뢰도를 높여 투자의 개선점이 마련된다.

기업이나 제휴기업의 성공여부는 업무수행의 지향성과 창의성에 있다 하겠다. 본 연구는 지향적 업무수행은 실현가능성을 인지할 때 나타나며 인지는 자신의 지식과 경험, 정보력에서 소생함으로 제휴는 업체의 규모나 제휴품목들이 유사할 때 업무수행의 지향성이 발휘된다. 창의성은 모든 일에 성장의 기본으로 기업의 성장이나 제휴업무의 효과도 창의성이 없으면 목적달성은 어려워진다. 창의성은 어디서 생성되는가? 지식, 경험, 정보, 필요성 관심도에서 발상된다. 그러므로 본 연구도 제휴실현 범위와 영역한계를 명시함으로서 능력적 집약과 성공의 확률을 높이고자 하는데 있다. 제휴기업 간에 의사소통과 역량집중은 정확한 정보의 공유와 기술공조로서 신뢰성이 쌓아지며 업무의 지향적인 성장과 창의성의 융합으로 성장의 매개가 된다.

1-4. 전략적 제휴의 실행

❶ 유사업종 간에 파트너 선정

제휴사업의 성공여부는 파트너의 적성여부에 달려있다 하여도 과언이 아니라할 수 있다. 즉 본 연구에서는 유사업종 간의 한계범위 내에서 연구 설계하고자 한다. 유사업종이라 함은 동일분야의 원료를 사용하여 이질적인 제품으로 수요분야가 다르거나 이질원료로 제조된 제품이 수요분야가 동일분야의 제품군을 말한다.

실제기업 간의 제휴(협업)관계의 양상이 다양하고 광범위하게 이루어지고 있으나 성공률이 저조한 이유는 제휴(협업)이 다양하고 광범위하게 형성됨으로서 업무적 전문성의 부족에 따라 협업능력이 야기되지 못한 가치창조의 미완성에 근원이 있다.

본 연구수행은 제품제조상에 있어서 혼합합성융합과 가온, 가압, 냉각의 공정에 따른 화공제품군에 한정하여 제휴를 수행함으로 기술과 지식의 교류협력을 원활이 하여 가치창조의 모태를 이루고 판매시장이 유사성으로서 공동마케팅 전략의 합리성으로 시장점유율을 넓히는 수단으로의 가치부여에 있다.

❷ 파트너십과 사업성

제휴형성되기 전에 사전적으로 파악하는 것은 전략적 제휴이후제휴의 업무관계 뿐만 아니라 궁극적으로 업무성과에도 영향을 미칠 우려가 있음으로 불합리한 영역을 택하거나 부적절한 파트너를 선정하게 되는 경우 기업은 상당한 시련에 직면하게 되며 돌이키기 어려운 전략적 의사결정에 실패할 우려가 있다.

제휴영역을 철저하게 파악하고 합리적인 공생의 파트너기업을 선정하기 위해서는 협력부분의 전략과 연계제휴의 목적을 정확히 수립하여 파트너기업을 선정하는 기준을 공식적으로 제시하고 파트너기업의 전략과 상통의 공감성이 있는지 살펴보아야 한다. 우월한 제휴관리의 스킬과 노하우를 갖고 있다. 하더라도 파트너기업을 선별하는데 실패할 경우 제휴성과 창출이 어렵다.

본 연구의 제휴목적은 산업과 파트너를 선정하는 활동은 성사시키겠다는 감상적인 충동을 방지하고 전략경영접근법에 의해 유사공정, 유사시장이라는 원칙을 두고 사전에 기업간 예정 파트너의 역량을 상호검증 후 실행함이 필요하다. 이와 관련하여 자원준거이론과 조직학습이론을 근거로 파트너선정을 연구한 후 실행한다.

그러므로 상호입증할 수 있는 범위는 필연적으로 기술이나 공정이 유사하며 판매시장이 유사한 경우가 사업적 내용이 상통하여 입증적 효과를 가져오며 공정이 유사할 때 갖고 있는 기술정보의 활용도가 높아 파트너의 협력은 새로운 시너지효과를 탄생시킬 수 있다. 제휴파트너는 하고자하는 상품영역과 수행하고자하는 활동영역을 제휴이전에 사전적으로 파악하고 공생의 가치를 예견후 체결함으로 수행의 성과는 발전적인 결과를 가져올 것이다.

❸ 제휴협상과 계약체결의 세분화

우리는 미지의 세계를 향하여 가고 있다. 그러므로 예상치 못하였던 일들이 자주 부딪히게 되고 이런 일들에 대비하기 위해서는 매뉴얼을 짜두어야 한다. 전략적 제휴업무를 차질 없이 수행하기 위해서는 제휴구조에 대한 세부적인 디자인이 잘 갖추어져야 한다.

제휴에 참여하는 파트너 기업들 간에 업무수행상의 준수사항들을 구체체화하고 이 약속들을 이행함으로서 지속적인 신뢰성이 유지될 수 있다. 제휴기업 간의 약속이란 제휴를 통해 달성하고자 하는 목표와 제휴와 관련된 지배구조특성을 구체적으로 정하는 것을 의미한다. 이러한 약속을 통해 제휴기업 간에 거래비용을 감소시키고 제휴를 통해 창출할 수 있는 거래가치를 증가시키는 방향으로 제휴에 투입되는 자원과 제휴업무수행과정에서 발생되는 위험에 대해 대응하는 방식을 결정한다.

❹ 네트워크영향과 성과

(1) 제휴네트워크의 경쟁적 우위

네트워크경쟁은 표준화를 넘어서는 기술경쟁에서의 심화로 산업의 시장점유율의 우위는 기술력을 가진 기업의 수에 따라 좌우된다. 따라서 제휴네트워크는 경쟁하는 기업들이 그들의 기술, 디자인을 사용하도록 설득하는데 필요한 판촉활동을 통하여 끌어들일 수 있도록 도움을 준다. 전략적 네트워크는 상이한 이해관계자가 독립성을 위지하면서 상호신뢰를 바탕으로 전략적 의도 하에서 관계를 구축하고 이행하는 것으로 파트너십(Partnership) 구축전략의 일환으로도 볼 수 있어 네트워크에서 기업의 영향력과 위치가 혁신활동의 성과에 영향을 주고 있다.

(2) 제휴네트워크의 특징

전체적인 규모보다는 제휴기업간에 네트워크 특징을 살려 상호 보완적 관계의 기술, 정보, 시장의 진입 등이 중요하다. 기업의 성장패턴의 존속은 처음부터 완벽한 모습보다는 서서히 하나씩 이루어 상호신뢰를 쌓아가는 것이 중요하다. 제휴네트워크 업무시행시 잠재적 이점을 보여줄 수 있어야 신규 시장확보의 능동성이 나타난다.

네트워크전략을 통해 기업은 부가가치창출의 극대화를 이룰 수 있다. 기업은 전략적 네트워크를 통해 산출의 극대화와 투입의 최소화를 이룰 수 있다. 산출의 극대화는 기술·노하우와 지식자본 등 유·무형의 자원을 파트너와 상호협력을 통해 시너지효과를 창출할 수 있다.

용어 설명

조직론(institutional theory)
공급사슬관리(SCM. Supply Chain Management)
불안정한 경영전략적위치(vulnerable strategic position)
강한 사회적 위치(Strong Social position)
네트워크의 형성(Network Formation)
네트워크의 구조(Network Structure)
네트워크의 성과(Network Performance)
지배구조(governance)

참고 문헌

1. 국제경영리뷰, 제15권 제4호. 2011.12 23. 홍선혜·권기춘·권기환, 제휴역량은 글로벌 벤처기업의 경영성과에 영향을 미치는가?
2. 한국산업정보학회 논문집 제15권 제1호 2010.3, 임광혁, 다품종 소량생산 공정을 위한 규칙기반 공정관리 시스템
3. 한국마케팅저널 제13권 제2호. 2011.7. 강성호·강하영·박홍수, 기업간 제휴활동이 제휴성과로 이어지기 위한 신생요인에 관한 연구
4. 유통정보 학회지 제7권 제2호 2004/12. 김창범, 물류기업의 전략적 제휴 파트너십이 사업성과에 미치는 영향에 관한 연구
5. Entrual Journal of Informstion Technology Special Issue. 2013 / Vol.12.No.1 pp.118) 제휴 네트워크에서 기업의중심성이 혁신성과에미치는 영향에 대한연구, 박병진 배순한 백승의
6. 한국비즈니스리뷰 제3권 제2호 2010/8. 이상호, 기술혁신 제휴에 관한 마케팅 관점의 탐색적 사례 연구
7. 市場創造」の重要性と最重要課題}としてのMIPコンセプト開発 梅澤伸嘉 - 2012年. 大会発表要旨. 深い洞察を持った着想と果断なる着手のみが, 意図的に新市場を創造できたのである

요 약

1. 제휴가 기업성장과 성과에 미치는 영향
최근 들어 많은 기업들이 다른 기업들과 전략적 제휴를 통하여 끊임없는 혁신과 업무영역을 넓히려 노력하고 있다. 기업간 제휴활동과 관련된 많은 연구성과에도 불구하고 경쟁기업보다 우월한 제휴관계를 형성하기 위한 구체적인 방안과 기업역량이 제휴성과에 미치는 영향에 대한 연구는 상대적으로 미흡한 실태이다.

2. 제휴는 성과를 창출하는 기업의 수단
제휴는 기업의 성과를 창출하는 수단으로 전략적 제휴의 중요성이 인식되면서 꾸준히 실행의 증가를 보이고 있다. Fortune 500대 기업들은 평균적으로 60여개의 중요한 전략적 제휴관계를 맺고 있다. 기존의 연구들은 대기업을 대상으로 수행되어 왔다.

3. 전략적 제휴의 정의(strategic alliance)
전략적으로 중대한 상호 호혜적인 목적을 달성하기 위하여 복수(둘 이상)의 기업들이 공동의 생존과 번영을 위한 공동의 업무를 수행하기 위해 관계를 체결구축하고 공동의 목표를 설정하여 자사단독으로는 얻을 수 없는 가치를 창출하기 위한 것. 또는 제휴기업들이 자원(기술·정보)의 협력을 통하여 시장범위의 확장을 위한 협력적 관계를 구축하는 것 등으로 정의할 수 있다.

4. 제휴의 지향성과 창의성
제휴의 지향성은 제휴정보에 관한 수집과 확산 그리고 학습에 관한 기업내부의 역량축적을 의미하는데 제휴관계의 특성상 제휴파트너와의 적절한 관계강도와 갈등방지의 메커니즘이 필수적이다. 상호의존적 요소로서 제휴관계의 성과는 제휴파트너와의 관계강도와 만족스럽게 협업할 수 있는 관리능력을 의미한다.

5. 네트워크영향과 성과
제휴네트워크의 경쟁적 우위확보 네트워크경쟁은 표준화를 넘어서는 기술경쟁에서의 심화로 산업의 시장 점유률의 우위는 기술력을 가진 기업의 수에 따라 좌우된다. 따라서 제휴네트워크는 경쟁하는 기업들이 그들의 기술. 디자인을 사용하도록 설득하는데 필요한 판촉활동을 통하여 끌어들일 수 있도록 도움을 준다.

제2절

사회공헌 활동으로서의 성공조건

경영 성공 Point 33

1. 신뢰를 구축하는 유일한 방법

인간관계에서 신뢰를 구축하는 유일한 방법은 점차적으로 바람직한 경험들을 쌓아가는 과정을 거치는 것이다. 중요한 임무를 띤 직원들을 밀어주고 공공연히 그들의 자리를 지켜주며 그들의 아이디어를 지지하고 그들의 업무를 솔직하고 공평하게 평가해주는 것 등이 바로 신뢰를 구축하는 길이다. 신뢰는 사람들의 머리가 아닌 가슴과 마음을 열게 해 주며 사람들을 활기차게 움직이게 하는 원동력이 된다. (페르난도 비르톨로메 교수, HBR(하버드 비즈니스 리뷰))

2. 기회를 창조하라

기회를 창조하는 인물, 하늘은 스스로를 돕는 자를 돕는다고 하지 않았는가? 신은 한 쪽문을 닫으면 반드시 다른 한 쪽문을 열어 둔다라고 했다. 당신이 그 자리에 주저앉지만 않는다면 이 세상은 끊임없이 새로운 기회가 부여될 것이다. 기회가 없다는 말은 성공하지 못한 사람의 변명에 불과하다. 기회는 저절로 찾아오지 않는다. 오로지 당신의 행동을 통해 기회를 얻을 수 있는 것이다. 새로운 방법은 새로운 기회로 이어진다. 능력이 부족하면 새로운 기회를 얻기가 어렵다. 항상 스스로를 점검하고 실력을 향상시켜야 기회가 창조된다.

제2절
사회공헌 활동으로서의 성공조건

2-1. 공익 연계 마케팅

❶ 사회적 기업으로 사회공헌 활동

최근 소셜상품이라는 말을 자주 듣는다. 소셜상품이란 구체적으로는 비영리활동, 자원봉사, 기부, 사회적기업, CSR 등 사회공헌과 사회적과제의 해결을 위한 활동전반 또는 이러한 활동을 지원하는 서비스를 가리킨다. 이 배경에는 사회공헌 활동에 대한 소비자의 관심증가가 있다. 소셜비즈니스 커뮤니티비즈니스에 관한 앙케이트(일본정책금융공고 종합연구소)에 따르면, 사회적 문제에 관심이 있는 사람의 비율을 보면, 사회적배제 문제에 대해서는 매우 관심이 있다며 다소 관심이 있다고 응답한 사람의 비율은 총 61.9%, 지역사회문제는 총 64.6%, 지구환경문제는 총 67.4%, 개발도상국 지원에 관한 문제는 총 50.0%이다. CRM(고객관계관리)에 주목한 사회공헌활동에 관심이 있는 소비자가 부담 없이 사회공헌을 할 수 있는 장소로서 유효한 것이 아닐까 생각해본다.

또한 CRM 활동은 사회공헌활동을 마케팅에 통합전략 중에서도 매출의 증가는 직접적인 혜택이 있기 때문에 기업에게도 매력적인 활동이다. "CRM을 실제로 실시하고 있다"며 "CRM을 실시하고 있지 않지만 앞으로 할 예정"이라고 답한 기업이 30%에 이른다. 본 문에서는 전통적인 마케팅기법인 CRM에 초점을 맞추고 그 사회적 의미와 성공에 요구되는 요건, 또 향후의 CRM 활동의 방향을 논의하는 것을 목적으로 한다.

첫째, CRM의 정의를 명확히 하고 CSR과 사회공헌, 사회공헌 및 CRM의 관계를 정의한다. 그 후, 사회공헌활동 및 CRM의 혜택을 비교하여 CRM으로 임하는 의의를 재확인한다. 분석편에서는 사회공헌경영 요구사항과 소비자의 참여를 촉진하기 위한 요구사항을 바탕으로 CRM의 선진사례를 분석하고 CRM에 요구되는 조건을 다시 정의한다.

❷ CRM의 의의

본고의 주제이다. CRM의 정의를 확인한다. 원인을 직역하면 대의신조(大義信條)이며 좋은 것이므로 지원하고 싶어지는 대상을 가리킨다. 공익연계 마케팅(cause-related marketing)은 1983년 아메리칸 익스프레스사가 실시한 자유의 여신상 복구 캠페인에 기원을 가진다. 아메리칸 익스프레스사는 카드의 신규계약 1장당 1달러, 카드이용 1회당 1센트를 기부하는 캠페인을 3개월간 실시하고 총 170만 달러를 기부했다. 캠페인 결과, 카드이용률은 전년대비 28% 증가, 카드신규보유자 45% 증가하여 큰 성공을 거두었다. 이 일정액의 기부금체계가 CRM의 시작이었다. 때문에 CRM의 정의는 Varadarajan and Menon(1988)의 소비자와 기업 사이에서 각각의 목표를 달성하기 위한 교환이 행하여진 결과, 소비자가 기업에 수익을 제공한 경우에 그 기업이 일정조건의 금액을 특정인원에 기부한다는 제안이 특징인 마케팅활동을 계획하고 실행하는 과정이다라는 정의가 일반적으로 사용되고 있었다. 이를 셀러는 협의의 CRM으로 분류했다. 셀러는 CRM은 협의와 광의의 정의가 존재한다고 설교한다. CRM을 실시하고 있는 기업의 제품매출에 따라 그 일정비율을 원인에 기부하는 형태에 의해서만 관련되고 정의되어 있다. 한편, 광의로는 매출의 일정비율을 기부하는 형식에 얽매이지 않고 다양한 형태로 기업이 마케팅과 원인을 관련해 간다고 정의되어있다.

본고에서는 광의의 CRM 개념을 채택한다. CRM에서는 프로모션으로 단발의 기부활동은 소비자의 신뢰를 얻는 것이 곤란하다. 따라서 원인에 대해 기부활동에 한정되지 않는 경영자원을 활용한 복합적인 마케팅방식을 가지고 임할 필요가 있다고 생각한다. 더 말하면, 마케팅에 사회공헌을 가져올 경우 기업의 미션과 비전 등 사업전략차원에서 관리하는 것이 요구되고 있기 때문이다. 따라서 CRM에 다음의 정의를 채택한다. 원인과 협력하에 기업코즈 지원을 함으로써 마케팅전반의 목표달성하기 위한 촉진전략이다.

❸ CSR과 사회공헌의 관계

CSR의 정의에 대해서는 다양한 논의가 이루어지고 있다. 경제산업 분야에서는 CSR (Corporate Social Responsibility: 기업의 사회적 책임)은 기업이 사회와 환경과 공존하고 지속가능한 성장을 도모하기 위해, 그 활동의 영향에 대해 책임을 지는 기업행동이며, 기업을 둘러싼 다양한 이해관계자의 신뢰를 얻기 위해 기업의 본연의 자세를 가리킨다고도 한다. 현대의 CSR 활동과 사회공헌활동의 관계를 확인하기 위해 CSR활동을 분류한다. CSR 기업과 사회를 생각한다. CSR 3차원의 이론을 참조한다.

CSR의 세 가지 차원은
- 경영활동의 본연의 자세
- 사회사업
- 사회공헌활동을 말하며, 각각을 다음과 같이 정의하고 있다.

(1) 경영활동의 본연의 자세

경영활동 과정에 사회적 공정성, 윤리성, 환경과 인권 등에 대한 배려를 가져올 수 있는 전략적 대처방안을 강구한다. 사회와의 관계 속에서 기업의 역할을 생각하고 기업경영의 본연의 자세를 묻는 것이야말로 CSR이라고 말했다. 또한 각각의 과제에 대해 규정준수 리스크

관리 등의 보호의 CSR과 각각의 사회문제에 적극적으로 대처하고 새로운 사회적 가치를 출현해 나간다는 공격의 CSR이 있다고 한다. 즉, 기업윤리 및 사회적 책임의 수행이다.

(2) 사회사업

지금 사회적으로 해결이 요구되고 있는 과제에 대해 기업들이 지식과 기술력을 활용하여 사업으로서 새로운 사회적 상품과 서비스, 사회사업을 개발한다는 것이다.

(3) 사회공헌 활동

사업활동에서 벗어나 사회가 안고 있는 다양한 과제의 해결에 경영자원을 활용하고 지원하는 활동을 가리킨다.

- 금전적 기부를 통한 사회공헌
- 제품시설인력 등을 활용한 비 금전적인 사회공헌(예. 자원봉사 활동)
- 본업기술 등을 활용한 사회공헌(예. 무료교육 활동)

3 사회공헌 활동 및 CRM 자리매김

- 기업윤리 및 사회적 책임을 수행할 CSR 활동의 사회적 기반이다.
- 사회사업과 사회공헌활동의 모든 CSR 활동은 경영활동의 본연의 자세와의 관계 속에서 기업의 역할에 입각하여 실행된다는 것이다. 먼저 정한 CSR의 개념과 앞의 세 가지 차원의 개념을 참고하여 CSR과 사회공헌 활동의 관계를 생각한다. 사회공헌활동은 CSR의 목표로 사회와 환경과의 공존과 지속가능한 성장을 실현하기 위한 활동의 하나이며, 그 활동은 경영활동의 본연의 자세 사회와의 관계 속에서 기업의 역할에 따라 이루어진다.

CSR의 사회공헌 활동의 입지를 확인했다. 본 절에서는 사회공헌 활동과 CRM의 관계를 정리한 후 사회공헌 활동 및 CRM의 중요성을 논의한다. CSR 3개의 차원을 사용하면 CRM은 사회공헌 활동 중 본업기술 등을 활용한 사회공헌에 위치한다. 사회공헌 활동 중에서도 판매라는 본업을 통해 수행하여 지속적으로 지원을 실시할 가능성이 높아진다. 또한 셀러[世良]에 따르면 기업의 자선 및 CRM의 차이는 의도한 경제적 이익의 유무에 있다. CRM에서는 장기적인 브랜딩 효과, 단기매출 증가라는 이익을 염두에 두고 있다. 그러나 봉사활동은 사회공헌을 할 때 직접적인 이익을 추구하지 않는다는 것이다. 따라서 거기에서 발생하는 이익에 대해 계몽된 자기이익(enlightened self-interest)이라는 애매모호한 표현을 사용 간접적인 이익만을 인정하는 형태를 취하고 있다. 그 관계를 도시(圖示)하면 [그림 9-3]과 같다.

코즈 리레이티드 마케팅관계에 관한 고찰과 논의에서 자선부분을 사회공헌활동으로 바꾼 경우는 어떨까. 기업의 본래의 목적인 이윤추구에 따라 사회공헌활동은 자선이 아니라 전략적으로 실시해야 한다고 생각된다. 즉, 계몽된 자기이익을 추구 전략적 관리가 필요하다. 위의 논의보다 CSR 활동의 관점에서 볼 때 CRM은 사회공헌활동의 방법이라고 할 수 있다. CRM은 사회공헌활동 속에서도 본업에 관련하고 직접적인 이익을 의도한 활동이다.

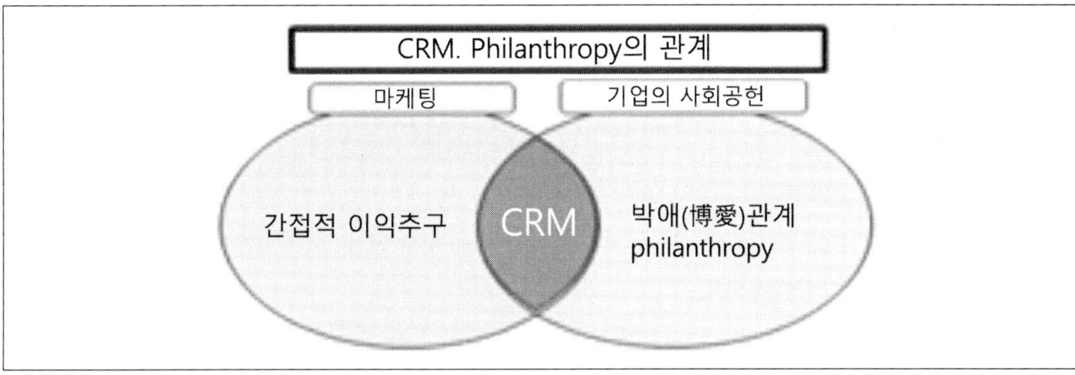

| 그림 9-3 | **고객관계관리 박애(博愛)와의 관계**

❹ 사회공헌활동의 혜택 및 CRM의 혜택비교

사회공헌활동의 매매에 관하여 필립 코틀러 사회적 책임 마케팅을 창조한다. CRM은 기업의 잠재적인 혜택 ① 신규고객 확보, ② 코즈를 위해 모아진 자금, ③ 틈새시장개척, ④ 제품의 매출증가, ⑤ 가치 있는 파트너십을 구축하고 지원활동, ⑥ 선호 브랜드 아이덴티티의 구축 ⑦ 투자자 및 재무분석가에 대한 호소력강화 선한 일을 할 수 있는 혜택, 1. 매출과 시장점유율의 증가, 2. 브랜드 포지셔닝 강화, 3. 기업이미지와 명성의 향상, 4. 직원에게 매력도나 노동의욕의 향상과 이직률

양자의 이익을 비교한다.

첫째, 차이점은 제품판매에 의한 직접적인 이익의 유무이다.

둘째, 해당 상품의 구매경험이 없는 원인에 관심이 많은 계층의 구매를 통해 틈새시장개척이 기대된다. 이어 브랜드 이미지구축에도 다른 사회공헌활동보다 효과가 높다고 할 수 있다. CRM에서는 제품을 구매하여 간편하게 활동을 지원할 수 있다. 소비자참여의 형태가 명확하고 다른 사회공헌활동보다 활동하기 편한 것이다. 활동에 참여한 경험은 사람들의 기억에 남을 것이다. 또한 CRM에서는 다른 사회공헌활동보다 홍보활동이 많아진다. 왜냐하면 CRM에서는 소비자가 제품을 구매해주지 않는 것은 기업의 이익도 원인에 기부도 기대할 수 없기 때문이다. 활동에 참여용이성, 그리고 높은 접촉빈도에 따라 높은 브랜딩효과를 기대할 수 있다.

또한 가치 있는 파트너십을 구축하고 지원활동도 차이가 나는 항목일 것이다. CRM을 할 때는 현지에서의 지원활동을 파트너 NPO NGO에 위임하는 케이스가 많아 자선단체와의 공식적인 동의나 조정을 필요로 한다. 따라서 지명도향상, NPO NGO 가진 자원의 활용 등의 협력을 통해 얻을 수 있는 혜택이 크다고 생각된다.

여기까지 말한 제품매출 틈새시장개척 브랜드 이미지구축 가치 있는 파트너십을 구축하고 지원 활동에서 CRM은 다른 사회공헌활동보다 의미를 가진 활동이라고 말할 수 있을 것이다. 직원에게 매력도나 노동의욕의 향상과 이직률저하와 투자자 및 재무분석가에 대한 호소력강화내용은 CRM에서 참가대상 소비자 이외의 이해관계자에 대해 소급하기 때문에 CRM에서도 사회공헌활동과 같은 효과를 가진다고 생각한다.

또한 CRM은 사회적으로 소비자에게 원인을 넓히는 기회의 제공이라는 큰 역할이 있다. 사회공헌활동과 CSR 활동을 평가하는 시장이 있어야만이 사회공헌활동의 의미가 있다. 직접적으로는 사회의 이익이 되지 않지만 장기적인 관점에서 봤을 때 시장의 육성이라는 의미에서 도움이 될 수 있다.

이 장에서는 CRM 및 상품매출의 관련성에 대해 논의하지 않지만, 비록 제품판매에 의한 직접적인 이익이 없더라도 장기적인 관점에서 볼 때의 브랜드 이미지의 구축과 직원에게 매력도 및 노동의욕의 향상과 이직률저하 투자자 및 재무분석가에 대한 호소력 강화 등에서 혜택을 얻을 수 있을 것이다. CRM은 홍보활동이 아니라 마케팅활동이기 때문에 장기적인 관점에서 활동계획을 세워야 한다.

혜택비교에서 CRM은 사회공헌활동 중에서도 임하기 쉬운 활동이라고 할 수 있다. 그러나 단지 CRM 활동을 실시했는데, 지금 언급한 장점을 획득할 수 있는 것은 아니다. CRM 분석편에서는 효과적인 CRM을 실시하는데 있어서의 조건을 논의할 예정이다.

2-2. CRM시스템 도입의 성공요인

❶ CRM시스템 도입의 개요

(1) 고객주도의 시장변화

기업이나 제품의 라이프사이클의 한계수명주기는 일정시기가 지나면 쇠퇴기에 직면하게 된다. 이를 방지하고 새로운 활력을 일으키기 위해서는 고객관계관리가 중요하게 대두되고 있다. 왜냐하면 생산자주도가 아닌 소비자주도, 즉 고객주도의 시장변화를 이루는 환경변화가 되었기 때문이다. 기술진보에 따른 마켓은 점점 고객주도에 젖으며 기업에서 CRM의 의미는 점점 중요시 되고 있다. CRM에게 기술이 중요한 요소임에는 변함이 없지만 그 이전에 기업의 풍토와 경영철학, 이념이 있다. CRM 도입 추진자는 그들 모두를 이해하고 추진하지 않으면 결코 성공하기 어렵다.

1대1(one to one) 고객 릴레이션이나 경영전략으로서의 CRM의 말이 나오게 되었다. 예를 들어 Amazon.co.jp에서 CRM이라는 키워드로 출판되고 있는 책을 검색하면 일본어로 쓴 책에서 34권, 양서에서 176권이 검색된다.

검색된 결과는 팔리는 순이나 최근 출판된 순서로 표시되어 있어 목적의 저서를 모두 사고 싶게 한다. 이런 책을 산 사람이 다른 책도 사고 있다. 등의 표시가 있어 매우 흥미를 갖게 하는 시스템이 구축되어 있다. Amazon.co.jp는 성공한 CRM 시스템으로서 유명한 사이트인 이 사이트에 관해서, 인터넷 비즈니스의 성공사례와 고객만족도를 얼마나 높였는지 쓰여진 책도 많이 출판되고 있다. 이처럼 선진기업의 성공사례가 발표되는 가운데 1990년 후반 이후 활발해진 CRM 시스템의 도입에 있어서 평소의 영업활동에 있어 도입하고 성공하는 기업의 사례는 보고 느낄 수 있게 한다.

(2) CRM은 무엇인가요? 일상의 체험

조금 엉뚱한 이야기로 느껴질지도 모르지만 번창하고 있는 라면집의 비결은 무엇일까? 얼마 전 TV를 무심코 봤더니 오늘의 라면 붐을 타고 성공하려면 어떻게 할 것이냐 같은 프로그램이 흘렀나왔다. 유명점의 수련과 독자개발로 개업할 당시에 줄을 서는 가게가 되었는데 어느 날 갑자기 손님이 떨어졌다. 이는 대부분의 가게가 체험하는 현상이지만 주인은 새로운 라면의 개발라면 이외의 상품개발에 임하며 영업을 확대한다. 그러나 손님은 돌아오지 않고 정상적인 이용객이 증가세에 연결되지 않는다.

원인은 매일 맛이 일정하지 않기 때문이다. 궁극적으로 맛이 일정하게 나오는 것이 번창하는 라면집의 비결이 된다고 한다. 신규개점이나 신상품으로 신규고객 개척은 할 수 있다. 그러나 매일 맛(서비스)에 차이가 생기면 지속적인 고객의 획득은 할 수 없다는 것이다. 우리가 가게나 기업에 접근할 때에는 반드시 어떤 기대를 안고오는 것이다. 어떤 서비스를 원하는지도 모르고 신상품에 관심이 있는지도 모른다. 방문했던 적이 있으면 지난번과 같은 맛이나 서비스를 기대하고 방문했을 것이고 기대이상의 것이 있으면 그 손님은 지속관계를 이룰 것이고 기대이하이면 다음은 안 올지도 모른다. 어떤 경우든 그 기업과 가게에 흥미를 갖는다는 것은 무엇을 원하고 있다는 것이다. 그리고 다음에 일어날 일이 우리의 체험을 형성하고 그 체험이 행동을 결정한다. 좋은 체험을 하면 고객로열티를 높이고 다시 이용하고 나쁜 체험을 하면 다른 상점과 경합타사로 거래를 옮기게 된다. 이 과정을 이해하는 선행적으로 관리할 능력이 고객 릴레이션십 매니지먼트, 즉 CRM의 기반을 구성하는 것이다.

(3) 고객과의 대화의 구축

기업이나 상점측에서 보고, 고객과의 관계를 유지관리하고 나가기 위해서는 항상 고객의 기대를 넘는 체험을 확실히 제공하는 노력을 하고 실행하면 좋은 것이다. 다만 기업이 클수록 동일하게 행동하기 어렵고 인력만으로는 감당하기에는 어려운 것이다. 고객과 직원과의 대화, 또는 종업원과 구입처와의 대화, 이들 모든 대화에 관계를 관리할 기회가 생기게 된다. 이런 대화를 구축하기 위해서 기업전체를 중개하는 각 개인에게 정보권한·통찰력을 제공하고 비즈니스 프로세스를 지원하는 어플리케이션(구조)과 그리고 항상 그 과정을 감시·분석·개선하는 것이 필요하게 된다. 즉 이들이 CRM 시스템을 구성하는 요인이 된다.

(4) CRM과 CRM 시스템이란

크레이그 콘웨이(피플사: CEO)의 말을 빌리면 CRM은 다음처럼 설명된다. 기업이 고객과의 장기간에 걸친 유익한 관계를 유지하고 모든 사람을 행복하게 하기 위해서는 그 고객과의 대화성을 증강한다는 것이다. 기술에 초점을 맞춘것은 아니지만 기술이 CRM을 흥미롭게 만든다. 아니면 그것은 단지 마케팅 또는 고객서비스 시스템(체계)에 불과하고 CRM에서는 없어진다. 또 CRM 시스템이란 다음의 세 가지로 정리한다.

ⓐ 고객이 평생고객이 되도록 각 고객의 체험을 강화하는 기법 및 방법으로
ⓑ 고객을 지정, 획득·유지하는 기술적 및 기능적인 수단을 제공하고
ⓒ 전사적으로 통일된 고객들 부(富)를 제공하는 시스템이다.

새로운 기능추가 등을 하고 있어 아직 CRM 붐이 계속되고 있다고 느껴진다. 이들의 이유로는 기업전략에서 CRM이 중요한 역할을 담당하고 있는 것이 제일로 꼽히지만 CRM을 구성하는 각 시스템의 도입의 정점시기가 다르다는 것이 클 것이다.

❷ 성공요인은 무엇인가?

각 시스템을 통합하는 것에 의해서만 CRM 시스템은 완성됐고 성공의 요인이 될까? 아니면, 성공하는 요인으로는 경영현장, 시스템의 추진체제가 제대로 형성되는 것이 전제가 된다. CRM 고객관계관리의 성공에 필요한 세 가지 조건은 다음과 같다.

첫째, CRM은 어떻게 활용되고 있는가? 고객페이스의 비즈니스기회로 협조자의 확보로 변화적 응력을 향상시키며 가치학습이 이루어진다.

둘째, 데이터 관리기술, 수집된 데이터로부터 발견되지 않은 유용한 지식, CRM 시스템의 기능은 ERP·CRM·SCM의 응용기술 활용 인프라 스트럭쳐를 구축한다.

셋째, 기업의 실행능력 배양, 데이터마이닝을 시스템을 활용하여 기업역량을 강화한다. 기존고객유지, 고수익 신규고객의 확보에 주력한다.

(1) 경영층의 약속

CRM을 성공시키려면 기업의 전략을 경영층이 하부조직으로 그 조직이 CRM을 전략적으로 추진하기 쉬운 자세를 만드는 것이 하나의 요인이 된다. 그러자면 무엇보다 경영층자체가 강한 책임을 갖고 CRM을 매니지 멘토시스템로 규정하면서 도입프로젝트를 끌고 가야 한다. 또 경영층의 나쁜 버릇으로 책에서 얻은 지식이나 자신이 실제업무에 종사하던 시절의 감각대로 시대변화와 적용방법을 고려치 못하고 실행하려한다면 실제로 작용은 잘 안될 것이다.

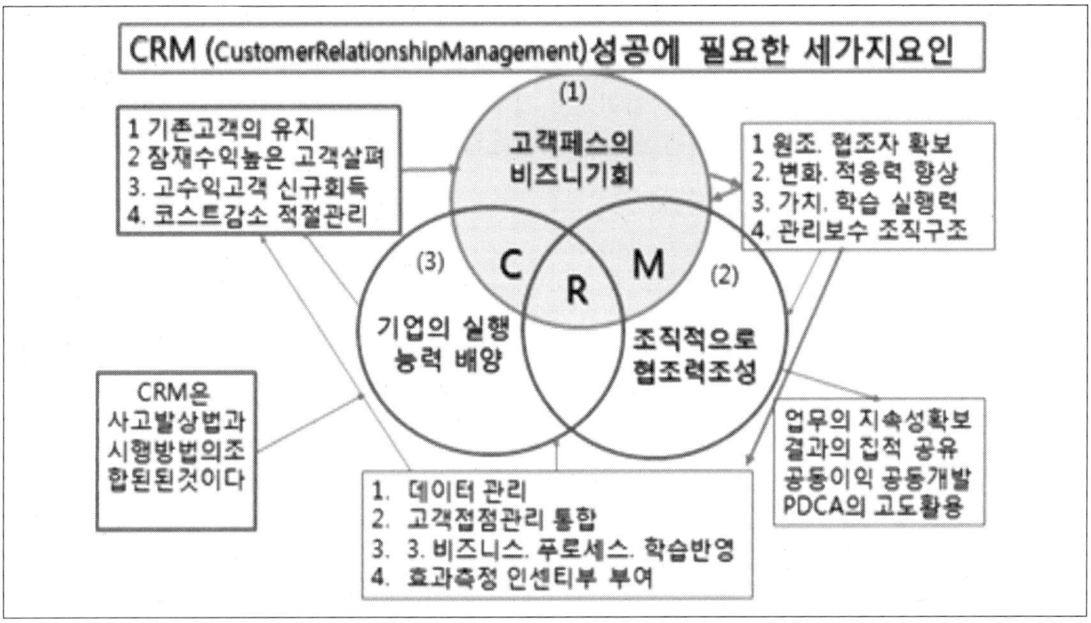

| 그림 9-4 | **고객관계관리 시스템 모델**

(2) 전담추진부서의 설치

경영층이 CRM 시스템의 검토·구축을 추진하는 과정에서는 전담팀이나 부서의 설치가 필수가 된다. 거기에서는 경영층을 비롯한 영업과 시스템부문 등 조직횡단적인 조정기능을 하게 된다. 더 말하면 그 안에 실무와 시스템을 이해할 수 있고 경영진에 설명할 수 있는 능력을 갖춘 리더가 있는 것이 전제가 된다. 또 인터넷전략에서 CRM을 구축한다면 한시적 추진팀이 아니라 조직으로서도 부서의 설치가 필수가 된다.

(3) 시스템의 역할

시스템부문이 주도형으로 도입하는 경우는 도입하는 것을 목표로 하는 사용자측의 운용면에 주의가 부족한 경우가 자주 일어난다. 즉, 그릇은 만들어도 넣는 방법이나 넣는 순서까지는 고려하지 않는 일이 생기고, 결국 사용자측이 자체의 관리를 하고 가게 되는 것이다. 즉 CRM 시스템을 구축할 경우 ① 정보의 수집, ② 정보축적, ③ 정보의 분석과 가설의 검증이 필요하다.

(4) 가설에 기초한

구체적인 방안과 실제 정보활용 및 검토가 제대로 이루어지고 이용자에게 좋은 형태로 제공되는 것이 전제가 된다. 단, 최종적으로는 정보시스템이 아니라 사원개개인의 감성 브레인스토밍에 걸려있다는 것을 부정할 수 없다.

또 최근 CRM에 대해서 쓰여진 책에서는 고객주도의 고객지향에서 구축하는 것이 성공 포인트라고 했다. 이는 지금까지 CRM의 말과는 달리 판촉을 목적으로 만들어진 이른바 판매촉진의 발상에서 만들어진 것을 가리키는 경우가 많다. 기업으로서 목적은 어디까지나 이익을 올리는데 있기 때문에 어쩔 수 없는 현실이라 하겠다.

예를 들면, 마일리지 카드를 2장 잘못 만들었을 때, 쌓인 포인트를 한 장에 통합할 수 없다. 이처럼 고객측에서 보면 전혀 편리성이 없음을 누구든지 한번은 체험했을 것이라고 생각한다. 또 그동안 오랜 인연을 갖고 있는 금융기관에서 새로운 거래를 시작한다. 예를 들면 주택담보대출을 하는 경우에는 각종 서류에 집주소, 전화번호, 이름, 근무처주소, 근무처명을 쓰게 한 장 한 장에 날인하여야 한다. 이들의 첫 번째 사례는 기업측에서 본 서비스의 일환, 이른바 덤의 부류에 속하는 것이기 때문이라는 생각이 전해지고, 후자의 사례는 사무부문과 서비스부문에서 시스템이 부합되지 않는다는 증거가 아닌가 싶다.

❸ CRM을 활용한 공급망의 구축

(1) SCM을 성공으로 이끌기 위한 CRM의 활용

제조업의 대부분은 기업내·기업간의 체인을 강화하고 제품을 시장에 최적화하여 공급하기 위한 공급망관리(SCM: Supply Chain Management)를 도입하고 있다. 더욱이 기업활동의 향상을 추진하려면 고객관계관리(CRM)를 활용함으로써 시장이나 고객의 정보를 유통에 넣는 것이 효과적이라고 일컬어지기 시작했다. 그러나 SCM과 CRM은 각각 독립된 형태로 도입·발전하면서 조속한 융합의 실현이 어렵다. 거기에서 본 분과모임에서는 SCM과 CRM의 융합을 조속히 실현시키는 새로운 비즈니스 모델의 책정을 목적으로 한다.

(2) 새로운 비즈니스 모델수립을 위한 연구항목

(a) SCM과 CRM의 정의

본 분과회로서 SCM과 CRM의 내용을 정의하는 멤버의 인식을 통일시키고 연구범위를 명확히 했다.

(b) CRM의 사례연구

각종 문헌이나 사례를 연구하고 고찰하면 우량고객을 구분하는 관리고객요구를 정확히 파악하는 것이 포인트라고 인식했다.

(c) SCM의 사례연구

구성원 기업의 SCM의 사례를 두고 조사를 했으며 상황에서도 해결할 수 없는 남은 과제가 있음을 확인했다.

(d) **CRM의 활용에 의한 해결 가능한 SCM의 과제를 추출**

현재의 표준적인 업무플로우를 작성하고 SCM의 과제를 뒤졌다. 사례연구 고찰결과를 바탕으로 CRM의 활용에 의한 해결할 수 있다고 생각되는 과제를 추출하고 정리하면 수요예측정밀도 향상으로 생산의 효율화(Win-Win관계의 확립과 계속 핵심과제)로 분류됐다.

(3) 연구 성과

(a) **새로운 비즈니스 모델수립**

SCM과 CRM을 융합시킨 새로운 비즈니스 모델을 다음과 같이 작성했다.

(b) **새로운 비즈니스 모델의 특징**

새로운 비즈니스 모델의 6개의 획기적인 특징을 살리는 것으로 해결할 수 있다고 생각한다. 우리가 제안하는 새로운 비즈니스 모델은 CRM에서 고객정보를 아우르는 것은 물론 CRM을 통해서 자사의 유익한 정보를 공개하고 쌍방에서 Win-Win관계(고객-제조업체, 제조업체-공급자)을 확립시키고 있다. 또 확립시킨 강고한 Win-Win관계는 다음에 기술한 내용에서 영속적인 것을 목표로 하고 있다.

메이커가 가진 기술력과 고객이 가진 최종 고객니즈를 바탕으로 신상품을 공동개발하는 것을 서포트하는 구조메이커가 지닌 생산·조달계획과 공급자가 가진 공급계획을 바탕으로 체계(VMI)가 강화되면서 양측의 불필요한 재고를 줄이고 원자재재고의 적정화를 실현하는 체계*VMI(Vendor Managed Inventory). 납품업체의 재고관리 새로운 비즈니스 모델의 컨셉을 말하면 다음과 같다, 기존의 공급망에서 강고한 파트너십을 영속적으로 유지시키는 고객가치를 깊이있게 입체적인 이미지로 나타나게 된다.

|표 9-1| **새로운 비즈니스 모델 6가지**

새로운 비즈니스 모델의 특징	해결되는 SCM의 과제
① 고객정보를 활용한 수요예측	수요예상 측정도의 향상 생산효율화
② 제조사내 공정진척을 고객에게 고시	Win-Win관계 확립 지속
③ 제조사내 고객 표준별	Win-Win관계 확립 지속
④ 제조사내 생산계획을 공급지에 고시	조달의 효율화 Win-Win관계 확립 지속
⑤ 고객구매예정 정보업체에 대한 공개	생산성 효율화
⑥ 최종고객의 시장정보 활용	Win-Win관계 확립 지속

(4) 제언(提言)

제조업에서의 CRM을 활용한 공급망의 구축에 대해서 다음과 같이 제언한다.

- CRM은 이제 단독체로서의 도구가 아니기 때문에 SCM과 융합하는 효과를 효율화 한다!

- CRM으로 우량고객을 잡아라! 앞으로는 영속적인 Win-Win관계를 확립하는 SCM, 고객관계 관리이다!
- 정보공개를 두려워하지 말라! 정보공유화로 효과를 즐겁게 효과를 창출하라!

CRM의 도입에 관한 도입 등이 존재하지 않는다. 엑셀과 IE(인터넷 익스플로러)조차, 복수의 유저에 도입할 경우 구성관리문제, 디스크용량의 문제 등 여러 가지 문제가 발생하는 것은 아닌가?

하물며 CRM과 eCRM의 도입작업은 여러 요인으로 생각되어 백 오피스의 통합과 다른 애플리케이션과 통합, 관계부처와의 조정, 장래의 확장성에 대해서도 검토해야 한다. 이것은 체험과 경험에 의한 이야기지만 한 금융기관 고객에게 타사의 영업지원시스템(SFA)의 패키지나, 은행에서 만든 SFA시스템을 소개하였을 때 "역시 회사가 바뀌면"하는 적용방법도 달라지죠.라고 했다. 조금 엉성할 수도 있지만 이는 CRM시스템과 말하는 것은 각각의 기업풍토에 밀접한 관련성을 지니고 있다.

처음부터 시스템을 구축할 수 있다면 그 기업풍토에 적합한 것이 완성되겠지만 조금이라도 투자대비 효과나 도입시기를 빨리하려면 패키지이용을 검토해야 한다. 영업과정에 차이가 없으나 금융기관에서 쓰이는 SFA시스템조차 각각 목적으로 하는 것이 다르다고 말하는 것이 당연하지는 않지만 도입 전에는 충분히 시간과 체력을 두고 검토하고 도입을 추진하는 것이 성공의 가장 지름길이 아닐까 한다.

2-3. CRM의 성공조건

❶ 분석대상 및 분석방법

(1) 분석의 목적

사회공헌경영 요구사항과 소비자의 참여를 촉진하기 위한 요구사항을 바탕으로 CRM의 선진사례를 분석하고 CRM에 요구되는 조건을 다시 정의한다. 동시에 향후 CRM의 본연의 자세를 생각한다.

(2) 분석의 기준

두 가지 기준을 사용하여 분석을 수행

(a) CSR 기업과 사회공헌활동에 요구되는 조건에 따라 밖으로의 CRM 성공사례를 분석한다.

(b) 코즈마케팅 특집에서 CRM실시에 있어서 가장 큰 문제는 소비자의 참여정도에 성과가 비례한다는 점이다. 즉, 소비자가 제품을 구매해 주지않는 것은 기부활동도 할 수 없고,

당연히 판매도 오르지 않을 것이다. 따라서 소비자의 참여를 유도하는 메커니즘 구축이 중요하다. CRM을 원인과 협력하에 기업코즈 지원을 함으로써 마케팅전반의 목표달성을 촉진하기 위한 전략이라고 정의했기 때문에 협의의 CRM 기부된 제품판매 이외에도 원인에 대한 다양한 활동을 보이는 것으로 생각된다. 기업에서 CSR의 생각·CRM 활동의 평가까지 넓게 이해하고 CRM 성공에 요구되는 기반환경정비를 생각한다.

❷ 사례분석

◈ 분석기준

CSR 기업가사회를 생각한다. 사회공헌활동에 조건을 참고로 분석기준을 다음과 같이 정한다.

(1) 미션

사회공헌활동을 CSR 이니셔티브 전체에 자리매김, 경영이념, 기본임무를 링크시킬 기업이념비전 미션과 원인은 일치하고 있는가? CSR 활동을 어떻게 정의하고 있는지 또한 CRM을 사업활동에서 어떻게 평가하고 있는가?

(2) 이해관계자

핵심 이해관계자에 초점을 맞추고 그 기대에 부응하는 핵심 이해관계자는 누구이고 그들의 기대는 무엇인가? 거기에 응하는 원인을 선택하고 있는가?

(3) 지역성

사업장이 위치한 지역을 고려하고 이에 요구되는 사회적 과제에 부응할 글로벌기업의 경우 진출지역 사회과제에 종사하고 있는가? 세계 공통의 지침이 있는가?

(4) 파트너와의 협력

마음을 같이 하는 다른 기업 NPO와의 제공하는 가능성을 모색하는 것, 또는 국내·외 환경프로그램에 참여하기 파트너선정, 유명규모가 큰 조직을 선택하기 위한 활동의 신뢰도와 인지도를 위한다. 또한 일방적으로 기부하는 관계가 아니라 함께 사회적인 과제에 기여할 때 대등한 계약관계를 맺고있는가?

(5) 내부의 실시체제구축

CSR의 실시체제 만들기가 진행되고 있는지(상단의 약속전임 직원·부서설치, 성과평가 및 피드백) CRM 담당부서는 어딘가?

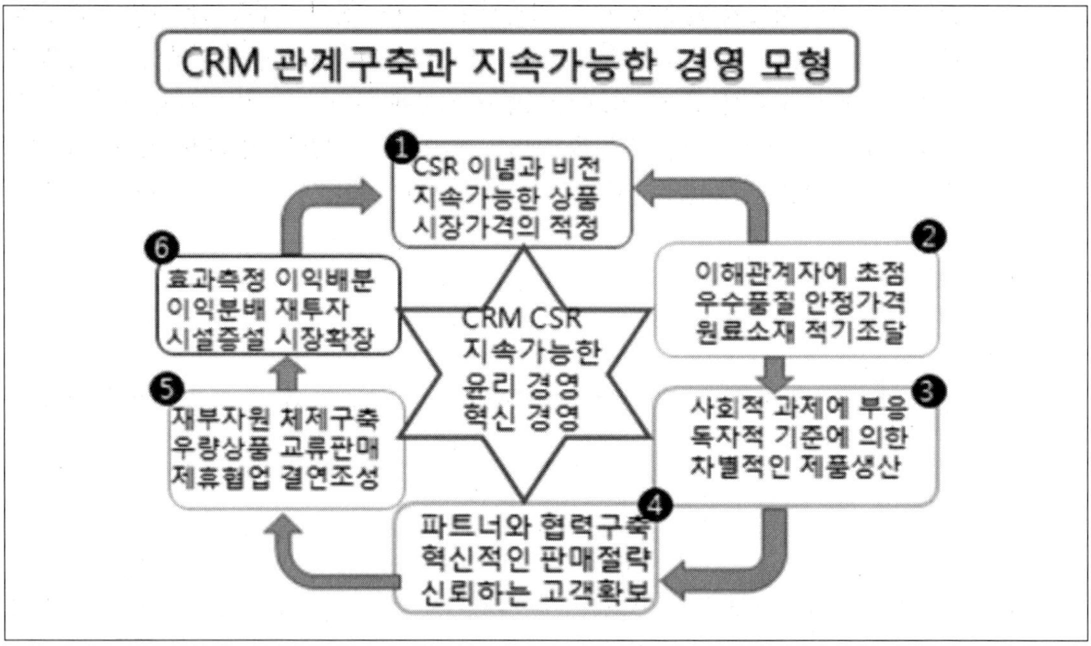

| 그림 9-5 | **CRM 활동과 지속가능한 경영모델**

2-4. 사회공헌활동의 고찰(考察)

❶ CSR의 사회공헌

(1) CSR의 사회공헌 활동의 비중

CSR 활동 속에서도 사회공헌활동에 대한 기업의 노력이 뚜렷했다. 그것을 가능하게 한 배경은 기업마다 다르다. 보르비크는 사회공헌활동을 기업발전에 필요한 것으로 정의하고 있으며, 사회공헌활동이 기업문화로 되고 있다. 말하자면, 사회공헌을 차별화전략으로 둔 기업이라고 할 수 있다.

아이 네이피어의 경우 그룹 자회사이기 때문에 CSR 활동으로 임할 범위가 한정되어 있다. CSR 활동을 3개의 기둥에 좁혀 그 중 하나를 사회공헌으로 하고 있기 때문에, 사회공헌활동 중요도가 높다. 또한 모리나 경우는 사회공헌 이외에도 이해관계자별로 접근하고 있지만, 지역사회에 대한 대처로는 자녀교육에 한정되어 있다. 사회공헌활동 미션과 직결된 영역에 한정하여 실시하는 것으로 적극적으로 참여가 가능하며 신뢰의 향상과 기업이미지 형성에 연결되어 있다.

(2) 소비자의 다양한 커뮤니케이션

프로그램의 목적에 지원내용, 기부의 구조, 성과보고 및 소비자에게 보고가 잘 이루어져야 한다. 그 모두가 알기 쉽게 해야 한다. 금전적으로도 시간적으로도 비용이 소요될 때이다. CRM에서는 실제 활동을 파트너단체가 담당하고 그 내용을 지원활동 등으로 소비자에게 보고하게 된다. 따라서 신뢰할 수 있는 파트너의 선정과 협력관계의 구축은 중요하다.

또한 기부의 흐름의 투명성과 활동성과의 숫자화를 100% 수행하는 것은 곤란하다. 그 경우에도 소비자의 의문에 대해 자신의 생각을 진지하게 말할 수 있어 이해관계자 사이에 요구되는 커뮤니케이션이다. CRM은 비판도 존재한다. 대표적인 것으로는 "CRM은 사회적·박애 요구보다는 기업이 새로운 손님을 끌기위한 하나의 마케팅전략에 불과하다."는 것이다.

용어 설명

CRM(cause-related marketing) 공익연계 마케팅
CSR(Corporate Social Responsibility : 기업의 사회적 책임
자기이익(enlighted self-interest)
NPO 제3영역의 비영리단체
NGO 비정부기구
VMI (Vendor Managed Inventory) 공급자 주도형 재고관리
타사의 영업지원시스템(SFA)

참고 문헌

1. 삼성경제연구소, 「인터넷 시대의 고객관계관리」, 2000
2. 한국 소프트웨어 산업협회, 「S/W 산업 부문별 동향조사 보고서」, 2000
3. 「e-비즈니스 모델에 맞는 eCRM 구축 실행 가이드」, 2001 김재문
4. e-CRM 구축과 운용 전략, 2001 새로운 제안. 송현수
5. 「죽은 CRM과 살아있는 CRM」, 2001 한언. 최정환, 이유재
6. 「고객관계관리 CRM」 2001 우용 출판사, 한동철
7. 連想関連マップを用いた eCRM事例集の見える化モデリング 関西大学 総合情報学研究科 NTTデータ数理システム株式会社 2013年度 学生研究奨励賞 作品一松達矢
8. 名寄せを活用した顧客管理システムの構築. 2010年3月23日 青木 克之(株式会社 アグレッス

요 약

1. CRM의 의의

본고의 주제이다. CRM의 정의를 확인한다. 원인을 직역하면 대의 신조이며 좋은 것이므로 돕고 싶어지는 대상을 가리킨다. 코즈·리레이티드 마케팅(cause-related marketing)은 1983년 아메리칸 익스프레스 사가 실시한 자유의 여신상 복구캠페인에 기원을 가진다. 아메리칸 익스프레스 사의 카드의 신규계약 1장당 1달러, 카드이용 1회당 1센트를 기부한 3개월 동안의 캠페인을 실시하고 총 170만 달러를 기부했다. 캠페인 결과 카드이용률은 전년 대비 28% 증가, 카드신규보유자 45% 증가하여 큰 성공을 거두었다. 이 일정액의 기부금 체계가 CRM의 시작이었다.

2. CRM은 기업의 잠재적인 혜택

① 신규고객확보, ② 코즈를 위해 모아진 자금, ③ 틈새시장개척, ④ 제품의 매출증가, ⑤ 가치 있는 파트너십을 구축하고 지원활동, ⑥ 선호 브랜드 아이덴티티의 구축, ⑦ 투자자 및 재무분석가에 대한 호소력 강화

3. 선한 일을 할 수 있는 혜택

① 매출과 시장점유율의 증가, ② 브랜드 포지셔닝 강화, ③ 기업이미지와 명성의 향상, ④ 직원에게 매력도나 노동의욕의 향상과 이직률 방지 등이다. CSR의 사회공헌과 소비자의 다양성에서 보면, CSR의 사회공헌활동의 비중의 무게, 모리나 경우는 CSR 활동 속에서도 사회공헌활동에 대한 기업의 노력이 뚜렷했다. 그것을 가능하게 한 배경은 기업마다 다르다. 보르비크는 사회공헌활동을 기업의 발전에 필요한 것으로 정의하고 있으며 사회공헌활동이 기업문화로 되고 있다. 말하자면, 사회공헌을 차별화 전략으로 둔 기업이라고 할 수 있다.

4. 사회공헌활동 및 CRM 자리매김

① 기업윤리 및 사회적 책임을 수행할 수 CSR 활동의 기반이며 그 위에 ② 사회사업과 ③ 사회공헌활동이 온다. 모든 CSR 활동은 ①에서 정한 경영활동의 본연의 자세 사회와의 관계 속에서 기업의 역할에 입각하여 실행된다는 것이다.

먼저 정한 CSR의 개념과 3차원의 개념을 참고하여 CSR과 사회공헌 활동의 관계를 생각한다. 사회공헌 활동은 CSR의 목표로 사회와 환경과의 공존과 지속가능한 성장을 실현하기 위한 활동의 하나이며, 그 활동은 경영활동의 본연의 자세·사회와의 관계 속에서 기업의 역할에 따라 이루어진다.

5. 소비자의 다양한 커뮤니케이션

프로그램의 목적에 시작해 지원내용, 기부의 구조, 성과보고 및 소비자에게 보고가 잘 이루어져야 한다. 그 모두가 알기 쉽게 해야 한다. 금전적으로도 시간적으로도 비용이 소요될 때이다. CRM에서는 실제 활동을 파트너단체가 담당하고 그 내용을 지원활동 등으로 소비자에게 보고하게 된다. 따라서 신뢰할 수 있는 파트너의 선정과 협력관계의 구축은 중요하다.

CRM事業部CRM) E-Mail:katsuyuki_aoki@agrex.co.jp

제3절

지속 경영 전략의 중요성

경영 성공 Point 34

1. 리더는 버릴줄 알아야 한다

리더는 버릴줄 알아야 한다. 리더는 자신에게 가망이 없는 일을 언제 그만둘까? 라고 질문하여야 한다. 리더에게 가장 위험한 것은 손에 잡힐 듯 말 듯한 성공이다. 주변에서는 입을 모아 조금만 더 밀어붙이면 된다고 부추긴다. 그래서 한 번 시도하고 또다시 시도하고 다시 시도한다. 그러나 그 때쯤 되면 성취기는 지나 재성취기는 잡기 어려워진다. 모든 사물의 성취는 시기의 적중성이 성공의 키포인트다.

2. 전문지식을 갖춰라

어떤 분야의 성공자든 성공한 사람은 그 분야의 전문지식을 갖고 있다. 전문적인 식견을 가짐으로써 관찰력이 달라지고 정보소화력과 창작력이 달라져 성공의 접근율이 높아지는 것이다. 다재다능(多才多能)한 재사(才士)보다는 한 가지라도 적용기술의 전문지식이 있는지 스스로를 돌아보는 자기관리가 필요하다. 어설픈 기술자보다는 실무종사경력이 필요하다. 전문성과 효율성은 똑같은 시간에 보다 많은 성과를 거둔다. 그 요인은 근면성, 전문성, 치밀성 등이 복합수로 작용하는 결과이다. 큰 인물에게나 작은 인물에게나 주어진 시간은 똑같다. 자신에게 주어진 시간을 얼마나 효율적으로 사용하느냐에 따라 인생의 미래는 달라진다.

제3절
지속 경영 전략의 중요성

3-0. 개론 (概論)

기업은 생명체이다. 모든 생명체는 수명의 주기를 갖고 있다. 쇠퇴기에 접어든 기업을 재활성화하며 불멸의 장수기업으로 도약발전하기 위해서는 쇠퇴방지의 경영전략이 필요하다. 이 중요성을 본고에서 기술하고자 한다.

기업이 쇠퇴기에 접어들면 재활성화를 위하여 전반적인 사안들을 재검토하여 새로운 에너지를 주입 도약의 길을 모색하여야 한다. 여기에 필수적으로 따라오는 것이 혁신과 도전이다. 종래의 성장의 방법으로 미래의 성장은 어렵다. 구태의 습성에 젖어있는 방법이나 습성으로는 어렵기에 혁신하지 아니하면 미래가 보이지 않는다.

기업이 창업하여 성장기를 거쳐 성숙기에 접어들면 안일한 생각에 빠지기 쉽다. 이때부터 기업은 쇠퇴의 싹이 피기 시작한다. 종사원은 안일무사주의에 피동성을 가져오게 된다. 개발부서는 새로운 창조적 개발보다는 고정메뉴의 사이클이 돌아가기 시작한다. 영업부서는 신거래처 개척보다는 기존거래처유지에 급급하는 양상이 도래하며 기존상품은 수요감축으로 시장은 좁아지기 시작한다.

자연발생적, 수요감축적 현상이 기업은 위축적 현상이 생겨나기 시작한다. 그러나 경영자는 이를 인지하지 못하고 자만과 독선으로 대내외적으로 협력과 협조를 얻어내지 못하고 일인우월주의 현상이 쇠퇴를 자초하는 양상에 노출되기 시작한다. 이를 배타하는 인적쇄신이 이루어지고 혁신경영체제로 재구하여 도전하면 쇠퇴를 막고 재활력을 찾는 전환기로 이어지게 된다.

중소기업의 경영에 있어서 전략을 가지고 경영하는 것이 얼마나 중요한지를 인식할 필요가 있다. 우리나라 기업수의 98%가 중소기업이요 그중 95%가 30인 이하의 종업원으로 운영되고 있다. 또한 그 속에서 안정적으로 이익을 내고 있는 회사가 있는가 하면 그렇지 못한 기업들도 있다. 중소기업 가운데는 경영환경의 급변속에서도 분기마다 확실하게 이익을 내어 신장하는 회사들이 있으며, 이처럼 수익성이 향상되고 성장하는 회사의 공통점은 "사장의 의지와 계획성"라고 하는 자신의 사업에 대한 전략을 가지고 있다는 것이다.

그러면, 기업의 98% 이상을 차지하고 있는 중소기업 중 전략을 가지고 경영을 하고 있는 회사가 얼마나 있을까? 이제부터가 중요하다. 즉, 비록 30명 이하의 구성원인 중소기업도 전략을 이해하고 적절한 전략을 가지고 그것을 실행하면 크게 도약할 여지가 충분히 있다는 것이다. 왜냐하면 대부분의 경쟁사는 전략부재의 상태에서 경영되고 있기 때문이고, 그러면 전략에 필요한 다섯 가지 요소에 대해 생각해 보고자 한다.

3-1. 전략과 전술

❶ 전략 책정

(1) 전략과 전술을 구별할 수 있는지

전략은 보이지 않는 행동실행계획이며 전술은 눈에 보이는 행동 즉 계획을 효과적으로 달성하는 무기이다. 전략과 전술을 명확하게 구별한 다음 그것을 두 바퀴로 생각하고 일관성 있게 실행하면 압도적인 경쟁력을 발휘할 수 있다.

(2) 업무의 우선순위를 정하고 수행함이 효과적이다

회사에 무엇이 가장 중요한지 알았다면 전략을 세워 나가지 않으면 안 된다. 즉, 자신의 강점을 발휘할 수 있는 분야를 신중하게 선택하고 그 분야에 경영자원을 집중 투입하는 것으로, 또한 업체와 차별화할 수 있는가하는 것이 필요하다.

(3) 미래 예측을 겸비한 전략수립이 필요하다

전략은 철저히 생각한 미래에 대한 예측(위험포함)도 포함시킬 필요가 있다. 경영환경의 변화에 따라 공격할 때 공격당기는 때 끈다는 시나리오를 그리고 그것을 실행함으로써 지속적인 성장이 가능하다.

(4) 압도적인 힘과 스피드를 가지고 있음

전략이란 현상의 개선이 아니라 현상타파를 위한 것이다. 따라서 단기간에 산업지도를 바꿔버리는 압도적 힘과 스피드를 가질 내용이 필요하다.

(5) 전략이라는 것은 분석하고 책정하며 실행하는 데 있다

아무리 정보를 분석하고 훌륭한 전략을 조립해도 그것을 실행에 옮겨야지 그렇지 못하면 아무런 의미도 없다. 전략은 실행하는 데 있다는 것을 반드시 잊지 마세요!

❷ 란 체스터법칙을 전략으로 활용

전략을 책정 수행한다는 것이 얼마나 중요한지를 이야기 해주고 있다, 전략을 생각함에 있어서 도움이 될 것으로 란 체스터법칙이라는 것이 있다. 이 법칙은 특히 중소기업의 쇠퇴기 전략수립에 도움이 될 것으로 생각한다.

(1) 란 체스터법칙이란

란 체스터법칙이란 무엇인가? 지금 같은 전투능력을 가진 A군과 B군이 전투를 한다. A군의 병사가 5명, B군의 병사가 3명이 진용에서 양군이 맞대결을 행하여 철저하게 싸우면 결국 B군은 전멸하지만 A군도 2명밖에 생존하지 못할 것이다. 한편, 이번에는 일대일 대결이 아니라 양군이 현대무기(전투기, 미사일 등)을 사용하여 전투를 펼친다면 A군의 1병사와 B군의 3병사로부터 공격을 받고 있지만 B군의 1병사와 A군의 5병사로부터 공격을 받게 되고 이제 철저하게 싸우면 B군은 전멸하게 될지도 모르며 A군은 4명의 생존자를 남길 수도 있다. 전자가 이른바 '란 체스터의 제1법칙'(일명 일대일 대결의 법칙)이며, 후자가 '제2법칙'이라고 하는 것이다.

여기에서 도출되는 것이 숫자로 우위를 점하고 있는 것(시장점유율을 진압하는 같은 강자)는 제2법칙을 염두에 두고 물량작전에서 한 사람이 다수를 공격할 수 있는 원격으로 방법(예를 들어, 광고전략)에서 전략을 전개하는 것이 효과적이며, 한쪽은 시장점유율을 쥐고 있지 않거나 앞으로 새로운 시장을 만들어 가려고하는 약자는 일대일 대결의 법칙을 염두에서 가능한 국지전에서 기습(게릴라)전으로 공격을 감행하여 강자에 타격을 주는 전략을 취하는 것이 중요하다.

(2) 약자와 강자

지금까지 강자, 약자라는 표현을 하고 있지만, 그 구별은 회사규모가 아니라 시장점유율에서 압도적인 통치자를 강자, 나머지는 모두 약자로 생각하면 된다. 예를 들어, 산토리는 위스키에서는 강자이지만 맥주는 약자라는 것이다. 란 체스터법칙을 전제로 한 강자의 전략과 약자의 전략에 대해 정리해 보자.

(3) 강자의 전략(제2법칙)

- 광역 종합 경기열기
- 1명이 다수를 공격할 수 있는 집단형 공격(확률경기)
- 접근전을 피하고 간접적이고 원격으로 전투를 전개(매스미디어를 통한 광고활동)
- 압도적인 병력물량으로 공성전 열기
- 유도작전에서 적의 병력을 분산시키는 것이 가능

(4) 약자의 전략(제1법칙) ~ 약자 그러므로 전략이 중요한 것!

- 좁은 범위에서의 국지전
- 맞 대결형 경기열기
- 접근 전으로 도전
- 병력을 집약시켜 후에 집중공격을
- 양동작전으로 적을 교란하고 적의주의를 다른 향하게 하는 것

❸ 중소기업의 경영전략

(1) 중소기업전략의 전제

중소기업의 경영에 맞는 이러한 전제에서 전략을 생각해 보시오. 중소기업 = 소규모약자 대기업의 전략을 모델로 하는 것이 아니라 소규모약자에 맞는 전략을 세운다.

(2) 약자의 경영전략의 기본원칙

전 항의 란체스터 법칙에 따라 약자가 취해야 할 경영전략의 원칙을 정리해 보면 다음과 같다.

| 표 9-2 | **약자의 실천 중요사항**

No.	구분	실천 중요 사항
1	규모의 약자	선발업체와 차별화하고 같은 방법을 하지 않는다.
2	규모의 약자	소규모 1위 주의, 부분 1위 주의를 노려라.
3	규모의 약자	규모가 크고 강한 경쟁상대가 있는 산업에 참여하지 않는다.
4	규모의 약자	싸우지 않고 이기고 승리하는 틈을 찾아낸다.
5	규모의 약자	대상 시장 등을 세분화한다.
6	규모의 약자	목표를 잘 택하는 것이 하나의 방법이다.
7	규모의 약자	경장비, 시설과 자금의 고정화를 방지한다.
8	규모의 약자	목표달성을 위한 역량전부를 집중한다.
9	규모의 약자	경쟁자에 알려지지 않게 조용히 행동한다.

그러면, 란체스터 법칙을 바탕으로 중소기업의 경영전략에 대해 생각해 보고자 한다. 중소기업 경영자 중에는 경영과 비즈니스에 관하여 많은 연구를 하고 있으리라 생각되나 여기에서는 삼성이나 현대와 같은 대기업의 전략을 말하는 것이 아니고, 어디까지나 중소기업의 전략에 대하여 참고사항을 말하는 것이다.

(3) 약자의 경영전략

약자의 경영전략에 대해 각 전략별로 정리해 보면 아래의 표와 같다. 여기에서는 전략의 비중을 고객관계 = 8 : 내부관리관계 = 2라는 전략의 중점을 우선 고객관계에 두고 또한 고객관계 중 제품 = 3 : 영업 = 5와 같이 영업전략에 중점을 두고 전략을 논한다.

| 표 9-3 | **약자의 전략 키워드**

전략			키워드
고객 관계 30%	상품 30%	상품전략	특수성, 넘버원 상품, 차별화, 라이프사이클, 엄선, 소비자 관점과의 갭(차이)
	영업 50%	지역전략	확대하지 않는다, 세분화, 짜서 힘을 집중, 경쟁하지 않는다
		고객전략	손님층의 엄선, 고객을 선정한다, 가망 없는 손님에 시간을 할애하지 않는다
		영업전략	최종 사용자지향, 처음부터 팔려고 하지않고 우선 정보수집, 다시방문, 효과가 있는 전단지
		고객전략	고객전략　커뮤니케이션을 취한다, 감정에 호소한다, 고객 ⇒ 단골 ⇒ 팬으로 이에대해 감사의엽서를 보낸다
내부관계 20%		조직전략	인사관리
		자금전약	지금조달 자금 유통

출처: ★ 벌이 규칙 란체스타 경영가지 성공전략, 타케다 요이치·카야노 카츠미의 숲 출판

3-2. 중소기업의 제품전략

❶ 제품수명주기에 대해

수명주기가 자사의 취급하고 있는 상품이 라이프사이클의 어느 시점에 있는지를 아는 것은 중요하다. 구체적으로 제품 라이프사이클이란 무엇인지 살펴보자.

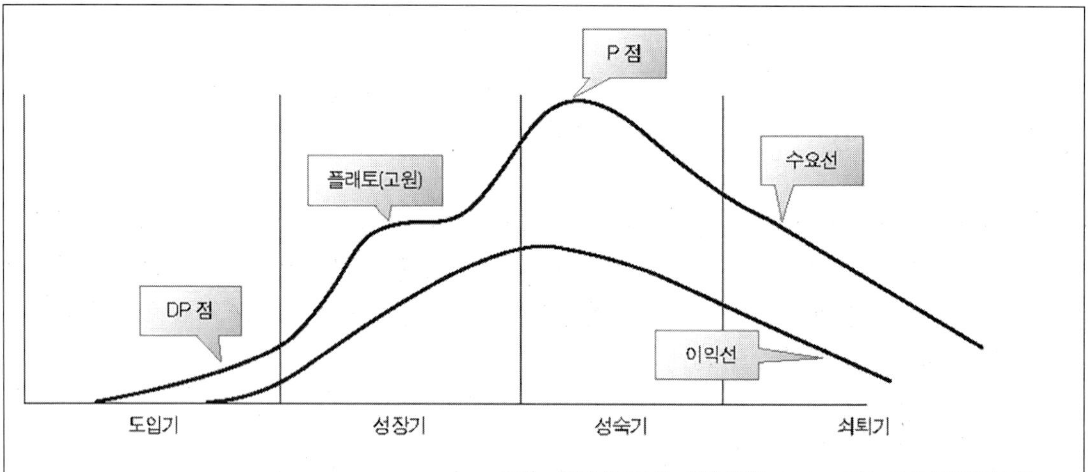

출처 : 成長企業の法則 p.269 圖 34 ビジネスの流れ 参考 持續經營在圖

| 그림 9-6 | **상품의 라이프 사이클**

[그림 9-6]은 각 제품수명주기의 수요동향과 각 수요상황에서 이익수준을 보여준다. 제품에 대한 도입기, 성장기, 성숙기, 쇠퇴기가 각 단계에서 다음과 같은 특징이 있다.

(1) 도입기

신상품을 출시한지 얼마 안 된 단계이며 경쟁업체는 별로 없지만 수요(매출)의 증가세가 완만하다. 제품출시 초기비용(제조비용, 마케팅비용)이 많이 소요되기 때문에 이익도 크게 늘지 않는 상황이다.

(2) DP점

도입기가 끝나는 시점은 DP점(최고의 피크) 수요의 약 10분의 1이고, 이 시점을 지나면 성장기에 들어간다.

(3) 성장기

상품의 인지도가 높아져 판매채널이 확산함으로써 수요가 서서히 증가하고 있고, 후술하는 〈고원〉을 초과하면 더 수요가 상승한다. 한편, 제품의 대량생산화가 진행함으로써 제조비용을 절감하고 이익이 크게 증가하고 있다(수익률상승). 또한 이 시점에서는 경쟁업체가 많이 진출해 나갈 것이다.

(4) 고원현상

성장기에 들어가면 수요가 일단 제자리걸음이 되는 곳이 있다. 상품이 고원현상 후 다시 수요가 증가하는 것도 있고 그대로 지속하는 것도 있다. 상승하거나 추락할지의 판단은 어려운 것이지만, 이 현상이 끝나는 곳에서 후발주자의 시장진입이 있다. 후발주자로 선발사와의 상품에 차별화를 꾀하고 색다른 상품을 출시하고 있다.

(5) 성숙기

상품의 인지도가 더 높아지면서 공급도 증가중요도 증가하고 있지만, 피크정점을 초과하면 수요증가가 둔화되고 감소하고 있다. 이 시점에서 점유율증가가 중요한 과제이다. 또한 경쟁업체와의 가격경쟁이 시작하여 낮은 가격에 지배되는 것과 동시에, 권역획득을 위한 마케팅비용 등이 늘어나 서서히 이익률이 하락하고 있다.

(6) 쇠퇴기

수요가 일순 수요가 계속 감소해가는 상황이다. 이 시점에서는 수요의 감소와 낮은 가격 고정비용의 부담에 의해 이익액과 이익률도 감소하고 있다.

❷ 제품수명주기에 따른 전략

그러면 제품의 라이프사이클과 전략에 대해 생각해 보고자한다. 제품의 라이프사이클 중 도입기, 성장기, 성숙기의 특징을 감안한데다가 자사의 제품이 어떤 주기인지를 비유하면서 전략을 고려하여 보자.

(1) 도입기

No.	특징	No.	전략
1	매출성장이 완만	(a)	일점 집중주의 전략
2	경쟁업체가 없는	-	고객층의 엄선
3	고액소득자가 대상	-	판매지역을 제한
4	제품의 사양변경이 많다	-	유통채널의 엄선
5	제조비용이 높은	-	고객전단지 중심의 선전광고활동
6	마케팅비용이 높은	(b)	높은 가격전략

(2) 성장기

No.	특징	No.	전략
1	참가의 증가(경쟁제품의 증가)	(a)	유통채널의 다양화, 확대화
2	제품의 대량생산화	(b)	제품라인의 다양화, 차별화
3	중간소득자 층이 대상	(c)	수요층의 다양화, 제품의 다양성
4	판매채널의 확대	(d)	수요처의 다변화, 용도의 개척
5	가격하락	(e)	품질의 차별화, 차별화 마케팅
6	이익이 증가		

(3) 성숙기

No.	특징	No.	전략
1	낮은 가격 지배	(a)	낮은 점유율 브랜드절감
2	제조 및 유통업체와의 힘의 균형	(b)	전문화된 후 상품점 수를 늘려간다
3	점유율이 매출성장을 결정짓는다.	(c)	보다 빠르게 제품을 제공
4	수익성 악화	(d)	패키지상품을 제공
5	안일무사주의 리스크 발생	(e)	성장하고 있는 매체를 탄다
6	생산력저하 원가상승	(f)	게으름뱅이의 욕구를 충족
7	개발의식부족 도전의식결여	(g)	비용을 크게 줄일 수 있다
		(h)	고집스런 상품에 특화
(i)	사회적 사명의의를 앞세워 상품, 기업이미지 향상기업 메시지를 고객, 언론보도에 전달(예, 친환경상품제공 유기농법에 의한 신선한 야채판매 무농약, 무공해 등 소비자 건강에 호소하는 활동)		

❸ 상품 및 서비스에 대해서

상품은 그 수명주기에서 성숙기에 접어들어서도 그 사양, 관점, 고객에 대한 접근방법을 바꾸고 새로운 성장궤도에 올려 지속적으로 발전시켜는 경우가 많이 있다. 그 예로서 「山本運輸」의 사례를 보고자 한다.

(1) 성숙기에 접어들어서도 성장기업 사례

〈山本 運輸〉 상품이 성숙기에 도달하면 다음 새 상품을 성장궤도에 올려 지속적인 성장을 장기적으로 달성하고 있는 회사이다. 창의와 도전이라는 지속적인 노력의 산물이다.

택배 → 소액운송분야 진출 → 압도적 점유율을 확보 → 성숙화
스키택배
↓
골프택배 → 차례차례로 새로운 서비스를 제공
↓
쿨택배

그러면 제품서비스에 대해 생각해 보자.
상품서비스를 생각함에 있어서 중요한 것은
- 니즈(필요한 것)와 원츠(탐나는 것)를 파악하고 있는지?
- 상품콘셉트가 고객에게 전달되는지?
- 그 상품이 확산율을 가지고 있는가? 라는 관점에서 생각해가는 것이다.

(2) 니즈와 원츠를 파악하고 있는가?

니즈(Needs) = 필요성 ~하지 않으면 안 된다.
예) 차량검사를 받지 않으면 안 된다 → 필요성은 높지만 욕망은 작다.

원츠(Wante) = 욕망 ~하고 싶다
예) 벤츠타고 싶다 → 욕구는 높으나 필요성은 그다지 높지 않다.

(3) 상품콘셉트가 고객에게 전달되는지?

욕구와 필요성이 모두 높은 제품이라도 그 상품의 내용들이 고객에게 이해되고 전달되지 않으면 그 제품은 판매되지 않는다. 고객이 상품을 매입하고자 할 때에는 초등학생이라도 알 수 있도록 제품이 설명되어 있는가하는 고객의 관점에서 제품을 재검토할 필요가 있다.

(4) 그 상품은 확산을 가지고 있는가?

상품의 확대를 수직적 전개와 수평적 확장이라는 축으로 판단하여야 한다.
- 수직적 전개 : 고객자신이 그 제품을 얼마나 사용하는지, 어느 정도 구매를 반복해 줄 것인가?
- 수평적 확장 : 고객의 주변사람들을 얼마나 말려들게 하는가? 가족이나 친구에게 소개받고 얼마나 상품을 사달라고 하는가? 수직적 전개, 수평적 확장 쌍방이 가능한 상품이라면 한번 상품으로 고객을 획득하면, 차례차례로 상품아이템이 고객의 생활에 침투고객의 주위에 퍼져나갈 가능성이 높아져 간다.

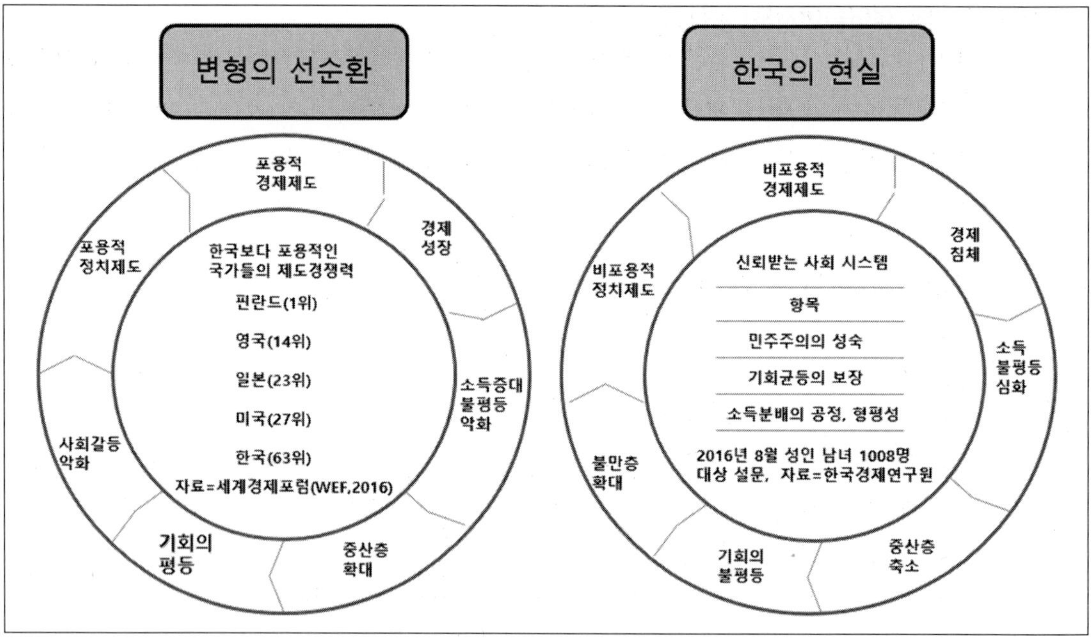

| 그림 9-7 | **변형순환과 한국의 현실**

(5) 사업의 성공은 현실에 있다

상품의 성공은 상품성, 유행성, 환경성이 지대한 영향을 준다. 세류(世流)의 흐름은 인위적으로 조성되는 것보다 자연의 변화에 병행되어 상품이 개발되는 것이 아닌가?

시대변화는 인간의 욕망을 변화시키고 이 변화에 따라 필요의 가치도 변하게 된다. 가치의 변화는 사회적. 경제적. 환경적 지식수준에 따라 달라질 수 있다. 현실을 통찰하고 적기적시, 적품적가로 공급된다면 성공의 확률은 높을 것이다.

3-3. 중소기업 고객전략

❶ 고객계층별 분류대응

자사의 제품을 어떤 고객층에 제공할지는 자사상품의 브랜드, 판매가격 등에 중요한 영향을 미친다. 그래서 먼저 고객의 계층구분과 각 계층의 특징을 보고 다음 신상품투입시의 전략을 보고 싶다고 생각한다.

(1) 고객층 구분과 각계층의 특징

계층	특징
스킨층	고액소득자 층. 경기 동향에 좌우되지 않는다. 가격둔감. 특정브랜드를 고집한다.
혁신층	최상품지향 겉치레. 가격에 민감하지만 그런 표정을 다른 사람에게 보이지 않는 새로운 제품에 대한 관심이 강하다. “먼저 구매 층”
팔로워 층	주위가 가지고 갖고 싶어 하는 층 성장기의 담당자 경기동향에 좌우되기 쉽고, 가격에 민감함
침투층	싸면 구입하는 층. 가격으로 움직이는 경향이 강하다 대매출, 판매에 약한 경품, 덤포함 약한

(2) 신상품 투입시의 전략

〈스킨방식〉 스킨층에서 신상품을 투입해 나가는 방법

(a) 집중도주의 전략
고객의 엄선 → 스킨층 → 혁신층 회원제(비공식 동아리 만들기 등)

(b) 높은 가격전략
스킨층 → 고액소득자 가격에 둔감. 혁신층 → 고급품 → 허영심을 자극

침투층에서 신상품을 투입해 나가는 방법 대량판매를 노리는 후발주자의 차별화전략. 대량생산 원가체감상품 → 소비재, 서비스용품 대량으로 싸게 팔아치우는 오락, 경품과 함께 한다.

❷ 중소기업 고객전략 - 고객포트폴리오

| 표 9-4 | 고객전략 - 고객포트폴리오

	높음 ← 고객의 중요성 → 낮음	
높음	가장 중요한 거래선	형상 유지 거래선
↑	*당사의 매출점유율, 고객의 중요성 함께 높은 우리의 기둥을 지탱할 고객그룹	*당사의 매출점유율이 높아 영업사원들이 가장 가기 쉬운 고객그룹 *영업사원이 방문 과잉되는 경향이 강하다.
자사 점유율	중점방문, 라이벌 추종형 거래선	문제아적 거래선
↓ 낮음	*당사의 점유율은 낮지만 그 중요성이 높고 또한 판매여지가 큰 고객그룹 *강력한 라이벌이 존재하고 고객사이의 긴밀한 관계를 맺고 있기 때문에 영업사원들의 발길이 멀어져 간다. 충분히 방문하지 못 하고 있다.	*고객의 중요성과 당사매출 점유율 모두 낮고, 영업효율이 매우 나쁜 고객 *방문하면 할수록 적자가 된다.

매출향상 시키기 위해서는 먼저 자사의 제품과 서비스를 사주 고객에 대해 연구해야 한다. 그래서 자사의 기존고객을 어떻게 분류해 나가는가 하는 점에 착안해 보자. 거래처를 자신의 중요성과 매출점유율에 의해 특성분류해보면, 아래 표와 같이 가장 중요한 거래처 현상유지, 거래처 중점방문, 라이벌 추종형, 문제의 거래처로 분류할 수 있다. 그럼 먼저 이 매트릭스에 자사의 고객을 적용시켜보자.

❸ 중소기업 고객전략 ~ 고객에 따라 영업전략을 세우다

거래처를 분류한 후 그 특성에 따라 판매정책을 재검토하고 있다. 먼저 판매변혁정책을 세우고 그것을 수치화하여 보다 효율적인 영업을 하고 있다.

(1) 판매변혁 정책

가장 중요한 거래선	형상 유지 거래선
*자사의 가장 중요한 파트너 *보다 긴밀한 관계를 구축경쟁으로부터 보호	*과잉방문에 주의하면서 현재의 관계를 유지해 나간다.
중점방문, 라이벌 추종형 거래선	**문제아적 거래선**
*경쟁사의 시장점유율을 빼앗는다. 심층방문 *계획을 세워 중점적으로 매출을 늘린다.	*최소한으로 만난다.

(2) 혁신정책의 수치화

가장 중요한 거래선	가장 중요한 거래선
고객건수 : 30건 × 방문시간 50분 × 12회 → 60분 × 12회 〈방문강화〉	고객 건수 : 60건 × 방문시간 60분 × 8회 → 40분 × 6회
중점방문, 라이벌 추종형 거래선	형상 유지 거래선
고객건수 : 30건 × 방문시간 20분 × 6회 → 60분 × 12회, 방문강화	고객건수 : 180건 × 방문시 30분 × 8회 → 20분 × 3회

(3) 필요 방문시간

고객	필요 방문시간	개선 후 필요 방문시간
가장 중요한 거래처	30개 × 600분	30건 × 720분
중점 방문라이벌 추종거래선	30개 × 120분	30건 × 720분
형상유지 거래선	60개 × 480분	60개 × 480분
문제아적 거래선	180개 × 240분	180건 × 60분
합계	93,000분	68,400분

필요 방문시간은 27% 줄일 수 있다. 방문시간의 변화에 따라 매출을 늘리는 것은 가능하다.

→ 방문횟수를 늘린 고객이 매출증가가 전망
→ 방문횟수를 줄인 고객도 충분히 관리할 수 있으면 매출의 큰 감소가 없다.
↓↓
영업사원의 행동을 바꾸면 적자의 고객을 잘라내지 않아도 시간이 남는다.
운영비용을 최소화하면서 매출이익증가도 가능해진다.

❹ 중소기업 고객전략 - 이상적인 고객이란

기존고객을 분류하고 그 특성에 따라 고객의 중요도를 도모하고 영업효율성을 높이고 운영비용을 절감하고 매출이익을 확보해 나간다. 이것은 고객영업 전략이라는 관점에서 매우 중요한 일이지만, 마지막에 계산적인 개념에서 벗어나 회사에 이상적인 고객이란 도대체 어떤 고객인지를 생각해보게 된다.

(1) 고객에 대한 생각을 바꾼다.

이상적인 고객을 위해서는 먼저 고객에 대한 생각을 바꿀 필요가 있다. 예를 들어, 고객에게 선택되는 회사가 되자 → 고객을 선택하는 회사는 고객에게 선택된다. 고객은 쫓으면 쫓을수록 도망간다. → 고객에게 사고 싶다, 갖고 싶다라고 말하게 한다. 이와 같은 발상의 전환도 중요하다.

그래서 고객에게 선택된 회사의 예로 루이비통에 대해 자사와 비교하면서 생각해보자. (예) 루이비통 → 고객층은, 고객대응은, 제공하는 제품은, 제공하는 부가가치는?

그런 다음, 자사에 이상적인 고객이란 어떤 고객 또는 어떤 고객이 나타날 가능성이 많은지 들어보자. 회사에 이상적인 고객은? - 대금지불이 좋은 손님- 말을 하지 않는 손님 - 문제없는 손님 - 고객을 소개해주는 손님 - 등등

(2) 이상적 고객을 두는 서로를 위한 팁

위에서 언급한 이상적인 고객을 두는 서로에 대한 설명으로 다음과 같은 것을 생각할 수 있다.

- 자신이 쫓는 고객은 이상적인 고객이 아니다.
- 사귀고 싶은 고객과 사귀고 싶지 않은 고객을 명확하게 분리한다.
- 제공하는 상품, 서비스가 차별화된 희소성이 있다.
- 고객에게 "아무래도 갖고 싶다"라고 감정을 심어줄 수 있다.
- 고객을 데려오는 영향력 있는 고객이 있다.

(3) C-Express 중소기업의 경영전략

C-Express 경영전략편에서는 경영의 전략의 핵심을 중심으로 전략이 무엇인지, 제품서비스와 시장, 그리고 고객과의 관계, 재무이란 무엇인가(결산서의 견해생각) 등에 대해서 생각해 보았다. 그것이 비교적 왜 경영전략이 필요한가를 다시 생각해보고자 한다. 기업을 둘러싼 환경은 변화가 심하고 불확실성, 복잡해지고 있다. 그리고 사회의 요구는 다양화하고 환경의 변화에 대응할 수 있는 것만이 살아남고 성장해 나가는 시대이다. 이러한 상황은 대기업이든 중소기업이든 다르지 않다. 이미 이른바 승자로 불리는 대기업은 명확한 목표를 설정하고 목표달성을 위한 전략을 수립하고 자금력, 인력, 정보 등을 활용하여 끊임없는 경영을 하고 있다.

이렇게 말하는 것은 실례일지도 모르지만 자금력, 인재정보량에서 대기업에 이길 수 없는 중소기업이 같은 환경 속에서 살아가기 위해서는 한정된 경영자원자금, 인재, 정보를 어떻게 효율적이고 최적으로 활용하여 경쟁에서 이길 것인가?하는 전략이 더 중요한 것이 아닐까? 대기업이 책정하는 높은 수준의 복잡하고 대대적인 전략이 아니라 이른바 약자가 취해야할 전략을 생각해가는 것이 좋다.

즉, 중소기업에 필요한 것은 전략을 최상단에 구성을 이루는 것이 아니라 먼저 전략을 가질 것을 발상다음에 명확한 목표를 가지고 또한 자신의 상품과 서비스를 한정된 경영자원을 사용하여 어떤 전략을 세우고, 시장, 고객에 임하는 것을 오로지 생각, 그리고 목표, 전략을 응시하면서 경영을 실천관리를 계속하는 것이다. 이것이 전략경영이다. 이 필요를 발견하고 그것을 실행에 옮긴 것만 대기업, 중소기업 구분 없이 승자기업으로 성장, 발전해 나갈 것이다.

3-4. 영원히 사는 기업 만들기

❶ 불멸기업 첫 단추가 중요하다

열정이 가득찬 직원들이 쏟아내는 불만족에서 재생의 가치가 있어 잃어버린 활력을 되찾아 영원히 불명의 장수기업 회사를 살려낸다. 직원들 마음을 여는 회사, 소비자의 지갑도 열 수 있다. 내부평판을 올려라, 직원평가 나쁘면 매출도 동시에 하락으로 연결된다. 기업비전 함께 나누며 직원들의 자긍심을 키워줘야 하락을 막고 성장열쇠를 찾는다. 영원한 1등으로 가는 기업은 없다. 애플, 종업원·고객 모두 광신도로 만들어 1등으로 달렸지만 요즘의 교만한 모습은 독(毒)으로 보여 살얼음판 위로 가는 모습 한국기업은 흥에 반응… 과거 강한 리더의 시대는 사라져가는 모습을 보여 혁신의 진실성이 중요한 시점에 와있다.

임원이 모여 경영전략 비상대책회의를 열었다면 이 자리에서 오고 갈 내용은 무엇일까. 최고경영자(CEO)를 포함해서 열에 아홉은 소비자에게 매혹적으로 보이는 마케팅방안을 쥐어짤 것이다. 하지만 로사 전(Chun) 스위스 국제경영개발연구원(IMD) 경영대학원 교수의 생각은 다르다. 세계적 명문인 IMD에서 최초이자 유일한 한국인 교수인 그가 제시한 현안은 내부직원들의 평판을 끌어올리는 일이다. 그의 글이 '하버드 비즈니스 리뷰(2009년)', '스트래티직 매니지먼트 저널(2010년)'같은 경영학술지에 비중 있게 실리자 산업계와 경영학계가 크게 주목하고 있다.

로사 전 IMD 교수가 현대사회에서 평판경영의 출발은 내부직원들이라고 말하고 있다. 전 교수는 "영국 등 63개 기업의 소비자와 종업원을 상대로 조사를 해보면, 직원내부평판이 소비자평판보다 좋은 기업의 매출성장세가 높은 것으로 나타났다"고 말했다. 반대로 직원 내부평판은 형편없는데 소비자 평판이 좋은 기업은 대부분 매출하락으로 이어진다. 직원들의 낮은 자긍심과 빈약한 자신감이 소비자들에게 전달돼 매출하락으로 이어지는 것이다.

❷ 의인(擬人)화 기법을 동원

(1) 의인(擬人)화 기법

그의 연구방법은 기업평판을 측정하면서 의인(擬人)화 기법을 동원하는 등 매우 독특하다. 선(善·agreeableness), 흥(興·enterprise), 격(格·chic), 능(能·competence), 권(權·ruthlessness) 등 다섯 가지로 나눴다. 이 중 권은 나쁜 의미이며, 나머지 선·흥·격·능은 좋은 평판을 말한다. 전 교수는 "한때 카리스마 리더형이 히트를 쳤지만 지금은 내부종업원들과 공감하고 이를 바탕으로 비전을 제시하는 변혁형 리더(transformational leader)가 필요한 시점"이라고 했다. 변혁형 리더는 선과 흥이 결합한 모습이다. 회사종업원들의 자긍심과 자신감을 얻기 위해 현대기업이 요구하는 보스의 성격이 바뀐 셈이다. 내부의 종업원들을 설득과 이해 없이 혼신의 노력 없이는 소비자들을 만족시킬 수 없다는 의미이다. 물론 월급만 많이 준다고 종업원이 회사에 만족하진 않는다. 또 종업원들과 공유할 기업의 비전을 찾을 때 무조건 착한(善) 기업이미지를 생각하면 안 된다. 그 기업에 맞는 길을 찾아야 한다. 이를 이끌어내는 방식은 위에서 주입하는 톱다운(top-down)방식이 아니라 아래로부터 위로 올라가는 바텀업(bottom-up)이어야 한다. 특히 소비자와 대면하는 말단직원들 아이디어가 가장 중요하다.

(2) 내부평판의 중요성

2005년 소니의 내부평판과 외부평판을 비교해본 적이 있다. 이상하게 외부소비자가 매긴 평판에 비해 내부평판결과가 형편없이 나쁘게 나왔다. 소니임원들의 회사에 대한 자부심이 크게 떨어지게 나타난 것이다. 그땐 의외라고 생각을 하였다. 이후 소니는 삼성에 추월당했다. 소니의 추락원인은 비전을 직원들과 공유하지 못했기 때문이다. 이에 반해 삼성은 종업원들과 일치단결한 열정으로 소니와 경쟁을 하였다.

(3) 충성도 높은 광신자를 만들어

애플은 워낙 특이한 회사이다. 삼성전자가 전자제품을 판다면 애플은 창업자였던 스티브 잡스의 비전을 팔고 있다고 본다. 소비자든 직원이든 광신자로 만들어버리는 신명남의 흥이 애플에는 있었다. 애플스토어에서 스티브 잡스를 위해 일한다고 자부하는 직원들과 신제품출시 때면 밤을 꼬박 새워 행복하게 줄을 서는 충성팬이 대표적이다. 이 느낌은 모방이 불가능하고 모든 기업이 애플식으로 해야 한다는 말은 아니다. 애플에도 과제가 있다.

(4) 내부평판이 권으로 넘어가면 기업은 쇠퇴의 길로

내부평판의 선, 흥, 격과 같은 기본에서 쌓은 내부평판이 권으로 넘어갈 수 있다. 영국의 유통업체인 테스코도 그랬고, 막스앤스펜서도 마찬가지였다. 창업자의 선의 철학이 내부파벌이나 매너리즘에 빠져 권으로 변질되는 상황이 온다. 그런 조사결과가 나온 기업은 틀림없이 매출이 떨어지고 내리막길로 접어든다. 지금 현재 직원들의 충성심이나 비전공유로 매출성과를 올리는 곳이라도 그런 직장문화가 권으로 넘어가는 것이 아닌지 경계해야 한다. 어느 것도 영원한 것은 없다. 소니도 그랬고, 애플도 항상 1등자리에 있지 않을 것이다.

(5) 기업경영에서 평판이 중요해진 이유

기업에 내·외부평판은 돈을 버는 일만큼이나 중요해졌다. 무엇보다 기업바깥의 사회·국가에서 기업을 바라보는 기대수준이 높아졌기 때문이다. 특히 중소기업보다는 대기업, 글로벌기업에 해당 사회에서 요구하는 잣대가 올라간 것이다.

전 교수의 평판 경영학은 벤담(Jeremy Bentham)의 공리주의(최대다수의 최대행복추구)가 아니라 아리스토텔레스의 미덕윤리학에 맥락이 닿아 있다. 소비자·구성원의 효용을 따져 돈을 버는 것이 최고가 아니라, 구성원들이 사회에서 요구하는 공동선(共同善)을 중시하는 것을 말한다. 세계적인 트렌드이기도 하다. 과거에는 강하고 추진력 있는 평판(능·能)이 성패를 좌우했다면 요즘엔 혁신·신명남을 뜻하는 흥과 진실성의 선이 중요해졌다. 하지만 다정함·진실함을 의미하는 선에서 한국 사람들을 보면 흥에 더 잘 반응한다."(평판학의 대가 로사 전 IMD 교수)

❸ 종래습관을 죽이지 않고 혁신은 어렵다

(1) 현 상태를 죽이지 않고 혁신은 어렵다

모두가 혁신(innovation)에 대해 떠들어 댄다. 혁신·혁신·혁신! 그런데 혁신이 대체무엇인가. 나는 혁신을 주장하는 많은 사람들에게 되묻고 싶다. 뜬구름 잡는 소리가 아닌 현실적용 가능한 의미의 혁신의 정의는 무엇인가. 나는 혁신을 주장하기 전에 가장 먼저 죽음을 이야기해야 한다고 생각한다. 현 상태를 죽이지 않고서는 아무것도 되는 일이 없기 때문이다. 지금까지 혁신을 주창한 학자나 최고경영자들은 현실에서 어떻게 적용해야 할지 모르는 난감한 이야기를 두루뭉술한 문장과 어휘로 설명했다. 그러다보니 혁신의 구체적인 실체를 파악하기가 쉽지 않았다. 보통 혁신을 언급하면 질문을 많이 하라, 의문점을 제기하라, 창조적인 생각을 하라, 도전적이 되어라 등의 이야기를 해왔다.

이런 이야기는 기업이 소규모일 때는 실현가능하다. 하지만 중소기업을 넘어서 중견기업이 되면서부터 기업문화를 규정하는 벽의 두께는 점점 두꺼워진다. 구성원은 물론이고 기업자체도 벽을 넘어선 그 어떤 생각도 하기 힘든 것이 현실이다. 그렇다고 해서 모두가 이야기하는 혁신에 뒤처지면 안 되니 대부분의 기업들은 혁신을 시도한다. 컨설턴트에게 의뢰를 하기도 하고 인재개발프로그램 차원에서 트레이닝도 한다. 예를 들면 스위스의 유명한 국제제약회사가 있었다. 이 회사는 혁신트레이닝으로 유명한 미국기업을 초청해 임원들 교육을 맡겼다. 혁신트레이닝을 시작한 미국기업은 곧 단 한마디도 제대로 먹히지 않을 것임을 직감했다. 제약회사의 임원들이 모두 50세 이상의 중장년층이었기 때문이다. 이들은 혁신이 무엇인지 알 필요성도 없었고 알고 싶어하지도 않았다. 다들 앉아서 각자의 블랙베리를 보며 고개를 숙이고 있었을 뿐이다. 혁신 강습과정을 마치 꼭 들어야 하기 때문에 앉아있는 대학학부의 교양과목마냥 앉아서 시간을 때우려는 임원들로 가득 차 있었다.

(2) 고정관념의 매니저들

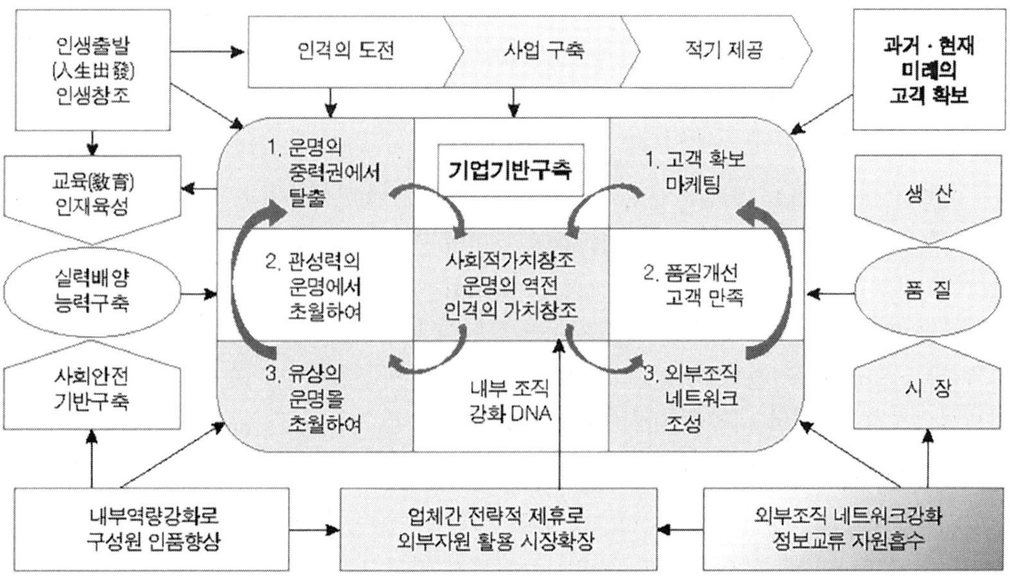

출처 : 기업도 성공하는 참고

| 그림 9-8 | 인생도 기업도 성공하는 길 모형도

앞뒤가 꽉 막힌 시니어 매니저들 이상의 사람들이 항상 문제다. 그들은 혁신이 무엇인지 알지도 못하고 알려고 노력하지도 않는다. 지금 이대로 현상유지만 하면 되는 자리에 있기 때문에 변화를 갈망하지도 않는다. 실제로 이런 사람들에게 혁신에 대해 질문하면 뻔한 대답뿐이다. 창조적인 생각을 해야 하지 않겠는가, 질문을 많이 하는 것은 좋은 것이다 등의 모범답안만 이야기한다. 문제는 창조적인 생각이 도대체 무엇을 가리키는 것이며 어떤 질문이 효율을 극대화시킬 수 있을까라는 질문에 답할 수 있는 사람은 아무도 없다는 사실이다.

하지만 이런 사람들의 눈빛도 반짝일 수 있게 하는 방법이 하나있다. 그것은 바로 자기 자신에게 해당하는 불만토로이다. 무엇이 가장 큰 불만인지, 어떻게 하면 해소될 수 있는지, 경쟁사에서는 어떤 혜택이 더 주어지는지 등에 대한 이야기를 나누기 시작하면 곧 봇물터지듯 말은 쏟아진다. 변화는 필요 없다던 게으른 시니어매니저들에게 조차도 불만을 이야기할 수 있는 장은 신선하여 진다. 열정이 가득한 사람들이 쏟아놓는 불만, 즉 회사 죽이기는 비전을 잃은 회사가 새롭게 재탄생하는 윤회(輪回)의 기적(奇蹟)의 시작으로 자리매김할 수 있게 된다(디디에 미라통(Didier Miraton) 대표의 말).

❹ 기업도 인생도 성공하는 길

성공이란 자기의 목적 달성하면 성공이다 고관대직을 지내고 갑부재벌이 되어야 성공하는 것은 아니다 행복이란 자기가 만족하면 행복이지 부호대작을 지내야 행복한 것은 아니다 우리는 어찌하면 성공하고 행복한 삶을 살아갈까? 내가 태어난 것은 내 임의성이 아니지만 나의 능력을 길러감은 내 자신의 책무이다 중력권에서 벗어나 나의 독자적 인품을 창조하자 감사하고 사랑하면 행복해진다.

세태와 국제정세는 우리에게 유리하지 만은 못하다. 숭외사상에서 벗어나고 배타적 비난을 지향하고 독자능력을 길러가는 克日·克美·克中의 정신으로 무장하고 자립의 역량을 길러가는 데 정성을 다하여야 할 것이다. 이러기 위해서는 국가백년 대계를 교육에 두고 노소를 불문하고 과학기술발전과 문화발전에 기여도를 높여 나가야 할 것이다. 특히 젊은 세대들은 국가관을 올바르게 정립하고 시대적 사명감을 가지고 학구열에 매진하여 후일 나라의 기둥이 되어 빛나는 영광의 나라를 이끌어야 할 것이며 중년기에 노인 장년들은 세태를 직시하고 시간이 무서움을 인식할 필요가 있다.

시간은 우리를 용서하지 아니하고 기다려주지 아니한다. 주어진 시간을 어찌 활용하느냐가 차별화의 관건이다 모자람을 채우는데 주저하지 말고 도움되는 곳이라면 어디든지 찾아가 나의 역량을 길러가자 이것이 나에 충실하는 길이요. 국가사회 발전에 기여하는 길이 아닐까? 하는 생각하여 보게 된다. 부담의 조건에 도약(跳躍)한다는 것은 그 조건의 배경을 안다는 것으로 인생에 있어서 깊은 차원의 지도가 필요하다. 고독으로 인해 강해지는 것만 아니라 어렵기 때문에 부를 구축하게 되는 것이다. 고독은 고생하는 사람의 기분까지 헤아려 후일 얻은 부를 고생하던 추억으로 사회에 환원하며 살아가는 인생 인생은 부담의 조건을 체험하면서 그 의미를 추월하는 단계 이리하니까 이렇게 되어버린 인생 진화이다.

용어 설명

선(善·agreeableness)
흥(興·enterprise)
격(格·chic)
능(能·competence)
권(權·ruthlessness)
변혁형 리더(transformational leader)
톱다운(top-down) 위애서 아래로
바텀업(bottom-up) 아래서 위로

참고 문헌

1. 창업생태계 선순환을 위한 실패 중소기업인 재기활성화방안, 중소기업청 벤처정책과(보고서 2013.8. 19)
2. 한국기업의 형성과 발전에 관한 연구, 김영래, 국제무역경영연구원
3. 2015년 개정판. 알기 쉽게 풀어쓴 중소기업 범위해설, 중소기업청
4. 소상공인 경쟁력 제고방안(중진기금내 소상공인 진흥계정 신설과 연계) 2012년 9월 19일. 관계부처 합동
5. 경제장관회의 선순환 기업생태계 조성을위한 중소기업 재도전 종합대책, 2013년 10월 30일. 관계부처 합동
6. 융합중앙회 공고 제2013-1호. 2013년 중소기업간 융합 및 협력사업 시행공고 중소기업 융합중앙회
7. 기업-한국 민족문학 대백과 blog.naver.cdm
8. 장수기업으로 가는 길, 김종영 저 제3장2절 민주화와 기업체질개선

요 약

1. 장수기업의 비밀

장수기업의 활동사항을 살펴봄으로서 장수기업을 지향하는 기업으로서 어떤 경영상의 처방을 요하는지가 중요한 의미를 갖는다. 우리의 몇 마디 말이 사람들에게 의욕을 불어넣어 줄순 없지만, 장수기업들의 성공하는 가족기업들에 대한 자세한 설명은 기업을 운영하는 경영자들을 고무시키기고 참고할 충분한 가치가 있다 하겠다. 장기적인 접근방식에는 여러 측면이 있으며 숱한 어려움을 이겨낸 후에야 승리를 맛볼 수 있는 것들이다.

2. 장수기업의 지배구조

장수하는 장수기업의 지배구조는 가족기업의 경영자들로 성공을 중시하는 출세주의자가 아니라 내실을 추구하는 경영기법을 구사하며 효율을 전제로 하는 관리자처럼 행동한다. 이들은 기업의 장기적인 이익, 모든 이해관계자를 중시하며 주주보다는 직원, 고객, 사회를 더 중시한다. 모든 이해관계자들을 세심하게 배려할 때 주주들이 가장 큰 이익을 누린다는 역설적인 사실을 기억해야 한다.

3. 후계 접합성 역량, 자질

가족기업인 장수기업들은 후계자에게 적합한 역량과 자질을 심어주려고 오랜 기간 집중적인 경영수업을 시키고 있다. 이 프로그램들은 체계적인 승진, 다양한 업무수행, 광범위한 훈련과 상급관리자와 주기적인 회의 그리고 이들의 피드백을 포함한다. 장래성이 있는 후계자에게 가장 뛰어난 스승을 붙이고 다양한 일을 경험하게 한다.

4. 수평적이고 형식에 얽매이지 않는 조직

우리가 연구한 많은 위대한 가족기업들은 직원들로 하여금 자유롭게 창의성과 참신한 지혜를 발휘하도록 배려했다. 조직을 가능한 단순하게 구성하여 직급을 최소화하고 하급직원들에게 많은 권한을 주었다. 이들은 가치기준과 우선순위가 명확했고 관대한 처우로 직원들의 충성심을 얻었기 때문에 직원들에게 충분한 재량권을 주었다. 많은 공장에서 직원들은 어떻게 업무를 진행하고 품질을 개선할지 직접 결정했다.

5. 혁신은 미래개척의 초석

장수기업을 유지발전하기 위해서는 중단 없는 혁신의 노력이 이어졌을 때 가능하다. 지금이야말로 기업혁신을 수행하여야 할 때라 생각하라. 차기성장과 기업의 가치향상을 위해 기업혁신을 수행해야 한다.

제 10 장

정보와 행동력은 성공의 필수 요건

제1절 욕망과 성취 행동력
제2절 중소기업의 새로운 사명의식
제3절 경영자의 경영전략과 경영철학

제 1 절

욕망과 성취 행동력

성공 Point 35

1. 복잡한 문제를 단순화시켜라

성공괴도(成功怪道)를 달리는 인물은 복잡한 문제를 단순화시키는 괴력을 갖고 있다. 그는 인생의 목표를 향하여 질주하기 때문에 사소한 일에 신경쓸 틈이 없다. 사소한 일로 정력과 시간을 낭비하지 아니 한다. 당신의 인생목표와 관련이 없는 일에는 신경을 쓰지 말라. 그리고 감정을 조절하는 법을 배워라 사업실패에서 좌절하는 것보다 사소한 일에서 망신당하였을 때 더 큰 분노를 느낄 때가 많다.

2. 공익정신이 투철하면 세상을 얻는다

민심을 얻는 사람이 천하를 얻는다라는 말이 있다. 이 말은 어느 분야에서나 통하는 진리의 어구다. 크게 성공하는 인물은 대중의 이익을 위해 진심을 다한다. 기업이라면 기업의 기본사명감은 인류의 삶의 질을 향상시켜야 한다는 소명감을 가지고 기업을 경영하여야 한다. 항상 대중의 이익을 위한다는 사명감을 잊지 않는다면 그만큼 인생에서 성공을 거둘 것이다. 비록 부족함이 있다 하더라도 의로움과 관대함이 있다면 조력자를 얻어 성공할 수 있다.

제1절
욕망과 성취 행동력

1-1. 욕망과 실천 행동력

❶ 욕망이 그릇을 키우고 행동력을 강화 한다

욕망(慾望)은 인간의 그릇을 키우고 열정(熱情) 성공의 그릇을 만들고 성취행동력을 강화시킨다. 이 세상에 성공하고 싶지 않은 사람이 어디에 있겠습니까? 그러나 누구나 다 성공하는 것은 아닙니다, 비슷한 환경과 조건하에서 출발하였다 하더라도 어떤 사람은 승승장구(乘勝長驅)하여 발전의 궤도(軌道)에 진입하는 사람이 있는가 하면 안일한 현실에 안주하는 사람도 있습니다.

실존철학자 사르트르는 인간은 결국 자기그릇에 걸맞게 인생길을 걷을 수밖에 없다고 하였다. 도대체 인간의 그릇 크기를 조정하는 능력은 무엇일까? 사람마다 보는 시야의 관점이 달아 일률적으로 말하기는 어려울 것이다. 어떤 사람은 운(運), 재능(才能)이라는 사람도 있고 노력에 의하여 이루어진다는 사람도 있다.

예를 들어 살펴보면 대학을 졸업하고 기업체에 신입사원으로 입사한 동기생들이다 10년 후 생태는 어찌 변하였을까? 한 사람은 이사급으로 승진하여 회사 운영에 참가하고 있으며 한 사람은 과장급으로 실무에 종사하고 있고 또 한 사람은 능력상 회사를 떠나가고 말았다. 왜 이 사람들은 대학을 나와 입사 동기생인데 차이가 날까?

한 사람은 진취적인 사고로 업무의 효율성을 높여 실적을 쌓아갔으며 한 사람은 주어진 데이터나 매뉴얼대로 열심히 일을 하였다. 또 한 사람은 근무태만으로 업무량을 소화하지 못해 회사를 떠나고 말았다. 이는 무엇을 의미하는가?

기업이나 사회나 발전적 창조성을 요구하고 있고 있는 길만을 부지런히 간다고 해서 새로움을 발견하기 어려우며 매사는 성실성과 노력이 부족하면 성취하기 어려움을 말해주고 있다.

❷ 조직혁신과 행동력 강화

조직혁신으로 행동력을 강화여 성공으로 이끌려면 사람 아닌 환경을 바꿔라 이것이 첫째의 관문이다. 사람들을 어떻게 변화시켜 조직을 성공으로 이끌 것인가. '스틱(Stick)' 저자가 이번에 사람들 행동을 구체적으로 변화시키는 노하우를 담은 책 '스위치(Switch)' 극적인 변화를 이끌어내는 행동설계 방법에 대한 통찰력을 전함을 알아본다.

(1) 감성을 자극해 사람을 변화시켜라

행동 자체를 변화시키는 방법은 무었일까? 그렇다면 어떤 방법으로 사람을 변화시킬 것인가? 사람을 지배하고 있는 합리성과 감성 간 끊임없는 줄다리기(a tug of war)를 활용하라는 것이다. 사람 뇌는 두 가지, 이성과 합리성을 지배하는 좌뇌와 감성을 지배하는 우뇌로 구성돼 있다. 감성 쪽 두뇌가 사람에게 더 강력한 영향력을 행사한다. 따라서 우리가 조직에 변화를 이끌어내려면 "두 가지 두뇌 특성을 잘 활용할 필요가 있다"고 말한다.

이성적 측면을 위해 명확하게 방향을 제시하고 감성적 측면이 동기를 부여받도록 변화 에너지를 주입하라는 것이다. 동기 부여가 잘 됐을 때 사람들은 변화에 대한 필요성을 인식하고 나아가 변화가 일어날 수 있다는 희망을 갖게 된다는 분석이다. 삼성의 신화를 일으킨 이건희 회장도 이 원리를 잘 활용한 결과라고 설명했다.

1993년 이건희 회장은 "마누라와 자식만 빼고 모두 다 바꿔라"라는 강렬한 메시지를 던졌다. 열악한 브랜드 파워, 형편없는 품질로는 세계 최정상 기업을 만들 수 없다고 판단했기 때문이다. 이어 한 인식과정이 경영진의 마인드를 바꾸는, 감성을 자극해 변화를 위한 동기를 부여한다는 것이다. 전 세계를 오가며 2개월 넘게 계열사 사장단 850명 모두를 일일이 만났다. 직접 제품을 망치로 깨부수며 제품이 얼마나 형편없는지를 눈으로 확인하도록 했다. 고위 간부들을 외국으로 보내 3개월간 현지 문화를 체험하고 돌아오도록 했다. 이 회장은 두 가지 전략을 사용했다. 명확한 목적지를 제시해 이성을 자극했다. 동시에 감성을 자극해 행동에 변화를 이끌어냈던 것이다.

(2) 변화를 이끌 3대 골격을 짜라

조직을 변화시키려면 방향(direction), 동기 부여(motivation), 로드맵(mapping) 등 3가지 기본 골격이 필요한 것이다.

첫 번째, 코끼리를 끌고 가는 기수에게 방향을 제시하는 일이다(Direct th Rider).
두 번째, 코끼리가 변하도록 동기를 부여하는 일이다(Motivate the elephant).
세 번째, 변화 로드맵, 즉 지도를 구체화하는 일이다(Shape the path).

사람들을 변화하게 만들려면 가장 먼저 명확한 방향을 제시해야 한다. 명확성이 부족할 때 직원 저항이 뒤따른다는 것을 인솔 또는 지휘자는 알아야한다. 기수가 덩치 큰 코끼리를 장시간 힘으로 끌고 갈 수 있을까? 그럴 수 없다. 기수는 코끼리가 움직일 수 있도록 동기 부여를 해야 한다. 마지막으로 변화를 자극할 구체적인 지도가 있어야 한다. 그 지도는 사람들이 변화에 적응할 수 있도록 환경을 설계해주는 것을 말한다.

(3) 변화 필요성을 보고 느끼도록 만들어라

어떻게 변화시킬 것인가? 조직 내에 변화를 끌어내려면 첫 번째로 변화 필요성을 전 직원들이 체감할 수 있도록 해야 하는 것이 필수적이다. 많은 기업들은 보통 변화를 위해 분석을 시도한다. 하지만 이 같은 방식으론 변화를 끌어낼 수 없다. 변화란 변화에 대한 필요성을 사람들이 스스로 느끼고 경험함으로써 나타나기 때문이다.

원가절감 경쟁력제고의 고민 끝에 구매 관행을 바꾸면 얼마만큼 예산이 줄게 되는지를 엑셀에 정리해서 분석해 제시하는 방법 대신에 다른 방법을 선택했다. 전 계열사에서 공급하는 장갑 종류를 모두 모아보았다. 무려 424종류에 달했다. 가격도 천차만별이었다. 장갑(가격 부착)을 중역실 회의 테이블에 산더미처럼 쌓도록 했다. 그리고 전 계열사 직원들이 수많은 장갑을 보고 스스로 구매 관행을 직접 보고 느끼도록 했다. 결과는 대성공이었다. 스스로 "우리가 미친 짓을 했네."라는 반응이 튀어나왔다. 이로 인해 이 회사 구매 관행은 하루아침에 바뀌게 됐고 통합 구매로 비용을 줄이고 경쟁력을 강화는 계기가 마련되었다.

(4) 사람이 아닌 환경을 바꿔라

사람을 변화시키기란 쉬운 일이 아니다. 그러면 어떻게 사람이 변하도록 할 것인가. 사람들은 변화에 저항하기 때문에 사람을 탓하기보다 환경이나 상황을 바꿔 사람들이 따라오도록 해야 하는 것이 효과적이다.

아만다 터커라는 사장이 있다. 그는 직원들에게 커뮤니케이션에 대한 불평을 크게 받고 있었다. 수시로 사무실을 비우고 보고를 받으면서 이메일을 체크하고 휴대폰 통화를 하는 등 동시에 수많은 일을 열심히 하였다. 그러나 반응은 좋지 아니하였다.

터커는 본인 업무환경을 바꿔보았다. 자기 조작(self-manipulation)을 한 것이다. 모든 보고는 오후에 시간을 정하여 받고 이때는 보고받는 데만 집중하기로 했다. 주의가 산만해지는 것을 막기 위해서였다. 그에 대한 커뮤니케이션 점수는 순식간에 올라갔다.

이 같은 문제는 터커에게만 국한된 문제가 아니다. 사람을 바꾸는 것보다 환경을 바꾸면 변화를 이끌어내기가 쉬워진다. 세상에 많은 것들은 상황에 지배를 받는다. 따라서 환경과 상황을 설계하는 리더십을 발휘해야 한다는 것이다.

1-2. 행동유발의 감성과 환경조성

❶ 지나친 자제력을 요구하지 마라

조직을 변화 시키려면 자기 통제력(self-control)이 필요하다. 자제력이란 소모성 자원이기 때문이다. 여기서 말하는 자제력이란 어떤 유혹을 참는 의지력은 물론 훨씬 더 넓은 의미의 '자기 감독(self-supervision)'을 일컫는다. 한마디로 자기 행동을 의도적으로 통제하기 위해 행동을 관리하는 것을 말한다.

문제는 자제력이 소모성이기 때문에 감독받는 듯한 행동 방식은 사람을 지치게 한다는 것이다. 따라서 회사가 직원들에게 자동화된 행동 방식을 조정하고 통제하려고 할수록 직원들은 지치게 된다. 이로 인해 회사는 원하는 변화를 끌어내기 힘들어지게 됨을 유의하여야 한다.

사람들이 지칠 정도로 과다한 변화를 요구해서는 역효과를 가져올 우려가 있다. 하나씩 변화 과제를 선택해서 단계적인 변화를 시도하는 것이 효과적이다. 회사에서 이뤄지고 있는 모든 일상적인 업무 전체를 동시에 변화시키려고 해서는 무리를 가져온다.

히스 형제는 "사람들이 자제력을 지나치게 소모하면 창의적인 사고와 집중력이 약해질 수 밖에 없다. 목표로 하는 변화에 집중할 수 있을 정도로만 자제력을 요구하는 것이 효과성이 높다. 또한 PDCA사이클 운용 체력을 강화시키고 애널리틱스 또는 빅데이타를 활용 구체적인 계획을 입안 실천함이 실효성을 높이는 길이라 하겠다."

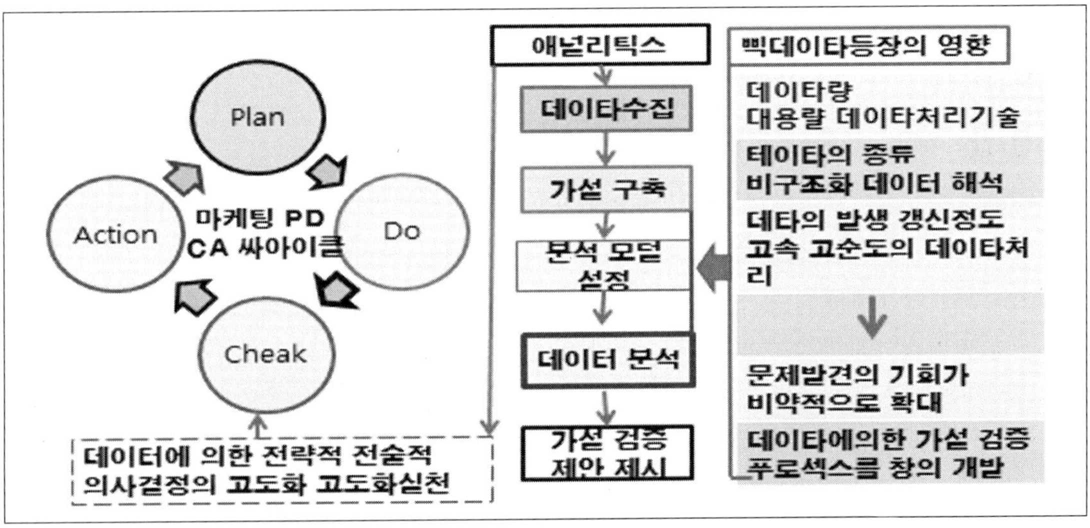

| 그림 10-1 | **마케팅 PDCA사이클 운용과 애널리틱스 모형**

❷ 행동 유발 방아쇠를 만들어라

사람들이 변화하도록 하는 데는 동기부여(motivation)가 중요하다. 동기부여는 행동을 유발하는 방아쇠(action trigger)와 같은 자극제 구실을 한다. 히스 형제는 "행동자극제는 사람들이 어떤 계획을 실행에 옮기도록 만드는 결심을 이끌어낸다"며 "행동유발 방아쇠는 사람들 행동을 변화시키는 가장 효과적인 방법"이라고 소개했다.

행동유발 방아쇠 위력을 보자. 심리학자 셰이나 오르벨(Sheina Orbell)과 파셜 시런(Paschal Sheeran)이 엉덩이와 무릎관절 수술을 한 68세 이상 환자를 두 그룹으로 나눠 실험을 했다. 한 그룹에는 매일 아침 회복 운동을 할 수 있는 방법을 알려준 뒤 '운동 계획서'를 만들어 동기 유발을 시켰다. 다른 그룹은 스스로 회복운동을 하라고 했다. 결과는 크게 달랐다. 동기 부여를 받은 그룹은 3.5주 만에 완전히 회복된 반면 다른 그룹은 7.7주나 걸렸다. 이처럼 '동기 유발 방아쇠'는 행동을 유발시키는 힘을 가지고 있다.

❸ '성장 마인드셋'을 만들어라

기업을 성장으로 이끄는 데는 여러 가지 난관을 접하게 되며 이 난관을 극복하지 않고 변화에 성공할 수 없다. 변화를 주도할 때는 어려운 문제들을 예상해야 하지만 난관 자체에 사로잡히면 안 된다. 난관에 수없이 부딪쳐 이를 극복해내는 훈련이 필요하다.

성장 마인드셋(growth mindset)가 중요하다. '성장 마인드셋'이란 사람들은 끊임없는 실행(practice)을 통해 성장한다고 믿는 자세를 말한다. 사람이든 사회든 능력은 더 개발할 수 있다고 믿을 때 더 큰 성장을 하게 된다. 매일 목표를 향해 지속적으로 실행한다면 변화와 성공은 어느새 가까이에 있게 된다.

❹ 문제점 해결 자체에 몰입하지 마라

사람들은 심리적으로 부정적인 반응에 몰입하는 경향이 있다. 기업 문화에 있어서도 마찬가지다. 우리가 변화를 원할 때 우리는 우리가 갖고 있는 문제점을 찾아내는 데 집착하기 쉽다. 그런 다음 문제점에 대한 해결책을 찾아내기 위해 노력한다. 변화를 추구할 때 제대로 작동하지 않는 것들이 무수히 많다. 따라서 문제 중심으로 해법을 찾는 것은 사태를 오히려 악화시킬 가능성이 높다. 따라서 조직 내에서 일어나고 있는 변화 가운데 '밝은 부분(bright spots)'을 찾아내 이를 확산시키는 게 중요하다.

변화의 여정을 발전시키려면 초기에 성공한 것들을 찾아내 희망을 자극해야 한다 변화를 이루는 데 있어 희망이 매우 중요한 역할을 하기 때문에 변화가 일어나는 부분에 초점을 맞춰 조직 전체를 움직일 수 있도록 해야 한다는 지적이다.

1-3. 기업은 인재관리 육성 성공전략을 세워라!

❶ 인재 起用 전략 7가지 실천

행동적 실천은 백 마디 말이 아니라 몸소 實踐함으로서 自身의 指導原則을 직원들이 自然스럽게 體質化 시킬수 있다. 최근 많은 기업들이 인제육성을 경영의 기본원칙이자 최우선과제로 삼고 있는 가운데, 대한상공회의소는 기업의 성공적인 인제육성전략을 다음과 같이 소개 제시하고 있다.

- 企業人才 育成戰略 7가지은 다음과 같다.
  ① 뚜렷한 目標를 共有하라
  ② 實力爲主의 人才를 登用하라
  ③ 學習效果(leaming by doing)를 通해 實力을 키워라
  ④ 持續的인 內部 競爭을 誘導하라
  ⑤ 組織內 원활(圓滑)한 커뮤니케이션(communication)을 維持하라
  ⑥ 멀티플레이어를 養成하라
  ⑦ 리더의 重要性을 認識하라

❶ 뚜렷한 目標를 共有하라

코엘류 대표팀은 뚜렷한 목표 없었다. 이미 4강까지 올라, 4강팀 보다 더 나아간 목표를 세울 수도 16강 목표를 되풀이할 수도 없었다. 반면 히딩크 대표팀에게는 '월드컵 16강' 달성이라는 뚜렷한 목표가 있었다. 현재의 역량 보다 높은 목표치가 설정되어 선수들의 잠재역양을 끌어 올렸다.

기업도 전 직원이 공유하는 목표가 있어야만, 동기부여가 가능하고 목표 달성을 위한 적극적인 노력과 협력을 이끌어낼 수 있으며 그 과정에서 개개인의 인적자본 축적이 이루어질 수 있다.

삼성은 '세계 1등 삼품 확대'라는 목표를 가지고 있다. 삼성이 세계 시장 점유율 1위를 기록하고 있는 제품은 모니터, 전자렌지, DRAM(Dynamic Random Access Memory), SPAM(Static Random Access Memory) 등이며, 그 수가 2000년 13개, 2001년 17개, 2002년 19개로 계속 증가하고 있다. 삼성은 기존 1등 제품의 점유율을 높이고, 1등 제품의 수 또한 2005년 30개를 목표로 하는 등 세계 최고의 제품과 서비스를 강조하고 있다.

❷ 實力爲主의 人才를 登用하라

히딩크는 선수선발에 대한 전권을 위임받은 후 연고나 파벌 등에 휘들이지 않고 실력위주로 선수를 선발하였다. 반면 코엘류는 월드컵 4강이라는 선수들 명성에 너무안주한 감이 있다. 코엘류도 독일 월드컵에 대비해 26세 이상의 선수는 몇 명만 활용하려 했지만 평가전에서 기대이하의 성적이 나오는 바람에 신인발굴에 한계가 있었다.

이는 리더로서 반듯이 갖추어야 할 장기비전과 소신이 부재했던 결과로 볼 수 있다. 기업도 실력위주의 인재 등용이 필요하며 요즘에는 최고경영자(CEO)까지 인재발굴을 위해 적극적으로 나서고 있다. 최근 안철수연구소는 글로벌 수준의 소프트웨어 인력을 확보하기 위해 채용공고를 내기도 하였다. 이제 벤처기업도 국내외를 가리지 않고 핵심인재를 유치하기 위해 과감히 나서고 있다.

❸ 학습효과(learning by doing)를 통해 실력을 키워라

히딩크는 부임이후 1년6개월 동안 32차례의 A매치 경기를 가졌다. 이중 유럽팀과 11차례의 경기를 갖는 등 주로 전통적인 축구강국들과 경기를 했다. 히딩크는 결과보다 선수들의 약점을 보완하고 자신감을 키울 수 있는 기회로 평가전을 활용했다. 반면 코엘류는 1년2개월 동안 18차례 경기의 A매치밖에 치르지 못하였으며 상대도 약체팀이 많아 경기를 통해 배울 수 있는 기회가 적었다.

우리기업도 장차사업을 책임질 핵심인재에게 다양한 기회를 지속적으로 제공하여 향후 더 큰 과제를 수행할 수 있도록 도와주어야 할 것이다. KT는 원주 연수원을 경영연수원으로 특화하여 리더십 교육을 실시하고 있다. 이외에도 국내기업들은 신규 프로젝트 수행이나 사내 벤처 등을 통해 실천경험을 쌓게 해주고 있다.

❹ 지속적인(持續的)인 내부경쟁(內部競爭)을 유도(誘導)하라

코엘류는 히딩크와 달이 매경기 선수기용에 변화가 거의 없었다. 안정환 박지성 등 기존 해외파에 의존하면서 선수간 경쟁을 유도하지 못하였다. 코엘류는 퇴임 회견에서 선수들과 연습시간이 72시간에 불과하였다고 하소연 한 것은 주변여건의 지원이 충분하지 못하다는 지적이기도 하지만 동시에 코엘류가 얼마나 해외파에 비중을 높게 생각했는지 단적으로 의미 하는 것이다.

반면 히딩크는 포지션별로 2~3인을 선발해놓고 경쟁을 계속유도 했다. 히딩크는 최종 엔트리 23명을 월드컵 한달 전에야 확정하였던 것이다. 기업도 직원간 부서간 경쟁을 자연스럽게 유도함으로서 인재육성 정책으로 활용함이 바람직하다. 최근에는 그룹내 계열사간 첨단제품 개발을 위한 치열한 경쟁이 전개되기도 한다.

❺ 조직내(組織內) 원활(圓滑)한 커뮤니케이션(communication)을 維持하라

히딩크, 코엘류 모두 외국인 감독이지만 코칭스태프 선수들과의 커뮤니케이션은 차이가 많았다. 코엘류는 편안한 인상이지만 카리스마가 부족해 효과적인 대인관계를 풀어가지 못했다. 적극성이 부족한 탓도 있었다. 반면 히딩크는 언어가 통하지 않는 단점을 선수들과 함께 몸을 부딪치면서 극복했다. 적극적으로 언어장벽을 넘어서고 의사소통 채널을 구축한 것이다.

기업도 경영 전략이나 핵심 비전을 구성원 간 원활한 의사소통으로 공유해야 한다. 임직원이 자유롭게 의사를 표현하고 토론하는 문화가 필요하다. 최근에는 홈페이지나 사내 인트라넷 등을 통해 대표이사가 직원들을 독려하거나 경영에 대한 정보를 제공하고 있기도 한다.

❻ 멀티플레이어를 양성(養成)하라

히딩크는 한 선수가 두 가지 이상의 포지션을 소화해낼 것을 강조했다. 멀티플레이어로 거듭남으로써 포지션 확보를 위한 선의의 경쟁이 치열했고, 경기 흐름 전반을 읽어내는 능력이 길러져 '생각하는 축구'가 가능했다. 반면 코엘류는 선수들에게 다양한 포지션을 경험하게 하는 시도가 별로 보이지 않았다.

기업 CEO의 경우 경영 전반에 대한 폭 넓은 시야 확보라는 점에서 볼 때 그 중요성이 매우 크다. LG의 경우 임원을 위한 10개 교육과정을 운영하고 있으며, 현대자동차도 디지털 시대 경영자 역량 강화와 신규사업 구상 등의 CEO 양성 과정을 실시하고 있다.

물론 사업장에서도 멀티플레이어의 역할이 중요하다. 일본이 경제적 전성기를 구가했던 배경에는 생산현장에서 다양한 업무를 소화하는 소위 '일본식 생산방식'이 있었다. 도요타 자동차의 고생산성과 고품질도 바로 이런 배경에서 이해될 수 있다.

❼ 리더의 중요성(重要性)을 인식(認識)하라

코엘류는 코칭스태프와의 불화를 극복하지 못해 리더십 발휘에 한계가 있었다. 또 경기 부진을 선수들에게 전가하는 경우도 있어, 선수들의 신뢰 확보에도 어려움이 있었다. 반면 히딩크는 특유의 카리스마와 친화력을 바탕으로 코치, 선수들과 우호적인 관계를 유지했다.

유능한 리더가 있을 때 기업의 인재육성이 보다 효과적으로 이루어질 수 있음은 너무도 자명하다. 리더는 외부에서 데려올 수도 있지만, 중장기적인 안목으로 기업 내에서 육성될 수 있도록 하는 것도 중요하다. 작년 대한상의는 모든 기업에 통용되는 핵심인재는 거의 없으므로 각 기업의 문화와 조직에 맞는 맞춤형 인재를 자체 발굴하는 프로그램을 가져야 인재 부족에서 벗어날 수 있다는 의견을 제시한 바 있다.

국내 핵심 기업 사이에도 체계적인 인재 프로그램이 점차 확산되고 있다. LG는 연간 30명 내외의 핵심 인재를 선발하여 해외 경영학학사(MBA) 취득을 지원하고 있으며, 국내에서도 150명 내외의 LG MBA를 배출하고 있다. 포스코는 연간 100명 내외를 차세대 핵심인재를 선발하여 유학제도를 실시하고 있으며, 대졸 직무자의 50% 이상을 석사 이상으로 양성할 계획이다. SK텔레콤도 해외 MBA과정에 연간 30~40명을 파견하고 있다.

대한상의 관계자는 "경영이란 정원의 꽃을 키우는 것처럼 인재를 키우는 것"이라는 잭 웰치 GE 전 회장의 말을 인용함과 동시에, "히딩크의 성공과 코엘류의 실패를 통해 가용 인력의 효과적인 육성 및 활용이야말로 경영성과와 곧바로 직결되는 중요한 요소임을 기업들이 깨달아야 한다."고 덧붙였다.

1-4. 실효성 있는 바람직한 5대 실천방안

인재육성 전략이 아무리 좋아도 실천에 옮길 수 없다면 하등에 소용이 없는 공수표이다. 그러므로 실천 가능하고 바람직한 실천 방안은 무엇인가? 여기 5대 실천 방안을 제시한다.

❶ 바람직한 5대 실천방안

① 목표를 갖고 소신을 가져라.
② 체력과 실력이 말한다.
③ 적을 알고 나를 알아라.
④ 한 스타에 의존하지 말라.
⑤ 과감히 선수를 교체하라.

◈ 바람직한 5대 실천방안

① 목표를 갖고 소신을 가져라.
작은 승패나 여건 변화에 개의치 말고 필요발굴과 목표에 충실하라. 그러면 소신이 성취된다. 목표는 소신에서 가져온다.

② 체력과 실력이 말한다.
투자의 기본도 기업의 실적이며 소신이 있을 때 결국 수익을 낸다. 기본에 충실하고 기초적 체력과 실력이 있을 때 시장 초과 수익을 내는 지름길이다(대신증권 함성식 연구원).

③ 적을 알고 나를 알아라.
기업은 경쟁 상대의 엄청난 정보와 과학적인 분석이 시장 흐름의 동향을 면밀히 파악해야 실패하지 아니한다. 선호 품종의 패턴등을 꿰뚫어야 성공할 수 있다(현대증권 오현석 수석 연구원).

④ 한 스타에 의존하지 말라.
기존 스타의 중시보다 자질이 보이는 무명 선수를 기용하여 다양한 포지션을 소화할 수 있는 멀티플레이어처럼 업종별, 규모별, 경기싸이클별로 다양한 포트폴리오를 짜두는 게 기본이다(메리츠증권 조익재 투자전략 팀장).

⑤ 과감히 선수를 교체하라.
히딩크의 전략처럼 공격과 수비 전술을 유연하게 구사할 수 있어야 한다. 무작정 뛰는 과거 한국식 축구에서에서 체력 전술로 창의성을 중시하는 시스템으로 구축했다. 어떤 세계적 강팀이나 악재와도 맞서 싸울 자신감을 갖게 한 것이 히딩크의 투자학의 요체다(삼성증권 김지영 투자전략 팀장).

❷ 히딩크 성공 10계명과 인간관계 10가지

슬자의 우월성은 실패를 자초(自招)한다 기본에 충실한 것만이 별변의 정도를 걷게 된다. 목표가 있는 곳에 소신이 있고 자신감을 불러온다. 그는 곧 성공으로 이어지는 것이다. 이 세상에는 독불장군 없다. 성공하려면 여러 사람의 협력이 필요하다. 협력에는 인간관계가 뒤따라야 한다.

◈ 성공 10계명(成功拾誡命)과 인간관계 10가지

① 원칙에 충실하라. (기본에 충실하라.)
② 반드시 해야 할 것을 목표로 잡아라. (목표와 소신을 가져라.)
③ 실패를 두려워하지 말라. (멀티플레이어를 키워라.)
④ 수평적 인간관계를 만들어라. (중·장기 투자를 하라.)
⑤ 골고루 칭찬하라. (남의 이야기에 귀 닫아라.)
⑥ 경쟁을 즐겨라. (정보와 분석으로 적을 파악하라.)
⑦ 체력을 강화하라. (한 스타에 의존하지 말라.)
⑧ 정신력을 다져라. (다양한 포메이션을 구축하라.)
⑨ 조직은 대화로 움직인다. (과감히 손절매하라.)
⑩ 지도자는 선수들과 몸으로 부대껴야 한다. (적절히 종목을 교체하라.)

◈ 인간관계 10가지

1. 熱心 ; 형식적으로 대하지 말고 열심히 대하라.
2. 眞心 ; 거짓으로 대하지 말고 진심으로 대하라.
3. 觀心 ; 무관심이 아닌 깊은 관심을 가져라.
4. 善心 ; 악한마 음을 버리고 선한 마음으로 대하라.
5. 愛心 ; 미워하지 말고 사랑하는 마음으로 대하라.
6. 操心 ; 잘못이나 실수 없이 조심하라.
7. 忍心 ; 감정을 억제하며 대하라.
8. 背心 ; 배심은 의리를 배반하지 말고 배려하며 대하라.
9. 良心 ; 어진마음으로 대하라.
10. 物心 ; 물심은 과욕을 부른다. 과욕은 실패의 근원이 된다.

❸ 성공 10계명(成功拾誡命)과 인간관계 10가지

(1) 원칙에 충실하라. (기본에 충실하라.)

자신의 원칙을 정한 뒤 그 길이 맞다면 남의 의견에 혹하지 말라. 히딩크 감독은 성적이 좋지 않아 비난이 쏟아질 때도 자신이 정한 원칙을 고집했고, 결국 자신이 옳았음을 증명했다.

1. 熱心 ; 형식적으로 대하지 말고 열심히 대하라.

(2) 반드시 해야 할 것을 목표로 잡아라. (목표와 소신을 가져라.)

'할 수 있는 일'이 아니라 '해야 할 일'을 목표로 세워라. 그리고 실패했다면 최선을 다한데 만족하지 말고 어떤 노력을 기울였고, 무엇이 부족했는지 점검하라.

2. 眞心 ; 거짓으로 대하지 말고 진심으로 대하라.

(3) 실패를 두려워하지 말라. (멀티플레이어를 키워라.)

강팀과 싸워야 강해지는 법. 약팀을 꺾은 성취감보다 강팀에 패배하는 것이 그들의 강점을 빠르게 배우는 길이다. 유럽 강호들에 연신 참패를 당하면서도 계속 평가전을 가졌고, 그 결과 유럽의 힘을 전혀 두려워하지 않는 팀으로 변신시켰다.

3. 觀心 ; 무관심이 아닌 깊은 관심을 가져라.

(4) 수평적 인간관계를 만들어라. (중·장기 투자를 하라.)

선배가 후배에게 일방적으로 지시를 내리는 것은 상호발전을 가로막는다. 경기장 안팎에서 계속 의견을 나눠야 한다. 그 결과 대표팀 막내인 이천수가 최고참 홍명보에게 "명보형, 이쪽으로 패스"라고 외치는 광경을 자연스럽게 볼 수 있게 됐다.

4. 善心 ; 악한 마음을 버리고 선한 마음으로 대하라.

(5) 골고루 칭찬하라. (남의 이야기에 귀 닫아라.)

칭찬을 아끼지 말아야 한다. 선수들은 비난보다 칭찬 속에서 발전한다. 대표팀에서는 현민영, 차두리 등 벤치 멤버가 오히려 가장 많은 칭찬을 듣는다. 심지어 잘못을 지적할 때도 칭찬을 앞세운다.

5. 愛心 ; 미워하지 말고 사랑하는 마음으로 대하라.

(6) 경쟁을 즐겨라. (정보와 분석으로 적을 파악하라.)

경쟁은 발전의 원동력이다. 외부는 물론 동료들과의 경쟁을 피해서는 안된 다. 멀티 플레이를 강조한 것도 선수들이 긴장 속에서 끊임없이 노력하도록 만든 비결 중의 하나다.

6. 操心 ; 잘못이나 실수없이 조심하라

(7) 체력을 강화하라. (한 스타에 의존하지 말라.)

공·수 구분 없이 전후반 90분을 뛰며 상대 선수를 압박할 수 있는 체력이 있어야 한다. 강한 체력만이 경기를 지배한다. 유럽 선수보다 체력이 좋지 않으면 유럽의 벽을 넘을 수 없다.

7. 忍心 ; 어려움을 인내하며 체력강화 상대를 대하라

(8) 정신력을 다져라. (다양한 포메이션을 구축하라.)

한국 축구는 정신력이 남다르다고 자부해 왔다. 그러나 이게 진짜 정신력은 아니다. 어느 팀과의 경기, 어떤 상황에서도 평상심을 잃지 않고 자신의 베스트를 다할 수 있는 것이 진짜 정신력이다.

8. 背心 ; 배심은 의리를 배반하지 말고 배려하며 대하라.

(9) 조직은 대화로 움직인다.

나이 순이나 권위주의에 의해 조직이 움직여선 안 된다. 그는 어린 선수들과 스스럼없이 장난을 치고 격의 없는 토론을 즐긴다.

9. 良心 ; 어진마음으로 대하라.

(10) 지도자는 선수들과 몸으로 부대껴야 한다. (적절히 종목을 교체하라.)

히딩크 감독은 선수들이 골대를 옮길 때 같이 옮긴다. 함께 공을 차고 훈련이 끝나면 공도 함께 치운다. 고참도 감독도 따로 없다. 바로 거기에 탄탄한 조직력의 비결이 있다.

10. 物心 ; 물심은 과욕을 부른다. 과욕은 실패의 근원이 된다.

용어 설명

방향(direction)
동기 부여(motivation)
로드맵(mapping)
자기 조작(self-manipulation)
자기통제력(self-control)
자기 감독(self-supervision)
방아쇠(action trigger)
성장 마인드셋(growth mindset)
밝은 부분(bright spots)

참고 문헌

1. 김종현 「CRM 시장」, 2001 한국정보산업연합회. 김종현
2. 민승기 「CRM 기술 동향」, 2001 한국전자통신연구소. 민승기
3. 파트너기업에 대한 신뢰와 외부협업 활동이 기업 간 지식공유에 미치는 영향 : 전라북도 소재 중소 제조업체를 중심으로1)산업경제연구 제4호 2012년 8월 군산대 경영학부 이국용
4. 창조경제실현을 위한 2013 빅데이터 국내 사례집. 미래창조과학부. 한국정보화진흥원. Big 데이터 분석활용센터
5. 경영패러다임으로 동반성장과 대한민국 기업생태계의 건강성 기업생태계의 오너스화 시대와 대중소기업 동반성장의 필요성 가톨릭대 경영학부 김기찬
6. 模倣者としてのサウスウエスト. イミテーションから始まるイノベーション早稲田大学大学院 商学研究科 泉谷 邦雄 [著] 2012 年2 月1 日
7. 老舗企業の実態調査 - 結果概要報告書 - 平成２７年９月 甲府商工会議所 創業から100年 超える老舗企業の実態, 長期経営の祕訣等を把握する.

요 약

1. 변화의 3대 골격
   Ⓐ 변화 방향(direction); 기수에게 방향을 제시하는 일이다(Direct th Rider).
   Ⓑ 동기부여(motivation); 변하도록 동기를 부여하는 일이다(Motivate the elephant).
   Ⓒ 로드맵(mapping); 지도를 구체화하는 일이다(Shape the path).
2. 사람이 아닌 환경을 바꿔라
   사람을 변화시키기란 쉬운 일이 아니다. 그러면 어떻게 사람이 변하도록 할 것인가? 사람들은 변화에 저항하기 때문에 사람을 탓하기보다 환경이나 상황을 바꿔 사람들이 따라오도록 해야 하는 것이 효과적이다.
3. 조직을 변화 시키려면
   자기 통제력(self-control)이 필요하다. 자제력이란 소모성 자원이기 때문이다. 여기서 말하는 자제력이란 어떤 유혹을 참는 의지력은 물론 훨씬 더 넓은 의미의 '자기 감독(self-supervision)'을 일컫는다. 한마디로 자기 행동을 의도적으로 통제하기 위해 행동을 관리하는 것을 말한다.
4. 행동 유발 방아쇠를 만들어라
   사람들이 변화하도록 하는 데는 동기부여(motivation)가 중요하다. 동기부여는 행동을 유발하는 방아쇠(action trigger)와 같은 자극제 구실을 한다.
5. 성장 마인드셋(growth mindset)가 중요하다.
   '성장 마인드셋'이란 사람들은 끊임없는 실행(practice)을 통해 성장한다고 믿는 자세를 말한다. 사람이든 사회든 능력은 더 개발할 수 있다고 믿을 때 더 큰 성장을 하게 된다. 매일 목표를 향해 지속적으로 실행한다면 변화와 성공은 어느새 가까이에 있게 된다.
6. 변화의 지름길
   문제 중심으로 해법을 찾는 것은 사태를 오히려 악화시킬 가능성이 높다. 따라서 조직 내에서 일어나고 있는 변화 가운데 '밝은 부분(bright spots)'을 찾아내 이를 확산시키는 게 중요하다.

제2절

중소기업의 새로운 사명의식

성공 Point 36

1. 조직의 성장과 생존은 인간의 성장 생존과 비슷하다

기업장수의 비결은 주변세상과 조화를 이루는 생활이다. 그것은 학습과정이다. 기업은 외부 세상에 개방적이 여야하고 무엇이 발생했는지 주의를 기울여야 하고 변화의 의미와 함축성을 숙고하여야 한다. 조직의 성장과 생존은 인간의 성장 생존과 비슷하다 적응이 관건이다. 그것이 학습의 본질이다.

2. 장수기업들의 네 가지 핵심적인 특징은 다음과 같다

(1) 환경에 민감성

(2) 강한 일체성과 응집성

(3) 새로운 아이디어에 대한 관대함

(4) 재정적 보수성

기업이 장수하기 위해서는 단순한 돈 버는 수단이 아니라 사회적 가치적 존재이다. 자본은 더 이상 왕이 아니다. 사람의 기술능력 지식이 중요하다. 성공적인 기업은 효과적으로 학습할 수 있는 기업이다. 학습은 미래의 자본이다. 학습은 끊임없는 변화를 수용할 준비가 되어있음을 의미한다(이리 드 호이스 학습조직의 아버지).

제2절
중소기업의 새로운 사명의식

2-1. 경영자(CEO)의 새로운 사명 의식

❶ 강한 경쟁력을 기본으로 독자적인 포지션

중소기업이 활동하기 쉬운 영역이 존재하고, 그러한 영역에서 활동하는 중소기업은 계속 중소기업인 것에 대한 적극적인 이유가 있다는 가설을 갖고 선행연구의 사업전략에 의한 재정리나 인터뷰 조사를 통해 검증을 시도했습니다. 그리고 본 조사 결과, 중소기업 안에는 반드시 확대를 제일의 목적으로 삼지 않고, 강한 경쟁력을 기본으로 독자적인 포지션을 유지하고 있는 기업이 존재하고 있었다. 사회구조의 변화로 양적 확대가 성과로 이어진다고는 할 수 없는 상황은 향후 더욱 강해질 것으로 생각되므로, 이러한 기업의 기본방향은 새로운 중소기업상으로서 크게 참고가 될 것이다. 여기서, 재차 사업 전략 마다, 각 기업이 중소기업으로 계속 있는 이유를 정리하고자 한다.

❷ 경영자(CEO)의 사명

(1) 경영자의 임무

경영자는 온정과 결단이라는 두 가지 책임이 노여 있다. 결단적 측면에서는 중간리더의 역할이 부진하여 하부직원의 발전에 저해를 준다거나 직원발전에 저해의 요소가 있다면 조직강화를 위하여 결단이 필요하며 능동적으로 업무를 수행자에 대해서는 온정의 배려가 필요하다. 중간 리더급 직원 300명을 내보낸 것은 조직강화의 측면이며 부하 직원을 믿으라는 경영철학과 상충되는 것이 아니다. '사람들에게 따뜻한 마음을'(tender- hearted with people) 이라는 경영철학과도 모순되는 것이 아니다 (그는 당시 임원들과의 미팅에서 "세계 최고 식품회사를 만드는 데 적합한 방식으로 직원들을 이끌지 못한다면 회사를 떠나야 한다."고 선언했다. 그 결과, 350명의 글로벌 리더 중 300명이 조직을 떠나야 했다.)

부하 직원들이 회사를 돌보기를 기대한다면 먼저 리더가 직원들을 돌보고 있다는 것을 보여주어야 한다. 리더에게 따뜻한 마음이 필요하다는 것도 그래서다. 그러나 리더는 동시에 성과에 대해서는 엄격한 마음(tough-minded on the performance)을 가져야 한다. 그래야만 높은 성과를 낼 수 있기 때문이다. 경영자라면 두 가지 마음을 한꺼번에 실천해야 한다.

나는 임원들에게 3년의 시간을 주었다. 리더로서 높은 성과를 보여주기를 기대했다. 그러나 7명 중 6명꼴로 그 같은 기대에 못 미쳤다. 많은 리더들이 캠벨이 선택한 접근법에 불편해 했다. 올바른 리더십을 익히지 못한 리더들은 조직을 떠나야 했다. 일반 직원들도 그 같은 결정이 필요하다는 것을 알고 있었다. 그들은 내가 그처럼 어려운 결정을 할 수 있을지 지켜보고 있었다. 캠벨은 회사를 떠나야 했던 300명의 리더보다 훨씬 더 많은 이해 관계자들에게 봉사해야 했다. 1만9600명의 일반 직원들은 자신들을 제대로 대변해줄 리더가 필요했다.

(2) CEO의 실천 리더십

'시장에서 이기려면 먼저 직장에서 이겨야 한다.' 사람들이 일하고 싶은 직장을 창조해야 한다는 뜻이다. 직원들이 일찍 출근하고 싶어 하고, 주말에도 일하고 싶어 하며, 동료들을 돕고 싶어 하는 문화를 창조한다면 다른 어떤 기업 문화보다도 우월할 것이다. 직원들이 출근하고 싶어 하는 기업과 의무적으로 출근해야만 하는 기업 중 어느 쪽이 시장에서 승리할 것 같은가. 열에 아홉은 전자가 승리할 것이다. 물론 기업에는 좋은 전략도 필요하며 전략을 제대로 실행에 옮기는 것도 중요하다. 그러나 정말로 중요한 차별화 요인은 직원들이 진정으로 업무에 몰두하는 것이다. 기업은 이를 가능하게 하는 리더십 문화를 창조해야 한다.

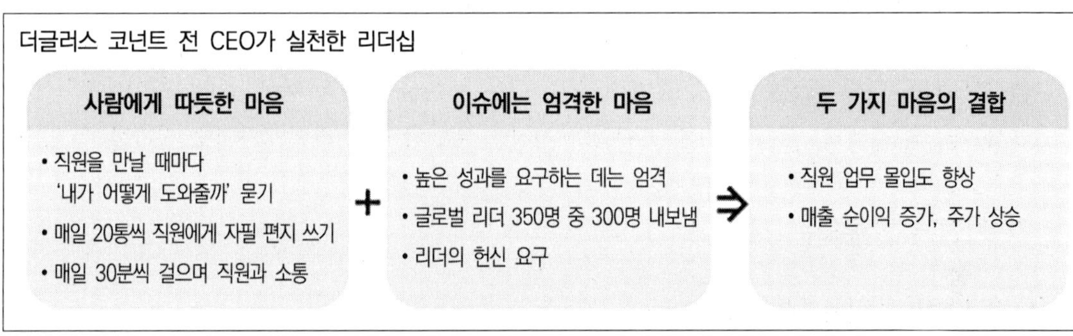

| 그림 10-2 | **CEO 실천 리더십**

(3) 캠벨 수프 컴퍼니(Campbell Soup Company)

계층제(hierachy) 또는 군대형 조직은 앞으로는 통하지 않을 것이라는 점을 말하고 싶다. 직원들의 업무 몰입도를 자발적으로 높이는 데 한계가 있다. 이러한 이중 굿에서 조화를 창출해 내는 것이 경영자의 사명이다. 더글러스 코넌트는 실적 악화로 고통받던 캠벨을 성공적으로 턴어라운드시켰다.

캠벨 수프 컴퍼니(Campbell Soup Company)는 미국의 대표적인 식품기업으로 1869년 설립돼 143년의 역사를 자랑한다. 통조림 수프와 과자, 주스 등을 생산해 120개국에 판매한다. 1962년 팝아트 예술가 엔디 워홀이 캠벨 수프 통을 소재로 작품을 만들기도 했다. 2011

년 8월~2012년 7월 1년간 매출 77억 달러, 영업이익 12억1200만 달러, 순이익 7억7400만 달러를 기록했다.

2011년 캠벨에서 은퇴한 후에는 '코넌트리더십'(http://conantleadership.com)이라는 회사를 설립해 리더십 교육에 힘쓰고 있다. 그의 경영철학이 담긴 '터치포인트'라는 책은 뉴욕타임스 베스트셀러에 올랐다.

2-2. 사업전략의 배후에 있는 것

❶ 사업전략별로 중소기업이 계속 중소기업인 이유

인터뷰 사례 정리'와 같이 사업전략별로 중소기업이 계속 중소기업인 이유를 정리할 수 있다. 그러나 이러한 기업의 중소규모 유지라는 전략은 중소규모인 것이 자사의 최선의 선택인지 아닌지를 숙고하고, 또 외부환경이나 내부환경을 판별해 중소기업임을 긍정적으로 고려한 후에 나온 것이라고 할 수 있다.

거기서, 사업 전략별 분류에 머무르지 않고, 사업 전략을 넘어 각 기업에 공통되는 특징을 추출하는 것과 동시에, 각 기업이 어떠한 시점을 기본으로 중소 규모의 유지라고 하는 선택을 했는지에 대해 고찰해, 기업 전략의 보다 깊은 부분을 분명히 하고 싶다. 우선, 본조사의 대상 기업에 대해서, 많은 기업에 특징적인 사항을 정리하면, 이하의 3가지로 집약할 수 있다.

❷ 각 기업에 공통되는 특징

(1) 영속적인 기업에 대한 의식

사업전략의 차이에 관계없이 많은 사례에서는 영속적인 기업(Going Concern)으로서의 자사를 강하게 의식하고 있어, 전략의 근저로 하고 있음을 알 수 있었다.

예를 들어 무세이 특수강재는 역동 과감하게 기업 장수라는 기업 이념을 내세워 회사의 수명은 영원하면 좋겠다는 것이다. 또한 풋마크에서는 2046년까지의 계획을 정하고 그 계획을 외부용 홍보자료에도 기재하고 있다. 이 외, 아이어에서는, 120년의 역사를 중시하고 있어, 기업을 영속적으로 유지하는 것을 우선 사항으로 하고 있어 또한 사장에 따르면 영속적인 기업이라는 것은 전통을 지키는 것과 동시에 당사에 말차를 제공하는 지역의 말차 농가에 대한 책무라고도 느끼고 있으며 지역을 지탱하는 기업이라는 자각도 강하게 가지고 있다.

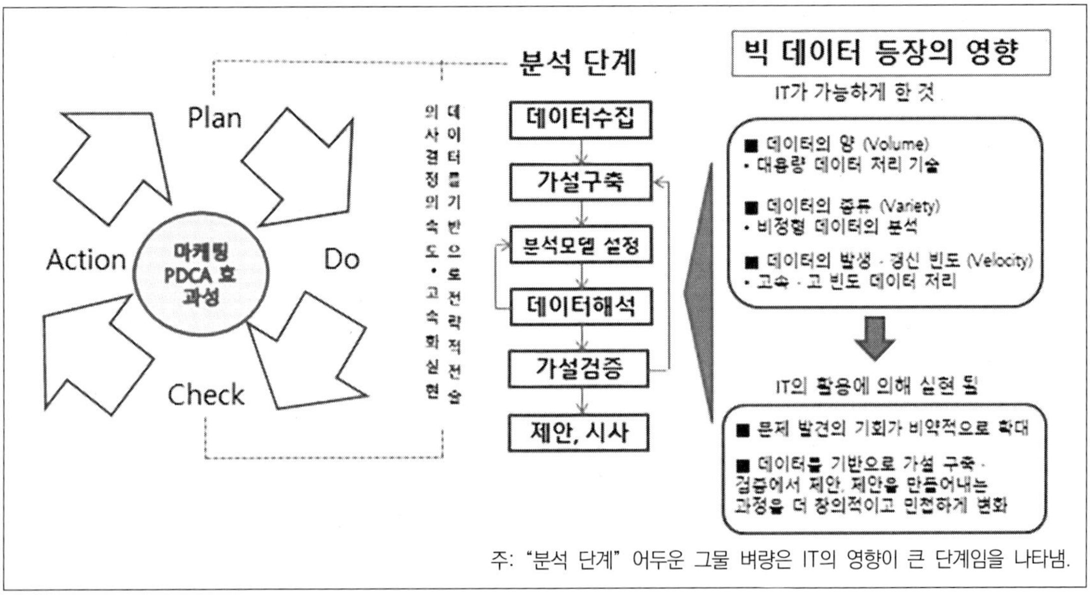

| 그림 10-3 | **PDCA 운영 사이클**

(2) 확대보다 우선하는 사항의 존재

기업은 모두 업계 내에서 강한 경쟁력을 가지고 있어 양적 확대(생산량의 확대, 종업원수의 확대 등)를 첫 번째 목표로 하면, 현재 이상의 규모에 이르는 것도 어렵지 않다고 생각된다. 그렇지만, 어느 기업에 있어도, 단순한 양적 확대보다 우선하는 목표가 있는 것을 알았다.

예를 들어 이비사에서는 질 좋은 핸드백을 만드는 것은 물론 고객과의 관계를 무엇보다 중시한다.이를 통해 열광적인 팬(프리크)이 탄생해 당사를 지탱하고 있다. 당사는 고객이 경영자 및 종업원의 눈에 잘 띄는 범위에 들어가는 것이 중요하기 때문에 규모를 확대한다는 방침은 후순위다.

닌덴야카미하라 유시치는 400년 전통의 기술을 지키고 또한 시대에 맞는 개량을 거듭해 후세에 남기는 것을 중시하고 있다. 당사에서는 세계적인 브랜드 메이커보다 당사의 소재를 구입하고 싶다는 타진이 있었던 것으로도 대표되듯이, 현재보다 많은 수요가 예상되므로 양산 체제를 구축함으로써 규모를 확대한다는 선택사항도 있었을 것으로 생각된다. 그러나 자사의 전통이나 디자인력을 지키기 위해, 이러한 오퍼에 응하지 않고, 독자적인 포지션으로 계속 활동하고 있다.

이외, 종업원에게 눈을 돌리면, 종업원수의 증가보다 생산성의 향상을 중시하고 있는 기업이 있던 것도, 특필해야할 일이라고 말할 수 있다. 예를 들면, 키타하라전목에서는, 종업원수를 확대하는 것은 생각하지 않고, 종업원 한 사람 한 사람의 생산성을 향상시키는 것으로 골태의 체질을 만들어내 효율적인 경영을 실시하는 것을 중시하고 있다. 쿠리야마 쌀과에서는, IT투자에 의한 업무 효율화 등도 있어, 영업 담당 종업원의 반감과 매상증가의 양쪽 모두를 실현하고 있다. 또, 풋마크에 대해도, 종업원수의 확대에 대해서는 의식을 향하지 않지만, 각 종업원의 생산성 향상에 대해서는 철저하게 추구하고 있어 새로운 인재 등용에 의존하지 않고 우선 생산성 향상의 길을 모색하는 이 방침도 시사하는 바가 크다.

(3) 기업 성장과 직원 성장 연결

전술한 바와 같이, 본 조사에서 다룬 기업은 양적 확대를 고려하는 것이 비교적 용이한 기업도 많다. 현재 상황을 상회하는 고객 니즈가 있는 경우에는 중도 채용 등을 통해 체제 강화를 도모해 단번에 업무용량을 확대하는 액션도 가능하지만, 본 조사의 경우 외부 인재 등용에 반드시 적극적인 것은 아닌 기업이 많이 나타나고 있다. 그 배경으로서 현재 재적하는 종업원이 성장해 가는 것이, 기업 자신의 성장에 깊게 연결된다고 하는 생각이 근저에 있는 것처럼 보여 진다.

예를 들어 다이아공업은 중도 채용을 앞두고 프로퍼 직원을 성장시키는 것을 우선으로 하고 있다. 이는 외부에서 우수한 인재를 고용해 합당한 자리에 앉힐 경우 프로퍼 직원의 동기부여가 떨어져 결과적으로 기업 전체의 퍼포먼스가 떨어질 것을 우려한 것이다.

또, 타케오 특수 강재에 대해서는, 「차차세대의 교육」이라고 칭하는 연수 프로그램을 짜, 차세대를 담당하는 중견층이 아니고, 한층 더 그 다음 세대를 담당하는 젊은 층에 중점적으로 교육을 실시해, 종업원과 기업의 성장을 링크 시키고 있다.

쿠리야마 쌀과에 대해도, 종업원 교육을 철저히 해, 어려운 연수를 실시하고 있어. 이것에 의해 종업원이 자기 자신을 되돌아보고 정신적인 성장을 이루어 기업의 변혁·발전에 도움이 되어, 최종적으로는 실적 향상에도 연결되고 있다.

이상, 각 기업에 공통되는 특징을 3가지로 정리했는데, 이것들은 모두 경영자가 자사에 대해서 가지는, 보편적인 신념·생각에 지나지 않는다. 즉, 각 기업이 헌터형이나 서핑형이라고 하는 사업 전략을 내세우는 근저에 있는 의식이라고 말할 수 있을 것이다.

3 중소규모 선택의 중요한 시점

다음으로, 이러한 경영자의 신념이나 생각을 근거로 한 다음, 각 기업이 중소기업으로 계속 유지한다고 하는 선택에 이른 프로세스를 쫓아, 거기로부터 도출되는 중요한 시점을 정리하면, 이하의 3점이 떠올라 왔다.

(1) '중소기업 지속' 의식 공유

경영자의 신념·생각을 토대로 하여 자사가 나아가야 할 방향성을 검토하고, 후술하는 프로세스를 거쳐 중소기업인 것이 최선의 선택이라고 판단했을 경우에는 이것을 경영자만의 의식으로 할 뿐만 아니라, 종업원을 포함한 전사에서 의식을 공유하는 것이 가장 중요한 요소가 된다. 특히, 강한 경쟁력을 가지는 만큼 종업원 사이에도 확대라는 의식이 생겨 전사적인 방향성의 통일감을 유지할 수 없게 될 가능성이 있다. 대기업과 비교하면, 중소기업의 경우는 양이라는 의미에서의 인적 자원이 한정되기 때문에, 종업원이 각각 다른 방향을 향하고 있는 것은 큰 손실이 된다.

예를 들면, 이비사에서는 버블기에 시대의 요청에 의해 양판에 의한 확대 노선을 지향한 종업원이 있어 전략의 통일성을 도모할 수 없는 사태가 발생했다. 하지만 당사는 이 시점에서 궤도를 수정하고 대량생산이 아닌 독자성 높은 제조라는 방침으로 전사적인 벡터를 갖춰 중소기업으로서 더욱 활약하고 있어, 이것은 종업원까지를 포함해 의식을 공유하는 것으로, 생산성의 향상이나 거기에 수반하는 기업의 활력이 만들어지는 예라고 말할 수 있다.

(2) 경영층의 이념·비전까지 전 종업원이 이해하고

다만, 의식을 전사에서 공유하는 것은, 말하기 쉽지만 실행은 어렵다고 말할 수 있습니다. 자사의 실적이나 업황 등을 개방으로 하는 등의 연구를 하고 있는 기업은 적지 않지만, 경영자 혹은 경영층의 이념·비전까지 전 종업원이 이해하고, 각자의 행동에 반영되고 있는 기업은 그리 많지 않을 것이다. 그러나 중소기업으로서 대기업과 호각 또는 대기업을 능가하는 활약을 하고, 또한 영속적인 기업으로 계속 되기 위해서, 전종업원의 의식의 공유는 필요 불가결하다. 경영자에 있어서는 자사를 되돌아보고, 자신의 신념·생각이나, 거기로부터 계속 도출되는 중소기업으로 있는 선택이 전종업원에게 침투하고 있는지 아닌지에 대해서는, 계속적으로 확인할 필요가 있다고 말할 수 있을 것이다. 덧붙여 중소기업이라고 하는 선택을 할 때는, 이하의 프로세스가 필요하다.

2-3. 중소기업 이라는 프로세스

❶ 중소기업 계속 의식의 공유

중소기업으로 계속 유지된다라는 선택에 있어서 가장 중요한 시점을 들었지만, 이 선택을 실시하기 전에, 자사가 중소기업인 것이 최선인지 아닌지를 검토할 필요가 있다. 여기서 도출되는 응답은 (1) 각 기업에 공통되는 특징'으로 든 경영자의 강한 신념·생각에 규정되지만, 그 중에서도 자사가 영속적인 기업으로서 존속하는 것을 전제로 하고 있는지 아닌지와 같은, 기업에 있어서 가장 본질적인 의식에 크게 영향을 받는다.

법규제 등의 시한성이 있는 사업을 실시하는 경우나, 일과성이 높은 사업을 실시하는 경우에는, 단기적으로 취할 수 있는 최대의 수익을 우선하기 위해서 규모의 확대를 제일로 생각하는 것은 의의가 있는 것이며, 영속적인 기업으로서 존속한다고 하는 관점은 불필요할 것이다. 그러나 통상적인 사업을 실시하는 경우에는 규모가 작은 기업이라도 거래처, 금융기관, 종업원, 지역사회 등 다양한 이해 관계자가 지속적으로 사업을 하는 것이 무엇보다도 큰 사명이 된다. 게다가 사업 승계 문제가 표면화되고 있는 요즈음의 사정을 감안하면, 자사의 인재나 기술·서비스력을 후세에 남기는 것을 바라는 중소기업도 많이 존재하는 실정이라고 생각된다. 그 때, 역시 한번 영속적인 기업인 것을 강하게 의식하고, 그것을 위해서 무엇이 필요한가를 재고하는 것은, 향후의 방향성을 결정하는데 있어서의 큰 요소가 될 것이다.

이것에 덧붙여, 중소기업인 것이 최선인지 아닌지의 판단은, 자사의 활동 영역의 시장 규모나 향후 예상되는 시장의 성장성, 시장 구조(대기업 독과점의 시장인가, 제품 차별화나 코스트 우위를 쌓아 올리기 쉬운 시장인가 등)라고 하는 외부 환경, 자사의 현재의 설비나 자금의 상황, 인적 자본의 상황이라는 내부 환경에 의해서도 크게 규정된다. 구리하라나 다이아몬드 공업으로 대표되듯이, 본 조사 대상 기업에서도, 자사가 놓여진 상황을 철저하게 분석한 다음, 채용해야 할 전략을 결정하고 있다. 이것은, 확실히 전략 책정의 프로세스에 다름없다.

❷ 전략적 관점에서 도출된 적극적인 선택

또한 본 조사에서는 대상 기업들이 모두 주식공개를 강하게 원하는 것은 아닌 것으로 나타났다. 그리고 이는 결코 소극적인 선택이 아니라 자사의 전략적 관점에서 도출된 적극적인 선택이었다. 예를 들면, 이와테 아베 제분에서는, 단기적인 성장을 바라지 않고, 장기적인 시선에서의 상품개발 체제를 쌓아 올리기 위해서, 주식공개의 권유를 모두 거절하고 있어. 풋마크에서도 주식공개가 고객의 이익에 반드시 연결되지는 않는다며 주식공개 의향은 갖고 있지 않다. 이와 같이, 강한 경쟁력을 가지면서도 중소기업임을 스스로 선택하고 있는 기업이 존재하는 것은, 많은 중소기업에 있어서 큰 참고가 될 것이다.

단, 한편으로 대기업으로 성장한다는 전략도 존재한다는 점에는 유의할 필요가 있다. 본 조사에서는 굿컴퍼니 대상 수상 기업 중심으로 분석을 진행했지만, 이 상 수상 기업 중에는 교세라로 대표되듯이 중소기업에서 대기업으로 성장하고 성공하는 기업도 존재한다는 점을 잊지 말아야 한다. 대기업이 더 활동하기 쉬울 경우 안이하게 중소기업에 머무르는 것은 성장의 기회를 놓치고 영속적인 기업이기 때문에 잘못된 선택이 될 가능성이 높다.

이것들을 토대로 하여 다시 중소기업인 것이 최선이라고 판단되는 경우에는 자사가 중소기업인 것을 적극적으로 인식하고, 나아가 중소기업이라는 포지션에서 활약하기 위해서 필요한 대응을 검토하고 실행할 필요가 있습니다.

❸ 강력한 경쟁력을 유지하기 위한 노력

전술한 대로, 키타하라 전목이나 구리야마 쌀과, 풋마크에서는, 종업원수의 증가가 아니고, 종업원 한 사람 한 사람의 생산성을 향상시키는 것에 주력 해, 그로 인해 자사의 경쟁력 강화를 도모하고 있다. 또, 카쯔론이나 무생 특수 강재에 대해서는, 종업원의 다능공화를 목표로 하는 것에 적극적으로 임하고 있어 종업원이 여러 가지 업무를 완수함으로써, 동업 타사에는 없는 인재력을 무기로 하고 있다. 또, 다이아몬드 공업에 있어서의 프로퍼 사원의 성장을 우선하는 사례나, 무세이 특수 강재에 있어서의 「차세대의 교육」등, 종업원의 성장과 기업의 성장을 밀접하게 링크 시키는 대처도, 대기업과는 구별한 방법으로 자사의 경쟁력을 높이기 위한 전략이라고 할 수 있을 것이다.

덧붙여 구리야마 쌀과에서는, DPM 시스템이나 ERP 패키지의 도입이라고 하는 IT투자에 의해, 종업원 한 사람 한 사람의 생산성을 향상시키는 것에 성공하고 있다. 이와 같이, 종업원의 업무를 지원해, 보다 효율적인 업무를 가능하게하기 위한 대처도 큰 효과가 있다고 말할 수 있다.

이러한 예는, 확실히 자사가 중소기업으로 계속 유지한다고 하는 스스로의 선택을 적극적으로 파악해 기업 규모라고 하는 골조와는 관계없이 자사의 활동 영역에서 강한 경쟁력을 발휘하기 위한 적극적인 대처라고 말할 수 있다.자사의 방향성에 관한 철저한 분석·숙려 결과, 자사의 포지션을 결정하는 한편 포지티브하게 파악하고 있기 때문에 실행할 수 있는 대응이라고 할 수 있을 것이다.

이상, 각 기업이 계속 중소기업으로 있는 선택에 이른 프로세스를 쫓아, 거기에서 도출되는 중요한 시점을 정리했지만, 많은 중소기업이 향후의 방향성을 검토하는데 있어서, 이 세 가지는 큰 참고가 될 것이다.

❹ 중소기업으로 살아남기 위해

중소기업이 계속 중소기업인 이유를 지금까지의 방법인 시장·업종이라는 축이 아니라, 사업 전략이라는 축에서 재구축해 검토해 왔다. 거기서는, 「중소기업은 약한 존재」라고 하는 종래형의 이미지에 사로잡히지 않고, 중소기업임을 적극적으로 선택해, 독자적인 포지션을 쌓아 올려 강한 경쟁력을 발휘하고 있는 기업의 실태가 부각되었다.

이러한 기업의 「중소기업인 이유」에는, 사업 전략의 배후에 있는 경영자의 신념·생각이나 전사적인 전략이 큰 영향을 주고 있는 것으로 나타났다. 각 기업 모두 경영자의 신념이나 강한 생각이 먼저 존재하고, 거기에서 「중소기업이 자사의 최선의 판단인가 아닌가?」라고 하는 큰 물음에 대해서 외부 환경·내부 환경 등을 분석해, 최종적으로 중소기업으로 계속 된다고 선택한 경우에는, 그것을 지지하는 대응이나, 전사를 통한 의식의 공유를 적극적으로, 적극적으로 도모하고 있었다. 그리고 그 최종적인 귀결이 본 조사에서 든 헌터형이나 서핑형이라고 하는 사업 전략이다. 즉, 사업 전략은, 기업의 근저에 있는 생각·신념이나 전사적인 전략이 첨예화한 것이라고 할 수 있어.

많은 중소기업에 있어서 향후 방향에 대해서는 항상 판단해야 하는 문제라고 할 수 있다. 그러한 기업이, 이러한 기업을 참고로 할 때에는, 중소 규모 선택의 중요한 시점 에서 다룬 3개의 시점이 참고가 될 것이다. 특히 중소기업으로 계속 유지한다는 선택을 할 경우, 그 의식을 전사에서 공유하는 것은 강한 경쟁력을 유지하기 위해 필수적인 요소입니다.

향후의 우리 경제에서는, 사업 활동에 있어서의 불확실성은 보다 커지고, 중소기업에 있어서는 규모를 확대하는 것이 반드시 최선의 선택은 아니라는 인식이 중요시 될 것이다. 자사의 규모를 일정하게 유지하고, 자사에서 감당할 수 없는 업무에 관해서는 외부 기업과 협조·제휴함으로써 불확실성이 높은 경제사회를 살아남는 것이 용이해지는 케이스도 많이 존재해, 향후 이러한 경향이 가속될 가능성도 충분히 있을 수 있다.오해를 두려워하지 않고 말하면 기업 규모를 줄임으로써 더 강한 경쟁력을 발휘하고 영속적인 기업이 될 수 있는 기업도 있을 것이다.

단, 거듭 말하지만, 본 조사는 대기업으로 성장하는 것을 부정하는 것은 아니다. 그러나 중소기업에 있어서는 대기업으로의 성장이라는 길 외에, 적극적으로 중소기업으로 계속 있는 길이라고 하는 선택사항도 확실히 존재한다. 그것은 본 조사 대상 기업이 실행하고 있는 중이다.

지난해 금융위기로 인한 경제축소에서도 보듯 향후 경제의 불확실성은 더욱 커질 것으로 예상된다. 또, 우리나라에서는 저출산의 진전에 의한 시장의 축소나, 글로벌화에 의한 세계 규모의 경쟁 등, 중소기업을 둘러싼 환경은 크게 변화하고 있어, 활약의 기회가 생기는 한편으로 어려운 상황에 빠질 가능성도 커질 것이다. 본 조사에서의 대상 기업의 대응, 혹은 거기에서 도출되는 시점이다.

2-4. 지도자의 조건

❶ 관리자에게 필요한 리더십

(1) 리더십의 본질

리더십이란 지도력, 통솔력이며, 부하를 움직여 조직으로 일을 해 나가는 관리자에게 이런 리더십이 요구되는 것은, 재차 말할 것도 없습니다. 그럼 내가 과장님이나 대리가 되면 그날부터 그에 걸맞은 리더십이 몸에 붙을 것이냐를 따지러 가는 것이 아닙니다. 확실히, 사람에 따라서는 과장이거나 대리가 되고 나서, 몰라보게 그 사람 나름의 스케일을 크게 해, 주위의 기대에 응할 수 있는 「그 지도력, 통솔력」을 발휘해 내는 사람이 많이 있습니다.

그러나 그 한편으로, 어느 직무에 대해서도 여전히 그 본인이 자신의 입장에서 거기에 요구되고 있는 역할 기능을 충분히 이해하지 못하고, 적확한 지도력, 통솔력을 발휘할 수 없다고 하는 사람도 있습니다.

◈ 이 차이는 대체 왜 일어나는 거죠?
거기서 리더십에 대해서 생각하는데 있어서, 그것이 능력으로서 훈련해 단련하면 몸에 붙이는 것인가, 혹은 특정의 사람이 태어나면서 가진 자질과 같은 것인지, 그 본질에서 살펴갑시다.

(2) 리더 특성론

이전에는, 그렇다고 해도 꽤 옛날에는, 이 리더십(지도력, 통솔력)은 교육이나 훈련으로 몸에 익히는 것이 아니고, 어느 한정된 인간이 타고난 천성으로 부터의 자질이라고 하는 것으로 인식되어 왔습니다. 소위 리더십 특성론이라는게 여기에 해당됩니다.

이것은 비유하자면, 아이들의 세계에서 보이는 산의 대장, 가키 대장이라고 하는 용모와 닮았습니다. 확실히 아이들의 세계에서는, 누가 결정하는 것도 아니고, 자연 발생적으로 동료를 정리해 끌어(친해) 가는 보스적인 존재가 생겨납니다. 즉, 이와 비슷한 시기에 태어난 사람을 모아 진다고 하는 타입의 사람이 있기 때문에, 이러한 사람을 리더에 두는 것이 상책이라고 하는 것이, 리더쉽 자질론을 파악하는 방법입니다.

(3) 리더는 육성이 가능하도록 하는 기능론

앞서 나온 자질론의 사고방식에도 일리는 있지만 사실적이지 않아요. 아이의 세계라면 몰라도, 비즈니스의, 그것도 복잡하게 이해가 걸린 어른의 세계에서, 집단을 정리해 지도해 나간다면 그것은 단순히 가지 않는 것입니다.

또 만약 이 설을 듣게 되면, 그러한 자질을 타고난 인간이 없으면, 그야말로 나폴레옹이나 잔 다르크와 같은 인간이 나타나는 것을, 단지 손을 놓고 기다리는 것 외에 다른 손이 없다는 것이 되어 버립니다.

거기서 현재는, 이 리더십 이론은 치울 수 있고, 리더와는 육성 가능한 것, 리더십은 그 본인의 자각만 있으면 교육이나 훈련으로 몸에 익힐 수 있는 것, 이라고 하는 기능론이 지극히 보통의 생각이 되고 있습니다. 기능이란, 일하는 것이니까, 말해 보면, 리더가 되면 리더로서 어울리는 기능을 해 주면 좋다고 하는 것입니다.

관리자에게 요구되는 역할 기능에 대해서는 전항에서 고찰해 왔으므로, 이하 여기에서는 리더십을 발휘하는데 있어서 어떤 것이 필요한지 시점을 바꾸어 보겠습니다.

❷ 리더십 발휘하는데 불가결한 요건

리더쉽(지도력, 통솔력)에 대해서는, 방금 전의 자질론을 시작해 지금까지 여러 가지 사람이 여러 가지로 정의해 오고 있습니다. 덧붙여 "리더십의 정의는 정의하는 사람의 수만 있다"라고 말할 수 있을 정도로 그 연구 분야도 사회과학, 정치학, 종교학, 사회학, 교육학, 사회심리학, 문화인류학, 생태학, 경영학등과 광범위하게 퍼지고 있습니다. 그 중에서도 가장 간결하고, 기업의 관리자에게 적합하다고 말할 수 있는 제임스 크리빈(센트존스 대학 경영학부 교수)의 정의는 다음과 같습니다.

리더십이란, "공통의 목적에 향해서, 조직이 필요로 하고 있는 이상, 다수의 의견의 일치(consensus)와 의지의 서약(commitment)을, 부하로부터 얻을 수 있는 능력과 동시에 부하등에 참가한 충실감과 만족감을 주면서, 그 목적을 달성하는 능력을 겸비한 것"이라고 정의하고 있습니다.

다시 말해, 리더란, 모두의 마음을 어떤 목표를 향해 하나로 묶어, 그 힘을 결집해 일을 완수해 멤버 전원에게 달성감의 기쁨을 느끼게 해 주는, 그것이 진정한 리더의 역할이며, 리더력을 발휘하는 것입니다.

그럼 이런 리더십을 익히려면 어떤 능력을 길러야 할까?

❸ 리더에 필요한 3개의 스킬

직장의 리더인 관리자에게 필요한 기술로서는, D·카츠가 준 3개의 스킬이 잘 알고 있습니다. 리더에게나 소용되는 각각의 고유의 능력을 올리자 다양하므로 우선 카츠 지적하는 이 가장 기본적인 스킬을 알아 둡시다.

◈ 관리자가 가져야하는 3가지의 스킬
상황인식 능력 (Conceptual Skill)
인간관계 유지능력 (Human Skill)
전문적 지식·기능 (Technical Skill)

조직의 각 계층은 다음의 3개의 스킬, 상황인식 능력, 대인관계 능력, 업무 수행상의 전문지식·기술을 들고 있습니다. 이것에 의하면 계층이 상위에 갈수록 상황인식 능력의 폭이 넓어져 대조적으로 업무에 필요한 전문적 지식·기술의 영역이 좁아져 갑니다. 이것은 입장이 위로 올라갈수록 일상 업무의 테크니컬한 능력보다 조직전체의 입장에서 사물을 판단하고 의사결정하는 능력, 즉 문제발견과 해결능력이 요구되고 있음을 나타내고 있습니다.

또, 대인 관계 능력에 대해서는, 조직으로 일을 해 나가려면, 어느 계층에도 불가결한 능력이라고 하는 것입니다. 그런데 직장의 리더인 관리자는 보면, 점차 일상 업무적인 테크니컬·

스킬보다 조직적인 문제의식과 그 해결 능력의 폭을 넓혀, 그 능력을 연마해 가지 않으면 안 된다고 하는 것이 됩니다.

D·카츠의 이 3개의 스킬은 조직 규모, 업종에 상관없이 들어맞는 것이 정설로 되어 있습니다. 거기서 이 3개의 스킬을 바탕으로, 더 현대의 관리자가 그 리더십을 발휘하는 데 무엇이 요구될지를 아울러 생각하고자 합니다.

2-5. 기대하는 리더십 발휘와 그 능력

❶ 리더십 발휘와 3가지 기능

관리자에게 요구되는 리더십의 발휘란, 물론 그것은 관리자의 기질이나 성격, 혹은 그 날의 기분이나 감정에 좌우된다고 하는 개인적인 것은 아닙니다. 어디까지나, 주위의 상황을 민감하게 읽어내, 집단의 힘을 결집하면서 그 집단이 목표로 하는 목표를 어떻게 달성해 나가는가, 라고 하는 조직 활동을 지지하는 중요한 기능으로서 그 발휘가 기대되고 있습니다.

그래서 조직을 맡는 관리자로서 요구되는 리더십의 발휘에 대해 말하자면 다음과 같이 요약할 수 있습니다.

| 표 10-1 | **기대되는 리더십의 세 가지 기능과 능력 요건**

기능	능력 요건
상황판단 기능 → 외부 지향	요구되는 능력 {문제 발견, 해결력, 선견성, 결단력}
목표달성 기능 → 실적 지향	요구되는 능력 {직무 수행 능력, 전문적 지식·기술}
집단유지기능 → 인간관계 지향	요구되는 능력 {카운슬링 마인드, 커뮤니케이션 스킬}

이상의 내용을 설명하면 다음과 같이 됩니다.

(1) 상황 판단 기능

조직을 맡는 관리자의 의식과 그 눈이 내부 지향으로 자신의 일뿐, 또는 자신의 일에만 사로잡히고 있던 것은, 시시각각 변하는 주위의 상황의 변화에 대해 가지 못하고 남겨져 버립니다. 눈을 밖으로 돌려 예민한 촉각으로 주위의 상황의 변화가 조직에 어떠한 영향을 가져오는지를 항상 생각하는, 그 문제의식이 현대의 관리자에게는 요구되고 있습니다.

(2) 목표 달성 기능

기업 본체가 적자가 되어서는 꼼짝달싹 못해요. 직장 리더인 관리자를 포함해, 팀 멤버 전원이 자신에게 주어진 과제를 완수하는 것으로, 처음으로 조직 전체의 목표 달성이 가능해집니다.

(3) 집단 유지 기능

조직 목표를 달성하기 위해서는, 거기에 있는 부하 1인 히토리이 협력, 협조하는 상태와 분위기가 필요합니다. "집단을 통일하고 유지해 나가는, 그 움직임을 관리자는 잊어서는 안 됩니다." 그리고 일의 면인 목표 달성 기능과 사람의 면인 집단 유지 기능, 이 양면을 균형 있게 컨트롤 해 나가는 능력이 관리 능력이라고 말할 수 있습니다.

❷ 조직의 3요소와 팀 플레이

지금까지 고찰해 온 것처럼, 리더인 관리자란 멤버인 부하 각각의 능력을 최대한으로 끌어내, 그 힘을 결집해, 조직의 목표를 달성해 나가는 것이 최대의 사명이라고 말할 수 있습니다. 관리자만이 뛰어난 능력을 가졌다고 해도, 그것만으로는 조직의 힘은 발휘되지 않습니다. 또, 부하가 각각 비록 높은 능력을 가지고 있었다고 해도, 이것이 뿔뿔이 흩어져 결말이 나지 않는 것은, 팀의 힘은 약해져 버립니다.

이 개인의 힘을 어떻게 조직력으로서 결집해 나갈지가 중요한 포인트가 되고, 거기에 정리 역이라고도 할 수 있는 리더의 존재 의의가 추궁 당하고 있는 것입니다. 잘된 조직의 힘은 1+1=2 아니라, 거기 나오는 값은 3에도 4나 되는 것이라고 합니다.

확실히 두 사람이 있고 두 사람 전의 일만 하고 있다면 진정한 능력이 발휘되고 있다고는 할 수 없습니다. 이들이 힘을 모아 능력을 발휘함으로써 3명분 혹은 4인분의 일을 해낸다는 것이 가능하게 됩니다. 그리고 이에 다른 한 명이 참가하여 3명으로 협력하면, 그 힘은 5명분, 6명분도 될 것입니다.

이것이야말로 조직력, 팀력이라고 할 수 있습니다. 개인의 힘을 조직력으로 결집하기 위해서는, 거기에는 전원이 목표로 하는 공통 목표가 아무래도 필요합니다. 그것과 동시에 거기에 있는 1인 히토리의 소통, 소통 부재는 협력 의식이 안 생기겠어요. 또, 각인 각인이 자신이 완수해야 할 역할을 충분히 마음가짐, 목표 달성에의 의욕적인 역할 행동을 일으키는 것이 요구됩니다. 팀 플레이에 불가결한 이들의 3요소(공통 목표, 커뮤니케이션, 기여 의지)을 항상 염두에 두고, 개개인의 힘을 집단의 힘으로 전환시키는 것, 이것이 직장의 리더인 관리자의 역할이라고 합니다.

용어 설명

영속적인 기업(Going Concern)
DPM 시스템이나 : 데이터 처리기
ERP 패키지의 : 전사적자원관리
의견의 일치(consensus)
의지의 서약(commitment)
사황인식능력(Conceptual Skill)
인간관계 유지능력(Human Skill)
전문적 지식. 기능(Technical Skill)

참고 문헌

1. 우리 경제의 실피줄 소상공인을 살리는 길, 소상공인 정책보고서, 2013년 1월
2. 영세자영업자를 위한 상권정보시스템 운영 경제정책해설, 2005년 12, 중소기업특별위원회 총괄조정팀장 제정 김진형
3. 지식이전을 통한 서비스 기업의 현지화전략에 관한 탐색적 연구, 한국항공경영학회지 제11권 제3호, 조동성·문휘창·이윤철, 2013년 6월
4. 중소제조기업의 첨단기술개발과 혁신에 관한 조사연구, 중소기업기반 정비기구, 2012
5. 중소기업의 혁신창출과 지속적인 경쟁우위 "시내 마사히로 니시오 카 긍정적 편저 니시오 정(2012) 중소기업의 혁신과 신사업 창출" 동우관
6. 신사업에 임하는 중소기업의 경영전략, 일본정책금융공고조사 월보, No.58, 후지타 이치로 (2013)
7. 低成長時代の企業經營. - 長壽企業に學ぶ經營法則 - 2013年 3月, 福井經濟同友會
8. 생존분석을 이용한 중소기업의 장수요인도출과 육성전략에 관한 실증연구, 건국대학교 대학원 벤처전문기술학과, 하태관, 2013년 8월
9. 創業支援첵크리스트 創業計劃의 作成 創業準備效率化. 地域支援機關 サポート事業. 1事業準備確認. 2.數値計劃立案精緻化. 3.創業時販賣促進

요 약

1. 강한 경쟁력을 기본으로 독자 생존력
   확대를 제일의 목적으로 삼지 않고, 강한 경쟁력을 기본으로 독자적인 포지션을 유지하고 있는 기업이 존재하고 있다. 사회구조의 변화로 양적 확대가 성과로 이어진다고는 할 수 없는 상황은 향후 더욱 강해질 것으로 생각되므로, 이러한 기업의 기본방향은 새로운 중소기업상으로서 크게 참고가 될 것이다.
2. 중소기업이 계속 중소기업인 이유
   중소규모 유지라는 전략은 중소규모인 것이 자사의 최선의 선택인지 아닌지를 숙고하고, 또 외부환경이나 내부 환경을 판별해 중소기업임을 긍정적으로 고려한 후에 나온 것이라고 할 수 있다. 사업 전략을 넘어 각 기업에 공통되는 특징을 추출하는 것과 동시에, 각 기업이 어떠한 특징을 보유하고 있는지가 중요하다.
3. 영속적인 기업 의식
   생각이 중요하다. 생각대로 행동하며 행동대로 진화 변화되어 가는 것이다. 사업전략의 차이에 관계없이 많은 기업이 영속적인 (Going Concern)으로서의 자사를 강하게 의식하고 있어, 전략의 근저로 하고 있음을 알 수 있었다. 전통을 지키는 것과 동시에 변화를 추구함이 안적발전이라 하겠다.
4. 기업 성장과 직원 성장
   기업은 양적 확대를 고려하는 것이 비교적 용이한 기업도 많다. 현재 상황을 상회하는 고객 니즈가 있는 경우에는 중도 채용 등을 통해 체제 강화를 도모해 단번에 업무용량을 확대하는 액션도 가능하지만, 외부 인재 등용에 반드시 적극적인 것은 아닌 기업이 많이 있다. 그 배경으로서 현재 재직하고 있는 종업원이 성장해 가는 것이, 기업 성장에 깊게 연결되기 때문이다.
5. 중소기업 의식 공유
   경영자의 신념·생각을 토대로 하여 자사가 나아가야 할 방향성을 검토하고, 프로세스를 거쳐 중소기업인 것이 최선의 선택이라고 판단했을 경우에는 이것을 경영자만의 의식뿐만 아니라, 종업원을 포함한 전사에서 의식을 공유하는 것이 가장 중요한 요소가 된다. 종업원 수를 확대하는 것보다 종업원 한 사람 한 사람의 생산성을 향상시키는 체질을 만들어내 효율적인 경영을 실시하는 것을 중시하고 있다.

제3절

경영자의 경영전략과 경영철학

성공 Point 37

1. 현상보다 본질을 파악하라

이 세상에서 일어나는 일들을 현상과 본질 사이에 큰 격차가 존재하고 있다. 성공하는 인물들은 겉으로 보이는 현상을 통해 본질을 파악하는 동찰력을 갖고 있다. 이렇듯 사물의 본질을 꿰뚫어 보고 사물의 변화를 읽을 수 있는 역량을 갖고 있다.

인성과 보편적인 행동의 특성을 연구하라 주위사람들의 기호와 취미를 파악하라 사람들은 일반적으로 자신이 좋아하는 것에 쉽게 매료되고 찬사를 보내며 싫어하는 일에는 부정적인 반응을 나타낸다. 사물의 변화와 규칙을 연구하라 각 분야별로 내재되어 있는 성공규칙을 파악하면 예지능력에 도움을 준다. 감정보다는 이성적으로 판단하는 습관을 길러라.

2. 유식한 바보가 되지 말라

아는 것이 힘이다. 지식만이 힘의 원천이다. 행동을 통해서만 성과를 얻는다는 사실을 인식하고 산업에서 실익을 추구하여야 한다. 인생의 성공을 좌지우지하는 결정적인 요소는 지식이 아니라 행동이다. 누구든지 처세의 기본원칙과 적극적인 행동력을 갖고 있다면 자신만의 독특한 인생경험을 쌓아가면서 성과물을 만들어 낼 수 있다. 지식을 축척하는 것 보다는 활용하는 방법을 아는 것이 중요하다는 사실의 인식이 필요하다. 적극적으로 행동하며 당신의 지식을 과감하게 활용하라.

제3절
경영자의 경영전략과 경영철학

3-1. 경영자의 리더십과 열정

리더에게는 기업과 이해관계자들에게 가장 도움이 되는 일을 추구하는 대담한 책임의식, 사명을 이어 나가려는 열정, 역량구축을 위한 노력 등이 필요하다. 이런 자질을 모두 갖춘 경영자가 올바른 정책을 시행할 때에 기업은 최고의 성과를 거둘 수 있다. 본 장의 많은 지면을 할애하여 리더들과 뛰어난 기업들이 이런 자질들을 드러내는 방법을 설명해 왔기 때문에 같은 말을 반복하는 대신 좀 더 실용적인 방법들을 제시하겠다.

❶ 용기와 책임의식

(1) 용기 있는 리더십 CEO

이사회는 자질을 갖춘 리더를 선발하고 장기적인 안목으로 실질적인 성과를 중요하게 여겨야하며, 기업의 CEO가 용기있게 리더십을 펼칠 수 있도록 도와주어야 한다. 생소한 방식으로 과감한 결정을 내리고 성과가 느리게 나타나더라도 CEO가 미래를 위해 올바른 일을 할 수 있도록 도와주어야 한다. 새로운 사업모델, 결단력 있는 투자, 탁월한 자원배분 등을 통해 이러한 CEO의 용기가 드러난다.

그러나 용기보다 더욱 중요한 것은 기업에 대한 책임감이다. 특히 CEO는 위험관리를 신중하게 해야 한다. 이를 테면 필요한 분야에 많은 투자를 하더라도 부채는 최소한으로 줄이고 다양한 방법으로 위험이 없는 자금을 조달해야 한다. 사업모델은 전통적인 형태를 벗어날 수 있지만 시장의 요구에 부합할 수 있도록 끊임없이 조정하고 개선해나가야 한다.

책임의식에서 가장 중요한 요소 중 하나는 남의 이야기에 귀를 기울이는 것이다. 장수하는 최고의 기업들에서 살펴볼 수 있는 가장 뛰어난 용기는 잘못을 인정하는 것이다. 기업문화가 잘못을 용인하는 분위기라면 실수를 인정하기가 한결 쉬울 수도 있다. 모든 경영자들이 자신의 실수를 인정할 수 있을 만큼 내면의 강인함을 기를 필요가 있다. 뛰어난 리더들은 오만과 독선에 빠지지도 않을 뿐 아니라 성공을 했다고 해서 흥분하지도 않는다.

(2) 의미 깊은 사명

최고의 리더들은 사회적, 경제적으로 중요한 의미가 있고 시장의 요구에 부합하며 수십 년

동안 이어 갈 수 있는 사명을 중심으로 기업을 운영한다. 이들은 기업의 사명에 절대적으로 공감한다. 사회철학, 윤리적 믿음, 종교적 신념의 결과로 사명을 받아들이는 경우도 있다. 기업의 특별한 역량과 시장의 기회와 더불어 이와 같은 굳건한 신념이 있기 때문에 사명이 탄생한다. 이들의 사명감은 논리나 분석을 넘어서며 핵심역량과 경쟁우위에 대한 논의를 초월한다. 기업의 사명은 감성과 근본적인 가치기준에 호소한다.

(3) 사명은 열정을 탄생시킨다.

조화로운 사회를 위한 홀마크의 노력과 베어링ML 마모를 줄이려는 팀켄의 노력, 대중에게 정보를 알리는 수단이 되고자 하는 〈뉴욕 타임스〉의 헌신적인 자세에서 보는 것처럼 기업의 사명은 위대하다. 또는 더욱 아름다워지고 싶은 여성들의 욕구를 채워주려는 에스티 로더의 헌신, 기본적인 소비재에 가치를 더하고자 하는 S.C. 존슨의 노력과 같이 기업의 사명은 단순하기도 하다. 어떤 쪽이든 사명을 수행하려면 직원들에게 목적의식을 불어넣을 수 있을 만큼 구체성을 띠어야 하고, 시장의 관심을 끌만큼 관련성이 있어야 하며 계속해서 쇄신해 나갈 수 있을 만큼 범위가 넓어야 한다. 수익과 매출목표는 뒷전으로 밀려나거나 전혀 언급되지 않는다.

물론 리더들은 사명뿐 아니라 사명의 수행에 필요한 명확한 정책, 역량, 행동방안 등을 구체화해야 한다. 예를 들어 품질이 뛰어난 제품을 만들고자 하는 팀켄의 사명은 완벽한 제품, 공정, 부품의 기준에서 이와 같은 요소들이 드러난다. 제조기기와 직원교육에 많은 돈을 투자하는 팀켄의 정책은 사명을 뒷받침하며, 베어링 내구성 개선율, 고객충성도, 신규 수요확보 등은 팀켄의 사명을 얼마나 잘 수행하고 있는지 평가하는 척도가 된다.

(4) 특정 분야 역량집중

특정한 분야에 역량을 집중 할 때에만 사명을 달성할 수 있다. 여기서 집중이라는 단어가 의미하는 바는 기업의 사명을 달성하고 시장의 요구를 충족시키는 데 역량을 결집해야 한다는 뜻이다. 이를 위해서는 경쟁업체들 보다 많은 자원을 장기간 투입해야 하며 역량을 향상시키고 활용하는 노력을 기울여야 한다. 우리는 역량구축을 위해 노력한 십여개의 기업에 대해 자세히 설명했다. 미쉐린은 공정과 제품의 연구개발에 경쟁업체들보다 많은 투자를 하였고, 에스티로더는 브랜드구축을 위해 어떤 경쟁업체보다 많은 자원을 투입하였다.

한 분야에 대한 역량집중의 결과로 기업들은 경쟁업체들이 모방하지 못하는 가치를 전한다(적어도 비슷한 수준의 경제적 투입은 하지 못한다). 경쟁우위를 유지하려면 독창적이고 남들이 모방하지 못하는 역량을 개발해야 한다. 오랫동안 역량강화를 위해 헌신적으로 노력하다보면 남들이 모방할 수 없는 독특한 자원과 역량이 생긴다. 이것이 바로 많은 가족기업들이 오랜 기간 살아남을 수 있었던 이유이다. 누가 감히 초대형 개발공사부문에서 벡텔과 경쟁을 하고, 포장부문에서 테트라팩과 경쟁하고 유리관련 기술에서 코닝과 경쟁을 하려 하겠는가?

❷ 장수기업의 비밀

장수기업의 활동사항을 살펴봄으로써 장수기업을 지향하는 기업으로서 어떤 경영상의 처방을 요하는지가 중요한 의미를 갖는다. 우리의 몇 마디 말이 사람들에게 의욕을 불어넣어 줄 순 없지만, 장수기업들의 성공하는 가족기업들에 대한 자세한 설명은 기업을 운영하는 경영자들을 고무시키기고 참고할 충분한 가치가 있다 하겠다. 장기적인 접근방식에는 여러 측면이 있으며 숱한 어려움을 이겨낸 후에야 승리를 맛볼 수 있는 것들이다. 따라서 모든 직급의 관리자들과 이사들이 자신들의 기업에서 활용할 수 있도록 장수기업의 구체적인 활동사항들을 요약, 정리할 것이다. 우선 주의해야 할 사항들을 살펴보자.

장수기업에 등장하는 가족기업들은 조화롭게 완전성을 추구했기 때문에 성공할 수 있었다. 즉 특정한 전략에 맞는 우선순위와 업무추진방식을 활용하고 부족한 점을 보완했으며, 극단으로 치닫지 않도록 균형을 유지하려고 노력했다. 따라서 각 기업의 활동 하나하나를 나열하고 보편적인 조언을 제시하는 것은 장수하는 가족기업의 성공은 복합적인 요소들이 결합됨으로 성공에 접근되는 것이다.

소유주(所有主)가족이 기업의 경영을 맡고 있을 경우 최고관리자들은 멀리 내다보고 모든 면을 세심하게 고려하고 관대하게 행동할 수 있다. 이런 요소들이 오랜 기간 기업을 운영하는 데 실질적인 우위로 작용한다. 이런 우위를 갖지 못하는 기업의 경영자들은 단기주주들을 만족시켜야 한다. 이것이 바로 기업성장의 한계가 된다. 만일 개인기업 또는 가족기업을 직접 운영한다면 참으로 좋은 기회가 아닐 수 없다. 경쟁업체들과는 달리 경쟁우위를 만들어 나갈 수 있는 권한이 손에 있을 수도 있기 때문이다.

상층부 경영층에서부터 생산직사원에 이르기까지 모든 직원들이 기업의 수명연장을 위해 어떤 일을 할 수 있는지 살펴볼 것이다. 기업지배구조와 관련된 일부 제안들은 실천하기 어려울 수도 있지만, 개인적 차원이나 기업의 기능적 측면과 관련된 제안들은 거의 모든 회사에서 실현가능한 내용들이다. 그래서 활동범위가 더욱 넓은 곳으로 옮기려 할 필요도 없다. 먼저 기업이 장수하는데 필요한 전제조건들을 살펴볼 것이다.

기업이 오랜 기간 살아남는데 가장 필수적인 요건들은 최고위층(이사회, CEO, 최고 경영팀)의 인센티브 및 평가기준이다. 그 다음에는 장수비법적용에 필요한 기업철학과 조직구성을 살펴볼 것이다. 그런 다음 인적자원관리, 마케팅, 운영, 연구개발, 자금조달, 정보기술 등 각 분야별 행동방침을 제시할 것이다. 마지막으로 장수하는 기업을 위해 조직구성원 모두가 견지해야 하는 자세와 자발적인 노력에 대해 이야기할 것이다.

❸ 기업의 환경 분석, 장수기업 문화조성

(1) PEST 분석

기업이 처한 환경을 파악함으로써 그 환경변화의 대처능력을 양성하게 된다. 그 대처능력의 필요성을 깨닫게 된다. 자사에 미치게 되는 영향과 그 요소들을 찾아 분석대처하게 된다.

| 표 10-2 | **PEST분석표**

1	정치(Poittical)	법규제 강화/완화 세제 정부 연관단체의 동향 재판 제도
2	경제(Economic)	경기, 물가, 금리, 환율, 주가
3	사회(Social)	종교/가치관 인구 통태, 새로운 유행, 교육 수준, 치안, 안보
4	기술(Tchnoiogical)	기술혁신 특허소지 대체기술, 신기술의 보급도

(2) 장수기업의 기업문화

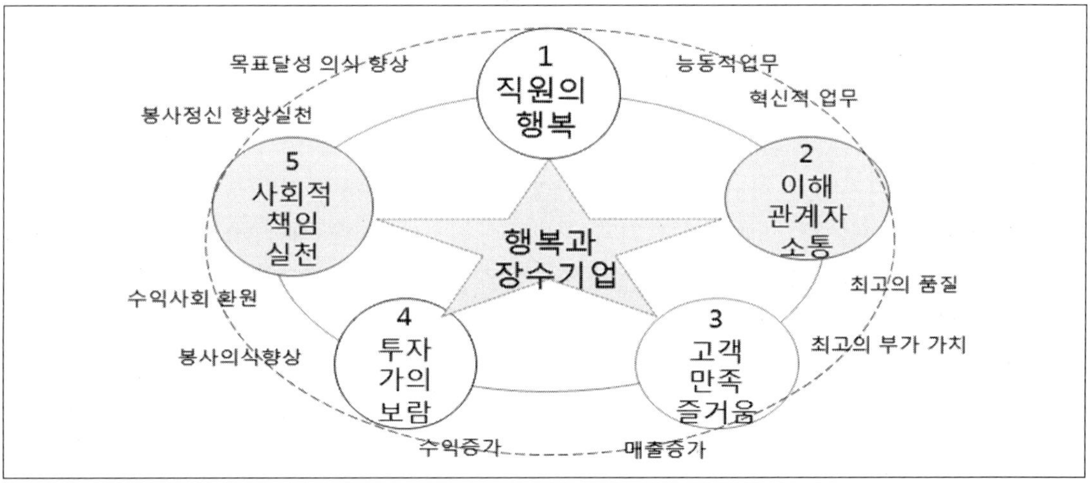

| 그림 10-4 | **장수기업 기업문화 조성 모형**

- 장수기업의 문화적 조직체계

기업이 장수하려면 경영자의 뚜렷한 경영철학과 그 기업의 기업문화가 옳게 조성되었을 때 가능하다는 것은 여러 선행연구자들이 실증하고 있다. 기업이 장수한다는 것은 지속적인 연구개발이 뒤를 받쳐주어 시대변화에 대응하는 적응력이 배양되었을 때 기능하고 실용성이 나타난다. 장수기업은 그 기업의 기업문화 조성에서부터 시작된다.

❹ 장수기업의 지배구조

기업의 지배구조에 따라 기업의 효율성은 달라진다. 장수기업의 지배구조는 가족기업의 경영자들로 성공을 중시하는 출세주의자가 아니라 내실을 추구하는 경영기법을 구사하며 효율을 전제로 하는 관리자처럼 행동한다. 이들은 기업의 장기적인 이익, 모든 이해관계자를 중시하며 주주보다는 직원, 고객, 사회를 더 중시한다. 모든 이해관계자들을 세심하게 배려할 때 주주들이 가장 큰 이익을 누린다는 역설적인 사실을 기억해야 한다.

(1) 주주들의 태도 / 장기적인 시야

오늘날 많은 주주들이 마치 증권거래업자처럼 단기간주식을 보유했다가 수익을 벌어들인 후 팔아버린다. 이들은 빠른 시간 내에 수익률을 끌어올리고 수익률향상에 기여하는 경영진에게 많은 보상을 주는 기업을 선호한다. 설령 이렇게 벌어들인 수익으로 인해 기업의 장기적인 건전성이 훼손되더라도 개의치 않는다. 이런 태도를 지닌 사람들이 기업의 소유권을 갖고 있으면 CEO가 먼 미래를 내다보고 행동하기 힘들다. 다시 말하면 단기차익을 바라는 주주가 많으면 미래지향적 장기투자가 어려워진다.

주주들에게 장기적인 건전성을 염두에 두고 기업을 운영하는 것이 모두에게 도움이 된다는 사실을 상기시키고 싶다. 가족기업들이 비가족기업보다 오랜 기간 살아남았을 뿐 아니라 주주에게 돌아가는 배당과 수익성도 높다는 것을 보여준다. 또한 장기적인 안목을 지닌 뛰어난 투자가 워런 버핏은 장기적인 건전성을 염두에 두고 운영하는 기업(정직한 방법으로 품질이 뛰어난 제품을 팔고, 인프라 유지에 안색하지 않으며, 많은 사람들이 일하고 싶어 하는 기업)의 주식을 많이 보유하고 있다는 사실을 기억하자. 버크셔 해서웨이의 성공을 통해 버핏은 금세기 가장 위대한 투자가로 알려졌다. 워런 버핏 이외에도 기업의 장기적인 운영을 중시하는 사람들은 많다. 벤저민 그레이엄, 피터 린치 등 주식전문가들도 오랜 기간 주식을 보유하면서 재정실적 이외의 성과들까지 포괄적으로 관찰하는 것이 중요하다고 주장한다.

(2) 주주들의 안목의 중요성

주주들은 단기수익을 추구하는 것이 얼마나 위험한지 깨달아야 한다. 엔론, 월드컴 그리고 닷컴기업, 첨단기술기업 등의 붕괴로 얼마나 많은 투자자들이 쓰디쓴 패배를 맛보아야 했는가? 어떤 주식을 살지 고르는 것이 어렵다면 언제 살지를 결정하는 것은 더욱 어렵다. 거품이 사라진 오늘날의 시장여건에서 투자자들은 오랜 기간 살아남을 수 있는 내실 있고 건전한 기업들을 찾으려고 더 많은 노력을 기울일 것이다. 마지막으로 가장 중요한 사실은 단기수익만을 추구하다보면 엄청난 사회적, 경제적 비용이 발생한다는 점이다. 부실한 제품, 노동재의, 비인간적인 업무, 와해된 공동체로 인해 현대의 경영자와 기업에 대한 믿음이 사라져 가고 있다. 단기수익에 집착하면 개인투자자와 기업뿐 아니라 사회전체에 막대한 비용이 가중된다.

(3) 이사회의 책임 / 부지런한 감독기능

이사진은 주주들과 최고경영진 사이의 중요한 가교역할을 한다. 경영진에 대한 인센티브를 감독하고 메커니즘을 감시하는 사람들이 바로 이사진이다. 얼마나 빨리 많은 수익을 창출했는지 또는 이윤성장률이 얼마나 높은지가 아니라, 돈으로 환산할 수는 없지만 기업의 장래를 위해 얼마나 많은 공헌을 했는지를 바탕으로 CEO를 판단하고 보상을 하는 주체도 바로 이사진이다. 그러나 이를 위해선 합당한 자격을 갖춘 사람들을 이사진으로 선발해야 하고 적절한 인센티브도 제공해야 한다.

(4) 이사진을 위한 인센티브 / 소유권과 보상

우리계좌의 잔고가 무언가 말해주는 것이 있다면 그것은 소유권이 있을 때 책임감과 자긍심이 생겨난다는 사실이다. 따라서 이사들이 오랜 기간 감시자로서의 역할을 제대로 수행하려면 스스로 기업의 소유권을 갖고있다고 느낄 필요가 있는 것이다. 이사진도 상당량의 주식을 보유할 필요가 있다. 펜실베니아 주립대학의 돈 햄브릭 교수는 이사들은 보유자본의 최소 10퍼센트 이상을 자신이 재직하는 기업에 투자해야 한다고 주장한다. 기업이 몇 년 동안 뛰어난 성과를 보인 이후에 권한을 행사할 수 있도록 규정하면 이사진은 더욱 책임감 있게 장기적인 성과를 중시한다. 뛰어난 성과가 지속적으로 유지되면 오랜 기간 보상을 받을 수 있으며 이사의 임기가 끝난 후까지 보상이 가능하다.

(5) 이사진 구성

내부에서 발탁한 이사와 독립적인 사외이사들을 함께 구성하면 사업, 시장, 기술 등에 다양한 식견을 가진 전문가집단이 형성되기 때문에 큰 도움이 된다. 각 기업에 중요한 역할을 하는 분야의 전문가들을 이사진으로 선발하는 것이 가장 이상적이다. 기업의 주요 이해관계자들(고객, 직원, 납품업체, 지역사회 지도자)의 이익에 특별한 식견을 가진 사람들로 이사진을 구성하면 특히 도움이 된다.

전직 CEO를 회장으로 영입하는 기업들도 있다. 기업을 효과적으로 감시하려면 CEO와 회장직을 분리할 필요가 있다. 전직CEO는 해당 기업의 실상을 잘 알며 기업의 가치기준을 이해한다, 이들의 전문성은 기업의 소중한 자산이 된다. 동시에 기업에 대한 열정과 미래에 대한 관심이 풍부하기 때문에 장기적인 투자를 더욱 중요하게 여긴다.

이사진을 선발할 때 또 하나의 중요한 요소는 성향이다. 이전에 달성한 업적을 살펴보면 성향을 잘 파악할 수 있다. 기업들은 조직의 역량을 개발하고 뛰어난 제품을 판매하며 종업원들이 헌신적으로 일하도록 분위기를 조성하고, 다양한 이해관계자를 만족시킨 경험이 있는 인물을 찾고자 한다. 하지만 단기간에 높은 성과를 올리거나 어려움에 처한 기업을 빠르게 회생시킬 인물은 지나치게 바쁜 결과로 지속성과 지구성이 부족함을 유의할 필요가 있다.

가족기업의 경우 이사진으로 활동하는 소유주가족은 배당, 족벌주의 등 자신의 개인적인 목표를 중시하는 경향이 있다. 한 가지 명확한 사실은 권력을 가진 사람들이 개인적인 목적이 아닌 기업의 건전성을 중시할 때 가족기업이 번창할 수 있다는 사실이다. 따라서 기업의 이익을 중요하게 생각하고 직원채용, 재정문제, 업무추진 등에서 사사로운 이익을 추구하지 않는 사람에게 경영권을 넘겨주어야 한다. 소유주가족 이외의 전문가를 이사로 영입하는 것도 좋은 방법이다. 사업이 가장 잘될 때 가족들도 최선을 다한다.

(6) 평가기준과 감시

기업이 장수하려면 이사진이 단기적인 수익성 향상을 중시해서는 안 된다. 대신 이들은 여러 내부적인 기준을 정하여 평가하고 숫자이면의 내용(4C의 관련요소)을 관찰해야 한다. 품질은 어떠한가(제품보고서를 통해 판단)? 고객과 직원들은 기업과 제품을 어떻게 생각하는가? 시장점유율은 어떻게 변하고 있는가? 신제품에 대한 반응과 직원들의 이직률은 어느 정도인가? 이사회나 위원회는 기업이 장기적인 목표를 향해 제대로 나아가고 있는지 면밀하게 살펴보아야 한다. 2년 후, 5년 후, 10년 후를 위해 얼마나 많은 돈을 투자하였는가? 교육, 인프라, 제품과 공정연구, 순수연구, 협력관계구축 등에 얼마나 많은 투자를 하였는가? 자사의 목표를 경쟁업체와 비교해 보았을 때 어떠한가? 이런 질문들에 대한 대답을 위해 필요하다면 이사진에게 독립적인 평가기관에 의뢰할 수 있는 권한이 주어져야 한다. 특히, 기업운영에 차질이 생겼을 때 이와 같은 권한이 필요하다. 문제가 생기면 이사회는 다음과 같이 좀 더 구체적인 질문을 던질 필요가 있다. 주요 경영진중 누가 기업을 떠났으며 왜 떠났는가? 누가 승진하였는가? 어떤 부서가 최고 또는 최악의 부서이며 그 이유는 무엇인가?

5 CEO를 위한 인센티브, 훈련, 선발 장수기업으로 키우기

이사진과 마찬가지로 CEO도 적절한 보상이 주어지고 바른 가치관과 역량을 갖출 때에만 기업과 이해관계자들의 장기적인 이익을 위해 노력한다.

◈ 보상과 인센티브

이사회가 장기적인 기준으로 기업을 평가하면 CEO도 장기적인 기준을 적용하여 평가할 수 있다. 해를 거듭할수록 장기적인 성과가 개선되면 보상도 증가하기 때문에 앞에서 제안한 내부성과 측정지표는 유용하게 사용될 수 있다. 단기성과와 장기성과를 함께 평가하여 보상과 인센티브가 이루어져야 한다. 단기성과는 성공적인 신제품출시, 고객만족도 향상, 품질개선, 신규 성장시장에서의 시장점유율 증가, 주요 직원유지율, 효율적인 협력관계구상 등을 포함한다. 이런 기준을 적용하면 성장을 위한 준비단계나 투자단계에서 수익성이 약하다고 해서 CEO에게 불이익이 돌아가는 걸 막을 수 있다. 오랜 기간의 평균적인 성과를 나타내는 이동평균선을 근거로 CEO에게 보상을 실시하면 투자기간에 보상이 줄어드는 것을 막을 수 있다. 사실, 기간과 성과라는 두 가지 요소를 모두 고려하여 보상을 한다면 재직기간에 성과가 좋았던 CEO는 은퇴한 후에도 계속 보상받을 수도 있다. 경영자들로 하여금 정해진 기간만큼 스톡옵션을 보유한 이후에 권한을 행사하도록 하면 장기적인 건전성을 우선하는 데 도움이 된다.

3-2 관리와 커뮤니케이션

❶ 관리자의 커뮤니케이션 스킬

조직 활동의 커뮤니케이션 중요성에 대해서는 이미 "2지도자의 조건 (2) 조직의 3요소와 팀 플레이" 부분에서 언급하고 왔습니다. 또, 관리자의 능력요건으로서 "적은 집단유지"를 도모하는데 있어서, 카운슬링 마인드에 보장된 커뮤니케이션·스킬이 얼마나 요구되고 있는지, 라는 것도 아울러 봐 왔습니다. (1) 리더십 발휘와 3개 기능 참조).

카운슬링 마인드에 뒷받침된 커뮤니케이션 스킬이란, "상대의 입장에 서서 상대의 기분을 잡고 전달, 의사소통할 수 있는 능력, 기술"이라고 할 수 있습니다. 조직목표를 달성해 나가기 위해 집단을 통합해 나가는 관리자로서는 확실히 부하의 마음을 장악해 커뮤니케이션해 나가는 능력, 기술은 불가결한 요건입니다. 거기서 우선, 관리자로서 이 커뮤니케이션·스킬을 어떠한 관점으로부터 닦아 가면 좋은가를, 다음에 들어 보겠습니다. 관리자로서 리더십·스킬을 향상시키려면, 일상 활동 속에서 커뮤니케이션을 높이기 위해 노력하는 것이 필요합니다.

❷ 다음의 5가지 기술,

① 말하는 기술, ② 듣는 기술, ③ 쓰는 기술, ④ 읽는 기술, ⑤ 생각하는 기술을 의식적으로 닦아 가는 것을 유념할 필요가 있습니다.

(1) 말하는 기술의 포인트

말투에 의한 교환, 즉 상대와의 대화는, 일상적으로 가장 빈도가 높은 커뮤니케이션 수단입니다. 말하는 기술을 닦는다고 말하는 입판에 물"으로 말하는 것은 아닙니다. 이야기의 내용은 말할 것도 없고, 얼마나 상대에게 알기 쉽게 말할 수 있을까?라고 하는 궁리를 하는 것입니다. 아무리 훌륭한 말을 해도, 상사가 무엇을 말하고 있는지 부하를 더 모른다고 하는 것은 곤란합니다. 또, 보소보소와 목소리가 작고 상대에게 알아듣기 어려운 것은 안 됩니다.

(2) 듣는 기술의 포인트

듣는 것은 상대의 말만을 귀로 듣고 싶은 것이 아니라, 상대가 지금 무엇을 말하고 싶은지,

상대의 기분의 움직임을 잡아라하는 것입니다. 그러기 위해서는 상대의 표정이나 손이나 발의 움직임을 잘 관찰하는 것이 필요합니다. 말 이외의 것으로 발신해 오는 상대의 신체 언어를 캐치해 나가는 것, 이것이 적극적 경청법(액티브·리스닝)이라고 불리는 것으로, 그 실천이 필요합니다.

(3) 쓰는 기술의 포인트

관리자가 되면, 쓰는 기술은 지금까지 이상으로 요구됩니다. 비즈니스의 장에서의 문장은 미사여구가 필요 없습니다. 이것을 머리에 두고, 당초는, 결론을 가능한 한 단문으로 상대에게 전하는 쓰는 방법을 연습해 보는 것입니다. 다음에 "왜 그런가?"의 설명을 삼단 논법으로 생각해 말로 바꾸어 갑니다. 이때의 문장의 포인트는 용건을 간결 명료하게 문장에 써 나간다는 것입니다.

(4) 읽는 기술의 포인트

통달문서나 연락문서, 부하의 보고서 등, 서말에 의해서 전달되는 문서의 내용을 의미하는 것을, 적확하게 읽어내는 기술입니다. 언뜻 보아도 아닌 것 같습니다만, 이 읽는 기술이란 단지, 지면에 나타나 있는 문자를 대충 훑어보는 것은 아닙니다. 그 배경에 있는 상황을 읽어, 적확하게 판단해 의사결정해 나가는 작업이 포함되어 있습니다.

❸ 관리 행동과 커뮤니케이션

여기에서는 실제 업무 장소에서의 관리자의 커뮤니케이션의 본연의 자세를, 관리 행동에 비추면서, 그 포인트를 들어보기로 합니다.

(1) 계획된 단계에서의 커뮤니케이션의 point

일의 계획 단계에서 부하를 참가시키는 것은, 부하의 동기 부여를 도모하는 데 있어서도 지극히 효과적입니다. 또, 그 것과 동시에 자신의 상역의 계획에 대해서, 적극적이고 적극적으로 임해 가는 것도, 상역을 보좌해 나가는 followship로서 관리자에게 요구되고 있습니다. 거기에서 일상 업무에서(그림 Ⅰ-7) 같은 매니지먼트 사이클을 돌리고, 상사, 그리고 부하에게 적극적으로 커뮤니케이션을 도모하는 것이 필요합니다.

(2) 조직화 단계에서의 커뮤니케이션의 포인트

조직화란 목표달성을 위한 업무의 명확화와 그에 따른 부하직원에 대한 업무 할당 등입니다. 이것을 원활하게 실시하기 위해서는 관리자가 서로 원활하게 의사소통할 수 있는 장을 어떻게 평소부터 만들 수 있는가 하는 것에 달려 있습니다. 그러기 위해서는, 정례적인 회의보다 오히려 매일의 미팅을 중시해, 원활한 커뮤니케이션의 기회를 만들어 가는 것을 유의하는 것입니다. 그리고, 이것이 가장 효과적인 방법인 것을 알아 두는 것입니다.

(3) 지령 단계에서의 커뮤니케이션의 포인트

관리자의 지령은 항상 명확하지 않으면 안 됩니다. 그러기 위해서는 지령 때 5W1H(언제 어디서, 누가, 무엇을, 왜, 어떻게)를 염두에 두고, 지시·명령을 확인하는 것을 게을리해서는 안 됩니다.그러나 지령의 명확함이란 단지 일방적으로 말하는 것은 아닙니다. 부하의 의견에도 충분히 귀를 기울여, 받아들일 것은 받아 들이겠다는 겸허한 자세를 잊어서는 안 됩니다.

(4) 동기 부여 단계에서 커뮤니케이션 포인트

동기부여란, “어떤 목적에 향해 행동을 일으키게 하는 외부로부터의 직접적, 의식적인 활동”이라고 할 수 있습니다. 칭찬, 질타 격려한다고 하는 직접적인 동기부여와 아울러, 부하에 대해서 항상 “잘 해 주지 말아라.” “부탁해, 기대하고 있어.”라고 하는 적극적인 말로 상대의 잠재적 욕구에의 움직임을 계속하는 것입니다. 이것이 동기부여의 커뮤니케이션의 포인트이며, 부하와의 신뢰 관계를 만들어 가는 기반입니다.

(5) 교육 지도 단계에서의 커뮤니케이션의 핵심

부하의 교육 지도가 잘 될지 어떨지는, 가르치는 방법의 기술 이전에 관리자와 부하와의 사이에, 평소부터 신뢰 관계의 기초가 되어 있는지 아닌지에 걸려 있습니다. 그 의미에서도 전술한 일상의 동기부여, 의식적인 커뮤니케이션의 압력이 중요합니다. 부하는, “자신을 기르려고 하고 있다”라고 한 것이 느껴져, 처음으로 상사의 가르침에 귀를 기울이는 것입니다.

(6) 통제 단계의 커뮤니케이션의 포인트

통제란 계획과 실행과의 비교 검토를 말합니다. 검토 중에 일탈하고 있는 것이 있었을 경우는 궤도 수정을 도모할 필요가 있습니다. 그러기 위해서는, 부하로부터의 일의 보고, 연락, 상담이 밀접하다는 것이 요구됩니다. 그러나 현실에는 사정이 나쁜 보고 등이, 반드시 관리자에게 정확하게 전달된다고는 할 수 없습니다. 거기서 관리자에게 요구되는 것은, 상대의 심리 상태를 찰지한 움직임입니다. 예를 들어, “무슨 일이 있을 때나 실패했을 때는 언제라도 말해와”라는 접근법이, 평상시부터 얼마나 부하에게 행해지고 있는지에 달려 있습니다. 즉, 통제가 잘 될지 어떨지는, 먼저 든 교육 지도와 같이, 관리자와 부하와의 커뮤니케이션의 본연의 자세에 달려 있다고 말할 수 있습니다.

(7) 평가 단계에서의 커뮤니케이션의 포인트

부하의 일을 평가할 때에 잊어지지 않는 것은, 일의 결과로만 부하 평가를 실시하는 것이 아니라, 부하의 평소의 일하는 모습, 결과에 이르기까지의 노력도를 보고 평가하는 것입니다. 그러기 위해서는, 계획 단계에서 올린 매니지먼트·사이클에서의 커뮤니케이션을 밀접하게 한 후에, 결과와 그 과정을 되돌아 봐 가는 것이 필요합니다. 거기의 순서는 우선 부하 자신에게 자기 평가시킨 후에, 관리자로서의 어드바이스를 주어 가는 형태가 됩니다. 이것이 평가 단계에서의 커뮤니케이션 포인트입니다.

(8) 보고 단계에서의 커뮤니케이션 포인트

보고 단계에서의 포인트는, 무엇을 두어도 부하가 릴렉스 해 보고할 수 있는 분위기를 어떻게 만들어 내느냐에 있습니다. 그러기 위해서는, 이쪽이 알고 싶은 것을 일방적으로 물어보려고 하는 것이 아니라, 물음은 짧게 간결하게 하고, 상대의 이야기를 듣는 자세가 필요합니다. 그 의미에서도 "말하지 마라, 이야기하게 하라"가 철칙입니다.

(9) 혁신 단계에서의 커뮤니케이션 포인트

종래의 조직의 본연의 자세나 일의 방법 등을 혁신해 나가려고 하면, 반드시 조직 안에서는 마찰이 생겨 갈등이 생깁니다. 이 마찰과 갈등을 최소한으로 억제하려면, 우선 사전에 쌍방이 납득될 때까지 충분히 이야기하고, 게다가 저해요인이 되는 것을 없애 가는 것입니다. 그것을 위한 시간을 아껴서는 안 됩니다.

(10) 조정단계의 커뮤니케이션 포인트

관리자의 조정 기능은 매우 중요한 것입니다. 이 조정 단계에서의 커뮤니케이션 포인트는, 상대를 특별히 설득하려는 것이 아니고, 우선 상대의 이야기를 충분히 듣는다는 점에 있습니다. 상대의 진의가 어디에 있는지, 그것을 잡은 후에 타협점을 찾아내 가는 것, 거기에는 확실히 카운슬링·마인드가 요구되고 있습니다. 적극적으로 하는 사람이야말로 서바이벌 시대에 살아나기 위한 힘을 기른다.

3-3. 새로운 자기 확립을 목표로 하고

❶ 자기 혁신 접근

관리자의 자기 혁신, 자기 개발은 영속적 테마의 하나입니다. 이 자기혁신에 대한 대처가 있어서 비로소, 이상의 자기상에의 추구의 첫걸음이 시작되어, 현재의 자신보다 또 하나 둘씩 스케일의 큰 관리 능력과 인간적 매력이 갖추어져 오는 것입니다.

그러기 위해서는 우선 현재의 자기 자신의 현실의 모습을 끝까 객관적으로 자기통찰해 나가야 합니다. 예를 들어, 자신 자신의 기질이나 성격이 어떠한 특징을 가지고, 그것이 평상시의 실제의 장면에서 어떻게 나타나, 주위에 어떤 영향을 미치고 있는가. 또한 다른 사람의 눈에 비친 자신의 실상을 제대로 알고 있는지 등, 이를 소홀히 해서는 관리자로서의 자기혁신, 자기 개발의 단초를 찾을 수 없습니다.

"자신은 자신이 가장 잘 알고 있는 것 같고, 그 열매, 자신의 참 모습을 좀처럼 객관적으로 찾지 못하는 것이 인간입니다" 거기서, 자신이라고 하는 인간을 어떠한 측면에서 파악해 가면 좋은 것인지, 자기 이해의 단서가 되는 방법을 다음에 들어 봅시다.

❷ 죠하리의 창문에 따른 자기 이해

인간에게는 4가지 마음의 창이 있다고 합니다.

| 표 10-3 | **죠하리의 마음의 창문(자신이 본 자신의 모습)**

	알고 있음	알지 못함
알고 있음	제1의 영역 열린 부분 (퍼블릭)	제2의 영역 모르는 부분 (블라인드)
알지 못함	제3의 영역 비밀 부분 (개인)	제4의 영역 미지의 부분 (언노은)

타인이본 자신의 모습

(1) 열린 부분

제1의 영역이란 자기 자신이 자신에게는 이런 면이 있다고 승낙하다, 그것을 다시 남에도 잘 알고 있다는 자신의 모습입니다. 즉, 자신에게도 타인도 보이고 있는 개방적인 부분이며, 퍼블릭한 면입니다.

(2) 두 점 안 드는 부분

제2의 영역은, 해당의 자신은 모르고 오히려 주위 사람들이 잘 알고 있는 자신의 모습입니다. 예를 들어, 자신이 무의식적으로 갖고 있는 행동이나 행동, 습관 같은 것이 이것에 해당되어, 블라인드가 걸리고 자신은 보이지 않는 부분입니다.

(3) 비밀의 부분

제3의 영역은 제2의 영역과는 반대로 내가 알고 있지만 다른 사람에게는 감추고 보이지 않는 비밀인 부분입니다. 즉, 사적인 면이라고 할 수 있습니다.

(4) 미지의 부분

제4의 영역은, 자신에게도 타인에게도, 아직 잘 모르는 미지의 자신의 모습입니다. 자신의 미개척적인 부분에서 언노운의 영역이라 할 수 있습니다. 이 "죠하리의 마음의 창문"은 조지프 루프트와 해리인 햄 두 사람에 의해서, 1955년에 창안된 대인 관계에서의 자기 인식론이며, 조 헬리는 두 명의 이름을 조합한 것입니다. 그우선 제대로 인식하고 그는 최대한 자신의 개방적인 영역을 확대하는 것이 자기 성장의 포인트가 있답니다.

게다가, 아직 미개척의 영역인 자기의 미지의 부분, 즉 잠재적인 능력을 개발해, 새로운 자기상을 확립해 나가려는 것이 이 생각의 목표로 하는 것입니다. 그러므로 자신에 대한 주변의 소리에 겸허하게 듣고 자신은 "모르는 부분"인 제2의 영역의 자기 부정적 행동이나 버릇을 솔직하게 받아들이고 자기 수정과 자기 개혁하는 것이 필요하다고 할 수 있는 것입니다.

3-4. 재정관리와 정보관리

❶ 미래를 수호하라

- 제정능력의 확보는 기회의 비축이요 정보는 기회의 획득이다.
- 장기적인 목표 : 역량개발에 투자하고 기업이 건전성을 유지하도록 하며 향후 수년 동안 재정적으로 건실한 상태를 지속하도록 하라. 수익성 향상이 아닌 장기적인 목표를 위해 재정적인 수단을 활용해야 한다.

(1) 자금운용, 그러나 투자는 과감하게

기업전략과 경쟁환경에 따라 재정정책이 달라지지만 장수하는 가족기업들은 대부분 보수적인 자금운용정책을 고집했다. 위험한 자금조달을 피하고 현금보유량을 늘렸으며 자금차입은 필요악이거나 불필요한 요소라고 여겼다. 최신업무방식, 사무실, 호화로운 자동차, 사치품, 심지어 컴퓨터시스템까지도 불필요한 투자는 하지 않았다. 최고 경영진에게 주어지는 급여와 배당도 적정한 수준을 넘어서지 않았다. 장수하는 가족기업들은 결코 방탕하게 돈을 낭비하지 않았다. 그러나 필요한 부분에는 투자를 아끼지 않았다. 개별기업의 전략에 따라 역량, 인프라 구축, 연구개발, 마케팅, 직원교육 등에 경쟁업체들보다 많은 투자를 하였으며 투자의 성과가 나타날 때까지 인내를 갖고 오랜 시간을 기다렸다. 불필요한 지출을 최소한으로 줄였으며 오너 가족들이 수익의 대부분을 기업에 재투자하였기 때문에 과감한 투자가 가능했다.

(2) 수익성에 지나치게 집착하지 마라

너무도 많은 기업들이 수치 뒤에 숨은 내용은 고려하지 않고 비용과 수익에만 관심을 갖는 등 회계와 금융에 집착하는 경향이 있다. 수익성에 따라 기업이 어떤 분야에 집중해야 할지 그리고 직원들에게 어느 수준으로 보상해야 할지 결정하기 쉬운데, 직원들은 이런 제도를 악용하기 시작하고 결국 역량이 줄어든다. 이것이 바로 비용절감을 중시하는 사람들이 경영권을 넘겨받은 제너럴 모터스와 포드에서 수십 년 동안 일어난 일이다. 제너럴모터스는 품질에 더 많은 관심을 가졌던 일본의 경쟁업체에게 제조와 시장점유율의 우위를 모두 내주고 말았다. 여기서 우리가 배울 수 있는 한 가지 교훈은 수익성과 성장률은 사명을 실현하고 역량을 구축해 나가는 과정에서 자연적으로 발생하는 결과물이지 그 자체로서 목표가 될 수 없다는 점이다.

❷ 정보체계 확립

항상 대화의 창을 열어 두어라 장기적인 목표 : 관리자들이 기업이 현재 어떠한 일을 하고 있으며 미래에 어떤 일을 할지 운영의 모든 측면(재정적인 측면을 포함한 모든 부분)을 꿰뚫고 있도록 하고 소유주와 관리자뿐만 아니라 모든 이해관계자들의 입장을 파악하도록 하라.

(1) 수치에만 집착하지 말고 넓은 시야를 가져라

거의 모든 위대한 가족기업들이 지닌 철학은 사명을 따라가면 경제적 보상이 따라온다는 것이다. 재정적인 문제를 장기적인 관점으로 보는 이유는 훌륭한 정보체계가 없어서가 아니다. 위대한 가족기업들은 뛰어난 정보체계를 보유하고 있다. 이들 기업의 정보체계는 일정한 틀 속에 갇혀있지 않으며 재정관련 정보이외의 다양한 지표를 활용한다. 직급을 막론하고 모든 관리자들은 현장에서 많은 시간을 보내며 직접 공장을 살펴보고 고객, 직원, 납품업체들과 대화를 나눈다. 이들은 품질, 고객만족, 새로운 기회와 같은 중요한 문제들에 집중하려고 많은 양의 데이터를 수집할 뿐 아니라 질적으로도 우수한 데이터를 수집한다. 이렇게 모은 정보들은 경제적인 성과를 나타내는 중요한 지표가 되는 동시에 앞으로 어떤 활동을 해야 할지 이끌어 주는 지침이 된다. 쿠어스나 홀마크같은 위대한 가족기업들은 고객취향과 같은 주관적인 품질지표를 측정하는 데 많은 정보를 활용했다. 중요한 정보들이 묻혀서 사라지게 내버려 두지않고 잘 활용하려면 전문가의 판단력과 직관이 필요하다.

(2) 데이터관리를 철저히 하라

데이터는 주요 이해관계자별로 구분되어야 한다. 고객과 관련된 데이터로는 시장점유율, 서비스에 대한 만족도, 품질, 가격 등이 있다. 개별고객의 취향별로 정보를 수집하면 고객에게 더 나은 서비스를 제공하고 고객의 충성도를 높이는 데 도움이 된다. 직원들과 관련된 데이터로는 업무만족도, 이직률, 기술력 등이 있으며 납품업체나 제휴사들과 관련된 데이터로는 평가, 재계약, 관계의 확장과 지속 등이 있다. 가벼운 일시적인 정보들을 모으는 방안을 제도화하면 유용하게 활용할 수 있다. 이를테면 직원들의 의견을 듣고, 고객의 불만에 관한 데이터를 수집하는 노력 등이 방안에 포함될 수 있다. 훌륭한 제안을 하거나 뛰어난 정보수집능력을 발휘하는 직원들에게 보상을 해주는 기업도 있다.

(3) 정보를 종합하라

정보가 너무 세분화되면 전체를 보지 못하고 단편적인 부분에만 집중하기 쉽다. 어떤 경우든 기업의 전체성과에 대한 궁극적인 공헌도가 어느 정도 인지에 초점을 모아야 한다. 다시 한 번 강조하지만, 재정성과 이외의 다양한 정보들을 활용하고 장기적인 관점에서 어느 정도 공헌을 하고 있는지 살펴보는 것이 중요하다. 장기적인 관점으로는 가능성이 있는 제품이나 부서라 하더라도 단기적인 관점에서 보면 기업에 손실만 초래하는 것처럼 보일 수도 있다. 왜곡된 정보에 속아서는 안 된다.

(4) 정보를 널리 공유하라

위대한 가족기업들은 기업의 현황과 필요한 개선점에 대한 정보를 모든 직원들과 공유하며 승리, 과감한 결정, 직원들의 성공담 등 정보를 함께 나눈다. 이때 사내신문이 정보체계의 중요한 부분을 차지한다. 아무리 좋은 정보라도 적시에 적합한 사람들에게 전해지지 않으면 쓸모가 없다.

❸ 직원들의 참여

CEO와 관리자들에게만 장기적인 시각이 필요한 것은 아니다. 기업의 모든 직원들이 동참할 필요가 있다. 조직전체의 헌신적인 태도, 성실, 관대함, 배려정도에 따라 조직원들이 장기적인 시각을 가질 수 있을지 여부가 결정된다. 이에 동참하기를 원하는 직원들을 위한 행동지침은 다음과 같다.

(1) 열정을 따르라

개인적으로 의미가 있는 목표를 설정하라. 자기 자신을 억지로 업무에 끼워 맞추는 대신 적합한 업무를 찾아라. 직무기술서에 의존하지 말고 창의력을 발휘하라, 기술을 잘 활용하여 넓게 생각하고, 자신의 업무가 무엇인지 생각하기보다 어떤 일을 해야하는지 생각하라. 기업에 더 많이 공헌하라.

(2) 작은 부분도 놓치지 마라

자신이 하는 업무 중에서 조금만 노력을 더하면 커다란 변화가 나타나는 부분이 있다. 일반적으로 기업의 사명과 밀접하게 관련된 부분인 경우가 많다. 주요 고객과 직무에 더 많은 시간을 할애하고 디자인이나 사업계획에 완벽을 기하고, 거래에 필요한 데이터를 수집하는 일 등이 이 범주에 속한다.

(3) 단기간의 목표와 장기간의 목표를 모두 설정하라

단기간에 해결해야 하는 일이라 하더라도 장기적인 목표를 염두에 두어야 한다. 눈앞의 일을 해결하는 데 급급해 하지 말고 더 나은 인재를 찾고, 조직을 개선하고, 새로운 고객과 관계를 구축하고, 도움이 되는 동반자를 찾아내고, 새로운 모험을 시도하라.

(4) 자신의 편을 만들어라

도움을 요청하기 전에 먼저 손을 내밀어라. 상대방을 아낌없이 도와주면 관계를 구축하는 데 도움이 된다. 요구하기 전에 먼저 베풀어라. 직접 얼굴을 보고 대화하라. 겸손하면서도 편안하게 대화하라. 상대방과 가까운 거리에서 눈높이를 맞춘 후에 대화하라.

(5) 자신의 급여나 혜택을 호혜적으로 생각하라

자신의 성장 가능성과 재능에 대해 더 많은 관심을 가져라. 모든 사람들에게 자신의 진면목을 보여줄 수 있는 결정을 내려라. 자신의 성격과 원칙을 보여주는 결정을 내려야 한다. 자신이 일하는 회사와 맞지 않는다면 다른 곳을 알아보는 편이 더 낫다.

용어 설명

정치(Poittical)
경제(Economic)
사회(Social)
기술(Tchnoiogical)
Finance : 금융
Information : 정보
Logistics : 실행계획
Marketing :

참고 문헌

1. 정석찬, 박기남(2002), 글로벌 SCM 모델 구현에 관한 연구, 한국물류학회
2. 전략적 마케팅 제고에 있어서 통제 메커니즘의 결정요인과 효과
3. 원가관리회계 조현연. 김재준. 정형록 공저 산문출판 발행 P.108 손익분기점
4. 회계원리. 김대곤. 이종천외 2명. 명경사 발행. P.11.이해관계자
5. 재무관리. 우춘식 지음. 三英社 발행. 재무관리 목표
6. 노벨 경제학상 수상자 에릭 매스키 교수이론. 최고의 정책으로 목표달성
7. 히든 챔피언 글로벌 원정대 헤르만 지몬 지음 배진아 옮김 흐름출판사. 탄탄한 재무구조 기술이 자본이다.

요 약

1. 책임의식 강한 CEO

용기보다 더욱 중요한 것은 기업에 대한 책임감이다. 특히 CEO는 위험관리를 신중하게 해야 한다. 이를 테면 필요한 분야에 많은 투자를 하더라도 부채는 최소한으로 줄이고 다양한 방법으로 위험이 없는 자금을 조달해야 한다. 사업모델은 전통적인 형태를 벗어날 수 있지만 시장의 요구에 부합할 수 있도록 끊임없이 조정하고 개선해나가야 한다.

2. 사명은 열정을 일으킨다

최고의 리더들은 사회적, 경제적으로 중요한 의미가 있고 시장의 요구에 부합하며 수십 년 동안 이어갈 수 있는 사명을 중심으로 기업을 운영한다. 기업의 사명은 위대하다. 기업의 사명은 단순하기도 하다. 어떤 쪽이든 사명을 수행하려면 직원들에게 목적의식을 불어넣을 수 있을 만큼 구체성을 띠어야 하고, 시장의 관심을 끌만큼 관련성이 있어야 하며 계속해서 쇄신해 나갈 수 있을 만큼 범위가 넓어야 한다.

3. 특정 분야 역량집중

특정한 분야에 역량을 집중 할 때에만 사명을 달성할 수 있다. 여기서 집중이라는 단어가 의미하는 바는 기업의 사명을 달성하고 시장의 요구를 충족시키는 데 역량을 결집해야 한다는 뜻이다. 이를 위해서는 경쟁업체들 보다 많은 자원을 장기간 투입해야 하며 역량을 향상시키고 활용하는 노력을 기울여야 한다.

4. 기업혁신 개척의 초석

장수기업을 유지발전하기 위해서는 중단 없는 혁신의 노력이 이어졌을 때 가능하다.

* 차기성장과 기업의 가치향상을 위해 기업혁신을 수행해야 한다.
* 지속적인 성장을 위해 기업혁신을 지속적으로 수행해야 한다.
* 우리 경영자의 임무는 기업혁신을 끊임없이 수행을 주도하고, 지속적인 성장을 달성하고, 기업가치를 향상시키고 유지발전하기 위한 것이다.

5. 기업혁신

변화의 수행을 통해 기업은 차기성장을 달성하고 기업가치를 높일 수 있다. 변화하는 사회의 환경 속에서 차기성장의 싹을 감지하고, 시장을 주요 타겟으로 하기로 결정하여 지금까지 기업을 구성해온 다양한 구조를 변혁하는 것은 물론, 눈에 보이지 않는 기업문화까지 일신하여 기존기업본연의 자세 그 자체를 혁신할 수 있는 것이 기업혁신이다.

제 11 장

가치창조의 장수기업

제1절 기업간 연대전략과 장수전략
제2절 장수기업의 경영이념과 사회적 책임
제3절 경영승계의 합리성
제4절 장수기업 100년 이상 지속 경영하려면

제 1 절

기업간 연대전략과 장수전략

성공 Point 38

1. **내가 천하를 얻은 까닭**

   유방은 천하를 통일한 후 이렇게 말했다. 장막 안에서 계책을 세워 천리 밖에서 승리를 거두게 하는데 있어서 나는 장량(張良)만 못하다. 국가의 안녕을 도모하고 백성을 사랑하며 군대의 양식을 대주는데 있어서는 나는 소하(蕭何)만 못하다. 백만군대를 이끌고 나아가 싸우면 이기고 공격하면 반드시 빼앗는데 있어 나는 한신(韓信)만 못하다. 하지만 나는 이들을 얻어 그들의 능력을 충분이 발휘하도록 해주었다. 바로 이것이 내가 천하를 얻은 까닭이다(초한지에서).

2. **탁월한 능력을 보여라**

   업무를 부담으로 여기는 자는 성공할 수 없다. 일을 즐기는 자신을 성공으로 연결시켜주는 통로이며 사업의 토대가 이루어진다. 무엇보다 성공자의 공통점은 일 자체에서 이 세상 최고의 즐거움을 찾는다는 점이다. 흥미진진한 즐거움을 일에서 얻는다는 것은 천부적 재질이라 할 수 있으나 오랜 시간 노력을 통해 길러낸 습관의 결과이다.

   업무실적에 따른 순위를 주시해라. 앞서가는 사람이 많을수록 등용의 기회는 줄어든다. 근면성실하게 일하는 습관태도만으로도 인새의 가장 소중한 것을 얻고 있는 것이다. 근면 성실은 뛰어난 업무실적과 직결됨으로 어디를 가나 환영받는 존재가 될 수 있다.

제1절 기업간 연대전략과 장수전략

1-1. 중소기업의 연대전략과 장수전략

❶ 서 론

우리나라 중소기업기본법의 규정에 의하면 중소기업의 기업대비 비율은 99%대를 점하고 있는 절대적인 수치이다. 중소기업을 둘러싼 경영환경은 여전하게 어려운 실정이다. 단일 기업이 보유 획득한 경영자원만으로는 변화하는 상황에 대응하기 어렵다. 특히나 불확실성과 리스크가 높아 다이나믹하게 변하는 경영환경에 대응하는 것은 극히 어렵다. 특히, 경영자원에 제한이 있는 중소기업의 경우, 자사단독으로는 기업성장에 한계가 있는 신제품서비스개발을 통한 신규사업과 새로운 시장개척은 결코 용이하지 않다. 따라서 사업전개에 불가결한 보완적인 경영자원과 능력을 외부에서 구하고 경영자원의 부족을 보완할 필요성을 갖게 한다. 신제품서비스의 개발과 신규시장의 개척은 기업의 진로와 운명을 좌우한다.

따라서 자사의 경영자원을 보완할 수 있는 기업간의 연대, 특히 이업종 기업간 교류를 통하여 사업을 전개함으로서 성장과 지속경영이 높아진다. 자사단독만이 아닌 사내외의 자원을 전략적으로 활용할 수 있는 협력관계를 활용한 사업전개가 격화하는 경쟁환경 중에서 중요한 전략 쏠(soul: 정신)로 중시되고 있다. 또한, 사외와의 교류를 촉진하고 조직 내의 경영자원과의 새로운 조합을 가능하게 하는 협조·협력·공동의 개념이 더해진 기업전략이 강조되어 왔다.

1980년 이후 기업은 신상품 및 신기술의 개발, 경영자원의 교류 및 공유 등을 목표로하는 이업종교류와 기업간 연대를 활발하게 전개하고 있다. 동일업종의 경쟁기업간 혹은 타 산업기업간 협력을 통한 사업활동은 환경변화에 적절이 대응하는 유연성을 제품혁신 내·외부자원을 효과적으로 결합하여 운영하는 경영능력의 향상 등이 기업을 장수하게 만들어가는 초석으로 기대된다.

따라서

- 기존능력의 활용과 새로운 능력의 개발을 동시에 추구하는 것이 효과적이다.
- 환경대응으로 경쟁력을 개선하는 특유의 능력과 조직 내 외부자원을 강화할 수 있는 많은 선행연구로 논의되었다.

외부협력을 중업행동 중에서 전략적 연대에 관한 선행연구에는 동기, 성공요인, 행동의 효과 등이 이론면과 실증면에서 분석돼 왔다. 연구성과는 기업이 필요로 하는 많은 스킬(숙련)이나 자원이 기업의 외부에 존재하므로 외부와 내부를 결속하는 전략적 연대가 경쟁의 성패를 결정하는 중요요인으로 강조하고 있다. 본 장에서 문제의식의 중요성은 지역경제의 활성화주역으로 기능성을 가진 지역중소기업이 전개하고 있는 기업간 연대로 협동활동에 주목하고 있다.

- 동업종보다 이업종 기업과의 연대에서 보다 높은 경영성과를 얻는 것은 아닐까?
- 같은 기능보다 다른 기능을 가진 주최와의 연대에서 보다 효과적이지 않을까?
- 기업 간 연대를 통해 타지역 진출을 통한 사업성과가, 지역 내 중심의 사업성과보다 높지 않는 소박한 기대와 의문점을 갖게 한다.

본 장의 목적으로 연대를 통한 사업전개의 실태분석을 통하여 그 활동의 성과, 동기, 만족도, 성공하는 요인, 기대효과 등을 해명하는 것이다. 그 결과를 답습하여 보다 효과적인 연대관계의 설정과 운영을 위해 시사되는 점을 제시함으로서 장수기업으로 가는 길을 열고자 한다. 한 사례로 일본 후꾸시마현하 중소기업을 대상으로 한 실증분석을 통해, 가장 중시된 중소기업문제는 현재 사이의 강화와 시장확대인 점을 파악하고 이 문제해결책의 하나인 외부협력관계를 활용하는 기업전략과 행동의 분석에 초점을 맞추고 고찰하고자 한다. 전략적 시사점의 도출은 중소기업의 경쟁력·기술력의 강화를 목적으로 한다.

기업간 연대관계의 적절한 목표설정

- 중소기업간 효과적인 연대활동의 실시
- 산학관계나 이업종기업과의 연대관계의 형성에 있음을 강조한다.

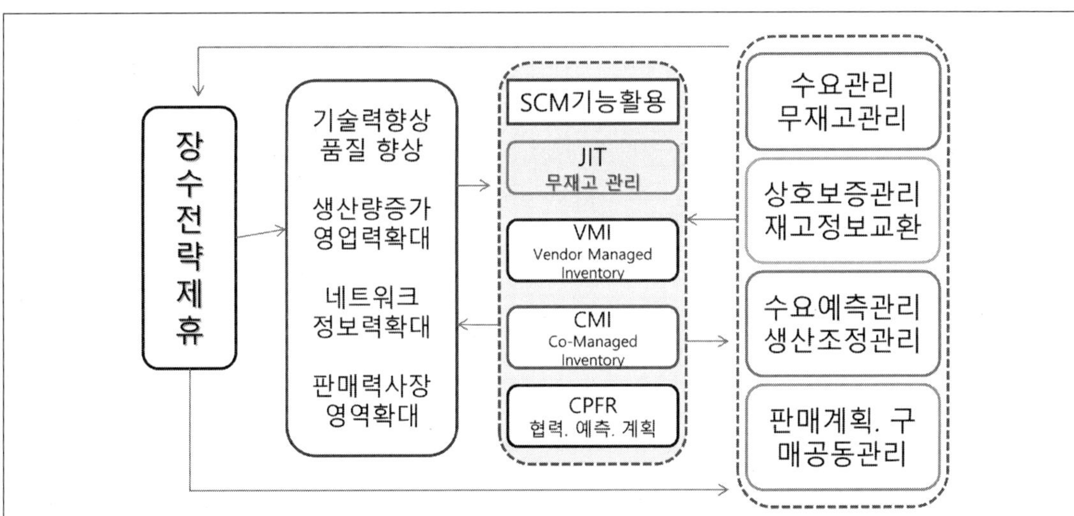

| 그림 11-1 | **중소기업의 연대전략과 장수전략**

❷ 기업간 연대를 통한 경영활동

(1) 기업간 연대활동에 관한 이론

본 장에서는 지역경제 활성화를 위한 기업간 연대의 사례를 인용하고자 한다. 후꾸오카현의 기업과 같이 지역경제의 활성화와 생활수준향상에 공헌하는 지역기업의 경쟁력과 사업기반을 지역에서 사업전개와 지속적인 성장을 기하면서, 격한 글로벌경쟁에 대응할 수 있는 재화와 서비스를 창출하는 능력으로 정의하고 논의키로 한다. 또한 기업간 연대활동은 기업들이 특정목적이나 이익을 위해 협력하여 전개하는 활동을 가리키는 것이므로 공동연구개발발·제조·판매·판촉 등의 제반활동을 포함하여 기업행동으로 정의하고 논의하기로 한다.

근년, 기업간 연대를 통해 기업활동의 여러 가지 면에서 특히 동기, 목적, 성공요인 등을 해명하기 위한 연구가 활발해지고 있다. 이들은 경영학만이 아니라 산업조직론, 지역경제학 등 거래비용 코스트이론 등을 포함하여 다양한 이론적인 어프로치(접근)에서 연구되고 있다. 특히 산업조직론 분야에서는 산업구조 중에 있는 기업의 상대적 위치가 중요한데 자사의 전략적 위치를 높이기 위해 기업간 연대관계를 활용하여 시장력을 확대하고 이익의 최대화로, 능력과 경영자원을 획득하는 것이 중요하다고 논하고 있다.

(2) 전략적 연대에 관한 연구테마와 논점은

- 협력기업간 관계
- 협력관계의 성립동기와 목적
- 협력관계의 형태와 전개패턴
- 성공요인과 그 조건 등으로 크게 나누어 분류된다.

첫째로 최근의 전략적 제휴를 포함한 기업간의 연대관계를 해명하는데 초점을 맞춘 연구에서는 전략적 제휴를 다음과 같이 논하고 있다.

- 전략적 제휴의 동기, 과정, 형태별로 다른 전략성과 기업간 관계에 관한 이론적. 실증적 연구가 이루어지고 있다.
- 전략적 제휴의 실태 및 활용방법에 관한 탐색적인 연구가 주류를 이루고 있다. 이들 선행연구는 전략적 제휴의 성공적인 도입과 효율적인 운영 및 관리에 중점을 두고 있으므로 실제로 기업의 전략적 정책프로세스에 공헌하는 것으로 평가된다.

이들 연구에서는 1980년대 후부터 현저하게 출현한 전략적 제휴는 복수의 기업에 의한 협력네트워크의 구축을 통한 의도적 행동으로, 외부자원의 호혜적인 사외이용을 목적으로 하는 전략적인 기업행동으로 논하고 있다. 또한, 특히 경영자원에 제약이 있는 중소기업에서 외부기업과의 연대는 경영자원의 보완을 통해 새로운 경쟁우위가 창출되는 매우 중요한 전략수단으로 논하고 있다.

둘째로, 전략적 제휴의 동기나 목적에 관한 연구가 열거된다.

- 이와 같은 연구에서는
  - 경쟁차원의 확대
  - 선행분야에서 조기의 경쟁우위확립
  - 신제품이나 신사업창출을 위한 이질요소의 필요성
  - 새로운 경영자원의 축적
  - 막대한 연구개발비의 부담문제
  - 사업리스크 분산
  - 자사 약점의 보완과 강점의 창출
  - 국제적인 경제마찰의 회피와 보완 등을 기업간 연대의 동기와 목적으로 논하고 있다.

셋째로, 경영전략론 분야에서는 전략적 제휴의 유형과 구체적인 전개패턴에 관하여 다양한 관점에서 다수의 연구가 축적돼 있다.

- 전략적 제휴에 관해
  - 합병, 라이센스, 공동연구개발협력
  - 장기공급협정
  - 주식의 상호보유 등을 통한 기업간 연계
  - 공동사업(Collaborative Ven tures)을 포함한다.
- 기업간의 파트너십에 근거한 기업간 관계로는
  - 업무제휴
  - 업무, 자본제휴
  - Joint Ventures로 분류하면서
- 전략적 제휴를 촉진하는 요인으로는
  - 규모의 경제추진
  - 경합으로부터 학습
  - 리스크 관리와 코스트 부담
  - 암묵적 담합의 사업전개
  - 저코스트로 신시장잠입(진입)
  - 기존업계내의 신사업전개
  - 저코스트 경쟁이 추진
  - 불확실성의 대응 등을 열거하고 있다.

- 그리고. 다께다(1998)는
  - 기술제휴(기술공여, 공동개발)
  - 조달제휴(부품조달, 생산위탁)
  - 생산제휴(공동생산, 생산위탁)
  - 판매제휴(판매위탁)로 분류하고, 사토(1996)는 기업제휴, 사업제휴, 자본제휴, 기술제휴, 개발제휴, 생산제휴, 판매제휴, OEM(주문자 상표부착)제휴, 업무제휴로 분류하였다. 이들 선행연구는 기업의 국제화나 타지역·타분야로 진출사례를 분석대상으로 하여 전략적 제휴의 다양한 전개패턴고찰을 시도하고 있다.

넷째로, 전략적 제휴를 중심으로 한 기업간 연대활동을 성공의 조건에 관해 연구가 열거되고 있다. 이 연구에서는

- 각 주체가 특정목적을 추구하면서 독립적인 지위를 유지할 것
- 각 주체가 제휴의 이익분배에 참가하는 것
- 각 주체가 제휴활동에 공헌한다는 세 가지 필요충분조건을 갖춤으로써 성공가능성이 높아지는 것으로 논하고 있다.

또한, 제휴의 효과성은

- 각 제휴참가자 간의 상호신뢰
- 쌍방의 합의에 의해 규제와 프로세스를 정하는 공정성
- 제휴상대의 능력과 특성을 포함한 제휴조건의 검토를 철저하게 하는 것 등이 전략적 제휴의 성공요인으로 중요함을 논하고 있다.

이와 같은 선행연구의 결과는 고도의 스킬(숙련, 숙달)과 지식, 경영자원의 활용노하우, 연대활동의 경험등 기업간 연대를 성공으로 이끌 요인을 갖지 못한 중소기업의 기업간 연대의 성공율과 성과가 낮아진다는 역설적으로 논하는 연구결과로 생각된다. 따라서, 중소기업의 연대를 통한 사업전개에는 명확한 목적을 설정해서 실행프로세스 연대관계의 성과를 높이는 방안, 성과의 분배와 책임문제 등을 설계하는 계획단계에서 충분한 검토가 필요하고, 그 점에 관하여 적절한 어드바이스가 가능한 지원기관과 협력의 중요함이 강조된다.

1-2. 중소기업의 경영과제

❶ 협력관계와 활용의 효과

중소기업의 업황판단(業況判斷)에 의하면 2002년부터 제조업의 주가는 형태로 개선돼 왔는데 2007년 들어서는 악화를 지속하고 있다. 중소기업의 수익저하에 의한 자금회전율 둔화와 인재와 노동문제, 제품개발의 곤란으로 기업의 성장둔화의 요인으로 작용하고 있다. 중소

기업의 업종구성에서 제조업의 비중이 큰 지역의 기업의 업적도 악화되는 현실을 읽을 수 있다. 또한, 중소기업의 실태는 경기조사에 의하면 민간수요의 정체, 동업자 상호간 가격경쟁의 격화, 거래처의 감소, 판매처로부터 단가저하요청 관공수요의 정체는 2000년 초반의 버블붕괴 후 바닥을 치는 심각한 정도로 수요 감퇴의 쓰라린 경지를 넘기 위해 동업자 간의 가격경쟁이 격화되는 실정으로 분석되고 있다. 중소기업을 괴롭히는 요인이나 활성화방법의 해명을 시험하는 많은 선행연구는

- 중소기업의 경영환경개선을 위해 실시되는 지원책과 제도의 효과
- 중소기업과 대기업의 성장패턴 차이점
- 중소기업의 연구개발 활동을 촉진하는 방법
- 중소기업문제의 본질과 그 문제를 해결하는 방법 등 다양한 각도에서 진행되었다.

- 선행연구 결과에서는

- 대기업은 혁신주도형 기업에 변신을 모색하고 있으나, 중소기업은 아직 요소주도형 단계에 머물고 있는 점
- 많은 중소기업은 대기업과 하청관계중심의 구조로 독립성이 부족하여 대기업의 침체가 중소기업의 침체로 되는 점
- 경제 환경의 변화에 탄력적이면서 적극적 대응이 불가능한 영세자 영업비중이 높아지고 열악한 노동조건과 고용불안이 길어지고 있는 점
- 대·중소기업 간의 매출규모, 임금, 생산성 등 격차가 심화되고 있는 점은 중소기업의 구조적인 문제점과 해결과제로 지적되고 있다.

이와 같은 선행 연구성과로 본 장에서 주목하는 것은 동업계 기업만이 아닌 이업종의 기업을 포함하여 외부기업과의 연대활동에서 생기는 문제와 과제이다. 중소기업의 경쟁력 강화와 발전을 논할 때, 80년대 이후부터 관심이 높아지고 있는 기업간 협력이나 연대라는 개념을 빼놓을 수 없다. 최대의 이유는 중소기업이 가진 경영자원은 대기업에 비하여 떨어지고 그것으로 인해 중소기업의 발전이 제약되는 것을 들 수 있다.

한계가 있는 경영자원을 유용하게 활용하기 위해서는 자사가 경쟁우위를 가진 자신 있는 핵심 분야에 경영자원을 집중하고, 그 외의 분야에는 타기업이나 기관과 유연하게 연대하여 외부의 경영자원을 적극적으로 활용하고 상호 보완하는 것이 현실적으로 요구되는 것이다. 특히, 중소기업을 가장 괴롭게 하는 판매분야와 제조분야, 연구개발 분야의 연대활동에 의해 중소기업은 규모의 경제와 범위의 경제를 달성하는 것 외에도 연결의 경제, 보완효과라는 시너지효과의 획득도 기대할 수 있기 때문이다.

중소기업의 활동영역이 다양한 산업분야로 파급되는 것이다, 다양하면서 우수한 기술·기능이나 노하우, 판매채널 등 풍부한 경영자원을 가지는 것에 주목하고 있다. 개개중소기업이

가진 경영자원을 결속하면서 개개기업이 가진 경영자원의 한계를 넘는 상호작용을 활성화할 수 있는 중소기업끼리의 연대의 중요성이 강조되고 있다. 경영자원의 상호작용을 가능하게 하는 창조적인 경영전략의 전개 필요성을 논하게 된다.

기업의 성장패턴을 단순화하여 보면, 단일사업을 특정지역에 거점을 두고 로칼 전개하면서 축적한 경험과 경영자원, 노하우 등을 기반으로 하여 가일층 사업확대를 위해 타지역이나 해외진출을 기하는 과정을 답습하고 성장해가는 패턴이 전형적이라고 본다. 구체적으로 타지역으로의 진출에는 다른 지역에 대응하는 문제와 리스크와 불확실성이 존재한다.

이 문제는 리스크와 불확실성을 낮추기 위한 행동을 보면 초기단계에서는 사업활동의 리스크와 부담을 최소화하는 단순판매(납품)방식을 선택하지만, 사업경험과 지식, 경영자원이 축적되면 계약적 방식(라이센싱, 프렌차이징, 계약생산 등)과 직접투자방식(합병투자, 직접투자, 전략적 제휴, M&A 등) 등에 사업전개방식을 고도화시킨다. 이 성장단계별이 필요한 기업내부역량, 적절한 기업규모나 경영노하우와 경영자원을 획득하기 위해 많은 기업은 타사와의 연대를 활용한다. 이 연대관계를 활용할 때, 기업의 성장단계별 목표와 중점포인트가 다르게 되고, 각사마다 직면한 문제와 과제, 동기, 목표 등이 다르므로 다양한 연대의 패턴이 보이는 것으로 분석된다.

| 표 11-1 | **기업의 협력관계목적**

형태		기업 분야와 목적
수평형	보완형	기술개발 제품개발 판매 등 전 분야의 상호협력을 통해 보완과 학습
	리스크 분산형	기술개발 설비투자 신규사업전개에 따른 불확실성 리스크 분산
수직형	생산성 향상형	선발기업은 생산시설 투자 리스크 부담 후발기업은 선발기업과의 협력을 통해 생산성향상 학습
	N/W성형형	선발기업은 자사기술확산과 시장 점유율 확대 후발기업은 기술자원회득이나 보완과 학습
수평적 수직적		사업다각화로 해당사업의 전후 분야로 진출

위의 설명과 같이 기업간 연대활동은 그 동기와 전략상의 목표나 사내외의 요인, 처해진 상황 등에 따라 기업간 관계의 구성과 전개단계별 기업행동패턴이 극히 다양해진다. 선행연구는 단독요인이 아닌 몇 가지 요인이 조합된 복합적 요인에 의해 형성되는 다양한 패턴의 연대활동이 전개되는 것으로 분석되고 있다. 여기서 연대활동은 확실히 글로벌 시장에서의 존속, 시장지위의 향상을 실현하는 전략적 솔(정신)로 유용한 것으로 분석되고 있다.

그 때, 연대활동의 대상은 동업종이나 이업종의 기업에 한정되지 않고 지방자치제, 대학이나 연구기관 등까지 포함하고 국내에서도 다양한 주체가 연대하여 형성된 협력네트워크는 적다. 다음은 이 동업종만이 아닌 이업종기업과 협력관계를 구축하여 발전을 모색하고 기여의 동향에 주목하여 이업종기업과 연대를 효과적으로 활용하는 활동의 동향과 그 요인에 초점을 맞추어 분석한다.

❷ 이업종연대를 통한 사업전개

근년에 와서 지역경쟁력과 지역기업에 대한 관심이 높아지고 있다. 많은 연구에서 이 두개는 별도의 것이 아니고 상호영향을 받으면서 발전하는 개념으로 인식되면서 분석하고 있다. 이 지역기업과 지역경쟁력을 분석한 선행연구에 나타난 금일의 기업행동에서 세 가지 중요한 변화 포인트와 의미를 음미하고 있다.

첫째로, 지역내외 기업이나 다양한 주체로서 연대를 중시하는 점이다. 강한 경쟁력을 가진 지역을 의미하는 산업클러스터(동업종집단의 의미), 산업적, 공업단지, Innovative Miliec (이노베이티브 미리에) 등의 개념을 제시하면서 강한 경쟁력을 가진 지역의 조건이나 요인, 성장프로세스를 분석한 연구로 공통적으로 지적하는 것은, 강한 지역에는 강한 연대네트워크에 의해 강한 경쟁우위에 있는 지역에서 주역은 대기업이고, 중요한 역할을 맡은 나라의 정책도 결과적으로 대기업을 활성화하게 되는 육성책으로 변모되고 중소기업정책은 미사여구(美辭麗口)로 이어지는 현실이다.

근년의 실태를 살펴보면 점점 지역중소기업에 관한 관심과 기대감이 높아지고 있다. 다양한 지역중소기업의 육성책이나 환경정비가 되고 있다. 이 정책과 지역중소기업의 환경변화에 따라 다양한 주체로서 연대는 관심을 끌게 되고 연대활동은 선택할 한 가지가 아닌, 기업경영에 빼놓을 수 없는 절대성을 가진 활동으로 인식이 변화되고 있다.

둘째로, 미래지향적인 경영은 근년사이에 나타나는 일본산업의 실상을 참고하여 경영전략에 참고하는 것이 좋을 듯하다. 일본에서는 비교우위보다 경쟁우위를 중시하는 것을 볼 수 있다. 최근에 와서 기업의 국내회귀현상을 분석한 결과에서 많은 일본기업이 국내 사업전개의 한계를 극복하기 위해 저 인건비나 저가생산을 가능하게 하는 비교우위를 찾아 해외거점을 중시하여 사업전개를 하였으나, 높은 생산성과 지식에 기초한 경쟁우위가 창출되는 국내로 회귀하는 것으로 분석된다. 이 국내회귀현상이 의미하는 것은 글로벌적인 경쟁시대에 생존하기 위해 기업전략의 중점은 코스트 우위가 달성되는 자연적 자원, 노동적 자원 등 부존자원을 중시한 입지조건으로 변화하는 것이다.

이 비교우위를 중시하는 패러다임변화가 일본기업의 본국회귀를 가속화하는 요인의 기능을 하고 새로운 중핵(中核)생산거점과 생산기술이나 신제품개발담당의 연구개발 거점을 결정하는 주된 요인으로 분석할 수 있다. 따라서 지방자치체의 기업유치책은 코스트 저감을 가능하게 하는 비교우위의 달성에 공헌할 수 있는 타지역보다 유리한 조건을 제시한 유치정책에서 이익증가, 창출을 가능하게 하는 경쟁우위의 강화로 이어지는 타지역과 차별적인 지원책과 지역적인 특징을 살린 유치정책의 질적 변화가 필요한 것으로 강조된다.

마지막으로, 대기업 [의존형 비즈니스 모델]에서 [자립형 비즈니스 모델]로의 변화를 들 수 있다. 생산성향상과 경쟁력강화에 공헌한 가장 일반적인 중소기업의 비즈니스모델이라고 말하는, 하청형 비즈니스 모델의 변화에 초점을 맞춘 연구에서도 지역중소기업의 변화가 분석돼 있다. 1980년에는 중소기업의 약 7할이 하청기업 형태였던 하청형 비즈니스 모델은 신기업을 정점으로한 1차 하청, 2차 하청이 되는 피라밋형 조직으로 장기거래에 근거한 분업을 통한 생산의 전문시스템이다.

하청시스템 전개를 지탱하는 조건으로는

- 경제가 성장기였다는 점
- 발주측과 하청측이 종속관계였다는 것
- 생산방식이 국내 완결형이었다는 점을 들고 있다. 그러나 1980년대 이후 종래형의 하청시스템에서 탈바꿈하고 탈하청화와 다각화를 기하는 중소기업의 새로운 경향이 나타났으며, 기술력이 있는 중소기업이 새로운 분야로 전환한 예도 적지 않다. 또한, 자립한 부품메이커나 조립전문기업으로 변화를 통해, 다수기업과 거래를 가능케 하는 독자의 네트워크를 구축한 기업도 적지 않다.

이상, 간단히 고찰한 바를 요약하면

- 연대관계를 중시한다.
- 비교우위보다 경쟁우위를 중시한다.
- 의존형에서 자립형 비지니스 모델로 변한 세 가지 기업행동변화에서 공통적인 것은 동업종만이 아닌 다양한 이업종기업이나 다른 주체와의 효율적인 연대활동을 통해 창출할 수 있는 경쟁우위에 기대감이 높은 점이다.

우선, 이업종기업간 연대를 고찰해보면, 이 활동은 기업경영상 경쟁상대가 아닌 이업종기업이 하나의 그룹이 되고 각 기업의 경영정보, 경영자원이나 사업전개상 문제점 등을 공유·교류하면서 협력을 기초로 자사의 경영목표를 달성하는 경영전략과 전략수단을 모색하는 활동과 실제의 공동행동으로 이동하는 활동을 의미한다. 또한, 이 이업종교류활동에는 공동개발이나 사업화를 목표로한 교류를 통한 학습효과와 연대성과의 자사흡수와 활용능력이라는 측면이 중요하다.

그 유형은 정보교류형(정예화, 강연회, 견학회 등), 경영자원의 상호이용형(생산, 연구, 실험설비의 공동이용, 경영과 기술노하우 공유, 판로, 인재의 공유 등) 신제품개발형(개발자원의 제공과 역할분담을 통한 공동연구에서 단독개발이 어려운 신기술과 신제품을 개발) 등으로 분류된다.

제1단계, 신뢰기반구축과 정보. 인적교류가 되는 교류단계
제2단계, 제품(상품)개발과 공동실행계획을 책정하는 상호개발단계
제3단계, 신규 사업을 전개하는 사업화단계

이업종교류활동의 정보와 인적교류의 활성화를 통한 신싱품개발이나 신규사업개척 외에도 문제해결능력의 향상, 자사의 독자적인 경쟁우위확립 등을 통한 경영스킬(숙련)향상 등이 열거된다. 특히, 새로운 분야진출을 계획 중인 기업은 주로 거래처·외주처(주로 이 근거리기업간 계속적·폐쇄적(閉鎖的))교류는 이점도 많으나 사업내용이나 채택기술과 판로 등의 고착화 우려가 있다. 다른 한편으로는 원거리기업과의 교류는 신사업전개와 신시장개척을 가능하게 하는 효과가 기대되지만 가시적 성과를 보는데는 장시간과 대량경영자원을 요하는 것으로 생각된다.

따라서 산학연대 활동은 산업계와 학계의 상이한 영역에 속하는 조직이 연대하고, 현재까지 장래 사업전개에 필요로 경영자원의 개발·정보 등의 학습과 습득으로 지식경쟁우위를 구축해가는 활동으로 정의된다.

1-3. 중소기업 연대활동의 실효성

기업간 연대를 함으로서 새로운 역량, 새로운 시장의 안목이 넓어져 새로운 영역으로 도전의 욕구충동을 갖게 된다. 이로 인해 기업관이 달라지고 활동역역이 넓어짐으로서 기업성장과 확장의 매개적 동기가 된다.

❶ 타사와의 연대를 통한 사업전개

후꾸시마현 하의 기업 중에 타사와의 연대를 통한 사업전개 중에 있는 기업은 38%이고, 이전에 경험한바 있는 기업 9%를 포함하면 47%이다. 이 연대를 통한 사업전개를 경험하거나 전개 중이라고 회답한 기업의 현상을 분석하면 다음과 같이 정리된다. 우선, 협력기간은 6~8년(22%)과 4~5년(22%), 6~10년(16%)의 순이고, 2~3년(17%)과 1년 미만(16%)의 상대적으로 단기간의 협력보다 중장기적인 협력관계를 유지하는 경향이 있다. 또한, 연대 기업수는 2~3년(40%), 1사(23%)로 63%를 점하고, 다수기업보다 소수기업과 밀접한 관계를 길게 유지하는 경향이 나타났다. 구체적인 연대를 통한 사업전개의 동기로는 시장개척(81%)이 압도적으로 많고, 생산활동의 강화(9%), 연구개발(5%), 원가삭감(2%)의 순으로 열거된다.

다음으로, 후꾸시마현하 기업과 연대관계를 유지하고 있는 상대기업은 지역별로 후꾸시마현내 43%, 간토(關東)지역 28%, 도후꾸(東北)지역 21%이고, 현내와 지리적으로 근접한 상권

이 형성되어 있는 지역은 92%를 점유하고 있다. 또한, 그 상대기업과의 협력분야에서는 판매분야(38%)가 가장 많고, 기술분야(28%), 생산분야(21%)의 결과에서 후꾸시마현하 기업은 직면한 과제인 판매개척·생산부문의 강화를 위해 타지역 진출을 시사할 점이 도출되었다.

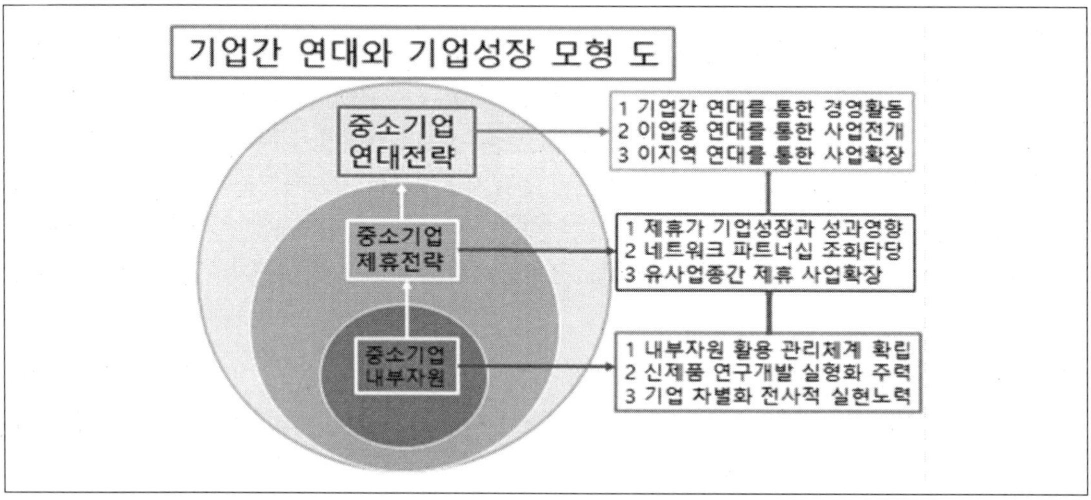

| 그림 11-2 | **중소기업 연대로 기업성장 실효성 모델**

본고의 조사에서 주목할 부분은 어느 것도 말하지 않음, 무응답이란 판단유보 또는 판단불능이란 대답이 많았다. 특히, 연대관계를 활용한 사업전개효과나 만족도 등 가치판단을 요하는 항목에서는 특히, 명확한 판단이 되지 않거나 판단유보 답의 비율이 높았다. 이것은 현재의 사업업적에 영향을 주는 요인이 국제적인 경제불황 및 국내경기의 장기적 침체 등, 통제할 수 없는 외부상황에 의한 것인지, 기업자체가 행한 다양한 활동에 의한 것인지 불명확하여 판단이 어려운 것에 기인하는 것으로 판단하고 있다. 이와 같은 인식이 협력관계를 통한 사업전개효과의 판단에도 영향을 주는 것으로 생각된다. [어느 것도 말하지 않음]이란 직접적인 판단을 표시하지 않은 응답에 관한 치밀한 조사는 금후과제로 남는다.

| 표 11-2 | **연대활 동등에 관한 만족도 %**

구분	국내사업에 공헌	사업전개에 불가결	현 사업의 경영자원 확보	금후 사업 경영자원 확보
매우 높다	13	21	11	11
높다	34	33	31	27
판단 유보	28	30	39	42
낮다	13	9	22	24
매우 낮다	12	7	8	6
합계(%)	100	100	100	100

판단유보나 판단불능의 회답을 제외하고 연대활동의 성과에 관하여 현하 기업의 판단과 현상의식을 분석해보면 이하와 같이 정리된다.

우선, 대부분 국제사업을 전개하지 않는 후꾸시마현하 기업에서 국제사업에 대한 공헌도는 낮은 것으로 기획단계에서 예측되었다. 이 항목을 제외하고 현재의 국내 사업전개에 필요성이 높다(44%). 현재 사업전개에 필요한 경영자원 확보에 공헌도가 높다(47%), 현재의 사업에 필요한 경영자원 확보에 공헌한다(44%), 장래 사업에 필요한 경영자원의 확보에 공헌한다(38%)의 긍적적인 판단의 답이 많았다(표 11-2). 이 항목에서 현재의 국내 사업전개에서 외부와의 협력관계를 중시하는 높은 기대감과 인식의 확인이 가능하였다. 그리고 우호적인 기업간 관계를 유지하기 위해 중시하는 항목으로는, 커뮤니케이션(34%)이 가장 높고, 기술(25%)이나 인적교류의 확대(12%), 상대기업의 이익배분(16%)으로 열거된다.

또한, 연대관계유지에 어렵고 곤란한 항목은 커뮤니케이션(37%), 상대기업의 의욕(19%), 인재확보(15%), 협력업체의 탐색(14%)의 순이었다. 다른 한편 상대기업의 자사개입에 대한 만족도가 높다(53%)로 판단하는 기업은 불만족이다(19%)보다 많았다.

❷ 타지역 진출협동에서 기업간 관계

후꾸시마현하 기업 중에서 타지역으로 진출 중이거나 진출 경험이 있는 기업은 전체의 40.3%였다. 이 타지역 진출 유무별 사업성과에서는, 타지역 진출경험이 있는 기업의 평균매출은 14억 5,589만 엔으로 타지역 진출경험이 없는 기업의 4억 3,497만 엔보다 3배 넘는 높은 업적임을 알게 되었다. 또한, 타지역 진출의 경영성과에 대한 회답을 분석해보면, 현하 기업의 타지역 사업에서 이익이 있는 경우(43.5%)가, 손실이 있다는 케이스(24.2%)보다 많음을 알았다. 이익=손실로 답한 경우도 32%였는데 타지역에서 사업성과는 매우 높은 것으로 표시되었다.

| 표 11-3 | **협력 사업전개 유·무와 타지역 전개(%)**

구분		타지역 사업전개				합계(%)
		전개 중	철수	전개 없음	금후 계획	
협력사업 전개사항	전개 중	50.0 (18.9)	1.7 (6)	35.0 (13.2)	13.3 (5.0)	100 (37.7)
	전개 경험없음	26.7 (2.5)	26.7 (2.5)	46.7 (4.4)		100 (9.4)
	자사단독 전개	25.0 (13.2)	4.8 (2.5)	63.1 (33.3)	7.1 (3.8)	100 (52.8)
합계(%)		(34.6)	(5.7)	(50.9)	(8.8)	(100)

후꾸시마현하 기업이 진출한 지역은 연대관계를 유지하고 있는 기업의 소재지와 사업전개를 하고 있는 기업은 10%에 머물러 있음을 알 수 있다. 또한, 타지역으로 진출형태로는 지점. 지사를 포함한 자회사의 설립을 통한 형태(48%)가 많았다.

지금부터 타지역 진출행동에서 기업간 연대활동을 분석한다. 먼저, 기업간 연대의 활용유무와 타지역에서 사업전개 유무를 교차분석을 통해, 단독시업 전개 중 기업에서 타지역으로 진출하는 케이스는 25%정도인데, 연대를 통한 사업전개를 하는 기업중 타지역에서 사업전개를 진행하는 케이스는 반수정도인 현실을 보게 된다. 이점을 통해 현하기업이 사업확대를 위해 타지역으로 진출할 때 타기업과 연대관계를 활용하는 경향이 높은 것을 알 수 있다(표 11-3).

그리고 타지역에서 시업활동(진출분야)을 분석해 보면, 기업간 협력관계(진출분야)를 활용하는 그룹의 경우 판매부분(68%)이 가장 압도적으로 많고, 생산부문(20%), 조달부문(8%), 인적부문(4%)의 순이고, 협력관계 활용경험이 없는 그룹의 경우 판매부문(81%), 생산부문(8.1%), 연구개발부문(5.4%), 조달과 인적자원관리부문(각 2.7%)의 순이다(표 11-4).

이것으로 인해 후꾸시마현하 기업의 타지역 진출행동에서 연대유무별로 그 동기의 차이는 없었고, 판매나 생산부문의 강화가 주된 타지역진출 동기임이 확인되었다. 이와 같은 협력관계를 활용한 활동분석에서 타지역 진출의 형태와 행동이 자사제품의 판매나 제조가 메인이 되는 것, 지역밀착성을 가진 사업전개에 집중하는 것을 알았다. 이 점은 진출동기에 관한 회답으로 시장개척(81%)이 압도적으로 많은 비중을 차지함이 이면(裏面)에 있다.

| 표 11-4 | **협력 유·무와 타지역 전개부문(%)**

구분↓ 해당부문→	연구개발	판매	조달	생산	인적 자원관리
연대사업 전개(100%)		68.0	8.0	20.0	4.0
단독전개(100%)	5.4	81.1	2.7	8.1	2.7
합계 (100%)	3.2	75.8	4.8	12.9	3.2

[성공한 사람들의 10가지 특징]

1. 매우 매력적이고 현실적인 목표를 갖는다.
2. 오늘의 자신, 지금의 자신을 출발점으로 삼는다.
3. 타인과 비교하지 않는다.
4. 적극적이고 낙천적이며 정열적인 사고를 갖는다.
5. 창조적인 상상력을 적극 활용한다.
6. 현재의 일을 최후의 일이라고 생각하고 몰입한다.
7. 자신만이 가지는 개성적인 매력을 가진다.

8. 성공에 대해서 서두르지 않고, 교만하지 않고, 쉬지 않고, 포기하지 않는다.
9. 명예가 있는 인간이 될 것을 마음에 새긴다.
10. 하나의 일이 끝났을 때, 훌륭한 성공 체험을 얻는다.

\- 로버트H.슐러

용어 설명

공동사업(Collaborative Ventures)
Joint Ventures: 합동사업
Innovative Miliec

참고 문헌

1. 기업생태계 관점에서의 연구개발전략과 플랫폼리더십: 대중소기업 상생협력과 R&D에의 시사, 중소기업연구 31(2), 김기찬(2009)
2. 대·중소기업 상생협력의 이론적 모형설계: 건강하고 기업 생태계구축 중소기업연구(한국중소기업학회), 28권3호(2006년09월), 김기찬·김수욱·박건수·박성택·박지윤·송창석·이종욱
3. 대·중소기업간 상생협력 유형의 세분화와 전략 - 중소기업의 L,A,J 유형 분류와 성과를 중심으로 - , 중소기업연구(한국중소기업학회), 29권4호(2007년 12월) 김기찬·송창석·박지윤
4. 自動車企業の国際競争力分析―\モジュール化の進行と企業間関係の変化を中心千葉商科大学大学院政 策研究科 博士 長谷川洋三
5. 戰略的 組織關係 構築による 企業成長井上.2002. 井上善海
6. 中小企業における連携戦略の状況と成果に関する研究福島大学経済経営学類尹ユ卿キョンヨル烈福 島大学(6674), 地域創造第22巻 第1号, 2010.9
7. 起業家の成功要因に関する実証分析. 松田尚子.経済産業研究所 松尾豊東京大学. 独立行政法人経済産業 研究所

요 약

1. 기업간 연대를 통한 경영활동
지역경제 활성화를 위한 기업간 연대의 사례를 인용코하고자 한다. 후꾸오카현의 기업과 같이 지역경제의 활성화와 생활수준향상에 공헌하는 지역기업의 경쟁력을 [사업기반을 지역에서 사업전개와 지속적인 성장을 기하면서, 격한 글로벌경 쟁에 대응할 수 있는 재화와 서비스를 창출하는 능력]으로 정의하고 논의키로 한다.

2. 중소기업의 장수전략
자사단독으로는 기업성장에 한계가 있는 신제품 서비스개발을 통한 신규 사업과 새로운 시장개척은 결코 용이하지 않다. 따라서 사업전개에 불가결한 보완적인 경영자원과 능력을 외부에서 구하고 경영자원의 부족을 보완할 필요를 갖게 한다. 신제품서비스의 개발과 신규시장의 개척은 기업의 진로와 운명을 좌우한다.

3. 협력관계와 활용의 효과
중소기업의 업황 판단(業況判斷)에 의하면 2002년부터 제조업이 주가형태로 개선되어 왔는데 2007년 들어서는 악화를 지속하고 있다. 중소기업의 수익저하에 의한 자금회전율의 둔화와 노동문제, 제품개발의 곤란으로 기업의 성장둔화의 요인으로 작용하고 있다. 중소기업의 업종구성에서 제조업의 비중이 지역기업의 업적도 악화되는 현실을 읽을 수 있다.

4. 이업종연대를 통한 사업전개
근년에 와서 지역경쟁력과 지역기업에 대한 관심이 높아지고 있다. 많은 연구에서 이 두 개는 별도의 것이 아니고, 상호영향을 받으면서 발전하는 개념으로 인식되면서 분석하고 있다. 이 지역기업과 지역경쟁력을 분석한 선행연구에 나타난 기업행동에서 세 가지 중요한 변화 포인트와 의미를 음미하고 있다.

5. 타사와의 연대를 통한 사업전개의 상황
후꾸시마현하의 기업 중에 타사와의 연대를 통한 사업전개 중에 있는 기업은 38%이고, 이전에 경험한 바 있는 기업 9%를 포함하면 47%이다. 이 연대를 통한 사업전개를 경험하거나 전개 중이라고 회답한 기업의 현상을 분석하면 이하와 같이 정리된다. 우선, 협력기간은 6~8년(22%)과 4~5년(22%), 6~10년(16%)의 순이고, 2~3년(17%)과 1년 미만(16%)의 상대적으로 단기간의 협력보다 중장기적인 협력관게를 유지하는 경향이 있다.

6. 협력관계와 활용의 효과
중소기업의 업황 판단(業況判斷)에 의하면 2002년부터 제조업이 주가형태로 개선되어 왔는데 2007년 들어서는 악화를 지속하고 있다. 중소기업의 수익저하에 의한 자금회전율의 둔화와 노동문제, 제품개발의 곤란으로 기업의 성장둔화의 요인으로 작용하고 있다. 중소기업의 업종구성에서 제조업의 비중이 지역기업의 업적도 악화되는 현실을 읽을 수 있다.

제2절

장수기업의 경영이념과 사회적 책임

성공 Point 39

1. 관리직의 유일한 목적은

상사가 현장에 전화를 걸어 매출이 얼마나 되는지 등의 데이터를 요구하는지 아니면 현장에서 지원해달라는 전화가 상사한데 오는지를 살펴보라. 만약 전자면 그 사람의 자리는 위험하다. 그 상사는 부하직원을 통제하려는 사람이다. 두 번째 사람이라면 안심해도 좋다. 관리직의 유일한 목적은 현장을 지원하고 게임에서 이길 수 있도록 도움을 주는 것이다. 높은 성과를 보이는 기업은 통제대신 지원분위기가 지배하는 조직이다(잭 웰치 GE 전 회장).

2. 결단력을 키워라

이른바 좋은 기회란 성사 후에 판명된다. 불확실한 가운데서 성공하는 인물은 자신이 얻을 수 있는 물건에 집중하여 결단을 내린다. 기회선별과 선택성이 중요하다. 기회를 잡는 것은 골동품을 사는 것과 같다. 그 가치가 만천하에 드러난 골통품은 고가를 주고 사기에도 힘이 든다. 반면 가치가 드러나지 않은 골통품은 값싸게 구입할 수 있는 대신 위험부담을 감수하여야 한다. 결정을 내릴 때 단 두 가지만 생각하라 정말로 필요불가결한 것인지. 최악의 결과를 감수할 수 있을 것인지를 생각하라. 반드시 결정을 내려야한다면 지체 없이 결정하라.

제2절
장수기업의 경영이념과 사회적 책임

2-1. 장수기업의 개요

❶ 장수기업의 요지

기업이 장수하는 조건은 경영이념과는 경영자가 기업운영에 대해서 가지고 있는 신조·이념·경영관을 가리킨다고 해도 좋을 것이다. 그것은 경영철학, 경영신념, 경영사상, 행동이념, 지도원리 등의 명칭으로 불린다. 경영자가 리더십을 발휘할 경영의 방향을 정하는 데 매우 중요한 역할이다. 경영자가 경영이념을 구성원에 침투시키기 위해서는 프로정신에 뒷받침된 리더십함양과 그것을 기업 내에서 발휘하기 위한 환경이 필수적이다.

(1) 장수기업의 공통점

장수기업을 설명할 수 있는 네 가지 공통적인 특징은 다음과 같다.

- 여유자금의 운용을 통한 보수적인 자본조달
- 변화하는 환경에서 적절하게 대응할 수 있는 세상에 대한 민감성
- 조직의 성취를 본인의 성취와 동일시하는 분위기가 밑바탕이 되는 일체성에 대한 의식
- 새로운 사업을 시작하는데 있어 새로운 아이디어에 대한 관용 등이 밑바탕이 되었다고 말한다.

또한 인간중심적 가치의 강조, 조정 및 통제의 완화, 학습조직, 공동체형성의 중요성 등을 강조하면서 기업의 죽음은 종업원, 공급자 등 모든 이해관계자에 손실을 입히고 비용을 수반한다고 주장했다.

(2) 장수기업의 사회적 책임

기업의 사회적 책임(corporate social responsibility)활동의 원점은 창업 이후 경영이념을 시대에 적응하고 새로운 가치관으로서 경영이념을 책정하고 이를 바탕으로 자사의 기본방향을 구상하는데 있다, 확고한 경영이념에 기초한 가치관에서 경영비전과 중장기 경영계획을 결정한 것이다. 창업이후 경영이념이 경영자와 종업원의 공통의 가치관이 되었고 대화와 소통을 반복, 확고한 경영이념을 실천하고 있는 것이 특징이다. 장수기업의 키워드는 경영이념, 경영철학, 기업의 사회적 책임(CSR), 지속가능한 발전, 경영능력 또한 인간중심적 가치의 강조,

조정 및 통제의 완화, 학습조직, 공동체형성의 중요성 등이 강조되고 있다. 기업의 쇠퇴는 투자는 물론 종업원 및 공급자 등 모든 이해관계자들의 공동의 손실로 사회문제가 되고 있다.

2 장수기업의 이념

장수기업의 상당수가 창업 이후 경영이념(기업이념)을 들고 공통의 가치관 혹은 경영방침으로 그동안 경영을 해왔다. 모든 장수기업의 경영이념이 명문화된 것은 아니지만 구전을 포함하고 장수기업에 공통적으로 보는 것은 양질의 신장에 있던 것이다. 그런 경영에는 창업자의 경영이념, 경영철학과 같이 가르치고 교훈, 가훈이 경영지침이 되는 가치관의 양성, 정신적 지주가 되었기에 오늘날까지 장수하며 존재하는 것이다.

최근 기업의 사회적 책임은 CSR로, 매스컴 등의 보도기관을 비롯한 기업의 일상용어로 전파되는 기업의 전략적 사업으로 이루어지고 있다. 1990년대는 환경경영이 주목적이었으나 2000년도를 계기로 정책적으로 전환되고 있다. 이러한 배경에는 기존의 환경경영에다가 경제, 환경, 사회라고 하는 틀에서 파악하고 그 중에서 장려할 필요성이 요구되어 왔기 때문이다. 특히 경제활동의 기초인 산업계에서는 사화적 책임 CSR의 생각, 개념, 목적 등을 기업에 홍보하고 있다.

CSR은 기업과 사회의 지속가능한 발전을 개념으로 경영하는 것이 요구되고 있다. 특정 부서만 CSR에 나서고 설명을 하는 것이 아니라, CSR을 경영에 넣은 사업으로 전개할 필요가 있다. 그렇지만, CSR을 미래의 투자로 생각하는 경영자도 있는 반면, 코스트라고 생각한 경영자도 있다. 경영자는 CSR을 경영으로 가는 것이 결과적으로 기업가치향상으로 이어진다는 의식을 가질 필요가 있다.

마이클 포터(Porter, Michael E.)와 마크 크라머르(Kramer, Mark R.)는 Harvard Business Review(2006년 12월호)에서 사회적과제에 대한 자사의 사업을 통해서 기업가치를 향상시키는 CSR의 수법으로서 CSV(Creating Shared Value: 공통가치창조)을 제창한 바 있다. 그 다음 마이클 포터와 마크 크라머르는 Harvard Business Review (2011년 1월·2월 합병호)에서 CSV의 컨셉에 대해서 다루고 있다. 사회의 정합성에 맞춘 경영을 실천하고 그 경영에는 경영철학이 있음을 지적하고 있다. 100년, 200년 이상이라는 장수기업의 존속의 특징은 끊임없는 연구개발의 학습에 있다.

지속가능한 발전을 목표로 기업을 이루는 경영자의 이념과 사회적 책임활동의 관계 등에 대해서 고찰하고. 구체적으로는 경영이념을 종업원과 공유하고 사회적 책임활동으로 경영실천하기 위한 특징을 밝히고 혁신의 진화와 더불어 어떠한 요인들이 장수기업으로 성장하는데 작용하여 지속가능한 경영을 가능하게 하는가에 대한 고찰을 하고자 한다. 이러한 장수기업이 형성되는 조건으로써 지속가능경영의 개념을 들 수 있겠다. 지속가능경영(sustainable management)이란 개념은 기업이 속한 산업에 있어서 기업들이 가져야 할 경영기조로 주목받고 있는 개념이지만 이러한 개념이 아주 새롭게 나타난 것은 아니다.

❸ 지속경영과 윤리경영

(1) 지속가능한 경영의 개념

지속가능경영의 개념은 지속경영(sustainability management), 윤리경영(ethical management), 사회적 책임(CSR; corporate social responsibility) 등의 세 가지 개념이 혼용된 합성어이다. 그러나 윤리경영은 법규준수와 윤리적 의사결정의 개념이 주를 이루고, 사회적 책임의 경우 기업을 구성하고 있는 이해관계자에 대한 책임의 개념이 강하다. 이들 개념 중 지속경영은 경제적 성과를 중요하게 생각하되 사회와 환경의 지속적인 성과를 내는 것이 중요하며 기업이 이를 통해 윤리, 혁신, 창조적인 방법을 계속적으로 수행하여 지속적으로 성과를 만들어냄으로써 기업의 경쟁우위를 창출하고 가치를 증대시키는 새로운 경영방식으로 중요하게 강조되고 있다.

지속가능 경영은 기업이 경제적으로 탄탄하여 수익을 창출함으로써 생존이 가능할 뿐만 아니라 사회적으로도 기업으로서의 책임을 다하고 환경적으로 건전한 경영을 통해 다음 세대까지 생각하는 지구를 만들기 위한 기업경영의 조화를 추구하는 트리플 바텀 라인(triple bottom line) 경제, 사회, 환경이 바탕이 되는 개념이다(WBCS). 이러한 트리플 바텀 라인이 윤리 및 혁신과 창조를 통한 경영과 결합되어 성장할 때 기업은 궁극적인 가치를 가지며 이러한 가치는 궁극적으로 경쟁우위를 확보하여 기업의 가치증대에 직·간접적인 영향을 미침으로써 기업이 장수하는 데 기여하게 된다.

(2) 지속경영은 다음과 같은 효과를 가져올 수 있다

첫째, 이해관계자와의 신뢰를 구축할 수 있다. 지속적으로 내·외부 이해관계자에 신뢰감을 주어 계속적으로 존경받고 사랑받는 기업으로 성장할 수 있다.

둘째, 기업은 이러한 신뢰와 지지를 받으면서 기업의 이미지에 긍정적으로 작용하게 되고, 이는 명성의 향상으로 이어져 브랜드 이미지나 고객충성도 등을 향상시킨다.

셋째, 기업의 수익성이 향상될 수 있다. 마지막으로 계속적인 지속경영의 발달은 기업가치를 고려함에 있어 중요한 개념으로 받아들여지고 이러한 개념을 발판으로 기업의 장기적이고 지속가능한 발전을 가져오는 장기적 성장에 있어서의 원동력이 된다.

이와 같은 효과와 더불어 산업에서는 글로벌 기업을 중심으로 한 지속가능경영실현을 위한 도입이 확산되고 있으며 그 적용범위 또한 기업의 전 과정으로 확대하고 있는 실정이다. 현재의 기업환경은 정보가 순식간에 광범위하게 전달되기 때문에 기업의 경제적 성과가 아무리 뛰어나더라도 나머지 윤리적 문제, 환경적 문제 등에 있어 문제점이 드러나면 빠르게 기업의 명성은 물론 성과에도 부정적인 영향을 미치게 되기 때문이다. 또한 기업과 관계된 이해관계자들의 관심이 높아지면서 이러한 지속가능경영의 중요성을 알게 된 기업들은 이해관계자들과 다양한 채널을 통해 커뮤니케이션을 하고 있고, 이 중 하나의 수단으로써 지속가능경영의 실천과 비전, 실천을 통한 성과를 보여줄 수 있는 지속가능경영 보고서를 자발적으로 발간하는 움직임이 커지고 있다. 이렇듯이 기업이 장수기업으로써 소비자들에게 지속적으로 기업활동을 영위하기 위해서는 이러한 지속가능경영의 개념을 충족시켜야 할 것이며, 따라서 기업의 경제적, 사회적, 환경적 역할아래 기업의 혁신, 창조, 윤리적 경영활동을 통해 장수기업으로써의 면모를 갖출 수 있다.

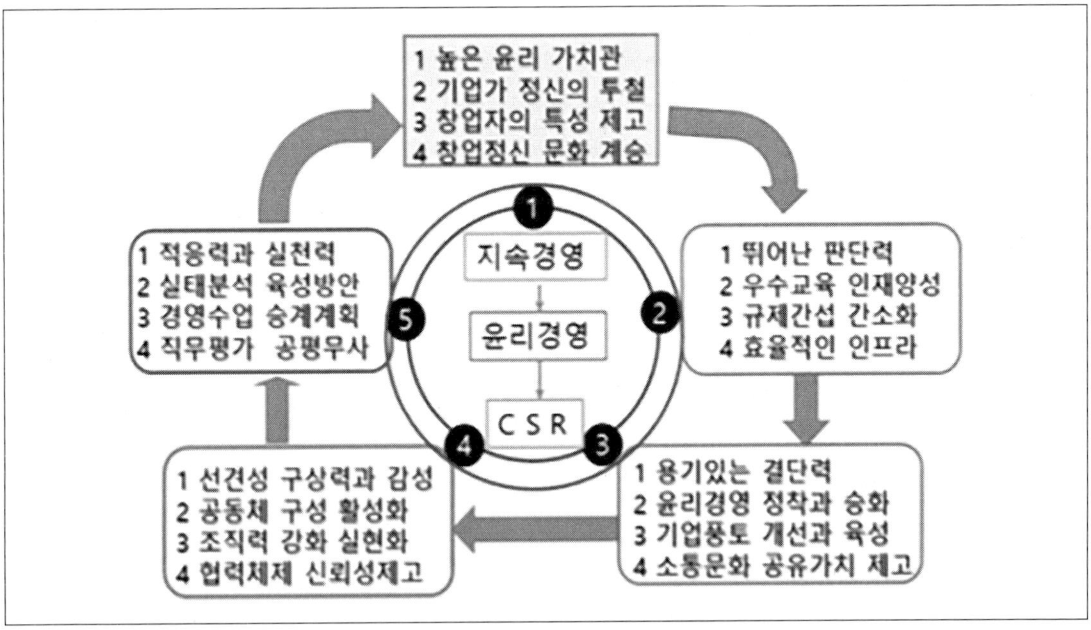

| 그림 11-3 | **지속경영 장수기업으로 진입 모형도**

2-2. 1000년 기업 미래를 향하여

❶ TOP 10 100년 기업으로

2012년 인터브랜드에서 발표한 베스트 글로벌 브랜드 TOP 10 중기업 역사가 100년이 넘는 브랜드는 단 3개뿐입니다. 삼성은 9위에 올랐지만 일류기업으로 장수하기란 쉽지 않습니다. 기업의 생사소멸은 그 기업의 가치관, 즉 기업DNA에 달려있습니다. 100년 기업을 꿈꾸는 삼성의 성공DNA는 과연 무엇일까요?

1938년 창립된 삼성은 '크고 강하고 영원하라.'는 세 가지 소망을 담아 이 땅에 100년 기업의 꿈을 심었습니다. 이후 반세기 동안 삼성은 대한민국 산업화를 견인하며 첫 번째 소망인 크고 자랑스런 삼성그룹으로 성장했습니다. 1988년 이건희 회장은 창립 50주년 기념사에서 이렇게 그 의미를 밝혔습니다.

우리는 오늘 반세기라는 긴 역사 그리고 과거의 자랑스러운 위업과 영광만을 내세우자는 것이 아닙니다. 그 발자취를 거울삼아 가능성의 확신 아래 '위대한 내일'을 설계하자는 것입니다." '위대한 내일'을 설계한 이건희 회장의 신경영을 통해 삼성은 양적 성장을 넘어서는 질적 성장과 혁신을 이룩했고 두 번째 소망인 강하고 선도적인 기업으로 자리매김할 수 있었습니다. 그리고 이건희 회장 취임 25주년을 맞은 2012년, 삼성은 3가지 성공DNA를 통해서 100년 기업의 꿈을 향한 마지막 소망인 '영원하라'를 이루려 합니다.

❷ 초일류를 향한 끊임없는 도전

1987년 취임식에서 이건희 회장은 단호하게 삼성의 나아갈 바를 제시했습니다. 삼성을 세계적인 초일류기업으로 성장시킬 것입니다. 또한 이건희 회장은 1991년초 일류기업은 후세에 남겨줄 지고의 가치이자 목표라고 다시 한 번 강조했습니다. 256M D램을 필두로 20여년간 지속된 반도체 신화는 대한민국 모두의 자랑이고 세계가 부러워하는 성공이었습니다. 현재 TV는 7년간 세계 판매 1위를 지키고 있으며 갤럭시 시리즈 등 스마트 디바이스 분야에서도 세계 시장을 선도하고 있습니다.

◈ 100년 기업 삼성의 성공 DNA

1. 창의 ; Creativity

   창조적 인재를 키우고 실패를 두려워하지 않는 창의의 삼성을 만들자.

   • 새로운 도약을 위한 성공 열쇠
   • 글로벌 삼성 견인을 위한 적극적 인재경영
   • 창의적 조직문화 구현

2. 상생(Coexistence)

   고기가 물을 떠나서 살수 없듯이 기업도 사회를 떠나 존재할 수 없다.

   • 사회공헌 더불어 함께하는 상생추구
   • 미래의 꿈과 희망을 줄 수 있는 새로운 상생모델
   • 인류를 대상으로 한 글로벌 상생으로 확대

3. 초일류(Global First Class)

   초일류기업은 후세에 남겨줄 지고의 가치가 목표

- 신수종사업의 지속적 발굴
- 기초사업의 핵심 역할 강화
- 개방적 혁신

초일류기업은 후세에 남겨줄 지고의 가치가 목표

세계에서 제일 높은 빌딩, 부르즈 칼리파를 건설했으며, 세계에서 가장추운 바다를 항해하는 쇄빙 유조선을 건조했습니다. 그것이 바로 자랑스러운 삼성입니다 .하지만 시련의 순간도 있었습니다. 양 위주의 관행이 남아있었던 1995년, 삼성은 불량 전화기 화형식을 가졌습니다. 무선전화기, 키폰, 팩시밀리, 휴대폰 등 총 시가 500억 원어치의 불량품 15만대를 양 위주의 관행과 함께 불태워버렸습니다. 그 결과 전화기 화형식 당시 4위에 그쳤던 시장점유율은 이듬해 1위에 올라섰습니다. 삼성은 금융, 호텔, 테마파크, 병원 분야에서도 국내 최초의 선진 서비스 문화를 창출했고 더 이상 국내 최초에 머물지 않고 세계 최초, 세계 최고, 초일류가 되기 위해서 임직원 모두 도전하고 또 도전하고 있습니다.

❸ 불멸의 장생기업으로

(1) 창의(創意) Creativity

창조적 인재를 키우고 실패를 두려워하지 않는 창의의 삼성을 만들자"

창의적 인재와 조직문화 이건희 회장은 2006년 "창조적 인재를 키우고 실패를 두려워하지 않는 창의의 삼성을 만들자"며 '창의'를 경영 화두로 제시했습니다. '창의' 없이는 '초일류기업'으로 나아갈 수 없었기 때문입니다.

전통적으로 삼성은 인재제일의 철학을 바탕으로 우수한 인재를 확보하고 양성하는데 많은 노력을 기울여왔습니다. 또한 우수한 인재들이 주인의식을 갖고 마음껏 능력을 발휘할 수 있도록 공정한 인사의 전통과 믿고 맡기는 자율경영의 풍토를 이어왔습니다. 이건희 회장의 신경영을 통해 삼성의 인재 양성은 한 단계 업그레이드 했습니다 바로 '창의적 핵심인재'를 확보하고 양성하는데 역점을 둔 것입니다. 이건희 회장은 2002년 전 관계사 사장단 회의에서 CEO가 직접 핵심인재 확보를 위해 나서라고 주문합니다.

우수한 인적 자원의 보유가 기업과 국가의 미래 경쟁력을 좌우하는 원천임을 인식하고 창의적인 핵심인재를 확보하고 양성하는 일에 사장단들이 직접 뛰어야 합니다." 이후 핵심인재 확보는 CEO가 직접 수행하는 주요 경영활동 목표로 자리잡았고 삼성은 세계 각국에서 확보한 핵심인재들의 질적인 성과 향상을 위해서 다양한 동기부여와 지원을 아끼지 않고 있습니다.

그러나 훌륭한 인재가 전부는 아닙니다. 인재가 창의력을 발휘하기 위해서는 조직문화역시 뒷받침이 되어야 합니다. 그래서 삼성은 직원간 벽을 허물고 자유로운 소통 문화를 구축하기 위해 지속적으로 노력해 왔습니다. 일방적 지시가 아닌 양방향 토론이 되도록 회의와 보고 문화를 바꿨고 패기 있는 도전과 건설적인 실패를 용인하는 조직문화를 만들어왔습니다. 자율출근제로 임직원들이 자기 개발 시간을 활용할 수 있도록 했고 창의적 아이디어를 발휘할 수 있는 새로운 기회를 제공하고 있습니다.

(2) 상생(相生) Coexistence(1996)

고기가 물을 떠나서 살 수 없듯이 기업도 사회를 떠나 존재할 수 없다.

내일의 꿈과 희망을 함께하는 상생의 문화를 가진 삼성은 '사회와 함께 하는 기업을 지향합니다.' 고기가 물을 떠나서 살 수 없듯이 기업도 사회를 떠나 존재할 수 없다는 이건희 회장의 지론처럼 100년 기업 삼성 역시 사회와 함께 할 때만 가능합니다. 2012년 연말 삼성그룹은 나눔경영을 실천하기 위해 사회복지 공동모금회에 성금 500억 원을 전달했습니다. 2011년보다 40% 이상 늘어난 액수입니다. 그러나 삼성의 사회공헌 활동은 단순한 물질적 지원에 그치지 않습니다.

'삼성 어린이집'의 경우, 보육지원 뿐만아니라 부모의 자립을 돕기 위한 일자리 알선 등 다양한 도움을 주었습니다. 또한 저소득층 자녀들에게 양질의 교육기회를 제공하는 드림클래스, 학생들의 진로와 직업 선택에 도움을 주는 직업멘토링, 젊은 청춘들과 함께 꿈과 열정으로 소통하는 열정락서 등 삼성은 내일의 꿈과 희망을 나누는 상생모델을 계속 선보이고 있습니다.

세계무대에서 활동하는 삼성은 글로벌 상생을 위해서도 다양한 노력을 기울이고 있습니다. 2011년 전세계 72개 해외사업장에서 15만 명의 임직원이 삼성 글로벌자원봉사대 축제에 참여했고, 지금 이 순간에도 삼성은 아프리카 오지, 브라질 밀림, 베트남의 시골 마을 등 세계 곳곳에 온정의 손길을 내밀고 있습니다.

(3) 초일류(Globol First Class)

초일류/창의/상생, 100년 기업을 향해 도약하는 삼성

100년 기업은 더 이상 막연한 꿈이 아닙니다.

삼성은 초일류, 창의, 상생을 위해 노력하며 신사업, 신제품, 신기술을 추구하고 신사업, 신제품, 신기술을 추구하고 신수종 사업을 지속적으로 발굴하고 새로운 성장과 도약의 기반을 만들고 있습니다. 인류의 삶을 바꿀 혁신을 선도하며 세계 초일류 기업을 향해 도전하고 또 도전하고 있습니다.

이건희 회장 취임 25년은 100년 기업을 향한 그 무수한 노력과 도전의 연속이였습니다. 회장 취임 당시 미래를 향한 약속, IT 강국의 초석, 글로벌 영토 확장, 위기극복의 리더십, 사회 문화 변화 선도, 사회공헌 활동, 상생과 동반성장, 스포츠 지원, 소프트 경쟁력 강화, 그 모두가 100년 기업 삼성의 밑거름이 되었습니다.

100년 기업 삼성을 꿈꾼 이건희 회장의 외침과 함께 삼성은 그 꿈을 향해 쉼 없이 나아가고 있습니다. "우리는 지금 가슴 벅찬 미래를 향한 출발선상에 서있습니다. 우리의 목표는 초일류이며, 방향은 하나로, 눈은 세계로, 그리고 꿈은 미래에 두고 힘차게 앞으로 나아갑시다."

2-3. 경영자의 경영이념과 사회적 책임

❶ 장수기업의 특징

장수기업은 구체적인 변혁과 혁신(이노베이션)활동을 통해 지속장수해온 결과의 개요이다. 대체로 창업 100년 이상의 장수기업(개인사업자를 포함)이 각종 환경변화에 대한 어떠한 변혁과 혁신활동에 임해 왔는지를 중심으로 설문조사 및 히어링조사를 실시하고 그 결과를 발표했다. 사업의 배경에 대해서는 다음과 같다.

(1) 장수기업 장수배경

- 장수기업은 긴역사속에서 쌓아온 핵심사업을 갖고 본업중시, 신용제일 등 기업이념을 토대로 가업을 지키왔다.
- 타의 추종을 불허하는 기술이나 상품을 가지면서 후계자육성이나 지배인 제도 등 인재육성의 노하우도 갖고 있다.
- 무엇보다 시대와 시장의 변화, 고객의 변화에 대한 기동적인 변혁력으로 대응하고 있었기에 오늘날까지 지속된 것이다. 장수기업은 변혁과 혁신활동에서 찾는다.

(2) 장수기업의 특징에 대해서는 다음과 같다

에도시대 이전에 창업한 기업은 교토에서 유입된 전통산업과 막부 등과 거래하는 사업을 영위하는 기업이 많다. 특히 주오구, 지요다구, 다이토구의 3구에 모여 있는 비율이 높다.

메이지 이후에 창업한 기업은 나라의 근대화에 호응한 형태로 창업했으며 근대산업분야의 기업이 많다. 메이지유신과 관동대지진, 전쟁 등 수많은 위기를 극복한 강인한 변혁력, 대응력을 가진 기업이 많다. 에도에서 도쿄로 바뀌면서 도쿄라는 도시가 확대되고 다양성을 가지면서, 사업을 영위하는 기업의 규모나 업종은 다양하다.

(3) 조사결과의 개요에 따르면

기업이 처한 상황, 둘러쌓는 경영환경은 다른데, 거기에는 불변(바꾸지 않는다), 유행(시대와 시장변화에 응할 바꿈)의 생각을 받아들이고 나날이 혁신함으로써 오늘까지 계속해서 전통을 쌓아온 모습이 있었다고 정리했다. 일본장수기업에서 학습할 점이 많이 있음을 지적할 수 있다.

(4) 경영자의 사회적 책임에 대한 이념과 리더십

여기에서는 경영자의 경영이념을 통한 사회적 책임활동의 위상에 대해 논술하기로 한다. 경영자의 경영이념을 종업원과 공유하고 벡터를 맞추어 기업활동을 하고 나가는 데 필요한 것은 ① 경영이념, ② 경영비전과 경영목표, ③ 장기경영계획, ④ 경영실천, 경영자의 사업활동, ⑤ 중간관리, ⑥ 종업원에 이르는 범위에서 경영자와 종업원이 같은 방향을 향하고 책임경영을 하는 것이다.

❷ 경영이념의 침투와 실천

(1) 경영이념과 차별화 전략

경영이념의 침투와 실천은 차별화전략의 성공여부에 달려있다 하여도 지나친 말은 아니다. 차별화 없이 새로운 고객창출이 이루어지기 어렵기 때문이다. 차별화전략에 성공하려면 4E, 4P, 사이클을 참고하여 실천함이 이념 침투성이 양호할 것이다.

즉 4E 전략으로 가치탐구, 신제품실험, 제품의 성취, 구매의 확장으로 이어지는 사이클의 회전과 4P전략인 제품시장의 니즈파악, 제품, 서비스의 가격책정, 고객입장에서의 유통전략, 목표시장의 촉진 등 4P 사이클과 4E 사이클이 병행하여 회전하며 혁신적 도전이 실천될 때 경영이념은 침투되어 기업의 지속성으로 장수기업으로 진입되는 것이다.

(2) 경영이념과 장기경영 비전

- 경영이념에서 지속가능한 발전의 목적을 비추어 경영자가 시대의 요청에 맞추어 경영이념을 검토할 필요가 있다.
- 경영비전과 경영목표가 경영이념을 구현하기 때문에 경영비전과 경영목표를 구상하고 입안 한다.
- 장기경영계획에서는 경영비전과 경영목표에서 장기경영계획을 경영자가 기업안팎에 위임한다, 경영자의 리더십에 의하여 조직전체에 침투한다.
- 경영실천은 경영자의 사업활동이 장기경영의 계획이 경영실천으로서 이루어지며, 기업의 사회적 책임활동이 경영실천의 기둥으로 집행된다.
- 중간관리는 기업의 사회적 책임활동을 도입한 경영실천이 중간관리의 조직학습을 통해서 침투한다.
- 종업원의 경영이념이 중간관리를 통해서 종업원에 침투하고 경영 실천하는 것이 필요하다.

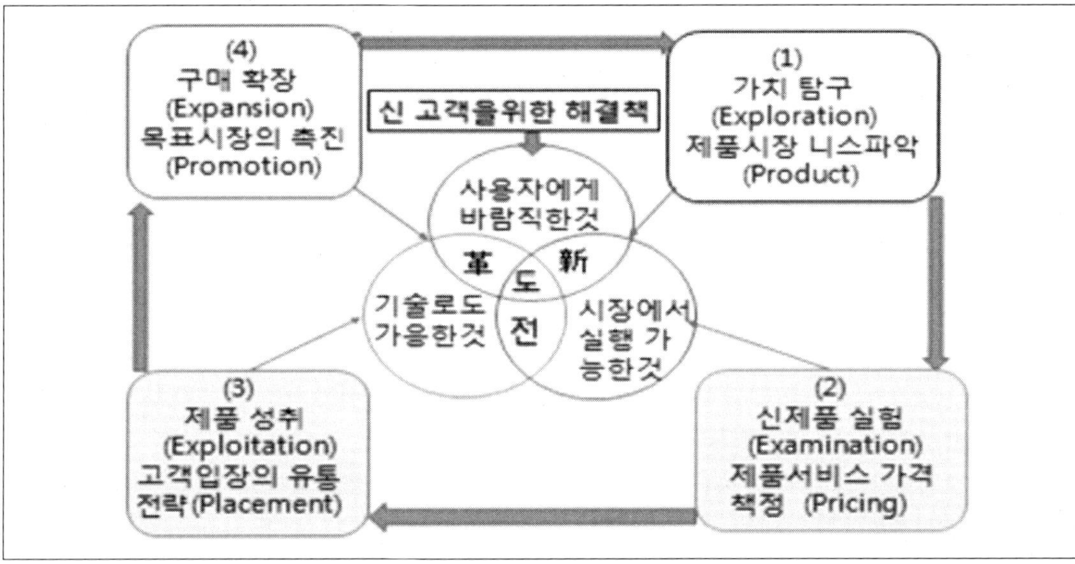

| 그림 11-4 | **차별화 전략 4E 4P사이클 모형**

(3) 경영자가 지속 가능한 발전을 목표로 하는 목적

지속 가능한 기업조건 다음의 다섯 가지를 들 수 있다.

- 장기적으로 경영재무적인 기업가치 향상에 매진하는 것
- 안팎의 법 및 그 정신을 준수하고 공정한 기업활동을 통해서 사회에 신뢰를 드릴 것
- 그 실현을 위해서는 다양한 이해관계자와 양호한 관계를 구축하고 장기 안정적인 성장을 이루어 가는 것
- 이를 위한 다양한 시책을 강구하여 자사에 적합한 코퍼레이트·통치체제를 도모하여 가는 것
- 경영자는 이해관계자에게 특히 금융자본시장을 의식한 경영을 펼칠 경영자의 사회적 책임이다.

경영자는 자사의 기본방향을 구상하고 확고한 경영이념에서 경영비전이나 장기 경영계획을 구상할 필요가 있다. 경영자의 경영이념은 조직을 통해서 기업전체가 일체가 되지 않으면 실효성이 없다. 경영자의 사리사욕이나 일방적인 리더십에서는 같은 방향을 향하고 경영을 추진하기에는 어려운 부분이 있다. 경영자의 경영이념을 조직에 침투시키고 경영이념을 통한 사회적 책임활동을 실천하기 위한 지배력이 요구된다.

거기에서의 지배력은 이해관계자(주로, 주주)의 통치가 아니라 경영자가 성실한 기업 혹은 사회의 신뢰를 받는 기업을 목표로 하려는 지배구조를 의미한다. 이러한 기업지배구조에서는 경영자의 경영비전과 경영목표를 명확히 하는 장기 경영계획을 경영실천에 연계, 경영자의 사업활동을 중간관리, 종업원까지 책임경영을 실행하는 독자성이 있다. 여기에 경영자의 일

방적인 리더십에서 경영실천이 이뤄지는 것이 아니라 경영자와 종업원이 경영이념을 공유한 쌍방향 관계 위에서 경영자의 리더십을 통해서 경영실천이 이루어지는 데 특징이 있다.

경영자의 경영이념이 조직을 통해서 말단까지 침투하고 경영자와 종업원이 벡터를 맞춘 책임경영을 해나가기 위해서는 경영교육의 내실화가 불가결하다. 경영이념의 실천은 인재육성 그 자체에 직결된다고 지적할 수 있다. 기업의 인재육성은 기업 내 대학 및 연수시설 등 하드웨어와 경영이념에 대한 철저한 교육 등 소프트웨어 모두가 필요하다. 그렇게 만들어진 기업풍토 속에서 주인과 종업원이 커뮤니케이션을 거듭함으로써 경영자와 종업원이 경영이념을 반영한 경영실천을 실시할 수 있다고 생각된다.

파나소닉은 마쓰시타 고노스케 시절부터 이미 현대적인 사회적 책임에 통하는 경영을 해오고 있다. 기업은 사회의 공기라는 창업자의 생각이 파나소닉 그룹전체에 면면히 계승되고 있는 점이 꼽힌다. 도요타 자동차에서는 기업이념에 기초한 경영을 행하고 있으며, 기업의 사회적 책임이 전략적 사업으로 일상 업무에 편입되고 실행하고 있는 점이 있으며 캐논에서는 창업이래의 기업이념을 시대에 적응하고 새로운 가치관으로서 경영이념을 책정하고 그것을 바탕으로 사회적 책임활동을 하고 있는 점에 주목했기 때문이다.

모두 창업이후 경영이념(혹은 기업이념)이 경영자와 종업원의 공통의 가치관이 되어 끊임없이 대화나 커뮤니케이션을 거듭, 확고한 경영이념자체를 경영실천하고 있다. 요점을 정리하면 CSR활동과 경영자의 경영이념은 다음의 두 가지로 지적할 수 있다.

첫째, 경영자는 CSR에 대한 이념과 리더십을 발휘하는 것이 중요하다. CSR 실천을 할 경영자의 사회적 책임이다.

둘째, 경영자의 문제의식이 시대의 조류에 맞지 않으면 CSR를 달성하기 어렵다. CSR 실천은 경영자의 이념과 행동으로 결정된다. 경영자의 경영이념은 기업구성원이 공유하고 실행하지 않으면 소용이 없어진다. 기업구성원은 경영자와 같은 경영이념을 공유하고 같은 방향을 향하고 있는지가 관건이다. 창업이후 경영이념이 경영자와 종업원의 공통의 가치관이 되었고 대화와 소통을 반복, 확고한 경영이념을 실천하고 있는 것이 특징이다.

❸ 친환경 경영의 필요성

현대의 기업은 다양한 이해관계자에게 경제·사회·친환경 경영을 할 필요가 있다고 한다. 도시바의 부적절회계, 폴크스바겐의 배기가스 규제비리 문제를 비롯한 작금의 기업비리가 끊이지 않고 있는 상황에서 기업은 지구사회의 일원으로서, 사회에 신뢰하는 기업을 확립하도록 요구되고 있다. 그런데 실제로는 경영자가 눈앞의 가치판단과 정보만으로 의사결정을 한다. 이러한 서구 자본주의적 발상으로 지나친 이익제일주의 경영을 하는 것이다. 그런 경영에서 경영자의 윤리관, 도덕관이 결여되는 이해관계자의 존재를 잊어버리는 바람에 불상사가 잦은 것을 지적할 수 있다. 오늘날에는 다시 뜻과 윤리관이 있고 종업원의 사기를 높이고 프로페셔널한 경영자와 그 육성이 매우 중요한 과제다.

직업적인 경영자로서는 기업실적이 나빠지면 해고를 하고 경영정상화를 하는 것도 하나의 경영적 수법이다. 그러나 기업실적이 나빠져도 구조조정을 하지 않고 경영정상화를 실시하고 흑자경영으로 전환할 수 있는 경영자의 경영적 수완이야말로 주목해야 한다. 그런 경영자와 기업이야말로 가치 있는 기업이다. 경영활동의 바탕을 이루는 것은 경영이념의 확립이다. 그 경영이념을 구현하고 경영활동 속에서 사회적 책임활동이 이루어진다. 경영학의 연구에서 사회적 책임은 결코 새로운 개념이 아니다. 일본에서는 1960년대의 공해문제에 대한 기업의 대응과 사회의 인식이 반드시 일치하지 않고 기업에 대해서 사전의 윤리수준을 말하기보다는 오히려 경제발전의 사후 사회적 책임을 문제 삼고 있었다. 사회적 책임이 현재는 CSR로 불린다. 실제로 대부분의 기업이 CSR에 관련하고 CSR 담당부서를 설치, 기업윤리강령의 책정 등 하드웨어면에서의 대처가 두드러졌다. 이러한 하드웨어면을 강화해도 정작 업주와 종업원에 CSR의 이해가 침투하지 않으면 그림의 떡이다.

사회적 책임활동에 대해서는 언뜻 보면 수익성은 결합되지 않는 것 아닌가라고 생각하기 쉽다. 시장경제사회에서는 기업의 경제성이 사회성보다 우선한다. 그러나 수익성만의 경영에서는 오래가지 못한다는 것을 지적할 수 있다. 기업의 역할은 경제적 역할을 하면서 동시에 사회성, 공익성, 공공성을 가진 사회적 역할이 있다. 기업의 경제·사회활동의 관점에서 경영 그 자체가 사회적 책임이라는 인식을 가지고, 지속가능한 발전을 향하여 경영자는 기업활동을 할 필요가 있다. 경영자의 리더십에 있어서 경영자의 경영이념과 기업전체가 서로 작용하여 조직화하고 공유하면 새로운 기업가치 창조의 원천이 되는 것을 강조하고 싶다.

4 경영이념과 사회적 책임활동

(1) 경영자의 경영이념 공유

경영이념을 경영자와 종업원이 공유하는 같은 방향으로 경영실천을 해나가기 위해서는 명확한 경영이념에 근거한 지배구조를 확립해야 한다. 경영자의 경영이념을 침투시키기 위한 코퍼레이트·통치체제이다. 경영자의 경영이념을 조직화하고 공유하는 것으로 경영이념을 통한 사회적 책임활동은 확립한다. 경영비전과 경영목표의 방향성이 합치되지 않으면 경영자의 경영이념은 기업전체에 침투하지 않는 것이 지적할 수 있다.

(2) 친환경 경영과 사회적 책임

경제·사회·친환경 경영은 지속가능한 발전을 목적으로 하는 기업에 공통적으로 실천하여야할 과제이기 때문에 경영자는 시대의 기대와 요청을 감안, 필요한 경우는 경영체제를 바꾸어 그것을 구성원과 공유하는 경영자가 요구되고 있다. 경영자의 경영이념에 기초한 것이라면 경영자 개인의 경영이념과 그 인간성이 극히 중요하다. 직업적인 경영자를 육성하기 위해서는 기업자체의 인재육성 프로그램 시스템을 도입하고 간부연수 프로그램을 충실히 할 필요가 있다.

(3) 경영이념을 통한 사회적 책임

경영자는 경영이념을 기업안팎에 적극적으로 위임한다. 경영이념을 통한 사회적 책임활동을 경영의 중점과제의 하나로 수행하고, 경영 그 자체가 사회적 책임활동을 함께 해온다는 인식에서 종업원과 함께 높은 뜻과 사명감을 가지고 책임경영을 전개하는 것이 경영자의 역할이다. 그런 책임경영자의 기업활동에서 처음 경영이념을 통한 사회적 책임활동은 장기적으로는 수익성에 기여하고 나아가서 사회에 신뢰하는 기업으로 확립할 수 있는 경영스타일이라고 생각된다. 경영의 프로로서의 자각과 리더십을 발휘할 수 있는 경영자의 육성이야말로 오늘날 강하게 열망하고 있는 과제이다.

(4) 장기적인 윈윈 관계를 형성하라

우리가 제시하는 모든 제언의 이면에는 이 책 전체를 통해 우리가 주장하고자 하는 메시지가 담겨있다. 그 메시지는 뛰어난 성과를 지속적으로 유지하려면 기업과 모든 이해관계자들에게 장기적으로 도움이 되는 행동을 해야 한다는 것이다.

첫째, 이사진과 고위경영자들이 장기적인 안목을 가지고 과감하게 행동할 수 있도록 동기를 부여해야 한다.

둘째, 실질적이며 오랜 기간 이어 갈 수 있는 사명에 집중하고 이를 지켜나가는 데 많은 투자를 하여야 한다.

셋째, 기업전체의 이익을 위해 창의성을 발휘하며 협동적이고 가치를 중시하는 직원들을 고용해야 한다.

마지막으로 외부협력사들과 지속적인 윈윈 관계를 만들어 나가야 한다.

용어 설명

CSV(Creating Shared Value) 공통가치창조
지속경영(sustainability management)
윤리경영(ethical management)
CSR; (corporate social responsibility) 사회적책임
트리플 바텀라인(triple bottom line) -경제 사회 환경의 세 구조
(WBCS)

참고 문헌

1. 서강대학교 대학원 경영학과 2004/12 최아영 논문, 공동마케팅 제휴인지도가 제휴주도 제품의 최초인지도에 미치는 영향에 관한 연구
2. 한국마케팅저널 13권, 제2호 2011/7 강성호·강하영·박홍수, 기업간 제휴활동이 제휴성과로 이어지기 위한 선행요인에 관한 연구.
3. 연세대학교 대학원 경영학과 권계은 2008/1 기업의 마케팅제휴가 기업의 성에는 영향에 관한 연구
4. 한국산업정보학회 논문지 제11권제2호 2006/6. 전재완·이경환·김종원 공급사슬관리의 효율성을 위한 전략 정보 시스템의 구축에 관한 연구
5. 低成長時代の企業経営 - 長寿企業に学ぶ経営法則 - 福井経済同友会 企業経営委員会 2013年 3月
6. 日本の長寿企業から 見た 経営理念と 社会的責任に関する一考察. 青木崇2 愛知淑徳大学 論集—人間情報学 部篇 第6号 2016年 3月
7. 長寿企業の その長寿の 秘訣を探る. 北京外国語大学学生代表 : 2015年 11月30日(月) :住友商事 本社
8. 100年企業を 經營する. 大和總研. 2016年 7月7日 全15項. 主任コンサルタント 佐井 吾光

요 약

1. 장수기업의 이념

장수기업의 상당수가 창업이후 경영이념(기업이념)을 들고 공통의 가치관 혹은 경영방침으로 그동안 경영을 해왔다. 모든 장수기업의 경영이념이 명문화된 것은 아니지만 구전을 포함하고 장수기업에 공통적으로 보는 것은 양질의 신장에 있던 것이다. 그런 경영에는 창업자의 경영이념, 경영철학과 같은 것을 가르치고 교훈, 가훈이 경영지침이 되는 가치관의 양성, 정신적 지주가 되었기에 오늘까지 장수하며 존재하는 것이다.

2. 지속경영과 윤리경영

지속가능경영의 개념은 지속경영(sustainability management), 윤리경영(ethical management), 사회적 책임(CSR; corporate social responsibility) 등의 세 가지 개념이 혼용된 합성어이다. 그러나 윤리경영은 법규준수와 윤리적 의사결정의 개념이 주를 이루고, 사회적 책임의 경우 기업을 구성하고 있는 이해관계자에 대한 책임의 개념이 강하다. 이들 개념 중 지속경영은 경제적 성과를 중요하게 생각하되 사회와 환경의 지속적인 성과를 내는 것이 중요하다.

3. 경영자의 경영이념과 리더십

일반적으로 경영이념이란 경영자가 기업운영에 대해서 갖고 있는 신조·철학·경영관을 가리킨다. 그것은 경영철학, 경영신념, 경영사상, 행동이념, 지도원리 등으로 불리고 있다. 경영이념에 상당하는 명칭으로 기업이념, 기본이념, 사시, 사훈, 강령, 경영방침, 경영지침, 기업목적, 기업목표, 기업사명, 근본정신, 신념, 이상, 비전, 맹세 등을 목표로 하는 기업상, 사업의 비결, 사업영역, 행동지침, 행동기준으로 말하였다.

4. 장수기업의 특징

장수기업은 구체적인 변혁과 혁신(이노베이션)활동을 통해 지속장수해온 결과의 개요이다. 대체로 창업 100년 이상의 장수기업(개인사업자를 포함)이 각종 환경변화에 대한 어떠한 변혁과 혁신활동에 임해왔는지를 중심으로 설문조사 및 히어링조사를 실시했다. 장수기업은 긴 역사 속에서 쌓아온 핵심 사업을 갖고 본업 중시, 신용제일 등 이념의 토대가업·기업을 지켜왔다.

5. 경영자의 경영이념 공유

경영이념을 경영자와 종업원이 공유하는 같은 방향으로 경영실천을 해나가기 위해서는 명확한 경영이념에 근거한 지배구조를 확립해야 한다. 경영자의 경영이념을 침투시키기 위한 코퍼레이트·통치체제이다.

제3절

경영승계의 합리성

성공 Point 40

1. 행동으로 옮겨라

늦지 않다. 시간은 우리를 기다려 주지 않는다. 지나간 시간은 다시 돌아오지 않는다. 느꼈을 때가 제일 빠른 시기이다. 지체 말고 행동으로 옮겨라. 머리가 좋아 전략을 잘 짜도 행동으로 옮기지 못하면 공문서에 불과하다. 이미 잃어버린 것이나 얻지 못한 것에 번뇌하지 말아라. 얻고 싶은 것이 있다면 지금 당장 실천에 옮겨라. 지금 시작해도 전여 늦지 않다.

2. 돈이 왜 필요한지 목적을 명확히 하라

돈에 너무 칩착하지 말라. 지나치게 집착하면 돈을 벌기도 어렵거니와 번 돈도 내 것으로 만들기도 힘들어 진다. 돈이 필요하다면 왜 돈이 필요한 것인지 이유를 분명이 하는 것이 좋다. 단순이 돈만이 목적이 아니라 장래 어떤 삶을 살겠다는 꿈을 설정하는 것이 좋다. 무엇인가를 얻고 싶다면 우선 그것을 추구한다. 추구한다는 것은 막연히 그것을 가지고 싶다고 생각하는 것이 아니라 좀 더 구체적으로 강렬하게 지속하여야 한다. 이러한 태도를 갖춘다면 손에 넣지 못할 것은 아무것도 없다.

제3절
경영승계의 합리성

3-1. 가업승계의 효과성

❶ 가업승계 체계화 필요성과 실태

(1) 가업승계의 성공 후계 리더 교육체계

가업승계의 성공은 승계자 리더 교육이 체계화되고 지속되어 나갈 때 지속적인 성공으로 이어져 불멸의 장수기업으로 대대손손 이어지는 것이다. 창업의 꿈을 안고 창업세대가 천신만고(千辛萬苦)의 고역을 감내하여 혼창통(魂創通)으로 일군기업 2~3세대를 넘어 4세대에 접어들면서 창업자 조계(祖系)와 부계(父系) 형제들이 혼신협력(魂身協力)으로 사이좋게 시대흐름에 맞추어 성장 발전시킨 가족기업 4세대에 접어들어 형제가 탄탄한 회사를 매각할 수밖에 없었던 배경엔 오너일가 가업승계문제가 원활치 못한 것에 있다. 4세대 오너 경영인을 올바르게 양성하지 못한데서 그 기인(起因)이 되고 있다.

(2) 독일가족 중소기업 승계의 현실

독일 KfW 금융그룹에 따르면 앞으로 5년간 84만 명이 넘는 독일 중소기업 미텔슈탄트 오너 일가가 위트겐 그룹같은 승계위기에 처할 것이라고 분석했다. 오너 일가가 은퇴하면서 미텔슈탄트의 20% 이상이 2022년까지 지배구조의 변형이나 매각위기에 빠질 것이라고도 밝혔다. 미텔슈탄트가 독일전체 기업매출 중 3분의 1 이상을 창출하고 있는 현실에서 오너일가 소유기업들의 승계위기는 국가경제위기로도 이어질 수 있다. 헤티히회장을 만나 미텔슈탄트 가운데서도 손꼽히는 장수비결과 경영성과를 달성한 방법 등을 살펴보기로 한다.

| 표 11-5 | 장수비결과 경영성과

성공기업 승계 비전	디지털화 대응 어떻게 하나
경영리더십 승계	증강현실같은 기술 사용
소유권 차별화가 핵심	스마트 공장에 집중투자
전문경영인이 경영을 맡아도	스마트 아파트 프로젝트
오너 일가의 가치방식 따라야	장애인 돕는 주택개발

(3) 독일 가족기업의 승계위기

독일 가족기업마저 승계위기에 처했다는 평가가 나온다. 헤티히의 가업승계 비결은 무엇일까? 헤티히 역시 다른 가족기업과 같은 문제에 직면해 있다. 그러나 우린 세 번의 성공적인 가업승계를 경험했다. 독일에선 많은 가족기업이 장기간에 걸쳐 리더십을 발휘한다. 성공적 승계는 탄탄한 교육과 관리로 시작한다. 헤티히는 별도의 경영자문위원회를 설치해서 관리한다. 경영자문위원회는 오너 일가 자원자 3명, 외부위원 3명 등 총 6명으로 구성된다. 최고경영자(CEO) 선임과 주요 의사결정에 대한 의결권을 가진다. 의견이 갈리면 외부위원이 객관적 사실과 원칙에 기반해 갈등을 해결한다. 가업승계문제는 대개 다른 종류의 가정문제와 원인이 동일하다. 권력과 사랑이 문제다. 경영리더십의 승계와 소유권을 차별화하는 비결이다. 성공적인 승계와 별도로 반드시 오너 일가에서 CEO가 나오는 건 아니다. 장기계획, 세무컨설팅, 명확한 오너 일가 지배구조가 핵심요소다. 오너 가문의 세대차이가 너무 커지면 가업승계가 어려워지지 않을까? 헤티히도 과거 15년간 오너 일가가 CEO를 맡지 않았던 시기가 있었다. 나 역시 3대 오너 경영자인 아버지와 40년의 오너 경영 공백기가 존재했다. 그동안 경영권은 전문경영인이 차지했다.

(4) 헤티히의 혁신사례

전통제조업에 종사하고 있지만 세계는 디지털화의 바람이 거세다. 헤티히의 혁신상태는 증강현실(AR)과 같은 기술을 사용한 스마트공장에 막대한 투자를 하고 있다. 완전히 디지털화된 공장이다. 생산라인을 유지·관리할 때도 AR 글라스를 쓰면 어디서 무엇을 해야 하는지 작업자에게 알려준다. 가구하드웨어란 제품자체는 매우 기계적이고 디지털을 적용할 여지가 없어 보인다. 반면 프로세스와 서비스를 살펴보면 전통제조업도 디지털화 잠재력이 엄청나다. 우린 2000종이 넘는 제품을 가구설계자가 요구한 디자인에 맞춰서 제안할 수 있다. 고객은 가구부품 하나하나에 대해 공부하거나 암기할 필요가 없다. 또 스마트 아파트 프로젝트로 장애인을 돕는 주택을 개발하고 있다. 체온, 맥박 등을 센서로 측정하고 헬스 트레이닝도 가능한 지능형 의자라든지, 요리 레시피를 알려주는 스마트 쿠킹 어드바이저 등 네트워크형 솔루션을 여럿 다룰 수 있을 것이다. 헤티히는 독일정부의 지능형 기술시스템 첨단클러스터 사업의 핵심파트너로도 참여하고 있다.

(5) 히든챔피언과 사업 확장성

독일 가족기업은 한 분야에서 세계적인 성공을 거둔 히든챔피언이 많다. 사업 확장성이 다소 떨어져 보인다는 지적도 있다. 헤티히의 실태는 세계 가구하드웨어 산업의 3대 메이저기업은 헤티히를 비롯해 헤펠레, 블룸 등이 있다. 그 중 헤티히는 정밀금속가공 기술력에서 핵심적인 경쟁우위를 확보하고 있다. 최근 수 년새 우리는 마그네슘 다이캐스팅 신사업에 투자해 자동차부품회사에 공급하기 위해 노력하고 있다. 차량 경량화추세가 강화되면서 현재 대부분 자동차제조사들은 알루미늄비중을 높이고 강철비중을 줄이고 있다. 과거에는 마그네슘이 공정난이도가 높고 어려웠지만, 헤티히의 금속가공기술로 알루미늄보다 더 가벼운 마그네슘부품으로 공략할 계획이다(독일 최장수기업(가구부품 생산업체) 헤티히 안드레아스 헤티히 회장의 말).

❷ 상속·증여세 제도가 국가 경제발전에 미치는 영향?

(1) 사회적 안전과 국가 경제발전에 도움을 주는 제도는?

가업승계의 원활성을 기하는 세금문제는 어떠한 영향을 미칠 것인가? 국가 경제발전 즉 국민소득과 증여, 상속의 문제, 인간이란 욕구의 동물로 무한소유 자기역량을 최대한 발휘하는 산업적 역량이 국가산업 발전과 국부형상을 가져오는 것인지 흥미롭게 정책당국자들은 연구되어야 할 과제라 할 것이다.

(2) 일본의 가업승계 세제제도는 어떻게 변해가고 있나?

일본의 가업승계현상은 100년 기업이 흔한 일본에서는 규제를 풀어 승계도와 일정부분 신사업승계제도 손자까지 상속땐 상속세금 없음. 5년 80% 고용조건을 없애고 있다.

| 표 11-6 | **일본 중소기업 가업승계지원**

구분	내용
감세대상 확대	증여, 상속, 주식 2/3를 전체로 확대 매각 시 세감면
면세규정 확대	손자까지 상속하거나 도산 등 불가피한 경우 상속·증여세 면제
사회조건 완화	사회조건 완화, 5년간 80% 고용유지 조항 탄력적용
기타 조건완화	1명만 허용하던 상속인 3명까지 인정

후계자를 구하지 못해 문을 닫는 중소기업들이 급증하자 일본정부가 대대적인 규제완화에 나섰다. 일본은 중소기업 경영자의 개선요구사항을 대부분 수용한 신사업승계제도를 올 4월부터 시행하고 있다. 파격적인 완화가 이뤄진 것은 가업승계에 대한 엄격한 규제의 장점보다 폐업으로 인한 경제전반의 피해가 더 크다는 사회적 합의가 이뤄졌기 때문이다.

(3) 일본은 우선 승계과정에서 발생하는 세금부담을 확 낮췄다

기업을 물려받으면서 주식이전에 따른 상속·증여세를 지금까지는 5년간 유예해줬으나 앞으로는 세금자체를 줄여주기로 했다. 또 세금유예, 감면혜택 대상을 상속·증여주식(비상장)의 3분의 2로 제한했던 것을 전체주식으로 늘렸다. 또 사업승계지원이라는 제도의 취지에 부합한다고 판단되면 세금자체를 면제해주는 조항도 늘렸다. 손자세대까지 상속이 이어지면 유예된 세금자체를 면제받도록 하는 조항이 대표적인 예다. 사업전망이 불투명해 승계를 꺼리는 상황을 고려해 승계후 기업경영악화로 파산할 때도 유예 받은 세금을 면제해 준다. 이와 함께 현재 1명만 지정할 수 있던 상속자도 최대 3명까지 이름을 올릴 수 있도록 했다. 기업인들 불만이 높았던 상속·증여후 5년간 고용 80% 유지 등 사후조건도 폐지 혹은 완화해 탄력적으로 적용하기로 했다. 상속·증여후 7년간 고용과 자산유지 규정 등을 두고 있는 한국에 비해 이미 완화된 기준이지만 이를 더 풀어준 셈이다. 도저히 승계가 어려워 매각을 선택할 때도 세금부담을 줄였다.

(4) 상속을 두려워하는 상속구도

현행상속세 구도 하에서는 상속을 원치 않는 자녀들이 나타나고 있다. 그 원인은 무엇일까? 그 첫째 이유는 가업승계는 소유권이전으로 이루어지는 것이 아니라 가업의 지속성이 유지되어야 하기 때문에 가업을 승계할 준비와 노력의 부족에서 두려움을 갖게 되는 것이다. 두 번째 이유는 금전적, 재산적 가차관의 문제이다. 현행 상속세율은 30억 이상 50%로 되어 있으며 부동산의 경우 실거래 금액(평가액) 또는 공시지가를 기준하고 있다. 상속인의 경우 상속세를 납부하고자 매물을 처리해야할 때 공시지가 이하로 평가되는 경우도 있어 이러한 경우 사업을 승계할 여력도 능력도 가치도 상실하게 된다.

(5) 가업의 승계 보람 찾아

세상만사 불여의(世上每事 不如意)라. 그러나 뜻이 있으면 길이 있다 하였다. 상속제도 이전에 사명의식이 필요하다. 선대 창업을 가업의 초석으로 여기고 후대 후속인이 보다 광역의 틀을 만들어 가겠다는 사명의식이나 창업세대 스스로 후계구도를 양성하여 나갈 때 그 가족문화는 창의적인 역량을 바탕으로 윤리적 후계체계구도가 이루어져 불편 없는 가업승계가 지속될 것이다.

❸ 승계계획 후계교육

(1) 후계 적합성 역량, 자질

가족기업인 장수기업들은 후계자에게 적합한 역량과 자질을 심어주려고 오랜 기간 집중적인 경영수업을 시키고 있다. 이 프로그램들은 체계적인 승진, 다양한 업무수행, 광범위한 훈련과 상급관리자와 주기적인 회의 그리고 이들의 피드백을 포함한다. 장래성이 있는 후계자에게 가장 뛰어난 스승을 붙이고 다양한 일을 경험하게 한다. 신입사원들에게 기술과 가치기준뿐 아니라 중요한 인맥까지 전수하는 고어의 멘토링 프로그램을 생각해 보자. 이런 방식으로 후계자를 훈련시키는 스승은 제자의 역량을 면밀히 평가하고 모든 상황에서 어떻게 대처하는지 살필 수 있다. 미쉐린과 모토로라와 같은 기업에서는 CEO들이 후계자와 공동으로 기업을 운영하기도 한다. 공동경영방식을 도입하면 후계자를 훈련시키고 관리하는 데 도움이 될 뿐아니라 연로한 경영자가 젊은 생각을 배울 수도 있다. 또한 후계자 양성프로그램을 통해 최고 경영진으로 활동하기에 적합한 후보자를 물색하기도 한다.

(2) CEO 선발

CEO를 선발할 때에는 업무수행능력뿐 아니라 성격과 사명에 대한 책임감도 고려해야 한다. CEO가 갖추어야 할 주요 덕목으로는 성실, 힘든 길을 택할 용기, 기업과 주주들을 위해 올바른 일을 수행할 의지 등이 있다. 경영수업을 통해 후보자의 자질과 성격을 면밀하게 평가할 수 있을 뿐 아니라, 오랜 기간의 교육을 통해 많은 가르침을 줄 수 있기 때문에 가능한 한 내부에서 후계자를 선발하는 것이 좋다. 물론 후보자의 전력도 중요하다. 실질적인 개선을 위해 노력해 왔는지, 그렇지 않다면 눈에 띄는 빠른 성과만을 추구해 왔는지 살펴보아야 한다.

가족기업의 경우는 소유주가족을 CEO로 선발하는 경우가 많다. 선택된 사람이 위에서 설명한 자질과 역량을 갖추고 있다면 아무런 문제가 없다(우리는 가족내부에서 적당한 후계자를 찾는 경향이 있는 소유주가족의 계승과정에 대한 논문을 작성한 바 있다). 그러나 소유주가족 중 적당한 인물을 찾을 수 없는 경우가 있다. 이런 경우, 편협한 생각을 버리고 외부인을 선발해야 하는데 오랜 기간 조직에 몸을 담았던 역량 있고 뛰어난 인재를 선발하는 것이 좋다.

(3) CEO의 재임기간

최근의 한 연구결과는 근무연한이 길수록 CEO의 성과도 좋아진다는 사실을 보여 준다. CEO가 퇴임하는 해에 기업의 수익성과 성장률이 가장 높다. 몇몇 연구를 보면 재임후 8년째 되는 해에 수익성과 성장률이 가장 높은 기업이 있는가하면 재임후 14~16년째 되는 해에 가장 뛰어난 성과를 기록한 기업도 있다(수치가 낮은 기업일수록 안정적이지 못한 산업에 속해있다). 이 책에 등장하는 가족기업들은 CEO의 임기를 오랫동안 보장했다. 이와 같은 정책이 가족기업의 성공에 기여했음은 두말할 나위가 없다. 이 단편적인 사실에는 지배구조와 관련된 몇 가지 내용이 함축되어 있다. 첫째, 이사진은 새로운 CEO가 경영을 맡으면 처음 몇년동안 나름대로 요령을 익히고 개인적인 조직망을 구축하느라 성과가 떨어질 수도 있다는 사실을 이해해야 한다. 시간이 조금 걸릴 수도 있지만 반드시 학습효과가 나타나고 성과가 개선된다는 점을 깨달아야 한다. 따라서 뛰어난 CEO가 임기를 계속 유지하는 것이 무엇보다 중요하다. 뛰어난 경영자가 떠나지 않도록 하는 방법으로는 성과가 개선되고 시간이 흐를수록 인센티브와 보상을 점점 늘리는 방법이 있다.

(4) 차세대 경영승계

경영승계의 원칙은 경영능력에 있다. 시대변화에 적응력이 부족한 자에게 승계되면 기업을 지속할 역량부족으로 장수기업으로 지속될 수는 없다. 그러므로 승계자선정은 성격성질, 자질과 경영능력 등 다양한 것을 고려하여 양성되어야 한다.

❹ 최고 경영팀의 특성

(1) 가족특유의 솔직함

후계자내부선발, 오랜 기간의 경영수업과 긴 임기로 인해 CEO가 외부와 단절될 수도 있다. 기업의 전통에 젖어 기업을 쇄신하거나 새로운 전략을 구사하지 못하는 경우가 생기는 것이다. 이런 위험을 피하려면 최고 경영팀은 다양한 관점에서 논의할 필요가 있다. 편협하고 품질에만 몰두하는 최고 경영팀으로 인해 쿠어스마케팅 전략이 제 기능을 발휘하지 못한 사례를 살펴보았다. 반면에 카길맥밀란, 미쉐린, 라우징, 갤빈, 노드스트롬 등의 가문은 다양한 시각을 가진 경영팀을 가동하여 많은 것을 얻었다. 생각이 다른 사람들을 경영진에 투입한다고 해서 기업의 전반적인 사면, 핵심가치기준 그리고 윤리성이 손상되는 것은 아니다. 가족적인 분위기에서 모두가 솔직하게 의견을 개진할 수 있는 분위기를 조성할 때만 원하는 결과를 얻을 수 있다.

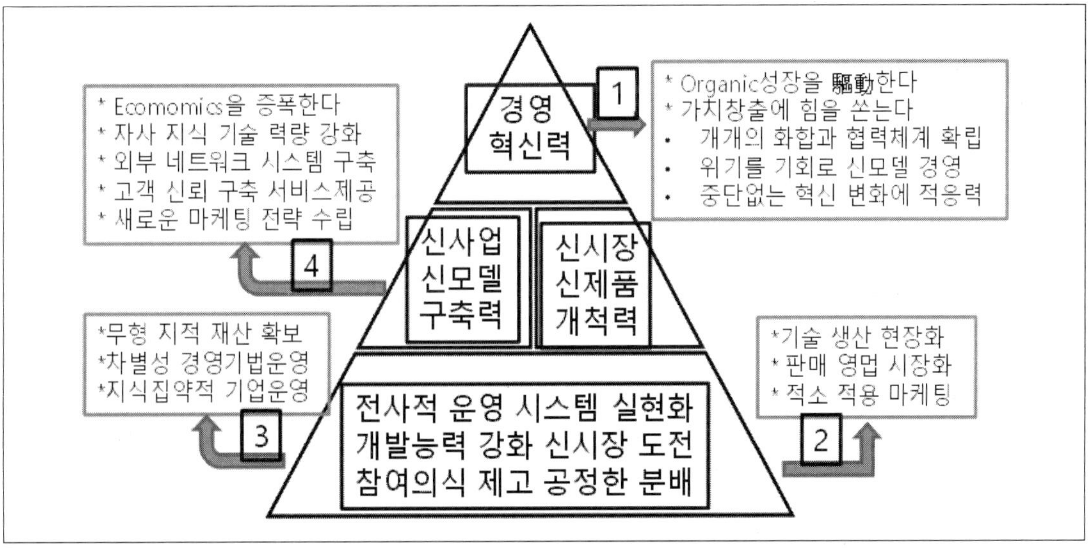

| 그림 11-5 | **경영승계 차세대 성장구도 모형**

우리가 살펴본 가족기업 등의 가장 위대한 자산 중 하나가 경영자들이 세대를 불문하고 서로 솔직한 의견을 나눌 수 있었다는 점이다. 서로 비판을 하거나 나쁜 소식을 전한다고 해서 일자리가 없어지지 않는다는 점도 알고 있었다. 반대의견을 가진 경영진도 실제권력이 있는 CEO에게 열린 분위기 속에서 사실을 근거로 자신의 주장을 펼치며 질문과 대화를 이어갈 수 있었다. 이와 같은 대화를 위해 최고 경영팀은 예상추이, 기존의 사업을 위협하는 유행, 실상 등을 증명할 수 있는 모든 종류의 반박 가능한 자료들을 준비한다. 그래서 필요할 때마다 기업 내에 외부 데이터를 제시해야 한다.

공동체 구성을 위한 조직구성에 관심을 가질 필요가 있다. 우리는 지금까지 장수기업들이 응집력 있고 충성심이 높은 문화를 만들려고 어떤 노력을 기울였는지 살펴보았다. 가치공유, 사회화, 멘토링 프로그램, 직원들에 대한 배려 등이 모두 이런 문화를 만들어 내는 방법에 포함된다. 앞부분에서 자세히 다루지는 않았지만 훌륭한 내부공동체 구성에 도움이 되는 조직구성 방식에도 관심을 가져 볼 필요가 있다.

(2) 수평적이고 형식에 얽매이지 않는 조직

우리가 연구한 많은 위대한 가족기업들은 직원들로 하여금 자유롭게 창의성과 참신한 지혜를 발휘하도록 배려했다. 조직을 가능한 한 단순하게 구성하여 직급을 최소화하고 하급직원들에게 많은 권한을 주었다. 이들은 가치기준과 우선순위가 명확했고 관대한 처우로 직원들의 충성심을 얻었기 때문에 직원들에게 충분한 재량권을 주었다. 많은 공장에서 직원들은 어떻게 업무를 진행하고 품질을 개선할지 직접 결정했다. 팀켄, 고어, 코닝, 미쉐린 등은 직원들에게 업무를 조정할 수 있는 권한을 부여했다.

수평적인 조직이라는 개념에는 관료주의가 없다는 뜻이 내포된다. 복잡한 단계를 거치지 않고 상사를 만날 수 있으며 제한적인 규칙에 얽매이지 않고 공통의 목표를 지향할 때 창의성이 증가한다. 따라서 기업의 규모가 크더라도 직원들은 소규모의 직장에서 일하는 것 같은 편안함을 느낄 수 있다. 일례로 노드스트롬의 쇼핑객들은 판매원이 아니라 매장주인으로부터 직접 서비스를 받는 듯한 기분을 느낀다. 노드스트롬의 유일한 규칙은 '고객만족'이다.

(3) 기업의 하부조직 / 분열은 없다

오늘날 많은 조직에서 직원들은 자신이 속한 부서나 이익 책임단위에만 집중한다. 각 부서에서 발생하는 비용과 수익을 개별적으로 책임지는 제도는 유용한 업무방식이지만 각 부서가 개별수익에만 관심을 갖는 분열된 조직이 되어서는 안 된다. 조직이 분열되지 않도록 하려면 기업차원의 가치기준공유, 사회화, 협력기술습득, 사업부서별 실적이 아닌 기업의 실적을 바탕으로 하는 보상 등의 방법을 활용해야 한다.

모토로라처럼 직원들에게 다양한 분야를 훈련시키고 고어처럼 멘토링 프로그램을 바탕으로 하는 조직망형성을 통해 다른 사업부서에서 직원을 데려오는 것도 부서 간의 협력을 도모하는 데 도움이 된다. 다양한 업무를 수행하게하면 인맥을 늘리고 시야를 넓힐 수 있다. 부서 간 협력을 위해 보편적으로 사용되는 방법으로는 특별대책본부, 위원회, 사업별 그룹 구성, 부서 간 조정담당자로 활동할 직원임명 등이 있다.

3-2. 상속과 증여세의 효과적인 고찰

❶ 상속과 증여 효과적인 방법

기업을 성장시킨다. 재산을 모은다. 누구를 위해서인가? 물론 본인의 영달과 안락의 추구에 있겠지만 후세구도를 위하여 헌신적 노력이 가중됨이 전통적인 생활풍토일 것이다. 기업을 일으키고 재산을 축척하려는 남다른 고애를 극복하며 분골쇄신(粉骨碎身)노력의 결과이자 이 노력의 결과물을 한 푼이라도 더 후손에게 물려주고 싶은 것은 인지상정의 가업풍토라 하겠다.

(1) 미리주기, 쪼개기 … 상속·증여세 절세 플랜

사전 증여 포인트는 10년, 쪼개기 증여도 중요하다. 상속개시일 6개월 안에 상속인간의 정리를 마쳐야 상속·증여세와 양도소득세는 절세할 수 있는 방법이 가장 많이 있다. 납세자가 스스로 신고하는 세금인데다 재산을 물려주거나 팔 때 세금을 줄일 수 있는 경우의 수가 다양하기 때문이다.

잦은 세법개정으로 인해 예외규정이 많고 복잡해서 세무사들도 어려워하는 세목이다. 최고의 절세비법은 사전에 절세 플랜을 세우는 것으로서 택스워치가 상속·증여세와 양도세 분야의 최고 전문가들과 함께 절세비법을 찾아보았다.

상속세는 사람이 죽어야 발생하는 세금이다. 그만큼 예측하기가 어렵다. 언제 어떻게 얼마나 많은 세금을 내게 될지 예상하기 어렵다는 것이다. 그래서 피상속인이 살아있을 때 상속플랜을 짜는 게 중요하다. 최근들어 자산가들 사이에 증여가 크게 늘어난 이유도 상속세 줄이기 전략에 따른 것으로서 합법적으로 내지 않아도 될 세금을 찾아내는 게 상속세 절세의 지름길이다.

(2) 죽기 전에 물려주기 … 10년이 핵심 포인트

ⓐ 미리줘라, ⓑ 나눠줘라, ⓒ 빌려줘라 절세의 3대 원칙

상속과 증여의 차이는 딱 한가지인데요. 사망 후에 물려주면 상속, 살아있을 때 물려주면 증여죠. 상속세를 합법적으로 줄이는 가장 좋은 방법은 사망 전에 증여를 얼마나 효과적으로 하느냐에 달려있다.

즉 사전증여를 제대로 해야 한다는 것이다. 사전증여는 10년이 기준점(상속·증여세 합산기준)이 된다는 점을 기억해야 한다. 상속하기 10년 전에 증여한 재산은 상속재산에 합산하지 않지만 10년 이내에 발생한 증여는 상속재산과 합쳐서 상속세를 계산하게 된다.

예를 들어 2010년에 자녀에게 10억 원을 증여하고 2018년에 사망한 사람의 상속재산이

20억 원이라면 10년 이내에 증여가 이뤄졌기 때문에 상속재산은 20억 원이 아니라 30억 원이 된다. 물론 이미 납부한 10억 원에 대한 증여세는 빼주지만 기본적으로 세율을 적용하는 과세표준이 크게 불어나서 세금부담이 커진다.

하지만 같은 경우 2006년에 10억 원을 증여했더라면 상속세는 20억 원에 대해서만 부담하면 된다. 사전증여에서 10년이 중요한 이유다.

(3) 주는 사람도 받는 사람도 쪼개면 유리

사전 증여에서 두 번째로 중요한 것은 누구에게 나눠주느냐이다. 이른바 증여 쪼개기이다. 증여 쪼개기는 증여세가 면제되는 증여재산 공제액을 활용하는 방법으로서 성인자녀는 1인당 5000만원까지 미성년인 자녀는 2000만원까지 세금 없이 증여가 가능하다. 며느리도 1000만원까지 증여세가 면제되니까 상속하기 10년 이전에 증여가 이뤄질 경우 4인 가족이면 최소 1억 원이 넘는 금액을 세금 없이 줄 수 있다. 주는 사람을 나눌 수도 있다. 자녀에게 아버지도 증여하고 할아버지도 증여할 경우 합산하지 않고 별도로 증여세를 산출하기 때문에 한 사람이 몰아서 주는 것보다 유리하다. 이 때 주의할 점은 아버지와 어머니는 한 사람으로 보고 합산한다는 것이다. 할아버지와 할머니도 동일인으로 간주한다.

부모와 조부모로부터 각각 5000만 원씩 증여받는 경우에는 순서에 따라 세 부담의 차이가 있을 수 있다. 먼저 증여받는 5000만원은 증여재산 공제를 받아 증여세를 내지 않고 나중에 증여받는 5000만원은 증여세를 내게 된다.

이 경우 조부모의 경우 세대생략증여로 30% 할증과세하기 때문에 부모가 먼저 증여하는 것보다는 조부모가 먼저 증여하는 것이 유리한다. 부모한테 받으면 10% 세율로 500만원의 증여세가 나오지만 조부모는 10%세율에 30%가 할증돼 650만원의 증여세가 나오게 된다. 또 상속인이 아닌 손자녀에게 증여한 것은 상속증여세 합산기간이 10년이 아닌 5년(며느리와 사위도 5년)이라서 5년~10년 이내에 사망하더라도 상속재산에 합산되지 않는 장점도 있다(직계 상속권자에게 10년 이내에 증여한 경우에만 합산된다).

(4) 사전증여 놓쳤다면 6개월 안에 해결해야

사전증여로 상속재산을 줄일 수 있는 기회를 놓쳤다면 상속세 신고기한인 6개월 이내에 마지막 방법을 찾아야 한다. 우선은 상속인 간 협의를 통해 물려받은 재산을 재분할하는 방법이 있다. 상속재산은 상속등기를 하지 않더라도 소유권은 일단 민법상 법정지분대로 상속인에게 넘어간다. 이후 유언장이나 상속인 간에 구두 상으로 결정한 지분대로 상속재산을 협의분할하고 상속등기를 하면 실제소유자가 결정된다. 상속인 간에 협의한 내용도 다시 뒤집을 수 있다. 상속세 신고기한인 상속개시 후 6개월 이내 재분할하는 경우에는 증여세가 부과되지 않는다.

예컨대 아버지 사망 후 부동산을 물려받기로 한 아들이 상속등기를 마쳤지만 상속공제가 큰 배우자 공제를 받기위해 어머니에게 부동산 소유권을 다시 넘기더라도 상속세 신고기한 전에만 하면 증여세를 물지 않는다는 것이다. 따라서 상속세신고는 최대한 신고기한인 6개월을 꽉 채운 마지막에 하는 것이 유리하다.

❷ 기업 승계는 기업을 경영할 책임을 물려주는 것

(1) 기업승계는 장수기업의 기반을 구축하는 것이다

"기업 승계는 요즘 중소기업 CEO(최고경영자)들의 숙원 사업"이라며 대한민국의 60년 산업화 역사를 함께하며 고용 창출을 해 온 중소기업이 100년 장수 기업으로 거듭나려면 현행 '가업 상속 공제' 규제를 파격적으로 풀어야 한다고 말했다. 김 회장은 6일 본지 전화 인터뷰에서 "우리나라는 전후 세대인 베이비부머가 매년 70~80만 명씩 만65세 노인이 되는데 이 연령층에 특히 중소기업 CEO가 많다"며 "이미 70세 넘은 중소기업 CEO가 2만 명을 넘어서 기업 승계가 발등에 떨어진 불이 됐다"고 말했다.

그는 기업 승계를 부의 대물림이라고 인식하는 사회적 편견부터 고쳐야 한다고 지적했다. 김 회장은 "부의 대물림은 부동산이나 많은 현금을 물려주는 것이지, 처분할 수도 없는 기업 주식을 물려주는 것은 아니다"라며 "기업 승계는 기업을 경영할 책임을 물려주는 것"이라고 했다. 특히 그는 "요즘 젊은이들은 골치 아프고 힘든 제조업을 하지 않으려 한다."며 "빌딩이나 현금으로 자산을 운용하는 게 편하니까, 회사를 팔아 그렇게 물려달라고 요구하는 자제도 적지 않다."고 전했다. 그는 또 "가업 상속 공제는 세금을 아예 안 내는 것이 아니라 유예해주는 것"이라며 "나중에 가업 자산을 처분하게 되면 세금을 내야 하는 이월 과세"라고 덧붙였다.

기업 승계가 이뤄지지 않으면 회사를 매각하거나 폐업할 수밖에 없는데, 이렇게 될 경우 지역·국가 경제 차원에서 큰 손실이라고 지적했다. 김 회장은 "수십 년간 쌓아온 기술력과 경영 노하우 등 무형의 자산이 사장되는 것"이라며 "기업이 장수할수록 매출액·자산이 급증하고 일자리 창출 능력과 세금 납부 능력도 커진다. 이런 장수 기업이 많이 탄생할 수 있도록 제도적 기반을 잘 닦아야 한다."고 말했다.

최근 국회에 제출된 정부 세제 개편안은 상속세·증여세 납부 유예, 증여세 과세 특례 한도 확대 등 기업 승계 활성화 정책이 포함돼 있어 환영하지만, '업종 변경 제한'과 같은 규제들이 여전히 남아 있어 아쉽다고도 했다. 김 회장은 "현행 가업 상속 공제 제도는 각종 사전·사후 요건이 많아 '운신의 폭'을 좁게 만들고 있는 만큼, '경영 자율성'을 발휘할 수 있도록 규제를 과감하게 풀어야 한다."며 "까다로운 요건 때문에 가업 상속 공제 제도를 이용하는 경우는 연간 100건에 불과하다"고 말했다.

(2) 고령화 되어가는 중기 창업 경영자 들

중소기업 승계의 실정은 60대 이상 12만 명, 가업승계는 年100건 그쳐있다. 中企 기업승계 가로막는 까다로운 상속규제. 代 끊기는 중소기업 섬유업체 고원니트의 고혜진 대표는 2013년 아버지가 갑자기 돌아가시면서 회사를 물려받게 됐다. 가업상속공제 신청 후 7년 반 동안 고용·자산유지 등의 사후 관리 의무를 잘 지켜오다가 2020년 코로나 사태가 터졌다. 코로나 직격탄을 맞은 원단사업은 수출 주문이 줄줄이 끊겼다. 고 대표는 "10년 동안 직원 고용을 유지해야 하는데, 회사 사정이 너무 좋지 않아 줄일 수밖에 없었다."고 말했다. 결국 가업상속공제 기준에서 탈락한 그는 상속세를 내기 위해 집을 팔고, 은행 대출까지 받았다. 고 대표는 "코로나로 회사 경영이 너무 힘들어 개인 돈을 많이 쏟아 부었는데, 상속세까지 겹치니 사업을 괜히 물려받았다는 생각이 들었다"고 말했다.

| 표 11-7 | **2022년 세제개편안중 가업상속에 관련 핵심 내용**

기업상속 공제 대상과 한도 확대	기업상속 공제를 받은 후 지켜야 할 의무 완화
연매출 4,000억 미만 기업 → 1조 미만기업	상속인이 기업을 휴·폐업하지 않고 주업종을 변경하지 않아야 하는 의무기간 7년 → 5년으로
공제한도 200억 ~ 500억 → 400억 ~ 1,000억 원	상속 후 고용급여 준수를 일정수준 이상으로 유지해야 하는 의무기간 7년 → 5년으로

(3) 늙어가는 중기 … 60대 이상 경영자 11.8만 명, 70대도 2만여 명

가업상속 요건이 까다롭다 보니 가업상속 공제를 이용하는 기업도 적고, 고씨처럼 사후 관리 의무를 지키지 못해 상속세를 다시 추징당하는 경우도 12.3%에 달할 정도 빈번하다. 기업승계가 쉽지 않다 보니, 중소기업 대표들은 점점 늙어가고 있다.

중소 벤처기업부에 따르면 2010년만 해도 중소 제조기업 대표자의 평균 연령은 50.6세였는데, 2020년에는 54.9세 였다. 특히 60세 이상 비율은 2010년 13%에서 2020년 30.7%로 배 이상이 됐다. 중소 서비스·제조업으로 범위를 확대하면 60대 이상 CEO는 11만8000명, 70대 이상은 2만1500명에 달한다. 중소기업계에서는 "지금처럼 1년에 100건씩 가업승계가 이뤄지면 70대 CEO들이 가업승계를 다 하려면 200년이 걸려도 안 된다"는 우스갯소리가 나올 정도다.

울산에 있는 매출 100억 원의 자동차 도금업체 대표 B씨(37)는 가업을 잇지 않을 계획이다. 올해 66세인 창업자 아버지는 곧 은퇴할 예정이지만 그는 승계를 포기하고 새 사업을 할 예정이다. B씨는 "사전 증여를 받아 회사를 크게 키우고 싶지만, 세금 부담이 너무 커 포기했다"며 "도금업 같은 3D 산업은 상속세를 대폭 줄여줘도 2세들이 승계를 안 하려고 한다."고 말했다. 투자비는 끊임없이 들어가고 노사 문제도 만만치 않은 데다 인명 사고라도 나면 중대재해처벌법으로 감옥에 갈 수도 있기 때문이다.

최근 중소기업중앙회가 업력 10년 이상 된 중소기업 600사를 대상으로 실태 조사를 진행한 결과, 이들은 가업승계의 어려움(복수 응답)으로 막대한 조세 부담(79.8%), 정부 지원 부족(29.6%), 후계자 경영교육 부재(24.8%) 등을 꼽았다.

❸ 회사 키우면 오히려 손해 … 코리아 디스카운트 현상도

욕실 부속품 제조업체인 와토스코리아 송공석(70) 대표는 5년 전부터 사업을 확장하고 싶었지만, 승계 문제로 주저하고 있다. 현재 주력제품인 플라스틱 자재에서 절수형 변기 등으로 사업을 확장하고 싶지만 이 경우 가업상속공제에서 불이익을 받을 수 있기 때문이다. 송 대표는 "30년 이상 기업을 운영해왔기 때문에 상속재산 500억 원에 대해 상속세 공제받을 수 있지만, 회사를 키우거나 업종을 변경하면 상속세 부담이 눈덩이처럼 커진다."고 말했다. 자녀들도 "사업 확장을 하지 마시라. 차라리 우리가 상속받은 뒤 하겠다."며 아버지를 말리고 있는 상황이다. 현재 이 회사는 직원 수 115명에 연매출 200억 원. 사업을 확장하면 최소 1000명 고용에 연매출 2000억~3000억 원이 될 것으로 기대되지만, 상속세 부담 때문에 추가 투자를 꺼리는 상황이다.

실제로 우리나라는 기업 경영을 잘해서 기업 가치가 상승하면 상속세 부담이 눈덩이처럼 커진다. 한국 상속세 최고세율은 50%로, OECD 국가 중 일본(55%)에 이어 둘째로 높고, OECD 평균(26.6%)의 2배 수준이다. 기업인들은 "기업 경영 잘한 경영자들이 오히려 상속에서 불이익 보는 구조"라며 씁쓸해한다. 최준선 성균관대 법학전문대학원 명예교수는 "기업들이 승계 전후에는 상속세 부담을 줄이기 위해 기업가치를 오히려 낮게 유지하는 '코리아 디스카운트 현상'까지 발생한다."며 "우리도 가업승계의 경우 상속세 부담을 해외 수준으로 낮춰야 한다."고 말했다.

3-3. 중기중앙회 "상속세율 50% 낮추면"

❶ 일자리 26만개 생겨

설립된 지 10년이 채 되지 않은 신생 기업보다 30년 이상 버텨온 기업의 매출액과 일자리 창출 능력이 10배 이상 큰 것으로 나타났다. 중소기업계는 "장수 기업들은 안정적이고 지속적인 경영이 가능할 뿐 아니라 고용 확대와 같은 사회적 순기능까지 수행한다."며 "정부가 적극적으로 나서서 가업승계를 독려해야 하는 이유"라고 했다.

| 표 11-8 | 기업의 업력별 경영성과 비교

업력	10년 미만	30년 이상
매출	34억 6700만원	648억 2700만원
고용 인원	14명	146명

※ 자료 중소기업중앙회 기업 데이터 분석

중소기업중앙회가 최근 42만9000개 기업의 데이터를 분석한 결과 업력 10년 미만 기업의 평균 매출액은 약 34억6700만원, 업력 30년 이상은 약 648억2700만원으로 집계됐다. 신생기업과 장수 기업 간 매출액 차이가 18배 이상 나는 것이다. 10년 미만 기업의 평균 고용인원은 14명, 30년 이상 기업은 146명으로 10배 이상의 격차가 있었다. 또 10년 미만 기업이 투입하는 연구·개발비는 약 4600만원, 기부금은 약 1200만원에 그친 데 비해 30년 이상 기업의 연구·개발비는 약 17억원, 기부금은 1억5900만원으로 집계됐다.

중기중앙회와 민간 경제 연구기관 파이터치연구원이 지난해 진행한 연구 보고서에서는 기업 상속세율을 50% 인하했을 때 일자리 26만7000개가 생기고, 100% 인하하면 일자리 53만8000개가 생긴다는 결과도 나왔다. 상속세율을 인하하면 세금으로 나갈 돈이 기업의 투자로 연결돼 더 많은 일자리가 생길 수 있다는 것이다. 보고서는 "그리스의 경우 2003년 기업 상속세율을 20%에서 1.2%(자녀, 배우자) 또는 2.4% (손자녀, 조카)로 대폭 인하하자 가업을 승계한 가족기업의 투자가 약 40% 늘어났다"고 밝혔다. 추문갑 중기중앙회 경제정책본부장은 "가업승계를 통해 경영 일선에 나오게 된 2세, 3세 기업인들은 고용 창출과 신사업 개발, 투자에 적극 나서고 있다"며 "이처럼 순기능을 하는 장수 기업들이 늘어날 수 있도록 정부가 가업승계 성공 사례를 계속 만들어야 한다."고 말했다.

❷ 기업승계 막는 세제 : 최고의 상속세

◈ 누굴 위한 상속인가?

상속세 감면 혜택을 받아 중소기업의 가업(家業)을 물려받는 사례가 연간 100건 남짓에 불과하다고 한다. 최고 50%에 달하는 한국의 상속세율이 세계 최고 수준인 데다, 가업을 상속할 때 세금을 깎아주는 요건이 너무 까다롭기 때문이다. 현행 제도는 상속 후 7년 이상 같은 업종·고용·지분을 유지해야 상속 재산 중 200억~500억원을 과세 대상에서 빼주고 이를 위반하면 최고 65%의 징벌성 세금을 물린다. 이런 조건 탓에 중소기업 오너 중엔 상속 재산이 늘지 않도록 사업 확장을 꺼리거나, 가업 승계 대신 기업 매각을 선택하는 경우가 많다. 중소기업중앙회 조사에선 가업 승계가 어려운 이유로 중소기업의 80%가 '막대한 조세 부담'을 꼽았다.

정부는 가업 승계 감세 대상을 연 매출 1조원까지로, 최대 공제 한도는 1000억 원으로 확대하고, 승계 후 조건을 완화해주는 세제 개편안을 마련해 국회에 제출했다. 가업 상속 후

사업을 5~7년만 유지하면 상속세를 전액 유예해 주고, 업종 변경 제한도 두지 않는 선진국의 세제를 감안한 것이다. 그런데 민주당은 윤석열 정부의 세제 개편안이 "부자 감세"라며 반대하고 있다. 중소기업의 가업이 계속돼 경영의 일관성과 고용이 유지되도록 도와주는 것이 어떻게 부자를 위한 혜택인가. 중소기업계의 오랜 현안인 가업 승계 감세 법안이 이번 정기국회에서 처리될 수 있도록 여야가 손을 잡아야 한다.

아울러 시대에 맞지 않는 불합리한 상속 세제도 글로벌 표준에 맞춰 고쳐야 한다. 우리의 상속세제는 피상속인의 재산 총액에 최고 50%의 누진세율을 적용하기 때문에 실제 받는 상속분보다 더 많은 세금을 내는 문제가 있다. 이를 대부분 선진국처럼 상속인이 각자 물려받은 재산만큼만 세금을 내는 '유산 취득세'로 바꿀 필요가 있다. 정부도 이런 방향으로 상속세 개편을 추진하겠다는 뜻을 밝히고 있는데 더 속도를 내야 한다. '세금 폭탄' 수준의 상속세를 개혁해야 기업인들이 사업 키우기를 꺼리는 기현상이 없어지고, 증시의 '코리아 디스카운트' 문제도 개선될 것이다.

❸ 성공적인 가업승계 위해선 관련 규제부터 완화·확대해야

창업 1, 2세대 경영자들의 고령화가 가속화되면서 가업승계가 중요한 사회적 이슈로 부상하고 있다. 2014년 중소기업 실태조사에 따르면 중소기업 CEO의 평균 연령은 지난 1993년 48.2세에서 2013년에는 51.9세까지 높아졌으며, 60세 이상 고령자 CEO의 비율도 1993년 10.6%에서 2013년 15.9%로 증가했다. 그러나 우리나라 기업들의 승계에 대한 준비율은 현저히 떨어진다. 통계청이 올해 2970개 중소기업체를 대상으로 조사한 결과 전체의 78.2%가 '가업승계 계획 없음'이라고 대답한 것으로 나타났으며, '가업승계 예정'이라고 대답한 기업은 전체의 9.7%에 불과했다.

정부는 중소·중견기업의 가업승계를 장려하기 위해 가업승계를 잘 해나가는 기업을 명문장수기업으로 인증해주는 제도를 도입하고, 매년 세제지원을 확대하는 등 정책적인 지원을 하고 있다. 하지만 전문가들은 원활한 가업 승계를 위해 규제완화가 더 필요하다고 주장하고 있다. 중소기업의 경우 전문경영인을 도입할 여력 자체가 없는 경우가 많고, 승계가 이뤄지지 않는 경우 회사의 고용 등이 불안해지는 경우가 많기에 일단은 기업이 존속할 수 있도록 하는 것이 중요하다는 것이다.

❹ 상속·증여세 보완책으로 문제 풀어야

(1) 지나치게 엄격한 상속 공제제도

중소·중견기업의 원활한 가업승계 지원을 목적으로 하는 가업상속공제제도는 가업을 피상속인에게 정상적으로 승계한 경우 가업영위기간에 따라 최대 500억 원까지 상속세과세가액을 공제해주는 제도다. 가업 승계시 피상속인이 되려면 최대 주주이자 발행주식 총수의 50% 이상 보유해야하며, 상장법인의 경우에는 30% 이상 보유해야 한다. 상속 후에는 이를 최대 7년간 유지해야하며, 유사업종을 유지해야할 의무가 있다.

(2) 사후관리 추징 요인

(a) 가업용 자산의 20%(5년 내 10%) 이상을 처분하는 경우
(b) 상속인 또는 그 배후자가 가업에 종사하지 아니하게 된 경우
(c) 상속인의 지분이 감소하는 경우
(d) 각 사업년도의 고용유지와 총급여액이 기준인원과 기준총급여의 80%에 미달하는 경우.
(e) 기타 가업경영과 관련하여 조세포탈 또는 회계부정 행위로 징역형/벌금형으로 확정되는 경우 등

사후 추징 요인으로는 상기 항목에 유의하여야 하고 사후관리 요건을 충족하지 못하더라도 상속세 전액을 추징하는 것은 너무 가혹하여 가업승계 원활치 못함으로 융통성있게 법체계가 운영되면 기업 활성화에 도움을 줄 것이다.

| 표 11-9 | **승계방향 어느 방향이 좋은가?**

승계의 방향	승계의 절차
가업 승계 가족경영이 답인가?	후계자의 경영능력이 부족하다고 판단될 경우 전문경영인을 고용하는 것이 더 합리적 (배경서 전 한국기업지배구조 원장)
	가족재단을 설립해 기업과 공익에 기업상속 재산을 신탁 (이선봉 서울 여자대학교 교수)
	일본 도요다는 가족경영 전문 고용인 고용 병행기업에 맞는 지배구조가 중요 (남영호 가족기업연구 소장)

(3) 승계문화의 합리성

가족 불화를 없앨 가족회의나 가족 사명서 작성 등의 문화창달이 필요대두의 실정이 나타고 있다. 남영호 가족기업경영연구소장 겸 건국대학교 경영경제학부 교수는 “가업을 대물림하는 과정에서 가족끼리 생기는 불화 때문에 기업들이 문을 닫는 경우가 더 많다”며 상속·증여세 등은 2차적인 문제라고 말했다. 가족기업 구성원간 경영권 다툼은 전세계적으로 나타나는 현상이다. 대표적인 예로, 이탈리아 명품 패션 브랜드 구찌의 최고경영자는 사촌들과의 법정 싸움 중 청부살인을 당했다. 또 다른 이탈리아 명품 브랜드 아르마니는 내부 분란을 피하기 위해 재단경영을 선택했다.

남 소장은 기업 내 가족회의 개최, 가족 사명서 작성 등을 해법으로 제시했다. 실제로 독일의 P&G라고 불리는 헨켈의 경우 약 150여명의 자손이 가족지분풀링협약을 주도하며 안정

적인 경영권 승계를 유지하고 있다. 가족지분풀링협약은 단결적 의결권 행사를 위한 주식수 보유·유지를 전제로 오너 가족 구성원들끼리 체결하는 계약이다. 협약 당사자들은 다른 가족 구성원의 동의나 우선적 매입권 부여 없이 자신의 주식을 외부로 매각할 수 없다. 이 협약을 통해 헨켈은 현재 의결권의 50% 이상을 오너 가족이 확보하고 있다.

3-4. 100년 기업 일본에 3만개, 독일에 1만개, 한국은 10개

❶ 3代 걸쳐 상속세 3번 내면 경영권 잃을 판

(1) 中企 기업승계 막는 징벌적 이중과세 논란

자산 규모 600억 원인 한 중소 제조업체 창업자 A씨는 자녀들에게 회사 경영을 가르치고 있지만 막대한 상속세 부담 때문에 골머리를 앓고 있다. A씨가 보유한 지분(22%) 가치가 현재 100억 원으로 추산되는데 각종 세액공제를 받더라도 42억여 원에 달하는 상속세를 마련할 방법이 마땅치 않기 때문이다. 지분 50% 이상(상장회사는 30% 이상)을 보유해야 한다는 요건을 충족 못 해 중소기업 가업상속공제 혜택도 받을 수 없다. A씨는 "자녀들이 상속세를 내려고 지분 상당수를 매각한다면 지분율이 급감해 경영권을 잃을 수도 있다"고 말했다.

최고 세율 60%에 달하는 상속세가 국내 기업들이 100년 기업으로 성장하는 길을 가로막는 걸림돌이 되고 있다. 예컨대, 가업상속공제를 받지 못하는 기업의 경우 보유 지분 100%(1000억 원)를 물려받은 기업인이 있다고 가정하면, 지분을 팔아 상속세를 내는 과정(실효 세율 적용)에서 지분이 42.5%로 줄고 이를 두 번 더 거치면 지분이 8.4%로 쪼그라든다. 기업들 사이에선 "사업해서 돈 벌었다고 세금을 부과하고, 최대 주주가 사망했다며 또 절반 이상을 세금으로 내라고 하니 가업 승계가 될 수 있겠느냐"는 비판이 나온다. 고(故) 김정주 넥슨 창업자의 유족이 최근 상속세로 6조원 이상을 신고한 것에 대해서도 "유족이 세금을 내고 지분을 상속받겠다고 해서 다행이지만 만약 상속세 부담 탓에 지분 매각에 나섰다면 중국 자본에 넥슨이 넘어갈 수도 있었다."는 지적도 나오고 있다.

(2) 상속세 3번 내면 경영권 잃어

한국의 상속세 최고 세율은 50%로 OECD(경제협력개발기구) 국가 중 일본(55%) 다음으로 높다. 그러나 최대 주주 할증 과세를 더하면 우리의 상속세 최고 세율은 60%로 치솟아 일본을 제치고 1위다. 상속세를 부과하는 OECD 국가들의 평균 상속세 최고 세율은 27.1%인데 한국이 이보다 두 배 이상 높은 것이다. 한 재계 관계자는 "현 수준의 상속세는 세금 납부를 위해 기업의 존립 자체를 어렵게 만드는 수준"이라면서 "일단 기업이 존속해야 고용도 창출하고 세금도 정기적으로 납부하면서 국가에 기여할 수 있지 않겠느냐"고 말했다.

기업인들 사이에선 "상속세가 사실상 이중과세"라는 불만의 목소리가 높다. 근로소득 또는 사업소득으로 매년 세금을 내는데, 기업 경영을 통해 축적한 재산에 대해 최대 주주가 사망했다는 이유로 또다시 세금을 부과하는 것은 이중과세라는 것이다. 더구나 한국의 소득세 최고 세율(지방세 포함)은 49.5%로 OECD 국가 중 12위에 해당할 만큼 높은 편이다. 일본도 상속세와 소득세가 모두 높지만 상속·증여세 전액 납부 유예 같은 제도를 도입해 가업 승계 시 상속 부담을 덜어준다. 상속세·소득세가 높은 편인 프랑스도 가업 승계 시 사업용 재산에 대해 75%의 세금을 감면해준다. 전경련 관계자는 "한국은 부에 대해 막대한 상속세와 소득세를 중복으로 매겨 징벌적 성격으로 과세를 하는 나라"라면서 "우리처럼 제대로 된 보완책도 없이 상속세를 걷는 나라는 세계 어디에도 없다"고 말했다.

(3) 자본이득세 도입 검토해야

현재 세계적인 추세는 상속세를 낮추거나 폐지하는 방식으로 이중과세 논란을 피하고 가업 승계를 지원하는 것이다. 실제 OECD 38국 중 캐나다·호주·오스트리아·뉴질랜드를 포함한 15국이 상속세를 부과하지 않고 있다. 상속세를 부과하는 국가 중에서도 룩셈부르크·스위스·슬로베니아·헝가리·리투아니아는 직계비속이 상속할 경우에는 상속세를 면제하고 있다.

상속세를 없애고 자본이득세를 도입하는 국가들도 있다. 스웨덴이 대표적인 경우다. 스웨덴은 한때 상속세 최고 세율이 70%에 달했지만 이케아를 비롯한 주요 기업이 해외로 이탈할 조짐을 보이자 2005년 상속세를 폐지하고 자본이득세를 도입했다. 상속 단계에서는 세금을 부과하지 않고 향후 상속받은 재산을 처분해 이익을 실현할 때 세금을 부과하는 것이다. 이 제도는 원활한 가업 승계를 지원할 뿐 아니라 이익 실현에 과세하기 때문에 조세 형평성에도 문제가 없다는 평가가 나온다.

임동원 한국경제연구원 연구위원은 "국내 산업계에서는 창업 2~3세의 상속이 한창 시작되는 시점이라 가업 승계와 맞물린 상속세 논란이 계속 이어질 것"이라며 "상속세율을 대폭 낮추거나 자본이득세를 도입하는 방식으로 가업 승계의 길을 터줘야 해외 자본에 기업이 넘어가는 일을 막고 일자리도 지킬 수 있다"고 말했다.

❷ 한국 60년 기업도 569개 불과 "규제 최소화, 장수기업 키워야"

제조업 강국 일본과 독일은 100년 기업이 각각 3만 곳, 1만 곳이 넘는다. 반면 한국에서 100년 이상 살아남은 기업은 두산, 동화약품, 신한은행, 경방 등 단 10곳 뿐이다. 우리 중소기업계에선 "한국도 일본·독일처럼 제조 중소기업이 산업 기반이지만 기업인들이 대대로 가업을 이어가며 책임·혁신 경영을 하기 어려워 100년 기업이 나오기 힘든 구조"라며 "상속·증여 관련 규제를 최소화해 장수 기업 육성에 나서야 한다"고 요구하고 있다. 중소기업중앙회에 따르면 일본에는 100년 넘은 장수 기업이 총 3만3079사다. 미국은 1만2780사, 독일은

1만73사로 집계됐다. 한국의 경우 100년 기업은 앞서 언급한 10곳뿐이고, 1960년대부터 본격적으로 산업화가 시작됐다는 점을 고려해 '60년 기업'으로 기준을 낮춰도 이 문턱을 넘는 곳은 569사(2018년 기준)에 불과했다. 이 기업들이 모두 40년 뒤까지 살아남는다고 가정하더라도 우리나라의 100년 기업은 600사가 채 되지 않는 셈이다.

중소기업계에서는 100년 이상 된 기업은 오랜 기간 축적해온 노하우를 계승·발전시키면서 기업 경쟁력이 강화됐을 뿐만 아니라 고용 창출, 신산업 발굴, 지역사회 기여와 같은 다양한 순기능을 한다고 밝힌다. 추문갑 중기중앙회 경제정책본부장은 "한국, 일본, 독일과 같이 제조업이 산업 기반인 나라들의 경우 특히 장수 기업 육성이 중요하다"며 "오랜 기간 버텨오며 산업의 뿌리 역할을 한 기업들이 또 다른 기업이나 산업이 발전하는 밑거름이 되기 때문"이라고 했다. 노민선 중소벤처기업연구원 연구위원은 "우리나라도 허용 안 되는 경우만 명확하게 규정하는 네거티브 방식으로 과감하게 규제를 풀어서 100년, 200년 기업이 나올 수 있게 해야 한다"고 했다.

OECD 국가 상속세 최고세율 * 직계비속 기준		OECD 국가 소득세 최고세율 * 지방세포함	
일본	55%	일본·덴마크	55.9%
한국	50% 최대주주 활증시 60%	프랑스	55.4%
프랑스	45%	오스트리아	55.0%
영국·미국	40%	캐나다	53.5%
스페인	34%	포르투칼	53.0%
아일랜드	33%	벨기에	52.9%
독일·벨기에	30%	스웨덴	52.3%
칠레	25%	핀란드	51.3%
네덜란드	20%	이스라엘·슬로베니아	50.0%
핀란드	19%	한국·네덜란드	49.5%
		아일랜드	48.0%

참고 문헌

1. KOTRA(2005)해외시장정보. 보석같은 독일기업, 시리즈 4-1. 프로이덴베르크
2. 「히든챔피언」의 헤르만 지몬이 말하는 '독일기업의 13가지 강점 P.7~9
3. 가족기업이 장수기업을 만든다. 대니밀러 이사벨르, 김현정 옮김, 황금가지 발행. p.333.
4. 장수기업의 비밀 p.372. 가족기업의 분석강진철, 「중세사」, 진단학보57, 진단학회, 1984
5. '巨商 임상옥의 상도경영', 기획출판 거름, 2002 권명중.
6. 장수기업의 사회적 정당성 메카니즘, 서울대학교 경영학 논문(2005) 김보미.
7. 국내장수 중소기업의 성공요인 관한 사례연구, 한국중소기업학회. 2012. 김인섭. 김우봉. 문종범.
8. 우리나라 기업의 지배구조가 기업성과에 미치는 영향에 관한 연구, 한남대학교. 2006 윤평구외 1명.
9. 우리나라 기업지배 구조의 새로운 패러다임 모색, 한국경제연구원. 1999, 이병기 외 6명, 한국경제신문
10. 지속(가능)경영 '-지속경영보고서' 작성을 위한지침 조동성, (서울경제경영, 2007)

요 약

1. 가업승계의 성공 후계자 교육에
가업승계의 성공은 승계자 리더 교육이 체계화되고 지속되어 나갈 때 지속적인 성공으로 이어져 불멸의 장수기업으로 대대손손 이어지는 것이다. 창업의 꿈을 안고 창업세대가 천신만고(千辛萬苦)의 고역을 감내하여 혼창통(魂創通)으로 일군기업 2~3세대를 넘어 4세대에 접어들면서 창업자 조계(祖系)와 부계(父系) 형제들이 혼신협력(魂身協力)으로 사이좋게 시대흐름에 적응해야 미덕이 쌓여져 승계가 원활하여 진다.

2. 가업승계의 원활성을 기하는 세금문제는 어떠한 영향을 미칠 것인가?
국가경제발전 즉 국민소득과 증여, 상속의 문제, 인간이란 욕구의 동물로 무한소유 자기역량을 최대한 발휘하는 산업적 역량이 국가산업발전과 국부형상을 가져오는 것인지 흥미롭게 정책당국자들은 연구되어야 할 과제라 할 것이다. 일 정부 신사업승계제도 손자까지 상속 땐 상속세금 없음, 5년 80% 고용조건 없애고 있다.

3. 현행 상속세 구도 하에서는 상속을 원치 않는 자녀들이 나타나고 있다.
그 원인은 무엇일까? 그 첫째 이유는 가업승계는 소유권이전으로 이루어지는 것이 아니라 가업의 지속성이 유지되어야 하기 때문에 가업을 승계할 준비와 노력의 부족에서 두려움을 갖게 되는 것이다. 두번째 이유는 금전적, 재산적 가차관의 문제이다. 현행 상속세율은 30억 이상 50%로 되어 있으며 부동산의 경우 실 재산가. 또는 공시지가를 기준하고 있다.

4. 차세대 경영승계의 중요성
경영승계의 원칙은 경영능력에 있다. 시대변화에 적응력이 부족한 자에게 승계되면 기업을 지속할 역량부족으로 장수기업으로 지속될 수는 없다. 그러므로 승계자선정은 성격성질, 자질과 경영능력 등 다양한 것을 고려하여 양성되어야 한다.

5. 상속· 증여세 절세 플랜
사전증여 포인트는 10년, 쪼개기 증여도 중요하다. 상속개시일 6개월 안에 상속인간의 정리를 마쳐야 상속·증여세와 양도소득세는 절세할 수 있는 방법이 가장 많이 있다. 납세자가 스스로 신고하는 세금인데다 재산을 물려주거나 팔때 세금을 줄일 수 있는 경우의 수가 다양하기 때문이다. 잦은 세법개정으로 인해 예외규정이 많고 복잡해서 세무사들도 어려워하는 세목이다. 최고의 절세비법은 사전에 절세플랜을 세우는 것으로서 택스워치가 상속·증여세와 양도세 분야의 최고 전문가들의 자문이 필요하다.

제4절

장수기업 100년 이상 지속 경영하려면

성공 Point 41

1. **적극적이고 주도적인 자세로 삶에 임하라**

   적극적인 사고로 업무를 주도한다. 천하를 다스리고자 하는 사람은 천하의 모든 일을 자신이 떠맡는다는 책임감이 있어야 함이 마찬가지로 기업을 이끌어 가는 총수가 되고자 하는 사람은 회사의 모든 일을 자신의 일이라 여기고 관찰한다. 일은 능동적으로 처리 수행하는 과정에서 능력과 인품을 인정받고 다양한 기회가 저절로 찾아와 자연스럽게 발전의 기회가 구축된다. 일이 많다고 투정하지 말라. 고생만큼 대가를 얻지 못한다고 불평하지말라. 이 세상에 공짜는 없는 법이다. 인간은 살아가면서 예측할 수 없고 미처 깨닫지 못한 많은 일들로 삶에 영향을 받는다. 나와 상관이 없다는 태도로 주변 일을 도외시하면 성공의 기회도 역시 당신을 외면하고 자나갈 것이다.

2. **명령은 부탁만도 못하다**

   절대적인 명령은 오직 전쟁터에서만 쓸모가 있다. 그러나 대다수 조직 운영체에서는 명령을 습관처럼 사용하는 관습이 있다. 성공하는 인물은 다른 사람의 자존심을 지켜주기 위해 항상 조심한다. 다른 사람과 협의 토의할 때 타의 의견을 존중하며 협의 합의부탁의 방식을 사용한다. 큰 인물 지도자는 지위를 과시하는 법이 없다. 그들은 최대한 상대방이 기분 좋게 의견을 받아드릴 수 있게 노력한다. 대화는 당신의 능력을 과시하는 데만 급급하지 말라. 먼저 상대방과 의론하는 방식으로 형식을 빌려 당신의 의견을 전달하라 사람은 누구나 자기의견을 존중받고 선택되기를 바라기 때문에 요령이 필요하다.

제4절
장수기업 100년 이상 지속 경영하려면

4-1. 100년 기업의 개론

❶ 기업이 장수하려면

기업이 장수하려면 장수하는 이유와 조건을 동반하여야 한다. 또한 장수기업의 활동사항을 살펴봄으로서 장수기업을 지향하는 기업으로서 어떤 경영상의 처방을 요하는지가 중요한 의미를 갖는다. 사람이란 감성의 동물로 몇 마디의 말이 사람들에게 의욕을 불어넣어 주기도하고 상심(傷心)을 하게 하기도 한다. 장수기업들의 성공하는 가족기업들을 보면 소통의 문화가 기업을 운영하는 경영자들을 고무시키고 신뢰의 기초위에 경영비전은 충분한 가치가 있다하겠다. 성공이란 장기적인 접근방식에는 여러 측면이 있으며 숱한 어려움을 이겨낸 후에야 승리를 맛볼 수 있는 것들이다. 따라서 모든 직급의 관리자들과 이사(경영층)들이 자신들의 소신과 역량을 기업에서 활용할 수 있도록 장수기업의 구체적인 활동사항들을 요약, 정리할 것이다. 우선 주의해야 할 사항들을 살펴보면, 장수기업에 등장하는 가족기업들은 조화롭게 완전성을 추구했기 때문에 성공할 수 있었다. 즉 특정한 전략에 맞는 우선순위와 업무추진방식을 활용하고 부족한 점을 보완했으며, 극단으로 치닫지 않도록 균형을 유지하려고 노력했다. 따라서 각 기업의 활동 하나하나를 나열하고 보편적인 조언을 제시하는 것은 장수하는 가족기업의 성공에 복합적인 요소들이 결합됨으로 성공에 접근되는 것이다.

소유주가족이 기업의 경영을 맡고 있을 경우 최고경영자들은 미래지향적으로 멀리 내다보고 모든 면을 세심하게 고려하여 계획을 수립하고 관대하게 행동할 수 있다. 이런 요소들이 오랜 기간 기업을 운영하는 데 실질적인 우위로 작용한다. 이런 우위를 갖지 못하는 기업의 경영자들은 단기수익으로 주주들을 만족시켜야 하기 때문이다. 이것이 바로 기업성장의 한계를 가져오게 된다. 만일 개인기업 또는 가족기업을 직접 운영한다면 참으로 좋은 기회가 아닐 수 없다. 경쟁업체들과는 달리 경쟁우위를 만들어 나갈 수 있는 권한이 손에 있을 수도 있기 때문이다.

경영층에서부터 생산직사원에 이르기까지 모든 직원들이 기업의 수명연장을 위해 어떤 일을 할 수 있는지 살펴볼 것이다. 기업지배구조와 관련된 일부 제안들은 실천하기 어려울 수도 있지만, 개인적 차원이나 기업의 기능적 측면과 관련된 제안들은 거의 모든 회사에서 실현가능한 내용들이다. 그래서 활동범위가 더욱 넓은 곳으로 옮길 필요도 없다. 먼저 기업이 장수하는데 필요한 전제조건들을 살펴볼 것이다.

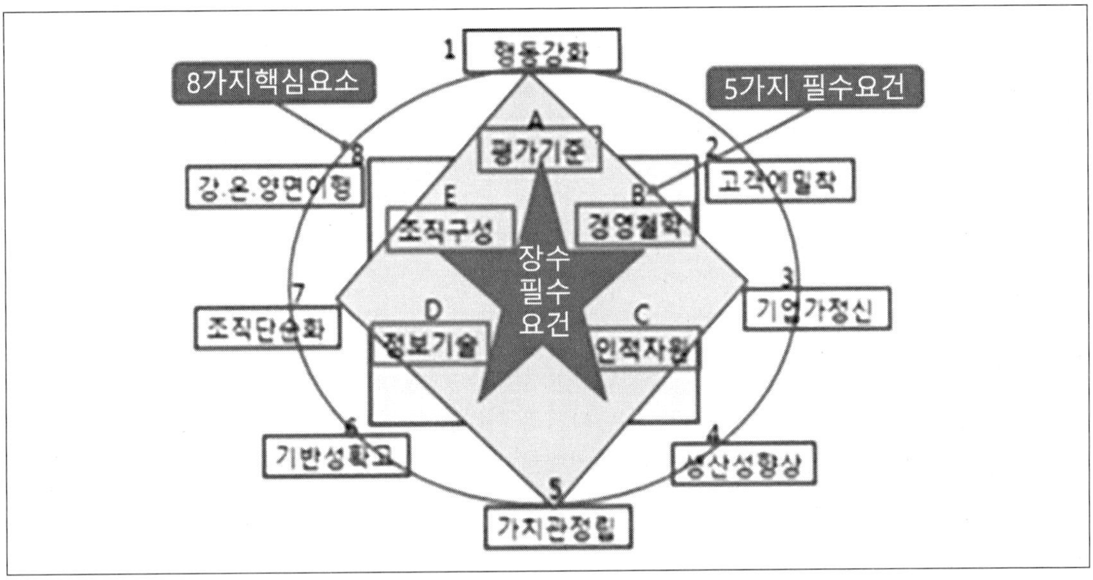

| 그림 11-6 | **100년 장수기업의 8가지 기본 성질**

◈ 기업이 오랜 기간 살아남는데 가장 필수적인 요건들은 무엇인가?

* 최고위층(이사회, CEO, 최고경영팀)의 인센티브 및 평가기준이다.
* 두 번째는 장수비법 적용에 필요한 기업철학과 조직구성을 살펴볼 것이다.
* 세 번째는 인적자원관리, 마케팅, 운영, 연구개발 실현이다.
* 네 번째는 자금조달, 정보기술 등 각 분야별 행동방침을 제시할 것이다.
* 다섯 번째는 마지막으로 장수하는 기업을 위해 조직구성원 모두가 견지해야 하는 자세는 자발적이며 능동적인 노력이 있어야 할 것이다.

❷ 근시적 안목에서 벗어난 경영

원래 장수기업을 지향하는 지속가능경영이란 단기적 이익만을 추구하는 경영이 아니라 중장기적으로 기업의 가치를 향상하기 위한 목표로 경영관이 수립되는 것이다. 시대변화에 따라 경영의 모형도 변화하고 있다. 지속가능경영을 지향하는 대표적인 기업모델을 역사적으로 보면 80년대는 초우량기업(超優良企業)으로, 90년대는 선지자적 기업(先知者的 企業)으로, 그리고 2000년대는 탄력적 기업(彈力的企業)으로 변천하고 있다.

즉 각각의 시대적 변화에 따라 기업의 운영모델도 그 시대의 사회적 배경으로 조금씩 그 특성은 다르지만 사람의 소중함에 있어서는 그 근본의 공통을 가지고 있다. 지금 이 시대에는 사람을 소중이 하는 인본주의 경영으로 기업이 건강하게 지속경영을 시도하고 있다. 건강경영은 종업원의 건강유지와 사고증진의 노력이 장기적으로는 기업발전의 수익성 등을 높이는 가치가 있다는 생각아래 경영적인 관점에서 생각하고 전략적으로 임하는 것이다.

시대를 넘어 노동생산성 향상으로 지속적인 성장할 수 있는 지속가능경영을 실천하는 기업에 필요한 것, 그것은 시대적 요청과 함께 항상 변화하는 부분(企業의 相扶相助)과 시대와 함께 변화하지 않는 부분(기업의 하부구조=철학)을 겸비하는 것이며 그 철학이야말로 사람을 소중히 여김에 있다.

탄력적 회복력 등을 뜻하는 레지리언트(resilient)라는 말은 격동기 부흥기에 널리 쓰게 되었다. 이는 많은 사람들이 공감했기 때문에 사용되었을 것이다. 또한 스트레스사회에서 부러지지 않는 탄력적인 마음을 키울 필요성이 주지(周知)되었기 때문이다. 지속가능한 경영이란 지속가능한 기업의 사회적 가치 CSR(Corporate Social Responsibility)적 경영 등과 여러가지 표현을 하는 경우 등이 있다. 이는 단기적 이익만을 추구하는 것이 아니라 중장기적으로 기업의 가치향상을 목표로 하는 기업의 경영방향을 정하는 것으로 생각한다. 초우량기업, 선지자적 기업, 탄력적 기업 등은 지속가능경영을 지향하는 대표적인 기업모델이라 할 것이다.

4-2. 초우량 기업과 선지자적(先知者的) 기업

❶ 초우량 기업이란

Excellent Company의 저자 T.J. 피터스와 R. H. 우오타망에 따르면 초우량기업 62개사를 분석한 결과 혁신적인 초우량기업에는 그들의 가장 특징적인 것은 다음의 8개의 기본적인 성질을 가지고 있다고 하였다.

(1) 행동의 중시

초우량기업은 행동을 특히 중시하는 특징을 가지고 있다. 그 톱은 순서가 반대라고 생각되는 표현을 하고 있다. 예를 들면, 사격준비! 쏜다! 잡아라! 엑설런트 컴퍼니에서 인용하는, 실행, 수정, 시행, 혼란한 행위는 질서 있는 정리이다.

(2) 고객과 밀착

초우량기업은 고객에게 배운다. 일을 하고 있다. 고객의 소리에 열심히 귀를 기울이는 것에 의한 제품아이디어의 최선의 것을 고객에게 얻고 있다.

(3) 자율성과 기업가정신

초우량기업은 "전원의 목에 짧은 사슬을 달고 상상력을 바로 잡으려다 버리지 않는다."일본의 관용구로 바꾼다면 "뿔을 바로 잡으려다 소를 죽이지 않는 것"이라는 것에 가까운 것이다. 획기적 신제품이 태어나서는 편하게 소통이 가능하다는 점이 절대 필요하다는 것이다. 초우량기업에서 혁신을 만들어 내는 커뮤니케이션의 시스템에는 형식주의적이지 않는 것, 커뮤니케이션이 특히 긴밀한 것임, 커뮤니케이션의 도구가 충분히 있기, 철저화를 도모하는 연구가 이루어지고 있어, 형식적인 면이 없는 것이 필요하다.

(4) 사람을 통한 생산성 향상

초우량기업은 일반사원을 품질 및 생산성향상의 원천이라고 생각한다. 모든 근로자를 단순한 노동력으로서가 아니라 아이디어 원천으로 보고 신뢰하는 것이 중요하다. 인간이야말로 생산성향상의 최대무기이다. 사람을 소중히 하는 것이 중요하다.

(5) 가치관에 근거하는 실천

기업의 철학은 기술력, 자금력, 조직구조, 신제품도입 등보다 기업실적에 많은 영향을 준다.

(6) 기축에서 떠나지 않는 고집

자신들이 숙지한 업종에 어느 정도 고집하는 방법이 탁월한 실적을 거두고 있는 경우가 많다.

(7) 단순한 조직·작은 본사

기업의 기구와 체제는 단순성이 좋고 본사관리부문은 적을수록 효과적이다, 관리직의 계층은 간단할수록 능률적이다.

(8) 어려움과 느림의 양면을 동시에 갖춰

초우량기업은 "중앙집권과 권력분산(분권)의 양면을 겸비한다."고 한다.

이상과 같이 초우량기업에는 일관된 공통점이 있다는 지적은 현대적으로 납득할 수 있는 점이다. 1970년대까지 미국기업에서는 조직의 활성화가 매우 중요하다는 문제의식에서 조직의 활성화에 전략과 함께 조직을 이해할 사람의 생산성을 중시하기로 했다. 그래서 사람이 경영참여의식을 높이기 위해서 동기부여가 중요하다고 강조하고 있다. 한편, 그 공통점이 시대와 함께 바뀌고 있는지도 모른다. 초우량기업이라고 해도 그 시대의 사회적 문맥에 영향이 되는 것은 필연이다. 그 점을 지적한 것이 다음에 설명하는 비죠나리 컴퍼니(Visionary Company)이다.

❷ 선지자적 기업(先知者的 企業)

Visionary Company의 저자 제임스 C. 콜린스와 제리·포라스에 따르면 비죠나리 컴퍼니에 의하면 비전을 갖고 뛰어난 회복력으로 역경을 딛고 힘차게 전진하는 기업에서 인용하는 말이다. "타사와 본질적 차이는 이념의 내용이 아닌 이념을 얼마나 믿고 있는가?"이다. "무엇보다 소중히 하는 것이 무엇인가?"하는 점을 확실하게 생각하고 실행함에 있다. 더욱 소중한 것은 그 이념을 조직전체에 침투시키는 것이다. 문제는 뭘 믿고 있었는지가 아니라 어디까지 깊게 믿고 조직이 어디까지 그것을 관철하느냐는 것이다.

(1) 시간을 말하는 것이 아니라 시계를 만드는 것이다.

멋진 물건을 만들어서 훌륭한 기업이 된 것이 아니라 훌륭한 기업(조직)이므로 훌륭한 물건을 만든 것이라고 생각한다. 만일 하늘을 올려다보고 정확히 때를 알릴 수 있는 사람이 있다면 그 사람은 놀라운 재능의 소유자이다. 그러나 그 사람이 죽은 후에도 영원히 정확한 때를 알릴수 있는 시계를 만드는 것이 더 중요한 것 아닌가?

멋진 아이디어를 가지고 대히트상품을 만드는 것이 때를 알리는 것이라면 탁월한 조직으로 구성된 회사를 이루는 것이 시계를 만드는 것이다. 대박상품을 만드는 조직이 아니라 탁월한 조직인 것이 선지자적 기업의 조건이다. 사실, 탁월한 리더가 훌륭한 아이디어를 갖고 회사를 시작한 사례는 거의 없다. 멋진 아이디어와 탁월한 제품을 출발점으로 하는 회사에서는 문제가 없어서 기업으로서 빠른 시기에 성공하는 선지자적인 기업으로서 성공하는 것은 역상관하고 있는 것이다. 이부카대씨의 최고 걸작은 소니제품이 아니라 그 기업의 문화인 것이다.

(2) OR(어느)의 억압을 물리치고 AND(모두)의 재능을 살리기

선지자적 기업은 언뜻 모순 있는 역설적인 생각을 가지게도 한다. 이를 테면. 이윤을 넘어선 목적과 현실적 이익의 추구나 분명한 비전과 방향성과 임기응변의 모색과 실험은 기본이념에 충실한 조직과 환경에 적응하는 조직 등 양쪽을 겸비하는 것이 많다. 이는 "OR의 억압을 물리치고 AND의 재능을 살린다."것이 필요한 것을 말한다. "OR의 억압에 굴하지 않는 AND 재능으로 보는 것"에서 "A나 B나 하나를 뽑는 게 아니라 A와 B양쪽을 구할 방법을 찾아내는 것"이 중요하다.

(3) 사운을 건 대담한 목표

사운을 건 대담한 목표가 필요하다. 예를 들어, 1961년 케네디 대통령은 달 여행이 성공할 기회가 거의 전문가의 비관적임에도 불구하고 "우리나라는 60년대가 끝날 무렵 달에 인간을 착륙시키고 안전하게 지구에 귀환시키는 목표를 달성하겠다고 명언해야 한다."와의 대담한 목표를 내걸고 현실화했다. 선명한 목표를 내걸고 그 목표를 굳은 결의로 달성하는 것이 중요하다. 그 목표를 컬트의 같은 문화에서 달성하는 것이다. 목표를 달성하는 데 대량으로 시험하고 보는 것, 현상에 만족하지 않는다는 것, 그리고 기축에서 떠나지 않는 것이 아니라 기본이념에서 떠나지 않는 것, 기본이념이야말로 중심이기 때문이다.

이상과 같이 선지자적 기업에서 초우량기업의 기축(奇軸)의 의미는 기본이념을 깊이 믿고 떠나지 않는 것이다, 라는 새로운 해석을 하고 있는 것은 주목된다. 초우량기업은 자신이 숙지한 업종을 고집할 기축에서 떠나지 않는 것이었지만 80년대의 기업을 둘러싼 환경이 크게 변화된 시대배경을 바탕으로 발표된 선지자적 기업에서는 그 기준의 의미를 착오 있게 기본이념을 대체한 곳이 흥미로운 변화이다.

뛰어난 회복력으로 역경을 딛고 힘 있는 기업이 선지자적 기업이라는 것이다. 기술은 탄력적인 회사로 이어지는 지적인 수단이라고 생각한다. 회복력 있는 점에 주목한 초우량기업의 정리가 다음의 탄력적인 기업으로 이어진다.

❸ 탄력적인 기업

탄력적이란 압축에는 탄력 있는 것, 즉 불운, 질병 등에서 재기의 빠른 것을 말한다. 다시 말하면 피해를 최소화한다는 것과 동시에 피해에서 재빨리 회복 원래생활로 돌아가는 것이란 뜻으로 탄력적이란 말을 사용되고 있다. 탄력적 기업은 다음의 세 가지 특징을 가지고 있다.

① 근거가 있다, ② 자기 변혁력이 높다, ③ 사회성을 추구하고 있다.

이들 세 가지 특징은 다음의 7개의 행동에 분산되어 있다.

(1) 근거(Anchoring)

행동 - ① 가치관과 사명(가치관과 이익 추구를 넘어선 소명)

기업의 지주로 사원과 고객(및 기타의 이해 관계자)을 끌어들이는 매력은 탄력적 기업에서 인용하는 앵커링으로 알려졌다. 기업의 철학 등이 행동에 활용되고 있는가? 비즈니스에는 비전과 전략의 전에 인텐션(기업의 의지와 의도)이 필요한 것인지 회사에 가치관이 있는지 여부가 아니라 그 가치관이 일상의 행동에 살고 있는지 정말 경영자의 판단기준이 되는 직원의 근거로 가능하고 고객을 끄는 힘을 가지고 있는가가 더 중요하다. 비즈니스모델을 성공으로 이끌려면 치밀한 전략과 사업 계획보다는 경영자의 열정과 기업의 가치관이 중요하게 작용하는 경우도 많다.

행동 - ② 신뢰(내부로부터의 신뢰와 외부로부터의 신용을 모두 포함)

내외를 불문하고 각종 스테이크 홀더와 깊은 신뢰관계가 구축되고 있는지가 중요한 것이다. 예를 들어, 앵커링보다는 집의 기초와 토대의 가치관 그 집 전체를 지탱하는 지주가 사명, 신뢰는 철골의 뼈대를 고정하는 볼트라고 비유할 수 있다. 내부 신뢰라는 점에서는 종업원이 우리 일에 가치가 있다는 이유, 신념과 직업을 통해서 인생에 충실감을 얻을 수 있다는 생각이 중요하다. 다시 말하면 회사가 개개인의 사람을 자원이 아니라 인간으로서 동정심을 가지고 다루고 있는지 여부가 포인트인 회사와 종업원 사이에서 계약을 넘어선 관계성이 가능할지 여부가 중요하게 작용한다.

(2) 자기 변혁력(Adaptiveness)

행동 - ③ 학습(열린 역동적인 학습 환경을 구축)

사업은 환경의 앞날을 내다보고 스스로 근본적으로 달라지는 자기 변혁력이 필요하다. 각자의 창조성과 혁신역량을 끌어내는 내부적 조직적 장치가 있는지, 이런 장치에 근거한 자기 변혁력은 탄력적 기업의 중심적인 과제이다. 인재육성이나 학습장치는 단순히 지식, 스킬, 기능을 높이기 위한 것이 아니라 일꾼이 가지는 종합적인 잠재력을 끌어내고, 일에 충실감을 주는 것과 동시에 자발적으로 더 큰 성과를 낼 수 있게 하는 것이다.

행동 - ④ 혁신 역량(창조성과 혁신성을 끌어내는 조직적 장치)

자기 변혁력 중간에 있는 것은 창조성과 혁신 역량을 끌어내는 조직적 장치이다. 각자의 창조성을 지속적으로 이끌어 내고 의미 있는 혁신에 연결하여 보다 효과적인 구조가 구축되어 있어야 한다. 그리고 사원들이야말로 고객에게 가치를 넣어주는 가장 소중한 존재인 것이다. 직원의 열정에 불을 붙이는 장치가 필요하다.

행동 - ⑤ 연구개발(방식의 일신)

21세 기업형의 연구개발에는 자사의 경계선 동기성 소통을 높이는 것으로 내부와 외부의 아이디어의 활발한 순환을 촉구하고 자사 내에서만 볼 수 없는 이노베이션을 실현하는 것이 필요하다. 경쟁사가 아니라 타사와 개발하는 것이라는 협력관계가 기동성 있는 이노베이션을 달성한다.

(3) 사회성(Alignment)

행동 - ⑥ 트레이드 온(사회와의 트레이드 온)

고객의 소리뿐 아니라 사회의 목소리에 민감하고 넓은 층의 스테이크 홀더에 있어서 새로운 가치를 창출할 수 있는 기업만이 번영했다. 지금까지는 시장이 성장하고 있으니 우리 회사의 환경에 대한 부담이 커지는 것은 부득이한 실정으로 감수해왔다. CSR과 환경경영에 힘쓰고 있다면서도 진심으로 트레이드 오프를 극복하지 않고 어쩔 수 없이 납득하고 있는 실정인 것이다. 시장의 투명성은 극적으로 오르고 있어 소셜미디어 등에서 기업의 행동은 항상 다방면에서 음미하고 있다.

행동 - ⑦ 브랜딩(새로운 브랜드 아이덴티티)

가벼운 기업이미지가 아니라 두께와 깊이 있고 강한 브랜드를 만들기 위해서 사회성을 포함한 브랜드가 곧 탄력성을 높이는 상표의 설정이다. 다양한 매체로 쌍방향 커뮤니케이션이나 다양한 스테이크 호르다와의 굵은 설정은 사회전반의 평판과 평가를 높인다. 장기사고의 상표설정을 목표로 해야 지속가능경영이 이루어진다. 단순한 레퓨테이션·매니지먼트를 넘어 새로운 인격을 가진 회사를 만들어 내는 각오와 자사의 브랜드를 통해서 업계와 사회에 영향을 미칠 수 있는 결의가 중요한 것이다.

4-3. 세계기업의 공통점과 다른점, 유사점

❶ 세계기업의 공통점과 다른점

전기 초우량기업, 선지자적 기업, 탄력적인 기업 등의 특징적인 부분의 정리를 했지만 그 내용을 바탕으로 다음에서는 세 개의 컴퍼니의 공통점과 다른 점을 정리한다.

◈ 초우량기업은 가치관에 근거하는 실천중시

선지자적 기업은 OR의 억압을 물리치고 AND의 재능을 살린다. 탄력적 기업은 앵커링 트레이드 온이 있다. 예를 들면 가치관에 근거하는 실천중시와 앵커링, OR의 억압을 물리치고 AND의 재능을 살린다와 트레이드 온은 표현이 다를 뿐 그 취지는 마찬가지이다.

선지자적 기업과 초우량기업의 공통점은 가치관에 근거하는 실천중시 자율성과 기업가정신행동의 중시 어려움과 온화함 양면을 동시에 갖춰, 네 가지라고 하고 있다.

한편 다른 점은 예컨대 탄력적 기업은 자기 변혁력에 대해서 사회와의 관계라는 것을 중시하고 있다. 이것은 21세기 이후의 환경문제와 사회불안의 영향증가에 관한 의식의 고조에 영향을 받고 있을 것이다. 초우량기업과 선지자적 기업 및 탄력적 기업의 본질적 차이는 사회성에 있다고 생각한다.

물론 이렇게 세 개의 회사에 관한 생각은 그 생각이 태어난 시대배경에 영향을 받는 것은 당연하다. 초우량기업은 1980연대를 선지자적 기업은 1990년대 시대상황을 반영하고 모두 20세기형이다. 한편 탄력적 기업은 21세기 시대상황을 바탕으로 그 초우량기업의 요소를 찾고 있는 것이다. 즉, 초우량기업 → 선지자적 기업의 흐름을 이어받고 현대적인 시대의 요청도 반영한 새로운 개념이 탄력적 기업으로 이어지는 것이다.

❷ 세계기업의 유사점

시대흐름에 따라 건강경영은 사회의 추세이다. 정부의 시책으로 본격적인 움직임을 보이고 있다. 시대흐름에 호응하듯 일반기업의 관심과 참여도 높아지고 있다. 건강경영 추진은 종업원 개인의 생활의 질 향상뿐만 아니라 기업 활력을 높이는 데도 지극히 중요하다는 생각에 건강경영의 보급계몽에 힘쓰고 있다. 경단(경영자협회)의 조사에 의하면 건강경영하고 있다고 응답한 기업 206개사(조사응답기업의 98.5%)가 각사의 건강경영에 임하는 목적으로 업무효율화·노동생산성 향상(169개사, 82.0%), 경영상의 리스크 관리(153개사, 74.3%), 종업원 만족도 향상(116개사, 56.3%)이 상위였다. 기업이미지 제고보다 업무효율화와 생산성향상을 기대하고 있다는 것이다.

그동안 초우량기업과 선지자적 기업은 사람의 중요성이 지적되어 왔다. 그러나 그것은 어디까지나 경제 가치를 추구하는 기업 활동과 범위안의 것밖에 없었다. 시대는 21세기로 다시 선자자적 기업의 사회적 존재가치로서 탄력적 기업의 시대가 되었다. 사회적 존재인 기업이 사람의 중요성을 생각했을 때 건강한 사회를 추구하는 것은 당연한 시대의 요청이 되고 있다.

기업이 지속적으로 성장하려면 기존직원의 노동생산성 향상과 새로운 노동력확보가 필수적이다. 이는 앞으로는 점점 중요한 논의점이 될 것이다. 경영은 궁극적으로 인재에 있다. 기업의 지속가능성을 평가하는 지표로서 ESG가 있다. 사회를 구성하는 종업원 건강투자인 건강경영은 ESG의 S에 해당한다. 2006년 유엔환경 계획(UNEP)금융 협회(UNEP FI)와 유엔글로벌 콤팩트는 책임투자원칙(The Principles for Responsible Investment : PRI)을 제창하고 투자처의 ESG 측면을 투자 판단하도록 독려했다. 2016년 2월 현재 세계의 연금기금 등 1,478기관이 PRI에 서명하고 있다.

특히 ESG의 S에 관계하는 건강경영은 투자가에 더욱 중요한 논점이 될 것이다. 초우량기업, 선지자적 기업, 탄력적 기업 등의 세 가지로 많은 공통점이 있는 것은 지금까지 기술한 바와 같다. 또 피터 D·피다셍씨의 지적처럼 건강경영은 이들과 친화성이 높다고 본다. 그 이유는 모두 사람과 사회성을 아낀다는 점이다.

좋은 회사의 형태는 시대와 함께 변하지만 그 틀을 이용하여 경영하는 것은 사람 자체인 것은 변하지 않다. 사회성을 강하게 중시하는 현대의 기업관에서도 기업의 장기경쟁력의 기초는 사람이다. 사람을 중시하는 기업이야말로 일자리를 확보하고 사람들의 생활을 지탱함으로써 사회에 기여할 것이다. 3년 앞을 내다보는 것이 어려운 오늘, 지속가능한 기업의 본질도 사람에게 있다는 것이다. 지속가능한 단기기업 실적에 휘둘리지 않는 진정한 강한 기업이 되기 때문에 지속가능한 기업의 본질을 정리하고 재고하는 것에 의의가 있다고 생각한다. 이런 기업만이 장수하는 불멸의 기업으로 지속가능한 것이다.

❸ 라이프 스테이지의 성장

(1) 불멸의 장수기업

기업의 불멸로 장수기업으로 생존하려면 즉 라이프스테이지가 성장하려면 첫째가 기업경영자의 사업관의 정신이다. 기업가정신이 투철하여 선견적 도전정신으로 기업을 경영할 때 그 기업의 앞길이 열려 성장대로로 질주하게 되는 것이다.

(2) 기술혁신 역량배양

경쟁에서 승자는 차별화의 길밖에 없다. 차별화를 이루기 위해서는 기술력이 있어야 가능하다. 기술력의 축적은 연구개발에서 시작된다. 혁신적 기술역량을 축적하여 대응력을 향상함은 상품력에서 나온다. 상품력이란 고객니즈에 적중할 때 상품가치는 향상된다. 생산기술력과 시장필요정보가 매체될 때 상품가치는 차별화된다.

(3) 마케팅혁신

시장의 다변화와 고객의 다층다양화 됨에 따라 마케팅방법도 역량도 달라져야 한다. 마케팅혁신이란 종래의 적기적시 납품의 방법을 뛰어넘어 필요예측에 따라 필요제품을 공급함으로 고객만족을 넘어 고객감동으로 실리를 부여하여야 한다.

(4) 혁신성과

기업이란 이익추구의 집단으로 성과추구의 실현에 있다. 성과는 기술혁신과 마케팅혁신의 합성물로 구별하면 제품성과. 영업성과. 소득성과의 단기적인 성과를 말할 수 있으나 미래추구의 성과를 보면 신뢰성과와 발전성과를 더 중요시함으로써 기업의 지속성이 유지 발전하여 나가는 것이다.

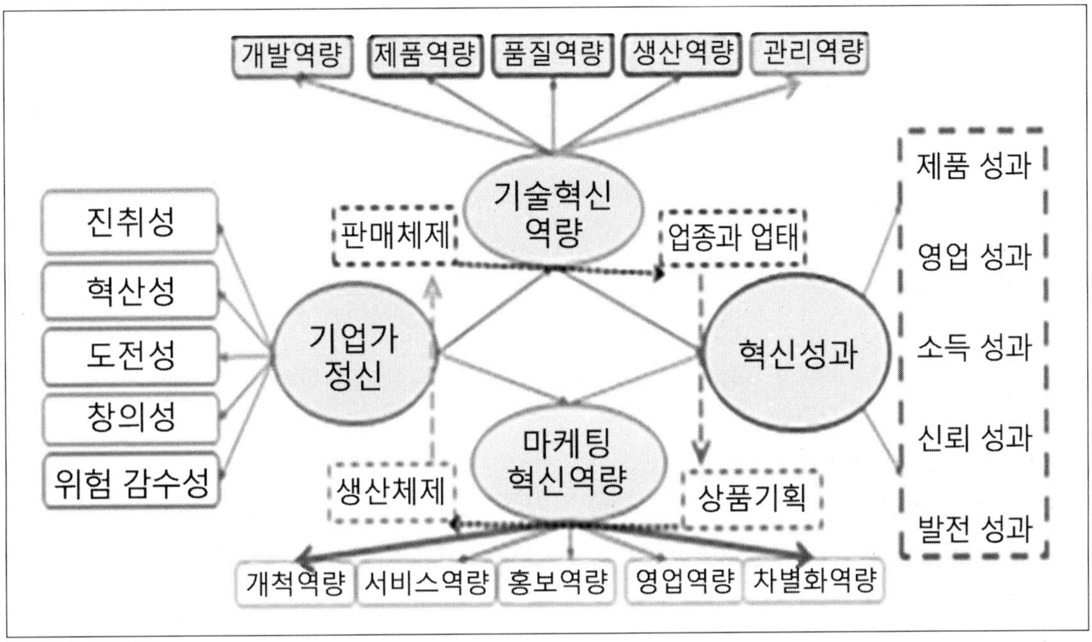

| 그림 11-7 | **기업가 정신에 의한 기술혁신 마케팅혁신 성과도출 모형**

❹ 성공기업의 발달패턴

창업기, 성장기, 성숙기에 있는 기업은 현재나 과거에 대한 특색을 정리해본 결과 성공하는 기업의 패턴이 약간씩 떠올라있다.

(1) 업태에 대해

제조도매에서 창업을 시작한 기업은 백화점 등의 인숍(in-Shop)형식의 준직영매장의 경영경험을 쌓아 마침내 직영점에 의한 판매(제조소매업)사업을 확대해 나가고 있다. 소매업으로 창업한 기업은 리스크 분산의 관점에서 제조도매와 협력하여 제품개발을 하고 소매업에 철저한 기업군과 필요한 제품을 직접 제조·판매하는 제조 유통업태로 성장하는 기업군으로 나누어진다.

(2) 상품기획에 대해

상품기획의 발달은 제조도매에서는 히트상품기획의 모방에서 출발, 해외정보/상품을 참고로 한 기획력 향상과 유명디자이너와의 계약에 의한 기획력향상의 경험을 축적하여 소비자상을 명확히 의식한 자주기획력 향상으로 변천에 따르고 있다. 특히, 인·숍, 직영점포에 의한 소비자의 파악과 소비자카드에 의한 매장방문 구매자의 실태파악, Web사이트에서 브랜드 팬클럽이나 브랜드채팅정보를 활용함으로서 소비자에게 밀접한 상품기획능력이 크게 향상된다. 소매업에서 제조기능을 추가한 제조·소매업에서는 도매업체의 제품선택에서 기획력을 강화시켜 해외패션정보를 수집하고, 유행의 첨단정보가 많은 수도권에 실험점포를 설치하고 조금씩 기획력을 향상시켜 나가고 있다.

(3) 생산체제에 대해

처음에는 외주공장을 그때에 선택하고 생산능력을 강화시키고 있으나, 결국은 전속외주공장(국내·해외)을 확립하고, 궁극적으로 자사공장(과거에는 국내, 최근에는 중국의 해외공장이 일반)에 의한 품질향상·원가절감활동을 지속적으로 개발하고 있다. 전속외주공장을 활용하고 있는 기업도 결국은 더욱 비용절감과 생산관리능력의 강화를 목적으로 자사공장화를 추진하게 된다.

(4) 판매체제에 대해

창업기에서는 미분화였던 판매기능도, 곧 기능별조직(기획생산 및 판매 등)이 되어, 그 후에는 사업부제(기획생산 판매사업부화)에 의해 생산판매의 최적화를 늘린다. 결국, 제조유통과 같은 직영매장을 통해 판매체제를 강화해 나가고 있다.

(5) 재고처분에 대해

제조도매에서 불량재고는 소매에 할인판매로 시작되고, 백화점이나 상사협찬 행사판매(바겐세일) 등의 임시처분방법 아울렛이라고 하는 명품상설판매 자영점포에 의한 판매와 직영매장신설의 복주머니 등의 처분 방법으로 발전해 나갈 것이다. 국내에서 처분할 수 없게 되면 처분점포와 환율 위험감소를 위해 해외 특히 생산거점에 있는 중국에 판매거점이 설립된다.

❺ 기업의 성공요인 10개항

각 기업의 성장과정에서 성공요인을 정리하면 다음의 13항목으로 집약된다.

(1) 소비자가 요구하는 제품의 적시공급, QR 생산 물류체제

(2) 가격소구(價格訴求)의 상품에 대해서는 저가격, 소재의 장단점, 나름대로의 디자인 좋은 품질이 실현될 수 있는 것

(3) 패션 등의 부가가치 추구상품은 인지도를 가진 브랜드로 세련된 디자인·가격·제품품질 소재 등이 균형 있게 완성하는 것

(4) 브랜드의 증가와 색상크기의 다양화 등으로 성숙화된 사회에서 세분된 시장에 대응하고 시장을 확보하는 전략을 병행해 나갈 것

(5) 소비자를 표현한 상품이 기획된다면 명확한 소비자상의 정의파악 및 시장을 세분화로 세어 (점유율)를 확보해 나가는 전략과 병행하여 진행한다.

(6) 상품은 과잉재고와 결품을 일으키지 않게 생산을 조정할 수 있는 것. 비용관리 및 신속한 생산의 실현을 위해 국내 자가공장 및 해외 자가공장을 잘 구분하여 QR 생산물류 체제를 확립 하여야 한다.

(7) 직영매장의 판매체제에 따라, 소비자의 요구를 잡아 제조도매에 비해 높은 이익률의 제조 소매업태를 사업부의 하나로서 확립한다.

(8) 수치관리에 의해 객관적으로 기획생산판매의 균형을 제어하고, 또한 손익자금 융통을 고려한 부문관리가 되도록 관리능력을 강화한다.

(9) 기획생산판매 재고처분을 포함한 일관하여 관리할 수 있는 직원을 육성한다.

(10) 전문점 이상의 자영점포를 효율적으로 운용할 수 있는 것. 경영자는 기업전체 각 사업브랜드의 정보를 수집하고 항상 리더십을 취하는 것. 전략의 오류가 일어나지 않도록 폭넓은 정보수집을 한다. 열정을 가지고 경영에 임한다.

용어 설명

(resilient) - 회 복력
CSR(Corporate Social Responsibility)사회적 가치
(Visionary Company) - 전방있는 기업
OR(어느)
AND(모두)
자기변혁력(Adaptiveness)
사회성(Alignment)
유엔환경 계획(UNEP)
금융 협회(UNEP FI)
PRI(The Principles for Responsible Investment) : 책임투자원칙

참고 문헌

1. 인적자원개발 사례연구 영국과 싱가포르의 인적자원개발 인증제도를 중심으로 인적자원개발연구 제2권 제 1호 2000년 6월, 장영철
2. 기업의 마케팅 제휴가 기업의 수익성에 미치는 영향에 관한 연구. 제휴의 강도와 - 기업간 경쟁정도의 상호 작용 효과를 중심으로 - 연세대 대학원 경영학과 권계은, 2008년 1월
3. ベンチャー企業の成長. 現状と課題 2008年2月7日經濟産業省 事務局資料
4. 変革期に求められる リーダーシップとは ~キヤノンを事例として~ 井関剛, 中村仁美, 三浦舞子 会津大学短 期大学部産業情報学科経営情報コース 2005年度卒業研究論文要旨集
5. 経営戦略の重要性. C-Express 中小企業の経営戦略編 中小企業の経営にあたって, 戦略もって経営す ることが, いかに重要であるかを考えてみたいと思います.
6. 製品ライフサイクル 製品ライフサイクルの段階 基本的パターン 2005年 経営戦
7. 市場浸透戦略 成長戦略の類型と製品ライフサイクルとの関係成熟期の市場浸透戦略
8. 老舗企業を事例とした 永続経営の研究 平成20年6月. 井上兼吾高知工科大学大学院 工学研究科基盤工 学専攻 起業家コース
9. 清洲桜醸造における組織変動と組織学習 - 大阪大学大学院経済学研究科博士後期課程 加藤敬太 (Keita KATO)

요 약

1. 기업이 장수하려면
   기업이 장수하려면 장수하는 부류와 조건을 동반하여야 한다. 또한 장수기업의 활동사항을 살펴봄으로서 장수기업을 지향하는 기업으로서 어떤 경영상의 처방을 요하는지가 중요한 의미를 갖는다. 사람이란 감성의 동물로 몇 마디의 말이 사람들에게 의욕을 불어넣어 주기도하고 상심(傷心)을 하게 하기도 한다. 장수기업들의 성공하는 가족기업들을 보면 자세한 설명으로 소통의 문화가 기업을 운영하는 경영자들을 고무시키기고 신뢰의 기초위에 경영비전은 충분한 가치가 있다.

2. 근시적 안목에서 벗어난 경영
   원래 장수기업을 지향하는 지속가능경영이란 단기적 이익만을 추구하는 경영이 아니라 중장기적으로 기업의 가치를 향상하기 위한 목표로 경영관이 수립되는 것이다. 시대변화에 따라 경영의 모형도 변화하고 있다. 지속가능경영을 지향하는 대표적인 기업모델을 역사적으로 보면 80년대는 초우량기업(超優良企業)으로 90년대는 선지자적 기업(先知者的企業)으로 그리고 2000년대는 탄력적 기업(彈力的 企業)으로 변천하고 있다.

3. 초우량 기업은 가치관에 근거하는 실천중시
   선지자적 기업은 OR의 억압을 물리치고 AND의 재능을 살린다. 탄력적 기업은 앵커링 트레이드온 예를 들면 가치관에 근거하는 실천 중시와 앵커링, OR의 억압을 물리치고 AND의 재능을 살린다와 트레이드 온은 표현이 다를 뿐 그 취지는 마찬가지이다.

4. 공통점과 다른점
   선지자적 기업과 초우량기업의 공통점은 가치관에 근거하는 실천중시 자율성과 기업가정신행동의 중시 어려움과 온화함 양면을 동시에 갖춰 네 가지라고 하고 있다. 한편 다른 점은 예컨대 탄력적 기업은 자기 변혁력에 대해서 사회와의 관계라는 것을 중시하고 있다. 이것은 21세기 이후의 환경문제와 사회불안의 영향증가에 관한 의식의 고조에 영향을 받고 있을 것이다. 초우량기업과 선지자적 기업 및 탄력적 기업의 본질적 차이는 사회성에 있다고 생각한다.

5. 세 개 기업의 유사점
   시대흐름에 따라 건강경영은 사회의 추세이다. 정부의 시책으로 본격적인 움직임을 보이고 있다. 시대흐름에 호응하듯 일반기업의 관심과 참여도도 높이지고 있다. 건강경영추진은 종업원 개인의 생활의 질 향상뿐만 아니라 기업 활력을 높이는 데도 지극히 중요하다는 생각에 건강경영의 보급계몽에 힘쓰고 있다.

기술경영과 가치창조
Management Skill & Value Creation

인　　쇄　2023년 5월 2일
발　　행　2023년 5월 4일

저　　자　김종영

발 행 처　한림원출판사
주　　소　서울특별시 중구 퇴계로51길 20, 12층
전　　화　02-2273-4201
편집·인쇄　한림원(주) http://www.hanrimwon.com

ISBN • 978-89-93512-86-1　₩26,000